DIE WELT VON GESTERN

昨日的世界

一个欧洲人的回忆

斯蒂芬·茨威格　著

舒昌善　译

生活·讀書·新知 三联书店

Simplified Chinese Copyright © 2018 by SDX Joint Publishing Company.
All Rights Reserved.
本作品简体中文版权由生活・读书・新知三联书店所有。
未经许可，不得翻印。

图书在版编目（CIP）数据

昨日的世界：一个欧洲人的回忆／（奥）茨威格著；舒昌善译.—北京：生活・读书・新知三联书店，2018.6（2025.2 重印）
（茨威格人物传记）
ISBN 978-7-108-06202-4

Ⅰ.①昨… Ⅱ.①茨…②舒… Ⅲ.①茨威格（Zweig, Stefan 1881-1942）－自传 Ⅳ.① K835.215.6

中国版本图书馆 CIP 数据核字（2018）第 016927 号

责任编辑	樊燕华
装帧设计	蔡立国
责任校对	龚黔兰
责任印制	董 欢
出版发行	生活・讀書・新知 三联书店
	（北京市东城区美术馆东街 22 号 100010）
网　址	www.sdxjpc.com
经　销	新华书店
印　刷	北京隆昌伟业印刷有限公司
版　次	2018 年 6 月北京第 1 版
	2025 年 2 月北京第 9 次印刷
开　本	787 毫米 × 1092 毫米　1/32　印张 19.5
字　数	404 千字　图 79 幅
印　数	50,001–56,000 册
定　价	68.00 元

（印装查询：01064002715；邮购查询：01084010542）

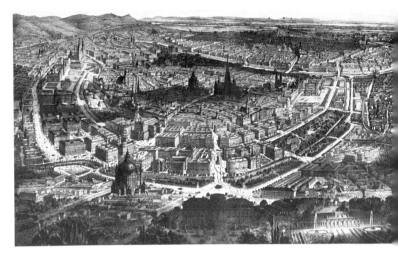

1873年的维也纳,古斯塔夫·威特 绘。

弗朗茨·约瑟夫一世(Franz Joseph I., 1830—1916),奥地利皇帝(1848年—1916年在位)、奥匈帝国皇帝兼匈牙利国王(1867年—1916年在位)。

斯蒂芬·茨威格的祖父赫尔曼·茨威格(Hermann Zweig, 1807年—1884)。

斯蒂芬·茨威格的祖母南妮特·沃尔夫（Nanette Wolf，生年不详，1880年逝世）。

斯蒂芬·茨威格的父亲莫里茨·茨威格（Moritz Zweig，1845—1926）。

斯蒂芬·茨威格的母亲伊达·布雷特奥尔（Ida Brettauer，1854—1938）。

斯蒂芬·茨威格的父母合影。

维也纳朔滕环城大道14号大楼（Wien, Schottenring 14），1881年11月28日，斯蒂芬·茨威格在这幢大楼内出生。

幼儿斯蒂芬·茨威格和他的保姆（乳母）玛格丽特（Margarete）。

1885年，四岁的斯蒂芬·茨威格油画像，E.克罗伊特纳（E. Kräutner）绘。

1924年，维也纳圣斯特凡大教堂（St. Stefansdom）。

维也纳市政厅大街17号（Wien, Rathausstraβe 17），斯蒂芬·茨威格和他的哥哥阿尔弗雷德·茨威格在这幢大楼内度过孩提时代。

建于19世纪的维也纳国家剧院——维也纳皇家朝廷城堡剧院（Das k. k. Hofburgtheater in Wien），一译皇家剧院。

五岁的斯蒂芬·茨威格（左）和比他大两岁的哥哥阿尔弗雷德·茨威格（右）。

大学生斯蒂芬·茨威格，约摄于1901年。

19世纪末20世纪初的维也纳歌剧院（Die Wiener Oper）。

维也纳大学。斯蒂芬·茨威格自1900年至1904年在此大学注册研读哲学和文学史专业(其中有一学期在柏林大学)。

特奥多尔·赫茨尔(Theodor Herzl,1860—1904),犹太复国主义运动创始人、维也纳《新自由报》副刊主编。1902年初,斯蒂芬·茨威格首次造访特奥多尔·赫茨尔,不久,该报副刊于1902年4月11日登载斯蒂芬·茨威格的短篇小说《出游》,这是斯蒂芬·茨威格的小说首次面世,此后就一直为《新自由报》撰稿,历时35年。

埃弗拉伊姆·莫舍·利林(Ephraim Mosche Lilien, 1887—1925), 犹太裔美术家, 斯蒂芬·茨威格在柏林大学时认识的朋友, 为斯蒂芬·茨威格设计藏书签和信笺图案。

斯蒂芬·茨威格的藏书签。

SALZBURG
KAPUZINERBERG 5

斯蒂芬·茨威格的信笺图案。"萨尔茨堡,卡普齐内山5号"。

著名绘画《国王约翰》(King John), 英国诗人、版画家威廉·布莱克(William Blake, 1757—1827)作, 斯蒂芬·茨威格的收藏品。

1907年,斯蒂芬·茨威格迁入他自己在维也纳的第一处寓所:维也纳约瑟夫区科赫胡同8号(Wiener Josephstadt, Kochgasse 8)。后来成为斯蒂芬·茨威格第一任妻子的弗里德里克·玛丽亚·冯·温特尼茨的公公——高级外交官雅各布·冯·温特尼茨的府邸坐落在科赫胡同29号。

摄于1912年前后的斯蒂芬·茨威格。

弗里德里克·玛丽亚·冯·温特尼茨（Friderike Maria von Winternitz, 1882—1971），斯蒂芬·茨威格的第一任妻子和终生挚友，约摄于1912年。1912年7月24日晚，她在维也纳的里特霍夫（Riedhof）餐馆用餐，和斯蒂芬·茨威格邻桌，次日（7月25日），她给斯蒂芬·茨威格写了一封充满深情和仰慕之意而又不署名的信。

1906年4月，23岁的弗里德里克皈依天主教，和费利克斯·冯·温特尼茨（Felix von Winternitz, 1877—1950）结婚，丈夫是奥地利财政部一名官员。1907年，他们生下第一个女儿亚历克西雅（左），1910年生下第二个女儿苏珊娜（右）。

斯蒂芬·茨威格的友人——德国政治家和工业家瓦尔特·拉特瑙(Walther Rathenau, 1867—1922), 1922年6月24日在小轿车内被德国纳粹分子暗杀。

1908年11月末,斯蒂芬·茨威格赴印度、斯里兰卡、缅甸和尼泊尔旅行。照片中的斯蒂芬·茨威格正坐在旅馆的旅行车内观看印度马德拉斯(Madras)的农村。这次旅行历时4个月。他的名著《马来狂人》(1922年)和这次旅行的见闻有关。

1914年6月28日,萨拉热窝,刺杀奥匈帝国皇储的刺客被逮捕。这一事件是第一次世界大战爆发的导火索。

1914年,准备参加第一次世界大战的德国志愿者在柏林街头欢呼。

萨尔茨堡卡普齐内山5号府邸。1919年3月末,斯蒂芬·茨威格从瑞士返回奥地利,携弗里德里克入住这幢寓所。

尽管弗里德里克和费利克斯已生育两个女儿,却由于两人志趣不同,感情上的隔阂不断加深,终于在1914年第一次世界大战爆发前正式离婚。由于弗里德里克是天主教徒,所以她和犹太裔的斯蒂芬·茨威格结婚在奥匈帝国是不被允许的。他们只能同居,1918年奥匈帝国崩溃,他们才有可能正式结婚。1920年1月,两人的婚礼在维也纳市政厅举行。此合影摄于1926年。

第一次世界大战时的苏黎世。由于瑞士的中立地位,苏黎世成为当时欧洲最重要的不夜城,各类神秘人物云集。1917年11月5日,斯蒂芬·茨威格以度假为名,向他当时供职的军事档案馆请假两个月,携弗里德里克在苏黎世参加反战诗剧《耶利米》(Jeremias)的首演。

苏黎世附近的吕施利孔镇(Rüschlikon)的贝尔瓦尔旅馆(Das Hotel Belvoir),从此处可眺望苏黎世湖。1918年3月9日,斯蒂芬·茨威格携弗里德里克入住这家旅馆一年。

1917年11月,斯蒂芬·茨威格在赴瑞士途中买下萨尔茨堡卡普齐内山上的一幢府邸。斯蒂芬·茨威格辉煌的文学成就从此和萨尔茨堡联系在一起。这是当时萨尔茨堡的鸟瞰图。

格哈特·豪普特曼(Gerhart Hauptmann,1862—1946)(中)和出版家萨穆埃尔·菲舍尔(Samuel Fischer)(右)于1925年在意大利的拉帕洛(Rapallo)合影。

西格蒙德·弗洛伊德摄于20世纪20年代。

1930年1月,斯蒂芬·茨威格(左)和马克西姆·高尔基(右)在索伦托(Capo in Sorrento)合影。

列夫·托尔斯泰在亚斯纳亚·波尔亚纳的墓地。

斯蒂芬·茨威格于1929年3月19日在荷兰海牙的狄克霍夫书店为读者签名。

胡戈·冯·霍夫曼斯塔尔于1929年7月15日因白血病突然去世,这是他生前最后一张照片。

1936年8月23日,斯蒂芬·茨威格(前排中)和巴西外交部长(前排右)以及巴西总统热图利奥·瓦尔加斯(Getúlio Vargas)的女儿(前排左)合影。

1936年,斯蒂芬·茨威格(左)和1937年诺贝尔文学奖获得者、法国作家罗歇·马丁·杜·加尔(Roger Martin du Gard, 1881—1958)(中)与朱尔·罗曼(Jules Romains, 1885—1972)(右)合影于威尼斯。

1933年,维也纳街头的儿童。

伦敦哈勒姆街49号(London, Hallam Street 49)楼房。1936年3月6日,斯蒂芬·茨威格入住这幢楼房的一个套间,直至1939年7月。

安东·基彭贝格(Anton Kippenberg, 1874—1950)(左),1905年起任岛屿出版社社长。斯蒂芬·茨威格(右)于1924年在萨尔茨堡自己的寓所和他合影。

1941年5月,斯蒂芬·茨威格在纽约第4大道(The Fourth Avenue)街头购书。

伦敦波特兰广场11号(London, Portland Place 11)公寓。斯蒂芬·茨威格自1934年1月末至1935年12月在此公寓的一个套间内居住。

斯蒂芬·茨威格(后排左)和他的哥哥阿尔弗雷德(后排右)与他们年迈的母亲伊达(中)合影。

1938年,英国首相张伯伦结束在慕尼黑的谈判,回到伦敦时说:"我相信,我们的时代得救了!"

巴斯(Bath)林库姆山丘(Lyncombe Hill)上的"玫瑰山"(Rosenmount)住宅。斯蒂芬·茨威格于1939年8月买下这幢房屋,1940年初迁入,但仅住了半年。

1938年3月11日,希特勒乘车进入维也纳。

巴斯的兰斯多恩·洛奇膳食公寓(Die Pension Lansdown Lodge)。1939年7月,斯蒂芬·茨威格和他的第二任妻子洛特从伦敦迁往巴斯(Bath),先在此膳食公寓内居住半年。

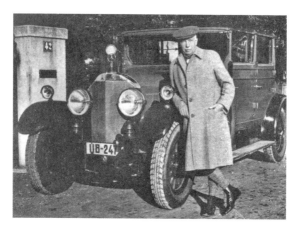

德国作曲家、指挥家里夏德·施特劳斯(Richard Strauss, 1864—1949)1924年摄于德国的加米施(Garmisch)。

斯蒂芬·茨威格(中)和比利时法语诗人、剧作家埃米尔·维尔哈伦(Émile Verhaeren, 1855—1916)(左)合影。坐在长椅上右边的是埃米尔·维尔哈伦的妻子玛尔特(Marthe)。

斯蒂芬·茨威格（左）和20世纪犹太德语文学的杰出代表沙洛姆·阿施（Schalom Asch, 1880—1957)（右）合影。

1929年诺贝尔文学奖获得者托马斯·曼（Thomas Mann, 1875—1955）摄于1935年8月在萨尔茨堡造访斯蒂芬·茨威格时。

斯蒂芬·茨威格的英国身份证。1938年8月30日签发于伦敦，有效期一年。

斯蒂芬·茨威格(右)和阿尔图罗·托斯卡尼尼(Arturo Toscanini, 1867—1947)(左)与布鲁诺·瓦尔特(Bruno Walter, 1876—1962)(中)合影。

赫尔曼·黑塞(Hermann Hesse, 1877—1962)摄于1910年。斯蒂芬·茨威格自1903年起和赫尔曼·黑塞通信,1905年6月21日在德国的盖恩霍芬(Gaienhofen)首次和他见面,以后又多次在瑞士的伯尔尼和苏黎世见面,最后一次见面是1937年9月。

赖纳·玛利亚·里尔克(Rainer Maria Rilke,1875—1926)摄于1908年。斯蒂芬·茨威格和里尔克的首次见面是在1904年的巴黎。斯蒂芬·茨威格曾写书评热情赞美里尔克的《祈祷书》(*Stundenbuch*,1905)和《新诗集》(*Neue Gedichte*,1907)。

斯蒂芬·茨威格和他的第一任夫人弗里德里克在萨尔茨堡火车站。

斯蒂芬·茨威格(左)和法国诗人保罗·瓦莱里(Paul Valéry, 1871—1945)(右)合影。

1940年10月,斯蒂芬·茨威格(左)在里约热内卢和巴西外交部长马塞多·苏亚雷斯(Macedo Soares)(右)在其招待会上合影。

1939年9月1日,希特勒军队进攻波兰,第二次世界大战爆发。

摄于1933年的电影《情欲燃烧的秘密》海报。

摄于1946年的电影《悔恨》(*Ungeduld des Herzens*)的剧照。

1948年由琼·方丹(Joan Fontaine)主演的电影《一个陌生女人的来信》剧照。

1940年9月，斯蒂芬·茨威格和他的第二任夫人洛特在里约热内卢访问肖勒姆·阿莱赫姆（Scholem Aleichem）犹太人国民学校时和学生们合影。

坐落在里约热内卢北部山区的彼得罗波利斯，贡萨尔维斯·迪亚斯街34号（Petrópolis, rua Gonçalves Dias 34）。1941年9月17日，斯蒂芬·茨威格和洛特租下这幢他们最后的住所，居住至他们双双自尽。

1930年3月15日,斯蒂芬·茨威格创作的戏剧《可怜的羔羊》在汉诺威首演,斯蒂芬·茨威格(左3)和演职人员合影。演员劳尔·朗格(Raul Lange)(左1)饰约瑟夫·富歇(Joseph Fouché,1759—1820),女演员卡罗拉·瓦格纳(Carola Wagner)(左2)饰贝利洛泰(Bellilotte,即剧中"可怜的羔羊"),此剧导演格奥尔格·阿尔特曼(Georg Altmann)(左4),演员特奥多尔·贝克尔(Theodor Becker)(左5)饰富雷斯(Fourés,贝利洛泰的丈夫),演员胡戈·鲁道夫(Hugo Rudolph)(右1)饰波拿巴·拿破仑。

斯蒂芬·茨威格伏案工作的最后一张照片,摄于1942年2月18日。

1941年9月,斯蒂芬·茨威格在里约热内卢的"内行"(Le Connaisseur)旧书店买到一本当时已很少见的自己的剧作《粉墨登场的喜剧演员》。

> Declaração (Abschrift, Copia)
>
> Ehe ich aus freiem Willen und mit klaren Sinnen aus dem Leben scheide, drängt es mich eine letzte Pflicht zu erfüllen: diesem wundervollen Lande Brasilien innig zu danken, das mir und meiner Arbeit so gute und gastliche Rast gewährt. Mit jedem Tage habe ich dieses Land mehr lieben gelernt und nirgends hätte ich mir lieber mein Leben vom Grunde aus neu aufgebaut, nachdem die Welt meiner eigenen Sprache für mich untergegangen ist und meine geistige Heimat Europa sich selbst vernichtet.
>
> Aber nach dem sechzigsten Jahr bedürfte es besonderer Kräfte, um noch ein mal völlig neu zu beginnen. Und die meinen sind durch die langen Jahre heimatlosen Wanderns erschöpft. So halte ich es für besser, rechtzeitig und in aufrechter Haltung ein Leben abzuschliessen, dem geistige Arbeit die lauterste Freude und persönliche Freiheit das höchste Gut dieser Erde gewesen.
>
> Ich grüsse alle meine Freunde! Mögen sie die Morgenröte noch sehen nach der langen Nacht. Ich, allzu Ungeduldiger, gehe ihnen voraus.
>
> Petropolis 22. II 1942   Stefan Zweig

斯蒂芬·茨威格自尽前写的（最后）《声明》的德语原件影印件。

(最后)声明的中译文

　　在我自愿和神志清醒地告别人生之前,我必须完成一项最后的责任:向美好的国家巴西表达由衷的感谢。巴西如此好客地给予我歇脚之地,为我的工作提供如此好的环境,随着每天每日,我更热爱这一片土地。但对我而言,自从我的母语世界沦亡和我的精神家园欧洲自我毁灭之后,我已没有什么地方能重建我的生活。

　　如今我已年过六十,要再次重新开始一切生活,需要非凡的力量。所以我认为,能把为我带来最纯真快乐的精神劳动和个人的自由,视为天下最宝贵的财富固然好,但是我的力量已在无家可归的漫长漂泊中消耗殆尽,因此及时和有勇气结束自己的一生,岂不更好。

　　我向我所有的朋友们问候!愿他们在漫长的黑夜之后还会看到朝霞!而我,一个过于缺乏耐性的人先他们走了!

斯蒂芬·茨威格

1942 年 2 月 22 日于彼得罗波利斯

斯蒂芬·茨威格和他的第二任妻子洛特·阿尔特曼（Lotte Altmann，1908—1942）的合影。洛特出生于上西里西亚的卡托维兹（Kattowitz，今在波兰境内），犹太裔，父亲是一名铁业商人。她1933年流亡英国，后经弗里德里克介绍，成为斯蒂芬·茨威格的秘书和第二任妻子，1939年9月6日，她和斯蒂芬·茨威格在伦敦举行婚礼，1942年2月22日中午12时和下午4时之间，双双服用佛洛纳（一种安眠药），在巴西彼得罗波利斯的寓所自尽。

斯蒂芬·茨威格和洛特·阿尔特曼在巴西彼得罗波利斯公墓里的墓地。

巴西民众向斯蒂芬·茨威格的遗体告别。1942年4月15日,巴西笔会在里约热内卢的科学大会堂举行斯蒂芬·茨威格追悼会,出席追悼会的有巴西政府高官、文艺界人士和社会名流。

奥地利共和国于1981年为纪念斯蒂芬·茨威格诞生100周年发行的纪念邮票。奥地利广大民众永远缅怀斯蒂芬·茨威格。

我们命该遇到这样的时代

——莎士比亚:《辛白林》

目 录

序 言 …………………………………………… 1

第一章　太平世界 ……………………………… 1
第二章　上个世纪的学校 ……………………… 43
第三章　情窦初开 ……………………………… 95
第四章　大学生活 ……………………………… 123
第五章　巴黎，永葆青春的城市 ……………… 168
第六章　我的曲折道路 ………………………… 213
第七章　走出欧洲 ……………………………… 244
第八章　欧洲的光辉和阴霾 …………………… 264
第九章　第一次世界大战爆发时 ……………… 296
第十章　为思想上的团结而奋斗 ……………… 325
第十一章　在欧洲的心脏 ……………………… 346
第十二章　回到祖国奥地利 …………………… 380
第十三章　重又走向世界 ……………………… 412
第十四章　夕阳西下 …………………………… 440
第十五章　希特勒的崛起 ……………………… 485
第十六章　和平气息奄奄 ……………………… 532

译者后记 ……………………………………… 591

序　言

我从未把我个人看得如此重要，以致醉心于非把自己一生中的经历向旁人讲述不可。只是由于我在写此书之前所发生的许许多多事情远远超过以往任何一代人所经历过的事件、灾祸与磨难，所以我才鼓起勇气开始写这本以我为主角——或者确切地说以我为中心的书。不过，我让自己站到前边，仅仅是作为一个放幻灯的解说员，为时代提供的画面作些解释而已，因此我所讲述的原本不完全是我个人的遭遇，而是我们当时整整一代人的遭遇——在以往的历史上几乎没有一代人像我们这一代人这样命运如此多舛。我们中间的每一个人，即便是年龄极小和最无足轻重的人，在他心灵深处都曾被我们欧洲大地上几乎无休止的犹如火山爆发般的动荡所震撼过；而我知道，在这千千万万人中间，没有一个人具备像我这样的优越条件：我，作为一个奥地利人、犹太人、作家、人道主义者、和平主义者，恰好身处世界动荡最剧烈的地方。那个地方的三次剧烈动荡[1]彻底改变了我的家园和生活，使我脱离了和过去的任何联系，戏剧性的急剧动荡将我抛入一片空虚，将我抛入"我不知该奔向何方"——这样一种我已经十分熟悉的境地。但是，我对这些并不抱怨，因为恰恰是流离失所的人才会获得一种新的意义上的自由，而且只有和一切不再保持任何联系的人才不必有任何顾忌。所以，我希望我的回忆至少能符合任何一部真实反映时代的作品所必须具备的首要条件：公正和不抱偏见。

由于我脱离了所有的根系，甚至脱离了滋养这些根系的土地——所以像我这样的人在任何时代都真的非常少见。我于一八八一年出生在一个强大的帝国，即哈布斯堡皇朝[2]的帝国。不过，人们在今天的地图上已经找不到它了：它已经被不留痕迹地抹掉了。我是在维也纳长大的，这是一座具有两千年历史的跨国大都会，然而在维也纳沦为德国的一座省城以前，我就不得不像一个罪犯似的离开那里。——我用我的母语所写的文学作品在奥地利被焚为灰烬，但正是在那个国家，成千上万的读者把我的书籍视为朋友——我离开了那里，我也就不再有任何归属；我所到之处，都不过是作为一个陌路人，或者至多是作为一个过客罢了；即使在我心中选择作为自己故乡的欧洲，自从它在第二次同室操戈的战争[3]中自取灭亡地把自己撕裂得支离破碎以后，欧洲也已经在我心中消失。和我自己的意愿相反，我成了理性遭到最可怕的失败和野蛮在时代编年史中取得最大胜利的见证人；从未有过像我们这样一代人的道德会从如此高的精神文明堕落到如此低下的地步——我指出这一点，绝非出于自豪，而是深感羞愧。在从我开始长出胡须到胡须开始灰白这样短短的时间跨度之内，亦即半个世纪之内所发生的急剧变迁大大超过平常十代人的时间内所发生的变化。而我们中间的每一个人都觉得：变迁也未免太多了一点！在我的昨日和今天之间，在我的青云直上和式微衰落之间是如此不同，以致我有时仿佛感到我一生所度过的生活并不仅仅是一种，而是完全不同的好几种，因为我常常会遇到这样一种情况：当我无意之中提到"我的人生"时，我就会情不自禁地问自己："我的哪一种人生？"是第一次世界大战前的人生呢，还是第二次世界大战前的人生，还是今天的人生？同样，我也不时觉察到：当我说起"我的家"时，我并不立刻就知道我指的是从前哪一个家，是在巴斯〔4〕的那个家呢，还是在萨尔茨堡的那个家？抑或是在维也纳的我的父母家？或者当我说起"在我们那里"时，我就不得不惶惶然提醒自己：对我的故乡人来说，我早已不属于他们中间的一员了，就像我不属于英国人或美国人一样，我和故土已不再存在任何有机的联系。而在这里〔5〕，我又从未完全成为他们中间的一分子。我曾经在那里长大成人的世界和今天的世界以及介于这两者之间的世界在我的心目中显得愈来愈不一样，成了完全不同的世界。每当我在谈话中向年轻的朋友们讲起第一次世界大战前的一些事情时，我从他们突兀的发问中发现，有多少事对我来说依旧是不言而喻的事实，而对他们来说却已成为历史或者不可思议。但隐藏在我内心的一种本能使我觉得他们的发问有道理，因为在我们的今天和我们的昨天与前天之间的一切桥梁都已不复存在。连我自己今天也不得不感到惊讶：我们竟将如此层出不穷的变故挤塞到一代人生活的短暂时间之内，那当然是一种极其艰难和充满险恶的生活——尤其是和我的祖先们的生活相比。

我的父亲、我的祖父，他们又见到过什么呢？他们每人都是以单一的方式度过自己的一生，自始至终过的是一种生活，没有飞黄腾达，没有式微衰落，没有动荡，没有危险，是一种只有小小的焦虑和令人察觉不到的渐渐转变的生活，是一种用同样的节奏度过的生活，安逸而又平静，是时间的波浪将他们从摇篮送到坟墓。他们从生到死生活在同一块土地上，在同一座城市里，甚至几乎总是在同一幢住宅内。至于外面世界发生的事原本仅仅停留在报纸上而已，从未降临到他们的家门。在他们的一生中，大概在什么地方也发生过战争，但是用今天的规模来衡量，那只不过是一场小仗，而且是在遥远的边境线上进行。人们听不见隆隆的大炮声，而且半年之后那场战争也就烟消云散了——已被人们所忘却，成了枯萎的一页历史。老一套的生活又重新开始。而我们这一代人所过的生活却都不是重复的生活，已经过去了的生活不会给我们留下什么，也不会再回来。我们这一代人最大限度地饱尝了以往历史有节制地分别落到一个国家、一个世纪的一切。以往，充其量是这一代人经历了革命，下一代人遇到了暴乱，第三代人碰到了战争，第四代人尝到了饥馑，第五代人遭到了国家经济的崩溃——况且，总有一些幸运的国家，幸运的几代人，根本什么都没有碰上。而我们今天六十岁的这一代人——不得不还要再活一段时间的这一代人，什么事情没有见识过呢？什么苦难没有遭受过呢？什么事情没有一起经历过呢？凡是能想象得出的一切灾难，我们都从头至尾一一饱尝过——而且还没有尝尽呢。我自己就经历过人类两次最大的战争，而且每次都是在不同的战线上。在第一次世界大战中我站在德国这一边；在第二次世界大战中我站在反德国的这一边。我在第一次世界大战前曾享受过最充分的个人自由，但在战后却尝到了数百年来最大的不自由。我曾被人大肆赞美过，也曾被人无端排斥过；我曾有过自由，也曾有过不自由；我曾富有过，也曾贫穷过。《约翰启示录》里那几匹苍白的马[6]全都闯入过我的生活，那就是革命和饥馑、货币贬值和恐怖统治、时疫疾病和政治流亡。我曾亲眼目睹各种群众性的思潮——意大利的法西斯主义、德国的国家社会主义[7]、俄国的布尔什维克主义[8]——的产生和蔓延，尤其是国家社会主义如同不可救药的瘟疫毒害了我们欧洲的文化之花。于是我也就势必成为一个手无寸铁、无能为力的见证人。我目击了世人不可想象地倒退到以为早已被人忘却了的野蛮之中——国家社会主义的野蛮有其自身蓄意违背人性的纲领性信条，这种野蛮使我们在经过了若干世纪之后重又见到了不宣而战的战争，见到了集中营、见到了严刑拷打、见到了大肆抢劫和轰炸不设防的城市。所有这一切兽行是在我们之前五十个世代的人从未见到过的，但愿我们的后代人也不会容忍的。不过，与此自相矛盾的是，我在这个使我们的世界在道德方面倒退了将近一千年的同一时代里，也看到了同样的人类由于在技术和智力方面取得的未曾预料到的成就而使自己大大进步，一跃超越了以往几百万年所取得的业绩。且看：人类用飞机征服了天空；地面上的话可以在同一秒钟之内传遍全球，使人类战胜了世界上的空间距离；放射性的镭战胜了最险恶的癌症。几乎每天都会使那些昨天还不可能的事情成为可能。总之，作为整体的人类，在我们之前既没有露出过像我们所见到的那种恶魔般的狰狞面目,也没有建树过那种好像是神明创造的业绩。

我似乎觉得,为我们所经历过的这种令人惊诧的紧张而又富有戏剧性的生活作见证,是我应尽的义务——我得再重复一遍——因为我们每个人都是这些巨大转变的见证人,都是迫不得已成了见证人。对我们这一代人而言,不存在任何的逃避,不可能像我们先辈那样置身于局外;由于时间同步性的新机制,我们始终和时代休戚相关。如果炸弹在上海摧毁房屋,在受伤的人尚未被抬出他们的房屋以前,我们在欧洲自己的房间里就已经知道了。发生在几千海里以外大洋那边的事,很快就会印成图片展现在我们面前,犹如亲临其境。面对这种不断的彼此沟通和彼此介入,也就没有什么可以躲避的保险地方了。没有一片可以逃遁的土地,没有一种可以用钱买得到的安宁。命运之手会随时随地把我们攫住,把我们拽到命运的永不知足的戏弄之中。

我们不得不始终服从国家的要求,让自己去充当最最愚蠢的政治牺牲品,让自己去适应最最离奇的变化,使自己永远和共同的命运联系在一起,尽管我们竭力抵抗,共同的命运还是会将我们卷进去,不容抗拒。一个从头至尾经历了这样一个时代的人,或者确切地说,一个被时代驱赶着、追逐着的人——很少有喘息机会的人——他就会比自己的任何一个祖先具有更多的阅历。况且,即便到了今天,我们这一代人也仍然处在旧的结束和新的开端的转折之中。所以,我把我自己的生平回忆暂时在一个特定的日期告一段落,并不是完全无意,因为一九三九年九月的那一天[9]标志着造就和教育我们这些六十来岁的人的那个历史时代彻底结束。不过，如果我们能以自己的见证为下一代人留下我们经历过的时代分崩离析的真实情况，哪怕是一星半点儿，也算是我们没有完全枉度一生。

我清楚地意识到，我是在战争期间、在客居异乡和缺乏任何能帮助我记忆的材料的条件下撰写这些回忆的。——这样的环境对我当然不利，但却极具时代的特征。我在旅馆的房间里没有一本我自己著作的样书、没有任何记载、没有一封友人的书信。我也无处可去询问，因为国与国之间的邮路已经在全世界中断，或者说，由于检查制度而受到了阻碍。我们每个人又都过着与世隔绝的生活，就像几百年前尚未发明轮船、火车、飞机和邮电时一样。所以，关于我自己过去的一切，仅仅是凭我自己脑子里的记忆。至于记忆之外的其他一切，眼下无法找到，或者说已经失去。好在我们这一代人已完全学会了一种妙法：对失去的一切从不眷恋。或许，文献和细节的欠缺恰恰是我的这本书的得益之处吧。因为在我看来，我们的记忆并不是这样一种机制：将这件事纯属偶然地记住和将另一件事偶然地忘却，而是这样一种能力：知道如何整理记忆和果断舍弃记忆。从自己一生中被忘却的一切本来就是由一种内在的本能在此之前早已判断为应该被忘却的。而只有要为他人保存的记忆——也正是我自己要保存的记忆才不会被忘却。所以不妨说，是你们在这里叙述回忆和选择回忆，而不是我。但这些回忆至少也反映了在我的生命进入冥府之前的人生！

斯蒂芬·茨威格

注 释

〔1〕 1916年斯蒂芬·茨威格为躲避在第一次世界大战中奥地利人普遍的战争狂热而离开首都维也纳的家,迁往不远的小镇罗道恩(Rodaun)附近的卡尔克斯堡(Kalksburg)自己的夏天房舍,是为第一次;1934年奥地利的纳粹分子突然搜查斯蒂芬·茨威格在萨尔茨堡的家,促使斯蒂芬·茨威格旅居伦敦,是为第二次;1938年3月希特勒德国吞并奥地利,斯蒂芬·茨威格决心流亡国外,申请英国国籍,此后再也没有回到奥地利,是为第三次。

〔2〕 哈布斯堡皇朝(Monarchie der Habsburger)曾统治过德意志民族神圣罗马帝国、西班牙王国、奥地利帝国(1840—1867)、奥匈帝国(1867—1918)以及其他一些小国。第一次世界大战中奥匈帝国崩溃,哈布斯堡皇朝结束。

〔3〕 指第二次世界大战。

〔4〕 巴斯(Bath),英格兰埃文郡的一座城市,疗养胜地。1939年斯蒂芬·茨威格从伦敦迁往巴斯,住在林库姆山丘上(Lyncombe Hill)自己买下的住宅里。

〔5〕 《昨日的世界》撰写于1939年至1940年,其间斯蒂芬·茨威格先旅居纽约、后移居巴西,此书于1941年定稿,1942年在斯蒂芬·茨威格身后出版。此处所说的"这里",是指他流亡海外的各地。

〔6〕 此处原文 Apokalypse,意为《约翰启示录》,是《圣经·新约》的末卷,内容是用所见异象说预言的方式,预示世界末日大动乱的恐怖景象,其中骑马的四骑士分别象征瘟疫、战争、饥馑、死亡。德国宗教改革时期著名画家丢勒(Albrecht Dürer,1471—1528)创作的铜版画《四骑士——瘟疫、战争、饥馑、死亡》,闻名世界。

〔7〕 国家社会主义(Nationalsozialismus),是希特勒提倡的政治思想,纳粹主义是其缩写的音译。

〔8〕 布尔什维克主义(Большевизм),1903年7月,俄国社会民主工

党第二次代表大会在讨论制定党纲和党章以及选举党的中央领导机构时，拥护列宁的革命派获得多数选票，称为布尔什维克（俄文 Большевик 的音译，意即多数派）。斯大林说："布尔什维克主义和列宁主义实质上是一样的，这是同一件事物的两个名称。"以后，布尔什维克常被引申为共产党的代名词。

〔9〕1939 年 9 月 1 日，纳粹德国进攻波兰，9 月 3 日英、法向德国宣战，第二次世界大战爆发，《昨日的世界》写到 9 月 1 日那一天止。

第一章　太平世界

> 我们在一片安谧中长大成人，
> 忽然被投进这大千世界，
> 无数波涛从四面向我们袭来，
> 周围的一切使我们兴趣盎然，
> 有些我们喜欢，有些我们厌烦，
> 而且时时刻刻起伏着微微的不安，
> 我们感受着，而我们感受到的，
> 却又被各种尘世的纷扰冲散。
>
> ——歌德

倘若我今天要为第一次世界大战前我长大成人的那个时代做一个简明扼要的概括，那么如果我说：那是一个太平的黄金时代——我希望我这样说最为精辟。在我们那个几乎已有一千年历史的奥地利君主国[1]，好像一切都会天长地久地永远存在，而国家本身就是这种永远存在的最高保证。国家赋予自己公民的权利是由凭自由的意愿选举出来的代表民众的机构——国会用文书确认的；同时，公民的每项义务也都有详细的规定。我们的货币——奥地利克朗是以闪光发亮的硬金币的形式流通的，因而也就保证了货币的价值不贬。每个人都知道自己有多少钱或有多少收入，能干什么或不能干什么。一切都有规范、尺度和分寸。拥有财产的人能够精确计算出每年赢利多少；公职人员和军官能够在日历中可靠地找到哪一年他将擢升和退休。每户人家都有自己固定的预算，知道一家人食住要开销多少，夏季旅行和社交应酬要花费多少，此外还必须留出一小笔钱，以敷生病和意外的急需。自己有住房的人都把一幢房屋看作为子孙后代留下了万无一失的家园。农家院落和商号都是代代相传；当一个乳婴还躺在摇篮里时，就已经为他以后的生活在储蓄罐或储蓄所里存下第一笔钱，这是为未来准备的一笔小小的"储备金"。在奥地利这个幅员辽阔的帝国里，一切都牢牢依靠着国家和至高无上的年迈皇帝[2]。谁都知道——或者这样认为，一旦他去世，就会有另一位皇帝接替，原先安排好的一切丝毫不会改变。谁也不相信会有战争、革命和天翻地覆的变化。一切过激的行为——一切暴力行为在一个理性的时代似乎已经不可能。

这种太平的感觉是千百万人所梦寐以求的财富——是他们共同的生活理想。唯有这样的太平世界，生活才有生活的价值，而且越来越广泛的社会阶层都渴望着从这种宝贵的财富中分享自己的一份。最初只有那些有财产的人为自己遇上这样的太平盛世而庆幸，但是后来渐渐扩大到广大民众。于是，这个太平的世纪便成了保险业的黄金时代。人们为自己的房屋作了防火和防盗保险；为自己的田产作了防雹和防灾保险；为防意外事故和疾病作了人身保险；为自己的晚年买好终身养老储备券；同时在女孩子的摇篮里放上一张保险单，作为将来的嫁妆。最后甚至连工人也都组织起来，为自己争得了一份合理的工资和医疗保险；仆役们为自己储蓄了老年保险金和预先存入一笔自己身后的丧葬费。只有那些看到未来万无一失的人才会尽情享受眼前的生活嘛。

在这种以为能阻止任何厄运侵入自己生活的深刻信念中，包含着一种巨大而又危险的自负，尽管人们生活得十分克勤克俭。十九世纪在自由派的理想主义之中真诚地相信自己这个世纪正沿着一条无忧无虑的康庄大道走向"最美好的世界"。人们用蔑视的眼光看待从前充满战争、饥馑和动乱的时代，认为那是人类尚未成熟和不够开化的时代；而现如今，只需要再用几十年的工夫，一切邪恶和暴虐就都会被彻底消灭。对这种不可阻挡的持续"进步"所抱的信念是那个时代的真正信仰力量；人们信仰这种"进步"已超过信仰《圣经》，而且他们这样的神圣信念似乎正在被每天每日科学技术的新奇迹雄辩地证实。事实上，在那个和平的世纪即将结束的时候，普遍的繁荣变得愈来愈明显、愈来愈迅速、愈来愈丰富多彩。照亮夜晚街道的已经不是昏暗的灯光，而是耀眼的电灯。从主要街道到市郊的沿街店铺都散射出迷人的新的光辉。人们已能用电话进行远距离的谈话。人们乘坐的车辆已不再用马匹拖拉，而是以新的速度在飞驰。人们已实现了伊卡洛斯[3]的梦想，能在太空翱翔。舒适方便的设备已从高贵的府邸进入到市民家中；水已经不再需要从水井或者从水渠里去提取；炉灶生火也不再那么费劲,到处讲究卫生,已不再满目肮脏。自从用运动锻炼身体以来,人们变得愈来愈漂亮、愈来愈强壮、愈来愈健康。畸形残废、甲状腺肿大、断肢缺腿的人在街上已日趋少见,而所有这些奇迹都是科学——"进步"这个天使所创造。社会福利也在不断前进:每年都赋予个人以新的权利;司法愈来愈温和与人道;纵然是一切问题的问题,即广大民众的贫困问题也不再显得无法克服。愈来愈广泛的社会阶层获得了选举权,从而有可能通过合法手段维护自己的权益。社会学家和教授们为使无产者享有比较健康乃至比较幸福的生活状况而竞相出谋划策——因此,这个十九世纪为自己所取得的成就而不胜自豪,并觉得每隔十年就会更上一层楼,这又有什么可奇怪的呢?人们不相信还会有像在欧洲各国之间发生战争这样野蛮的倒退,就像不相信还会有女巫和幽灵一样;我们的父辈们始终不渝地深信宽容与和睦是不可缺少的约束力。他们真心实意地以为,各国和各教派之间的界限与分歧将会在共同的友善中逐渐消失,因而整个人类也将享有最宝贵的财富——安宁与太平。

那是被理想主义所迷惑的一代人,他们抱着乐观主义的幻想,以为人类的技术进步必然会导致人类的道德同样迅速的提升,而在我们今天把"太平"这个词早已作为一种幻想而从自己的词汇中抹掉的人看来,那是十分可笑的。由于我们这一代人在这个新的二十世纪里已学会了对任何集体兽行的爆发不再感到惊讶;由于我们等待着在未来日子里还会有比以前更加臭名昭著的一天,所以我们对人的道德的可教性抱着怀疑态度。我们不得不承认弗洛伊德[4]

的正确。他看出我们的文化、我们的文明无非只是薄薄的一层，随时都有可能被潜意识的破坏力量所冲破。想必我们二十世纪这一代人已渐渐习惯于生活在一个没有立足点、没有权利、没有自由、没有太平的世界上。我们早已为了自己的生存而摒弃了我们父辈们的信念——他们相信人性会迅速地不断提高。鉴于一场将人类上千年的努力毁于一旦的灾难——第一次世界大战，在我们这些得到惨重教训的人看来，我们父辈们的那种轻率的乐观主义十分迂腐。然而，尽管那只不过是一种幻觉，却也是我们父辈们为之献身的高尚和美好的幻觉，比今天那些蛊惑民众的口号更富有人性和更有益处。所以时至今日在我内心深处似乎还没有完全摆脱那种幻觉，虽然我对此已有充分的认识和完全失望。一个人在童年耳濡目染的时代气息早已融入这个人的血液之中，根深蒂固。所以，不管现在每天每日在我耳边聒噪的是什么，不管我自己以及无数和我命运相同的人经历过怎样的侮辱和磨难，我仍然不能完全违背我青年时代的信仰：尽管有这样那样的挫折，总有一天会重新好起来。纵使我们今天怀着惘然若失、一筹莫展的心情，像半个瞎子似的在恐怖的深渊中摸索，但我依然从这深渊里不断仰望曾经照耀过我童年的昔日星辰，并且用从父辈们继承下来的信念安慰自己：我们所遇到的这种倒退有朝一日终将成为仅仅是永远前进的节奏中的一种间歇。

在巨大的风暴早已将太平世界击得粉碎的今天，我们终于明白：那个太平世界无非是空中楼阁。然而，我的父母却是生活在那座空中楼阁里，就好像住在一幢石头房子里似的。从未有过什么风暴或者仅仅是一股强烈的穿堂风闯入过他们温馨、舒适的生活;毫无疑问,他们当时还拥有一种防范风云突变的特殊手段:即他们是有钱的人,他们正在渐渐变得富有,甚至会变得非常有钱,这在那个时代是抵挡不测风云的可靠窗户和墙壁。我觉得,他们的生活方式是那种所谓"优裕的犹太中产阶级"的典型,这个阶层曾对维也纳文化作出过非常重要的贡献,而所得到的报答却是这个"优裕的犹太中产阶级"被彻底消灭。所以,我在这里叙述我的父母的那种悠闲安适和低调的生活,其实讲的并不是个人私事,因为在那个一切价值都有保障的世纪里,在维也纳有一万或者两万个像我父母那样生活的家庭。

我父亲的祖籍在摩拉维亚[5]。在那个方圆不大的乡村地区居住着犹太人的世族。他们和当地的农民及小市民相处得非常融洽,所以他们完全没有那种受压抑的心情,另一方面,他们也没有东欧犹太人——加利西亚[6]犹太人的那种随时都会显露出来的急躁。由于我的先辈当年生活在农村,他们体魄强壮,迈着稳健、从容的步伐走自己的路,就像当地的农民穿越田野一般。他们早就不是正统的宗教信徒,而是时代的宗教——"进步"的热烈追随者;在奥地利政坛奉行自由主义时期,他们选举出在国会里最受自己尊敬的议员。当他们从自己的故乡迁居到维也纳以后,就以惊人的速度使自己适应了更高层次的文化生活。他们个人的发迹都和时代的普遍繁荣有机地联系在一起。我们的家族在这种转变过程中也十分具有典型性。我的祖父曾做过手工纺织品买卖。然后奥地利的工业在上个世纪——十九世纪——下半叶开始兴盛。从英国进口的纺纱和织布机械由于生产效率高而使纺织品的价格大大低于老式手工织布机的产品。犹太商人以他们天才的商业洞察力和全球目光率先认识到在奥地利实行工业化生产的必要性——唯有工业化才能获得厚利。他们用极少的资本建立起那些临时匆匆搭建的、最初只是以水力为动力的工厂。那些工厂以后就发展成为控制整个奥地利和巴尔干半岛的强大的波希米亚[7]纺织工业中心。如果说，我的祖父是一个用成品从事中间贸易的早期典型代表，那么我父亲已决心跨入一个新的时代——他三十三岁时在波希米亚北部创办了一家织布小作坊，然后经过多年经营，小心谨慎地把小作坊渐渐扩大成为一家规模相当大的企业。

这样一种小心谨慎的扩大方式完全是一种时代意识，尽管当时经济景气得十分诱人。况且，"小心谨慎地扩大"也特别符合我父亲的那种克制而绝不贪婪的本性。他牢记他那个时代的信条："稳妥第一。"他觉得自己拥有一家资本实力"扎扎实实"的企业——那个时代最爱说的一句话——比通过银行贷款或者什么抵押而扩建成一家大规模的企业更为重要。他毕生唯一的自豪是：在他一生的时间里从未有人在一张债据上或者在一张期票上见到过他的名字，而他在自己的银行里——毫无疑问是在最可靠的信贷银行——罗思柴尔德银行[8]里始终处在贷方的地位。他讨厌任何投机取巧的赢利，哪怕只要冒一点点风险他也不干。他一生从未参与过一笔不知底细的交易。当他渐渐地有钱和愈来愈有钱时，他也从不将此归功于大胆的投机或者特别有远见的作为，而是归功于自己适应了那个小心谨慎的时代中最普遍的方法——即始终只用收入的极小一部分用来消费，而把逐年递增的巨额款项用来补充资本。我父亲像他同辈中的绝大多数人一样，如果看到一个人把自己收入的一半无忧无虑地花尽，而不"想一想以后"——这也是那个太平年代常说的一句话——就会把这个人视为一个靠不住的败家子。其实，对一个有钱的人来说，用这种变利为本的不断积累而使自己富起来，在那个经济腾飞的时代只不过是一种保守的生财之道罢了，因为当时国家还没有想到要从巨额的收入中多征收几个百分点的所得税，而国家的有价证券和工业股票在当时却能带来很高的利息。不过，这种保守的生财之道也是值得的，因为当时还不像以后通货膨胀时期那样：克勤克俭的人会遭到豪夺，规矩正派的人会遇到诈骗。当时，恰恰是最有耐心的人、不搞投机的人受益最多。我父亲由于顺应了他那个时代的这种普遍方式，因而在他五十岁时，纵然用国际标准来衡量，他也可以称得上是一位巨富了。但是，与这种财产的骤增相比，我们家庭的生活开销依然非常节俭。我们只是逐渐替自己添置一些方便生活的小设备。我们从一幢较小的住宅迁到一幢较大的寓所。我们只是在春天的时候下午出门才坐一辆出租马车。我们外出旅行坐的是二等车厢。我父亲到五十岁时才第一次享受了一回豪华生活：和我母亲乘车到尼斯[9]去度了一个月的冬天。总的说来，持家的基本原则始终是：量入为出，而非炫耀财富。我父亲即便成了百万富翁以后，也从未吸过一支进口雪茄，而只吸普通国产的特拉布柯牌雪茄——就像当年弗朗茨·约瑟夫皇帝只吸他的廉价的弗吉尼亚雪茄一样。而且我父亲玩牌时总是只下少量的赌注。他始终不渝地坚持自己这种节俭的作风，坚持过一种既舒适又不惹人注意的生活。虽然他比自己的大多数同行体面得多、有教养得多——他钢琴弹得非常出色，书法清丽，会说法语和英语——但他坚决拒绝任何荣誉和荣誉职位——他在一生中从未追求或者接受过任何头衔和身份，而像他这样的大工业家是完全可以经常被授予那些头衔的。他从未向人要求过什么，也从未向人说过一声"请求您"或者"感激不尽"这样一类话。这种藏于内心的自豪感对他来说比任何外表的风光显得更重要。

每个人在自己的一生中大概都必然会出现一个和自己父亲的性格相同的时期。我父亲不愿抛头露面而愿意静悄悄地独自生活的那种个性，如今开始在我身上变得一年比一年明显，尽管这种个性特点和我的职业原本是矛盾的，因为作家的职业在某种程度上不得不宣扬自己的名字和让自己抛头露面。不过，出于同我父亲一样的那种内在自豪，我也一贯拒绝任何外表形式上的荣誉，我从未接受过一枚勋章、一个头衔，或担任过某个学会会长的职位。我也从未当过什么研究院院士、理事，或者某个评奖委员会的委员；就连坐在一张盛宴的餐桌旁，我也觉得是一种尴尬。即便我是为第三者去求人，但是一想到我是为某事去和某人攀谈，我在未开口以前嘴巴就不利索。我知道，在一个只有通过手腕和逃避才能始终自由生活的世界里，在一个如歌德老人明智说过的"勋章和头衔能使人在倾轧中免遭挨打"的世界里，我父亲和我的那种迂腐拘谨是多么不合时宜。但是，我的父亲始终在我心中。我无法违背他的深藏于内心的那种自豪——为始终保持低调而自豪，是那种自豪促使我从不锋芒毕露。我今天真的要感谢我的父亲，是他给我留下了也许是今天唯一可靠的财富：感觉到自己内心的自由。

我的母亲却是另一种出身——出身在一个国际性的大家族。我母亲的娘家姓布雷特奥尔[10]。她在意大利南部的安科纳[11]出生，所以她从小就会说意大利语，就像说德语一样。每当她和我的外祖母或者同她的姐妹说些不该让女佣们听懂的话时，她就改用意大利语。我从孩提时候起就已熟悉意大利式烩饭和当时还十分稀罕的洋葱头以及其他南欧风味菜。所以，我后来每当去意大利时，下车伊始就有归家之感。不过，我母亲的那个家族并非意大利人，而是外祖父家有意要成为一个国际性的大家族；最初开设银行的布雷特奥尔家族——以犹太人大银行世家罗思柴尔德[12]为榜样，但规模自然要小得多——外祖父布雷特奥尔家族很早就从霍恩埃姆斯[13]——靠近瑞士边界的一个小地方——分散到世界各地，一部分迁到圣加伦[14]，另一部分迁到维也纳和巴黎。我的外祖父则到了意大利，还有一个舅舅到了纽约。这种国际性的联系使他们显得更加体面，视野更为宽广，同时也有某种家族自豪感。在这个家族里不再有小商人、掮客，而只有银行家、经理、教授、律师、医生。每个人都会说好几种语言。我今天还清楚记得，在我巴黎姨妈家的餐桌上他们是怎样轻松自如地从一种语言转换到另一种语言。这是一个十分关心"自重"的家族。每当较穷的亲戚中有一个年轻姑娘到了待嫁之年时，整个家族就为她筹措好一大笔丰厚的嫁妆，目的仅仅是为了防止她"低就"成婚。我父亲虽然身为大工业家备受尊敬，但是我母亲却从来不能容忍将我父亲的亲戚和她自己的亲戚相提并论，尽管她和我父亲的结合是非常美满的婚姻。这种以出身于"上流"家庭为荣的自豪，在所有姓布雷特奥尔的人身上都是根深蒂固的。当许多年以后他们中间的一员为了表示他对我的特殊好感时，曾倨傲地这样说："你才是布雷特奥尔家族的真正后代呢。"他的这句认可的话似乎是想说："你算是投对胎了。"

这也是一种贵族——一些依靠自己的力量发迹的犹太人家族就是属于这样的贵族；我和我哥哥从童年时代起就对这样一种贵族一会儿觉得有趣，一会儿又觉得厌烦。我和我哥哥老是听到他们议论：这是一些"高雅"的人，那是一些"不高雅"的人；他们对每个朋友都要追究一番，看看这个朋友是否出身于"上流"家庭，甚至对这个朋友的每一个家族成员和亲戚的出身以及财产状况都要详细调查。这种不断把人分为三六九等的议论成了每次家人闲聊和社交谈话的主要话题，那些话题，在我和我哥哥看来是极其可笑和故作高雅，因为所有犹太家族之间出现的差别归根结底也只不过是近五十年或一百年的事。犹太家族都是在那个时候先后从同一个犹太社区迁徙而来。只是到了很久以后我才明白，那种"上流"家族的观念——在我们男孩子们看来完全是假贵族的一种装模作样——表现了犹太人本性中最内在和最令人不解的意向之一。一般人都认为，发财致富是一个犹太人典型的最终人生目标，然而没有比这种看法更错误的了。发财致富对一个犹太人而言只不过是一个过渡阶段——是达到真正的人生目标的一种手段，绝非是他的内心目标。一个犹太人的真正愿望——

他的潜在理想——是提升自己的才智，使自己进入到更高的文化层次。这种把精神视为高于纯粹物质利益的最高意志早在欧洲东部正统的犹太人中间——他们较鲜明地呈现出整个犹太民族的各种优点和弱点——就有形象生动的表现：一个研究《圣经》的虔诚学者在全体犹太居民中间要比一个富翁高贵一千倍。就连最有钱的富豪也宁愿把自己的女儿嫁给一个穷得像乞丐似的知识精英为妻，而不愿嫁给一个商人。这种对知识精英的敬重在犹太人的各阶层中都是一样的。纵然是扛着背包、冒着日晒雨淋沿街叫卖的最穷的犹太人小贩也都愿意作出最大的牺牲，想方设法至少要让自己的一个儿子念上大学。倘若在自己的家族成员中有一个人明显地成了称得上知识精英的人，如当了教授、学者、音乐家，那么这个犹太人家族就会把这种荣誉头衔看作是属于整个家族的，仿佛这个人通过自己的成就会使整个家族变得高贵似的。犹太人在自己的内心都会不知不觉地要竭力避免成为一个道德上不可靠、令人讨厌、小里小气、把一切视为交易、只讲做买卖的无知无识的人，而是要努力争取跻身于更加纯洁、不计较金钱的知识阶层的行列。说得直率一点，仿佛任何一个犹太人都想把自己和整个犹太民族从金钱的不幸中拯救出来似的。因此在犹太人家族中追求财富的劲头往往在经过两代人或者至多三代人之后便告衰竭，而且恰恰是在家族的极盛时期会出现一些不愿意接管自己父辈的银行、工厂、规模巨大和生意兴隆的商号的子孙。例如，有一个罗思柴尔德勋爵[15]成了鸟类学家，有一个瓦尔堡[16]成了艺术史家，有一个卡西雷尔[17]成了哲学家，有一个萨松[18]成了诗人，这些都不是偶然现象；他们都被一个潜意识的相同欲望所驱使——要使自己摆脱那种只知冷酷地赚钱的犹太人小天地。也许这也正表现了他们那种隐藏的渴望：通过进入知识阶层而使自己摆脱那种纯粹犹太人的气质而获得普遍的人性。也就是说，一个"名门"世家的含义并不仅仅是指这种称谓所表示的社会地位，"名门"世家是指一个犹太家族通过自己对另一种文化的适应，而且尽可能适应一种兼容并蓄的普世文化，从而使自己摆脱或者开始摆脱犹太社区强加于犹太人的一切缺陷、狭隘和小气。不过，后来由于大量的犹太人从事知识分子职业，在犹太人中占了过多的比例，这种进入知识阶层的做法也就像以前只着眼于物质利益时一样，又给犹太民族带来了深重灾难[19]。这种永远自相矛盾的无所适从大概是犹太人命中注定的吧。

几乎没有一座欧洲的城市像维也纳这样热衷于文化生活。恰恰是因为哈布斯堡皇朝统治下的奥地利几个世纪以来既无政治野心又无军事行动，所以奥地利才显得特别繁荣昌盛。奥地利人的自豪感也就最强烈地表现在追求艺术的卓越地位上。在这个曾长期统治欧洲的古老的哈布斯堡皇朝帝国中，那些最重要和最有价值的地区——德意志、意大利、佛兰德[20]、瓦龙[21]，都早已衰落，唯有维也纳这座首都——朝廷的宝地、千年传统的守护神——始终安然无恙地闪耀着古老的光辉。罗马人曾为这座城市的城墙奠定了最初的基石，把这座城市作为抵御蛮人、保护拉丁文明的城堡和前哨；一千多年以后，奥斯曼人[22]拥向西方的巨流撞碎了这座城墙。尼伯龙根人[23]曾经到过这里；七颗不朽的音乐巨星——格鲁克[24]、海顿[25]、莫扎特[26]、贝多芬、舒伯特[27]、勃拉姆斯[28]、约翰·施特劳斯[29]都曾在这里照耀天下;欧洲文化的各种潮流都在这里汇集;在宫廷里、在贵族中、在民间,德意志的文化传统和斯拉夫的、匈牙利的、西班牙的、意大利的、法兰西的、佛兰德的文化传统融合在一起。这座音乐之都维也纳的真正天才是将一切具有极大差异的文化熔于一炉,使之成为一种新的独特的奥地利文化、维也纳文化。这座城市天生有着博采众长的愿望和接受外来影响的特殊敏感,维也纳将那些完全不相同的人才吸引到自己身边,使他们在这里感到身心轻松、彼此融洽。人们在这种思想融洽的氛围中生活,感到不胜温馨。这座城市的每一个居民都在不知不觉中被培养成为一个超民族主义者、一个世界主义者、一个世界的公民。

这种兼容并蓄的艺术——犹如交响乐中柔和的过渡艺术——从这座城市形成的外貌中便可明显看出。这座拥有两百万居民的城市经过数百年的缓慢发展——从内城有序地向四周扩大以后,居民人口已足够提供一座大都会的一切豪华消费和各方面的需求,但维也纳还没有大到像伦敦、纽约那样失去了自然景色。维也纳城市边缘的房舍,有的倒映在多瑙河的流水之中,有的面向辽阔的平原,有的散落在园林和田野之中,有的分布在树木葱郁的阿尔卑斯山最后余脉的不陡峭的山冈上;人们几乎感觉不出哪里是自然景色,哪里是城市的起端,两者和谐地交融在一起。可是人们在内城又会觉得这座城市的平面发展宛若一棵树的年轮似的一圈一圈层次分明;在古老的要塞围墙的旧址上是一条环城大道,大道两边华丽的建筑环抱着城市最中间、最高贵的核心——朝廷和贵族的古老宫殿。这些建筑诉说着维也纳以往的历史：贝多芬曾在这里的利希诺夫斯基侯爵[30]府上演奏过；海顿曾在这里的埃斯特哈茨家族[31]的府第做客；海顿的《创世记》[32]在那所古老的大学[33]里举行首演；这里的朝廷城堡[34]曾见到过历代的皇帝；这里的美泉宫[35]曾见到过拿破仑[36]；联合起来的基督教世界的诸侯们曾在这里的圣·斯特凡大教堂[37]里下跪，为欧洲从土耳其人手中拯救出来而默默祈祷；这里的那所大学曾在自己的围墙之内见到过科学界的无数名人。而在这些古老的宫殿之间则昂然屹立着富丽堂皇的新建筑——灯火辉煌的商店和光彩夺目的繁华街道。不过，这里的旧建筑并不抱怨新建筑，就像被敲下来的石块并不抱怨岿然不动的大自然一样。生活在这座城市里令人非常愉快。这座城市好客地接纳所有的外来人，愿意把自己的一切奉献。这里的氛围是那么轻松愉快，就像巴黎到处充满欢乐一样，只不过在这里能享受到更自然的生活罢了。谁都知道维也纳是一座享乐者的城市，而所谓文化不就是用最美好、最温情和最微妙的艺术和爱情美化赤裸裸的物质生活吗？享受美食，喝一瓶上好的葡萄酒和一瓶微苦的新鲜啤酒，品尝精美的甜食和大蛋糕，在这座城市里是属于一般享受。而从事音乐演奏、跳舞、演戏、社交、讲究修养和风度仪表，才是这里的一种特殊艺术。无论是个人生活还是社会生活，头等重要的事不是军事、不是政治、不是商业。一个普通的维也纳市民每天早晨看报的时候，第一眼看的不是国会的辩论或者世界大事，而是皇家剧院上演的节目——这座剧院在公众生活中具有其他城市几乎不能理喻的重要性，因为这座皇家剧院——即城堡剧院[38]对维也纳人而言、对奥地利人而言，不仅仅是一座演员在上面演戏的舞台，而是反映大千世界的小天地，是五光十色的生活反映，社会本身可以从舞台上观察到自己。这座剧院是唯一真正具有高尚情趣的"宫廷侍臣"[39]。观众从皇家剧院的演员身上可以看到自己的榜样：一个人该怎样穿着打扮、怎样走进房间、怎样谈吐、一个有高尚情趣的男人可以说哪些言辞而又必须避免哪些粗话。舞台不仅仅是让人娱乐的场所，而是教人正确发音、学习优雅风度的一本有声有色的教科书。即便那些和皇家剧院稍微沾点边的人也都好像头上有了圣像光环似的，散射出令人敬畏的光辉。在维也纳大街上，总理或者最有钱的巨富豪绅可以四处行走，而不会有人回头仰望；但是一个皇家剧院的男演员或者一个歌剧女演员在街上走过，每一个女售货员和每一个马车夫都会认出他们。当我们这些男孩亲眼看到那些演员中的某一个（他们的照片和签名人人都收集）从自己的身边走过以后，我们就会得意洋洋地互相说个没完。这种近乎宗教式的崇拜甚至会涉及这个演员周围的人。松嫩塔尔[40]的理发师、约瑟夫·凯因茨[41]的马车夫都是人们暗暗羡慕的体面人物。年轻的公子哥儿以穿着和演员一样款式的服装为荣。一位著名演员的诞辰纪念或葬礼成了压倒一切政治事件的大事。每一位维也纳作家的最大梦想就是能使自己的作品在城堡剧院演出，因为这意味着他从此一生高贵和能享受一系列荣誉，例如，他终生都不再需要购买入场券，他会收到参加一切公演的请柬；他可能成为某个皇室成员的宾客。我今天还记得我自己亲身经历过的这样一种隆重礼遇。有一天上午，城堡剧院的经理把我请到他的办公室，他在首先表示祝贺之后告诉我说，城堡剧院已经接受我的剧本《一生传奇》[42]；当我晚间回家时，我在自己的寓所见到他留下的名片：他对我——一个二十六岁的年轻人已进行了正式的回访。而我，作为皇家剧院的一名编剧，一举成了一位"上流人物"，以致他需要像对待一位皇家学院院长那样来对待我。至于皇家剧院发生的事都和每一个人有间接有关，甚至会涉及一个毫不相干的人。例如，我今天还清楚记得在我少年时代发生过的这样一件事。有一天，我们家的厨娘噙着眼泪跌跌撞撞走进房间，对我们讲：她刚才听人说夏洛特·沃尔特[43]——城堡剧院最著名的女演员死了。这种极度的悲伤自然会令人觉得莫名其妙，因为这个半文盲的老厨娘从未去过那座高贵的城堡剧院，也根本没有在舞台上或者在日常生活中见过夏洛特·沃尔特。不过，话又说回来，在维也纳，一位全国闻名的女演员是属于全城的集体财富，所以她的死也会使一个毫不相干的人觉得是一种莫大的不幸。任何一个受人爱戴的歌唱家或者艺术家的去世都会顿时成为全国的哀痛。我还记得，当曾首演过莫扎特的《费加罗的婚姻》的"老"城堡剧院拆毁时，维也纳整个社交界好像参加葬礼一般，维也纳人神情严肃而又激动地聚集在剧院的大厅里，帷幕刚刚落下，所有的人都涌上舞台，为的是至少能捡到一块舞台地板的碎片——他们喜爱的艺术家们曾在这块地板上演出过——作为珍贵的纪念品带回家去。而且几十年以后还可以看到这些不会闪光的木片在数十户市民家中被保存在精致的小盒子里，就像神圣的十字架的碎片被保存在教堂里一样。

而当那座被称为伯森多费尔音乐厅[44]的建筑被拆除时，我们自己的举动也不见得理智多少。

那座专供演奏室内乐用的小小的音乐厅原本是一座完全不起眼的非艺术性建筑物——这座建筑早年是列支敦士登侯爵[45]的骑术学校，后来改建时也只不过在四壁镶上木板，以适应音乐的需要，一点都不富丽堂皇。但小小的音乐厅却像一把古老的小提琴似的扣人心弦，对音乐爱好者来说，这里是一块圣地，因为肖邦[46]、勃拉姆斯、李斯特[47]、鲁宾施泰因[48]都在那里举行过音乐会，许多著名的四重奏都在那里首演。而现在，这座音乐厅却要为一幢新的实用建筑而让路，这对我们在那里度过了难忘时刻的人来说简直不可思议。所以当贝多芬的乐曲（由红玫瑰四重奏组演奏得比以往任何时候都出色）的最后旋律渐渐消失时，没有一个人离开自己的座位。我们喝彩、鼓掌，一些妇女激动得啜泣起来。谁也不愿相信这是最后的告别。音乐厅里的灯光熄灭了，为的是要把我们赶走。可是在那四五百名乐迷中没有一人离开自己的座位，我们在那里待了半小时、一小时，仿佛我们用那种行动能够迫使那座古老的神圣大厅得到拯救似的。而当我们还是大学生的时候，我们又是怎样为了反对拆毁贝多芬临终的寓所而用请愿书、游行和文章进行斗争的呀！这类在维也纳具有历史意义的每一幢房屋被拆除都好像从我们身上夺取了一部分灵魂似的。

这种对艺术，尤其是对戏剧艺术的狂热遍及维也纳社会的各阶层。由于近百年的传统，维也纳本身原是一座社会阶层分明而又相处非常融洽的城市——正如我以上所述。

社会舆论还始终受皇家控制。所以，宫廷城堡不仅是空间意义上的中心，而且也是哈布斯堡帝国超越民族的文化中心。在宫廷城堡周围是奥地利、波兰、捷克、匈牙利的大贵族的府第——在某种程度上可以说是第二道围墙。在这道围墙外面则是由较小的贵族、高级官吏、工业家和"名门世家"组成的"上流社会"的邸宅，再外面才是小市民阶层和无产者居住的地方。所有这些阶层都生活在自己的社会圈子里，甚至生活在自己特定的区域内。大贵族住在城市核心区的自己府第里，外交使团住在第三区，工商界人士住在环城大道附近，小市民阶层住在第二区到第九区的内城区，最外面一层住着无产者。但是所有的人都会在城堡剧院和盛大的节日里彼此交往。比如说，在普拉特绿化区[49]举行鲜花彩车游行时，十万民众会热情地向坐在华丽的马车里的"近万名上流人物"喝彩三次。在维也纳，凡事都可成为庆祝的理由，都被色彩和音乐充满着，如宗教游行、基督圣体节、军事检阅、"皇家音乐节"等，无不如此。纵使出殡也是热热闹闹。任何一个讲究礼俗的维也纳人都追求"壮观的葬礼"、盛大的送葬排场和众多的送葬人；甚至可以说，一个真正维也纳人的辞世对他人来说是一次大饱眼福的盛会。正是在这种对一切声色和节日氛围的爱好之中，在这种对演戏似的生活的乐趣之中——无论是舞台上表现生活的演戏形式还是反映演戏似生活的现实形式——维也纳全城的人都会趋向一致。

维也纳人津津乐道他们所喜欢的演员在生活中的各种极其琐碎的小事，有时真可谓达到荒唐的程度——他们的这种"戏剧癖好"很容易被别人讥笑；和刚毅的邻邦——

德意志帝国相比,我们奥地利对政治淡漠,经济落后,事实上,其中部分原因很可能就在于过分讲究享受。不过,这种对艺术的过分重视倒使我们在文化方面有了与众不同之处:首先,我们对每一种艺术成就都抱着十分崇敬的态度;其次,经过几个世纪的艺术熏陶,我们有了一种无与伦比的鉴赏力,而且正是由于这种鉴赏力,反过来又使我们最终在一切文化领域内达到超群的水平。艺术家总是在他备受尊重和甚至受到崇拜的地方感到最舒畅和最受鼓舞。艺术总是在其成为一件全民族生活大事的地方达到顶峰。正如文艺复兴时期的佛罗伦萨[50]和罗马[51]吸引了大批画家并把他们培养成为巨匠一样——因为每个画家都感到自己必须在全体市民面前与别的画家进行竞争和不断超越自己的水平——维也纳的音乐家和演员们也都明白自己在这座城市里的重要性。在维也纳歌剧院和在城堡剧院里容不得半点儿疏忽。任何一个错误的音符都会被立刻发现,一旦进入合唱声部的时间不合节拍或者音符被缩短,都会受到指责。这种监督不仅来自首演时的专业评论家们,而且也来自每天每日的全体观众。他们的耳朵相当敏感,而且通过不断的比较变得越来越敏锐。由于政治、行政管理和社会风纪方面一切都相当安定顺当,所以在这些方面纵使有点"马虎",维也纳人也都能包涵,纵使有点违反常规,维也纳人也都能宽容谅解。唯独他们对艺术方面出现的差错却从不含糊,因为这关系到本城的荣誉。每一个歌唱家、每一个演员、每一个音乐家都必须始终竭尽全力,不然就会被淘汰。能在维也纳成为明星是非常了不起的,但要始终保持明星的地位却不容易;任何松懈都不能原谅。在维也纳的每一位艺术家都十分清楚这种从不间断、毫不留情的监督，从而迫使自己精益求精，这样也就使整个艺术水平达到卓绝的程度。我们每一个人从青年时代起就已习惯在自己的一生中用严格、苛刻的标准去要求艺术家的每一次演出。当年，古斯塔夫·马勒[52]领导下的维也纳歌剧院有铁一般的纪律；交响乐团的音乐家们会理所当然地将激情与一丝不苟联系在一起。一个详细知道这些情况的人，他在今天就难得会对一次戏剧演出或者音乐会的演出感到完全满意。不过，我们这样也就学会了对自己的每一件艺术品提出严格的要求。当时艺术家们所达到的水平一直是我们的表率，在一个正在成为艺术家的人看来，那种水平在世界上只有少数城市具备。那种关于音乐的正确节奏和悠扬跌宕的知识深入民间，因而即使是一个坐着喝新酿葡萄酒的小市民也会要求乐队演奏出高水平的音乐，就像他要求掌柜给他端上好的葡萄酒一样。就连普拉特公园里的民众一旦听到军乐，不管军乐是由"德意志大师们"演奏还是由匈牙利人演奏，公园里的民众很快就能清楚地知道哪支军乐队演奏得"最带劲"。住在维也纳的人仿佛都会从空气中获得自己的音乐节奏感似的。比如，我们这些作家们是在一篇特别讲究的随笔中表现优美的音乐节奏感，而另一些人则在社交礼仪和日常生活中体现音乐节奏感。

一个没有艺术感和不崇尚礼仪的维也纳人在一个所谓的"上流"社会里简直不可思议。纵然在社会下层，一个最贫穷的维也纳人也具有某种对美的本能要求，这是维也纳的自然景色和维也纳人的人生乐趣对他的生活熏陶所致。如果住在维也纳的人没有那样一种对文化的热爱，没有那样一种对安逸舒适生活的享受意识和审美意识，那么他就不是一个真正的维也纳人。

所以，适应维也纳的人文环境，或者说，适应这片自己居住的土地，对犹太人而言不仅是对外的一种保护措施，而且也是自己内心深处的一种需求。犹太人要求有自己的家园，渴望安宁、养息、太平，渴望消除陌生的感觉，这就促使他们热忱地把自己和周围的文化联系起来。除了十五世纪的西班牙以外，几乎没有一个国家在这样一种联系方面比奥地利显得更加出色和更有成效。自从犹太人在这座皇帝的京城维也纳定居两百多年以来，他们在这里遇到的是一群逍遥自在、愿意和睦相处的维也纳人，虽然维也纳人看上去不太讲究繁文缛节，但在他们的内心深处同样蕴藏着那种追求精神生活和美的价值的根深蒂固的本能，正如犹太人认为这些价值对于自己十分重要一样。甚至可以说，犹太人在维也纳有了更多的机遇：他们在这里找到了自己的一项使命。在上个世纪——十九世纪的奥地利，艺术曾一度失去了自己传统的老保护人和赞助者——即皇室和贵族。而在十八世纪的时候，玛丽亚·特蕾西娅[53]曾让格鲁克来指导她女儿们的音乐，约瑟夫二世[54]曾作为一个行家和莫扎特讨论过莫扎特的歌剧，利奥波德二世[55]自己就作过曲；但后来十九世纪的皇帝——弗朗茨二世[56]和费迪南德一世[57]对艺术方面的事就已不再有丝毫兴趣了，而我们的皇帝——弗朗茨·约瑟夫一世[58]，在这位八旬老翁的皇帝生涯中，除了阅览军队的花名册以外就从未读过一本书或者仅仅在手里拿过一本书，他甚至还流露出对音乐的冷漠。同样，大贵族也都放弃了从前那种赞助的态度。以前，埃斯特哈茨家族府第曾把海顿留在家里奉为宾客；洛布科维茨侯爵[59]府、金斯基家族[60]、瓦尔德施泰因家族[61]曾竞相争取在自己的府第首演贝多芬的作品；伯爵夫人图恩[62]还恳求贝多芬——这位伟大的精灵不要把歌剧《菲岱里奥》[63]从歌剧院的保留节目中撤销——然而这样的黄金时代已一去不复返。即使像瓦格纳[64]、勃拉姆斯、约翰·施特劳斯或者胡戈·沃尔夫[65]这样的艺术家，也都已得不到贵族们的一丁点儿资助。于是，市民阶层[66]为了把交响音乐会保持在原有的水平，为了让画家和雕塑家能够维持生计，不得不出来代替豪门贵族进行支持。而恰恰是犹太市民阶层的自豪和抱负使他们在维护维也纳古老灿烂文化的光荣时刻站在最前列。他们一向热爱这座城市，并且一心一意打算在这里居住，因而他们觉得只有通过自己对维也纳艺术的热爱，才能真正算是成了维也纳人，才不愧于这一片故土。不过，除了艺术，犹太市民阶层在公共生活中所产生的影响原本就微不足道。皇室的煊赫使任何个人的私人财富都显得黯然失色。领导国家的高位都是世袭的，外交界是属于贵族的，军队和高级官吏的职务均被名门世家所把持；话又说回来，犹太人也从未有过想跻身于这种特权阶层的奢望。他们彬彬有礼地尊重这种传统的特权，认为这是理所当然。譬如说，我今天还清楚地记得，我父亲一生都不愿到扎赫尔大饭店[67]去用餐，并不是为了节约——因为和其他几家大饭店相比，扎赫尔大饭店的价格也只是略微贵了一些——而是出于那种天生的敬而远之的心情：他觉得和一位施瓦岑贝格亲王[68]或者洛布科维茨侯爵邻桌是尴尬和不得体的。在维也纳，唯有对艺术，所有的人才感到有同样的权利，因为对维也纳艺术的爱护被视为是一种共同的义务，而犹太市民阶层通过自己的资助和促进，对维也纳文化所作的贡献堪称不可估量。他们是真正的观众、听众和读者。他们光顾剧院和音乐会，购买图书和绘画，参观各种展览。他们受传统束缚较少，思路灵活，成了各种场合一切新事物的促进者和先驱人物。十九世纪艺术珍品的巨大搜集和收藏几乎都由他们完成，艺术方面的一切尝试几乎只有通过他们才有可能得以进行；如果没有犹太市民阶层这种坚持不懈激励一切的兴趣，而仅仅依靠朝廷、凭借贵族和那些宁愿赛马与打猎而不愿促进艺术的信奉基督教的百万富翁们的冷漠态度，维也纳在艺术方面势必就会落后于柏林，就像奥地利在政治方面落后于德国一样。谁想在维也纳做一点艺术方面的创新，谁从外地来到维也纳做客，想在这里找到自己的知音，那么他就得指望这样的犹太市民阶层。记得在希特勒反犹太主义时期[69]曾经有过这样一次唯一的尝试：有人想在维也纳创立一家所谓德意志人"民族剧院"，可是这家剧院既找不到编剧，也找不到演员和观众，不到几个月工夫，这家"民族剧院"也就惨淡地垮台了。然而恰恰是通过这样一个具体事例第一次揭开了这样的内情：被世人所称颂的十九世纪维也纳文化，其十分之九是由维也纳的犹太人扶持、培育起来的文化，或者甚至可以说是由他们自己创造的文化。

因为维也纳的犹太人正是在十九世纪的最后几年在艺术创作方面变得相当活跃——而在西班牙的犹太人当时正面临着艺术方面的可悲没落——诚然，这种维也纳的艺术绝不可能是以一种犹太人独特的面貌出现,而是通过移花接木产生的奇迹:表现出最强烈的奥地利和维也纳的特点。在音乐创作方面,戈德马克[70]、古斯塔夫·马勒和勋伯格[71]成了国际性的人物,奥斯卡·施特劳斯[72]、莱奥·法尔[73]、卡尔曼[74]使圆舞曲和轻歌剧的传统获得新的繁荣。霍夫曼斯塔尔[75]、阿图尔·施尼茨勒[76]、贝尔-霍夫曼[77]、彼得·阿尔滕贝格[78]等人使维也纳文学达到欧洲的水平,这是格里尔帕尔策[79]和施蒂夫特[80]所代表的维也纳文学从未达到过的。松嫩塔尔、马克斯·赖因哈特[81]使这座戏剧城市再度誉满全球。弗洛伊德和科学界的泰斗使早已闻名的维也纳大学举世瞩目——这些身为学者、艺术名流、画家、导演、建筑师和新闻工作者的犹太人,在维也纳的文化生活中无可争辩地到处享有崇高和至高无上的地位。由于他们对这座城市的热爱和那种入乡随俗的愿望,使他们自己完全适应了这里的环境,并且觉得能为奥地利的荣誉效劳不胜荣幸;他们觉得为自己的奥地利做出贡献是自己的普世使命。的确,应该实事求是再次指出这一点:在当今欧美的音乐、文学、戏剧和工艺美术中被人赞誉为使奥地利文化获得新生的相当一部分——如果不说大部分的话——是由维也纳的犹太人所创造;而犹太人自己则在这种移花接木的工作中达到了千余年来精神追求的最高成就。几个世纪以来无处发挥的智慧是在维也纳文化艺术和已趋式微的传统结合中以新的生气和勃然的活力使旧的传统获得新的生命,焕发出新的青春。只是二十世纪的二三十年代想把这座城市强行民族化和地方化的企图才大大亵渎了维也纳呢,因为这座城市的意义和文化恰恰在于色彩斑斓的多元化元素在这里交融——在于这座城市在精神上的超民族性。维也纳的天才——一种独特的音乐天才——从来都是把民族和语言的一切对立因素和谐地融合在音乐自身之中；维也纳文化是西方一切文化的综合。凡是在维也纳生活和工作的人都感觉到自己摆脱了褊狭和成见。没有什么地方能比在维也纳更容易当一名欧洲人。而我知道，我之所以能早早学会把欧洲共同联合的理想作为我心中最崇高的理想加以热爱，在相当程度上应该感谢这座早在马可·奥勒留[82]时代就维护着罗马精神——兼容并蓄精神——的城市：维也纳。

在那古老的维也纳，人们生活得很好，生活得轻松愉快，无忧无虑，而北边的德国人却用一种略带恼怒和藐视的目光眼望着我们这些居住在多瑙河畔的邻居——这些邻居并不"能干"，也没有雷厉风行的劲头，而愿意享受生活：吃得好，在节日和剧院里寻找乐趣，并为此创作出卓越超群的音乐。维也纳人确实不喜欢德国人那种最终会使其他一切民族的生活变得无比痛苦和惶惶然不可终日的所谓"能干"，不喜欢他们要凌驾于其他一切世人之上的野心和拼命追赶的心态，维也纳人喜欢怡然自得地聊天，习惯于相安无事，让每一个毫无妒意的人各得其所——生活在与人为善和也许是漫不经心的和睦氛围中。"过自己的日子并且也让别人过自己的日子"曾是维也纳人的著名原则，在我看来，这个原则至今仍然是一个比一切绝对的命令更富于人性的原则，而这个原则当时曾顺利地被一切社会阶层所遵循。穷人和富人、捷克人和德意志人、犹太人和基督徒，都可以和平相处，尽管偶尔也有互相嘲弄的时候。纵然是政治和社会运动,也都不带那种可怕的仇恨之心。仇恨之心是作为第一次世界大战的余毒才侵入到时代的血液循环之中的。在从前的奥地利,人们在互相攻击时,尚且讲豪侠气概,那些国会议员们虽然也在报纸上、在国会里互相责难,但在经过西塞罗[83]式的长篇演说之后,仍然会友好地坐在一起喝啤酒或咖啡,并且彼此以亲昵的"你"相称。即便是反犹太主义政党的党魁卢埃格尔[84]当上了维也纳市长的那会儿,他在私人交往方面也没有丝毫变化。我个人必须坦率承认,我当时身为一个犹太人,无论在中学还是在大学和文学界,都没有遇到一丁点儿麻烦和歧视。在当年的报纸上,还不是每天都充斥着那种国与国之间、民族与民族之间、派别与派别之间的仇恨;仇恨还没有把人与人、国家与国家彻底隔离;老百姓在公共生活中表现出来的情绪也还没有像今天这样激烈得令人讨厌。那时候,个人所作所为的自由被认为是理所当然——而在今天却简直不敢想象;当时人们并不像今天似的把宽容视为一种软弱,而是将宽容尊为一种道德力量。

那是因为我出生和长大成人的那个世纪并不是一个激情燃烧的世纪。那是一个阶层分明、按部就班、秩序井然的世界,一个从容不迫的世界。机器、汽车、电话、无线电、飞机等的新速度尚未影响到人们的生活节奏;岁月和年龄依然有着另一种尺度。人们生活得相当悠闲安逸。当我今天想尽量回忆起我童年时代那些成年人的形象时,我记得最清楚的是,他们中间有许多人过早地发福。我的父亲、我的叔叔伯伯、我的老师们、商店里的营业员、乐谱架旁的交响乐团演奏员,在他们四十岁的时候就都已成了大腹便便、"气派非凡"的男子。他们步履缓慢,谈吐斯文,说话时抚摸着自己保养得很好的、常常是已经灰白的胡子。不过,灰白的须发却是尊严的一种新标志,而一个"稳重"的男子则要有意识地避免那些被认为是不太得体的青年人的举止和自负的神气。我今天怎么也记不起来,在我孩提时代曾见过父亲急匆匆地上下过楼梯或者有过任何明显的慌慌张张的举止。可他当时还不到四十岁呢。在那个时候,任何匆忙和慌张不仅被看作不文雅,而且事实上也大可不必,因为在那个凭借自己无数的小保险和背后有人依靠,从而对市民阶层来说相当稳定的世界里,从未发生过什么突发事变;即便外面的世界发生了什么灾难,也透不过这堵"保险"生活组成的厚墙壁。英布战争[85]、日俄战争[86]、即使是巴尔干战争[87],对我父母的生活全都没有丝毫的影响。他们把报纸上所有的战情报道当作体育专栏似的随随便便一翻而过。说真的,奥地利以外发生的事和他们又有什么相干呢?又会使他们的生活发生什么变化呢?在他们的奥地利,那是一个风平浪静的时代,国家没有天翻地覆的变化,货币不会突然大幅度贬值。那时候,要是证券交易所的股票一下子跌了百分之四或者百分之五,就被说成是"破产"了,人们就会蹙起眉头,忧心忡忡地谈起那场"灾难"。那时候,也有人抱怨"高额"的税收,但那种抱怨更多的是出于习惯,而不是真的这样认为。因为事实上当时的税收和第一次世界大战以后的税收相比,只不过是施给国家的一点点小费。那时候,人们还时兴立下最详尽的遗嘱,嘱咐子孙们怎样保住家产免遭任何损失,好像用这样一张自己再也见不到的遗嘱就能够永远有效地保证子孙们的安稳生活似的,于是他们自己也就生活得悠然自得,即使有一点小小的担惊受怕,也无非是像抚摸听话、好玩而根本不用害怕的家畜时的那样一种心情。所以,每当我今天手中偶然得到一张从前的旧报纸,读到那些关于一次小小的区议会选举的激动文章时,每当我回想起为了城堡剧院演出中的微不足道的问题而议论纷纷时,或者回想起我们青年时代对一些根本无关紧要的事情进行不值当的激烈讨论时,我就会忍俊不禁。当时的一切忧虑就是这么一丁点儿!那是一个多么风平浪静的时代啊!我的父母和祖父母那一代人有幸遇到了那样的时代。他们平静、顺利和清白地度过了自己的一生。不过,话又说回来,我不知道我是否要为此而羡慕他们。因为他们像生活在天堂里似的,从而对人间的一切真正痛苦、对命运的种种险恶和神秘力量懵懵懂懂,对一切令人焦虑的危机和问题视而不见,然而那些危机和问题却愈来愈严重!由于沉浸在安宁、富足和舒适的生活里,他们很少知道生活还可能成为一种负担和变得异常紧张,生活中会不断出现意想不到的事和天翻地覆的事;由于沉湎在自由主义和乐观主义之中,他们很难料到,任何一个明天,在它晨光熹微之际,就会把我们的生活彻底破坏。即使是在最最黑暗的黑夜里,他们也不可能醒悟到人会变得多么险恶;他们也同样很少知道人究竟有多少战胜险恶和经受磨难的力量。而今天的我们——我们这些被驱赶着经历了各种生活急流的人,我们这些脱离了与自己有关联的一切根系的人,我们这些常常被赶到穷途末路而必须重新开始的人,我们这些既是不可知的神秘力量的牺牲品同时又心甘情愿为神秘力量效劳的人，我们这些认为安逸已成为传说、太平已成为童年梦想的人——都已切身感受到极端对立的紧张关系和不断出现的新恐惧。如今，我们岁月中的每一个小时都和世界的命运联系在一起。我们已远远超出自己狭隘的生活小圈子，我们分享着时代与历史的苦难和欢乐，而我们从前的祖先只局限于自己的生活小圈子。因此，我们今天的每一个人，纵然是我们同类中最微不足道的人，他对现实的了解也远远超过我们祖先中最睿智的圣贤。不过，我们却没有从中占到什么便宜，而是完全为此付出了代价。

注 释

〔1〕 本章原文标题是：*Die Welt der Sicherheit*。独立的奥地利大公国建立于公元 1156 年。

〔2〕 指弗朗茨·约瑟夫一世（Franz Joseph I., 1830—1916），奥地利皇帝（1848—1916 年在位）、奥匈帝国皇帝兼匈牙利国王（1867—1916 年在位）。

〔3〕 伊卡洛斯，希腊神话中代达罗斯的儿子。他和父亲一起被关在克里特的迷宫里，父子两人身上装着用羽毛和蜡制的双翼逃出克里特。他由于忘记父亲的嘱咐飞近太阳，蜡翼遇热融化，坠海而死。

〔4〕 西格蒙德·弗洛伊德（Sigmund Freud, 1856—1939），奥地利神经科医生，精神分析学创始人。

〔5〕 斯蒂芬·茨威格的父亲莫里茨·茨威格（Moritz Zweig, 1845—1926）祖籍摩拉维亚（Mähren 或 Morava），今捷克东部摩拉瓦河流域一带，当时属奥匈帝国。

〔6〕 加利西亚（Galicia），东欧喀尔巴阡山区的历史地区名，在今波兰东南部和乌克兰西部。

〔7〕 波希米亚（英语 Bohemia，德语 Böhmen），欧洲中部一个区域的历史地名。原为神圣罗马帝国的一个王国，继而为哈布斯堡皇朝奥地利帝国的一个邦。今南连奥地利，西接巴伐利亚，北与萨克森毗邻，东与摩拉维亚交界。自 1993 年起构成捷克共和国中部和西部的大部分领土。

〔8〕 罗思柴尔德银行（Rothschild），是由 19 世纪欧洲著名银行世家罗思柴尔德家族（今译：罗特希尔德家族）兴办，创始人迈尔·阿姆舍尔·罗思柴尔德（Mayer Amschel Rothschild, 1743—1812）是德籍犹太人。

〔9〕 尼斯（Nice），法国东南部海港城市，疗养胜地和旅游中心。

〔10〕 斯蒂芬·茨威格的外祖父约瑟夫·布雷特奥尔（Josef Brettauer, 1813—1881）出身德国富豪家族。

〔11〕 安科纳（Ancona），位于意大利中部、濒临亚得里亚海的城市，由

古希腊人所建，筑在伸入大海的岬角上，三面环海，是意大利唯一的一座既可看到海上日出又可目睹海上日落的城市。安科纳在古罗马帝国时代是繁荣的港口和帝国向外扩张的基地，在中世纪也是相当强盛的海港城邦，但在第二次世界大战和1972年的地震中，该城大部分古迹遭到严重破坏。在幸存的古迹中最著名的是用大理石建造的图拉真拱门，是在公元115年罗马帝国极盛时期由在位的图拉真皇帝所建。

〔12〕 指罗思柴尔德家族。

〔13〕 霍恩埃姆斯：Hohenems，在奥地利境内，邻近瑞士边界。

〔14〕 圣加伦（英语Sankt Gallen，法语Saint-Gall），瑞士东北部一城市，苏黎世以东约80公里处，为圣加伦州首府。公元612年，爱尔兰修道士圣加勒斯（St. Gallus）在此处建立修道院，尔后围绕该修道院逐渐发展成为城市，城市名称源自圣加勒斯。城内的大教堂内部装饰华丽，是瑞士具有代表性的巴洛克式建筑。教堂图书馆收藏有大量珍贵手稿和善本书，说明该城在中世纪时是一个著名的学术中心，该城今又为纺织工业中心。

〔15〕 系指犹太大银行世家罗思柴尔德家族的后裔莱昂内尔·沃尔特·罗思柴尔德勋爵（Lionel Walter Rothschild, Lord, 1868—1937），1899—1910年为英国下院议员，著有动物学论文。

〔16〕 系指艾比·莫里茨·瓦尔堡（Aby Moritz Warburg, 1866—1929），研究文艺复兴时期艺术的历史学家。瓦尔堡家族（Die Familie Warburg）是19世纪下半叶至20世纪上半叶欧美金融界最著名的犹太家族之一，和罗思柴尔德家族齐名。阿比的四个弟弟：马克斯、保罗、费利克斯、弗里茨皆为金融巨头。有关瓦尔堡家族史，参阅［美］罗恩·彻诺（Ron Chernow著、吴咏蓓等译《沃伯格家族》(*The Warburgs*)，上海：远东出版社，2011年4月第1版。

〔17〕 系指恩斯特·卡西雷尔（Ernst Cassirer, 1874—1945），德国犹太人哲学家。出生于西里西亚的布雷斯劳（Breslau，今波兰弗罗茨瓦夫的旧称），其祖先是欧洲中部西里西亚（Schlesien或Silesia，今大部分领土属于波兰和斯洛伐克版图）的犹太人富豪家族，因其对文化价值的诠释而闻名于哲学界。主要著作有《符号形式的

哲学》、《物质和功能》等。1930 年起任汉堡大学校长。1933 年希特勒掌权后离开德国，曾在美国的大学教书，1945 年卒于纽约。

[18] 系指英国诗人和小说家西格弗里德·萨松（Siegfried Sassoon，1886—1967），19 世纪西班牙犹太巨富萨松家族的后裔。

[19] 斯蒂芬·茨威格此处是指希特勒反犹太人主义政权颁布的对犹太人知识分子的禁令，根据该禁令，犹太人法学家和博士们不再被允许从事自己的职业和学术活动。

[20] 佛兰德（Flandern），今法国和比利时北部沿海地区。

[21] 瓦龙（Walloon），比利时南部瓦龙人居住的地区。

[22] 1529 年，维也纳被奥斯曼帝国土耳其人（Osmanen）攻陷。1532 年至 1672 年维也纳建造了新的护城碉堡和防御工事。1683 年，奥斯曼人在奥地利境内的卡伦山（Kahlenberg）战役中战败，维也纳彻底解围。

[23] 尼伯龙根人（Nibelungen），原出自民间传说，这里是指德国南部的人。

[24] 格鲁克（Christoph Willibald Ritter von Gluck，1714—1787），德国人，1736 年任维也纳宫廷乐师。1737 年去米兰，苦学四年后，第一部歌剧《阿塔塞斯》上演，获成功。1745 年去伦敦，结识亨德尔。1752 年任维也纳宫廷乐长及歌剧指挥。一生创作歌剧百部以上，对西方歌剧很有影响。

[25] 海顿（Franz Joseph Haydn，1732—1809），奥地利作曲家，维也纳古典乐派代表人物之一。两次访问伦敦，作有交响乐《伦敦交响曲》。1798 年与 1801 年分别作曲《创世记》与《四季》。

[26] 莫扎特（Wolfgang Amadeus Mozart，1756—1791），奥地利著名作曲家，出生于萨尔茨堡，三岁学钢琴，五岁开始作曲，六岁登台演出，被誉为"神童"。维也纳古典乐派代表人物之一。传世作品有歌剧《后宫诱逃》、《唐璜》、《魔笛》、《费加罗的婚姻》以及《土耳其进行曲》等。

[27] 舒伯特（Franz Peter Schubert，1797—1828），奥地利著名作曲家，为许多德语诗歌谱曲，一生留下六百余首艺术歌曲，著名的有《魔王》、《天鹅之歌》、《鳟鱼五重奏》、《流浪者幻想曲》等。

〔28〕 约翰内斯·勃拉姆斯（Johannes Brahms, 1833—1897），德国人，1878年定居维也纳。1875年写成的《第一交响曲》，初演后，被誉为"贝多芬第十交响曲"。

〔29〕 约翰·施特劳斯（Johann Strauss, 1825—1899），奥地利作曲家，1863—1872年任奥地利宫廷舞会乐队指挥，所作圆舞曲近四百首，被誉为"圆舞曲之王"，其《蓝色多瑙河》，乃天籁之音。

〔30〕 利希诺夫斯基侯爵（Fürst von Lichnowsky），神圣罗马帝国贵族世家，当时生活在维也纳，善待贝多芬。其家族成员爱德华·玛利亚·利希诺夫斯基侯爵（Eduard Maria Lichnowsky, Fürst）撰有一部八卷本的《哈布斯堡家族史》。

〔31〕 埃斯特哈茨家族（Esterházy 或 Eszterházy Family），马扎尔贵族世家，该家族在18世纪时已成为匈牙利最大领主。该家族的私人财富甚至大于他们所支持的哈布斯堡皇朝。家族的许多成员先后在匈牙利的政府、教会、外交界和军界任要职直至20世纪。奥匈帝国时，该家族任国家要职的显贵住在维也纳的府第。该家族中被哈布斯堡皇朝封为公爵的米克诺什·帕尔（1635—1713）的孙子米克诺什·约瑟夫曾聘请海顿为其乐队指挥达30年之久。米克诺什·约瑟夫的孙子米克诺什公爵（1765—1833）在拿破仑战争时期自己出资招募一个军团在奥地利同法国军队作战，坚决捍卫哈布斯堡皇朝。

〔32〕 海顿于1798年作曲《创世记》，1808年3月27日在维也纳首演，他由门生扶持抱病出场，与好友告别，当时贝多芬亦在场。次年5月，拿破仑进攻维也纳，炮火连天，海顿受惊而卒。

〔33〕 指维也纳大学。

〔34〕 朝廷城堡（Hofburg），哈布斯堡皇朝在维也纳的皇宫主建筑群。

〔35〕 美泉宫（Schönbrunn），哈布斯堡皇朝的夏宫，内有希腊式建筑、雕像和喷泉。波拿巴·拿破仑一世攻占维也纳后曾在此下榻。

〔36〕 波拿巴·拿破仑一世（Bonaparte Napoleon I., 1769—1821），法兰西第一帝国皇帝（1804—1814，1815年在位），出身于科西嘉岛一破落小贵族家庭，原是法国炮兵军官。1789年法国大革命时崭露头角。1796年春任意大利远征军司令。1799年发动雾月十八日政

变,推翻督政府,建立执政府,自任第一执政。1804年建立帝制,称拿破仑一世,对外连年用兵,帝国达到鼎盛。1815年在滑铁卢遭到失败后,被流放到圣赫勒拿岛。

〔37〕1137年维也纳建成该城著名的圣·斯特凡大教堂(St. Stefansdom)。1529年,奥斯曼帝国攻陷维也纳。事前,哈布斯堡皇室统治的奥匈帝国和其他各封建邦国的诸侯们在此教堂内为被围困的维也纳祈祷。1683年,奥地利军队在洛泰尔王国(Lothringen)卡尔五世公爵(Herzog Karl Ⅴ.)和波兰国王约翰三世·索比斯基(Johann Ⅲ. Sobieski)率领的援军支援下击溃奥斯曼帝国的军队。维也纳转危为安。

〔38〕维也纳朝廷城堡剧院(Wiener Hofburgtheater),建于19世纪,是维也纳国家剧院,一译皇家剧院。

〔39〕此处"宫廷侍臣"的原文是意大利语cortigiano,源自意大利作家巴尔达萨雷·卡斯蒂廖内(Baldassarre Castiglione,1478—1529)的《〈侍臣论〉读本》(Il libro del cortigiano)一书。此书意大利语版于1528年问世,1565年译成德语版,德语书名《宫廷侍臣》(Der Hofmann)。巴尔达萨雷·卡斯蒂廖内是意大利伯爵,从小在曼图亚(Mantua)城接受严格的人文主义教育,后在宫廷任职,曾多次出使伦敦、马德里。1520年进修道院当修士。曾用意大利方言、拉丁语写过牧歌、抒情诗,但最著名的作品是《〈侍臣论〉读本》,全书4卷,作者虚构了在乌尔比诺宫廷举行的一场怎样成为理想的侍臣的争论,用传统的对话体形式详加描述,弘扬高尚情趣,但若干章节论述艺术的美、艺术和自然的关系等问题,表达了他在语言学、文艺创作、美学等方面的见解。他认为艺术是对丰富多姿的自然的描摹,艺术虽有不同的样式,互有差异,但都以自然为唯一的创作源泉。他还提出美的相对性的观点,指出艺术的美既决定于事物本身,又取决于鉴赏者对事物所持的态度和熟悉程度。《〈侍臣论〉读本》文字精练、优雅,是意大利文学中的传世经典。斯蒂芬·茨威格认为,在城堡剧院(皇家剧院)舞台上宣扬的皆为高尚情趣。

〔40〕阿道夫·冯·松嫩塔尔(Adolf von Sonnenthal,1834—1909),当

时奥地利著名男演员,皇家剧院终身演员。

[41] 约瑟夫·凯因茨(Josef Kainz, 1858—1910),当时奥地利著名男演员。

[42] 斯蒂芬·茨威格创作的三幕室内剧《一生传奇》(*Leqende eines Lebens*)于1918年12月25日在汉堡的德意志话剧院首演。尔后,维也纳城堡剧院也演出此剧,接着有25家剧院先后上演,1919年出版单行本,风靡一时。斯蒂芬·茨威格创作此剧是从19世纪德意志著名戏剧家克里斯蒂安·弗里德里希·黑贝尔(Christian Friedrich Hebbel, 1813—1863)的生平中得到启示。黑贝尔出身贫寒、自学成才,1836—1839在海德堡和慕尼黑上大学,自1835年起,他一直得到女裁缝埃莉泽·伦辛(Elise Lensing)的经济支持,两人关系密切。黑贝尔成名后,于1846年在维也纳和维也纳城堡剧院的女演员克里斯蒂娜·恩克豪斯(Christine Enghaus, 1817—1910)结婚,并从此定居维也纳,于1863年12月13日在维也纳去世。在斯蒂芬·茨威格看来,名人并非完人,名人在后世所享的盛名往往是被夸大了的,成为一种传奇。而更真实的是,名人和常人一样,优秀和瑕疵并存。剧本中一个没有出现的角色卡尔·阿马多伊斯·弗兰克(Karl Amadeus Franck)是黑贝尔的影子。剧情就发生在其家中。但是剧本中的女主角莱奥诺雷·弗兰克(Leonore Franck,卡尔·阿马多伊斯·弗兰克的遗孀)不是一位女演员,而是一位银行家的女儿,她不遗余力地美化自己已故的丈夫——著名作家卡尔·阿马多伊斯·弗兰克,使之成为一个令人惊叹的完人。但是,他们的儿子弗里德里希·马里乌斯·弗兰克(Friedrich Marius Franck)一直感到郁闷,因为他怎么努力,也达不到父亲的完美境界。直至他举行个人作品朗诵会的那天晚上,他才发现事实真相:原来他的父亲并非完人,年轻时不名一文,全靠自己的恋人——一个穷苦的女裁缝辛辛苦苦用缝衣所得的经济收入供养他,可是父亲成名以后,却离开了那个和他同甘共苦的女裁缝,娶了一位银行家的女儿为妻(即他的母亲),不过,他非但不因父亲的神话破灭而难过,反而如释重负,因为父亲是一个有血有肉、优秀和瑕疵并存的真人。他在这个真人身上看到了自己的影子。原来他和自己的父亲一样,也因为门第的差异、贫富的悬殊而不敢接

受自己心爱的姑娘的爱情。这个真心爱他的姑娘是个穷苦的钢琴女教师,她的父亲是个酒鬼,出身低微。现在,儿子在了解父亲的真相之后,决心勇敢面对爱情、面对人生,娶这位虽非出身名门、然而真挚诚实的少女为妻。他的母亲也被迫正视现实,和二十多前的情敌——那位牺牲自己成全别人的女裁缝言归于好。《一生传奇》既非古典意义上的悲剧,亦非揭露家庭罪恶的自然主义戏剧。参阅中译本《一个人的传奇》,吴秀方译,载张玉书主编《斯台芬·茨威格集》(戏剧),北京:华夏出版社,2002年1月第1版。

〔43〕夏洛特·沃尔特(Charlotte Wolter,1834—1897),当时城堡剧院著名女演员。

〔44〕伊格纳茨·伯森多费尔(Ignaz Bösendorfer,1796—1859),奥地利著名钢琴制造家。所设商行以其姓名为名,在李斯特开始选用伯森多费尔的钢琴之后,该商行的品牌誉满全球。1830年获得奥地利皇帝正式表彰。1859年后商行由其子路德维希继承。1872年路德维希在维也纳建造伯森多费尔音乐厅(Bösendorfer Saal),作为室内乐演奏和钢琴演奏的中心。

〔45〕列支敦士登侯爵(Fürst Liechtenstein),是介于瑞士和奥地利之间的列支敦士登侯国的君主。

〔46〕肖邦(Frédéric François Chopin,1810—1849),波兰人,世界著名钢琴家和作曲家。1830年后定居巴黎。作品有《告别圆舞曲》、《葬礼进行曲》等。

〔47〕李斯特(Ferencz Liszt,1811—1886),匈牙利人。九岁公演,钢琴技艺惊人。贵族出资供其深造。1821年随家迁居维也纳。1865年在梵蒂冈受剪发礼为修士。1875年任布达佩斯音乐学院院长。首创"交响诗"体裁。主要作品有交响诗十余首,交响曲《浮士德》、《但丁》、钢琴曲《匈牙利狂想曲》等。

〔48〕安东·鲁宾施泰因(Антон Рубинштейн,1829—1894),俄罗斯钢琴家。1839年旅居巴黎,后在欧洲各地演出。1858年回俄国,任宫廷音乐家。1862年创立圣彼得堡音乐学院,自任院长。

〔49〕普拉特(Prater),位于维也纳第二区内的多瑙河畔的绿化区,今已成为著名公园。

〔50〕 佛罗伦萨（意大利语：Firenze），意大利著名城市，在罗马西北约230公里处，今为意大利佛罗伦萨省省会。该城是意大利文艺复兴的摇篮之一，是达·芬奇、米开朗琪罗、马基雅维利、但丁、伽利略等伟大人物的故乡。

〔51〕 罗马（Rome），意大利首都，位于意大利中部台伯河畔。古罗马帝国左右欧洲文明进程长达一千余年。罗马是文艺复兴的中心。罗马城内享有独立主权的梵蒂冈教廷是天主教教皇的驻地，是全世界天主教会的中心。罗马主要是政治中心和旅游城市，而不是现代化工业城市。

〔52〕 古斯塔夫·马勒（Gustav Mahler，1860—1911），奥地利籍犹太人，作曲家。19世纪末叶浪漫派音乐代表人物之一。15岁进入维也纳音乐学院学习作曲。1880年起先后在德国、奥地利、布拉格、布达佩斯任指挥、乐队长。1897—1907年任维也纳歌剧院指挥、院长，后去美国，任纽约大都会歌剧院和爱乐乐团指挥。1911年回到欧洲直至去世。马勒不仅是近代最杰出的指挥家之一，也是一位极富创造力和创作特点的作曲家。马勒的主要作品有交响曲10部、合唱交响曲《大地之歌》、声乐套曲《旅行者之歌》和《亡儿之歌》、歌曲集《少年的魔角》等。

〔53〕 玛丽亚·特蕾西娅（Maria Theresia，1717—1780），奥地利女皇，1745—1765年在位。

〔54〕 约瑟夫二世（Joseph II.，1741—1790），奥地利皇帝，1765—1790年在位。

〔55〕 利奥波德二世（Leopold II.，1745—1790），奥地利皇帝，1790—1792年在位。

〔56〕 弗朗茨二世（Franz II.，1768—1835），神圣罗马帝国最后一位皇帝（1792—1806年在位），1792—1804年任奥地利君主，当时称弗朗茨二世。1804—1835年为奥地利皇帝，改称弗朗茨一世。

〔57〕 费迪南德一世（Ferdinand I.，1793—1875），奥地利皇帝，1835—1848年在位。

〔58〕 弗朗茨·约瑟夫一世（Franz Joseph I.，1830—1916），1848—1916年任奥地利皇帝。

〔59〕 洛布科维茨侯爵（Fürst von Lobkowitz），波希米亚贵族世家，1624年获得侯爵封号，家族由布拉格附近的洛布科维茨城堡而得名。此处是指格奥尔格·克里斯蒂安·洛布科维茨侯爵（Georg Christian Fürst von Lobkowitz, 1835—1908），波希米亚大领主，奥地利政治家。1870—1871年为波希米亚邦议会议员，主持起草奠定波希米亚邦和奥地利帝国关系的《基本条款》（Fundamentalartikel, 1871），1881—1883年任奥地利帝国副总理，1883—1907年任波希米亚陆军元帅。

〔60〕 金斯基家族（Kinskýs），波希米亚贵族世家，1676年起承袭奥地利伯爵封位，1746年起承袭侯爵封位，家族成员多在奥地利外交界。

〔61〕 瓦尔德施泰因家族（Waldsteins），波希米亚贵族世家。

〔62〕 伯爵夫人图恩（Gräfin Thun），生平不详。

〔63〕 《菲岱里奥》（Fidelio），贝多芬所作三幕歌剧。1805年初演于维也纳。剧情取材于法国作家布伊的剧作《莱奥诺拉》。故事情节是：18世纪时，西班牙贵族弗罗列斯坦因故触怒了典狱长皮扎罗，遂被诬入狱。其妻莱奥诺拉乔装男子，化名菲岱里奥，进监牢充狱卒。皮扎罗决心杀害弗罗列斯坦，令菲岱里奥预掘墓穴。菲岱里奥故意拖延，迟迟未掘成。省吏唐费尔南多莅临，发现典狱长枉法，绳之以法。弗罗列斯坦重获自由。

〔64〕 里夏德·瓦格纳（Richard Wagner, 1813—1883），德国作曲家。一生创作歌剧十四部，皆自撰剧本并作曲，毕生致力于歌剧革新，提倡歌剧的三种元素（音乐、戏剧、舞台场景）必须融为一体，因而他把自己的歌剧称作"乐剧"，并认为神话题材更适宜于歌剧创作的艺术想象，论著有《歌剧与戏剧》、《未来的艺术作品》等。歌剧代表作有《罗恩格林》、《尼伯龙根的指环》、《众神的黄昏》等。里夏德的旧译名为理查德，系因早期译者将德语名字按英语发音移译所致。如遇类似情况，本书译者在人名注释的括号内加注旧译或新译，但不再一一说明原委。

〔65〕 胡戈·沃尔夫（Hugo Wolf, 1860—1903），奥地利著名作曲家。

〔66〕 市民阶层（Bürgertum），在德语中是指除了贵族和教士以外居住

在城市里的一切居民。
〔67〕 扎赫尔大饭店（Hotel Sacher），维也纳一家豪华大饭店。
〔68〕 费利克斯·施瓦岑贝格侯爵（Felix Fürst zu Schwarzenberg，1800—1852），奥地利首相（1848—1852），组成所谓"铁腕"政府。与普鲁士展开争夺德意志联邦领导权的斗争，1850 年 11 月在俄国的协助下迫使普鲁士签订了《奥尔缪茨协定》，加强了奥地利在德意志邦联中的影响和在中欧的领导地位。
〔69〕 指希特勒于 1933 年任德国总理之后的纳粹政权统治时期。
〔70〕 卡尔·戈德马克（Karl Goldmark，1830—1915），奥地利作曲家，祖籍匈牙利，作有歌剧《示巴王后》、交响乐《乡村婚礼》、交响序曲《沙恭达罗》等。
〔71〕 阿诺尔德·勋伯格（Arnold Schönberg，1874—1951），奥地利人。作曲家、音乐理论家。1925 年任柏林普鲁士艺术学院音乐教授。1933 年因其音乐作品被纳粹德国贬为"颓废"而移居美国，曾任加利福尼亚大学音乐教授。1941 年入美国籍。他是新维也纳学派（十二音体系作曲法）的创始人。代表作有《升华之夜》（调性音乐）、《月光下的皮埃罗》（无调性音乐）、歌剧《摩西与亚伦》（序列主义）、康塔塔《华沙幸存者》以及理论著作《和声学教程》等。
〔72〕 奥斯卡·施特劳斯（Oscar Straus，1870—1954），奥地利作曲家，以创作轻歌剧和喜歌剧的乐曲闻名于世。曾于 1938 年经巴黎前往纽约和好莱坞，1948 年重返维也纳。
〔73〕 莱奥·法尔（Leo Fall，1873—1925），奥地利作曲家，新轻歌剧曲家的重要代表之一。
〔74〕 埃默利希·卡尔曼（Emmerich Kálmán，1882—1953），匈牙利作曲家，世界著名轻歌剧作曲家。
〔75〕 胡戈·冯·霍夫曼斯塔尔（Hugo von Hofmannsthal，1874—1929），奥地利诗人、剧作家。著名诗作有《生命之歌》、《早春》等；著名歌剧有《花花公子》，他是 19 世纪末 20 世纪初德语文学中唯美主义和象征主义的重要代表。
〔76〕 阿图尔·施尼茨勒（Arthur Schnitzler，1862—1931），奥地利剧作家、小说家，重要剧作有《阿纳托尔》、《轮舞》等；中篇小说

《古斯特少尉》是他的代表作,他是德语文学史上第一个采用"内心独白"的作家。

〔77〕里夏德·贝尔-霍夫曼(Richard Beer-Hofmann, 1866—1945),奥地利作家,1904年因发表悲剧《冯·夏洛莱斯伯爵》而成名,长篇小说《格奥尔格之死》采用内心独白和联想的形式。他是20世纪初维也纳后期印象派及新浪漫派文学的代表。

〔78〕彼得·阿尔滕贝格(Peter Altenberg, 1859—1919),奥地利随笔作家,第一次世界大战前在维也纳负有盛名。

〔79〕弗朗茨·格里尔帕尔策(Franz Grillparzer, 1791—1872),19世纪奥地利著名剧作家,深得歌德和拜伦的赞赏。代表作有命运悲剧《太祖母》,爱情悲剧《萨福》等。

〔80〕阿达尔贝特·施蒂夫特(Adalbert Stifter, 1805—1868),奥地利小说家,早期受德国浪漫派影响,后倾向古典主义,擅长写中短篇小说,因文笔优美而著称。

〔81〕马克斯·赖因哈特(Max Reinhardt, 1873—1943),奥地利著名话剧演员和导演,1900年起任柏林德意志剧院院长。1924年返回维也纳任导演,1937年流亡美国,在美国领导一所戏剧学校。

〔82〕马可·奥勒留(Marc Aurel,即 Marcus Aurelius, Antoninus, 121—180),公元161—180年的古罗马皇帝,被誉为五贤帝之一,新斯多葛派哲学的主要代表之一,经年用兵,势力达到多瑙河畔,相传因瘟疫死于Vindobona(今维也纳)附近。

〔83〕马尔库斯·图利乌斯·西塞罗(Marcus Tullius Cicero,公元前106—前43年),古罗马政治家,以擅长演说著称。参阅生活·读书·新知三联书店出版:《人类的群星闪耀时》中的《西塞罗》篇。

〔84〕卡尔·卢埃格尔(Karl Lueger, 1844—1910),奥地利政治家,基督教社会党人,反犹主义者,1897—1910年任维也纳市长,反对大德意志主义和社会民主党。

〔85〕布英战争又称"布尔战争",是英国对南非布尔人的战争。布尔人是荷兰在南非移民的后裔。1899年英国发动战争,布尔人战败。1902年媾和,布尔人统治的德兰士瓦和奥兰治被英国吞并,1910年该两地并入英国自治领南非联邦。

〔86〕日本和沙皇俄国为重新瓜分中国东北和朝鲜而进行的战争。1904年2月8日,日本袭击俄国在中国旅顺港口的舰队。10日,日俄宣战。战后日本取代沙俄获得在中国东北的势力范围。

〔87〕巴尔干同盟反对土耳其的战争。1912年10月9日,因土耳其拒绝给马其顿和色雷斯以自治,门的内哥罗首先向土宣战。10月17日、18日,保加利亚、塞尔维亚和希腊也先后参战。土耳其惨败而议和。1913年6月1日,塞尔维亚和希腊签订反保加利亚同盟条约,罗马尼亚旋即加入,6月29日,保加利亚在德、奥挑拨下,对塞尔维亚和希腊采取军事行动。罗马尼亚、门的内哥罗随后参战反保,土耳其也乘机进攻保,保在四面受敌的情况下被迫于7月29日投降,失去了它在马其顿和色雷斯的大部分土地。这次战争是第一次世界大战的前奏。

第二章　上个世纪的学校

我在国民小学毕业以后被送进高级文理中学[1]，只不过是一件顺理成章的事。因为每户有钱人家为了自己的社会地位都会精心培养"有教养"的儿子，要他们学习法语、英语，让他们懂得音乐，并先后让家庭女教师和家庭男教师教他们优雅的举止。然而，在那"开明"的自由主义时代，只有所谓"高等学府"的教育，即进入大学，才完全有真正的价值。因此，每个"上流"家庭都追慕在自己的儿子中至少有一个儿子在名字前冠有博士学衔，但是这条通往大学的道路却是相当漫长和一点都不令人感到愉快。因为在此之前必须坐在硬板凳上念完五年国民小学和八年高级文理中学，每天要坐五六小时，课余时间则完全被作业占满，而且还要接受除了学校课程以外的"常规教育"，即除了学习古典的希腊语和拉丁语以外，还要学习"活"的语言——法语、英语、意大利语，也就是说，除了几何、物理和学校规定的其他课程外还要学习五种语言。学习负担重得不能再重，几乎没有进行体育锻炼和散步的时间，更谈不上消遣和娱乐。我今天还依稀记得，我们七岁的时候非得学会和合唱一首什么《幸福愉快的童年》的歌。那首简单朴素的小歌曲的旋律今天还在我的耳际回响,但歌词我当时就唱不利索,更不相信自己的童年真像歌词所唱的那样。因为老实说,我对从小学到中学的整个生活都始终感到无聊和厌倦,一年比一年感到不耐烦,盼望尽早摆脱那种枯燥乏味的求学生活。我记不得在当时那种单调枯燥、缺乏温暖、毫无生气的学校生活中曾经有过什么"幸福"和"愉快"。学校生活彻底破坏了我们一生中最美好、最无拘无束的时光。甚至可以坦率地说,当我看到二十世纪的儿童比我们当时幸福、自由、独立得多时,我还真有点妒忌呢。当我看到今天的儿童无拘无束和几乎是平等地与自己的老师闲聊时,当我看到他们不像我们似的始终怀着一种隔阂的感觉而是毫无畏惧地奔向学校时,当我看到他们可以在学校和在家里坦率地说出自己的愿望和在他们年轻、好奇的心灵中的爱好时,我还总觉得有点难以置信呢——他们是自由、独立、自然的人,而在我们那个时候,当我们还未踏进那幢可憎的学校大楼以前,我们就得全身紧缩,免得撞上那无形的枷锁。学校对我们来说意味着强迫、荒漠、无聊,是一处不得不在那里死记硬背那些仔细划分好了的"毫无知识价值的科学"的场所。我们从那些经院式或者装扮成经院式的内容中感觉到,那些内容和现实生活以及和我们个人兴趣毫无关系。那是一种无精打采、百无聊赖的学习,不是为生活而学习,而是为学习而学习,是老式教育强加于我们身上的学习。而唯一真正令人欢欣鼓舞的幸福时刻,就是我永远离开中学的那一天——我得为那个时刻感谢学校。

这倒并不是我们奥地利的学校本身不好。恰恰相反，所谓"教学计划"是根据上一百年的经验认真制订的。倘若教学方法生动活泼，也确实能够奠定一个富有成效和相当广博的学习基础。但是正因为刻板的计划性和干巴巴的教条，使得我们的课程死气沉沉和枯燥透顶。上课简直就是冷漠地机械重复教案，从来不进行个性化的调整，而仅仅像是一具标有"良好、及格、不及格"刻度的自动装置，用这些刻度来表示学生符合教学计划的"要求"达到什么程度。然而，恰恰是这种索然无味、缺乏个性、对人漠不关心、兵营似的生活无意之中使我们痛苦不堪。我们必须学习规定的课程，而且凡是学过的内容都要考试。在高级文理中学的八年之中没有一个教师问过我们一次，我们自己希望学些什么，更没有鼓励的意思，而这正是每个年轻人所悄悄盼望的呀。

这种死气沉沉的样子从我们学校那幢楼房的外观上就可以看出。那是一幢典型的实用建筑，是五十年前用低廉的造价，马马虎虎仓促建造起来的。阴冷的墙壁粉刷得十分糟糕，低矮的教室里没有一幅画或者其他使人赏心悦目的装饰。整幢楼房都能闻到厕所的气味。兵营似的学校里使用的是一些旅馆里的旧家具，这些家具以前已经有无数人使用过，而且说不定以后还会有无数人同样漫不经心地或者凑凑合合地使用下去呢。时至今日我还不能忘记楼房里那股在奥地利的所有官署办公室里比比皆有的霉味，我们当时有人把这种霉味称为"国库"味。大凡堆满积物、供暖过分和空气从不流通的房间里都有这种霉味，它先沾染一个人的衣服，然后再沾染他的心灵。学生们像被判处在大战船上摇桨的囚犯似的两人一排地坐在一张低矮的长板凳上——长板凳矮得足以使人变成佝偻——一直坐到骨头疼痛。到了冬季,没有灯罩的煤气灯发出蓝幽幽的火光,在我们的书本上闪烁;到了夏季,所有的窗户都被经心地遮上了窗帘,为的是不让学生看到那一角蓝色的天空而思想开小差。上个世纪——十九世纪还没有发现:正在发育的青少年是需要空气和活动的。因此,以为在硬板凳上坐了四五个小时以后只要在阴冷、狭窄的过道里休息十分钟就够了。我们一星期两次被带到体操房,在那里的木板地上毫无目的地来回踏步走。体操房的窗户关得严严实实,每踏一步,尘土扬起几米高。而这样一来,也就算是考虑到了卫生保健措施,国家也就算对我们尽到了"智育基于体育"[2]的"责任"。许多年以后,当我路过那幢暗淡、凋敝的楼房时,我还有一种如释重负的感觉:我总算不必再跨进那间我青年时代的牢房了。而当那所显赫的学校举行五十周年校庆时,我作为以前的高才生受到邀请,要我在部长和市长面前致贺词,但我婉言谢绝了。因为我对那所学校没有什么可感激的,所以,任何一句感谢之类的话也无非是谎言而已。

不过,那种令人沮丧的学校生活也不能怪我们的老师。对于他们,既不能说好,也不能说坏。他们既不是暴君,也不是乐于助人的伙伴,而是一些可怜虫。他们是条条框框的奴隶,束缚于官署规定的教学计划,他们也像我们一样必须完成自己的"课程"。我们清楚地感觉到:当学校的钟声在中午时分一响,他们也像我们一样获得了自由,欢愉之情和我们没有什么两样。他们不爱我们,也不恨我们,之所以如此,是他们根本不了解我们。过了好几年，他们也还只知道我们中间极少数几个人的名字。而且，就当时的教学方法而言，他们除了批改出"学生"在上次作业中有多少错误外，再也没有什么要关心的了。他们高高地坐在讲坛上，我们坐在讲坛底下；他们提问，我们回答，除此以外，我们之间没有任何联系。因为在师生之间，在讲坛和课椅之间，在可以看得见的高高在上和可以看得见的眼皮底下之间，隔着那堵看不见的"权威"之墙，这堵墙阻碍着任何接触。一个教师理应把学生当作一个希望老师对自己的特殊个性有深入了解的人来看待，或者甚至像今天司空见惯的那样，有责任为学生写"汇报"，即把他观察到的学生的情况写出来，但在当时，这些都是大大超出教师的权限和能力的。更何况，私人谈话还会降低一个教师的权威性呢，因为这样的谈话很可能会使我们这些"学生"和身为"前辈"的老师平起平坐。我觉得，最能说明我们和教师之间在思想感情上毫不沾边的一点是，我早已把所有教师的姓名和面貌忘得一干二净。在我的记忆中，只清清楚楚保留着那座讲坛和那本我们始终想偷看一下的班级记事簿的形象，因为记事簿里记着我们的分数。我今天还记得那本教师们主要用来评分的小小的红色记事簿，记得那支用来记分的黑色短铅笔，记得自己那些被教师用红墨水批改过的练习簿，但是我怎么也记不得他们之中任何一个人的脸——也许是因为我们站在他们面前的时候总是低着头或者从不认真地看过他们一眼的缘故吧。

对学校的这种反感并非是我个人的一种成见；我记不得在我的同学中有谁对这种一成不变的生活不反感的，这种千篇一律的生活压抑和扼杀我们美好的兴趣和志向，使我们百无聊赖。话又说回来，只是到了很久以后我才意识到，对我们青少年的教育采用这样一种冷漠无情的方法，并不是出于国家主管部门的疏忽，而是包藏着一种经过深思熟虑、秘而不宣的既定意图。我们当时面临的世界，或者说，主宰我们命运的世界是将一切理念都集中在追求一个太平盛世的偶像上。这样一个世界并不喜欢青年一代，说得更透彻一点，这个世界始终不信任青年一代。对自己有条不紊的"进步"和秩序感到沾沾自喜的市民阶层宣称：从容不迫和中庸节制是人们在一切生活领域中唯一能见成效的品德，所以，任何要把我们引导向前的急躁都应该避免。奥地利是由一位白发苍苍的皇帝统治并和年迈的大臣们共同管理的一个古老的国家，是一个没有雄心壮志的国家，这个国家只希望能防范各种激烈的变革，从而保住自己在欧洲范围内的安然无恙的地位。而年轻人的天性就是要不断进行迅速和激烈的变革。因此年轻人也就成了一种令人忧虑的因素，这种因素必须尽可能长时间地受到排斥或者被压制下去。所以，国家根本没有打算要使我们学生时代的生活过得愉快。任何一种形式的往上提升，我们都得通过耐心等待才能得到。由于这种一贯的压制，区分年龄段的标准也完全和今天不同。那时候，一个十八岁的中学生就像一个孩子似的被对待。如果他被当场抓住正在吸烟，他就要受到惩罚；如果他因要解手而想要离开课椅，他就得毕恭毕敬地先举手。话又说回来，在那个时候，纵然是一个三十岁的男子汉，他也还会被看作是一只羽翼未丰的小鸟呢，而且即便他到了四十岁，他也还会被认为不足以胜任一个负重大责任的职位呢。所以，当三十八岁的古斯塔夫·马勒被破格任命为皇家歌剧院院长时，就好像发生了一桩惊人的意外事件似的，维也纳全城的人都为之诧异，窃窃私语：这样一个首屈一指的艺术机构怎么会被托付给一个"如此年轻的人"——他们完全忘记了莫扎特在三十六岁和舒伯特在三十一岁就已完成奠定自己一生荣誉的作品。这种不信任感——把每一个年轻人视为"不完全可靠"——在当时遍及所有的社会阶层。我父亲就从未在他自己的商行里接待过一个年轻人，而且谁不幸看上去显得特别年轻，那么他就得到处克服那种不信任感。于是，产生了一种今天几乎不能理解的风气：年轻处处成为升迁的障碍；年老却成了有利条件。而在我们今天这个完全变了样的时代里，一个四十岁的人干事的时候，愿意让人看上去像是三十岁似的；一个六十岁的人愿意让人看上去像是四十岁似的。今天，到处推崇年轻、活力、干劲、自信；而在那个太平年代，任何一个想要进取的人，为了使自己显得老成一些而不得不想尽各种办法打扮自己。报纸上宣传介绍加速长胡须的方法；刚刚从医学院毕业的二十四五岁的年轻医生都已蓄起大部胡须和戴上金丝边眼镜，尽管他们的眼睛根本没有这种需要。他们之所以这样做，仅仅是为了给第一批患者留下"有经验"的印象。男人们都穿长长的黑色小礼服，步履从容稳重，而且可能的话，会挺起一个微微凸出的圆肚子，以体现那种刻意追求的老成持重。谁要追求功名，谁就得竭力装作自己已脱离那种被人视为靠不住的青年时代，至少在外表上要这样。我们在中学六七年级的时候就已不愿意再背中学生的书包，而愿意使用公文包，为的是不让人一看就知道自己是个中学生。青年人的那种朝气、自信、大胆、好奇、欢乐——这一切在我们今天看来都是令人羡慕的素质，但在那个一味追求"持重"的时代，却被看作靠不住的表现。

唯有了解这种特殊观念的人，他才会明白国家就是要充分利用学校作为维护自己权威的工具。学校首先就得教育我们把现存的一切尊重为完美无缺，教师的看法万无一失，父亲的话不可反驳，国家的一切机构都绝对有效和与世长存。这种教育的第二个基本原则就是不应该让青年人太舒服。这一原则也在家中得到贯彻。在给予青年人某些权利之前，他们首先应该懂得自己要尽义务，而且主要是要履行完全服从的义务。教育从一开始就应该让我们牢牢记住：我们在一生中还没有任何贡献，没有丝毫经验，唯有对给予我们一切的国家和家庭永铭感激之情，而没有资格提什么问题或者什么要求。在我青少年的那个时代，对人采用吓唬的蠢办法从孩提时候就开始。女仆和愚蠢的母亲们会吓唬三四岁的孩子，说什么如果再闹的话，就去叫"警察"。当我们还是中学生的时候，如果我们拿着某一门副科的一个不好分数回家，我们就会受到恫吓，说再也不让我们上学了，送我们去学一门手艺——这在市民阶层世界里是最可怕的恫吓了，因为这意味着要堕入到无产者的行列。而当年轻人怀着最真诚的学习目的，要求成年人解释一下重大的时代问题时，他们就用一句盛气凌人的训斥"这些事你还不懂"把年轻人打发走。无论是在家里，还是在学校和国家机关，到处都采用这种手段——不厌其烦地一再提醒年轻人：他还没有"成熟"，还什么都不懂，他应该恭恭敬敬地听别人说话，而没有资格插嘴或者反驳。正是出于这种理由，学校里的可怜虫——教师便高高地坐在讲坛上，始终像一尊不可接近的泥菩萨，把我们的全部情感和渴望都局限在"教学计划"之内。至于我们在学校里是否感到舒服，那是无关紧要的事。按照那个时代的意向，学校的真正使命与其说是引导我们向前，毋宁说是阻止我们向前；不是把我们培养成为有丰富内心世界的人，而是要我们尽可能百依百顺地去适应既定的社会结构；不是提高我们的能力，而是对我们的能力加以约束和消除各人在能力上的差异。

对青年一代的这种心理上的压力，或者更确切地说，这种非心理性的压力只会产生两种截然不同的效果：不是使青年人麻木不仁，就是使青年人激奋勇进。不过，人们不妨去查阅一下那些精神分析学家们的文献，看看这种荒谬的教育方法究竟造成了多少"自卑情结"。要知道，这种所谓"自卑情结"还恰恰是由那些本人上过我们奥地利旧学校的人士所发现的呢。这或许不是偶然的巧合吧。我个人也要归功于这种压力，是这种压力使我很早就显露出对自由的热爱，而对其热爱的程度是当今的青年一代几乎不会再知道的；同时，这种压力又使我对一切权威——对一切曾伴随我一生的"教训口吻"的谈话深恶痛绝。我曾长年累月对一切武断和教条主义的说教抱有那种完全出于本能的反感。我已忘记这种反感从何产生。但是，我记得有一次当我去演讲旅行时，主办方选用了大学里的大讲堂作为我演讲的地点。我突然发现，我必须从讲坛上向下说话，而坐在讲坛下边长椅上的听众就像我们以前当学生似的老老实实坐在那里不许说一句话。我顿时感到一阵不快。我想起了那种高高在上、非同伴式的、权威性的夸夸其谈的说教在我整个中学时代曾怎样让我受罪。于是我感到一阵恐惧,我怕从这高高在上的讲坛上说话很可能就像当年我们的教师对我们说教似的不得人心。正是由于这种思想顾虑,所以那次演讲也就成了我一生中最糟糕的一次演讲。

我们在十四五岁以前还觉得学校生活相当不错。我们开教师们的玩笑,怀着好奇心老老实实学习每一课书。但是,学校生活随后就让我们愈来愈感到沉闷和心烦。一种奇怪的现象静悄悄地出现了:我们这些进入高级文理中学的十岁男孩在中学八年的前四年时间里就已在知识方面超过了中学八年的水平。我们凭直觉感受到,我们在文理中学已没有什么正经的东西可学了,甚至在有些我们感兴趣的课程方面知道得比我们可怜的教师还要多。那些教师自从在大学念完专业以后再也没有出于自己的兴趣而去看过一本书。同时,我们也日渐感觉到另一种相反的情况:我们在原本就没有好好听讲的课堂上已听不到什么新的内容或者令我们觉得有知识价值的东西;而在课堂外面却是一座令人产生无穷兴趣的城市——这座城市有剧院、博物馆、书店、大学,处处都有音乐,每天都会给人带来意外的惊喜。所以我们那种被压抑的求知欲——那种在学校里无法满足的对知识、艺术、人生享乐的好奇心——统统如饥似渴地转向学校以外发生的一切。在我们当中起初只有两三个人发现自己身上有这样一种对艺术、文学、音乐的兴趣,然后是十几个人,到最后,几乎是全体。

由于在青年人当中对某种爱好的热情从来就是一种互

相感染的现象,所以对某种爱好的热情在一个班级里就会像麻疹或者猩红热一样从一个人身上传染到另一个人身上。因为那些"热情"的新感染者都怀有天真的虚荣心,想尽快使自己在知识方面拔尖,所以他们往往是互相促进。至于他们那股热情究竟朝什么方向发展,一般说来都是由于偶然所致。如果在一个班级里出现了一个集邮者,那么他很快就会使十几个人对集邮入迷;如果有三个人对女舞蹈演员羡慕不已,那么就会有另一些人天天站在歌剧院的后台门口。比我们低三年的另一个班级完全为足球而痴狂;比我们高一年的那个班级却热衷于社会主义或者托尔斯泰[3]。而我则偶然进入到一届对文学艺术发生狂热兴趣的班级,或许正是这件事决定了我一生的道路。

不言而喻,这种对戏剧、文学和艺术的热情在维也纳完全是天然自成。维也纳的报纸为文化界所发生的一切设计了一个特别版面。无论你走到哪里,随时都会听到左右两边的成年人在谈论歌剧院和城堡剧院的事;所有的证券交易所都挂着著名演员的肖像;体育运动当时还被看作是不登大雅之堂的事——一个高级文理中学的学生更羞于问津,而表现民众想法的电影当时尚未发明。所以我们的那种爱好即便在家里也不用担心会遇到阻力,因为与打牌以及和姑娘们交朋友相反,戏剧和文学是属于"无害"的嗜好。再说,我父亲也像所有在维也纳的父辈们一样,他在青年时代也曾对戏剧如醉如痴,怀着和我们相类似的热情去观看里夏德·瓦格纳的歌剧《罗恩格林》,就像我们去观看里夏德·施特劳斯[4]和格哈特·豪普特曼[5]的戏剧首场演出一样。对我们中学生来说,挤着去看每一场首演完全是情理中的事,因为如果谁第二天早晨不能在学校里描述首演的每一个细节,那么他在比他更幸运的同学们面前就会感到太没有面子。假如我们的教师不是完全漠不关心的话,他们一定会发现,在每一场盛大的首演以前的那个下午就会有三分之二的学生神秘地病了——因为我们必须三点钟就去排队,以便买到我们唯一可能得到的站票。倘若我们的教师严密注意的话,那么他们也一定会同样发现,在我们拉丁文语法书的封皮里夹着里尔克[6]的诗,而我们的数学练习本则用来抄录借来的书籍中那些最优美的诗歌。我们每天都会想出新的花招,利用学校里无聊的上课时间,看我们自己的读物。当教师在讲台上念他的破讲稿——关于席勒[7]的《论质朴的诗和感伤的诗》时,我们就在课桌底下看尼采[8]和斯特林堡[9]的作品,他们两人的名字是台上那位迂腐的老先生从未听说过的。我们像发烧似的要了解和认识在艺术和科学的所有领域内发生的一切。我们常常在下午混在大学生中间到大学去听讲座。我们参观各种艺术展览会。我们走进解剖学的课堂去看尸体解剖。我们用好奇的鼻孔闻嗅一切。我们偷偷溜进爱乐乐团的排练场。我们到旧书店去翻阅旧书;我们天天去书店浏览一遍陈列的图书,为的是能立刻知道一天之内又出版了什么新书。而我们最主要的事是看书,凡是能弄到手的书,我们什么都看。我们从各个公共图书馆借书,同时把我们能借到的书互相传阅。然而,使我们了解一切新鲜事物的最好的教育场所则始终是咖啡馆。

为了明白这一点,我们必须知道维也纳的咖啡馆是一种非常特别的场所,世界上还找不出一种类似的场所可以与之相比。维也纳的咖啡馆实际上是一种每人只要花一杯咖啡的钱就可以进去的民主俱乐部。每一位顾客只要花上这么一点钱就可以在里面坐上几小时,可以在里面讨论、写作、玩牌、阅读自己的邮件,而最主要的是可以在里面免费阅读无数的报刊。在一家较好的维也纳咖啡馆里,摆着维也纳所有的报纸,不仅有维也纳本地的报纸,而且还有全德国的报纸,以及法国的、英国的、意大利的、美国的报纸;再加上全世界最重要的文学艺术杂志,如《法国信使报》[10]、《新观察》[11]、《创作室》[12]、《伯灵顿杂志》[13],所以,我们可以从第一手材料——从每一册新出版的书和从每一场演出中知道世界上发生的一切,并且把各种报纸上的评论进行比较。或许对一个奥地利人的头脑灵活和掌握国际动态帮助最多的,莫过于他在咖啡馆里能够广泛地了解到世界上发生的一切并随时能和周边的人友好地进行讨论。我们天天坐在咖啡馆里几个小时,没有什么不知道的,因为我们依靠的是兴趣相同的集体力量,我们不是用两只眼睛而是用二十只乃至四十只眼睛去阅读有关文学艺术发展的《绘画中的世界》[14]。这一个人忽视的事,另一个人就会提醒他。由于我们幼稚地爱炫耀自己,简直就像在运动场上争夺荣誉似的竭力要用最新的知识去超过别人,所以我们实际上一直是竞相要爆出耸人听闻的消息。比如说,当我们在讨论当时颇遭非议的尼采时,突然会从我们中间冒出一个人来,带着故作姿态的高人一筹的神气说:"不过,就自我主义思想而言,齐克加德[15]还超过他呢。"于是我们立刻就会急躁地自问:"某某知道而我们不知道的齐克加德是谁呢?"我们就会在第二天拥进图书馆,去找这位不知所踪的丹麦哲学家的著作。因为别人知道的稀罕事我们不知道,我们觉得丢人现眼。我们的热情恰恰是要去发现和预先知道那些尚未被人们广泛涉及的最近、最新、最古怪、最不寻常的事——尤其是我们一本正经的日报的官方文学批评尚未涉及的事——这种热情在我自己身上曾持续了许多年。我们的特殊爱好就是要去认识那些尚未得到普遍承认的事,那些难以理解、异想天开、新奇和激进的事。因此对于我们共同的互相竞赛似的好奇心而言,没有什么事能隐藏如此之深和如此之偏僻,以致我们无法从其隐藏之处将其找出来。比如说,斯特凡·乔治[16]或者里尔克,他们在我们的中学时代已总共出版了两百或者三百册书,可是其中顶多只有三册或者四册书到了维也纳。没有一个书商在自己的仓库里备有他们的书。官方的评论家中没有一个人曾提到过里尔克的名字。然而我们这群中学生却凭借意志的奇迹熟稔他的每一节和每一行诗。我们这些不得不整天待在中学课堂里、嘴上无毛、尚未完全长高的小伙子确实是每一位年轻诗人梦寐以求的理想读者。我们既好奇又会鉴赏,且有倾心喜爱的热情,因为我们激起自己热情的动力没有止境。有好几年时间,我们这些半成年的男孩子在学校里、在上学和放学回家的路上、在咖啡馆和剧院、在散步的时候,除了讨论书籍、绘画、音乐、哲学以外,没有干别的。无论是男演员还是指挥家,谁经常登台,谁出版了一本书或者在报纸上写了文章,都会像星辰一般出现在我们的天空里。多年以后,当我在巴尔扎克[17]的书中读到这样一句描述他青年时代的话:"我总以为名人就像天主一样,他们不像平常人那样说话、走路、吃饭。"[18]我简直大吃一惊，因为他所描述的和我们青年时代的感觉一模一样：当我们在街上看到古斯塔夫·马勒时，就觉得是自己的无上荣耀，第二天早晨就会得意洋洋地向同学们报告。当我还是一个小男孩的时候，有一次被介绍给约翰内斯·勃拉姆斯，他友好地拍拍我的肩膀，我简直受宠若惊，神魂颠倒了好几天。虽然我这个十二岁的小男孩一点也不清楚勃拉姆斯的成就何在，但是仅凭他所享的荣誉之高、影响之大这一点，就足以使人倾倒。当格哈特·豪普特曼的戏剧准备在城堡剧院首演，排练开始之前，我们全班的同学就会好几个星期魂不守舍。我们会悄悄地溜到演员和无台词的小角色的身旁，为的是能在他人之前先了解到剧情的发展和演员的阵容；我们到城堡剧院理发师那里去理发，仅仅是为了探听到一些关于夏洛特·沃尔特或者松嫩塔尔的秘闻——我并不羞于在这里写出我们当年那些荒唐事。如果在低年级中有一个学生是歌剧院的某位灯光监督的外甥，那么他就会得到我们这些高年级学生的特别宠爱和各种各样的笼络，因为我们通过他有时候就能偷偷溜到舞台上去看排练——而踏上那个舞台时的诚惶诚恐的心情比但丁[19]登上神圣的天国时还要厉害。在我们看来，演员的声望所具有的威力真可谓无边无沿，即便中间辗转经过七八个人的关系，仍然会使我们肃然起敬；某个贫穷的小老太婆在我们看来就像一个超凡脱俗之人，那仅仅因为她是弗朗茨·舒伯特的外孙女。纵然是约瑟夫·凯因茨的一个男仆，一旦被我们在街上看见，我们也会怀着敬意注目而视，只因为他有这样的幸运：可以待在这样一位最受爱戴、最富天才的演员身边。

我今天当然清楚地知道,在这种盲目的狂热之中包含着多少荒唐行为;我们像猴儿似的互相模仿着演员们的举动,想着法儿要压他人一头,其中多少包含着运动比赛似的乐趣。我们得意洋洋地觉得自己通过艺术活动已凌驾于周围不懂艺术的亲戚和老师之上。其中不免包含着幼稚的虚荣心。然而,时至今日,我仍然惊讶不已:我们这些年轻小伙子当年凭借过分的文学热情竟然知道了这么多的事!我们通过不断的讨论和分析竟然这么早就具备了评论鉴别的能力!我十七岁时就不仅知道波德莱尔[20]或者沃尔特·惠特曼[21]的每一首诗,而且还能背诵其中的重要名篇。我觉得在我以后的全部岁月中再也没有像我在中学和大学时代那样勤奋读书。那些通常是在十年以后才受到人们重视的作品——即便是昙花一现的作品——的名字在我们的记忆中已自然而然地十分熟悉,因为我们是以莫大的热情去搜罗一切。有一次,我告诉我尊敬的朋友保罗·瓦莱里[22],我和他的文学作品已神交多年,我说,我在三十年前就已经读过并且喜爱他的诗歌。瓦莱里善意地笑着对我说:"您别瞎说了,老伙计!我的诗一九一六年才出版。"可是当我分毫不差地向他描述了我们于一八九八年在维也纳第一次看到登载他的诗歌的那本文学小刊物的颜色和开本时,他十分惊讶,他说:"可是那本刊物在巴黎也几乎无人知道,您怎么能在维也纳读到它呢?"我只能这样回答他:"正如您作为一个中学生能在自己的省会读到马拉美[23]的那样一些在当时文学界鲜为人知的诗歌一样。"他赞同地说:"是呀,年轻人总能发现自己心仪的诗人,因为他们愿意去发现自己喜爱的诗人。"我们事实上是在那股风还没有越过边界吹到奥地利来以前就已闻到了风向,因为我们从来都是带着敏锐的嗅觉生活。我们能够找到新的知识,因为我们想要获得新的知识——因为我们如饥似渴地寻找那些属于我们和只属于我们的知识——而不是属于我们父辈们和我们周围那个世界的知识。青年一代就像某些动物那样对气候剧变具有特殊的敏感,所以我们青年一代会比我们的教师和大学里的师生更早地感觉到:随着旧世纪的结束,某些艺术见解也将告终结,一场革命或者至少是价值观的改变业已开始——而这一点我们的教师们当时并不知道。我们觉得,我们父辈们那一代的优秀大师——文学界的戈特弗里德·凯勒[24]、戏剧界的易卜生[25]、音乐界的约翰内斯·勃拉姆斯、绘画界的莱布尔[26]、哲学界的爱德华·冯·哈特曼[27]——和那个太平世界一样慢慢悠悠,尽管他们的创作在艺术性和思想性方面都十分卓越,但已不再使我们感兴趣。我们凭直觉感到他们那种冷静、中庸的节奏和我们急躁好动的气质格格不入,也和时代已经加快了的节奏不合拍。而恰恰是在维也纳,住着那位德意志青年一代中最机警的才俊——赫尔曼·巴尔[28]。他作为一个思想界的闯将,为一切正在转变和来临的新鲜事物披荆斩棘。凭借他的帮助,"分离派"[29]绘画展览在维也纳举行,使旧画派感到吃惊的是,展览会展出了来自巴黎的印象派和点彩派[30]画家的作品,展览了挪威的蒙克[31]、比利时的罗普斯[32]以及其他一切能够被想到的激进画家们的作品——这样一来,也就同时为他们的先驱画家——当时不受人重视的格吕内瓦尔德[33]、格列柯[34]和戈雅[35]

开辟了道路。人们突然有了一种崭新的视野。同时,穆索尔斯基[36]、德彪西[37]、里夏德·施特劳斯、勋伯格等人在音乐领域带来了新的节奏和音色。左拉[38]、斯特林堡、豪普特曼等人在文学领域开创了写实主义。陀思妥耶夫斯基[39]带来了斯拉夫人的魔力。魏尔兰[40]、兰波[41]、马拉美赋予抒情诗的语言艺术以前所未有的纯粹和精练;尼采使哲学发生了革命性的变化;一种更大胆、更自由的建筑艺术摒弃了装饰繁缛的古典主义风格,提倡毫无装饰的实用建筑。舒舒服服的旧秩序突然之间遭到了破坏。迄今为止对文学艺术来说不可缺少的"美学上的美"(汉斯利克[42]语)的规范受到了质疑。我们"正统"的中产阶级报纸的官方评论家们对这种常常是离经叛道的大胆实验感到吃惊,并且试图用"颓废堕落"或"无法无天"这样的恶名来遏止这种不可阻挡的潮流。而我们年轻人则热烈地投身到这股汹涌的潮流之中。我们觉得,一个为我们而开创——青年人最终将在其中获得自己权利的时代:我们自己的时代开始了。于是,我们那种不安分地四处寻觅和摸索的狂热顿时获得了意义:我们这些念中学的年轻人能够在为新艺术而进行的激烈并常常是粗暴的战斗中助上一臂之力。凡是进行艺术实验的地方,例如:一场魏德金德[43]戏剧的演出,一次新诗歌的朗诵会,我们都会到场,并且在现场不仅全神贯注,双手也用尽力气鼓掌;有一次,首演阿诺尔德·勋伯格青年时代的一部十二音体系[44]的作品,当一位男士使劲地吹口哨和发出嘘声时,我亲眼目睹我的朋友布施贝克同样使劲地打了他一记耳光;我们是每一种新艺术的突击队,到处为新艺术充当开路先锋,只因为它是新的，只因为新艺术要为我们改变世界——现在该轮到我们过我们自己的生活了——只因为我们觉得新艺术"是和我们相关的事"。

不过，我们之所以对这样一种新艺术如此感兴趣和着迷，其中还有另外一个原因：那就是新艺术几乎毫无例外都是由年轻人创造的艺术。在我们父辈们的那个时代，一位诗人、一名音乐家，只有当他"经过磨炼"和适应了市民阶层社会的那种四平八稳、循规蹈矩的艺术趣味之后才能获得声誉。父辈们教我们应该去尊敬那些举止风度个个都装得十分尊严的男士们——他们穿着丝绒上衣，留着灰白的漂亮胡须。例如：维尔布兰特[45]、埃贝斯[46]、达恩[47]、保罗·海泽[48]、伦巴赫[49]——这些人物今天早已销声匿迹，但却是那个时代的宠儿。他们拍照时总是带着沉思的目光，摆出一副"尊贵的大家风范"的姿态。他们举手投足，俨若枢密顾问和红衣主教似的，而且还要像这些人一样佩戴着勋章。而年轻一代的诗人、画家、音乐家，至多被看作是"有希望的人才"而已，要想得到认可，暂时还得晾一会儿。在那个小心谨慎的年代，人们不喜欢在一个人尚未表明自己有多年的"卓著"成就以前就予以认可。可是新涌现出来的诗人、音乐家、画家，又都那么年轻——默默无闻的格哈特·豪普特曼突然崭露头角，三十岁时就统领了德语戏剧的舞台。斯特凡·乔治、赖纳·玛利亚·里尔克二十三岁时，也就是说比奥地利的法定成人年龄还要早，就已享有文学声誉和拥有狂热的追捧者。在我们自己这座城市——维也纳，一夜之间出现了一个由阿图尔·施尼茨勒、赫尔曼·巴尔、里夏德·贝尔-霍夫曼、彼得·阿尔滕贝格等人组成的"青年维也纳"派。他们通过对各种艺术手段的精心加工，使独特的奥地利文化第一次在欧洲范围内发生影响。不过，使我们迷恋和不胜崇拜的，主要还是胡戈·冯·霍夫曼斯塔尔这个非同凡响的人物。我们青年人不仅在他身上看到了自己所抱的崇高志向，而且也在这个几乎是同龄人的身上看见了一个完美的诗人。

年轻的霍夫曼斯塔尔的出现可以作为心智早熟的伟大奇迹之一，今天和以后将始终为人们所称道。在世界文学中，除了济慈[50]和兰波以外，我不知道还有别的像他这样了不起的天才——他在青年时代就能驾驭如此完美无瑕的语言，有如此丰富的想象力，即便是极为偶然写成的一行诗也都诗意盎然。他在十六七岁时就已写下了不朽的诗篇和一种至今尚未有人能够企及的随笔，从而使他载入德语文学发展的不朽史册。他的突然出现并且从一开始就表现出完全的成熟——这种不寻常的现象在一代人的时间内是绝无仅有的。因而，他的出现简直是一件超乎自然、不可思议的事，使所有那些最早知道他的人无不为之惊叹。赫尔曼·巴尔常常向我讲述他当时是多么惊讶。有一次，赫尔曼·巴尔收到投给他主编的刊物的一篇文章，况且就是从维也纳寄出的，文章的作者是他不认识的一个名叫"洛里斯"的人——当时不允许中学生用自己的名字公开发表作品。他在来自世界各地的稿件中还从未收到过这样一件作品：语言是那么典雅而富于想象，内蕴是那么丰富，落笔又是那么娴熟飘逸。这位不相识的"洛里斯"究竟是谁呢，他问自己。他想，这肯定是一位老人，这位老人将自己的见解琢磨了多年并且在神秘的隐居中把语言中最纯正的精华冶炼成一种几乎难以摆脱的魔力。这样一位智者——这样一位天才诗人就住在同一座城市维也纳,而他却从未听说过!巴尔立刻给这位不相识的人写了一封信,并且约定在一家咖啡馆:著名的格林斯坦特尔咖啡馆[51]——文学青年的大本营会面。然而,突然向巴尔的桌旁走去的只不过是一名穿着童装短裤、身材颀长、尚未留胡须的中学生,步履敏捷而又轻松。他向巴尔微微一鞠躬,简短而又毫不含糊地说:"我是霍夫曼斯塔尔!我就是洛里斯。"他的嗓子还没有完全变为成年男子的低音呢。虽然事情已经过去了许多年,但当巴尔说起自己当时的惊愕时仍然十分激动。他说,他起初简直不敢相信:一个中学生竟会创造出这样的艺术、有这样的远见、有这样深刻的思想、对自己尚未亲身经过的生活有这样鞭辟入里的认识!阿图尔·施尼茨勒也曾几乎和巴尔一样向我讲述过霍夫曼斯塔尔。施尼茨勒当时还是一名医生。施尼茨勒最初的文学成就似乎还不足以保证自己的生计,不过他已成为"青年维也纳"派的领袖。一些比他更年轻的人喜欢来向施尼茨勒请教,倾听他的建议和看法。有一次,施尼茨勒在偶然相识的熟人那里认识了这位个儿高高的年轻中学生霍夫曼斯塔尔。这位中学生的机智聪明引起了他的注意。尔后,这位中学生请求能朗诵一出诗剧给施尼茨勒听听。于是,施尼茨勒高兴地请他到自己的单身住房来,尽管不抱很大的期待。施尼茨勒心想,无非是一出中学生写的剧,带些多愁善感的情调或者假古典主义一类的作品,所以施尼茨勒只邀请了几个朋友。霍夫曼斯塔尔穿着童装短裤来了,显得有点紧张和拘束,接着便开始朗诵。施尼茨勒告诉我说:"几分钟后我们都突然竖起耳朵仔细聆听,同时互相交换着赞赏和几乎惊奇的目光。诗句是如此完美、形象,无懈可击,音乐性是如此鲜明。我们还从未听到过一个当年在世的人写出过这样的诗句。我们甚至认为,自歌德[52]以后几乎不可能有这样的诗句。然而,比这种无与伦比的形式上的完美——我至今还未曾见到过在他以后的德语诗歌中有比他更强的人——更为令人赞叹的是他对世界的认识。对一个整天坐在课堂里的中学生而言,这种认识想必只能来自神秘的直觉吧。"当霍夫曼斯塔尔朗诵完后,大家还都默默地坐在那里。施尼茨勒对我说:"我觉得,我平生第一次遇到了一个天生的奇才;在我以后的一生中再也没有如此为之倾倒过。"一个人在十六岁就开始才华横溢——或者更确切地说,不是开始才华横溢,而是一开始就才华横溢,这样的人势必可以和歌德与莎士比亚[53]并驾齐驱。事实的确如此,霍夫曼斯塔尔的完美日臻成熟:在他的第一部诗剧《昨日》之后,便是气势恢弘的《提香之死》[54]的片段——他在这出戏剧中将德语提高到有意大利语般的悦耳音韵,然后是他的诗歌创作。他每发表一首诗,对我们而言都是不寻常的大事,直至数十年后的今天我还能一行一行地背诵他的那些诗句。后来他又写作短剧和随笔。他的随笔把丰富的知识、对艺术的精辟见解和对世界的洞察神奇地浓缩在数十页空白的稿纸上。总而言之,这位中学生和以后作为大学生的他所写的一切似同水晶一般从内在深处散射出光彩,既璀璨又深邃。诗歌和随笔犹如他手中任意糅合的伊米托斯山脉[55]上芬芳的蜂蜡。他的每一篇诗作都有一种无法重复的奇妙之处，但总是分寸恰当，不多也不少，不落窠臼。人们总觉得必定有一种潜意识——一种不可理喻的力量神秘地引导他在前人足迹未至的道路上行走。

我今天几乎无法重复这样一位非凡的人物当时是如何使我们这些已学会追求真正价值的人入迷的。因为对年轻一代的人来说，还有什么能比这件事更使人陶醉的呢？——知道在自己的身旁，在自己的一代人中间有着像他这样一位卓越、纯正、天才的诗人——对于他，始终只能将他想象为荷尔德林[56]、济慈、莱奥帕尔迪[57]一样的传奇人物，可望而不可及，似梦似幻。所以，时至今日我仍能清楚记得我第一次亲眼见到霍夫曼斯塔尔的那一天。当时我十六岁。由于我们悉心注意我们这位理想中的良师益友的一切行动，因此登在报纸一角的一条不起眼的简讯：他将在"学术俱乐部"做一次关于歌德的报告，这使我特别兴奋——我们简直无法想象，这样一位天才竟在这么小的范围内做报告；按照我们中学生崇拜的程度，我们原以为，当霍夫曼斯塔尔公开露面时，那间讲堂必然爆满，从而证明我们这些小小年纪的中学生对富有生命力事物的直觉——不仅在霍夫曼斯塔尔身上——是远远超过维也纳广大公众和官方评论的。那次报告会确实使我再次感受到我们判断的正确。不过，在那间狭小的讲堂里总共只有一百三四十个听众，所以我为了占到座位而急不可待地提前半小时出发，实属毫无必要。我们等候了片刻。忽然有一个不惹人注意的瘦高个青年穿过我们这一排座位，向讲台走去，并且立刻开始演讲，以致我几乎没有时间把他仔细打量一番。霍夫曼斯塔尔身材灵巧，蓄着还没有完全成形的稀软的上髭，看上去比我想象的还要年轻。他的面庞轮廓分明、有点像意大利人的黝黑的脸绷得紧紧的，显然有点紧张。他的一双乌黑、柔和而又高度近视的眼睛流露出来的不安更加深了这种印象。他仿佛一下子就完全进入到滔滔不绝的演讲之中，就像一个游泳者顺着熟悉的流水一样。他愈往下讲，举止愈自在，态度愈镇静，一旦思路展开，开始时的那种拘束统统消失，只见他轻松自如，侃侃而谈，就像这位灵感丰富的人平时一样——我以后在同他私下交谈时也常常发现他的这种状态。只不过在他讲最初几句话的时候，我就发觉他的嗓音并不悦耳，有时候简直近乎假嗓子，很容易变得刺耳。但是，当他的演讲使我们感到十分兴奋和忘乎所以时，我们也就不再去注意他的声音和相貌了。他讲的时候没有讲稿也没有提纲，或许甚至没有仔细准备。然而，由于他有一种天赋的讲究形式的神奇感觉，所以每一句话都十分完美。他令人迷惘地提出那些最大胆的反证命题，为的是紧接着用清楚而又出人意料的措辞来加以解答，使听众不禁感到，他所讲的只不过是他从丰富得多的内容中随手拈来的一部分而已。他对内容的驾驭就像他本人一样轻松自如，倘若要深入展开，他还可以这样滔滔不绝地讲上几个小时而不会使内容贫乏和水平降低。我在后来几年中和他私下交谈时也感觉到这种魅力，诚如斯特凡·乔治称赞他时所说："霍夫曼斯塔尔的话犹如气势磅礴的歌咏和妙趣横生的对谈。他是这种语言风格的开创者。"霍夫曼斯塔尔性格急躁、大大咧咧，对什么事都十分敏感，在私人交往中常常容易激动和怏怏不乐，不容易和他接近。不过，当他对某一个问题感兴趣的那一会儿，他就像一团火似的，把任何讨论迅速而热烈地引入到他自己的和只有他才能达到的知识领域。除了我有时和比较稳重、想法比较明晰的瓦莱里及脾气急躁的凯泽林[58]的谈话以外，我还从未遇到过一次谈话有像和霍夫曼斯塔尔谈话时那样的思想水平。在他真正灵感勃发的时刻，他所接触过的一切：读过的每一本书、见过的每一幅画和每一处风景都会在他的精灵一般清醒的记忆中复活。他用的比喻是那样自然、妥帖，就像用左手比喻右手似的；他的观点是那样突出，就像舞台上的布景摆放在无垠的蓝色天幕面前。在那次演讲会上，我第一次在他身上真正感觉到这种"气息"，即一种令人振奋鼓舞、难以用理性完全理解、不可捉摸的气息；我在以后和他个人的接触中也真切地感受到这种气息。

从某种意义上说，霍夫曼斯塔尔以后再也没有超过他在十六至二十四岁时所创造的无与伦比的奇迹。尽管我同样赞赏他后期的某些作品——优美的随笔、《安德烈亚斯》[59]的片段（这部未完成的作品或许是德语中最美的长篇小说）和戏剧的部分段落。但是，随着他日益束缚于写实的戏剧和时代趣味，随着他的创作具有明显的意图和功利目的，先前那种梦幻般的笔触远去了，那些充满稚气的早年诗歌创作中的纯粹的灵感远去了，从而对我们这些好挑剔的青年人的魅力也就远去了。我们以一种尚未成年者特有的神秘感觉预先就知道，在我们青年一代中像他这样的奇迹只可能出现一次，在我们一生中不会重演。

巴尔扎克曾以无可比拟的方式描述过拿破仑这个典范

人物是怎样在法国使整整一代人激奋起来的。一个小小的少尉波拿巴·拿破仑竟莫名其妙地登上了叱咤世界风云的皇帝宝座，这不仅意味着是他个人的胜利，而且也意味着是年轻一代的思想的胜利：一个人为了早早获得权势，并非生下来就必须是王子或者侯爵不可，一个人不论出身在哪种小户人家，甚至出身在一个贫穷的家庭，同样可以在二十四岁成为将军，三十岁成为法国统治者和很快成为世界统治者——这样一种举世无双的成功使数以百计的人离开了自己卑微的职业和省城：波拿巴少尉使整个一代青年人的头脑发热，使他们更加野心勃勃。波拿巴·拿破仑造就了他自己的那支伟大军队的将军们，他也造就了"人间喜剧"〔60〕中的主人公和发迹者。一个出类拔萃的年轻人，一旦在他自己的领域中一举达到前人未能达到的成就，仅仅这一事实就会永远鼓舞他周围和身后的所有青年。从这个意义上讲，霍夫曼斯塔尔和里尔克对我们这些更年轻的人来说，是对我们尚未成熟的能力的一种不同寻常的推动。我们倒不希望我们中间会有人能再现霍夫曼斯塔尔的奇迹；但是只要他存在，他就会给我们增添力量，因为他的存在这一事实本身就清楚地说明了：纵使在我们那个时代，在我们自己的城市里，在我们这样环境中，同样可以产生诗人。霍夫曼斯塔尔的父亲是一家银行的经理，像我们其他人一样，出身于犹太市民阶层，因此，这位天才诗人是在一幢和我们差不多的住房里长大的，里面摆着同样的家具，从小接受同样的道德教育，进入一所同样死气沉沉的中学，学的是同样的课本，要在同样的木板凳上坐八年，像我们一样感到不耐烦，像我们一样热衷于一切精神财富。然而你瞧，当他还必须坐在硬板凳上磨破裤子和在体操房里来回踏步走的时候，却成功地跳出了自己狭隘的小天地——跳出了这座城市和自己的家庭，一跃进入无涯的神游世界。霍夫曼斯塔尔这个实例在某种程度上向我们显示了：即便像我们这样的年龄和在一所奥地利中学的牢笼般的氛围中，要创作富有诗意的作品乃至完美的诗歌，原则上是可能的。当一个人在家里和在学校里还被认为是尚未成年、无足轻重的孩子时，他的作品却已经出版，并已经享有声誉和获得名声——这对一个童心十足的人来说，具有多大的诱惑呀！

而里尔克对我们来说又是另一种类型的鼓舞——以一种宽慰人的方式补充了霍夫曼斯塔尔的那种激励式的鼓舞。因为纵使在我们中间最胆大妄为的人看来，要和霍夫曼斯塔尔争个高低，简直是自不量力。我们知道：霍夫曼斯塔尔的这种至善至美的早熟是一种举世无双的奇迹。这种奇迹不可能重演。当我们这些十六岁的人把自己的诗句和霍夫曼斯塔尔在同样年龄写下的那些非常著名的诗句相比，都不禁汗颜。我们同样感到，我们自己的知识在霍夫曼斯塔尔面前就会相形见绌，他在念中学时就已博学多才。而里尔克则不同，他虽然也在同样早的时间——十七岁或十八岁就开始写作和发表诗篇，但里尔克的那些早期诗歌和霍夫曼斯塔尔的早期诗歌相比，以及从绝对意义上来说，还是不成熟、幼稚和简单的，唯有抱着宽容的态度，才能看出其中几分天才的光芒。里尔克是渐渐成名的，一直到二十二三岁才开始成为一位受到我们无限爱戴的杰出诗人。这对我们来说无疑是一种巨大的宽慰。一个人不一定非要像霍夫曼斯塔尔似的在中学时代就已完全成熟；一个人也可以像里尔克似的一步一个脚印地成才。一个人不必因为暂时写出了一些不像样、不成熟、缺乏深刻意义的作品，就立刻认为自己没有指望了。一个人也许不能再现霍夫曼斯塔尔那样的奇迹，但是可以走一条像里尔克那样比较平稳和比较寻常的成才之路。

因为我们所有的人早已开始写作或写诗，有的学习吹弹乐器和喜欢朗诵，这些业余爱好都是可以理解的事。不言而喻，青年人对业余爱好的态度从来都不会是消极被动的，因为青年人的本性不仅是要从业余爱好中获得某些启示，而是要对获得的启示做出创造性的回应。比方说，爱好戏剧对青年人而言至少意味着希望和梦想自己能登上舞台或者为剧院做点什么工作。青年人对各种天才人物的崇拜神往不可避免地会导致回过头来看看自己，看一看能否在未曾查明的自己的躯体之内或者在一半尚且蒙昧的心灵之中发现那种特殊素质的苗头。于是，那种艺术创作的欲望在我们班级里十分流行，这符合维也纳的氛围和当时的特殊条件。我们每一个人都在自己身上寻找一种天赋并期待有施展的空间。有四五个人想成为演员，他们模仿城堡剧院演员们的腔调，锲而不舍地练习台词和朗诵，悄悄地去听表演课，在学校放假的时候，各自担任一个角色，即兴表演古典戏剧家们的整场片段。而我们其他的人则是既好奇又苛求的观众。还有两三个人是相当有素养的音乐爱好者，但是还没有决定是否要去当作曲家、演奏家或者乐队指挥。我最初得到的关于新音乐的知识应归功于这几个同学，因为新音乐当时还严格地被排斥在爱乐乐团举办的正式音乐会之外,尽管爱乐乐团一再向我们索取新音乐的歌曲和大合唱的歌词。我们班上还有一个同学,他是当时一位非常著名的画家的儿子。他在上课的时候替我们在作业本上画满各种图画,同时为我们班上所有那些未来的天才们都画了肖像。不过,班上最普遍的爱好是文学。我们通过彼此的激励,在文学方面成熟得越来越快;通过对每一首诗的互相切磋,使我们这些十七岁的人所达到的水平远远超过业余爱好者的水平,而且使每个人真正做出有效的实际成绩,这一点已经被下列的事实所证明:我们的作品不仅只被一些不知名的地方小报采用,而且还被新一代创办的主要杂志采纳和刊载。我们甚至拿到了稿酬——这是最最令人信服的证明。我有一个同学 Ph. A.,我曾将他崇拜为天才,他的名字就在当时最出色的豪华刊物——《潘神》[61]上赫然和德默尔[62]、里尔克的名字一起排在最前面。我还有一个同学 A. M.,曾用"奥古斯特·厄勒"[63]的笔名找到了进入当时所有德语杂志中最难入门和最古板的文艺刊物——《艺术之页》的门径。这家文艺刊物是斯特凡·乔治专为自己神圣的、成员经过严格挑选的文学团体而保留的园地。我的第三个同学,在霍夫曼斯塔尔的鼓励下写了一部关于拿破仑的剧本;我的第四个同学提出了一种新的美学理论和写出了意味深长的十四行诗;我自己的名字则登在新潮的主要刊物《社交界》[64]和马克西米利安·哈登[65]主编的《未来》周刊上,后者是一家关于新德国的政治和文化史刊物。当我今天回首往事时,我不得不十分客观地承认,就我们当时知识的广博、文学技巧的娴熟和艺术水平而言,对一些年仅十七岁的人来说,确实惊人。这种情况只能用霍夫曼斯塔尔早熟的神奇事例来做解释,正因为有霍夫曼斯塔尔的天才在前,才有我们的发奋努力,不甘示弱。我们掌握语言的所有艺术诀窍,谙熟语言的奇异夸张和不拘一格,我们在无数的习作中尝试过各种诗体的技巧——从品达[66]式的悲怆一直到淳朴民歌的所有风格。我们每天交换自己的作品,互相指出被疏忽的不足之处,讨论每一个韵律的细节。当那些迂阔的教师还一无所知地在用红墨水画出我们作文本中少了几个逗号时,我们早已互相展开切磋,要求之严格、审察之细微、见解之内行,是我们那些大型日报上的官方文学评论权威在对待古典大师们的作品时未曾达到过的。由于我们一味热衷于此,到了中学的最后几年,我们在专业判断和文采斐然的表达能力方面,甚至已超过那些著名的专业评论家了。

我在这里如此真实地描述我们在文学方面的早熟,也许会导致这样一种看法:我们是一群特殊的神童,但实际情况并非如此。在当时维也纳的十几所邻近的中学里,同样可以看到这种对文学的狂热和文学上早熟的现象。所以说,这不可能是一种偶然现象。这是由一种特别幸运的氛围所造成——这座城市的艺术沃土和不以政治为核心的时代、新旧两个世纪交替之时出现的思想和文学新动向所开创的突飞猛进的局面——是这样一种特别幸运的氛围和我们在当时的年龄段必然会产生的内在创作意志有机地联系了起来。每一个年轻人在他的青春期总有一种诗兴或者有一股想写诗的冲动,虽然在大多数情况下只不过是心灵中泛起的细微涟漪。青年人能把自己当时的这种爱好保持到青年时代以后极为少见，因为这种爱好本身也只不过是青春萌发的表现罢了。后来，我们课堂里的五位演员没有一个是真正登上舞台成为演员的。在《潘神》和《艺术之页》上留过名的那几个诗人也在锋芒初露之后当上了庸庸碌碌的律师和官员；也许他们今天会对自己当年的雄心壮志忧伤地或者自嘲地付之一笑呢。我是所有那些人中间唯一在自己身上一直保持创作热情的人，并使这种热情成为我一生的意义之所在与核心。不过，我今天仍然以感激的心情怀念着那些同窗！他们曾给予我多少帮助呀！那种热烈的讨论、那种你追我赶的劲头、那种相互的表扬与批评，曾是怎样早早地锻炼了我的手和脑筋，使我对精神世界的视野变得更远更广。我们大家曾是怎样轻松愉快地摆脱学校的无聊和单调的呀！今天，每当我听到舒伯特的那首不朽之歌："你，迷人的艺术，总是在那无比空虚的时刻让我们沉醉在一个更美好的世界。"[67]这时，那些往事又会历历在目：我仿佛看见我们耷拉着双肩坐在可怜的冷板凳上，然后在放学回家的路上兴奋地闪动着炯炯发亮的眼睛，评论和朗诵着诗歌，兴致之高早已把狭隘的小天地忘得一干二净，真的"沉醉在一个更美好的世界"。

当然，这种对艺术的偏狂——这种对"美"的近乎荒唐的过分推崇——只有牺牲了我们那个年龄的通常兴趣才能得以实现。当我今天问自己，当年我们是怎样找到阅读所有那些书籍的时间的——因为我们白天都已被上学的时间和必要的起居用餐时间挤满，我这才明白，那是以大大减少我们的睡眠——从而也伤害了我们精神焕发的身体为代价的。虽然我每天早晨必须在七点起床,但是我却从未在深夜一两点钟以前把我的读物释手,而且从那时起就永远养成了一种坏习惯:即便到了深夜,我还要看一两小时的书。所以我当时每天早晨都是在最后一分钟匆匆忙忙赶往学校,两眼惺忪,脸洗得十分马虎,一边疾步走路一边嚼着抹了黄油的面包片;我今天不记得有哪一天不是这样的。我们这一群小学究看上去全都面若菜色、骨瘦如柴,就像没有成熟的水果,此外,衣着也不修边幅——这些都毫不奇怪。因为我们把零用钱的每个赫勒[68]都用在看戏、听音乐会和购买图书上了,再说,我们并不在乎要让年轻的姑娘们喜欢我们;我们倒是想要给更高层次的人留下好印象。我们觉得和年轻的姑娘们一起散步是浪费时间,因为我们在思想上非常傲慢,有一种先入为主的偏见,认为女性在智力上就是差,我们不愿意把自己宝贵的时间花在肤浅的闲扯上。我们对一切体育运动都不闻不问,甚至瞧不起。要让今天的年轻人理解这一点可能很不容易。诚然,体育运动的浪潮在上个世纪还没有从英国冲击到我们欧洲大陆。当时,还没有这样的体育场:当一个拳击手用拳头向另一个拳击手的下颚频频猛击时,体育场上成千上万的观众会兴奋得狂呼乱叫。当时报社还没有派出自己的记者,让他们用通栏的篇幅像荷马史诗似的报道一场曲棍球比赛。在我们那个时代,摔跤、田径协会、举重记录,这一切还都是城市郊外发生的事,参加者乃是屠夫和搬运夫之流。只有那种比较高雅、比较贵族气的赛跑运动,才一年有几次把所谓"上流社会"的人吸引到赛跑场上,但去赛跑的人也不是我们这些把任何体力活动都视为纯粹浪费时间的人。当我十三岁开始感染到那种对学问和文学的爱好时，我也就停止了滑冰，把父母给我用来学习跳舞的钱全都用来买书。我到了十八岁还不会游泳、不会跳舞、不会打网球。一直到今天我既不会骑自行车也不会开汽车。任何一个十岁的男孩都可以在体育运动方面讥笑我。即使到了今天的一九四一年，我还不大分得清棒球和足球之间、曲棍球和马球之间的比赛规则有哪些区别。我觉得每张报纸的体育版都像是用中国字写的，一点也弄不明白。我对所有那些体育运动的成绩——速度和评分的记录，就像那位波斯的沙阿[69]一样不开窍。有一次，有人鼓动那位沙阿去参加一次跑马大赛，他却以东方人的智慧说道："干吗？我本来就知道总有一匹马比另一匹跑得快，哪一匹跑得快，跟我有什么相干？"我们也同样轻视锻炼自己的身体，觉得这是白白浪费时间。唯有下棋尚能得到我们几分青睐，因为它需要动脑筋。而更为荒谬的是：虽然我们觉得自己正在成为诗人或者有潜质成为诗人，但是我们却很少关心自己周围的大自然。在我头二十年的生涯中，我几乎没有好好看一看维也纳周围的美丽风光。当最美、最热的夏天来临时，城里空空荡荡，我们却更加迷恋这座城市，因为我们可以乘此机会在咖啡馆里读到内容更丰富多彩的报章杂志，到手也更快，种类也丰富。后来，我曾用了好几年乃至数十年时间来弥补我身体上的那种不可避免的笨拙，用来调整那种幼稚的贪多图快的过度紧张的生活。不过，总的说来，我对我中学时代的那种狂热——对那种只用眼睛和脑子的生活从未后悔过。中学时代的生活曾把一种我永远不愿失去的求知热情注入我的血液之中。我在以后所读的书和所学到的一切都是建立在那几年的坚实基础之上。一个人的肌肉缺乏锻炼,以后还是可以补偿的;而智力的飞跃,即心灵中那种内在的理解力则不同,智力只能在形成时的决定性的那几年里进行锻炼——只有早早学会把自己的心灵大大敞开的人以后才能够把整个世界包容在自己心中。

我们青年时代所经历的正是在艺术方面酝酿着的一些新事物——即一些比我们的父母和周围的人所曾满足过的更为热烈、更成问题和更有诱惑力的事物。但是,由于被生活中的这一部分内容所深深吸引,我们没有注意到艺术领域里的这种转变只不过是许许多多意义更为深远的变化的波及和先兆;这些变化将动摇和最终毁灭我们父辈们的太平世界。一场令人瞩目的社会结构大变革已开始在我们这个昏昏欲睡的古老的奥地利酝酿。几十年来,心甘情愿和一声不吭地把统治地位让给自由派中产阶层的那些广大民众突然变得不再安分守己。他们组织起来,要求得到自己的权利。正是在上个世纪——十九世纪的最后十年,政治如同疾风暴雨冲进平静、安逸的生活。原来是新的二十世纪要求有一种新的制度——一个新的时代。

在奥地利的各种声势浩大的民众运动中,首先兴起的是社会主义运动。在此之前,被我们错误地称为"普遍"的选举权实际上只是赋予缴纳了一定税款的有产阶层。然而,被这个阶层选举出来的维护他们本阶层利益的那些人以及农场主们却真以为自己在国会里是"民众"的代表和发言人呢。他们为自己是受过教育的人,甚至大部分是受过高等教育的人而无比自豪。他们讲究尊严、体面、高雅的谈吐,因此国会开会时就像一家高级俱乐部的晚间讨论会。这些有产阶层的民主主义者出于自己对自由主义的信仰,真诚地相信通过宽容和理性必然会使世界进步。他们主张用小小的妥协和逐渐的改善来促进全体国民的福利,并认为这是最好的办法。但他们完全忘记了自己仅仅代表大城市里五万或十万生活富裕的人,而并不代表整个州数十万或数百万的人。在此期间,机器生产也起到了作用,机器生产把以往分散的工人集中到工业中来。在一位俊杰——维克托·阿德勒[70]博士的领导下,奥地利成立了一个社会主义政党,旨在实现无产者的各种要求;无产者要求有真正人人平等的普遍选举权。可是,这种选举权刚一实行,或者更确切一点说,刚一被迫实行,人们就立刻发现,备受推崇的自由主义是何等的脆弱。随着自由主义的消失,公共政治生活中的和睦相处也就不复存在,现在处处是激烈的利害冲突。斗争开始了。

我今天还清楚记得在我很小的时候使奥地利的社会主义政党发生决定性转折的那一天。工人们为了第一次显示自己的力量和人多势众,提出了这样一个口号:宣布五月一日是劳动人民的节日[71],并决定在普拉特绿化区游行,而且游行队伍要进入那条主要的林荫大道;如果在平时,在那条美丽、宽阔、两旁栽满栗子树的大道上只有贵族和富裕市民的马车和华丽的车辆行驶。善良的自由派市民们一听到工人们的这一宣布,吓得目瞪口呆。社会主义者这个词在当时的德国和奥地利是带着一股血腥气和恐怖主义味道的,就像以前听到雅各宾派[72]和以后听到布尔什维克这个词一样。市民社会在刚一听到工人们宣布的计划时,根本不可能相信这群从郊区来的赤色分子在进入市区时不会焚烧房屋,不会抢劫商店和不会干出各种不可思议的暴行。城里一片惊慌。全城和郊区的警察都被派到普拉特大街上值勤。军队处于戒备状态。没有一辆私人的华丽马车或出租马车敢驶近普拉特绿地。商人们早已拉下店铺的铁制护窗板。我记得,父母们严厉禁止我们这些孩子在维也纳将会看到一片火海的那一天上街。可是实际上什么也没有发生。工人们带着自己的妻小,列成四人一排的整齐队伍,十分守纪律地走进普拉特绿地。每人在自己的纽扣眼里插了一朵红色的丁香花——奥地利社会民主党的标记。他们一边列队前进,一边唱着《国际歌》。不过,当游行的孩子们第一次走进那条"高贵的林荫大道"美丽的绿茵地时,却唱起无忧无虑的校园歌曲。没有人遭骂,没有人挨打,也没有人挥舞拳头。警察和士兵都向他们发出友好的笑声。由于这种无可指摘的态度,中产阶级后来也就不好再把工人们斥之为一群"革命的歹徒"了。最后,双方都做了让步——就像在古老和明智的奥地利通常会发生的那样;因为当时还没有发明今天这样一种用棍棒殴打和彻底灭绝的制度,纵然是党魁们,他们身上也还保持着——虽已变得淡漠的——人性的理想。

当这种红色丁香花的党徽刚露面不久,突然之间又有人在纽扣眼里插上了另一种花——白色丁香花:基督教社会党党员的标记——当时人们还选用花卉作为党的徽记呢,而不选用翻口靴子、短剑和骷髅,这在今天看来,岂不令人感动?基督教社会党完全是小资产阶级的政党,原本只是作为对无产者政党的一种有机联系的对抗运动,而从本质上来说，基督教社会党也同样是机器生产战胜手工业生产的一种产物，因为机器生产一方面把大批民众集中到工厂，使工人们有了势力，社会地位大大提高，但另一方面机器生产又威胁着小手工业。大规模生产和大商店使小资产阶级和手工业企业的师傅们面临着破产。卡尔·卢埃格尔[73]博士——一位受人欢迎、机灵能干的领袖人物——利用这种不满和忧虑，提出了"必须帮助小人物"的口号，他把所有小市民和愤愤不平的小资产阶级吸引到自己身边；因为他们对自己将从有产者降为无产者的恐惧远远超过对有钱人的嫉妒。正是这个忧心忡忡的社会阶层，后来成为希特勒[74]周围的第一批广大民众。从某种意义上讲，卡尔·卢埃格尔是希特勒的榜样，是他教会了希特勒随心所欲地利用反犹太主义的口号。这一口号为不满的小资产阶级树立了一个可见的敌人，同时却又悄悄转移了他们对大地主和封建贵族世家的仇恨。但是这两个人物——卡尔·卢埃格尔和希特勒——又有许多不同，这也正反映了我们今天的政治已变得彻底的庸俗和野蛮，反映了我们这个二十世纪的可怕倒退。卡尔·卢埃格尔留着金黄色的柔软的络腮胡子，仪表堂堂，在维也纳的老百姓中被称为"漂亮的卡尔"，他受过高等教育，而且不愧为是在精神文明高于一切的时代求学。他擅长言辞、性格爽朗、谈吐风趣，即使是在最激烈的演说中——或者说在那个时代人们觉得是激烈的演说中——也从未失去过应有为人正派的风度。他自己讲话十分谨慎，从而也就小心翼翼地约束着反犹主义者尤利乌斯·施特赖歇尔[75]、约束着一个名叫施奈德的机械工人，此人喜欢用杀人祭神的荒诞故事和粗野庸俗的言词进行反犹宣传。卡尔·卢埃格尔对自己的对手始终保持某种君子的雅量，他的私生活是简朴和无可非议的，他的排犹主义的政治立场从未妨碍他一如既往地对自己从前的犹太朋友怀有善意和多加关照。当他领导的运动终于征服了维也纳市议会和他本人被任命为市长以后（对排犹主义倾向抱有反感的奥地利皇帝弗朗茨·约瑟夫曾两度拒绝批准这一任命），他一如既往秉公处事，政绩是无可指摘的，甚至可以说是民主的表率。在这个排犹主义政党取得胜利以前一度胆战心惊的犹太人，继续生活得像从前一样：享有平等的权利和受到尊重，仇恨的毒素和互相灭绝的意志还没有侵入到时代的血液循环之中。

但这时又出现了第三种花——蓝色的矢车菊花：俾斯麦[76]最喜爱的花和德意志民族党的标志，该党是一个具有激烈变革意识的政党——只不过当时人们没有懂得这一点——该党的目标是用猛烈的冲击彻底摧毁奥地利君主国，建立一个在普鲁士和新教领导下的大德意志国家——比希特勒还要早的梦想。当时，基督教社会党的势力是在维也纳和农村地区，社会民主党扎根于工业中心，而德意志民族党的党员几乎全都在波希米亚和阿尔卑斯山的边缘地区，按人数而论，该党势力微弱，但他们用疯狂的挑衅和无度的野蛮作风补偿了该党不令人瞩目的地位。该党的若干名议员是奥地利国会的耻辱（从旧的意义上说）和暴政的代表。希特勒——一个同样出生在奥地利偏远地区的人——在他们身上找到了自己的思想和策略的衣钵。希特勒接过格奥尔格·舍纳雷尔[77]的"脱离罗马！"的口号——这个口号是当时讲德语的数千名德意志民族党党员忠实遵循的——从天主教皈依新教,为的是要激怒奥地利皇帝和奥地利的天主教教士们;希特勒从舍纳雷尔那里搬来了反犹太主义的种族理论,被希特勒顶礼膜拜的鼻祖舍纳雷尔曾声称:"一位有名望的典范人物说过——犹太种族是最下流肮脏的。"而最主要的是,希特勒从舍纳雷尔那里学会了使用一支肆无忌惮、大打出手的冲锋队,从而也就学会了这样一种原理:用一小群人的恐怖行为来吓住另一些数量比他们多得多但又老实和比较能忍气吞声的大多数人。希特勒的冲锋队员用橡皮棍冲击会场,在夜里袭击对手并把他们打倒在地,从而为国家社会主义效劳;舍纳雷尔则利用奥地利的大学生联合会会员为德意志民族党出力。那帮大学生在大学豁免权的庇护下开创了史无前例的殴打恐怖手段。每当他们采取一次政治行动时,他们总是把自己像军人似的组织起来,高呼口号和吹着口哨,列队游行而过。他们把自己编成所谓"大学生团",脸上带着击剑留下的伤痕,经常聚众酗酒闹事。大学的院落由他们统治着,只因为他们不像别的大学生仅仅戴着袖章和学生帽,而是手中拿着粗硬的棍棒,到处寻衅。他们一会儿殴打斯拉夫大学生,一会儿猛揍犹太人大学生,一会儿又围攻信仰天主教的大学生,一会儿大打意大利大学生,并把那些手无寸铁的大学生赶出大学。只要这帮子"大学生团"成员出来"闲逛"一趟(他们把每星期六的这种逞凶示威称为"闲逛"),必然会发生流血事件。由于大学仍然享有古老的特权:警察不得进入大学的院落,所以警察不得不束手无策地在外面眼睁睁地看着这帮无赖学生闹腾;警察能够尽力的仅仅限于当流血受伤的人被这帮民族主义的流氓从楼梯口扔到街上以后,接着把受伤的人抬走。奥地利的德意志民族党虽然人数极少,却善于虚张声势,每逢该党想要贯彻什么意图时,总是把这帮子大学生当作冲锋队;当巴德尼伯爵[78]在奥地利皇帝和帝国议会的赞同下决定颁布一项语言法令时——巴德尼原以为这项法令将会在奥地利的各族人民之间建立一种和平,似乎还会延长皇朝几十年的寿命呢——但是那一小撮被煽动起来的大学生团的年轻团员们却为抵制这项语言法令占领了环城大道,于是政府不得不出动骑兵,用军刀和枪击来镇压。不过,在那个非常讲人道和软弱得可悲的自由主义时代,人们既憎恶任何暴力骚动又十分害怕任何流血事件,以致政府只好在德意志民族党的暴力行动面前退却:首相巴德尼下野;完全合法的语言法令被撤销。采用野蛮的暴力行动第一次在政治生活中显示出成功。曾由那个包容的时代千方百计弥合起来的各民族和各社会阶层之间的隐形隔阂和缝隙一下子全撕裂了,变成了不可逾越的鸿沟和深壑。一场全面的内战事实上已在新的二十世纪之前的最后十年里在奥地利拉开序幕。

然而我们这些年轻人却由于完全沉浸在自己的文学爱好之中对祖国的这些危险变化很少注意;在我们眼里只有书籍和绘画。我们对政治和社会问题丝毫不感兴趣。那种刺耳的不断争吵对我们的生活会意味着什么呢?当全城的人为了选举而兴奋激动时,我们却向图书馆走去。当民众采取暴力行动时,我们正在写作和讨论诗文呢。我们没有看到墙上涂鸦的火红标记,而是像古时的伯沙撒国王[79]一样没有任何忧虑——他无忧无虑地品尝着各种珍贵的佳肴，我们则无忧无虑地欣赏着各种珍贵的艺术佳作，没有警惕地朝前看一眼。一直到几十年以后，当屋顶和墙垣倒塌到我们头顶上时，我们才认识到墙基早已被挖空；我们才认识到：随着新的二十世纪的开始，个人自由也已在欧洲开始没落。

注 释

〔1〕 本章原文标题是：*Die Schule im vorigen Jahrhundert*。1887年，茨威格进入维也纳的韦尔德托尔胡同国民小学（die Volksschule in der Werdertorgasse）读书；1892年进入维也纳的马克西米利安高级文理中学（Maximiliangymnasium）求学。该校后改名为瓦萨高级文理中学（Wasagymnasium），至1900年高级文理中学毕业。故《上个世纪的学校》是指19世纪维也纳的小学和中学。

〔2〕 "智育基于体育"的原文是拉丁语：mens sana in corpore，是古代罗马人的格言。

〔3〕 列夫·尼古拉耶维奇·托尔斯泰（Лев Николаевич Толстой，1828—1910），19世纪俄罗斯伟大的现实主义作家之一。出身伯爵。传世的不朽之作有《安娜·卡列尼娜》、《复活》等。

〔4〕 里夏德·施特劳斯（Richard Strauss，1864—1949，旧译理查或理查德·施特劳斯），德国作曲家、指挥家，1919年任维也纳歌剧院总监。其交响诗与歌剧对现代音乐影响较大。第二次世界大战结束后，因其曾一度任纳粹政府"国家音乐局"总监而在纽伦堡国际军事法庭受牵连，后复出。

〔5〕 格哈特·豪普特曼（Gerhart Hauptmann，1862—1946，旧译盖尔哈特·霍普特曼），德国自然主义戏剧的代表人物，成名剧作《日出之前》（1889）。一生创作四十多部剧本，其中《织工》、《獭皮》、《沉钟》在"五四"运动以后被介绍到中国。1912年获诺贝尔文学奖。

〔6〕 赖纳·玛利亚·里尔克（Rainer Maria Rilke，旧译：勒内·玛利亚·里尔克，1875—1926），著名德语诗人，生于布拉格，成名诗集《祈祷书》（1905）。代表诗作《杜伊诺哀歌》（1923）。他的诗作大多充满感伤情绪和虚无主义思想，但在艺术方面做了不少探索和创新，对20世纪上半叶西方文艺界和知识界有重大影响。卒于瑞士。

〔7〕 席勒（Johann Christoph Friedrich Schiller，1759—1805），德国著名

诗人、剧作家。因剧作《强盗》和《阴谋与爱情》而成名。1793 年后与歌德成为深交。这两位大诗人的结交为德国文学做出了巨大贡献。席勒的诗篇《欢乐颂》借助贝多芬《第九交响曲》(《合唱交响曲》) 的音乐翅膀, 驰名世界。席勒的剧作在中国先后译出的有:《威廉·退尔》、《强盗》、《阴谋与爱情》、《斐爱斯柯》、《唐·卡洛斯》等。论著有《论质朴的诗和感伤的诗》。

〔8〕 尼采 (Friedrich Wilhelm Nietzsche, 1844—1900), 德国哲学家、诗人, 唯意志论的主要代表, 创立"权力意志说"和"超人哲学", 主要著作有《悲剧的诞生》、《查拉图斯特拉如是说》、《权力意志》等。

〔9〕 约翰·奥古斯特·斯特林堡 (Johan August Strindberg, 1849—1912), 瑞典戏剧家、小说家。使他一举成名的长篇小说《红房间》(1879) 是瑞典文学史中第一部带有自然主义色彩的作品。他的剧作《朱丽小姐》和《债主》(1889) 被视为欧洲自然主义剧本的典范。但从 1898 年起, 其戏剧创作由自然主义转向表现主义, 被称为表现主义戏剧第一人。其剧本《到大马士革去》(三部曲)、《一出梦的戏剧》和室内剧《鬼魂奏鸣曲》被视为表现主义戏剧的经典。

〔10〕 《法国信使报》: *Mercure de France*。

〔11〕 《新观察》: *Neue Rundschau*。

〔12〕 《创作室》: *Studio*。

〔13〕 《伯灵顿杂志》: *Burlington Magazine*。英国皇家学会 (Royal Academy) 所在地是在伯灵顿大楼 (Burlington House), 因而, "伯灵顿" 常指英国的学术界和艺术界。

〔14〕 《绘画中的世界》, 原文是拉丁语: *orbis pictus*, 英译文是: *The World in Pictures*。此书是 17 世纪时由捷克人约翰·科默尼乌斯 (John Commenius) 编写的绘有插图的关于文学艺术发展的教学用书, 在当时的欧洲相当普及。

〔15〕 索伦·齐克加德 (Sören Kierkegaard, 一译: 索伦·克尔恺郭尔 1813—1855), 丹麦神学家和哲学家, 存在主义先驱。

〔16〕 斯特凡·乔治 (Stefan George, 旧译: 斯蒂芬·格奥尔格, 1868—1933), 德国诗人, 19 世纪末 20 世纪初德国 "为艺术而艺术" 文学潮流的主要代表。

〔17〕 巴尔扎克（Honoré de Balzac，1799—1850），法国小说家。19世纪现实主义文学的杰出代表。生于巴黎以南的图尔城，卒于巴黎。自1829年至1848年，共创作小说91部，冠以总名《人间喜剧》，分为三大部分：《风俗研究》、《哲理研究》、《分析研究》。其中著名的小说有《欧也妮·葛朗台》、《高老头》、《幻灭》、《农民》、《贝姨》、《邦斯舅舅》等。

〔18〕 "我总以为名人就像天主一样，他们不像平常人那样说话、走路、吃饭"的原文是法语：Les gens célèbres étaient pour moi comme des dieux qui ne parlaient pas, ne marchaient pas, ne mangeaient pas comme les autres hommes。

〔19〕 但丁·阿利吉耶里（Dante Alighieri，1265—1321），意大利著名诗人，其代表作《神曲》闻名世界。《神曲》分三部分：《地狱》、《炼狱》(《净界》)、《天国》。在《神曲》中，先由古罗马诗人维吉尔引导但丁游历地狱和炼狱，接着由但丁青年时代的女友贝雅特里齐引导但丁游历天国。

〔20〕 夏尔·波德莱尔（Charles Baudelaire，新译：夏尔·博德莱尔，1821—1867），法国诗人，法国象征派诗歌的先驱和现代派文学创始人之一，代表作《恶之花》。

〔21〕 沃尔特·惠特曼（Walt Whitman，1819—1892），美国诗人，代表作《草叶集》。

〔22〕 保罗·瓦莱里（Paul Valéry，1871—1945），法国诗人，生于地中海滨的塞特市，1894年定居巴黎。1920年出版的《旧诗集存》为瓦莱里早期诗作选集，以富有音乐性的诗句和象征的意境，抒发梦境和默想，深受象征派和马拉美的影响。1921年，瓦莱里在《知识》杂志举办的评选中当选为当年最杰出的诗人。翌年发表《幻美集》，其中大部分诗篇表达诗人玄虚的思考和空灵的抒情，较之《旧诗集存》更能代表瓦莱里诗歌的独特风格。1925年瓦莱里当选为法兰西院士。逝世后，法国政府为他举行国葬。

〔23〕 斯特凡纳·马拉美（Stéphane Mallarmé，新译：斯特凡娜·马拉梅，1842—1898），法国著名诗人，有诗集《徜徉集》。

〔24〕 戈特弗里德·凯勒（Gottfried Keller，1819—1890），19世纪瑞士

德语文学中杰出的现实主义作家,代表作有自传体长篇小说《绿衣亨利》。

〔25〕亨里克·易卜生(Henrik Ibsen, 1828—1906),挪威戏剧家、诗人,代表作有《社会支柱》、《玩偶之家》、《群鬼》、《人民公敌》等。

〔26〕威廉·莱布尔(Wilhelm Leibl, 1844—1900),德国画家,画风写实,形象质朴,代表作有《读报》等。

〔27〕爱德华·冯·哈特曼(Eduard von Hartmann, 1842—1906),德国哲学家,以其第一部著作《无意识的哲学》而成名。

〔28〕赫尔曼·巴尔(Hermann Bahr, 1863—1934),奥地利诗人、剧作家、导演、文学评论家,具有非凡的应变能力,在文学上历经自然主义、新浪漫派、印象主义和表现主义。

〔29〕分离派(拉丁语 Sezession,德语 Secession)是19世纪最后10年在德国和奥地利出现的艺术流派,涉及建筑和绘画。他们不赞同艺术家们的沙龙(Salon)制度,成立志趣相投的艺术家团体,自称分离派,诸如:弗朗茨·冯·施图克(Franz von Stuck)于1892年在慕尼黑创立的分离派;古斯塔夫·克里姆特(Gustav Klimt)于1897年在维也纳成立的分离派;马克斯·利贝曼(Max Liebermann)于1899年在柏林成立的分离派。分离派的主要艺术特点是在建筑造型和装饰中多采用直线,故又称直线派。

〔30〕点彩派(Pointillisten),亦称点画派,兴起于印象派之后,故又称新印象派,亦即分色主义。代表画家乔治·修拉(Georges Seurat)、西涅克(Signac)等。

〔31〕爱德华·蒙克(Edvard Munch,一译:爱德华·芒克,1863—1944),挪威著名画家。传世之作《呐喊》。初期画作受后期印象派影响,其绘画风格是德国和中欧表现主义的前奏。

〔32〕费利西安·罗普斯(Félicien Rops, 1833—1898),比利时版画家和画家,所描绘的女性裸体极具肉感。

〔33〕马蒂亚斯·格吕内瓦尔德(Matthias Grünewald, 1455—1528),德意志画家,创作活动处在德意志宗教改革时期,他的不少宗教画是中世纪至文艺复兴时期德国祭坛画中的典范作品。主要代表作有《依萨汉姆祭坛画》。

[34] 艾尔·格列柯(El Greco, 1541—1614),西班牙画家,原籍希腊。受威尼斯画派和风格主义影响。作品大多是宗教题材,人物形象瘦削修长,色调阴冷,表现超现实的气氛,为反对宗教改革服务。作品有《奥尔加斯伯爵的葬礼》、《尼诺·德·盖瓦拉肖像》、《托列多风景》等。艾尔·格列柯是希腊语,原意是"这个希腊人"。

[35] 弗朗西斯科·何塞·戈雅(Francisco José Goya, 1746—1828),西班牙杰出画家,笔致豪放,构图大胆,后期画风以色彩明朗鲜艳转为深沉浑厚,其画风对欧洲19世纪绘画有深刻影响。拿破仑入侵西班牙时,他创作了以法国士兵枪杀西班牙起义者为题材的《战争的灾难》铜版组画。

[36] 穆索尔斯基(Модест Петрович Мусоргский, 1839—1881),俄罗斯作曲家,作品富于民族特色,其音调反映了俄罗斯语言和俄罗斯民歌的特点。一生写了5部歌剧,但都没有完成,由后人续完。其中著名的歌剧有《鲍里斯·戈都诺夫》、《霍万斯基乱党》,著名的歌曲有《老乞丐之歌》、《睡吧,农家的孩子》等,著名的器乐曲有《荒山之夜》、《展览会上的图画》等。1881年3月28日卒于圣彼得堡。

[37] 克洛德·德彪西(Claude Debussy, 1862—1918),法国作曲家,和法国象征派诗人马拉美等过从甚密,后来对爪哇等地的东方音乐很感兴趣,从此开创了音乐领域的印象派。

[38] 埃米尔·左拉(Émile Zola, 1840—1902),法国自然主义小说家,代表作长篇小说系列《鲁贡玛卡一家人的自然史和社会史》,包括20部长篇小说。

[39] 陀思妥耶夫斯基(Фёдор Михайлович Достоевский, 1821—1881),俄罗斯伟大作家,生于莫斯科一医生家庭,祖父是普通神职人员。父亲米哈伊尔在担任医官期间取得贵族身份,并置有两处不大的田庄,因虐待农奴,在1839年被农奴殴打致死,此事给他留下强烈印象。他的第一部长篇小说《穷人》于1845年问世,深化了俄罗斯文学中的"小人物"主题。他的传世之作是《罪与罚》和《卡拉马佐夫兄弟》。

[40] 保罗·魏尔兰(Paul Verlaine, 1844—1896),法国诗人,1890年前后被年轻的象征派诗人奉为诗坛魁首。他的诗作独具特色:音乐性强;富于暗示性,"明朗与朦胧相结合";笼罩着不安的氛围,

反映诗人的怅惘情绪和婉约的情思,渴望单纯诚挚的情感。第一部诗集《感伤集》(1866),巅峰之作是《无题浪漫曲》(1874),后期诗集《智慧集》(1881)充满宗教感和忏悔情绪。保罗·魏尔兰的诗对斯蒂芬·茨威格的诗作有一定影响。

〔41〕 阿图尔·兰波(Arthur Rimbaud,1854—1891),19世纪法国诗人,其诗歌充满对现实不满的反抗激情,在形式方面能熟练掌握法国古典诗歌的传统格律,又有个人的独创风格。代表作有表现巴黎公社的《巴黎战歌》、长诗《醉舟》、《灵光篇》等。

〔42〕 爱德华·汉斯利克(Eduard Hanslick,1825—1904),维也纳音乐评论家,著有《论音乐之美》(*Vom Musikalisch-Schönen*)。他是19世纪形式主义音乐美学的代言人。

〔43〕 弗兰克·魏德金德(Frank Wedekind,新译:弗兰克·韦德金德,1864—1918),德国剧作家,1889年开始写作,因反对自然主义,常把豪普特曼当作讽刺对象。1891年发表的《青春的觉醒》,打破传统戏剧的规范,采用象征手法,写青年人的生理要求同成年人狭隘的道德观念之间的矛盾。

〔44〕 十二音体系,亦称无调性音乐。阿诺尔德·勋伯格(Arnold Schönberg,1874—1951)是无调性音乐的先驱。参阅本书第一章《太平世界》注〔71〕。

〔45〕 阿道夫·冯·维尔布兰特(Adolf von Wilbrandt,1837—1911),德语作家,1881—1887年任维也纳城堡剧院院长。以写影射慕尼黑艺术家的小说而著名。著有文学史、论文、诗歌、传记多种。

〔46〕 格奥尔格·莫里茨·埃贝斯(Georg Moritz Ebers,1837—1898),德国的埃及学研究者和作家。

〔47〕 费利克斯·达恩(Felix Dahn,1834—1912),德国作家、历史学家、法学家,所著小说多取材于大迁徙时代的民歌和神话。

〔48〕 保罗·海泽(Paul Heyse,1830—1914),德国作家,1910年诺贝尔文学奖获得者,代表作有《特雷庇姑娘》等。

〔49〕 弗朗茨·冯·伦巴赫(Franz von Lenbach,1836—1904),德国写实主义肖像画家。出生于德国巴伐利亚地区的施罗本豪森,卒于慕尼黑。1856—1860年在慕尼黑美术学院学习,1860年完成平生

最佳作品之一《年轻的牧羊人》,具有朴质的自然主义风格,曾为瓦格纳、李斯特、俾斯麦等绘制肖像,是"明朗绘画"先锋之一。

[50] 约翰·济慈(John Keats,新译:约翰·基茨,1795—1821),英国浪漫主义诗人,对后世影响甚大,传世之作有颂诗《夜莺》、《希腊古瓮》、《哀感》、《心灵》和抒情诗《无情的美人》以及十四行诗《灿烂的星,愿我能似你永生》等。

[51] 格林斯坦特尔咖啡馆(Café Griensteidl),当年维也纳文人墨客聚会之处。

[52] 约翰·沃尔夫冈·冯·歌德(Johann Wolfgang von Goethe,1749—1832),德国伟大诗人,以书信体小说《少年维特之烦恼》和诗体悲剧《浮士德》传世。

[53] 威廉·莎士比亚(William Shakespeare,1564—1616),英国戏剧大家、诗人,著有37部戏剧、154首十四行诗和两首长诗,主要作品有喜剧《仲夏夜之梦》、《威尼斯商人》,历史剧《理查三世》、《亨利四世》,以及悲剧《罗密欧与朱丽叶》、《哈姆雷特》、《奥赛罗》、《李尔王》和《麦克白》等。

[54] 提香(Titian,原名 Tiziano Vecellio 蒂齐亚诺·韦切利奥,约1477—1576),意大利文艺复兴盛期威尼斯画派画家。他把油画的色彩、造型和笔触的运用发展到新阶段,在技法上对欧洲油画的发展有较大影响,作品大多描绘快活的世俗行乐和娇艳妇人。代表作有《乌尔宾诺的维纳斯》、《圣母升天》、《天上的爱和人间的爱》等。

[55] 伊米托斯山脉(Hymettos),希腊神话中拟人化的自然界。位于雅典东部郊区,盛产蜂蜜。

[56] 弗里德里系·荷尔德林(Friedrich Hölderlin,1770—1843),德国诗人、小说家,代表作有书信体小说《许佩里翁——希腊的隐士》等。荷尔德林于1770年3月20日在德国的内卡河(Neckar)畔的劳芬(Laufen)出生。父亲是当地修道院总管,在他出生后第3年去世。荷尔德林于1802年在德国斯图加特精神失常,1806年进蒂宾根(Tübingen)精神病院医治,后期住在木工齐默尔的家里。1843年6月7日去世。

[57] 贾科莫·莱奥帕尔迪(Giacomo Leopardi,1798—1837),意大利诗

人，一生健康欠佳，经常患病，情绪悲观，代表作有田园诗《致席尔维娅》、《孤独的麻雀》和抒情诗《一个亚洲游牧人的夜歌》等。

〔58〕赫尔曼·凯泽林（Graf Hermann Keyserling, 1880—1946），伯爵，德意志哲学家。1920年在德国达姆施塔特（Darmstadt）建立"智慧学校"（Schule der Weisheit），阐发一种"意识的哲学"（eine Philosophie des„ Sinns"），旨在克服理性主义（Rationalismus）和非理性主义（Irrationalismus）之间的对立，试图认知文化心理和宗教心理，即认识内在的文化意识和内在的宗教意识。赫尔曼·凯泽林的目的是：通过精神和心灵的新综合（neue Synthese von Geist und Seele）更新现代生活。主要代表作有《世界的构造》（*Das Gefüge der Welt*）、《一个哲学家的旅行日记》（*Das Reisetagebuch eines Philosophen*）两卷、《创造性的认识》（*Schöpfer. Erkenntnis*）等。1946年4月26日在奥地利因斯布鲁克（Innsbruck）逝世。

〔59〕《安德烈亚斯》（*Andreas oder die Vereinigten*），霍夫曼斯塔尔创作的长篇小说片段，1932年在他身后出版。

〔60〕巴尔扎克将自己创作的全部小说冠以总名"*Comédie Humaine*"，有人将其译为《人间喜剧》，但也有识者指出，这个中译名译得并不正确。评论界普遍认为：巴尔扎克的全部小说是一部资产阶级得势和罪恶的发家史；一部充满挽歌情调的贵族社会的衰亡史；描写了金钱王国的世态炎凉和金钱毁灭人性的悲剧。在巴尔扎克的小说中并无喜剧色彩。comédie 一词在法语词典中的释义是：1.〔古〕戏，剧团；2.〔旧〕剧院；3.喜剧。词典中的第一释义"戏"更符合原意，总名似可译为"人间戏"。尽管如此，《人间喜剧》的中译名已广为流传。巴尔扎克声称要"完成一部描写19世纪法国的作品"。巴尔扎克生于1799年，比拿破仑年轻三十岁，拿破仑于1821年去世时，巴尔扎克二十二岁，正是立志文学创作之时，他笔下的人物是拿破仑时代的人。

〔61〕《潘神》（*Pan*），1895—1900年在柏林出版的文艺刊物。潘神是古希腊神话中的牧神，宙斯之子。

〔62〕里夏德·德默尔（Richard Dehmel, 1863—1920），德国诗人，受自然主义和印象派诗歌影响。诗集有：《拯救》、《不是爱情》、《女

人和世界》、《维纳斯的转变》、《美妙的野蛮世界》等。

〔63〕 在《艺术之页》(*Blätter für die Kunst*)刊物上没有用"奥古斯特·厄勒"(August Oehler)笔名发表的作品,恐斯蒂芬·茨威格此处记忆有误。——德语原版书注。

〔64〕《社交界》的德语原文是:*Gesellschaft*。

〔65〕 马克西米利安·哈登(Maximilian Harden,1861—1927),德国政论家和作家。早年当过演员,1888年成为新闻记者,1892年创办自己的政治和文化周刊《未来》(*Die Zukunft*),其政治立场极其矛盾,常常被自己的情绪所左右。他作为一个保守的君主制度拥护者原本打算为威廉二世皇帝效劳,但遭到威廉二世的婉拒,于是他用笔名撰写政论文,支持已经下台的俾斯麦,反对威廉二世的亲信。

〔66〕 品达(Pindar,公元前522或前518—前446以后),古希腊为合唱吟歌作词的职业诗人。

〔67〕 指舒伯特的歌曲《音乐颂》(*An die Musik*),歌词由舒伯特的友人弗朗茨·冯·朔贝尔(Franz von Schober)作。

〔68〕 赫勒(Heller),奥地利货币名,等于百分之一克朗。

〔69〕 沙阿,古时波斯国王的称呼。

〔70〕 维克托·阿德勒(Victor Adler,1852—1918),奥地利社会民主党创建人。

〔71〕 1866年,第一国际日内瓦代表大会通过决议,把工作日限定为八小时。1886年5月1日,美国芝加哥等城市35万工人举行罢工和示威游行,要求改善劳动条件,实行八小时工作制。此次工人运动得到许多国家工人的支援,终于争得八小时工作制的权利。为纪念美国工人这次斗争的胜利,并支持美国劳工联合会预定在1890年5月1日举行全国各大城市的示威游行,1889年7月在巴黎召开的第二国际成立大会上决定次年5月1日组织各国工人举行大规模示威游行,并将该日定为国际劳动节。1890年5月1日,欧美许多国家工人举行历史上第一次群众性的"五一"大示威。苏联成立后,五一国际劳动节是苏联阵营内社会主义国家的重大节日。

〔72〕 Jacobiner,1789年法国大革命中最激烈的政治派别,因该派成员常在巴黎的雅各宾(Jacobins)修道院开会而得名。该派领袖罗伯

斯庇尔（Robespierre，1758—1794）参与领导了 1793 年 5 月 31 日和 6 月 2 日的民众起义，推翻吉伦特派的统治，7 月进入救国委员会，成为雅各宾派专政的首脑。执政期间，力求实现卢梭的国民主权和资产阶级民主共和国的政治理想，主张实行革命恐怖统治，粉碎了国内外敌人颠覆共和国的阴谋，曾在政治、经济、军事、文化和宗教等领域采取一系列革命措施，但反对无偿平分土地，又先后镇压了愤激派、埃贝尔派和丹东派，从而失去了民众的广泛支持。1794 年 7 月 27 日"热月政变"中罗伯斯庇尔被捕，次日被处死。

〔73〕卡尔·卢埃格尔，参阅本书第一章《太平世界》注〔84〕。

〔74〕阿道夫·希特勒（Adolf Hitler，1889—1945），纳粹德国的元首（1934—1945），第二次世界大战的头号战犯。在奥地利出生。第一次世界大战时为德军下士。1919 年加入德国工人党（次年改组为国家社会主义工人党，即纳粹党），任主席团委员。1921 年 7 月任党魁。1923 年在慕尼黑啤酒馆暴动失败后一度入狱。1924 年 12 月获释。次年重建纳粹党。1933 年 1 月出任德国总理，次年 8 月兴登堡总统死后自称元首兼总理，解散国会，取消所有反对派政党，实行纳粹党独裁。1937 年与意、日结成军事同盟。1938 年任德国武装部队最高统帅，同年吞并奥地利。1939 年 3 月吞并整个捷克斯洛伐克，9 月入侵波兰，全面挑起第二次世界大战。1941 年 6 月进攻苏联。1945 年 4 月 30 日盟军包围柏林时自杀。著有《我的奋斗》等。

〔75〕尤利乌斯·施特赖歇尔（Julius Streicher），1885 年 2 月 12 日生于德国奥格斯堡（Augsburg），德意志纳粹政治家，1922 年参加德国纳粹党，1923 年参加希特勒的慕尼黑啤酒馆暴动，1928—1940 是德国纳粹党的省党部头目，反犹主义最疯狂的鼓吹者，1923 年起出版煽动反犹的刊物《冲锋者》（*Der Stürmer*），1946 年 10 月 16 日在纽伦堡被国际军事法庭因犯有反人类罪而处以绞刑。

〔76〕奥托·爱德华·利奥波德·冯·俾斯麦（Otto Eduard Leopold von Bismarck，1815—1898），普鲁士王国首相（1862—1890）、德意志帝国宰相（1871—1890），通过王朝战争，击败法、奥，并统一

德意志,有"铁血宰相"之称。

[77] 格奥尔格·舍纳雷尔(Georg Schönerer, 1842—1921),奥地利大庄园主、政治家,俾斯麦的崇拜者,奥地利的德意志民族党的激进领袖,主张把讲德语的奥地利并入德意志帝国,主张"脱离罗马"——即脱离天主教,皈依新教,两度当选为奥地利国会议员,并从经济上的排犹主义走向种族上的反犹主义。他的思想对奥地利激进的农民和资产阶级以及希特勒都有影响。舍纳雷尔曾声称:"一位有名望的典范人物说过——犹太种族是最下流肮脏的。"此处的德语原文是:>In der Rass' liegt die Schweinerei<, sagte ein illusteres Vorbild。

[78] 卡西米尔·费利克斯·巴德尼伯爵(Kasimir Felix Graf Badeni, 1846—1909),奥地利政治家,1888—1895年任加利西亚(Calizien)总督,1895—1897年任奥地利首相兼内政大臣。1897年巴德尼向帝国议会提出语言法令,规定奥地利帝国的所有官员都要同时通晓捷克语,这一法令遭到说德语的议员们的激烈反对,甚至在维也纳和别的城市发生了街头抗议示威,动乱不断加剧,终于导致奥地利皇帝在1897年11月28日下令议会暂停辩论,免去巴德尼的首相职务。

[79] 伯沙撒(Belsazar),巴比伦一位国王的王储,约卒于公元前539年。在其父向波斯王国征战时,主持国内政务。《圣经·旧约·但以理书》5称其为伯沙撒王,并在《伯沙撒王的宴会》(Belshazzar's Feast)中记述他和一千臣民对饮的盛筵。亨德尔作有名曲《伯沙撒》。

第三章　情窦初开

在那八年中学期间，对我们每个人来说都发生了一件纯粹属于个人的事：我们从十岁的孩子渐渐长大成为十六岁、十七岁、十八岁具有男性特征的年轻小伙子，那种自然本能开始要求得到满足。看起来，青春期的性成熟似乎完全是个人问题，但每一个正在成长发育的人却不得不以自己特有的方式和性成熟一直搏斗。在那情窦初开之际，在公开场合谈论"性"完全是忌讳的；但对我们那一代人来说，青春发育期已超出其本身的范围，性成熟同时导致另一种意识的觉醒，因为性成熟第一次教会我们以更多的批判意识去观察那个我们曾在其中长大成人的世俗社会，去观察社会的各种习俗。总的说来，儿童和年轻人都愿意让自己先体面地适应自己生活环境中的各种规范。但是，只有当他们看到，要他们遵守的那些社会习俗也被其他所有的人诚实地遵守时，他们才会去遵守。教师或父母们身上的任何虚伪行为都不可避免地会促使年轻人用怀疑的，从而也是更尖锐的目光去观察他周围的人。而事实上，不用很久，我们就发现我们以前一直寄予信任的各种权威——学校、家庭、社会道德,在性这个问题上的表现是极不诚实的,甚至可以说,他们要求我们在这件重要事情上也要鬼鬼祟祟、偷偷摸摸。

因为三四十年前关于这类事情的想法和我们今天的世界完全不同。在社会生活中,或许没有一个领域有像两性关系那样在仅仅一代人的时间之内发生如此全面的变化。这是由一系列因素造成的:妇女解放运动、弗洛伊德的精神分析学说、体育运动的发展、青年一代的自主独立等。十九世纪欧洲的市民道德基本上是一种维多利亚时代[1]的道德,如果想区分这种道德观念和我们今天流行的更为自由、更为无拘无束的道德观念有什么不同,那么也许首先应该看到这样一个具体状况:十九世纪那个历史时代的人由于在自己的内心深处对性的问题感到十分困惑而小心翼翼地讳莫如深——如果可以这样说的话。而在人们尚且真诚信奉宗教的更早时代,尤其是在严格的清教徒时代,性的问题倒反而容易解决。中世纪的权威们曾一味深信,官能上的要求乃是魔鬼刺激所致,肉欲和猥亵乃是罪孽。他们正是本着这种信念对待性的问题。他们用粗暴的禁令、残酷的惩罚——尤其是在信奉加尔文教的日内瓦——贯彻自己这种僵化的道德观念。但是到了我们这个二十世纪就不同了。这是一个早已不信魔鬼甚至也不太信神的宽容时代,因此也就不敢再采取那样一种极端的革出教门的严厉手段。不过,当时我们年轻人的世纪——十九世纪——仍然觉得性的问题是一种造成社会不安稳的因素,因而也是一种乱世的因素,是和当时的伦理不相容的,所以也就不可以让性的问题暴露在光天化日之下,因为除了婚姻之外的任何形式的自由恋情都有悖于中产阶级的所谓"正派作风"。鉴于这种矛盾,我们的那个青年时代发明了一种特殊的折中办法。当时的道德规范虽不禁止年轻人过自己的性生活,但却要求年轻人以某种不引人注意的方式处理这件难堪的事。既然"性"的问题已不能从这个世界上消除,那么至少应该让"性"在社会风气范围之内看不见。于是形成了这样一种默契:无论是在学校还是在家里以及在公众场合,都不谈论这个令人不快的情结,把可能引起想到"性"存在的一切念头都压抑下去。

弗洛伊德告诉我们,谁试图想有意识地去压抑自然的性欲冲动,性欲绝不会因此而消失,只不过危险地进入潜意识罢了。所以我们今天很容易对当时那种无师自通的遮遮掩掩的愚蠢伎俩哑然失笑。但是十九世纪却完全囿于这样一种妄想:以为人能够用理性主义的理智解决一切困惑;以为人把自然的本能藏得越深,自己那种令人烦躁的冲动也就越能得到缓解;以为只要对年轻人从不提起性欲的存在,他们也就会忘却自己身上存在的性欲。当时,社会的各个方面都抱着这样一种妄想:用通过不闻不问的办法克制性欲——共同组成一条守口如瓶的封锁线。学校、为灵魂操心的牧师、沙龙、司法机关、报刊、书籍、社会舆情,原则上都回避谈论任何有关"性"的问题;甚至科学界——它自身的任务原本应该是对一切问题进行毫无约束的探讨——也以自欺欺人的方式参与封锁这种"有伤风化的自然之事"[2]的行列。科学界也以研究这类"猥亵"的课题将有失科学界的尊严为借口而向世俗屈服。如果我们今天翻阅一下当时的哲学、法学,乃至医学方面的书籍,我们将会一致发现：凡是涉及性欲的地方都小心翼翼地避开了。那些研究刑法的学者们在学术会议上讨论监狱中人性化的措施以及牢房生活有失人道的内容时，也都害怕触及这个本来是最中心的问题——性欲问题。同样，那些神经科的医生虽然在许多情况下清楚知道某些歇斯底里的病因，但却不敢说出其真相。我们今天仍可在弗洛伊德的著作中读到，纵使像他所尊敬的老师沙尔科[3]那样的人也曾私下向他承认：尽管沙尔科本人知道某些病人的真正病因，却从未公之于世。至于当时的所谓"美"文学更是不敢作如实的描写了，因为美文学是专以表现美学方面的美为己任。在我们之前的若干世纪里，作家们并不怯于提供一幅真实而又广阔的时代文化风貌的画面。我们今天仍然可以在笛福[4]、普雷沃神父[5]、菲尔丁[6]、雷蒂夫·德·拉布勒托内[7]的作品中看到那种对情爱的真实情况不加歪曲的描写。可是到了我们年轻时的那个时代，只允许表现"充满情感"和"高尚"的事，不允许表现使人难堪而又真实的事。因此，人们在十九世纪的文学中几乎看不到对大城市青年一代的各种"性"风险、困惑、阴暗面的反映。即便有一个作家大胆地提到卖淫，他也必须把卖淫精心美化一番，把女主人公打扮成"茶花女"[8]。所以我们今天会面临这样一种特殊情况：今天的一个年轻人为了要了解上一代和上上一代的青年人是怎样和自己身上的性欲搏斗一生而去阅读纵然是那个时代的大师们的长篇小说，如狄更斯[9]、萨克雷[10]、戈特弗里德·凯勒、比昂松[11]等著名作家的作品——托尔斯泰和陀思妥耶夫斯基的作品除外，他们身为俄国人是站在欧洲假理想主义的对立面——这个年轻人竟然发现,书中描写的尽是一些经过加工的、理想化的、温和中庸的事,因为那个时代的整整一代人由于时代的压力而不能自由表达自己的思想见解。而最能清楚说明这一点的倒还不是文学本身的这种克制态度,而是那个时代对祖先们的道德观念近乎歇斯底里的迷恋以及那种我们今天已难以想象的时代氛围。不然,人们怎么能理解像《包法利夫人》[12]这样一部完全实事求是的小说竟会被法国的一家法院视为淫书而公开加以禁止呢?怎么能理解:左拉的小说在我青年时的那个时代竟会被看作是色情文学呢;像托马斯·哈代[13]这样一位如此平心静气、古典主义的叙事文学家竟会在英国和美国引起愤怒的浪潮呢?——因为这些书籍尽管写得非常节制,还是揭露了不少现实。

然而,我们恰恰是在这样一种令人窒息的、不健康的空气中——在这样一种充满香水味而又郁闷得难受的空气中长大成人。这种对"性"讳莫如深的虚伪道德违背人的心理,然而简直像一座大山一样压在我们青年人的身上。而且由于步调一致的缄默伎俩,在文学和文化史中也就缺乏真正符合当时实情的文献资料,从而也就不容易把那些令人质疑的事重新加以证实。当然,某种可循的线索还是有的:我们只需看一看当时的社会风气就是了,因为一个世纪的各种社会风尚——各种有目共睹的趣味爱好——都会在无意之中显露出那个世纪的道德观念。在一九四〇年的今天,当电影院的银幕上出现一九〇〇年的妇女和男子穿着当时的服装参加社交活动时,任何一座欧洲或美洲的城市或者一个乡村的观众都会不约而同地觉得滑稽而忍俊不禁——这种现象的确不是偶尔发生。甚至今天最老实巴交的人也会笑话从前那种奇怪的打扮，觉得他们简直是滑稽人物，是一群穿戴不自然、不方便、不实用、不符合健康要求的戏剧中的丑角。就连我们这些还曾见过我们的母亲、我们的姑姨、我们的女朋友穿着那种古怪的夜礼服和我们自己童年时同样打扮得十分可笑的人也觉得那整整一代人竟会毫无异议地顺从那种愚蠢的穿戴，简直是一场可怕的噩梦。当时男子的流行打扮是：穿戴着让人无法稍微松动一下的、笔直的硬高领——好像要把人掐死似的——燕尾很长的黑色礼服和会使人联想到烟囱的大礼帽，这已经够可笑的了；可是从前一位"淑女"的打扮才令人喷饭呢！穿着那身打扮是既烦琐又费劲，一举一动都极不自然！腰间紧系着一件用鲸鱼须骨制成的紧胸衣，活像马蜂的细腰；腰部以下用一条像钟鼎似的肥大裙子罩住；颈脖上的衣领扣得又紧又高，直至下颚；双脚完全是盖严的；梳成无数小曲鬈、螺鬓和辫子的头发高高耸起，上面是珠光宝气、摇来晃去的头饰，还有一块头巾罩在上面；即便是最热的夏天，双手也都捂在手套里。这种在今天早已成为历史人物的"淑女"虽然香气扑鼻、戴着各种首饰、满身是精细的花边、褶裥、流苏，但仍然是一个值得怜悯和不能自理的不幸之人。人们一眼就能看出，凡是这副打扮的女人犹如穿上铠甲的骑士，再也不可能生气勃勃、轻盈而自由地行动；有了这样一副穿戴，每一个动作、每一个姿态，以及全身装模作样产生的效果，都显得矫揉造作、极不自然。且不说社交方面的教育，光是这一身"淑女"穿戴：这类夜礼服的穿上和脱下，程序就十分烦琐，没有别人帮助是根本不可能的。首先，她得让侍女把贴身内衣背后的无数搭扣从腰身到颈脖全都扣上；再让侍女用尽全身力气把紧胸衣系上；接着让每天来伺候的女理发师用不计其数的发针、发夹、梳子、烫发钳、卷发筒把长长的头发烫成鬈曲、梳刷整齐、做成高耸的发型——我想提醒今天的年轻人注意：三十年前，除了几十名俄罗斯女大学生外，欧洲每一个妇女的头发都长到齐腰的地方——然后，再给"淑女"像洋葱皮似的一层一层地穿上衬裙、紧身内衬衫、上衣和短外套，一直把她打扮到自己身上的最后一点女人气息完全消失为止。然而，这种毫无意义的穿戴实际上有心照不宣的含义：一个女人的线条应该通过这样的加工处理完全被掩饰起来，以致一个新郎在婚礼的宴会上也无法预料自己身旁的未来生活伴侣究竟是长得挺直还是佝偻，是长得丰腴还是瘦瘦，长的是直形腿还是罗圈腿；那个"讲究道德"的时代根本不认为这种旨在达到欺骗和适应普遍理想美的目的而对头发、胸脯以及身体的其他各部位进行人为的矫饰有什么不对。一个女人愈想成为一个"淑女"，就愈不应该让别人看出她的自然形态。其实，带着这种明显目的的社会风尚无非是为那个时代的总的道德倾向效劳，因为那个时代主要关心的是：掩盖和隐藏性爱。

但是，那种工于心计的道德风尚完全忘记了：一旦主人将魔鬼关在门外，十之八九，魔鬼就会被迫从烟囱或者从后门进来。用我们今天开放的目光看，那种服饰无非是要把露在外面的皮肤和真实的身材竭力掩盖起来，我们根本看不出其中有什么美德，恰恰相反，我们看到的是，那种时尚突出了两性相吸的存在，具有挑逗性，使人感到很不自在。在我们今天这个时代，一名青年男子和一个年轻女性，如果两人都身材修长、留着短发、面部没有胡须，从外貌上一看，就觉得他们结为朋友很般配，可是在从前那个时代，异性之间要尽可能保持距离。男人们为了好看，蓄着长长的胡须，或者至少要不时捻捻一撮很浓的小胡子，以突出他们男性美的特征。而女人则要用那件紧胸衣把女性最主要的特征——胸脯炫耀地吸引别人的眼球。此外，在举止仪态方面也特别强调所谓阳刚的男性和柔弱的女性：要求男子豪爽、好斗、有骑士风度，要求女人腼腆、温柔、小心谨慎；要求男子像猎手，女人像猎物，而不是两者毫无差别。由于仪表上的这种人为的南辕北辙，那种内在的异性吸引力——即性爱也必然更强烈。所以，当时那个社会由于采取那种违反心理的对性保持缄默和掩盖的方法，恰恰使那个社会走向反面。由于社会上的人唯恐在生活的各个方面——文学、艺术、穿戴方面会出现有伤风化的事而到处防范可能会引起性兴奋的刺激，反而在实际上促使人们时时想到那些伤风败俗的勾当。社会上的人到处防范那些可能是不正当的事，反而迫使自己一直处于窥探色情勾当的状态之中；在当年那个世界看来，"正派作风"始终处在岌岌可危之中：每一个姿态、每一句话，都可能有失体统。今天，人们也许尚能理解一个女子在运动或者在打球时只穿一条短裤，但在那个时代这简直是罪过；一个女子在当时根本不可以把"短裤"这个词说出口——今天人们又怎能理解得了这样一种歇斯底里的涉及两性的忌讳呢？如果一个女子不得已要提到这样一件有引起性感之虞的东西时，比方说，男人的裤衩，那么她必须另找一个词来代替，例如用"纯白的下装"这样一个词，或者用那个为了忌讳而专门发明的词——"难以启齿之物"。在当时,几个身份地位相当而性别不同的年轻人想在无人监视之下举行一次郊游,是完全无法想象的——或者更确切一些说,在这种情况下人们首先想到的是,会不会"发生那种事"。像这样一种聚会,只有当监护人——母亲们或者家庭女教师们——寸步不离地伴随着年轻人,才会许可。纵使在最炎热的夏天,年轻的姑娘们想穿着露出双脚的衣服或者甚至裸出双臂打网球,将被看作骇人听闻的丑事;一个非常有教养的女子在社交场合跷着二郎腿,将被认为是大失体统的事,因为这样一来她的裙边底下的节骨就会露出来;即使是那些自然元素,如阳光、水、空气,也不能去触及一个女人的皮肤。妇女们在辽阔的大海上坐船航行,也得穿戴着沉重的服饰,步履艰难地在船上行走;在寄宿学校和在修道院里的年轻姑娘们必须从脖子到脚跟全都捂得严严实实,为的是要忘却自己还有肉体,甚至在室内洗澡也要穿着白色的长衬衣。当妇女们作为年迈的老太太死去时,除了她们的接生婆、丈夫和洗尸体的人以外,从来就没有人见过她们的肩膀线条或膝盖——这绝不是传奇或者夸张。在四十年后的今天看来,这一切固然像是童话或者像是滑稽的夸张,然而在当时,从社会的最高阶层一直到普通的黎民百姓都得了这种严重的神经官能症:害怕任何的肉体和自然。要不然,今天的人怎么能理解下面这样的事呢?——在十九世纪末和二十世纪初,当第一批妇女勇敢地骑上自行车或者甚至像男子一样两腿跨鞍站立踩蹬骑马时,农民们会向这些离经叛道的女性大扔石块;当我还在上小学的时候,维也纳的几家报纸曾连篇累牍地讨论那件大大有伤风化的革新：皇家歌剧院的芭蕾舞女演员们将不穿针织长筒袜跳舞。当伊莎多拉·邓肯[14]第一次身穿古希腊式短袖齐膝白色长衣，赤着双脚而不像通常那样穿着绸缎小鞋舞蹈时，简直成了轰动一时的头号新闻。我们不妨设想一下，在这样一个时代长大成人并且目睹世事的年轻人，一旦发现那件体面的大氅——为了悄悄掩盖一切"有伤风化"的大氅——竟然有许多破绽、裂缝和漏洞时，他们一定会觉得，为那种始终受到威胁的体统而惶惶不可终日的人是多么可笑，因为最终还是避免不了在五十个中学生中就有一个会在昏暗的小巷遇见自己的老师正干着有伤风化的淫秽勾当，或者会偷听到家族中某人干了见不得人的坏事，尽管这些人在我们面前装得非常一本正经。事实上，那种遮遮掩掩的笨拙伎俩只能引起我们更强烈的好奇心并使之达到难忍的程度罢了。而且由于人们不愿让那种人的自然本能自由地、公开地泄露，大城市里的人便替自己的好奇心找到了地下的和大多不甚干净的发泄渠道。社会各阶层的人都感觉到，由于那种对青年人的性的压抑，隐藏的性兴奋便以一种幼稚的、无济于事的方式被宣泄。几乎没有一座栅栏或者一个厕所不被涂鸦下流字画的；在游泳池里用来隔开女子游泳区的木板壁上，没有一堵不被人捅破几个木材节孔的。那些在今天由于道德风尚顺其自然而早已衰落的行当在当时却悄悄地十分兴隆，其中主要是裸体人像摄影。任何一家酒肆饭馆，都有小贩在桌子底下向青少年兜售裸体照片。还有那种"地下"[15]出版色情文学的行当会印行最最粗制滥造的书籍：书中语言十分蹩脚，印刷纸张质量低劣，但销路却非常好，那些"淫秽下流"的杂志也无不都是如此,书刊中令人作呕的色情描写今天已找不到类似的例子了——这些都是由于严肃文学不得不始终坚持理想主义的说教和采取谨小慎微的回避态度所致。为这种时代的理想主义效劳的还有以表现高贵思想和纯洁无瑕为宗旨的皇家剧院。只不过除此以外也有另一些专门演出最粗俗下流的滑稽戏的剧场和歌舞场。凡是受压抑的事物总要到处为自己寻找迂回曲折的出路。所以,说到底,迂腐地不给予任何关于性的启蒙和不准许与异性无拘无束相处的那一代人,实际上要比我们今天享有高度恋爱自由的青年一代好色得多。因为只有不给予的事物才会使人产生强烈的欲望呀;只有遭到禁止的事物才会使人如痴若狂地想要得到它呀。耳闻目睹得愈是少,在梦幻中想得愈是多;一个人的肉体接触空气、亮光、太阳愈少,情欲积郁得愈多。总而言之,加在我们青年人身上的那种社会压力,无非是引起我们内心对各有关当局的不信任和怨怒罢了,而并没有提高什么道德品质。从我们春情萌发的那一天起,我们就本能地感觉到,那种不诚实的道德观念想以掩盖和缄默的伎俩从我们身上夺走理该属于我们年龄的事情。不诚实的道德观念为了一种早已变得虚伪的习俗而牺牲了我们希望为人诚实的意志。

甚至可以说,这样一种在公共场合对性讳莫如深,另一方面又在私下为性的存在和性的自然宣泄创造了各种条件的"社会道德"只不过是在进行两面三刀的欺骗罢了。因为这样一种"社会道德"一方面对年轻的男人睁一眼闭一眼,甚至向他们使眼色,怂恿他们"变得滑头一些"——正如当时人们在家庭隐语中怀着善意的戏谑所说的那样，而另一方面对妇女则忧心忡忡地紧闭双眼，装作视而不见。尽管社会习俗出于无奈不得不默认：一个男人有性冲动和可以有性冲动。但是，如果老老实实地承认：一个女人也同样可能被性征服、造物主为了自身永存的目的也同样需要阴性这一极，这就触犯了"女人圣洁"的观念。在弗洛伊德以前的时代，一个女人在被男人引起性的要求之前——毫无疑问，只有在正式的婚姻生活中才许可——自己是不能有任何性要求的。这种约束曾被当成公理贯彻。可是，即使在那些讲究道德的时代，空气中也总是充满各种危险的传染物能引起性爱——维也纳尤甚，因此，一个出身上流家庭的姑娘从她出生一直到她和丈夫一起离开婚礼圣坛的那一天止，她必须生活在一种经过彻底消毒的氛围之中。为了保护年轻的姑娘们，人们绝不让她们独处须臾。她们都由一名家庭女教师看管着，绝不让她们在无人保护的情况下离开家门一步，无论是上学还是去上舞蹈课和音乐课，都有人接送。她们读的每一本书都经过检查。而最主要的是，让年轻的姑娘们整天忙个不停，使她们无暇产生可能带来危险的性爱念头。她们得练习弹钢琴，学习唱歌、绘画、外语、文化史和文学史。她们受到各种培养，甚至有点过分。但是，就在把她们培养成为非常有文化、非常有教养的同时，人们又不安地担心她们对于最最自然的事一窍不通。她们对于男女之间的事一无所知的程度是我们今天的人无法想象的。一个上流家庭出身的年轻姑娘不许对男性的身体结构有任何了解，不许知道孩子怎样来到人间，因为要让这位天使在结婚之前不仅自己的肉体没有被人接触过，而且她的心灵也要保持绝对的"纯洁"。对一个年轻姑娘来说,"受过良好教育"在当时完全成为对于两性生活无知的同义词;当年的妇女们有时候一辈子都对两性生活无知透顶。我有一个姨妈,曾发生过这样荒唐的事,时至今日还使我忍俊不禁。她在新婚之夜的凌晨一点钟突然回到自己的父母家,大吵大嚷,说什么她再也不愿见到那个和她结婚的下流男人,说他简直是个疯子和坏蛋,因为他一本正经地想扒下她的衣服,她说,她费了好大的劲才使自己摆脱了丈夫的那种显然是病态的要求。

当然,我不能避而不谈:这种无知在另一方面又使当时的年轻姑娘们产生神秘的诱惑。羽毛未丰的小妞们预感到:在她们自己的天地左右和后边还有另外一个她们什么也不知道和不许知道的世界。这个世界使她们好奇、向往、热衷,有一种身不由己的心绪纷乱。一旦有人在街上向她们打招呼,她们就会脸红——今天还会有脸红的年轻姑娘吗?当年的姑娘们单独在一起时,她们就嘀嘀咕咕、窃窃私语、嘻嘻哈哈笑个不停,像微微醉了似的。她们怀着对那个和她们隔绝的未知世界的各种期待,梦想着浪漫的生活,但同时又羞于被人发现。她们的肉体渴望着那种连自己都不甚了然的被男子温存地抚摸的感觉。她们稍一想入非非,就会使自己的举止时不时地失态。她们走路的姿势也和今天的姑娘们不同。今天的姑娘们经过体育运动的锻炼,身体的动作和小伙子们一样轻松自在。而在当时,只要看一个女子走上数百步路,就能从步履和姿态上分清她是年轻姑娘还是已婚妇女。若是姑娘们,她们比今天的姑娘们还要姑娘气十足,绝不会像已婚妇女。从本质上说,姑娘们像是暖房里用人工加温培养起来的异乡花朵,没有经过任何风霜,非常娇滴:她们是用一种特定的教育和文化精心培养起来的奇葩。

而当时的社会就是要把一个年轻姑娘培养成这种样子:既有很好的教养,可又什么都不懂,既好奇又害羞,对男女之间的事愚昧无知,缺乏自信和不懂实际。那种脱离生活的教育使一个年轻姑娘命中注定在以后的夫妻生活中任凭丈夫左右和摆布。当时的社会风尚似乎是要把一个姑娘作为社会最秘而不宣的理想标志,即要把她作为女性的端庄、贞洁、超脱世俗的象征来加以保护。可是当这样一个年轻姑娘一旦耽误了自己的青春,到了二十五岁、三十岁还未结婚,却又是一种什么样的悲情等着她呵!因为社会习俗冷酷地要求一个三十岁的姑娘为了"家庭"和"体统"始终保持那种和她的年龄早已不相称的、没有性经验、没有性要求的性盲状态,然而这副贤淑的形象以后往往会遭到可怕的丑化——未婚姑娘成了"嫁不出去的"老姑娘。"嫁不出去的"老姑娘自然成了老处女,于是无聊的小报便对她们极尽讽刺挖苦之能事。谁今天翻开一本从前的《散页画报》[16]或当时的一份别的什么幽默刊物,他就会可怕地发现,每一期上都有对老处女们的穷极无聊的嘲讽——胡诌那些老处女们由于神经失常而已不知掩饰自己本能的性爱要求。先前她们曾为了家庭和自己的好名声而不得不压抑自己内心的天生要求——渴望爱情和做母亲的要求,如今人们不但不体谅这种以牺牲自己的生活而造成的悲情,反而以那种使我们今天感到厌恶的不通人情去嘲笑她们。一个以极不诚实的手段压制了人的自然本能的罪恶社会总是最最无情地反对那些泄露了自然本能的秘密并公之于世的人。

尽管当时的中产阶级社会风尚想竭力维护这样一种假设：一个"上流社会"的女子只要她不结婚，她就不会有情欲和不许有情欲——不然，她就会被视为是一个"不道德的人"而被逐出家门，但同时又不得不承认：一个青年男子身上存在着这种情欲冲动。因为人们根据经验无法阻止性成熟的青年男子去享受性生活，所以人们也就不求奢望；但愿青年男子能在被奉为神圣的社会道德的大墙之外去满足自己不体面的享乐吧。就像大城市里一样，上面是打扫得干干净净的大街和优美的林荫大道、豪华商店林立，地底下却隐藏着排泄污泥浊水的阴沟。青年人的全部性生活也应该在"社会"道德的表面底下进行——让人瞧不见。至于青年人在这方面会遭到哪些危险和陷入哪些势力范围全都无所谓。同样，学校和家庭也由于畏首畏尾而耽误了对青年男子进行"性"的启蒙教育。只是到了上世纪——十九世纪的最后几年，才间或有某些懂得未雨绸缪的父亲，或者像当时所说的那样，一些"思想开明"的父亲在发现自己的儿子刚开始长出胡须的时候，就想着要帮他在这方面走上正道。于是家庭医生被请来了；医生乘此机会把那青年人请进房间，先慢条斯理地擦一会儿眼镜，然后开始作关于性病危险性的讲演，并劝告那个青年人要节制性生活和不要忽略采取安全措施，其实，青年人到了那个年龄对此早已无师自通了。另有一些父亲采用一种更为奇特的手段。他们雇用一个漂亮的丫环到家里来侍候，她的任务就是用实际行动向那个年轻公子教会男女之间行乐的事。因为那些父亲们觉得：让青年人在自己家里干泄欲的事，在外表上仍然可以保持礼仪，而且还可以防止青年人落入某个"骗子"之手，这岂不更好？不过，社会各界却始终唾弃这样一种露骨和直截了当的启蒙方法。

那么对中产阶级世界的一个年轻人来说，究竟有哪些泄欲的途径呢？这个问题在所谓下层社会的各个圈子里是不成问题的。在农村，一个长工在十七岁时就和一个女佣睡觉，而且一旦这种关系有了后代，往后也就无所谓了。在我们阿尔卑斯山的大多数村庄里，未婚同居生的孩子远远超过结婚生的孩子。在无产者中间，一个工人在他能结婚以前早已和一个女工姘居。在加利西亚的正统派犹太教徒中间，一个几乎刚刚成年的十七岁小伙子就娶妻成亲，四十岁就能当祖父。只是在我们中产阶级的社会圈子里才鄙夷这种泄欲的方法——早婚，因为没有一个家庭的父亲愿意把自己的女儿托付给一个二十二岁或二十岁的小伙子，认为如此"年轻"的丈夫尚欠成熟。这里也就再次暴露了一种内在的虚伪，因为市民社会的年历和自然的年历根本不一致。从身体的自然发育来看，十六七岁已经成年；但对社会来说，年轻男子只有当他获得"社会地位"以后才算成年，而这在二十五六岁以前几乎是不可能的。于是，在身体的实际成年和在社会上的成年之间产生了六年、八年或者十年的人为间隔。在这段时间里，一个年轻男子不得不自己为泄欲寻找"机会"或者为寻求"风流"而操心。

但当年的时代并没有在这方面给年轻男子提供太多的可能性。只有极少数特别富有的年轻人才有可能享受得起这种奢侈:"包养"一个"情妇"——也就是说,为她准备一套住宅和负担她的生活费。和一个已婚妇女发生性关系——这是当时在长篇小说中唯一可以描写的风流韵事——同样只有少数特别幸运的人才能够碰上。其他大多数人是在和小铺子的女售货员和饭店女招待的厮混中使自己的内心略微得到满足。由于当时妇女解放运动尚未兴起,妇女尚未独立地参与社会生活,所以只有极贫穷的无产者出身的姑娘们一方面没有那么多的清规戒律,另一方面对那种萍水相逢、不打算结婚的两性关系享有充分的自由。她们衣着寒酸、不修边幅(当年,在相当长的一段时间里,一间浴室尚属富家的特权),经过十二小时的劳动之后已疲惫不堪,日工资低得可怜。这些穷苦的姑娘们在一个狭窄的天地里长大,生活水平要比自己的情人低得多,以致她们大多数人自知形秽而不愿和情人在公开场合露面。虽然当时的社会习俗已事先为她们的窘迫采取了特别措施:设立所谓单间餐室。一个姑娘在那里和自己的情人共用晚餐是不会被人看见的;至于其他的一切则可以在昏暗的偏僻小街旁的小旅馆里干,那些小旅馆是专为让人干那种男女寻欢之事而开设的;但是所有这些幽会都不得不仓促进行,而且也缺乏原有美的感觉,与其说是爱情,毋宁说是为了泄欲,因为干那种事的时候从来都是偷偷摸摸、匆匆忙忙,像是干一件违禁的事。此外,还有另一种可能,即和某个两栖人——一半属于世俗社会之内、一半属于世俗社会之外的人搞两性关系,诸如女演员、女舞蹈演员、女艺术工作者这样的人,她们是当时唯一"解放"的妇女。但总的说来,构成当时婚外性生活的基础是娼妓。似乎可以这样说：卖淫是中产阶级社会这座华丽建筑的黑暗的地下室，耀眼无瑕的门面竖立在它上面。

关于卖淫在第一次世界大战前的欧洲广泛蔓延的情况，当今的一代青年几乎已很难想象。今天，我们在大城市的街道上已难得遇到妓女，就像难得在行车道上看到马车一样。可是在从前的人行道上到处都是卖笑的妇女，要躲避她们比找到她们还要难。此外，还有许多"非公开的场所"，如通宵酒店、歌舞场、备有女舞伴和歌女的舞厅、有性感姑娘应招的酒吧。当时，卖笑的女子就像商品一样按不同的价钱论小时公开出卖；一个男人不用花多少时间和费多少劲，就能把一个女人像一包香烟或一张报纸似的买来，消受一刻钟、一小时或一夜。但对今天的青年人来说，这种当时不可或缺的场所几乎已经自然而然地变得不必要了；而且，把这类隐蔽的卖淫从我们这个世界清除出去的并不是警察和法律；这种偷偷摸摸的卖淫行为之所以自行逐渐消亡——尽管尚有若干残余——是由于对卖淫的需求日益减少的缘故。我觉得，要强调说明当今的生活方式和爱情方式更为诚实和自然，莫过于这类偷偷摸摸卖淫的事了。

对于当时这类不光彩的事，国家以及维护其道德观念的官方立场从来都觉得十分尴尬。从社会道德的立场，谁也不敢公开承认一个女人可以有卖身的权利；但从生理需要的角度，又不能没有这类卖淫的行当，因为卖淫能排解令人烦躁的婚姻之外的性欲。于是，那些权威部门便自相矛盾地试图求助于把卖淫分为两种的办法：一种是被国家视为不道德和危险而要取缔的暗娼,一种是有营业执照和向国家纳税的合法妓女。一个选择当合法妓女的女子将得到警方的特别许可和一本准予营业的证书。如果她把自己置于警方的监督之下和履行每周让医生检查两次的义务,那么她就有营业的权利了:把自己的肉体以她认为合适的任何价格出租。这种合法的妓女就像其他一切行当一样被承认是一种职业,但又并不完全被承认——这里恰恰露出了社会道德虚伪的马脚。比如说,一个妓女把她的商品——即自己的肉体卖给了一个男人,而这个男人事后又拒绝支付预先商定的价钱,这个妓女却无法对他进行控告。她的要求突然之间变成了一种不道德的要求,得不到当局的保护——因为按照法律的解释,这种案情是可耻的。

  人们从这样一些细节已可觉察到那种观念的自相矛盾:一方面把那些卖身的妇女纳入国家允许的职业范围之内;另一方面又把她们个人看作置于普遍权利之外的弃民。而实际上的不公正就是在这样一种具体实施之中,也就是说,所有那些限制只是针对比较贫穷的卖淫阶层。而一个芭蕾舞女演员可以在维也纳以两百克朗一小时的要价把自己卖给任何一个男人,当然,她不需要任何执照,而一个流落街头的少女只能要价两克朗一小时。至于那些大交际花,报纸会在一篇关于跑马或跑马大赛的报道中将她们的名字排在出席观看的显贵人物之列,因为她们早已跻身于"社交界"。同样,一些为宫廷、贵族和资产阶级的富豪们介绍这些奢侈商品——交际花的女经纪人也往往受到法律的庇护,而另一方面法律通常对拉皮条是判以重刑的。原来,严格的条例、无情的监督、社会的摈斥,只不过针对成千上万贫贱的妓女大军罢了,而她们却用自己的肉体和被玷辱的心灵维护着那种旧的、早已腐朽的道德观念。但那种道德观念又一直反对自由与自然的情爱形式。

这支卖淫大军分成不同的种类——恰似一支真正的军队分成骑兵、炮兵、步兵、要塞炮兵各兵种一样。最早的妓女就像要塞炮兵。她们占据城市里的几条固定的街道,作为自己的大本营。那些地方大多是中世纪时代的刑场,或者麻风病院区或者墓园。几个世纪以来,中产阶级早就避免在那里居住了,只有一些无业游民、刽子手和其他一些受社会歧视的人在那里栖身。当局在那里开辟若干条小巷作为色情市场,就像日本的吉原街[17]和开罗的鲜鱼市场。幢幢青楼,一户挨着一户。时至二十世纪初,在维也纳作为色情市场的小巷里还有约两百或五百名妓女,她们一个挨着一个,站在自己的平房里,凭着窗户招徕;这些廉价的商品分昼夜两班营生。

流动性的卖淫——在街上替自己寻找顾客的无数卖身妓女——就像骑兵或步兵。在维也纳通常把她们称为"徘徊女郎",因为警方给她们划了一条无形的界线,只允许她们在某一段人行道上做自己的生意。她们穿着一套好不容易买来的冒牌时髦服装,白天黑夜地在大街上徜徉,从深夜走到黎明,不时用化妆得很糟糕的、已经倦容满面的脸向每一个过路行人装出一副卖弄风情的微笑。她们给人以欢乐,自己却没有欢乐,并且还要没完没了地从这个角落转移到那个角落,而最终不可避免地都要走上同一条路——走进医院的路。我觉得,自从大街上再也没有这样一群忍饥挨饿、没有欢乐的妓女以来，今天所有的城市显得更美和更人性化了。

但是，即便有了这样一群娼妓，仍不够满足经常不断的需要。有些人要过一种比在街上寻求这些飘忽不定的蝙蝠和可怜的极乐鸟更为方便和更加隐秘的生活。他们要享受一种更加欢愉的性爱：要有灯光和温暖；要伴有音乐和跳舞；要有一副阔绰的派头。因此，为这类嫖客另有一些"不公开的去处"——奢华的妓院，一些妓女们聚集在院内的一间摆着假冒华贵陈设的所谓"沙龙"里。她们有的穿着贵妇人式的长礼服，有的显然穿的是晨服。男男女女先在那里一起饮酒、跳舞、聊天，一边还有一个弹钢琴的人不时奏着音乐供他们消遣，然后成双成对地偷偷溜进一间卧室。有些高级妓院——尤其是巴黎和米兰的一些享有国际声誉的妓院——往往会使一个未经世面的人产生一种错觉：他仿佛被请进了一座聚集着一群略微有点放纵的社交贵妇人的私邸。这类妓院里的妓女和在街上拉客的妓女相比，相貌更俊俏。她们不必冒着风雨在污泥浊水的小巷中游荡；她们坐在温暖的房间里，穿戴着漂亮的服饰，有丰富的食物，尤其是有足够的酒可喝。但实际上她们却因此而成了老鸨们的俘虏：老鸨们供给她们衣着，是为了抬高她们的身价；供应她们膳宿，是为了有利可图。因为这样一来，即使是最勤勉、最有毅力的姑娘也都始终背着还不清的债，她们将永远无法按照自己的自由意志离开这个"家"。

如果把某几家这类妓院的秘史写出来，一定会引人入胜，而且会成为当时文化的一种重要文献，因为这类妓院隐藏着最最奇特的秘密之处,而平时非常严厉的官府对这些秘密无疑是了如指掌。那里有秘密的后门、专用的楼梯,社会最上层的人物——正如人们私下传说的,还有宫廷里的人物——能够从此处进入妓院,而不会被其他该死的人看见;那里有四面镶着镜子的房间;还有一些房间,可以从这里偷偷观看隔壁房间里的男女正在毫无察觉地寻欢作乐;那里有专为迷恋异性衣着的性变态者准备的最最奇特的化装服饰,大大小小的箱子里藏着从修女的长袍到芭蕾舞女演员的服饰。而恰恰是这样的城市、这样的社会、这样的道德风尚,却会对年轻的姑娘们一旦骑上自行车,就要愤懑地斥之为有损于社会尊严;却会对弗洛伊德用冷静、清楚、透彻的方式说出来的真相不以为然。恰恰是这个慷慨激昂要维护妇女贞洁的世界竟会容忍如此这般可怕的卖身,甚至统筹这类卖身行业,并从中渔利。

但愿今天的人们不会被那个时代的多愁善感的长篇小说或中篇小说所迷惑;那是一个对青年人来说非常糟糕的时代:年轻的姑娘们在家庭的管束下完全与现实生活隔绝,身心的自由发展受到妨碍;而年轻的小伙子们由于受到那种基本上谁也不相信、谁也不遵循的社会道德所迫,不得不背地里去干偷偷摸摸泄欲的事;青年男女之间很少有无拘无束、真诚的关系——按照自然法则,青年时代恰恰意味着青春的幸福和欢乐。而在那一代青年男子中间,谁也不记得在他和女人的最初接触中有多少插曲值得他怀着真正出自肺腑的喜悦恋恋不舍。因为社会压力迫使他们不得不始终小心谨慎和藏藏掖掖,除此之外,当时还有另一种给心灵蒙上阴影的因素——即使是在最充满激情的时刻也摆脱不掉的阴影:那就是害怕传染上性病。在这一点上,当时的青年和今天的青年相比也吃亏得多。因为人们不应忘记:性传染病在四十年前流行的程度要比今天严重一百倍,而更主要的是,要比今天危险和可怕一百倍。这是由于当时的医院对性传染病实际上是束手无策,没有像今天这样一种又快又干脆的科学治疗方法。今天,人们已把性传染病不当一回事。中小型大学的附属医院用保罗·埃尔利希[18]的疗法常常只需几个星期就把性传染病治愈了,以致一个医学教授无法给他的大学生们看一种刚传染上梅毒的初期病征。但在当时,根据军方和大城市的统计,十个年轻人中至少有一两个成为性传染病的牺牲品而丧命,因此不断有人提醒青年人要注意这种危险。当你在维也纳沿街行走时,每隔六七家门面,就会看到这样的招牌:"皮肤病和性病专科医师"。再则,不光是害怕传染上性病,更令人害怕的是当时那种望而生畏和有失人格尊严的治疗方法;今天世界上的人已不再知道那种治疗方法了:一个传染上梅毒的患者得把整个身体让人用水银涂上好几个星期;其副作用则是牙齿脱落、身体其他各部位均受到伤害。一个偶然沾上了这种恶疾的不幸牺牲者感到不仅自己的心灵而且身体也大大受到玷污。再说了,纵然经过这样可怕的治疗之后,患者也不能一辈子肯定:可怕的梅毒是否就不会从包囊中随时复发,以致由于脊椎麻痹而全身瘫痪,前额后面的大脑软化。所以,当时有不少年轻人一旦发现自己被诊断患有梅毒,就立刻拿起手枪自杀。这毫不奇怪,因为他们认为,让自己和自己的近亲被人怀疑患有不治之症而讨嫌，在感情上无法忍受。不仅如此，一种始终只能在暗地里过的性生活还会带来其他种种忧虑。当我今天细细回忆过去时，我几乎不知道在我青年时代的若干个同伴中哪一个不是带着苍白的面容和惘然若失的目光突然而来的，其中有一个是因为得了梅毒，或者说他怕自己已经得了梅毒；第二个是因为要让女方堕胎而受到敲诈勒索；第三个是想背着家人去治性病，但又没有钱；第四个是因为他不知道该如何为了一个女招待给他留下的孩子支付赡养费；第五个是因为他的钱包在一家妓院里被窃但又不敢去告发。总而言之，在那个假道德的时代，青年们的生活比那些御用文人所写的小说和戏剧要戏剧性得多，另一方面也要不干净得多，紧张得多，同时也令人沮丧得多。无论是在学校还是在家里，就青年人的性爱而言，几乎谈不上有什么自由和幸福，而那种性爱却是他们的年龄使然。

这一切之所以必须在一幅忠实反映时代风貌的画面中被反复强调，是因为当我今天和第一次世界大战后的年轻人聊天时，我几乎经常不得不竭力让他们相信，我们当时的青年人和他们这一代青年人相比，根本不能说是幸运的。当然，从公民的意义上讲，我们比今天的一代青年享有更多的自由。今天的一代青年得被迫去服兵役、服劳役，目的无非是为了让许多国家的民众服从某种意识形态，而主要是听凭那种愚蠢的世界政治的专横摆布。而我们当时却能不受干扰地献身于自己的各种文化艺术爱好，使私生活更加个性化。我们的生活更富有普世色彩。天下都向我们敞开。我们不需要护照和通行证就能到处旅行，想上哪里就上哪里。没有人检查我们的思想、出身、种族和宗教信仰。我丝毫不否认，我们事实上享有比今天多得多的个人自由。我们不仅热爱个人自由，而且充分利用这种个人自由。但是正如弗里德里希·黑贝尔[19]所说："我们一会儿酒不够，一会儿酒杯不够。"不管哪一代人，两全其美的事是很少的。当社会风尚给个人以自由时，国家却要去束缚个人。当国家给个人以自由时，社会风尚却要设法去奴役个人。我们确曾有过较好的生活和见过较多的世面。但是今天年轻人的生活更丰富，并且是更有意识地度过自己的青春年华。今天的年轻人从自己的中学、大学走出来时，总是昂着头，带着愉快的面容，兴高采烈；小伙子和姑娘们能相处在一起，在学习中自由地结成无忧无虑的友谊，而没有虚假的羞涩腼腆。他们一起运动、一起游戏、一起滑雪，像古希腊罗马时代似的在游泳池里自由自在地比赛，男女两人乘着一辆小轿车穿过田野，他们像兄弟姐妹似的过着各种各样健康而又无忧无虑的生活，没有任何内在和外界的压力。每当我看到这种情景时，我总觉得，我们和他们之间不是相隔四十年而是一千年；当时我们为了表达爱情和接受爱情，总得找个隐蔽的角落。我非常高兴地看到，有利于青年一代的社会风尚的变革有多么巨大！今天的青年一代在爱情和生活方面重又得到了那么多的自由，并且在这种新自由中身心都变得非常健康！我觉得，自从允许妇女们举止风度可以自由随意以来，她们漂亮多了，走起路来挺胸直腰，眼睛显得更加有神，谈话也不再那样装腔作势。这新的一代青年摆脱了父母、姑姨和教师们的监督，他们早已不知道那些曾妨碍我们当时青年一代发展的各种阻力、畏惧和紧张情绪。今天新的一代青年平时除了对自己和对良知负责以外，无需向任何人汇报自己的所作所为。他们有另一种自信。他们再也不知道我们当年为了干一件男女之间的讳言之事而必须采取拐弯抹角和偷偷摸摸的伎俩；而今天新的一代青年理直气壮地认为干那种讳言之事乃是他们的权利。他们热情洋溢、生气勃勃，以那种符合他们年龄的漫不经心和无忧无虑的态度幸福地享受着青春年华。不过我觉得，这种幸福之中的最大幸福是他们不必在别人面前撒谎，而是可以把自己的自然情感和欲望诚实地显露而不必自欺欺人。今天的年轻人可以一辈子无忧无虑地生活，心中没有我们当年青年人畏惧的各种精神压力。今天的年轻人由于认识到男女相爱是很自然的事，因此我们当年觉得在爱情中特别珍惜和诱人的那档子事，在他们看来，可能觉得不算什么；在今天的年轻人身上没有那种羞涩和腼腆的神秘阻力，没有那种含情脉脉之中的多愁善感。今天的年轻人或许根本不会想到，正是那种对讳言之事所抱的恐惧才神秘地增加了享乐的趣味。不过我觉得，所有这一切都微不足道。重要的是社会风尚有了巨大的转变，解救了青年一代。今天的年轻人没有那种战战兢兢和沮丧消沉的情绪，而是充分享受着我们当年不曾有的东西：无拘无束的情感和自信。

注 释

[1] 本章原文标题是：*Eros Matutinus*，其中 Eros 是希腊语，Matutinus 是拉丁语。维多利亚时代，是指大不列颠和北爱尔兰王国女王维多利亚（Victoria, 1819 生—1901 卒，1837—1901 在位，自 1876 年起兼任印度女王），她在位时，英国极为强盛，史称大英帝国的"黄金时代"。

[2] "有伤风化的自然之事"，拉丁文谚语云："Naturalia non sunt turpia"（自然之事并不有伤风化），斯蒂芬·茨威格在此处故意删去"non"，写成"naturalia sunt turpia"（有伤风化的自然之事）。

[3] 让·马丁·沙尔科（Jean Martin Charcot, 1825—1893），法国著名神经病学家。

[4] 丹尼尔·笛福（Daniel Defoe 新译：丹尼尔·迪福, 1660？—1731），英国小说家，出生于伦敦，成名作《鲁滨逊漂流记》（1719）。

[5] 安托万-弗朗索瓦·普雷沃（Antoine-François Prévost, 1697—1763），18 世纪法国作家，文学史上通称"普雷沃神父"。代表作有长篇小说《曼侬·莱斯戈》，描写一对青年男女因热恋而身败名裂的故事。

[6] 亨利·菲尔丁（Henry Fielding, 1707—1754），英国小说家、剧作家。代表作《弃婴汤姆·琼斯的故事》（1749）。

[7] 雷蒂夫·德·拉布勒托内（Rétif de la Bretonne, 1734—1806），原名尼古拉-埃德姆（Nicolas-Edme），18 世纪末法国作家，出身农民家庭，信奉启蒙思想，鼓吹社会变革。作品甚多，近二百卷，用大众化的语言广泛表现下层人民的生活。其成就长期湮没，19 世纪才引起法国文学界的重视，被看作"18 世纪的巴尔扎克和左拉"。其作品中的梦魇成分和唐璜主题则从另一角度引起西方学界的研究。主要作品有《堕落的农夫》、《巴黎之夜》、《当代女流》等。

[8] 小仲马（Alexandre Dumas fils, 1824—1895），法国小说家、戏剧家。代表作《茶花女》享誉世界。意大利杰出的歌剧作家威尔第（Giuseppe Verdi, 1813—1901）在此小说基础上作有著名歌剧《茶花女》。

[9] 查尔斯·狄更斯（Charles Dickens，1812—1870），英国维多利亚时代的小说家。代表作《奥列弗·特维斯特》(《雾都孤儿》)、《双城记》、《大卫·科波菲尔》等。

[10] 威廉·梅克皮斯·萨克雷（William Makepeace Thackeray，1811—1863），英国小说家，代表作是长篇小说《名利场》(1847)。

[11] 比昂斯藤·马丁纽斯·比昂松（Bjφrnstjerne Martinius Bjφrnson，1832—1910），挪威剧作家、小说家、诗人和社会活动家，在挪威文学史上与易卜生齐名，主要代表作有社会剧《破产》、《新婚夫妇》、《国王》、《葡萄园开花的时候》、《人力难及》等。1903年获诺贝尔文学奖。1910年4月26日在巴黎逝世。

[12] 《包法利夫人》(1857)是法国作家福楼拜（Gustave Flaubert，1821—1880）最著名的小说。参阅本书第六章《我的曲折道路》注[16]。

[13] 托马斯·哈代（Thomas Hardy，1840—1928），英国诗人、小说家，成名作《远离尘嚣》(1874)，长篇小说《德伯家的苔丝》(1891)最为著名。

[14] 伊莎多拉·邓肯（Isadora Duncan，1878—1927），美国著名女舞蹈家，1900年后成为在欧洲的芭蕾舞改革派的主要代表，主张舞蹈应摆脱学院式芭蕾的束缚，倡导"自然"的表演和形体美的和谐。她本人始终赤着双脚，身穿短袖白羊毛齐膝长衣跳舞，因大反当时的芭蕾传统而名噪一时。

[15] 此处原文是法语：sous le manteau，意谓"大衣底下"。

[16] 《散页画报》(*Fliegende Blätter*)，1844—1944年在慕尼黑由布劳恩和施奈德出版社（Verlag Braun & Schneider）编辑出版的带有插图的幽默杂志。

[17] 吉原街，是日本东京妓院集中的一条街道。

[18] 保罗·埃尔利希（Paul Ehrlich，1854—1915），德国著名医生和化学家，由于发明治疗梅毒的药品"六〇六"而闻名于世，1908年获诺贝尔医学奖。

[19] 弗里德里希·黑贝尔（Friedrich Hebbel，1813—1863），著名德语作家、戏剧家，1813年3月18日在德国的韦瑟尔布伦（Wesselburen）出生，代表作有悲剧《犹滴》(*Judith*)、《尼伯龙根三部曲》、长篇小说《施瑙克——尼德兰写照》、《新诗集》、《弗里德里希·黑贝尔诗集》等，1863年12月13日在维也纳去世。

第四章　大学生活

盼望已久的时刻终于到了——令人厌烦的中学生活在上个世纪——十九世纪的最后一年结束[1]。我们勉勉强强通过了毕业考试——因为我们对于数学、物理以及那些经院式的烦琐课程又究竟知道些什么呢？可校长却为此用一篇慷慨激昂的演说向我们这群身穿庄重黑礼服的毕业生表示他的祝贺，说我们现在已长大成人，今后应兢兢业业为祖国增光。随着中学毕业，同学之间长达八年之久的同窗情谊也就烟消云散了。从那以后我只再度相逢过少数几个在中学时代风雨同舟的伙伴。我们大多数人进入大学。那些不得不寻找职业和工作的人只好用羡慕的目光看我们。

因为奥地利的大学在那个已经消逝的时代还有一种具有浪漫色彩的特殊荣耀。当上一名大学生就会享有某些特权，从而使年纪轻轻的大学生们觉得自己要比他们所有的同龄人都优越许多。对于这种古老的离奇现象，在德语国家之外大概很少有人了解，因此需要对这种离奇现象的荒诞性和不合今天时宜做一番解释。我们奥地利的大学大多创建于中世纪，在那个时候从事学术研究被视为是一种不同寻常的事。为了吸引年轻人上大学,就得给他们一定的特权。中世纪的大学生是不受一般法庭制裁的,警察也不能到大学里搜捕人或者找麻烦。大学生穿的是特制的服装。他们有权与人决斗而不受惩罚。人们承认他们是一个有着自己习俗或者说是一个有着自己恶习的群体。后来随着时间的流逝和社会生活的逐渐民主化,中世纪遗留下来的其他种种帮派和行会日趋式微而解体,那些受过大学教育的学者们也随之在全欧失去了这种特权地位。然而唯有德国和这个说德语的奥地利,等级观念依然一直凌驾于民主之上。大学生们顽固地抱着这些早已失去任何意义的特权不放,甚至还想把特权扩大,使之形成一种大学生们的特殊惯例。一个说德语的大学生觉得自己除了享有公民的一般荣誉之外,首先应该享有一种大学生的特殊"荣誉"。因此,要是谁"侮辱"了他,谁就必须答应"决斗"。也就是说,非用击剑决一雌雄不可,如果那人证明自己也"有权进行决斗"的话。所谓"有权进行决斗",根据这种自鸣得意的说法本身,显然不是指某个商人或者某个银行家,而是指只有受过大学教育和有学位的人或者军官才能享有这种和一个大学生——一个嘴上无毛的愚蠢年轻人进行击剑的特殊"荣誉"。这种"荣誉"在几百万人中间也难得有第二个人能享受。而另一方面,一个大学生之所以不得不"证明"自己具有这种男子汉气概,也无非是为了标榜自己是一个"真正"的大学生,也就是说,他要尽可能多地参加决斗,甚至要在脸上留下这种英雄行为的真正标记——"剑刺的伤疤",让人看得一目了然;光滑的面颊以及一个没有伤痕的鼻子是与一个真正的日耳曼大学生的身份不相称的。所以，属于某个大学生联谊会的大学生——即那些衣帽上佩戴某种颜色标记的大学生——必须经常去寻找新的"对手"，为此他们有时互相挑战，有时向其他一些安分守己的大学生或者军官们不断寻衅。每一个新来的大学生都要在这种"联谊会"的击剑场上如法炮制地学会这种光荣的主要活动形式。此外，他还要信守团体的各种惯例。每一个新来者被称为"一年级新生"[2]，由联谊会的某一个师兄帮带，他得像奴隶似的听从这位师兄。而这位师兄则要教会他去适应那种高贵的"品尝"艺术：点滴不剩地一口气喝尽一大杯啤酒，一直喝到呕吐为止，从而十分光彩地证明自己不是一个"懦夫"。有时候他们聚集在一起，大吼大叫高唱大学生歌曲，或者在夜间成群结队喧哗着穿过街道，嘲弄警察。而所有这一切都被认为是"男子汉气概"、"大学生风度"、"德意志人的气派"。每当联谊会的大学生们在星期六戴着各种不同颜色的帽子和袖章，挥舞着旗帜出去"闲逛"时，这些头脑简单、将自己的盲从行为引以为荣的年轻人似乎觉得他们就是青春精神的真正代表。他们蔑视那些对这种大学生的"文明"和"德意志人的男子汉气派"一窍不通的"庶民"。

对一个刚从外省来的中学生——一个初到维也纳、未经世面的小青年来说，这种充满活力而又"愉快的大学生时代"显然是一切浪漫色彩的化身。甚至那些已住在自己的村庄里、上了年纪的公证人和医生们也还会数十年如一日地怀着兴奋的神情仰望着交叉地挂在屋子里的剑和某种颜色的大学生袖章。他们骄傲地把自己脸上的剑击伤痕当作"受过高等教育"的标志。而当时的我们则觉得，这种头脑简单而又残忍的行为讨人嫌，所以，当我们遇到一个带有这类标志的家伙时，我们就会明智地退避三舍。因为对我们这些把个人自由视为至高无上的人来说，这种嗜好攻击和挑衅的本性显然是德意志精神中最恶劣和最危险者。况且我们也知道在这种矫揉造作、生硬刻板的浪漫行为背后包藏着精心算计过的各种实际目的。因为一个大学生一旦成为大学生联谊会的一个"好斗"成员，就能保证他得到这个组织的"元老们"的提携，使他日后得到高官厚禄，飞黄腾达。对在波恩[3]的"普鲁士人"来说，这是他进入德国外交界的唯一可靠途径；对奥地利的大学生来说，参加信奉天主教的大学生联谊会则是在执政的基督教社会党中谋求肥缺的途径。所以，那些绝大多数的"英雄们"心里都十分明白：他们的大学生有色袖章将来会替他们补偿在大学的紧张学习中所耽误的一切。额角上的几道剑击伤痕在接受任命时将会比额角后面装的知识更起作用。不过，单是那副军国主义党徒的粗暴神气、那种带着伤疤而无事寻衅的面孔，就已经使我在跨进大学的教室时兴味索然。那些真正有求知欲的大学生们也都是尽量规避这一帮可悲的英雄们。他们去大学图书馆时宁愿走那扇不引人注目的后门，而不愿穿过大讲堂，为的是不愿碰见这一帮家伙，尽量规避这一帮可悲的英雄们。

我应该上大学，这是经全家商量早已决定了的事。但究竟学哪个专业？父母让我自己选择。哥哥已进入父亲的企业。因此父母对于第二个儿子的事似乎也不那么迫切关注了。只是为了家族的荣耀，我最后非要得到博士学位不可。至于专业嘛，哪一个都行。奇怪的是，我对自己学哪一个专业也无所谓。对我这个早已把心献给了文学的人来说，哪一个专业都不会引起我的兴趣。我甚至在心底里不相信任何一所学院——这种不信任的情绪至今仍未消除。我认为好的书籍胜过最好的大学，这个爱默生[4]公理是放之四海而皆准的。所以我至今仍然坚信：尽管一个人没有上过大学，甚至没有读过中学，但他仍然可以成为一名杰出的哲学家、历史学家、语言学家、法学家或者其他什么家。我在实际生活中曾发现过无数这样的事例：一个旧书店的店员对于书的了解常常胜过有关的教授；一些经营艺术品的商人总是比研究艺术的学者更懂艺术品；各种领域里的大部分重要建议和发现通常是由外行人提出来的。所以我觉得，那些大学课程对于智育的普遍提高固然有实际意义、是可行的和有所裨益。但是对于那些具有创造性的个人来说，某些大学课程则是多余的，甚至还可能对他们起阻碍作用。尤其是像我们维也纳大学这样一所有六七千大学生的大学，人满为患，教师与学生之间那种有益的个人接触从一开始就受到妨碍，而且由于太因袭旧的传统而使该大学远远落后于时代。我看不出在这样一所大学里有哪个教授的学科会对我具有魅力，所以让我自己选择的范围也就并不存在。应该倒过来说，不是哪个专业深深吸引了我，而是哪个专业最不使我头痛，能在我自己的特殊爱好方面给予最大限度的时间和自由。于是我最后决定选择哲学专业，或者按照我们旧的概念范畴，不妨说我选择了"严谨的"哲学。然而这实在不是出自内心的爱好，因为我的纯抽象思维能力实在很差。我的思维无一不是从具体的对象、事件和人物形象发展而来。一切纯理论和玄奥的东西，我是学不会的。不过，哲学中那种纯抽象的领域毕竟极为有限，因此去听这种"严谨"的哲学课程或参加讨论倒是最容易混过去的。唯一必须做的事就是在第八学期末交一篇论文和参加唯一的一次考试。所以我从一开始就把时间都安排好了：在前三年对大学的学习不闻不问！然后在最后一年全力以赴去抠讲义，草草对付一篇论文了事！这样，大学也就给了我想要从大学得到的唯一东西：在我一生中有几年自由支配的时间，从而有可能研究文学艺术——这就是我的大学生活。

当我现在回顾自己一生的时候，像我刚上大学时的那种上学而又不上课的幸福时光是为数不多的。我当时还年轻，因而还没有那种责任感和事业心。总的说来，我是比较自由的。一天二十四小时都是属于我的。我可以读书、写作，一切随自己安排，无需向任何人尽责。晴朗的地平线上尚未出现大学考试的阴云，因为三年时间在一个十九岁的青年看来，是多么漫长，多么充裕！在这三年中可以得到多少意外的快乐和收获呀！

我开始做的第一件事就是把自己的诗歌毫不惋惜地——用我自己的话说——进行一次筛选，编成一本集子。我今日仍不羞于承认：对我这样一个刚刚中学毕业的十九岁的学生来说，铅字的油墨气味是世界上最好闻的气味，比设拉子[5]的玫瑰油还要香。不管哪一家报纸，只要发表了我的一首诗，都会自然而然地使我那脆弱的神智得到新的振奋。难道我现在不是正该迈出决定性的一步，出版一本诗集吗？那些比我自己还要充满信心的同学们的鼓励终于促使我下了决心。我冒昧地直接将诗稿寄给舒斯特与勒夫勒出版社[6],该出版社是当时出版德语诗歌的一家有声望的出版社,是利林克龙[7]、德默尔、比尔鲍姆[8]、蒙贝尔特[9]等整整一代诗人的出版者,同时也出版里尔克和霍夫曼斯塔尔等人的崭新的德语抒情诗。不久,那些令人难忘的幸福时刻就接踵而至——这种幸福时刻在一个作家获得辉煌成就之后的一生中是不会再体会到的。一封盖着出版社印章的信送来了——这是奇迹和吉兆!我激动地把信拿在手中,没有勇气启封。而当我读到出版社已决定出版我的书并提出要保留出版我今后著作的优先权的那一瞬间,我高兴得简直连气都透不过来!一包第一校的印样寄来了,我怀着无比兴奋的心情拆开邮包,端详着那排印的铅字、版式和书的毛样。几周之后,第一批样书寄来了。我不知疲倦地察看着、抚摸着、比较着,一遍又一遍!随后就像孩子似的到几家书店去转悠,看看里面有没有自己的书,是摆在书店中央呢,还是摆在角落里。以后的事嘛,就是期待从各方寄来的信,期待最初的评论,期待从某个不相识的人、某个料想不到的人那里获得最初的反应——每一个年轻人当他的第一部著作面世时,都会有这种紧张、激动和兴奋的心情,此前,我曾在暗地里好生羡慕他人的这种心情呵!不过,我的这种陶醉只不过是对最初时刻的迷恋,而绝非自满。我以后不仅没有再重印我的《银弦集》(这是我的那本已一去不复返的处女作的书名),而且也不让其中任何一首诗选入我的诗集,这个简单的事实足以证明我对自己的最初诗作很快就有了不同看法。那些诗句不是出于我自己的亲身体验,而是出于一些不确定的预感和无意识的模仿,只是一种语言上的激情。诚然,为了引起诗人们的注意,这些诗篇表现了某种音乐美和形式美,因而我不能抱怨说我没有受到足够的鼓舞。当年著名的抒情诗人利林克龙和德默尔像同道似的衷心赞誉我这个年仅十九岁的年轻人。我十分崇拜的里尔克把他的新诗集的单行本寄给我,作为对我那本"如此美好的书"的回赠。我后来还把里尔克的书当作我青年时代最珍贵的纪念品从奥地利的废墟中抢救出来带到英国(这本书今天又在哪里呢?)。里尔克赠给我的这第一件礼物——也是我收到的许多礼物中的第一件——至今已有四十年了,而且他的那些熟悉的诗句今天已成为来自冥府的问候。每当我想起这件礼物,不免有些阴森森的感觉。不过,最使我惊喜的是马克斯·雷格[10]——这位除了里夏德·施特劳斯之外当时在世的最伟大的作曲家来征求我的同意,允许他从我的诗集中选出六首谱成歌曲。后来我就经常在音乐会上听到自己的这一首或那一首诗——一些被我自己早已忘却和舍弃了的诗句却因为某位音乐大师而流传下来。

这些出乎意料的赞许尽管也带着坦率友好的批评,但赞许毕竟及时产生了作用,使我有勇气采取由于自己信心不足而从未采取过的或者说至少是没有及时采取的步骤。我早在中学时代除了发表一些诗歌以外,还在《现代》文学杂志上发表过一些短篇小说和评论,但我却从来不敢向一家影响极广的大报投稿。其实,在维也纳也只有一家大报,那就是《新自由报》。这家报纸格调高,无论是文化情趣还是政治声望都对整个奥匈帝国有影响,就像英语世界中的《泰晤士报》[11]和法语世界中的《时代报》[12]一样。

而在德意志帝国境内的德语报纸,没有一家曾为达到如此卓越的文化水准而进行过不懈的努力。《新自由报》的发行人莫里茨·贝内迪克特[13]是一个具有非凡组织才能和孜孜不倦的人,他为使自己的报纸能在文学和文化方面超过所有的德语报纸而竭尽全力。当他崇拜某一位著名作家时,他就会不惜代价,给那位作家接连发去十封乃至二十封电报,并且预支每一笔稿酬;圣诞节和新年的节日版都增加文学副刊,刊登当时最著名的文学家的全部著作目录。阿纳多尔·法朗士[14]、格哈特·豪普特曼、易卜生、左拉、斯特林堡和萧伯纳[15]的名字就会值此机会在这家报纸上相遇。这家报纸为指导维也纳全市乃至全国的文学事业做出过不可估量的贡献。不言而喻,这家报纸的世界观是"进步的"和自由主义的,但态度是有节制和谨慎的,该报在代表古老的奥地利的高度文化水平方面堪称表率。

在这座"进步"的殿堂里更有一席特别神圣之地——所谓"副刊"。像巴黎有名的日报《时代报》和《论坛报》[16]一样,副刊和那些瞬息即变的政治消息和日常新闻有"明显的"不同,副刊只登载有关诗歌、戏剧、音乐和艺术方面的最精辟和最优秀的文章。而且只有那些早就得到公认的权威人士才能在副刊上有发言权。只有当一个作者具有透彻的判断力、多年的经验、娴熟的文笔,并经过几年试用之后才能到这块神圣之地来担任副刊的主笔。就像圣伯夫[17]以他的《月曜日》文学评论成为巴黎的绝对权威一样,随笔大师路德维希·施派德尔[18]以及爱德华·汉斯利克是《新自由报》副刊上戏剧和音乐方面的权威。他们俩的赞成或反对决定着一部作品、一出戏剧、一本书在维也纳能否获得成功,从而也常常决定着一个人的命运。副刊上的每一篇文章都是当时知识界的每日话题。人们讨论、评议这些文章,表示自己赞赏或者反对的态度。倘若在那些早已受人尊敬的"副刊作者"中间突然冒出一个新名字,那就简直像发生了一件了不起的大事。在年轻一代的作者当中,唯有霍夫曼斯塔尔曾以他的几篇优美文章偶尔在那里占上一角,而其他的年轻作者就必须有自知之明,把自己的文章拿到文学刊物上去发表。谁能在《新自由报》的头版上发表文章,那就等于为自己的名字在维也纳树立了大理石丰碑。

在我的父辈们眼里,《新自由报》是神示所[19]和圣贤们的家园,而我竟把一首小诗投给该报。我今天已不明白当时怎么会有这种勇气。不过,我最终遇到的却不是简单的拒绝。该报的副刊编辑一周只有一天对外接待时间,而且是在下午两点至三点的一小时之内。他要依次接待那些固定的著名撰稿人,只有极少的时间用来处理一个局外人的投稿。我顺着螺旋式的小小扶梯走到副刊编辑的办公室时,心怦怦地跳着。我请人进去通报,几分钟之后侍役回来,说副刊编辑先生有请,于是我走进那间又挤又窄的房间。

《新自由报》的副刊编辑名叫特奥多尔·赫茨尔[20]。他是我有生以来见到的第一个应当享有世界历史地位的人物。虽然他本人并不知道,他曾在犹太民族的命运和我们时代的历史中起过极其重大的作用。不过,他当时的态度还是矛盾和暧昧的。他曾以写诗开始自己的文学生涯,然而很快就显露出一个报人的杰出天才。他先出任驻巴黎的记者,以后才成为《新自由报》的副刊编辑——维也纳读者最喜爱的人物。他的文章富于敏锐的观察力,并且可以说常常是明智的观察力,文章的笔调优美,高雅而婉约,无论是轻松的还是批判性的文章均不失大家风范。就我记忆所及,在记者们所写的文章中,他的文章是最有文化修养的,能让我们这座城市里善于挑剔的人们为之倾倒。他也曾有一出戏剧在城堡剧院演出过,并获得成功,从而使他成为一位名人,被青年们崇拜,被父辈们尊敬,一直到那发生意外的一天。命运总是为了达到自己神秘的目的而知道如何找到所需要的人,尽管这个人想躲避命运也罢。

特奥多尔·赫茨尔曾在巴黎目睹过一桩令他内心震撼的事,这也是使他一生发生变化的许多时刻之一:他作为一名记者列席了公开贬黜阿尔弗雷德·德雷福斯[21]的经过,他看到人们如何将德雷富斯的肩章撕下,尽管这个脸色苍白的人大声叫喊着:"我没有罪!"在那一瞬间,赫茨尔内心深深知道德雷富斯确实是无罪的,他之所以蒙受那可怕的叛变嫌疑,仅仅因为他是一个犹太人。正直、见义勇为的特奥多尔·赫茨尔早在上大学时就为犹太人的命运而忧虑;甚至那种先知般的本能使他早就预感到犹太民族的整个悲惨命运,虽然在当时好像还没有发生什么严重的事。由于他觉得自己是一个天生的领袖——觉得自己的思想和世界知识极其丰富,一点都不比他那一副堂堂的仪表差,所以他在上大学时就提出过一个彻底解决犹太人问题的梦想计划,甚至要通过自愿的集体洗礼把犹太教和基督教统一起来。他总是迷醉于戏剧性的想象,希望自己有朝一日将领着成千上万的奥地利犹太人走向圣·斯特凡大教堂[22],用象征性的举动做出榜样,一劳永逸地从歧视和仇恨的厄运中拯救出这个被驱赶和没祖国的犹太民族。然而,他不久就认识到这项计划是无法实现的。经过几年工作之后,他终于不再去注意这个他自认为是他毕生责无旁贷要"解决"的问题。而现在,当德雷富斯受到贬黜的时刻,他想到自己的犹太民族将要永远受到歧视,心就像刀割一般。他想,如果种族隔离是不可避免的话,那就彻底隔离!如果我们命该遭到凌辱,那就骄傲地迎上去!如果我们因没有祖国而蒙受苦难,那我们就该自己建立一个祖国!于是他出版了《犹太国》这本小册子。他在小册子里宣告:无论是寄希望于同化,还是一味地忍让,对犹太民族来说都是行不通的,必须在自己的故乡——巴勒斯坦建立起自己的新国家。

当这本剑拔弩张的薄薄一小册书问世时,我还正在上中学呢。不过我仍能清楚地记得这本小册子在维也纳犹太人中产阶级圈子里所引起的普遍震惊和恼怒。他们不快地说:这样一个如此能干而又风趣、具有文化修养的作家究竟想要干什么呢?他为什么要写出这样的蠢话?干这样的蠢事?我们为什么要到巴勒斯坦去?我们的语言是德语,而不是希伯来语,我们的祖国是美丽的奥地利!我们在仁慈的弗朗茨·约瑟夫皇帝领导之下不是生活得蛮好吗?我们不是生活得挺体面,地位挺可靠吗?难道我们不是在这个国家享有平等权利的公民吗?难道我们不是在这个可爱的维也纳世世代代居住的忠实市民吗?我们不是生活在一个再过几十年所有偏见都要被消除的进步时代吗?为什么这个自称是犹太人并且想帮助犹太教的人要把口实白白送给我们最凶恶的敌人呢？现在，每天每日的舆情都有利于把我们和德意志世界联系得更加紧密，融为一体，而他，为什么想要把我们和这个德意志世界隔离呢？于是，犹太教的教士们激动得离开了布道坛，《新自由报》的领导人绝对禁止在自己的"进步的"报纸上出现犹太复国主义这个词。维也纳文学界的忒耳西忒斯[23]——竭尽讽刺之能事的卡尔·克劳斯[24]还写了一本名为《锡安山上的国王》[25]的小册子。所以当特奥多尔·赫茨尔走进剧院时，全剧院的观众都会发出喃喃低语的讽刺声："陛下驾到！"

起初，赫茨尔觉得自己可能被人误解了。他多年来一直受到维也纳人的爱戴，因而认为维也纳是他最安全的地方，维也纳人怎么会嫌弃他呢？甚至会嘲笑他呢？可是回报他的毕竟是如此愤怒和激昂的声音。这种突然的变化简直把他吓坏了。他无非是写了几十页的文字，却在天底下引起一场如此巨大、远远超出他意料之外的运动。这场运动当然不是来自那些在西欧过着舒适安逸生活的犹太中产阶级，而是来自东欧的广大犹太民众——来自加利西亚、波兰和俄罗斯的犹太无产者。赫茨尔没有料到，他用自己那本小册子重新激起了流落异国的所有犹太人的那种快要熄灭的热烈向往，实现在《圣经》中已谈了千年之久的弥赛亚[26]的复国梦想——这既是希望也是宗教信仰——是那些被践踏、被奴役的千百万犹太人的唯一寄托，使他们觉得人生尚有意义。在人类两千年的历史中，一个先知或者一个骗子的话都可能使一个民族的全体民众的心激奋起来，但却从来没有像这一次的反响如此声势浩大、犹如咆哮一般。孤零零的一个人用他写的几十页的文字竟把一盘散沙似的、争吵不休的犹太民众团结起来了。

当这种构想尚处在梦幻似的没有确定形式的最初时刻,肯定也是赫茨尔短暂一生中最幸福的时刻。然而,一旦当他开始在现实生活中确定目标、积聚各种力量时,他就会立刻发现自己根系的犹太民族生活在其他各民族中的命运又显得多么不协调。这里的犹太人信教,那里的犹太人不信教;这里的犹太人奉行社会主义,那里的犹太人奉行资本主义。他们用各种不同的语言互相争吵,都不愿意有一个统一的权威。当我一九〇一年第一次见到赫茨尔时[27],他正处在这种斗争之间,也许还包括着他同自己的斗争呢。他还没有足够的勇气为了自己的事业成功而放弃这个维持他自己生活和赡养家庭的职位。他还必须把精力分散在小小的新闻记者生涯上,完成新闻记者的使命才是他真正的生活。这就是当时接待我的那个副刊编辑特奥多尔·赫茨尔。

特奥多尔·赫茨尔站起身来向我问候,我不禁发现,"锡安山上的国王"这个含有讽刺意味的诨名还真说得有点道理。他那宽大的高高前额、面部线条清楚、黑得几乎发青的教士式的胡须、深褐色的忧郁眼睛,还真有一副国王的神气呢。他的有些戏剧性夸张的举止一点儿都不显得做作,因为他那副至高无上的威严神气使得他的这种举止显得十分自然,他不必利用这种特殊场合在我面前故意摆出一副威严的架子。在这间狭窄得可怜、只有一扇窗户的编辑部小房间里摆着一张堆满了纸张的旧写字台。他就在这张写字台后面办公,好似一个贝都因人[28]的部落酋长,因为他身穿一袭飘动着的贝都因人的白色无袖外套,显得十分自然,就好像穿着自己那件按照巴黎式样精心裁剪的燕尾服一样。然后,他有意识地稍微停顿了一会儿——正如我以后经常注意到的那样,他喜欢用这种稍微的停顿所产生的小小效果,这大概是他从城堡剧院学来的——接着他用那种倨傲但又十分友善的神情向我伸出手来。他一面指着身边那把软椅示意我坐下,一面问道:"我觉得我在什么地方听到过或者看到过您的名字。您写过诗,对吗?"我不得不点头承认。于是他向软椅背上一靠,说道:"您给我带来了什么大作?"

我说,我很愿意让他看看我写的短篇小说《出游》[29]。接着我便把手稿递给他。他看了一下封面那一页,然后从第一页一直翻到最后一页,为的是要估计一下有多少篇幅,接着他又把身子靠在软椅背上,似乎比刚才陷得更深了。使我感到惊奇的是,他已在开始阅读我的手稿(因为我事先并未预料他会这样)。他看得很慢,总是一页一页地往下翻,而不抬头向上看一眼。当他阅完最后一页之后,慢条斯理地把手稿叠好,细心地将手稿放进一个文件袋,并用蓝铅笔在上面做了一个记号,却始终没有看我一眼。当他用这些神秘莫测的动作把我置于长时间的紧张状态之后,他才用那深邃的目光望着我,故意用缓慢的、郑重其事的语气说:"我很高兴能告诉您,《新自由报》的副刊将发表您的这篇出色的短篇小说。"那种氛围简直就像拿破仑在战场上把一枚十字勋章佩戴在一个年轻的中士胸前一样。

这件事看起来好像只是一段微不足道的小插曲。可是只有那个时代的维也纳人才会懂得,他的这种提携意味着一个人将从此平步青云。我这个年仅十九岁的青年将会在一夜之间跻身于名流之列。特奥多尔·赫茨尔从那初次见面的时候起就一直对我多加关照,同时他自己也利用这个与我相识的偶然机会立刻写了一篇文章,告诫人们不要以为维也纳的艺术已趋衰微。恰恰相反,在维也纳,除了霍夫曼斯塔尔之外,现在还有一大批年轻的天才呢,他们当中将会出现佼佼者,这时他首先提到了我的名字。像特奥多尔·赫茨尔这样著名的人物率先为我能获得令人瞩目因而也是责任重大的社会地位而制造舆论,这使我感到莫大荣幸。然而我却没有如他所期望的那样,参加乃至共同领导他所倡导的犹太复国运动,因为这对我来说是一个更为困难的决定——看起来,好像我是一个忘恩负义的人。

但是我确实不愿和他贴在一起。我和他疏远,主要是因为他原来的同道对赫茨尔本人并不尊重——那种不尊重的态度今天是很难想象的。他在东欧的同道责备他根本不懂犹太精神,甚至连犹太人的风尚习俗都一窍不通。那些国民经济学家说他只不过是一个副刊编辑。总之,每个人都有自己反对他的理由,而且采用的方式也不都是十分礼貌的。我知道,当时那些完全献身于他的事业的人——尤其是青年人——曾使他感到欣慰,然而那些人却亟须教育。在那个小圈子里的争论不休和敌对好斗的风气以及缺乏真诚与正常的组织关系使我疏远了他的犹太复国运动。我以前出于好奇心曾接近过这个运动,那仅仅是为了赫茨尔的缘故。当我们有一次谈论到这个话题时,我公开承认我对他的队伍中缺乏纪律性感到不满。他苦笑着对我说:"请您不要忘记,我们几个世纪以来对如同儿戏一般地讨论问题,对思想意识的无休止争吵已习以为常了。我们犹太人在两千年来的历史中实际上根本没有为世界创造真正的献身精神。我们不得不现在才学习那种必要的献身精神,而我自己至今也尚未学会这种献身精神,因为我毕竟还要不断地给副刊写文章,毕竟还是《新自由报》的副刊编辑,我的职责是只能在报纸上宣扬一种思想,而不能散布其他的想法。不过,我正处于改变自己这种现状的过程之中。我自己要先学习完全的献身精神,这样,或许其他人也就跟着我一起学习完全的献身精神了。"我至今仍清楚记得,他的这席话给我留下深刻的印象,因为我们大家当时都不明白,为什么赫茨尔久久不能下决心放弃他在《新自由报》的职位。我们都以为他是为了家庭的缘故,但实际上不是这么一回事,他后来甚至为了自己的事业牺牲了私人财产,不过,世人只是到了很晚很晚才知道这些情况。当时他对我说的那一席谈话,还有他的许多日记都表明,陷于内心矛盾中的他心情十分痛苦。

从那以后我还曾见过他多次。不过,在所有的相见之中只有一次见面值得回忆和难以忘怀,也许因为那是最后一次见面的缘故吧。我从国外回来——我在国外时和维也纳只有通信联系——有一天,我终于在市公园遇见了他。他显然是从编辑部来,走得很慢,身子微微向前躬着,不再像从前那样飞快的步伐。我礼貌地向他问了日安,想匆匆走过。但是他却迅速向我迎来,一边伸出手,说道:"您为什么老躲着我?这根本没有必要!"他说,我能这样经常到国外去很好。"这是我们唯一的办法!我所知道的一切也都是在国外学到的。一个人只有到了国外才能自由地思考问题。我相信,我在这里永远不会有勇气产生建立犹太国的构想。纵然有这种构想,人们也早就将其扼杀于萌芽状态之中了。谢天谢地,好在这种构想是从国外带来的,一切都在国外想好了的,人们也就无可奈何了。"接着他懊丧地抱怨起维也纳,他说他在本地受到的阻力最大,阻力并非来自国外。从国外得到的都是促进的力量,尤其是从东欧,现在又从美国得到促进力量,不过他对自己的事业已十分厌倦。他说:"总而言之,我的错误是动手太晚。维克托·阿德勒[30]在他斗志最旺盛的岁月——三十岁时就已成为奥地利社会民主党的领袖了,还不说历史上的那些伟大人物。您知道,我为失去的年华,为我未能早早从事自己的使命,精神上是何其痛苦。我有坚强的意志,却没有强壮的身体,倘若两者能相得益彰,那就好了。可是逝去的年华是再也赎不回来的。"我陪他走了好长一段路,一直送他到家门口。他站在门口,向我伸出手来,说道:"您为什么从不到我这里来呢?您从未到我家来看我。只要您事先给我打个电话就行,我现在已抽得出时间!"我答应以后去看望他,但我实际上是下定决心不实践自己的诺言,因为我愈是爱戴一个人,我就愈珍惜他的时间。

不过,尽管如此,我还是到他那儿去过一回,那已是几个月以后的事了。当时他已病魔缠身,终于突然倒下了,所以我到他那里去,也仅仅是为了送他走上黄泉路。那是七月里的一天[31],凡是亲身经历过那一天情景的人都不会忘怀那个不同寻常的日子。因为到达维也纳各车站的每一趟列车,不管白天黑夜,突然之间都载有从世界各地来为他送葬的人。他们是来自西欧和东欧、来自俄国和土耳其的犹太人;他们从各个省份和各个小城市拥到这里,脸上还带着闻到噩耗而惊愕的神情。人们先前由于争吵不休和流言蜚语而未曾发现的事,现在却让人们感到格外的清楚:此刻在这里安葬的是一个伟大运动的领袖。一眼望不到尽头的送葬队伍。维也纳骤然发现:去世的不仅仅是一位作家、一位普普通通的诗人,而且是一位伟大的思想家——而他的思想无论是在一个国家还是在犹太民族之中,只有间隔相当长的时间之后才显示出是必将获得胜利的思想。在公墓附近发生了一场骚动,忽然有许多人在猛然爆发的绝望之中拥向他的灵柩。他们哭号着,叫喊着,简直像山崩地裂一般;一阵激烈的、令人销魂的极度悲哀冲乱了全部秩序。我所见到的那种情景是我参加的葬礼中空前绝后的。有着千百万人口的整个犹太民族从内心深处迸发出如此巨大的悲痛,使我从中第一次感受到这一个孤独的人以他的思想威力能在世界上引起多么巨大的激情与希望啊。

我有幸跻身于《新自由报》副刊作者之列,对我个人来说也有着特殊的意义。我从此对付我的父母和家人就有了意想不到的把握。我的双亲对文学本来就不甚关心,也从来没有自己的判断。所以在我的父母看来,就像维也纳的所有市民阶层一样,《新自由报》赞扬什么或谴责什么与不理睬什么,都是重要的。他们觉得《新自由报》上刊登的文章必然具有最高的权威,因为无论是谁,只要在该报上发表过自己的看法和见解,就会引起人们的尊重。一个每天以崇敬和期待的心情注视着这份最最重要的报纸的家庭,一旦当他们在某一天的清晨难以置信地发现:坐在他们桌旁的这个在学校里不冒尖、不完全循规蹈矩的十九岁的年轻人所写的文章居然愉快地被当作"无害的"儿戏之作而采用了——这总要比玩牌或者和轻佻的姑娘们调情要好,在那些著名的和有经验的人物撰文的地方居然留出一隅让迄今在家中并不受到十分重视的一个年轻人发表意见。这件事当时在这样一个家庭中所引起的反应可想而知。因为即便我能写出像济慈、荷尔德林、雪莱[32]那样最美的诗句也不可能使周围的人对我如此刮目相看;先前,当我走进剧场时,总有人对我这个神秘兮兮的便雅悯[33]指指点点——这个年轻人曾以不可思议的方式挤进德高望重的年长者的行列。现在,由于我经常、几乎是定期在《新自由报》副刊上发表文章,因此我也很快遇到了有成为一名令人尊敬的地方人物的危险。好在我及时摆脱了这种危险。一天上午,我告诉我的父母:我下一学期将要到柏林去上大学[34],这使我的父母喜出望外。全家的人都尊重我的这一愿望,或者确切些说,因为他们对《新自由报》崇拜得五体投地,而我却有这块金字招牌护身,所以他们也就不好不成全我的意愿了。

当然,我并没有想到柏林去上什么"大学"。我在那里和在维也纳一样,一个学期只去了两次大学,一次是为了进行听课注册,第二次是为了让教务人员在听课证书上签名盖章。我在柏林寻求的既不是讲座也不是教授,而是一种更彻底的自由。我总觉得在维也纳受到环境的限制,和我来往的那些文学界的同道们几乎都和我一样,来自中产阶级的犹太人阶层。在这座彼此之间了解得一清二楚、天地狭小的维也纳城市里，我必然永远是个"优裕"家庭的少爷，然而我对这个所谓"上流"社会阶层却已十分厌烦，我甚至愿意到所谓"劣等"社会阶层中去寻求一种无拘无束的生活。我在柏林时从来不去看大学的课程表，也不知道是谁在讲哲学。我只知道这里的"新"文学要比在我们那里的"新"文学更繁荣、更充满活力；我只知道在柏林能遇见德默尔以及其他年轻一代的诗人；在柏林不断有新的杂志出版，新的曲艺场和剧院落成。总而言之，用我们维也纳人的话来说，在柏林"总有点儿什么新鲜事"。

事实上，我是在一个令人极感兴趣的历史时刻到达柏林的。自一八七〇年[35]柏林从一个相当一般、完全不富庶的普鲁士王国的小小首都成为德意志帝国皇帝的京城以后，这个位于施普雷河[36]畔的不显眼的地方突然繁华起来，不过，文化和艺术的领导中心却还不是在柏林。慕尼黑因其本地拥有无数的画家和诗人，理所当然是德意志帝国的艺术中心；就音乐而言，德累斯顿的歌剧院占据着主导地位。而那些诸侯王国的首邑也都各有文化艺术的特长。尤其是维也纳，凭借自身百年的文化传统，精英荟萃，人才辈出，在文化艺术方面至今仍然远远超过柏林。不过，随着近几年德国经济的迅猛发展，柏林也开始揭开新的一页。规模巨大的康采恩、资财万贯的家族纷纷云集柏林。新的财富和伴随而来的强大冒险精神，为柏林的建筑业、剧院的兴建开辟了其他德国大城市所没有的前景。在威廉皇帝[37]的圣谕保护之下，各种博物馆开始扩建；剧院找到了像奥托·布拉姆[38]这样杰出的领导人。恰恰由于柏林缺乏真正的传统，缺乏几百年的文化历史，所以尽量吸引青年人来此进行尝试,因为传统也往往意味着阻力。而维也纳却受到古老传统的束缚,将过去的一切偶像化,对青年人以及对他们的大胆尝试始终采取谨慎的观望态度。但青年人却可以在柏林进行新的探索,由于柏林正想迅速为自己塑造一个有个性的形象,所以,青年人从全德国各地,甚至从奥地利一起涌向柏林也就不足为奇了。他们之中那些赋有天才的人自然会在这里取得成就。维也纳人马克斯·赖因哈特为了谋得一个职位,不得不在维也纳耐心地等了二十年,可是他在柏林只用了两年时间就获得了职位[39]。

当我到达柏林的那一会儿,恰好是这座城市由一个一般的首都变成世界大都会的时期。但是由于伟大的祖先把维也纳装扮得如此美丽,所以按照维也纳的标准来看,柏林给我的第一印象还是令人失望的。新的建筑正在柏林西部向四处扩展,而一幢幢像动物园里那些炫耀奢华的房屋已不再发展。不过,向柏林西部进行关键性的转移才刚刚开始呢。构成柏林市中心的仍然是那条建筑造型单调的弗里德里希大街和那条想摆阔气也不得体的莱比锡大街。像维尔默村、尼古拉湖以及施特格利茨[40]这样一些郊区,只有乘着有轨电车才能慢慢腾腾地到达。谁要想去欣赏一下郊外的美丽风光,在当时就像是一次探险旅行。除了那条古老的"菩提树下大街"[41]以外,真正的市中心尚未形成。没有一条像我们维也纳阿姆格拉本大街[42]这样一条"繁华的林荫大道"。由于普鲁士古老的节俭精神,柏林全然缺乏那种高雅时髦的风尚。妇女们穿着自己裁剪的、毫无风姿的服装去剧院,不像维也纳人和巴黎人讲究奢侈挥霍,即使钱财告罄,仍然装得十分阔绰。在柏林处处使人感觉到弗里德里希大帝[43]时代的那种近乎吝啬的勤俭持家；咖啡淡而无味，因为要尽量节约咖啡豆；饭菜不可口，没有味道。在我们维也纳到处都是音乐和歌声，可是在柏林唯有到处干干净净和有条不紊的秩序。譬如说，我在维也纳上大学时租住的那间房间的女房东和柏林的那位女房东就截然不同，我觉得这是最典型不过的例子：维也纳的女房东是个活泼、爱说话的女人，她并不是把所有的地方都打扫得干干净净。她粗心大意，丢三落四，但为人热心，助人为乐。柏林的女房东倒是无可指摘，把一切都整理得井井有条。可是当第一个月结账时，我发现她用干净的斜体笔迹把账目记得一清二楚，她做的每一件小事都要算钱。例如，她为我缝了一个裤子纽扣要三芬尼；擦掉桌面上的一块墨迹要二十芬尼；算到最后，一共要六十七芬尼。起初我觉得十分可笑，但是几天之后我自己也不得不折服于这种令人不快的普鲁士的一丝不苟的精神，我在一生中第一次也是最后一次详细记录了现金支出账目。

我来柏林的时候曾带了不少维也纳的朋友们为我写的介绍信，但是我没有用过一封。因为我之所以异乎寻常地到柏林来，目的就是为了要摆脱那种中产阶级的安逸而又束缚人的环境，能独立生活，不愿再和那个中产阶层的人打交道。我只想结识那些和我的文学情趣相投的人，而且尽可能认识一些令人感兴趣的人物，我毕竟没有白读亨利·米尔热的小说《波希米亚人的生活情景》[44]，刚满二十岁我就想体验一下浪漫文人的生活。

找到这样一个放荡不羁、趣味相投的社交圈子，我不需要花很长时间。早在维也纳时，我就和柏林的一家有影响的报纸《现代人》——该报几乎用自嘲的口吻自称是"同仁团体"——合作了。该报的主编是路德维希·雅各博夫斯基[45]。这位年轻的诗人在他早逝之前不久建立了一个名为"新生代"的社团。社团的名称对青年一代很有诱感力。该社团每周在诺伦多尔夫广场[46]旁的一家咖啡馆的二楼聚会一次。在这个模仿巴黎"紫丁香小园圃"社[47]举行的盛大圆桌聚会上,各式各样的人济济一堂,其中有诗人、建筑师、假冒风雅的半吊子文人、新闻记者、打扮成工艺美术家和雕刻家的年轻姑娘们、到这里来提高德语水平的俄国大学生和满头淡黄色金发的斯堪的纳维亚女郎,还有来自德意志帝国各邦的人物:骨骼健壮的威斯特法伦人、憨厚的巴伐利亚人和西里西亚的犹太人。大家聚集一堂,进行激烈的争论,不受任何约束。间或也会有人朗诵一些诗和剧本,但对所有的人来说,主要是在这里彼此结识。令人感动的是,在这些自诩为"浪漫文人"的年轻人中间,还坐着一位像圣诞老人似的胡须灰白的老翁,他受到大家的尊敬和爱戴,因为他才是一位真正的诗人,一位真正的浪漫文人呢,他就是彼得·希勒[48]。这位七十岁的老人眯着他的蓝色眼睛,慈祥地望着这一群与众不同的年轻人。他总是穿着一件灰色风衣,用以掩盖身上那套周边已磨破了的西服和非常邋遢的衬衫。每当我们簇拥着他,要他朗诵点什么时,他总是兴致勃勃地从上衣口袋里掏出一张揉皱了的手稿,朗读自己写作的诗篇。那完全是别具一格的诗,是一个天才抒情诗人的即兴作品,只是形式太松散、太随意。这些诗是他在电车上或者在咖啡馆里用铅笔写下的,写完也就忘了,所以当他朗诵时总是费劲地从那张涂涂改改的纸条上辨认自己写的字。他从未有过什么钱,却从不为钱发愁。他一会儿到这家寄宿,一会儿到那家做客。他忘却尘世,淡泊功名,可谓名副其实,令人感动。谁也弄不清楚这个善良的山野樵夫是何时和怎样来到柏林这座大城市的,也不知道他到这里来到底要干什么。其实他什么也不想要,既不想成名,也不想煊赫。他只是想在这里生活得更加无忧无虑和更加自由自在而已,这当然是出于他的那种诗人梦想,我以后还见过另一个像他这样的人。那些好出风头的与会者围在彼得·希勒的四周,大声喧哗,高谈阔论,而他总是和蔼地倾听着,从不和任何人争论,有时候会举起酒杯向某个人表示友好的问候,但几乎不介入谈话,给人的感觉是:他好像就在这样一片喧嚣混乱之中正在自己昏昏沉沉的头脑中寻觅诗句呢,尽管此时此刻根本不可能有诗句产生。

也许是这位淳朴的诗人——他今天即便在德国也几乎已被人们忘却——所体现的那种真挚、天真的感情,使我不再介意"新生代"社团所选出的那个理事会。而正是这位诗人的思想和言论后来决定了无数人的生活方式。譬如,我在这里第一次见到的鲁道夫·施泰纳[49],他是继特奥多尔·赫茨尔之后我遇见的又一个命中注定想以充当千百万人指路人为己任的人。施泰纳是人智学的奠基人,后来他的追随者为发展他的学说创办了规模宏大的学校和研究院。可是他本人却不像赫茨尔那样具有领袖气质,但更富有魅力。他的那双眼睛好像蕴藏着使人忘乎所以的力量,我听施泰纳讲话好像不盯着他看,注意力会更集中,因为他的那副精神矍铄但却像苦行僧似的瘦长面孔确实不单单会使妇女们着迷。当时,鲁道夫·施泰纳还没有创建自己的学说,他自己只不过是一个探索者和学者。有时候他给我们讲解歌德的颜色学。歌德的形象在他的讲述中愈来愈显得像浮士德和帕拉切尔苏斯[50]。听施泰纳讲话总是那么引人入胜,因为他学识丰富,尤其是对我们这些仅仅限于文学方面的人来说更显得博大精深。听完他讲述或者有时候同他进行私下交谈之后,我往往是怀着既兴奋又有点阴郁的心情回家。尽管如此,如果我今天扪心自问:我当时是否已经预感到这个年轻人以后会在哲学和伦理学方面发挥如此大的影响,我不得不惭愧地回答说:没有。我只期待着他的那种探索精神会在自然科学方面获得巨大成就,如果我听到他用直观方法在生物学上有了一个伟大发现,我绝不会感到奇怪!只是当我许多年之后在多尔纳赫[51]看到那座雄伟的歌德大楼——"智慧学校"(这是他的学生捐赠给他的柏拉图式的"人智学研究院")时,我真有点感到莫名其妙,他的影响竟会渗透到如此广泛的现实生活之中,甚至在有的地方变为老生常谈。我不敢对"人智学"妄加评论,因为时至今日我也弄不清楚人智学到底是研究什么和有什么意义。我甚至这样想:人智学之所以有诱惑力,主要不在于这种学说的思想,而在于鲁道夫·施泰纳这个富有魅力的人物。具有这样一种吸引力的人物,当他还能以友好的、不以权威自居的态度同年轻人交谈时,我就有幸同他相识了,这对我来说至少是不可估量的收获。我从他的富有想象同时又十分深奥的学问中认识到:真正的知识渊博并不是像我们上中学时所想象的那样,依靠泛泛地读书和讨论就能获得,而是要通过长年累月的刻苦钻研。

话又说回来，在那个友谊很容易结成，并且在政治上与社会上的隔阂尚不十分严重的开明时代，一个年轻人要想学到真正的知识，最好是向那些愿意共同进取的人去学，而不是向那些已负盛名的人去学。我再次感到，志同道合的热情将会结出累累硕果，当然，那时候这样一种感觉是在一个比中学阶段更高的国际水平上体会到的。我在维也纳的朋友们几乎都出身于中产阶级，而且可以说十分之九是出身于犹太人中产阶级，所以我们的志趣爱好只能是大同小异，或者说千篇一律。而在柏林的这个新天地里，年轻人都来自截然对立的社会阶层。有的来自上层，有的来自下层；这一位是普鲁士的贵族，那一位是汉堡船主的公子，第三位则出身于威斯特法伦的农民家庭。我突然置身于这样一个也有衣衫褴褛、足拖敝屣的真正穷人的社交圈子——这可是我在维也纳从未接触过的社会阶层呀。我和那些酒徒、同性恋者、吸毒者同坐一桌。我会——十分自豪地——同一个相当出名的、被判过刑的大骗子握手（他后来发表了自己的回忆录，从而与我们这些作家为伍）。在我被带进去的小酒馆和咖啡馆里，拥挤着各式各样我以为在现实主义的小说里几乎不可能有的人物。而且一个人的名声愈坏就愈会使我产生一种亲自和他相识的欲望。这种对危险人物的特殊爱好或者说好奇伴随了我的一生。即便到了该慎重选择朋友的年岁，我的朋友还常常责备我不该同那些缺乏道德、不可信赖、确能使人丧失名誉的人交往。或许，正因为我出身于一个正派规矩的社会阶层以及这样一个事实：我觉得我自己在某种程度上怀有"自持"情结，使我觉得那些危险人物蛮诱人的——因为他们从不吝惜和近乎蔑视自己的生命、时间、金钱、健康和名誉。他们是豪侠,他们是只知为了生存而毫无人生目标的偏执狂人。也许人们会在我的长篇和短篇小说中觉察到我对他们这种豪迈本性的偏爱。当然其中还有他们那种异国他乡人的神秘色彩。他们中间几乎每一个人都用一种异国世界的礼物回报我的强烈好奇心。画家埃·莫·利林[52],这个来自乌克兰的德罗戈贝奇地方、信奉犹太教正统派的穷旋工师傅的儿子,是我遇到的第一个真正的东欧犹太人,他使我了解到迄今未知的犹太人的精神力量和顽强的信仰狂热。一个年轻的俄国人为我翻译了当时在德国尚未著名的小说《卡拉马佐夫兄弟》[53]中最精彩的章节。一名年轻的瑞典女子使我第一次见到了蒙克的绘画;我在那些(诚然是不入流的)画家们的画室里转悠,为的是要目睹他们的画技。一名基督徒还把我带到一间圣灵降临的小屋里去过呢。所有这一切都使我感到大千世界的丰姿多彩,从不会令人厌倦。我在中学时代只和那些纯粹的公式、诗的韵律和诗句打交道,而现在接触的是人。我在柏林时从早到晚和一批又一批新认识的人相处在一起,被他们所激励或者对他们大失所望,甚至还受骗上当。我相信,我在柏林短促的一学期——完全自由的一学期——中所进行的社交活动要胜过以往的十年。

这种非同一般的广泛接触想必会大大增加我的创作欲望,好像这样才合乎逻辑。而事实上却恰恰相反,我在中学时代由于彼此的激励而培养起来的高昂的创作自觉性令人忧虑地消失了。在我那本不成熟的诗集发表之后四个月,我简直不能理解我当时怎么会有勇气出版这本诗集。尽管我觉得那些在形式上精雕细琢的诗句应该说是好的和熟练的艺术品，其中一部分甚至可以说是相当出色，但是我总觉得诗句的感伤情调是不真实的。同样，自从我在柏林和现实有了接触以后，我也觉得我最初发表的一些中篇小说带有洒过香水的纸张气味。那些作品是我在全然不了解现实的情况下写的，用的是当时从别人那里学来的技巧。所以我把那部带到柏林来讨好我的出版人的已经完稿的长篇小说付之一炬。这是因为在我亲眼目睹了现实生活之后，我对自己那种中学生水平的判断能力的自信心遭到了沉重打击。那种心情就像在学校里降了几个年级似的。事实上我在第一本诗集出版之后，间歇了六年才发表第二本诗集，而且是在第一本诗集出版之后隔了三四年才出版第一本小说集[54]。在这期间，我遵照德默尔的忠告抓紧时间从事翻译工作。我至今仍然认为，对于一个年轻的作家来说，从事文学翻译最能使自己更深入和更有创造性地了解母语的底蕴。所以一直到现在我还感激德默尔。我翻译波德莱尔的诗；还译过一些魏尔兰、济慈、威廉·莫里斯[55]的诗，夏尔·范莱贝格[56]的一个小剧本和卡米耶·勒蒙尼耶[57]的小说《熟能生巧》[58]。每一种外语都有自己独特的成语，这是翻译诗歌首先要遇到的困难。正因如此，翻译诗歌要求有丰富的表达能力，而人们在平时却不会注意到这一点。如何把外语中最有特色的成语译成十分妥帖的对应母语，这种反复推敲的思索对我来说始终是当作一个艺术家的特殊乐趣。因为这种默默无闻、无人感激的工作需要耐心和毅力，需要道德修养，而这种道德修养在我上中学时却被轻率和鲁莽所取代。所以我现在尤其喜爱这种工作，因为我从这种介绍显赫的艺术珍品的平凡工作中第一次感到我确实在做一些真正有意义的事情，没有辜负我来世一遭。

现在我心里清楚了，我在今后的岁月中将走怎样的路，那就是多看、多学，然后才开始真正的创作！不要带着仓促写成的作品来见这个世界，而要首先了解这个世界的本质。柏林好似浓烈的醋汁，使我的食欲——求知的欲望大增。我看了看周围，我的暑假旅行该到哪个国家去呢。最后我选中了比利时。在十九世纪末和二十世纪初，比利时在艺术方面有不同寻常的飞跃，甚至在某种意义上可以说超过法国。像绘画界的克诺普夫[59]、罗普斯[60]；雕塑界的康斯坦丁·麦尼埃[61]、米纳[62]；工艺美术界的范·德·韦尔德[63]；文学界的梅特林克[64]、埃克乌德[65]、勒蒙尼耶，都显示出是欧洲的巨大新生力量。不过最使我入迷的是埃米尔·维尔哈伦[66]，因为他为抒情诗开拓了一条崭新的道路。从某种程度上讲，是我发现这位在德国完全不知名的作家——官方的文学界长期以来把他和魏尔兰相混淆，就像把罗曼·罗兰[67]和罗斯唐[68]相混淆一样——如果说，单单只偏爱一个人，那么这往往意味着是双倍的喜爱。

也许有必要在这里稍稍加以解释。由于我们这个时代所经历的事太多，瞬息万变，所以人们也就没有好记性。我不知道埃米尔·维尔哈伦这个名字在今天是否还有意义。然而在当年，他是所有法语诗人当中第一个试图要像沃尔特·惠特曼对美国所作出的贡献那样对欧洲有所贡献：即要认识时代，认识未来。他早已开始热爱这个现代世界，并把现代世界作为诗歌的题材。当其他人把机器视为魔鬼，将城市视为丑陋，认为当年的时代缺乏一切诗意时，他却为每一项新的发明、每一项技术成就感到欢欣鼓舞。他为自己的这种热忱而感到高兴。为了使自己有更多的激情，他有意识地使自己对一切都倾心。于是从最初的一些短诗中产生出伟大的赞美诗。如《相互尊重，彼此友好》[69]，这首诗是他对欧洲各国民众的呼吁。我们在今天这个极为可怕的倒退时代已不再理解的当年整整一代人的那种乐观主义首先在他的诗歌中得到表现。他的一些最佳的诗篇还将一直是我们当年梦寐以求的欧洲和世人的见证呢。

我是为了结识维尔哈伦才去布鲁塞尔的。可是强壮的卡米耶·勒蒙尼耶，这位今天被世人不公正地忘却了的《男人》的作者（我曾把他的一部长篇小说译成德语）遗憾地告诉我，维尔哈伦很少从他的小村庄到布鲁塞尔来，而且现在他也不在家。为了弥补我的失望情绪，他以极大的热情给我引见比利时的其他艺术家。于是我见到了年迈的艺术大师康斯坦丁·麦尼埃，他是一位具有英雄气概的工人和以表现劳动场面著称的雕塑师。在他之后我见到了范·德·施塔彭[70]，他的名字在今天的艺术史上几乎已经消失。不过，这位身材矮小、面颊丰满红润的佛兰德人[71]倒是一个和蔼可亲的人。他和他的那位身材高大、性格开朗的荷兰夫人热情地接待了我这个年轻人。他给我看他的作品。我们在那个天气晴朗的上午谈了好长时间关于文学和艺术。他们的善意很快使我的一切顾忌消失。我毫不掩饰地向他们说，我到布鲁塞尔来的目的是想见见维尔哈伦，恰巧他不在，真遗憾。

也许我这样讲有点过分？有点不太得体？反正我察觉到范·德·施塔彭和他的夫人都微微一笑，互相递了一下眼色。我觉得我的话引起了他们两人之间的一种会意的默契。我变得有点不自在了，想告辞。他们却执意要留我吃午饭。他们互相递着眼色，脸上又浮现出诡谲的微笑。不过，我觉得即便这里有什么秘密，也一定是善意的秘密。于是我愉快地放弃了去滑铁卢的打算。

很快就到了中午。我们已坐在餐室里——像所有的比利时住房一样，餐室是在地面一层——我突然明显地感到在餐室的窗户前伫立着一个人的身影，这时我才发现透过餐室的有色玻璃可以看见临屋的街道。我听见有人用手指骨节敲打彩色玻璃的声音，很快门铃也霎地响了起来。"他来了！"范·德·施塔彭太太说着站起身来。我不知道"他"指的是谁。不过，门已经打开，他迈着沉重有力的脚步走了进来。原来是维尔哈伦！我一眼便认出了他的那张早已从照片上非常熟悉的脸。维尔哈伦是他们家的常客，今天凑巧也到这里来，所以当施塔彭夫妇听说我在这里到处找他而又不得相见时，他们迅速地用眼色彼此会意：什么也不告诉我，要让我在他到达时感到意外的惊喜！此刻维尔哈伦已站在我的面前，他对自己刚才敲打窗玻璃的小玩笑得意地微笑着。我第一次和他的那只强健的手紧紧相握，第一次看到他那明澈、和善的目光。他像平常一样走进家门就好像有许多满心高兴的喜事要倾诉。他一边用餐，一边开始讲述。他说，他刚刚去会过朋友，还去过美术馆。他说话时脸上依然带着当时那种兴奋的神情。不管他到哪里，不管他遇到哪一件偶然的小事，他都会感到不亦乐乎。这已经成为他的不可改变的习惯。他侃侃而谈，眉飞色舞，用恰当的手势描述着所讲述的事。他一张口就会把听者的心抓住，因为他诚恳、平易近人，愿意和每一个新相识的人交谈，而不是那种不爱搭理的人。甚至可以说他会向每一个初次见面的人立刻抛出一片真心，就像我那天和他第一次见面时一样。我曾有幸无数次地感受过他天生的一片深深感动他人的真诚。当时他还一点都不了解我，就已经和我一见如故，那仅仅是因为他听说我喜爱他的作品。

午饭以后又出现了第二件令人高兴的意外事。早就想为自己和为维尔哈伦实现一项夙愿的范·德·施塔彭几天来一直在为维尔哈伦雕塑一具半身像，今天应该是最后一次临摹。范·德·施塔彭说，我的到来是他运气好，因为他正需要一个和坐着不动的模特儿聊天的人，这样就可以雕塑出一张正在说话和倾听的面孔。于是我盯着维尔哈伦的脸看了两个小时。这是一张令人难忘的脸：高高的前额，艰难的岁月在前额上面刻满了皱纹，栗色的鬈发耷拉在赭色的额角上，面部表情严肃。脸上的肤色是饱经风霜的浅褐色，下颚犹如一块突兀的山岩，狭窄的嘴唇上面蓄着两撇很长的维钦杰托列克斯[72]式的八字须，一双瘦削、灵巧而有力的双手，血管在双手薄薄的皮肤下勃勃搏动，显出有点兴奋紧张。像农民似的宽阔的双肩好像支撑着他的意志的全部力量，相比之下，瘦骨嶙峋但又精神矍铄的头却显得太小了一些。只有当他大步向前走的时候，人们才会看出他的力量。当我今天注视着这座半身塑像时，我才知道雕塑得多么逼真，完全抓住了维尔哈伦的特征——

范·德·施塔彭后来的雕塑品都没有超过这件作品的水平。这是表现一个诗人伟大的真实记录,是永恒不朽之作。

经过那三个小时之后我已非常喜爱维尔哈伦这个人,就像我以后一辈子都喜爱他一样。在他的秉性中有一种从不沾沾自喜的稳健。他不为金钱所左右,宁愿在乡间生活,不愿为了生计而去写一行字。他对功名成就十分淡泊,从不以迁就逢迎,或者通过熟人关系去追逐名利。他觉得,自己的朋友和他们的忠诚友情已使他心满意足。他甚至摆脱了对一个人来说最危险的诱惑——荣誉。但荣誉终于在他年富力强之际降临到他身上。他始终光明磊落,心中没有任何芥蒂,从不为虚荣所惑,是一个知足常乐、胸襟坦荡的人。如果谁和维尔哈伦在一起,就会切身感受到他的那种生活意愿。

这会儿,他——一名诗人就在我这个年轻人眼前,而我曾想——或者说梦想——要成为像他一样的诗人。于是,就在我和维尔哈伦初次见面的第一个小时里,我就下定决心要为这个人和他的作品效劳。下这样的决心确实要有胆识,因为这位善于讴歌和赞美欧洲的诗人当时在欧洲还只有一点小小的名气。尽管我事先知道,翻译他的卷帙浩繁的诗集和三部诗剧要占去我自己两年或三年的创作时间。但我还是下决心把自己的全部精力、时间、热情用于这样一项翻译工作。我要竭尽全力完成一项道义上的任务。我先前四处寻觅和探索,现在总算找到了一件有意义的事。如果我今天向一位尚不清楚自己道路的青年作家提出什么忠告的话,那么我建议,他可以首先去概述或翻译一部较大的重要作品。这类工作虽然需要做出一些牺牲,但对一个初学者来说,却比自己的创作更有把握,因为他所付出的辛勤劳动都不会白费劲。

在我几乎专门从事翻译维尔哈伦诗集和为他撰写传记做准备的两年之中,我经常外出旅行,有时候是去做公开演讲。翻译维尔哈伦的作品看起来似乎是一件吃力不讨好的工作,但实际上我已经得到意想不到的回报:维尔哈伦在国外的朋友们注意到了我,而且他们不久也就成了我的朋友。于是,有一天,埃伦·凯伊[73]——这位非凡的瑞典妇女到我这里来。她曾以无比的勇敢在那个目光褊狭、阻力重重的时代为妇女的解放进行过斗争,并早在弗洛伊德之前就在自己的著作《儿童的世纪》一书中提出这样的警告:青年人的心灵最易受到伤害。我在意大利时,是她把我引见给乔瓦尼·切纳[74]和他的诗友们的,而且也是她使挪威人约翰·博耶尔[75]成为我的一个重要朋友的。格奥尔·勃兰兑斯[76],这位文学史上的国际大师也表示出了他自己对我的兴趣。由于我的宣传,维尔哈伦不久就在德国开始变得比他在自己的祖国还要出名。最著名的演员凯因茨和莫伊西[77]登台朗诵由我翻译的维尔哈伦的诗。马克斯·赖因哈特把维尔哈伦的《修道院》[78]搬上了德国舞台。上述这些事令我感到欣慰。

不过,现在该是我回忆另一件事的时候了。即我除了承担这一项对维尔哈伦的义务之外,我还有着另一项任务:我终于必须结束我的大学生活,必须戴着一顶哲学博士的帽子回家。也就是说,我现在面临着要在几个月之内把那些规规矩矩的大学生几乎用了四年时间才学完的全部教材准备一遍。我和埃尔温·吉多·科尔本海伊尔[79]——一个年轻的文学朋友在一起开夜车死记硬背。他今天也许不愿意提起这些往事,因为他已经成为希特勒德国的官方作家和普鲁士艺术研究院院士之一。不过,大学没有用考试为难我。那位从我的公开的文学活动中对我深为了解的好心肠的教授向我开了一个小小的玩笑,他在考前一次私下的谈话中微笑着对我说:"考严密的逻辑学,您是最怕的啰!"但实际上他后来有意让我回答他知道我准能答得上来的那些部分。那是我第一次以优秀的成绩通过的一门考试,而且正如我所希望,那也是最后一次考试。从那时起,从表面上看,我的生活完全是自由的。时至今日的全部岁月我都只是为了获得内心的自由而斗争。但这种斗争在我们今天的时代却变得越来越艰难。

注 释

［1］ 本章原文标题是拉丁语 *Universitas vitae*。斯蒂芬·茨威格于1900年夏季高级文理中学毕业,是年秋季在维也纳大学注册,修读哲学和文史学,主修日耳曼语言文学和法语语言文学。

［2］ 此处原文是德语 Fuchs(狐狸),但在奥地利大学生圈内是指参加某一个大学生联谊会的大学一年级学生。

［3］ 波恩(Bonn),今德国北莱茵—威斯特法伦州南部城市,位于莱茵河畔,北距科隆约24公里。1949年9月定为德意志联邦共和国临时首都,东西德统一后德国首都于2000年重迁柏林。波恩是贝多芬的诞生地,也是著名叙事诗《尼伯龙根之歌》的故事发生地。13世纪至18世纪是科隆选帝侯官邸所在地。1815年起属于普鲁士。

［4］ 拉尔夫·沃尔多·爱默生(Ralph Waldo Emerson,新译:拉尔夫·沃尔多·埃默森,1803—1882),美国随笔作家、诗人、演说家,出生于波士顿一个牧师家庭,1833年游历欧洲,1837年在美国发表题为《论美国学者》的演讲,号召发扬民族自尊心,反对一味追随外国的学说,他是超验主义哲学的主要代表。重要著作有《论自助》、《论超灵》等以及《诗集》两卷。

［5］ 设拉子(Schiras),伊朗西南部城市,法尔斯省首府,位于山间盆地中,以盛产葡萄和玫瑰花著称,人称"伊朗的花园"。

［6］ 舒斯特与勒夫勒出版社(Verlag Schuster und Loeffler, Berlin),1901年在柏林出版斯蒂芬·茨威格第一部诗集《银弦集》(*Silberne Saiten*),辑录新抒情诗50首。

［7］ 德特勒夫·冯·利林克龙,(Detlev von Liliencron,旧译:德特勒夫·冯·李利恩克龙,1844—1909),德语印象派诗人,诗集有《副官驰马行及其他》、《丰富多彩的猎获物》、《晚安》等。

［8］ 奥托·尤利乌斯·比尔鲍姆(Otto Julius Bierbaum,1865—1910),德语诗人、小说家。生于西里西亚,早年在德国大学攻读哲学、法律。

1887年起任维也纳《新自由报》记者,1890年起为自然主义杂志《社交界》撰稿。有诗集《爱情的迷宫》、小说《大学生的忏悔》等。

〔9〕 阿尔弗雷德·蒙贝尔特(Alfred Mombert,1872—1942),德国诗人、剧作家。生于卡尔斯鲁厄(Karlsruhe)。有抒情诗选《天上的酒徒》、戏剧三部曲《埃翁》等。

〔10〕 马克斯·雷格(Max Reger,1873—1916),德国作曲家、管风琴家,反对标题音乐,其管风琴作品《巴赫幻想曲和赋格曲》享誉世界,曾为斯蒂芬·茨威格的若干首诗歌谱曲。

〔11〕《泰晤士报》(*The Times*),创办于1785年。英国最著名的保守派日报,代表金融资本的利益。

〔12〕《时代报》的法语原文:*Temps*。

〔13〕 莫里茨·贝内迪克特(Moritz Benedikt,1849—1920),维也纳《新自由报》(*Neue Freie Presse*)发行人。

〔14〕 阿纳多尔·法朗士(Anatole France,1844—1924),法国作家、文艺评论家。1921年诺贝尔文学奖获得者。成名小说《希尔维斯特·波纳尔的罪行》,主要作品有小说《现代史话》四卷。

〔15〕 萧伯纳(George Bernard Shaw,1856—1950),英国戏剧家。生于爱尔兰,1876年移居伦敦。代表作有:《鳏夫的房产》、《巴巴拉少校》、《圣女贞德》、《苹果车》等。1925年诺贝尔文学奖获得者。

〔16〕《论坛报》的法语原文:*Journal des Débats*。

〔17〕 夏尔-奥古斯丁·圣伯夫(Charles-Augustin Sainte-Beuve,1804—1869),法国文学评论家,以其文学评论集《月曜日漫谈》和《新月曜日》著称。

〔18〕 路德维希·施派德尔(Ludwig Speidel,1830—1906),德语作家,文学评论家。

〔19〕 神示所(Orakel),古希腊神谕宣示所。按古代希腊人的观念,神示是神与人交往的手段之一。神示是通过祭司降谕,并由祭司做出解释。Orakel既表示神示本身,也表示降谕神示的地方(神示所),以后Orakel引申为传达神谕者和圣贤、哲人及圣言等。

〔20〕 特奥多尔·赫茨尔(Theodor Herzl,1860—1904),奥地利作家,维也纳《新自由报》副刊主编。犹太复国主义的思想倡导者。

〔21〕阿尔弗雷德·德雷福斯(Alfred Dreyfus, 1859—1935),法国军官,出身于犹太中产阶级,1894年任法军总参谋部大尉,由于所谓把军事秘密出卖给德国而被控,史称"德雷福斯事件",这是法兰西第三共和国政府为摆脱内政危机而蓄意制造的一起排犹阴谋。德雷富斯的冤案于1906年得到平反。

〔22〕圣·斯特凡大教堂简称斯特凡大教堂(Stefansdom),是维也纳基督教主教堂。

〔23〕忒耳西忒斯(Tersites),荷马史诗中的人物,希腊联军中最丑陋者,多言而好斗,后被阿喀琉斯所杀。这是一个善于暗喻、说话尖刻的人物。斯蒂芬·茨威格著有三幕诗体悲剧《忒耳西忒斯》。参阅本书第六章《我的曲折道路》注〔19〕。

〔24〕卡尔·克劳斯(Karl Kraus, 1874—1936),奥地利作家,以尖锐讽刺社会的批评家而著名,曾任维也纳《新自由报》文学评论员。在维也纳备受争议,对纳粹统治持坚决反对态度,在含恨沉默中度过晚年。撰有剧本《人类的末日》、《拭目以待》等;诗集《箴言诗》、《时代的诗篇》等均为哲理性抒情诗和讽刺诗。

〔25〕锡安山(Zion),被希伯来人称为圣山,因位于耶路撒冷,故转喻为耶路撒冷城。犹太复国(Zionismus)由锡安山(Zion)派生而来。

〔26〕弥赛亚(Messiah),原是希伯来语māshiah的音译,意为"受膏者"(古犹太人在受封为王者的额上涂敷膏油),指上帝派遣的使者,也是犹太人想象中的"复国救主";基督教产生后借用此说,声称耶稣就是弥赛亚,但已不是犹太人的"复国救主";而是"救世主",凡信奉救世主的人,灵魂可得到拯救,升入天堂。著名音乐家亨德尔作有清唱剧《弥赛亚》。

〔27〕据有关斯蒂芬·茨威格传记文献记载,茨威格和《新自由报》副刊主编特奥多尔·赫茨尔(Theodor Herzl, 1860—1904)首次见面是在1902年初,恐斯蒂芬·茨威格此处记忆有误。

〔28〕贝都因人,在阿拉伯半岛和北非沙漠地区从事游牧的民族。

〔29〕1902年初,斯蒂芬·茨威格首次造访维也纳《新自由报》副刊编辑特奥多尔·赫茨尔,不久,该报副刊于1902年4月11日登出斯蒂芬·茨威格的短篇小说《出游》(*Die Wanderung*)。这是斯蒂

芬·茨威格的小说首次面世。《出游》的故事情节是：在一个名叫犹塔斯的小地方有一个英俊青年，他朝思暮想，盼望能亲眼目睹传说中救世主的真貌。一天夜里，他从睡梦中醒来，觉得救世主似乎要见他，于是立刻穿好衣服，拿起一根手杖，没有和任何人打招呼，独自一人在月光下向圣城耶路撒冷走去。第二天中午烈日高照。他已走得精疲力竭、头脑发昏，勉强走到一户人家门前，乞求开门的女人给他一杯水喝，随后就倒在门槛上昏迷过去。当他重新清醒时，他发觉自己是睡在一个叙利亚女人的家中。女人还相当年轻，自称是一个罗马军团百人长的妻子。她说，是她丈夫把她从自己的家乡带到耶路撒冷城郊来的，而这里的生活单调无趣。她说，她丈夫今天要在耶路撒冷城里待一天，因为罗马皇帝任命的犹太人国总督彼拉多今天下令要处死三个罪犯。女人在餐室款待这个英俊青年，一边谈笑，一边眉目传情，酷热和浓酒终于使青年情欲勃发而不能自持。当她把自己的脸贴近他的脸时，英俊青年一下子把她搂到自己怀里，狂热地吻她。她没有抗拒……青年忘却了自己想要目睹救世主真貌的神圣愿望而沉醉于搂抱的女人。直到傍晚时分，青年才从陶醉中苏醒，急急忙忙拿起手杖，没有向女人道谢，默默地重又直奔耶路撒冷……他看到了晚霞中的耶路撒冷城墙和塔楼……他没有停止脚步。直至城郊的一座低矮的小山丘（实为处死耶稣的髑髅地），他停住了脚步。他看到围观的人群和小山丘上矗立着三个十字架。青年继续向耶路撒冷城走去。路上空无一人。忽然，一个陌生人向青年迎面走来，陌生人神色紧张、脚步慌乱。青年问陌生人：这里发生了什么？陌生人倏地背转身去，气急败坏地狂奔起来……青年似乎觉得，这陌生人不就是加略人犹大吗？可是不明白，陌生人怎么会有这样一副奇怪的表情。青年继续向前走，他又一次向小山丘投去一瞥，朝三个被钉在十字架上的人望去，最后看到中间的那一个，不过无法看清楚脸。青年径直向耶路撒冷走去，要去目睹救世主的真貌……（其实，青年已看到过救世主——耶稣的真貌，因为小山丘上矗立着三个十字架，中间一个被钉在十字架上的就是耶稣，只是他自己不知道而已）。小说的故事情节并不复杂，但笼罩着神秘色彩。

〔30〕 维克托·阿德勒（Victor Adler，1852—1918），奥地利社会民主党创建人。

〔31〕 特奥多尔·赫茨尔于1904年7月3日去世，享年44岁。

〔32〕 珀西·比希·雪莱（Percy Bysshe Shelley，1792—1822），英国著名浪漫派诗人，其著名诗篇《西风颂》流传千古，诗中的名句是："冬天来了，春天还会远吗？"

〔33〕 此处的便雅悯（Benjamin）是《圣经·旧约·创世记》35：22中的人物，是雅各和拉结所生的两个儿子：长子约瑟（Joseph）和次子便雅悯（Benjamin）。茨威格的父母也生有两个儿子：长子阿尔弗雷德·茨威格（Alfred Zweig，1879年10月13日出生）和次子斯蒂芬·茨威格，故此处的便雅悯是斯蒂芬·茨威格的自喻。

〔34〕 斯蒂芬·茨威格于1902年秋至1903年夏在柏林大学注册一学期。

〔35〕 德意志帝国成立于1871年，此处恐茨威格记忆有误。

〔36〕 施普雷河（die Spree），一条流经柏林市区的河流。

〔37〕 指威廉二世（Wilhelm Ⅱ.，1859—1941），1888—1918年任普鲁士国王兼德意志帝国皇帝。

〔38〕 奥托·布拉姆（Otto Brahm，1856—1912），柏林的戏剧评论家。曾任柏林德意志剧院院长、莱辛剧院院长、《自由舞台》（*Freie Bühne*）刊物（1889）创建人之一。曾为格哈特·豪普特曼的德国自然主义的戏剧和易卜生的批判社会的戏剧在德国上演做出过贡献。

〔39〕 马克斯·赖因哈特（Max Reinhardt，1873—1943），奥地利著名话剧演员。1900年，27岁的他开始任柏林德意志剧院院长。1924年返回维也纳任导演。参阅本书第一章《太平世界》注〔82〕。

〔40〕 维尔默村（Wilmersdorf）、尼古拉湖（Nikolassee）、施特格利茨（Steglitz），均为柏林郊区小镇，今全都有地铁或城铁交通和柏林市中心相连。

〔41〕 菩提树下大街（Unter den Linden），柏林最长、最宽、最美的一条主要大街，穿过勃兰登堡门（Brandenburgtor）。洪堡大学就在这条大街。

〔42〕 阿姆格拉本大街（am Graben），是维也纳市中心一条繁华大街（Korso）。

〔43〕 弗里德里希大帝（Friedrich der Große，旧译：腓特烈大帝）是指

普鲁士国王兼德意志帝国皇帝弗里德里希二世（Friedrich Ⅱ.，旧译：腓特烈二世，1712—1786，1740—1786年在位）。

〔44〕《波希米亚人的生活情景》（法语：*Scènes de la vie de Bohème*）是法国作家亨利·米尔热（Henri Murger，1881—1861）写的小说。尔后意大利著名歌剧作家贾科莫·普契尼（Giacomo Puccini，1858—1924）将此小说改编为四幕歌剧《波希米亚人》（此歌剧的另一中译名是《艺术家的生涯》，是普契尼的成名之作），剧情是：19世纪40年代，巴黎拉丁区的一间阁楼上住着一名诗人、一名音乐家、一名画家和一名哲学家。他们虽然穷困，但和衷共济，一有所得，共同享用。诗人和邻家少女咪咪相爱。咪咪得了肺病，病危时，众皆着急，四处谋食办药，诗人留守病人。当朋友们带着食物和药物回来时，咪咪已在诗人怀抱中气绝。波希米亚（德语：Böhmen）是欧洲中部一个区域的历史地名，今在捷克共和国的中部和西部。在大多数欧洲人眼里，波希米亚人性格浪漫、心地善良。参阅本书第一章《太平世界》注〔7〕。

〔45〕路德维希·雅可博夫斯基（Ludwig Jacobowski，1868—1900）德国作家、诗人、政论家。"新生代"社团（Die Kommenden）创始人。

〔46〕诺伦多尔夫广场：Nollendorfplatz。

〔47〕"紫丁香小园圃"社的法语是："Closerie des Lilas"。

〔48〕彼得·希勒（Peter Hille，1854—1904），德国诗人、小说家。出生于威斯特法伦的一个职员家庭。1891年后主要生活在柏林。思想上受尼采影响，创作上属于表现主义。擅长写描绘大自然和抒发感情的短诗。

〔49〕鲁道夫·施泰纳（Rudolf Steiner，1861—1925），德意志哲学家，创立人智学（1912），认为通过人的固有智能可以认识精神世界，根据其哲学和教育思想曾在世界各地创办各种智慧学校170余所。

〔50〕帕拉切尔苏斯（Paracelsus，1493—1541，原名Philippus Aureolus Theophrast Bombast von Hohenheim），中世纪瑞士地区的医生、自然科学研究家、炼金术家、哲学家、神学家。发现生命过程的化学基础并应用于医学，开发出多种化学新药，为近代医学的发展做出贡献。他在自己的哲学著作中把自然科学的医学思想和逍遥

学派（亚里士多德学派）、斯多葛学派（禁欲主义）、中世纪的神学以及神秘主义观念混合在一起，形成他自己的富有神秘色彩的生命学说（Archeus-Lehre）——他把人的生命分为两部分存在：一部分是看得见的尘世的肉体；另一部分是看不见的星空中的生命之魂。

〔51〕 多尔纳赫（Dornach），瑞士一市镇。

〔52〕 埃弗拉伊姆·莫舍·利林（Ephraim Mosche Lilien，1874—1925），犹太人画家，来自乌克兰西部古城德罗戈贝奇（Дрогобъьіч）。他当时为斯蒂芬·茨威格设计了藏书签（Ex Libris 或 Exlibris，贴在书籍扉页上表明所有者姓名的书签），后来又为斯蒂芬·茨威格设计姓名起首字母交织图案（Monogramm，把姓名或商号名称的起首字母交织成图案状，用作信笺上的标记或商标）。

〔53〕《卡拉马佐夫兄弟》是俄罗斯作家陀思妥耶夫斯基最后一部长篇小说。

〔54〕 1901 年，斯蒂芬·茨威格的第一本诗集《银弦集》(*Silberne Saiten*) 在他进入大学后的第二年出版。1904 年，斯蒂芬·茨威格的第一本小说集《埃丽卡·埃瓦尔德之恋》(*Die Liebe der Erika Ewald*) 在他大学毕业后出版。1906 年，斯蒂芬·茨威格的第二本诗集《早年的花环》(*Die frühen Kränze*) 出版。参阅中译本《银弦集·早年的花环·新的旅程》，祝彦译，北京：华夏出版社，2000 年 1 月第 1 版。

〔55〕 威廉·莫里斯（William Morris，1834—1896），英国诗人、画家、工艺美术家，主要作品有诗集《地上乐园》（共三卷）、诗集《社会主义的诗歌》、随笔集《乌有乡消息》等。

〔56〕 夏尔·范莱贝格（Charles van Lerberghe，1861—1907），比利时象征主义诗人兼剧作家。

〔57〕 卡米耶·勒蒙尼耶（Camille Lemonnier，1884—1913），比利时法语小说家，成名作是长篇小说《男人》。

〔58〕 长篇小说《熟能生巧》的法语原文是：*Pour me faire la main*。

〔59〕 费尔南·克诺普夫（Fernand Khnopff，1858—1921），比利时象征主义画家和版画家。

〔60〕 罗普斯，参阅本书第二章《上个世纪的学校》注〔32〕。

〔61〕 康斯坦丁·麦尼埃（Constantin Meunier，1831—1905），比利时现实

主义雕塑家和画家,生于布鲁塞尔,主要描绘矿工和农民的劳动生活,有"雕塑家中的米勒"之称,雕塑代表作有《锤工》、《搬运工人》、《播种者》等,绘画代表作有《矿井》、《女仆的早饭》等。

〔62〕 乔治·米纳(George Minne, 1866—1941),比利时著名雕刻家和画家。

〔63〕 昂利·范·德·韦尔德(Henri van de Velde, 1863—1957),比利时建筑师和工艺美术家。

〔64〕 莫里斯·梅特林克(Maurice Maeterlinck, 1862—1949),比利时法语作家,1911年获诺贝尔文学奖,代表作有《青鸟》等。

〔65〕 乔治·埃克乌德(Georges Eekhoud, 1854—1927),比利时法语小说家、诗人、文艺评论家。

〔66〕 埃米尔·维尔哈伦(Émile Verhaeren, 1855—1916),比利时法语诗人、剧作家、文艺评论家。最初是象征派诗人,后来才注意广泛的社会问题。第一部诗集《佛兰德的女人》(1883),像佛兰德画派那样赞美尽情享乐;1886年发表诗集《修道士》,又鼓吹天主教的禁欲主义。1891年接近工人运动,发表了诗集《妄想的农村》、《奇迹般扩展的城市》等。1898年发表四幕剧《黎明》,描写民众和士兵的联合起义,预言社会主义必将胜利。五卷本诗集《整个佛兰德》(1904—1912)是给祖国比利时的献礼。一生赞美"普遍的友谊",向往"统一的欧洲"。

〔67〕 罗曼·罗兰(Romain Rolland, 1866—1944),法国著名作家,传世之作《约翰·克利斯朵夫》,1915年获诺贝尔文学奖

〔68〕 埃德蒙·罗斯唐(Edmond Rostand, 1868—1918),法国诗人、剧作家。以诗剧《西哈诺·德·贝热拉克》(1897)而成名,此剧是19世纪末最受欢迎的一出戏,在法国影响很大,使罗斯唐得到很高荣誉,并成为法兰西学院院士。剧本充满浪漫主义的艺术魅力。

〔69〕 这首诗的法语原文题目是 Admirezvous les uns les autres。

〔70〕 夏尔-皮埃尔·范·德·施塔彭(Charles-Pierre van der Stappen, 1843—1910),比利时雕塑家,晚期作品师法康斯坦丁·麦尼埃。

〔71〕 住在比利时和法国北部的佛兰德居民讲佛莱芒语。

〔72〕 维钦杰托列克斯(Vercingetorix,公元前82—前46年),公元前高卢地方的阿浮尔尼人,曾率领高卢人抵抗恺撒入侵。失败后,

为使高卢人免遭屠杀,他自愿被恺撒斩首。

〔73〕埃伦·凯伊(Ellen Key,1849—1926),瑞典著名女权运动活动家、作家和教育家。

〔74〕乔瓦尼·切纳(Giovanni Cena,1870—1917),意大利作家。

〔75〕约翰·博耶尔(Johan Bojer,1872—1959),挪威小说家和剧作家。

〔76〕格奥尔·勃兰兑斯(Georg Brandes,新译:格奥尔·布兰德斯,1842—1927),丹麦文艺评论家、文学史学家、作家。生于哥本哈根,属犹太人血统。著有传记《歌德传》、《伏尔泰传》、《尤利乌斯·恺撒传》、《米开朗琪罗传》等;其传世名著《十九世纪文学主流》共六卷,包括《流亡者的文学》、《德国浪漫派》、《法国文学的反动》、《英国的自然主义》、《法国的浪漫派》、《青年德意志》。他提倡作家应关心现实的社会问题,反对浪漫派脱离实际的倾向,推动了欧洲现实主义文学的发展。

〔77〕亚历山大·莫伊西(Alexander Moissi,1880—1935),奥地利著名男演员,意大利人后裔,1906年参加马克斯·赖因哈特领导的剧团。

〔78〕维尔哈伦不仅是诗人,而且也是一位剧作家,《修道院》是他于1900年创作的反教权主义的心理剧。

〔79〕埃尔温·吉多·科尔本海伊尔(Erwin Guido Kolbenheyer,1878—1962),德语随笔作家、剧作家、诗人,后成为纳粹文人。

第五章　巴黎，永葆青春的城市

在我获得自由——大学毕业后的第一年，我送给自己的一件礼物是去巴黎旅游。早年，我曾两次匆匆到过巴黎，对这座异常繁华的城市仅有粗浅的了解。但我知道，谁年轻时在哪里生活过一年，他就会一辈子对那里怀有一种莫大的幸福回忆。任何一个地方都没有像巴黎那样有一种使人处处感到青春活力的氛围。人人都有这种感觉，但谁也没有去探个究竟。

我今天知道，我青年时代生活过的那个令人轻松愉快、喜气洋洋的巴黎如今已不复存在。自从希特勒的铁蹄踏上巴黎以来，那种在巴黎令人赞叹的怡然自得也许已一去不复返。当我此刻开始写这几行字的时候，德国军队、德国坦克正像灰色的蚂蚁一般涌向巴黎，要彻底破坏这座和谐的城市，破坏这座城市永不凋谢的繁荣，破坏这座城市的融洽、欢乐和色彩斑斓的生活。现在出现的局面是："卐"字旗在埃菲尔铁塔上飘扬；身穿黑衫的冲锋队正在穿过当年拿破仑修建的香榭丽舍大道进行挑衅性的阅兵。我从遥远的地方同样可以感觉到,当占领者的翻口皮靴践踏巴黎市民的那些舒适的酒吧和咖啡馆时,那些从前好心肠的市民们将会怎样流露出屈辱的目光,屋子里的人将会怎样胆战心惊。我自己的任何不幸似乎也没有像这座城市所受到的侮辱那样使我如此震颤和沮丧,因为没有一座城市有像巴黎这样具备一种天赋的本领:能使任何一个与巴黎接近的人感到欢欣。巴黎曾给予我们最睿智的学说、最杰出的榜样,同时巴黎又给每一个人开辟了自由和创造的天地,使每一个人在美的享受方面越来越丰富——难道巴黎今后还能把这一切赐予我们的后代吗?

我知道,我明白,今天不光是巴黎遭受苦难;第一次世界大战前的欧洲所展示的那一番和平景象在今后几十年内都不会重现。自从第一次世界大战以来,某种阴影再也没有在一度十分光明的欧洲地平线上完全消失过。国与国之间、人与人之间的怨恨和不信任就像消耗体力的毒素继续滞留在残疾的肌体之中。尽管两次世界大战之间的二十五年给社会和科学技术带来了长足的进步,但就各个国家而言,在我们这个小小的西方世界,没有一个国家不曾失去自己过去的许多生活情趣和悠然自得。早先,意大利人即使在极度的贫困之中也会像孩子似的高兴和相互充满信任;他们又笑又唱,调侃当时糟糕的"政府"——我可以用几天的时间来描述这方面的情形。可是意大利人现在却不得不昂着头,怀着快快不乐的心情忧郁地迈着行军的步伐。昔日的奥地利在一片友善氛围之中,一切都显得自由自在、漫不经心,奥地利人一味虔诚地信赖自己的皇帝和信赖赐予他们如此安逸生活的天主,难道人们今天还能设想这样一个奥地利吗?今天的俄罗斯人、德意志人、西班牙人,他们都不再知道:"国家"——这个残忍的饕餮怪物从他们心灵最深处的骨髓里吸走了多少自由与欢乐呀。今天的各国民众只感到一片巨大的、浓重的阴影笼罩着他们的生活。然而我们这些尚能见识过个性自由的世界的人却知道,并且能够作证:昔日的欧洲曾无忧无虑地过着万花筒式的愉快生活。而我们今天却不得不为生活心惊胆战:我们今天这个世界由于自相残杀的狂热竟变得如此暗无天日,奴役和监禁比比皆是。

话又说回来,我当时觉得,能愉快地感到生活逍遥自在的地方莫过于巴黎。巴黎由其美丽的市容与温和宜人的气候,由于其财富与传统,足可以让人们生活得逍遥自在。当年,我们这些年轻人中的每一个人都在那里享受各种逍遥自在,反过来说,我们又把自己的逍遥自在增添到巴黎身上。无论是中国人、斯堪的纳维亚人、西班牙人、希腊人、巴西人还是加拿大人,都会感到在塞纳河[1]畔就像在自己家里一样。在巴黎没有任何强制,人们可以按照自己的意愿说话、思想、欢笑、咒骂。你喜欢怎样生活就怎样生活,你可以合群也可以独身自处,你可以阔绰也可以节俭,你可以奢华也可以像波希米亚人似的简朴。巴黎为每一种特殊需要都留有余地,考虑到各种可能性。那里有豪华的餐厅,备有各种美味佳肴和两三百法郎的各种葡萄酒;还有在马伦哥年代和滑铁卢年代[2]酿造的非常昂贵的法国康亚克酒[3]。不过,在旁边拐角的任何一家经济实惠的小饭馆里,你也可以吃到几乎同样丰盛的饭菜,同样可以痛饮。在拉丁区[4]的十分拥挤的大学生餐厅里,你在食用卤汁煎牛排之前或之后，花上几个硬币就可以尝到美味小吃，而且还可以喝到红葡萄酒或白葡萄酒，吃上一个木根形状的精美法式白面包。在穿戴方面，每个人都可以按照自己的爱好打扮。大学生们头戴标致的四角帽在圣米歇尔林荫大道上溜达；那些拙劣的"画匠们"也戴这种四角帽；不过真正的画家们却很注意打扮：头上戴的是宽边大礼帽，身上穿的是具有浪漫色彩的黑色丝绒夹克；工人们穿着蓝色上衣或者衬衫，悠然自得地在最幽雅的林荫道上漫步；保姆们戴着宽大褶裥的布列塔尼人[5]的便帽；调酒师们系着蓝色围裙。午夜之后，就会有几对年轻人开始在大街上跳舞，而警察则在旁边笑着观望；这时，任何人都可以在大街上干自己的事！当然，那一天未必就是法国国庆七月十四日。在巴黎，谁也不会在别人面前感到不自在；非常漂亮的姑娘和一个黑皮肤的黑人或者和一个眼睛细长的中国人挎着胳膊走进最近的一家小旅馆时一点也不会感到难为情。在巴黎，谁会去关心什么种族、阶层、出身呢？——只是到了后来，这些事才被吹嘘成吓唬人的隔阂。当时，谁都可以和自己喜欢的男人或者女人一起散步、聊天、同居。他人的事和自己又有什么相干呢。不过，谁想真正爱上巴黎，他得先好好了解一下柏林。他得先带着自己那种经过痛苦磨炼的、僵硬的等级观念去体验一下那种心甘情愿的德国奴性。在德国，一个军官夫人不会和一个教师的妻子"来往"，这个教师的妻子不会和一个商人的太太"来往"，这个商人的太太不会和一个工人的老婆"来往"。可是在巴黎，法国大革命[6]的遗风犹存。一个无产者工人觉得自己和他的雇主一样，是一个自由和举足轻重的公民。一个饭店服务员会在咖啡馆里和一个穿金丝边军服的将军像同事般的握手。勤劳、规矩、爱干净的小市民主妇们对同一条楼道里的一个妓女不仅不会嗤之以鼻，反而会时常在楼梯上和她闲聊，她们的孩子还会给这个妓女赠送鲜花呢。有一次，我亲眼目睹一群诺曼底[7]的有钱农民在参加洗礼之后走进一家高级餐馆——玛德莲教堂附近的拉律餐馆。他们穿着笨重的鞋，踩在地上像马蹄似的"噔噔"直响，穿一身自己老家的服装，头发上涂着一层厚厚的发油，连厨房里的人都可以闻到香味。他们高声谈话，而且酒喝得越多嗓门越大。他们一边放声大笑，一边肆无忌惮地轻拍自己胖女人的臀部。他们身为真正的农民，坐在身穿漂亮的燕尾服和浓妆艳抹的人群之间，却一点也不感到拘束。再者，那个胡子刮得非常光亮的服务员也不会对他们嗤之以鼻，而是以对待部长们或者阁下们的同样礼貌和同样周到侍候他们。要是在德国或者在英国，服务员对这些如此乡下气的顾客早就用鼻子哼气了。巴黎的梅特尔大饭店甚至会把以特别的热情迎接这些不拘小节的顾客当作一种乐趣呢。巴黎人只知道对立的事物可以并存，而不知道什么上等和下等。繁华的大街和肮脏的小巷之间没有明显的界线，到处都是一样的热闹和欢乐。卖唱艺人会在郊区的农家庭院演奏乐曲，人们会听到从窗外传来年轻女缝工一边干活一边唱歌的声音；空气中不时飘荡着欢笑声或亲切的呼唤声。当两个马车夫偶尔发生了"口角"，他们事后仍然会握手言好，一起喝上一杯葡萄酒，吃几个非常廉价的牡蛎。在巴黎没有什么棘手的事或者头痛的事。和女人的关系容易搭上也容易脱离。每个姑娘都会找到一个和自己般配的男人，每个小伙子都可以找到一个对两性关系比较开放的活泼女友。是呀，如果你想生活得轻松愉快，那么你最好去巴黎，尤其是当你年轻的时候！光是在巴黎东游西逛就已经是一种乐趣，同时也始终像在给你上课，因为所有的一切都向每个人开放：你可以走进一家旧书店，浏览一刻钟旧书，店主人不会发出怨言和嘀咕。你可以去几家小型画廊。你可以在旧货商店里磨磨蹭蹭挑选一切。你可以在德鲁奥特大饭店[8]依靠拍卖过寄生生活。你可以在庭园里和女管家闲聊。倘若你在大街上闲逛，街道两旁的新产品和新面貌会像磁铁似的吸引你，使你眼花缭乱，流连忘返。当你走累了的时候，你可以在上千家咖啡馆中找一家有平台的地方坐下，在免费提供的纸张上写信，一边听小贩们叫卖那些过剩的和滞销的劣等品。尤其是当春暖花开之际，阳光明媚，塞纳河上波光粼粼，林荫道上的树木吐出新绿，年轻的姑娘们每人都戴着一小束用一个硬币买来的紫罗兰，这时候你就很难待在家里或者从街上往回家的路上走了；不过，你要想在巴黎生活得心情愉快，也确实不一定非要在春天不可。

在我初到巴黎的那一会儿，这座城市还没有像今天似的借助地下铁道和各种汽车把自己联结成一个密不可分的整体。在当时，主要的交通工具是由浑身冒着热气、肥壮的马匹牵拉的厢式豪华马车。诚然，从这类宽敞的豪华马车的第二层上，即从车顶的座位上，或者从同样不是急驶的敞篷马车上观光巴黎，是再方便不过的了。不过，这样的话，想从蒙马特到蒙巴纳斯[9]去一趟，便是一次小小的旅行了。因此，我觉得那些关于巴黎小市民十分节俭的传闻是完全可信的。那些传闻说：有一些住在塞纳河左岸的巴黎人却从未到过塞纳河的右岸；有一些孩子只在卢森堡公园玩过，却从未见过图勒里公园和蒙梭公园。一个真正的巴黎市民或者看门人最喜欢蛰居在家，待在自己的小圈子里；他会在大巴黎的天地中为自己营造一个小巴黎。而且巴黎的每一个区域都有自己的明显特点，甚至有不同的乡土色彩。所以对一个外地人来说，选择何处下榻要费一番脑筋才能下决心。拉丁区对现在的我已不再有吸引力了。可是在我二十岁那年到巴黎作短暂逗留时，我一下火车就直奔拉丁区。当天晚上，我就已经坐在瓦歇特咖啡馆里了，并且恭恭敬敬地请别人指给我看魏尔兰曾经坐过的座位和他醉酒时常用自己粗实的手杖怒气冲冲敲打的那张大理石桌子，我这样做的目的无非是为了给我自己增加一些体面。为了向魏尔兰表示尊敬，我这个不喝酒的诗坛小兵还曾喝了一杯苦艾酒呢，尽管我觉得那种发绿的蹩脚酒一点都不可口。不过，我觉得作为一个景仰前辈的年轻人，我有义务在拉丁区里遵守法国抒情诗人们的这种礼仪。按照当年的风尚，我最好住在索邦区[10]的一间六层楼的阁楼里，以便能比我从书上更真实地领略拉丁区的"真正"大学生活情调。而我这一次来巴黎时已二十五岁，我不再觉得拉丁区既显得十分古朴又富有浪漫色彩，我反而觉得这个大学生居住区太国际化和太没有巴黎味。再说，我替自己选择一处长久的住所，首先考虑的已不再是那种文人的怀古情绪，而是要尽可能有利于我自己的工作。于是我十分经心地四处寻找。我觉得，从有利于学习和创作这一点讲，繁华的巴黎市中心和香榭丽舍大道根本不合适，和平咖啡馆附近一带就更不合适——因为所有那些来自巴尔干半岛的有钱的外地人都在和平咖啡馆聚会，除侍者外，没有一个人说法语。倒是教堂和修道院林立的圣绪尔比斯教堂周围的清静地区对我有吸引力，里尔克和苏亚雷斯[11]也曾喜欢在那里居住；就我的愿望而言，我最希望在联结塞纳河两岸的圣路易河心岛上找到住所。但是在我第一个星期的散步之中，我找到了一处更美的地方。当我在罗亚尔宫的画廊里溜达时，我发现，由"平等"公爵[12]于十八世纪建造的这座高雅官邸在当年千篇一律的一大片建筑群中犹如鹤立鸡群——现在已降为一家颇为简陋的向公众开放的旅馆。我让人给我看了看里边的一间房，我十分惊喜地发现，从房间的窗户望出去，正好看到罗亚尔宫的花园，在徐徐降临的暮色中花园已变成模模糊糊的一片。城市的喧嚣在这里也只能隐隐约约听见，宛如远处海岸的波涛有节奏的拍击声。塑像在月光下闪耀着清辉；而清晨的微风有时会把附近"厅堂"里的浓郁的菜香味吹来。在罗亚尔宫的这座具有历史意义的四方形建筑中曾居住过十八世纪和十九世纪的诗人和政治家们。在罗亚尔宫的街对面是那幢马塞利娜·德博尔德-瓦尔莫[13]居住过的房子，巴尔扎克和维克托·雨果[14]曾经常在这幢房子里登上成百级的狭窄楼梯，到阁楼上去造访这位我也非常喜爱的女诗人。罗亚尔宫曾经是卡米耶·德穆兰[15]号召法国民众向巴士底狱进攻的地方，那里的大理石如今依然闪耀着冷峻的光芒；罗亚尔宫里那条铺着地毯的过道曾经是一群并不十分崇尚伦理的贵妇们悠闲地来回走动的地方，当年那个不起眼的小小少尉波拿巴曾在这群贵妇人中间寻找过自己的那位女恩人[16]——那里的每一块石头都叙述着法国的历史。再则,和罗亚尔宫只隔着一条街的地方便是国家图书馆,我可以在那里度过整个上午。藏有绘画的卢浮宫博物院和人群川流不息的林荫大道也都离罗亚尔宫不远。我终于住进那个最合我心意的地方——当时已成为旅馆的罗亚尔宫。几个世纪以来那里是法国的脉搏、巴黎的心脏。我今天还记得安德烈·纪德[17]有一次来看我的情景。他对巴黎的市中心竟会如此清静而感到惊讶,他说:"我们自己这座城市最美的地方非得由外国人来向我们指出才是。"说真的,在这座世界上最繁华的城市的最热闹的市中心,我除了租下这一间富于浪漫色彩的罗亚尔宫旅馆的一间房当作书斋外,我也无法找到另一处既具有巴黎风情同时又非常僻静的地方了。

当时,我急不可待地在大街上四处溜达,观看许多事物,寻找许多事物!因为我不仅要亲身体验一九〇四年的巴黎,而且要用自己的全部感官、用自己的心灵去体验亨利四世[18]、路易十四[19]、拿破仑和法国大革命时的巴黎,要了解雷蒂夫·德·拉布勒托内[20]、巴尔扎克、左拉和夏尔-路易·菲利普[21]的巴黎,要熟悉巴黎的所有街道、人物和事件。诚如我在法国始终感受到的那样,我在巴黎也深切感受到:一种伟大的写实文学是怎样以经久不衰的魅力长存于民间。因为在我亲眼目睹巴黎的一切以前,这一切早已通过诗人们、小说家们、历史学家们、风俗画家们的描绘艺术事先在我的心目中变得十分熟悉,只不过在实际接触中显得更加形象生动罢了。肉眼的观察原本就是把似曾相识的事物"重新认出来",就像希腊悲剧的剧中人重新认出自己亲朋的剧情一样。正如亚里士多德[22]所赞誉的：亲眼目睹的观察在一切艺术享受中最富于魅力和最引人入胜。不过，话又说回来：要想了解一个国家的民众或者一座城市最关键和最隐秘之处，绝不是通过书本，也绝不是通过整天四处游逛本身，而是始终只能通过和这个国家的最优秀人物之间的友谊。唯有和这个国家活着的人们在思想上建立友谊，方能从中了解到这个国家的民众和他们生活的土地之间的真正联系；从外部观察到的一切往往是一幅不真实的粗略图像。

我拥有这样一种友谊。其中，我和莱昂·巴扎尔热特[23]的友谊最为深厚。由于我和维尔哈伦的密切关系——我每周都要到圣克卢去看望他两次，因而我就不必像大多数外国人那样陷入到那个由国际画家和文人们所组成的华而不实的小圈子里去。那些画家和文人一般都在"大教堂咖啡馆"聚会；其实，这样的人群到处都有，例如在慕尼黑、罗马和柏林。而我不必像他们一样在咖啡馆聚会，我可以和维尔哈伦一起去看望另一些画家和诗人。他们身居这座灯红酒绿、喧嚣城市的中心区，但每人都生活在自己创造的静谧之中，就像住在一个孤岛上一样，埋头创作。我还见到过雷诺阿[24]的美术创作室和他的学生中的佼佼者。这些印象派画家们的作品今天价值数万美元，但他们当时的生活，从外表上看，却和一个小市民的生活以及和一个领取养老金者的生活并没有什么两样。他们不像慕尼黑的伦巴赫[25]和其他一些著名画家那样讲"排场"：以自己仿造庞贝[26]式样的豪华别墅来炫耀。巴黎的画家们只有一幢备有一间美术创作室的小房子。巴黎的诗人们的生活也和画家们一样简朴。我不久就和他们十分熟悉。他们大多数人都有一个小官职，但工作不多。在法国，从上到下对从事文学艺术工作都非常尊重，于是多年来就形成了这样一种聪明的办法：给那些从自己的工作中得不到高收入的诗人和作家们一些不惹人注意的清闲差使做做，例如，聘用他们当海军部或者参议院的图书馆员。那是一份薪俸不多而又十分清闲的差使。因为参议员们只是在极难得的情况下才去借一本书，所以，占有这样一个闲职的幸运者就可以在那幢别具一格的古老的参议院大厦里利用工作时间写他自己的诗。窗外是卢森堡公园，室内又安静又舒适，而且不必为稿费着忙，因为这种虽然不多的稳定收入对他们来说已经足够了。另外一些诗人，有的身兼医生，像后来的杜亚美[27]和迪尔坦[28]；有的开一爿小小的图画商店，像夏尔·维尔德拉克[29]；有的当中学教师，像朱尔·罗曼[30]和让-里夏尔·布洛克[31]；有的在哈瓦斯通讯社[32]坐着混时间，像保罗·瓦莱里[33]；有的帮助出版商干点事。但是没有一个人有像他们后辈似的自命不凡；他们的后辈全被电影和大量的印数给毁了：刚一崭露艺术的锋芒，就立刻想过一种随心所欲的生活。而他们之前的那些诗人们却不慕虚荣：他们之所以从事这些偶然得到的卑微的分外职业，无非是想使自己的物质生活略有保障，以维护他们精神劳动的独立性。因为有了这样一种生活保障，他们就能够不去理睬腐败的巴黎大报纸；他们就能够为自己的小杂志写文章而不取任何稿酬——维持这些小杂志总是要做出个人牺牲的；他们就能够平心静气地接受这样的事实：他们的剧本只在文学家圈内的小剧场里演出；他们的名字起初只被少数人所知。无论是克洛代尔[34]、佩吉[35]、罗曼·罗兰,还是苏亚雷斯、瓦莱里,在数十年间也只有极少数的文学中坚分子才知道。他们是繁华的闹市区里唯一从容不迫的人。为了能在艺术方面进行自由和大胆的思考,对他们来说,默默无闻地生活,为一群远离"闹市区"的安静的人们静悄悄地工作,比出尽风头更为重要。他们甘愿过一种淡泊的小康生活而并不感到羞涩。他们的妻子自己下厨和操持家务。晚上朋友们聚会时,招待都很简单,因而显得更加亲切。大家围着一张上面马马虎虎铺了一块花格台布的桌子,坐在廉价的草编椅子上。房间里的陈设并不比同一层楼里的那个装配工阔气,然而大家都觉得自由自在、无拘无束。他们没有电话、没有打字机、没有秘书。他们避免使用一切机械器具,就像他们不愿使自己成为宣传机器的工具一样。他们像一千年以前似的用手写书。即使是像"法国梅居尔"[36]这样的大出版社也不采用口授打字,没有复杂的器具。他们不追求外表,不为追求名望和排场而浪费时间和精力。所有这样一些年轻的法国诗人们和整个法兰西民族一样,怀着对生的乐趣而生活着,诚然,是以他们最高尚的形式生活着,即怀着对写作的无限喜悦而生活着。我新结交的这样一些朋友以他们的清廉大大修正了我心目中的法国诗人的形象。他们的生活方式完全不同于布尔热[37]以及其他一些著名的时代小说家们[38]在作品中所描绘的生活方式,后一类作家以为"沙龙"就是整个世界!我以前在奥地利曾从读物上得到过这样的印象:一个法国女人无非是一个只知道照镜子的交际花,脑子里想的尽是情爱和挥霍。可是法国诗人们的妻子却完全纠正了我的这种问心有愧的错误印象。她们勤俭持家、谦虚朴素,即便是在最拮据的情况下,也能像变魔术似的在小炉灶上创造小小的奇迹;她们精心照料孩子,并且在一切文学艺术方面又和自己的丈夫心心相印,我从未见过有比她们更贤惠、更娴静的主妇!只有作为朋友和同行——在那个圈子里生活过的人——才会了解真正的法国人。

莱昂·巴扎尔热特是我朋友们的朋友,他的名字在法国新文学的大多数著作中被不公正地遗忘了。可是他在那一代诗人中却具有特别重要的意义,因为是他把自己充沛的精力毫无保留地倾注在翻译外国作品上,从而为他所喜爱的外国诗人奉献出自己的全部风茂年华。我在他这个天生的"同道"身上看到了一个活生生的自我牺牲者的卓绝典范。他是真正的献身者。他认为自己毕生的唯一任务就是:帮助他的那个时代最重要和有价值的作品发挥作用,而他自己却从未作为那些重要作品的发现者和推广者而享受应得的荣耀。他的满腔热忱完全是由他的思想觉悟自然促成。他看上去颇有一点军人气质,尽管他是一个积极的反军国主义者。和他交往可以感受到一个真正战友的那种诚挚。他在任何时候都乐于助人,给人当参谋;待人一贯诚恳;办事像钟表一样准时;他对别人遇到的一切都很关心,但却从不考虑自己个人的好处。为了朋友,他从不吝惜自己的时间和精力。世界各地都有他的朋友,但为数不多,而且有所选择。他用十年时间翻译了惠特曼的全部诗歌,并且写了一部关于惠特曼的丰碑式的传记,以便让法国人了解这位诗人。他用惠特曼这样一个热爱世界的自由人作榜样，引导国人的思想眼光越出国界，使自己的同胞变得更刚毅、更团结，这已成为他毕生奋斗的目标，即：一个最优秀的法国人同时也是一个最热忱的反民粹主义者。

我们很快就成了情投意合、亲如兄弟的朋友，因为我们两人的思想都不是只想到自己的国家，因为我们喜爱外国的作品，愿意为介绍外国作品献身而不谋求任何实惠的好处，因为我们两人都把思想自由视为生活中最最重要的事。我从他身上第一次了解到那个"帷幕后面"的法国。当我后来在罗曼·罗兰的《约翰·克利斯朵夫》一书中读到，奥里维[39]是怎样不认同那位德意志人约翰·克利斯朵夫时，我仿佛觉得，书中的描写简直就是我和莱昂·巴扎尔热特之间的亲身经历。那就是我们之间的友谊始终遇到一个棘手的问题，而其产生的顽强阻力在通常情况下必然会妨碍两个作家之间诚挚、融洽的关系。这个棘手的问题是：巴扎尔热特以他惊人的坦率态度决定不接受我当时写作的一切。不过，我觉得这正是我们的友谊中最美好也是我最难以忘怀的一点。他赞赏我本人，并对我为翻译维尔哈伦的作品所作的贡献怀有最深切的感激之心和敬意。每逢我到巴黎，他总是诚心诚意地到火车站来接我，总是第一个和我打招呼、向我表示欢迎的人。凡是他能帮助我的地方，他都愿意尽力。在一切关键性的事情上，我们都是看法一致，关系之融洽胜似通常的兄弟。但是他对我自己当时的作品却抱一种坚决否定的态度。他是在亨利·吉尔博[40]（此人后来在第一次世界大战中曾作为列宁[41]的朋友，扮演过重要角色）的翻译作品中初次读到我的诗歌和小说的，然而他却直言不讳地表示不赞赏我的作品。他毫不留情地指摘说,我的所有那些作品都和现实没有丝毫关系,完全是一种(他最憎恶的)玄奥文学;他还说,他之所以生气,是因为那些作品恰恰是我写的。他为人一贯耿直,从不迁就,也不讲什么情面。比如说,当他负责一家杂志时,他曾要求我给予帮助——所谓帮助,是指他曾要求我替他从德语作家中物色一些能干的撰稿人,即替他从德语作家中组约一些比我自己的文稿更好的稿件。至于对我这个他最亲近的朋友本人,却从未要求写一行字,也不打算发表一行字。虽然与此同时他在为一家出版社校订我的一本书的法译本——而他这样做,是没有任何稿酬的,完全是一种出于真诚友谊的牺牲。尽管我们之间的关系这样怪异,但那种情同手足的友谊在十年时间里却从未削弱过,这使我更加觉得我们之间友谊的特别可贵。后来,当我在第一次世界大战期间宣布我早年的作品一概作废,并使自己的新作终于达到一种具有个性的思想内容和形式时,恰恰是巴扎尔热特对我的赞许使我分外高兴,因为我知道他对我的新作品的肯定完全是真诚的,就像他在此前的十年里对我的作品直率地表示否定一样。

我在这里还要提到赖纳·玛利亚·里尔克这个尊贵的名字。虽然他是一位德语诗人,但我却在回忆巴黎生活的这一页中提到他,这是因为我在巴黎时和他见面次数最多,和他关系最好,是因为他比其他许多人更爱巴黎;我仿佛看到在构成巴黎这座城市背景的古老人物的肖像中,他的容貌尤其突出。当我今天回想起他和其他一些对语言艺术有着千锤百炼之功的大师们时,即当我回想起曾像不可企及的星汉照耀过我青年时代的那些可尊敬的名字时,我的心中不禁产生这样一个令人悲哀的问题:在我们今天这个动荡不堪和普遍惊慌失措的时代,难道还有可能再次出现当时那样一些专心致志于抒情诗创作的单纯诗人吗?我今天怀着爱戴的心情不胜惋惜的那一代诗人,难道不是再也无处可寻觅了吗?——在我们今天这些被各种命运的风暴搅得十分混乱的日子里,那一代的诗人们是后继无人了。那些诗人们不贪图任何表面的生活,他们不是凡夫俗子,他们不羡慕荣誉、头衔、实利;他们所追求的无非是在安静的环境中搜索枯肠,把一节一节的诗句完美地联结起来,让每一行诗都富于音乐感,光彩夺目,诗意浓郁。他们所形成的社会圈子在我们日常的尘嚣生活中简直像是一群隐修的教士。他们故意疏远日常生活。在他们看来,天底下最重要的莫过于那些柔美的,然而比时代的轰隆声更富有生命力的音响;当一个韵脚和另一个韵脚搭配得非常妥帖时,一种无法形容的动人情感便会油然而生,这种动人的情感虽然比一片树叶在风中落下来的声音还要轻,但却能以自己的回响触及最深邃的心灵。话又说回来,尽管他们离群索居,但在我们当时的年轻人看来,那样一群如此洁身自好的人是多么崇高,那样一群一丝不苟的语言的守护人和献身于语言的人(他们把自己全部的爱献给了诗歌语言,他们的语言不迎合当年的时代和报纸,而是追求不朽的生命力)确实是我们的榜样。我们简直羞于看他们一眼,因为他们生活得小心谨慎,从不抛头露面、招摇过市。他们有的像农民一样住在乡间,有的从事一种小职业,有的作为一个热情的漫游者周游世界;他们所有的人只被少数人所知，但也被那些少数人热烈爱戴。他们有的在德国，有的在法国，有的在意大利，但又都在同一个国度，因为他们只生活在诗的王国之中。他们就是这样弃绝一切世上昙花一现的东西，专心于艺术创作，从而也使自己的人生成了一种艺术作品。我经常觉得，在我们当时的青年一代中竟会有那样纯洁清白的诗人，简直不可思议。不过，也正因为如此，我今天不时以一种暗自忧虑的心情问自己：在我们今天这样的时代，在我们今天这样一种新的生活方式之中（这种新的生活方式扼杀了人的各种内在的专心致志，就像一场森林大火把动物驱赶出自己最隐蔽的藏身之处一样），难道还会有那样一群全心全意献身于抒情诗艺的人吗？当然，我清楚地知道，每一个时代都会有一位诗人创造奇迹，歌德在他为拜伦[42]而写的挽歌中所说的那句动人的安慰话始终是对的。歌德说："因为世界将不断创造他们，就像他们自古以来不断创造世界一样。"那样一些诗人当然会不断产生；因为即使是最失体面的时代，苍天也总还要偶尔给自己留下这样一些珍贵的信物。而我所说的最失体面的时代难道不恰恰就是我们今天这个时代吗？——在我们这个时代，即使是最洁身自好的人和最不问世事的人也得不到安宁，得不到那种创作中酝酿、成熟、思考和集中思想所需要的安宁；但在第一次世界大战前的欧洲，在那个比较友善和冷静的时代，诗人们还是能得到这种安宁的。我不知道，所有那些诗人们——瓦莱里、维尔哈伦、里尔克、帕斯科利[43]、弗朗西斯·雅姆[44]——在今天还会有多少价值；不知道他们对今天这一代耳朵里常年充满的不是悦耳的音乐而是宣传机器的聒噪和两次大战炮轰的隆隆声的人还有多少影响。我只知道，并且觉得有责任，怀着感激的心情说出这样的事实：那样一代对神圣的诗歌艺术刻意求工的献身者们在一个已经愈来愈机械化的世界里曾使我们受到莫大的教育和感到无比的幸运。而当我今天回顾往事时，我觉得我一生中最有意义的收获莫过于我有机会能和他们中的某些人亲自交往，莫过于我和他们的持久友谊可以常常和我早年对他们的景仰联系在一起。

在那些诗人们中间也许再也没有一个人会比里尔克生活得更隐秘、更不显眼。但那不是一种故意的、被迫的（或者说，像教士似的出于无奈的）孤寂——正如斯特凡·乔治当年在德国过的那种孤寂生活一样。不论里尔克走到哪里或在哪里驻足，在他周围就会产生某种安谧的氛围。由于他规避一切喧哗嘈杂，甚至规避对他的赞扬——正如他自己所说：那种赞扬是"围绕着一个人的名字积聚起来的全部误会的总和"——因此，那种华而不实的好奇的滚滚巨浪只能沾湿他的名字，却从未沾湿过他本人。要找到里尔克是很困难的。他没有住宅，没有能找到他的地址，没有家，没有固定的寓所，没有办公室。他总是在世界上漫游。没有人能事先知道他会到哪里去——就连他自己也不知道。对他那颗极其敏锐和多愁善感的心来说，任何死板的决定、任何计划和预告都会使他觉得是一种压力。所以，我和他的相遇纯属偶然。有一次，我站在一家意大利绘画陈列馆里，我仿佛觉得有人在向我友好地微笑，但我不知道他是谁。只是当我看到他的那双蓝眼睛时，我才认出他来。他的眼睛在注视别人的时候，目光含蓄，从而使他本来并不引人注目的容貌分外有神。不过，恰恰是那种不引人注目的仪表却是他性格中最深的神秘之处。他蓄着一撮下垂的金黄色小胡须，神情略带忧郁。由于他的面庞没有明显的线条，所以就有点像斯拉夫人的脸形。成千上万的人从这样一个年轻人身边走过，很可能不会想到他是一位诗人，况且是我们这个世纪最伟大的诗人之一。他的性格特点，即内心那种不同寻常的抑郁，只有在和他的进一步交往中才会显露出来。他的言谈举止是难以形容的斯文。当他走进一个众人聚会的房间时，步履之轻几乎不会被人察觉到他的光临。然后他会坐在一旁静静地听。有时候，当他对什么发生兴趣时，他就会无意识地抬起头。在他自己开始说话时，他从不装腔作势或者慷慨激昂。他说话自然、简单，就像一个母亲给自己的孩子讲童话似的亲切。听他讲话，让人高兴。即便是最一般性的题目，到他嘴里，他也能讲得生动有趣。但是，一旦当他觉察到自己成了许多人注意的中心时，他就会立刻中止，重新坐下来，悉心静听别人讲话。他的每一个动作、每一个表情，都是非常斯文；纵然发出笑声，也都是表示出么一点意思后就立刻收敛。轻声细语是他自身的一种需要。所以，再也没有比喧哗嘈杂和感情上的激动更使他心烦意乱。他曾对我说："那些把自己的感受像呕血一样倾吐出来的人，使我精神非常疲倦。所以，我接近俄罗斯人就像我只是浅尝几口开胃酒一样。"除了举止的慢条斯理之外，整齐、清洁、安静，也都是他自身的一种需要。每当他不得不乘一辆拥挤的电车或者坐在一家嘈杂的饭馆里时，都是使他心绪不宁的时刻。他不堪忍受马虎潦草。尽管他的境遇不宽裕，他对衣着还是非常讲究，打扮得干净、入时。他的一身打扮也同样是一件不惹人注意的经过精心设计的艺术品；而且还总带着一点不显眼的、完全是他个人的标记：那就是戴一件他心中暗自得意的小小装饰品，比如说，在手腕上戴一款薄薄的银镯。这是因为他要求完美和对称的美感一直渗透到了他的内心深处和个人生活之中的缘故。有一次，我在他的寓所看他在出门前怎样装自己的箱子。他不要我帮忙，认为我肯定弄不好。他非常精心地把每一件物品塞进事先留出的空处，简直就像镶嵌马赛克那样细心。我觉得，倘若我去插上一手，破坏了他的那一番绣花似的工作，岂不是罪过。他的那种爱美的秉性一直渗透到他的各种无关紧要的小事。不仅仅是他把自己的手稿非常细致地用圆熟的书法写在最漂亮的纸张上，行与行之间相隔的空白就像用尺量过似的；而且当他写一封最最普通的信函时，他也要挑选一张好纸，工工整整地用书写体把字写在隐线格子里，即便是写一张最仓促的便函，他也从不允许自己涂改一个字，而是一旦觉得一句话或者一个词不完全恰当时，他就会立刻以极大的耐心把整封信重抄一遍。里尔克从不让不完全满意的文稿出手。

他的那种慢条斯理同时又专心致志的秉性对每一个和他接近的人都具有魅力。正如我能想象里尔克本人从不会激动一样，我也能想象，在他的安详的气质熏陶下不会再有人高声喧嚷和态度蛮横。因为他的举止仪态本身就是一种神秘地不断起作用的力量——一种感召人的心灵的教育力量和道德力量。每次和他做较长时间的谈话之后，我总有几个小时或者几天的脱俗之感；但是另一方面，他的这种一贯注意节制的性格——从不让自己尽兴的意愿都会过早地限制任何一种显得特别知心的感情。我相信，可以认为自己曾是里尔克的"朋友"并以此为荣的人只有少数几个。在他发表的六卷书信集中几乎没有和别人谈心的话。而且自从他离开中学以后他几乎没有对任何人使用过那个显得像兄弟般亲热的称呼——"你"。对他的特别多情善感的性格来说，某一个人或者某一件事和他过于接近，他都无法忍受。尤其是所有刚强的男子都会引起他浑身不快的感觉。他倒更愿意和女人交谈。他写给女人的信很多，也很乐意；在女人面前他显得舒畅多了，自由多了。女人的嗓子中是没有喉音的，也许是这种嗓音使他感到舒服吧，因为正是那种不悦耳的喉音使他感到难受。我今天还清楚记得他和一个大贵族男子谈话时的情景。他全身紧缩，双肩耷拉，眼睛从未抬起来看一眼，为的是不致从自己的眼神中流露出来：他听那个贵族男子用假嗓子说话，浑身是多么难受。不过，如果他对某人抱有好感，那么那个人就会感到和里尔克在一起非常融洽！那个人事后必然会感觉到里尔克的内心充满善意，虽然那种善意在里尔克的话语和表情中流露得不多，但里尔克的善意却像一束暖人心窝、治人创伤的光芒穿透到那个人的心灵最深处。

里尔克在这座使人心境开阔、最最开放的城市——巴黎——的生活和工作是谨小慎微的，这也许是因为他的作品和他的名字在巴黎尚未为人所知，也因为他觉得自己作为一个隐姓埋名的人会始终更自由、更得意。我去看他的地方是租赁的两间大小不同的房间。每个房间陈设都很简单，没有任何装饰，但由于他自己特有的审美情趣，所以你一进去就会立刻感到一种特有的气派和宁静。他租借房子从来不会去找一幢邻居嘈杂的楼房,而宁可去找一幢老房子,即使不甚方便,他仍然会有宾至如归的感觉。而且不管他住在哪里,他都会运用自己处事有条不紊的能力立刻把室内布置得意味深长和适合自己的个性。他身边的什物总是少得不能再少,但在一只花瓶或者在一只碗里却始终摆放着鲜花,也许是女人送的,也许是他自己深情地带回家的;墙壁前总是放着书籍,书籍装订漂亮或者细心地包着书皮,因为他爱书籍,所以就把书籍当作不会吭声的宠物一般。写字台上并排摆放着铅笔和羽毛笔;没有写过字的白纸放在写字台的右角;房间里还有一幅俄罗斯东正教尊奉的圣像和一幅天主教尊奉的耶稣蒙难像——我相信,不管他旅行到哪里,那两幅圣像一直陪伴着他;那两幅圣像给他的工作室淡淡地蒙上了一层宗教色彩,尽管他信仰宗教的热忱和某种教义毫不相干。我从每一个细节中感觉到,房间里的摆设是精心挑选的,并被十分爱惜地照看着。如果我借给他一本他没有读过的书,那么当这本书归还到我手中时,上面已平平整整地包了一层缎面封皮,并且系了一条彩色缎带,就像一件节日礼物似的。我今天还清楚记得,他是怎样把《旗手克利斯朵夫·里尔克的爱和死亡之歌》的手稿当作一件珍贵的礼物带到我房间里来的,我今天依然保存着那条包扎过这沓手稿的带子。但是,最令人高兴的事是和里尔克一起在巴黎散步,因为和他在一起就意味着仿佛用睁大了的眼睛去观看最不显眼的东西。他会注意到任何细枝末节,即使是商店的招牌他也会留神;只要他觉得那些字号韵律和谐,他就会高兴地念出声来。我从他身上感觉到,他有强烈的兴趣想把一座城市的每个角落都看一遍的似乎也只有巴黎。有一次，我们在我们共同的朋友家里相遇，我告诉他说，我昨天偶然走到皮克普斯墓地的旧"栅栏"旁——那里埋葬着断头台上最后一批牺牲者的遗骸，其中有安德烈·谢尼埃[45]。我向他描述了那块令人感慨的小小草地，上面到处都是乱冢；外国人是难得见到那种坟墓的；我还向他描述了我随后在回来的路上是怎样从道路边一扇敞开的大门看到一座修道院里面的情景：几个半俗修女[46]手中拿着一串十字架念珠，默默地绕着圆圈漫步，口中不吭一声。这时我看到他——这个平时非常稳重、十分自制的人简直有点急不可待。这是我看到他难得着急的几回中的一回。他对我说，他一定得去看看安德烈·谢尼埃的坟地和那座修道院，问我是否能领他去。其实我们第二天就去了。他默默地站在那块孤寂的墓地前出神，并称那块墓地是"巴黎最有诗意的地方"。但是在回来的路上，那座修道院的门却紧闭着。这时我就能观察到他沉静的耐心了——他在自己的生活中和他在自己的作品中同样有这种不寻常的耐心。他说："让我们等在这里碰碰运气吧！"说完就站在那里，微微地低着头，以便一旦大门敞开就能看见。我们大约等了二十分钟。随后有一个修女沿着道路走来，并且拉响门铃。里尔克激动地轻轻低语道："运气来了。"可是那位修女发觉里尔克在不声不响地窥视——我是说，人们从远处的气息中就能感觉到他所做的一切——于是修女向他走去，问他在等谁。他以笑颜相迎——他的这种特有的轻柔微笑立刻就会博得人们的信任——同时坦率地说，他非常想看看修道院的通道。现在是那位修女满面笑容地对他说，她感到很抱歉，她不能让他进去。不过她给他出了一个主意：他可以到旁边的那间园丁的小屋里去；从那间小屋的最上边的窗户口同样可以看得很清楚。于是，这么一点小主意好像给了他许多恩惠似的。

后来，我还和里尔克邂逅过多次，但是，每当我想起他，我总是记起他在巴黎时的情景，然而，他却没有经历到巴黎最最不幸的时刻[47]。

对于一个初出茅庐的人来说，遇见这样非凡的人物真是受益匪浅。不过，那种对我整个一生具有决定性意义的教益，我却是从另一个非凡人物那里获得的，而这种教益竟像意外的礼物一样降临到我身上。有一次，我们在维尔哈伦家里和一位艺术史家谈论。那位艺术史家抱怨说，伟大的雕塑和绘画时代已经过去。我激烈反对说，在我们中间不是还有罗丹[48]吗？——他作为一位雕塑家并不比以往的伟大艺术家逊色。我开始列举罗丹的作品，并且几乎愤愤不平起来——每当我反对一种异议时总是这样。维尔哈伦悄悄地暗自发笑。他最后说："你那么喜欢罗丹，就应该和他亲自认识认识。我明天就要到罗丹的创作室去。如果你觉得方便，我带你一起去。"

问我是不是觉得方便？我高兴得简直不能入睡。可是到了罗丹那里，我又嘴笨得说不出话来。我没有对他说一句恭维的话，我站在各种雕塑之间，恰似他的一具雕塑一般。令人奇怪的是，似乎我的这种窘态博得了他的喜欢，因为告辞的时候这位老人向我发出了邀请，问我想不想看一看他在默东[49]的原来的创作室。同时，他又立刻请我一起用餐。于是我得到了第一点教益：伟大的人物总是心肠最好的。

我得到的第二点教益是：伟大的人物在自己的生活中几乎都是最朴实的。我们在这位享誉世界的伟人家里——他的作品是我们当时一代人的楷模——就像亲密无间的朋友，饭菜相当简单，就像一家中等水平农民的伙食：一块厚厚实实的肉、几颗橄榄和一盘满满的水果，外加本地产的原汁葡萄酒。这使我慢慢地随便起来，到最后说话也不拘谨了，仿佛这位老人和他的妻子与我相熟多年似的。

吃完饭以后，我们走进他的创作室。那是一间大厅，里面集中了他的最重要作品的复制品，但是其中也放着数百件珍贵的细部作品——一只手、一只手臂、一束马鬃、一只女人的耳朵，大多数只用石膏塑成。我今天还清楚记得有几件是他用来自己练习的造型样本；关于我在他的创作室里参观的那一小时，我今天可以讲上几小时。最后，这位大师把我领到一个基座旁，上面放着他的最新的作品——一具头上蒙着湿布的女人肖像。他用自己一双农民似的满是皱纹的厚实的手揭下湿布，接着后退了几步。"好极了。"我情不自禁地从憋了半天的口中冒出这么一个词，同时为自己说出这样一句陈词滥调感到惭愧。可是他却一边打量着自己的作品，一边以冷静的客观态度——其中没有一丁点儿自鸣得意——轻声地附和了一句："是吗？"接着又踌躇了一番。"只是肩膀还有点……等一下！"他说着脱去上衣，穿上白色工作服，拿起一把刮铲，在塑像的肩上非常熟练地一刮，把那女人的柔软皮肤弄平滑了，看上去栩栩如生，呼之欲出。接着他又后退几步。"喏，还有这里。"他喃喃地说道,又在细节上做了很小的改动,然而效果却非常明显。过后他就再也没有说什么,只是一会儿走向前,一会儿后退,从创作室的一面镜子里端详着那具雕塑,一边嘀嘀咕咕,发出一些别人听不懂的声音,一边修改着。他的眼神刚才吃饭时显得和蔼可亲,这会儿却闪烁着奇异的光芒。他仿佛变得更高大、更年轻了。他工作着,工作着,他倾注自己的所有热情和使出魁梧身躯的全部力量工作着。每当他快步走向前或后退时,地板"咯吱咯吱"直响。然而他听不见这声音。他也没有注意到在他身后还有一声不响的我站着。像我这样一个年轻人能有幸亲眼目睹这样一位举世无双的大师从事创作时的现场,真是使我激动万分。可是他却把我全忘了。对他来说,我是不存在的;对他来说,只存在那座雕塑——他的作品以及看不见的如何精益求精的构思。

一刻钟过去了,半小时过去了。我今天已记不清我在那里待了多久。伟大的时刻总是让人忘记时间。罗丹全神贯注地埋头于自己的创作。即便是雷鸣也不会把他惊醒。他的动作越来越豪爽,好像发狠似的,完全沉浸在一种忘情或者说陶醉的状态之中。他干得越来越快,随后,双手渐渐变得迟疑起来。看来,这表明他的两只手已没有什么可干的了。他朝后退了一次,两次,三次,但再也没有修改什么。接着他轻轻地嘟囔了几句,便非常细心地把布蒙到塑像四周,好像把一块围巾搭在一个心爱的女人的肩膀上似的。他深深地松了一口气,他的神态重又变得凝重起来,激情渐渐消失了。随后出现了令我不可思议的事——也是我得到的最大教益:他脱下工作服,重又穿起家中穿的上衣，转身准备走了，他在这段精神非常集中的时间内把我全然忘却。他不再知道，有一个年轻人激动地站在他的身后，像他的雕塑一样一动不动，呼吸短促，而这个年轻人是他罗丹自己带进创作室的，为的是给这个年轻人看看自己的作品。

他向房门走去。当他要关上房门的时候，他发现了我，而且几乎是恼怒地望着我，好像在说：这个年轻的陌生人是谁呀？怎么偷偷地溜进了他的创作室呢？但是他随即又记起来了，并且几乎有点不好意思地向我走来。"对不起，先生。"他开始说道。可是，我只是感激地握住他的一只手；我甚至想亲吻这只手。因为我在那一小时之内看到了一切伟大艺术的永恒秘密，即看到了世间任何一种艺术创作的诀窍：全神贯注，不仅思想高度集中，而且要集中全身精力；每一个艺术家都得把自己置之度外，忘却周围整个世界。我学到了这点对我毕生有用的教益。

我原来打算五月底从巴黎去伦敦。但是我不得不把行期提前两周，因为原来使我非常可心的那处住所由于遇到了意想不到的麻烦而使我感到不快。这麻烦是由一段奇遇般的插曲造成的；这段插曲使我觉得非常有趣，同时也使我了解到法国环境里的完全不同的思想方式，颇受教益。

事情的经过是这样：我在圣灵降临节——星期一和星期日——的时候离开了巴黎两天多时间，为的是和朋友们一起去参观沙特尔[50]的宏伟大教堂——我还从未见过那座大教堂呢。当我星期二上午回到旅馆的房间，正要换衣服的时候，我发现几个月来一直安然无恙地放在角落里的我的那只箱子不见了。于是我跑下楼梯去找这家小旅馆的老板，他是整天和他老婆轮换坐在那间狭小的门房里的。他是一个红光满面、矮胖的马赛人，我常常喜欢和他开开玩笑，有时甚至和他一起在对面的咖啡馆里玩玩他最喜欢的十五子游戏[51]。他听我一说，便立刻激动起来，用拳头捶着桌子，怒气冲冲地大声说道："好呀，原来如此！"——别人不明白他说的是什么意思。他急急忙忙穿起外套——他坐在门房里总是穿着衬衫——脱下方便的拖鞋，换上皮鞋，一边向我解释事情的经过。也许我有必要在这里先追述一下巴黎的住房和旅馆的一个特点，以便弄明白事情的原委。在巴黎，较小的一些旅馆和大部分私人住宅都没有大门钥匙，而是由"门房"，即看门人关大门。一旦外面有人按门铃，大门就会由门房室的人按电钮让它自动打开。不过，在这些较小的旅馆和住宅里，一般是老板或者门房看管大门，但不是整夜蹲在门房室，而是从自己的夫妻床上按一下电钮把大门打开——经常还处在半睡的状态呢。如果谁要外出，就叫一声："请开开门。"每一个从外面进来的人，还得报一下自己的名字，以便到了夜间陌生人无法潜进屋内——理论上是这样。现在再回过头来说。那天凌晨两点光景，我住的那家旅馆的门铃响了，进来的人也报了自己的名字，听上去像是旅馆里的某一位房客，而且那位房客还把挂在门房里的自己房间的钥匙取走。本来守门人有责任：通过窗玻璃证实一下这位晚来客人的身份，但是显然由于守门人太困而没有这样做。过了一小时后，里面又有人要外出，叫了一声："请开开门。"守门人在开了大门后忽然觉得很奇怪：怎么凌晨两点以后还有人要外出呢。于是他从床上起身,看到那个从旅馆出去的人拎着一只箱子正向小巷走去;守门的旅馆老板赶紧披上睡衣,穿上拖鞋,跟踪那个可疑的人。可是当他看到那个人拐了一个弯走进小田园街一家小旅馆时,他自然也就不再怀疑那个人是窃贼或小偷了,于是又安安稳稳地躺下睡觉。

而现在他对他自己所犯的错误感到十分后悔,他带着我急急忙忙去找最近的那个站岗警察。随后我们立刻到小田园街那家旅馆去查问,并且发现:我的箱子虽然还在那里,但那个小偷并不在旅馆里——显然他是到附近的某家餐馆去喝早晨的咖啡了。于是,两名便衣警察在小田园街的那家小旅馆门房里守候着那个家伙;当他半小时后毫无疑虑地回来时,他立刻被逮捕了。

现在,我们两个人——我住的那家旅馆的老板和我——不得不一起去警察局履行公事。我们被领进那间警长的房间。那位警长是一位留着小胡须、胖得要命、和蔼可亲的先生,穿着一件纽扣解开的外套,坐在写字台后面。写字台上乱七八糟堆满着各种文件。满屋都是烟味。桌子上还放着一大瓶葡萄酒,这表明这位先生完全不属于那些不懂得生活和冷漠无情的警察行列。遵照他的命令,那只箱子先被送到室内。然后我应该查明,箱子里是否缺少了重要东西。箱子里唯一值钱的物件似乎是一本总额为两千法郎的信用存折,但是在我住了数月之后已经用去了许多,而且谁都明白,这样一本存折对别人是没有用的;再说,这本存折事实上还一直放在箱子的底部呢,没有被人动过。于是警察局做了这样的记录:我承认这只箱子是我的财产,箱子里没有任何物件丢失。然后警长命令把小偷带进来。

我倒很想看看那种场面。

看到那种场面也真是值得。两个警士押着小偷进来。他本来就又瘦又弱,夹在两个警士中间显得更怪异了,活像一个可怜的小鬼。他衣衫褴褛,连衣领都没有了。看得出来,由于极度的饥饿,蓄着一撮小胡子的脸已尖瘦得像是老鼠的脸了。他是一个很不高明的小偷——假如我可以这样说的话。下面这一点就足以证明他很不在行:他没有在作案后的第二天一早就带着箱子溜走。他站在有权力的警长面前,两眼低垂,全身微微颤抖,仿佛是受冷冻所致。我不得不羞愧地说,我不仅为他感到难过,甚至感到自己对他产生了某种恻隐之心。而当一名警员郑重其事地把各种从他身上搜到的物件一一陈列在一块木板上时,我的同情心更是倍增。那些稀奇古怪的物件简直令人难以想象:一块非常脏、非常破的手帕;钥匙串上挂着十二把各种大小规格的万能钥匙和撬锁钩——互相碰撞起来会像乐器似的叮当作响;一只破皮夹;但是幸亏里面没有武器。这至少可以证明这个小偷虽然以大家熟知的方式干他的行当,但用的却是和平方式。

警长当着我们的面首先检查了那只皮夹,结果令人惊讶。那倒不是因为里面有几千或几百法郎,或者里面一张钞票也没有,而是里面有二十七张袒胸露肩的著名女舞蹈演员和女演员的照片以及三四张裸体模特的照片。这些照片除了说明这个瘦弱、忧伤的小伙子非常喜欢美女人像之外,显然不能说明他有其他犯罪事实。巴黎演艺圈内的那些女明星们对他来说是可望而不可即的,但他至少要把她们的照片藏在自己的心窝边。虽然警长故意装出严厉的目光，一张一张察看着那些裸体照，但却逃不出我的观察：一个处于这样境遇的违法者竟然会有这种收藏兴趣，使警长觉得很有意思——我也和警长一样，因为当我看到这个可怜的罪犯对美女有这样的爱好时，我对他的同情也就再次明显增加了。于是，当警长一边郑重其事地拿起笔，一边问我是否"要起诉"——对那个罪犯提出控告时，我自然立刻回答说：不。

为了弄明白这里面的究竟，我也许有必要在这里再做一些补充说明。在我们奥地利和在其他许多国家里，凡是遇到犯罪案件，都是由官方起诉，即由国家向自己控制的司法部门提出公诉；但是在法国，是否要起诉，可由受害人自由选择。我个人觉得，这种法制观念要比那种刻板的所谓法律更公正。因为自由选择是否起诉，就有可能宽恕那个干了坏事的人。然而在别的国家就不行，比如说在德国，如果一个女人出于一时的嫉妒用左轮手枪伤害了自己的情人，不管你怎样苦苦哀求，都无法使她免遭审判。国家要进行干涉，要把她从自己的男人身边强行拽走并投入监狱——而那个在她激动之中遭到枪击的男人说不定因为她的这种强烈感情而更爱她呢。在法国就不一样，在这个女人表示道歉之后这对情侣很可能就会挎着胳膊一起回家呢，并且认为这件事情在他们之间已经了结。

当我刚刚说出一个坚决的"不"字时，就立刻出现了三种反应。那个夹在两名警察之间的瘦弱家伙忽然站起身来，用一种难以形容的感激目光望着我——那目光是我永远不会忘却的；警长满意地放下他的笔，看得出来，我不再追究那个小偷，也使他感到高兴，因为这为他省去许多文牍工作。可是我的那位旅馆老板却是另一种反应。他满脸涨得通红，开始对我大声嚷嚷，说我不该这么办，这种无赖——这种"坏蛋"非得斩草除根不可，说我根本不会想到这类家伙将会造成什么样的祸害。他说，一个正派高尚的人必须日夜提防这类流氓，如果你现在饶了一个，也就等于纵容了另外的一百个。旅馆老板的这一番话彻底暴露了一个小市民的全部诚实和耿直，也暴露了小市民的那种心胸狭隘——因为他觉得自己的生意受到了妨碍。为了避免那些和他有牵连的种种麻烦，他毫不客气地，甚至用威胁的口吻要求我收回宽恕小偷的成命。但是我毫不动摇。我语气坚决地对他说，我已经找到自己的箱子，我没有受到任何损失，对我来说一切都已了结，我没有什么可控告的。我说，我有生以来还从未对另一个人提出过什么控告，而且在我今天中午口嚼一块大牛排的时候，当我知道还有另一个人因为我的缘故而不得不吃监牢里的饭食，我的心情就会非常不愉快。旅馆老板一再坚持他自己的意见，并且越来越激动。警长申明说，这事由我而不是由他做出决定；由于我坚持不起诉，这事才算了结。这时，旅馆老板猛地一转身，怒气冲冲地离开了房间，"砰"的一声在身后关上了房门。警长站起身来，望着这位生气的人的背影，露出微笑，一边和我握手，表示默默的赞许。例行公事就这样办完了。我伸手去拎箱子，准备把它带回住处。但是就在这一刹那发生了一件令人惊异的事。那个小偷不好意思地迅速走到我的身边，说道："喔，先生，您别拿，我把箱子送到您的住处去。"于是我在前面大步走着，那个怀着感激心情的小偷在我身后拎着箱子。我们走过四条街，重新回到了我的旅馆。

看来，本来是一件令人恼怒的事就以这样的方式非常轻松愉快地结束了。但是余波未平，这件事又很快导致了另外两件事的发生。我对法国人的心理初步了解应该归功于这两件事。当我第二天到维尔哈伦家里去的时候，他幸灾乐祸地笑着迎接我，半开玩笑地对我说："你在巴黎的奇遇可真不少呀。我事先一点也不知道你原来是一个非常有钱的家伙。"我一开始不明白他说的是什么意思。他递给我一张报纸，我一瞧，上面登着一篇关于昨天发生的事的长篇报道，只不过经过浪漫主义的编造，已和原来的事实真相大不一样，简直使我难以相信。那篇报道以一种新闻记者的卓越技巧做了这样的描述：一位高贵的外国人的一只箱子在城内的一家旅馆里被窃——为了引起大家对我更感兴趣，我竟成了一位高贵的外国人——箱子里有许多非常值钱的物品，其中有一张两万法郎的信用存折——一夜之间，两千法郎增加了十倍——以及其他各种无法补偿的物品（实际上仅仅是一些衬衫和领带）；开始时几乎无法找到线索，因为不仅小偷非常老练，而且看来他在作案时对本地情况十分熟悉；但是警察分局的警长——某某先生以他"众所周知的能力"和"非凡的洞察力"立刻采取了各种措施；他通过电话联系，只用了一个小时，巴黎所有的旅馆和客栈都进行了彻底的检查；由于他的措施一贯准确周密，所以在极短的期限内就逮住了那个坏蛋；警察局长为了表彰这位优秀警长的杰出成绩及时给予了特别嘉奖，因为他用自己的能力和远见再次为巴黎警察局树立了一个模范单位的光辉榜样——当然，这篇报道所说的一切没有一条是真的。那位好警长根本就没离开过自己的写字台一分钟，是我们自己带着箱子把小偷送到他那里去的。但他却利用这次好机会，为自己捞到了宣传资本。

如果说，这段插曲对那个小偷和对崇高的警察当局来说都算碰上了好运气，但对我来说却是倒霉得很。因为从那时起那个从前对我非常随和的旅馆老板就处处与我为难，不让我在那家旅馆继续待下去。我走下楼梯，向坐在门房里的他的老婆礼貌地打招呼，而她根本就不理睬我，生气地把她的那个不开窍的小市民的女人脑袋撇到一边；旅馆那个小伙计不再认认真真地收拾我的房间；我的信件会莫名其妙地丢失。即便在隔壁的几家店铺和那家香烟专卖店里，我见到的也都是一张张冰冷的面孔；而往常，由于我大量消费烟叶制品，在那家香烟店里是大受欢迎的，被当作老"朋友"看待。但由于我曾"帮助了"那个小偷，使那种小市民的道德观念受到了伤害，所以，不仅那幢房子里的人，而且整条小巷里的人，甚至全区的人，都会团结一致反对我。末了，我别无出路，只得带着那只失而复得的箱子出走，并且非常灰溜溜地离开那家舒适的旅馆，仿佛我自己曾犯了罪似的。

到过巴黎再到伦敦，给我的感觉就好像一个人从酷暑突然走进阴凉。一个人刚到伦敦都不由得会感到一阵寒战，不过，眼睛和其他感官很快就会适应。我原打算在英国好好观光两三个月——似乎理应如此。因为几个世纪以来世界一直沿着这个国家的轨迹向前运转，如果不了解这个国家，又怎么能理解我们这个世界呢？又怎么能用有影响的人物去评价这个世界呢？我还希望通过大量的谈话和频繁的社交活动好好练一练我的蹩脚英语呢——顺便说一下，我的英语从未真正说得十分流利。可惜我没有达到目的。我像所有从欧洲大陆去的人一样，和英吉利海峡彼岸的文学界很少接触。在各种早餐谈话和在我们小小的出租公寓里做简短交谈时，凡涉及宫廷、赛马、社交聚会这类内容，我总觉得和我完全不相干。当他们谈论政治时，我也无法插嘴，因为我不知道他们所说的"某人"，指的就是约瑟夫·张伯伦[52]；而且伦敦人对那些绅士先生们总是只称呼名，而不称呼姓。面对那些马车夫中的伦敦佬说的俚语，我的耳朵就像聋了似的。所以我在英语方面的进步并未如我所希望的那样快。我曾试图在教堂里从教士身上学到一些好的措辞；我旁听过两三回法庭审理；为了听到正确的英语，我还到剧院去看戏——但是我在伦敦却始终必须费劲地去寻找我在巴黎处处可以遇到的社交活动、同伴情谊以及轻松愉快的生活。我找不到一个可以商量商量对我来说非常重要事情的人；由于我对体育、娱乐、政治以及他们平常关心的事抱着全然无所谓的态度，所以在那些好心的英国人看来，我大概是一个相当没有修养和呆板的人。我从未成功地把自己和某一个生活环境，即和某一群人从内心深处打成一片。于是，我在伦敦的十分之九的时间是在自己的房间里写作或者在大英博物馆里看书。

当然，起初我也曾想通过闲逛来好好了解一下伦敦。在刚到的前八天里，我在伦敦的大街小巷快步疾行，直至脚底灼痛。我以一种大学生的责任感跑遍了导游手册介绍的所有游览胜地，从伦敦的图索德夫人博物馆[53]到英国国会。我学着喝英国淡啤酒,并且用全英流行的烟斗代替巴黎的烟卷。我在成百件的小事上竭力去适应新环境。但无论是社交界还是文学界,我都没有真正与之接触。而且,如果谁只是从表面上观察英国,走马观花似的从那些重要的地方一掠而过,譬如说,仅仅从伦敦城内数百万家公司商号门前匆匆走过,那么他除了从外面看到擦得锃亮的千篇一律的黄铜招牌以外,其余的一切都不可能了解到。我曾去过一家俱乐部,但我不知道去那里干吗,一看到那些深陷的皮制安乐椅就觉得整个氛围就是使我昏昏欲睡,因为我享受不了那种高明的放松,就像有的人不会全神贯注干一件事或者全神贯注做一项运动来消除疲劳一样。一个赋闲的人——一个仅仅作为观察者的人,如果他不善于把众多的休闲活动提高到一种高尚的社交艺术,那么伦敦这座城市就会把他当作异己分子坚决排斥在外,而巴黎则会愉快地让他参加到自己更为热闹的生活中来。我的错误在于:我原本应该干一点无论什么工作——诸如到一家店铺去当见习生,或者到一家报馆去当秘书——来度过住在伦敦的两个月时间,这样我至少可以稍微深入地体验一下英国人的生活,但是我没有这样做,而当我认识到这个错误却为时已晚。我只是从表面稍微观察了一下伦敦;许多年以后,在第二次世界大战期间我才了解真正的英国。

在英国诗人中,我只见到过阿瑟·西蒙斯[54]。他又帮助我得到叶芝[55]的邀请。我非常喜爱叶芝的诗,而且纯粹出于高兴,我翻译了他的优美的诗剧《水影》的一部分。我不知道那天是朗诵晚会,只有少数经过挑选的人受到邀请。我们坐在那间并不宽敞的房间里,显得相当拥挤,一部分人甚至坐在搁脚的小板凳上或者地板上。叶芝在一张黑色（或者是蒙着黑布）的斜面桌旁点燃起两支胳臂粗的巨大圣坛蜡烛之后，终于开始朗诵。房间里的其他灯烛顿时全部熄灭。在蜡烛的微弱亮光下，梳着黑色鬈发的叶芝的头强有力地晃动显得格外明显。叶芝用抑扬顿挫的低沉声音缓慢地朗诵着，一点也不显得过分慷慨激昂。每行诗句都铮铮有声，十分清亮。他朗诵得很美，确实也很庄重。我唯一感到不足的是他的那副矫揉造作的打扮。那件袈裟似的黑长袍使叶芝有点像神父；房间里弥漫着一股轻淡的香味。我想，这是粗大的蜡烛微微燃烧的结果。这一切使得这一次诗歌朗诵会不像是文学欣赏，而更像是一次祭诗的仪式——但另一方面，这一切对我又有一种新奇的诱惑力。相比之下，我不由得回想起维尔哈伦朗诵自己诗作时的情景：他只穿衬衫，为的是能用强健的双臂更好地打出节奏；他不讲排场，也不像演戏似的；我也想到了里尔克，里尔克也偶尔从一本书中吟诵几行诗句，他诵读得朴实、清楚，随着辞藻自然而成。叶芝的那次朗诵会是我有生以来第一次参加的"像演戏似的"诗人的自诵活动。虽然我非常喜爱他的作品，但我抱着一点怀疑的心情反对这种祭礼式的崇拜行为。尽管如此，我曾经是当时叶芝的一个怀着感激心情的客人。

不过，真正称得上我在伦敦发现的诗人倒不是活着的人，而是一个当时仍然被人们遗忘的人：威廉·布莱克[56]。他是一位孤寂、有争议的天才。他把古拙和精细两者完美融合的艺术品至今还令我神往。有一次，一位朋友建议我到大英博物馆的印刷品陈列室——当时该陈列室由劳伦斯·比尼恩[57]掌管——去看看那些有彩色插图的书籍：《欧洲》、《美洲》、《约伯记》——那些书籍今天已成为古书店里的稀世珍品——我看那些书也真像着了迷一般。我在书中第一次看到了这一位神奇的人物，他是属于这样一类人：他们并不清楚知道自己所走的路，而是像长有翅膀的天使一般凭借各种幻象在梦想的荒野上翱翔。我曾打算用几个星期的时间更深入地探究这位质朴而又非凡人物的迷宫，并且打算把他的几首诗译成德语。能得到一张他亲自绘的画像简直成了我当时无法克制的欲望，不过这在当初似乎只是一个梦想。碰巧有一天，我的一位朋友阿奇博尔德·乔治·布罗姆菲尔德·拉塞尔[58]——他当时已是布莱克绘画的最出色的鉴赏家——告诉我说，在他举办的展览会上将出售一幅"梦幻式的肖像"——《国王约翰》，根据他的看法（也是我的看法），这是布莱克大师的最美的一张铅笔画。拉塞尔对我说："您对这张画将会百看不厌。"后来事实证明他言之有理。在我的书籍和绘画中，唯有这一张画陪伴着我三十余年。画中那位困惑的国王不时用神奇的明亮目光从墙上望着我；在我丢失和扔下的各种物品中，那幅画令我四处漂泊时最为思念。我曾在大街上和城市里努力寻找过英国的天才人物，都没有达到目的，而这个天才人物突然以威廉·布莱克这个名字——他是一颗真正的明星——出现在我面前。于是，在这个世界上，在我喜爱的众多人物中间又增添了一位新人——威廉·布莱克，尽管我从未见过他本人。

注 释

〔1〕 本章原文标题是:Paris, die Stadt der ewigen Jugend。塞纳河(Seine),法国北部流经巴黎市区的一条河流。

〔2〕 此处马伦哥年代是指 1800 年 6 月 14 日拿破仑在意大利的马伦哥(Marengo)大胜奥军;滑铁卢年代是指 1815 年 6 月 18 日拿破仑在比利时的滑铁卢(Waterloo)大败。

〔3〕 康亚克酒(德语 Kognak,法语 Cognac),一种从白兰地再次提炼的烈性酒,呈金黄色,酒精浓度比白兰地更高,源自法国的康亚克(Cognac)地区。

〔4〕 拉丁区,巴黎的大学区。

〔5〕 布列塔尼人(Breton),法国布列塔尼半岛上的居民,说凯尔特语。

〔6〕 指 1789 年法国天翻地覆的大革命。

〔7〕 诺曼底(Normandie),法国西北部一地区,北临英吉利海峡。当地居民是公元 10 世纪定居于此的斯堪的纳维亚人和法兰西人的后裔。

〔8〕 德鲁奥特大饭店(Hotel Drouot),是巴黎经常举办拍卖会的场所。

〔9〕 蒙马特(Montmartre),巴黎塞纳河北岸的一繁华区,圣心教堂所在地;蒙巴纳斯(Montparnasse),巴黎塞纳河南岸的一繁华区。

〔10〕 索邦区(Sorbonne),属于拉丁区,位于塞纳河左岸,是巴黎的大学区。

〔11〕 安德烈·苏亚雷斯(André Suarez,1868—1948),原名伊萨克·费利克斯(Isaac Félix),法国诗人、评论家和剧作家,是罗曼·罗兰、安德烈·纪德等人的朋友。有诗集《巴黎之舟》、《影子的梦》、论著《无模特儿的肖像》等。

〔12〕 "平等"公爵(Prince Egalité),即指法国波旁王族奥尔良公爵路易-菲利普-约瑟夫(duc d'Orléans, Louis-Philippe-Joséph,1747—1793),他在 1789 年法国大革命后作为贵族代表参加三级会议,支持第三等级,将自己在巴黎的罗亚尔宫向公众开放,一度成为革命活动的场

所，他放弃贵族称号，更名菲利普·平等，并被选入国民公会，1793年1月21日，他投票赞成绞死国王路易十六，同年11月6日他本人被控犯有叛国罪而遭革命法庭处决。

〔13〕马塞利娜·德博尔德-瓦尔莫（Marceline Desbordes-Valmore，1786—1859），法国女诗人，代表作有《哀歌与小唱》、《泪》、《可怜的花朵》等诗集。她一生坎坷，诗歌多为愁苦之音，因而受到浪漫派的高度重视，也为象征派所喜爱。斯蒂芬·茨威格著有人物传记《马塞利娜·德博尔德-瓦尔莫——一个女诗人的人生写照》(*Marceline Desbordes-Valmore—Das Lebensbild enier Dichterin*)。

〔14〕维克托·雨果（Victor Hugo，1802—1885），法国19世纪浪漫主义文学的领军人物。传世名著：长篇小说《悲惨世界》、《巴黎圣母院》、《九三年》等。

〔15〕卡米耶·德穆兰（Camille Desmoulins，1760—1794），法国大革命时期的政治活动家。1789年7月12日，他在罗亚尔宫向民众发表演说，号召民众举行起义，并带领民众向巴士底狱进发。后因反对恐怖政策而于1794年4月和丹东一起被处死。

〔16〕菲利普·平等公爵的罗亚尔宫在法国大革命时期一度是革命党人的沙龙。其时，崭露头角的波拿巴·拿破仑初到巴黎，并不完全得意，他出没于革命党人的沙龙，后经巴拉斯介绍，他在这里结识了年轻的约瑟芬·德·博阿尔内，并于1796年春结婚。据传，约瑟芬是巴拉斯的好友；由于拿破仑和约瑟芬结婚，拿破仑才得以仰仗巴拉斯的提名而受命为意大利方面军司令，故称约瑟芬是拿破仑的恩人。但是历史学家们并不认同这一说法。

〔17〕安德烈·纪德（André Gide，新译：安德烈·吉德，1869—1951），法国作家。生于巴黎。早期作品带有象征主义色彩。代表作有《蔑视道德的人》、《梵蒂冈的地窖》、《伪币制造者》等。1947年获诺贝尔文学奖。1951年在巴黎逝世。

〔18〕亨利四世（Henri Ⅳ.，1553—1610），法国波旁王朝第一代国王（1589—1610年在位），1598年颁布《南特敕令》，宣布天主教为国教，同时承认胡格诺教徒（法国新教徒）享有信教自由等权利，从而使法国在宗教内战之后重新繁荣。1610年亨利四世被狂热的

天主教徒拉瓦亚克刺死。

〔19〕 路易十四（Louis XIV., 1638—1715），法国国王（1643—1715年在位），实行"朕即国家"的绝对君主专制统治，人称"太阳王"，在其统治下的法国一度走向极盛，然后又趋于式微。

〔20〕 雷蒂夫·德·拉布勒托内，参阅本书第三章《情窦初开》注〔7〕。

〔21〕 夏尔-路易·菲利普（Charles-Louis Philippe, 1874—1909），法国小说家，代表作有小说《蒙帕纳斯的蒲蒲》等。

〔22〕 亚里士多德（Aristoteles, 公元前384—前322年），古希腊哲学家和科学家，柏拉图的学生，亚历山大大帝的老师，雅典逍遥学派创始人，著作涉及当时所有知识领域，尤以《诗学》、《修辞学》著称。

〔23〕 莱昂·巴扎尔热特（Léon Bazalgette, 1873—1929），法国文艺评论家、作家和著名翻译家。

〔24〕 皮埃尔·奥古斯特·雷诺阿（Pierre Auguste Renoir, 新译：皮埃尔·奥古斯特·勒努瓦, 1841—1919），法国著名印象派画家，将传统画法与印象派画法结合，用绚丽透明的色彩表现阳光与空气的颤动和明朗的气氛，主题多为漂亮儿童、美丽景色、妩媚女人；代表作品有《包厢》、《舞会》、《弹钢琴的少女》、《夏尔巴基夫人像》等。

〔25〕 伦巴赫（Lenbach），德国画家，参阅本书第二章《上个世纪的学校》注〔49〕。

〔26〕 庞贝（Pompeii），意大利南部古城，在维苏威火山附近，公元79年火山爆发，全城湮没，自18世纪中叶起，考古学家们断断续续发掘其遗址，旋该城古建筑被后世仿造。

〔27〕 乔治·杜啊美（Georges Duhamel, 新译：乔治·迪阿梅尔, 1884—1966），法国著名作家，法兰西学院院士，代表作有《烈士传》、《文明》、《天堂生活的回忆》等。

〔28〕 吕克·迪尔坦（Luc Durtain, 1881—1959），原名安德烈·内普弗（André Nepveu），法国小说家、评论家，本人是医生。

〔29〕 夏尔·维尔德拉克（Charles Vildrac, 1882—?），原名夏尔·梅萨热（Charles Messager），法国诗人、评论家、小说家、剧作家。他作为法国的修道院文学社的成员和卓绝的一致主义诗人，对后代的许多诗人曾产生深远的影响。

〔30〕 朱尔·罗曼（Jules Romains，旧译：儒勒·罗曼，原名：路易·法里古勒 Louis Farigoule，1885—1972），法国著名作家，法兰西学院院士。

〔31〕 让-里夏尔·布洛克（Jean-Richard Bloch，1884—1947），法国犹太裔小说家、评论家、剧作家，是罗曼·罗兰的朋友，长期保持通信关系。1964年他们的《通信集》出版。

〔32〕 哈瓦斯通讯社（Agence Havas），由夏尔·哈瓦斯（Charles Havas）于1835年创建的法国官方通讯社，后被（法新社）法国新闻社（Agence France Presse）取代。

〔33〕 瓦莱里于1900年进入哈瓦斯通讯社，任通讯社主持人勒贝的私人秘书达二十年。参阅本书第二章《上个世纪的学校》注〔22〕。

〔34〕 保罗·克洛代尔（Paul Claudel，1868—1955），法国诗人、戏剧家。他和瓦莱里在文学史上都被认为是后期象征主义的最重要的诗人。瓦莱里在艺术上师承马拉美，而克洛岱尔则师承兰波。

〔35〕 夏尔·佩吉（Charles Péguy，旧译：夏尔·贝玑，1873—1914），法国作家，代表作有诗剧《霞娜·达克》等。1900年他创办的《半月丛刊》团结了法朗士、罗曼·罗兰等大批倾向进步的作家，该丛刊在法国思想界和文学界曾有较大影响。

〔36〕 法国梅居尔出版社，法语原文是：Mercure de France。

〔37〕 保罗·布尔热（Paul Bourget，1852—1936），法国著名小说家、文学评论家。

〔38〕 指专以表现某个时代为内容的小说家。

〔39〕 奥里维，《约翰·克利斯朵夫》一书中的另一主要人物，他是约翰·克利斯朵夫的朋友，但两人性格迥异。

〔40〕 亨利·吉尔博（Henri Guilbeaux，旧译：昂利·吉尔波，1885—1938），法国社会党人，新闻工作者。第一次世界大战期间出版和平主义的《明日》杂志，主张恢复国际联系。1916年参加昆塔尔代表会议。从20世纪20年代初起在德国居住，任《人道报》记者。他是代表法国社会党出席1915年9月5日至8日在瑞士齐美尔瓦尔德（Zimmerwald）召开的国际社会党人第一次代表会议的代表。

〔41〕 列宁（Владимир Ильич Ленин，1870—1924），俄国1917年十月革命的领导人。苏联共产党的组建者和苏维埃国家的缔造者。

1917年当选为苏联人民委员会主席。1919年倡导建立第三国际。其著作被汇编成55卷《列宁全集》。

〔42〕乔治·戈登·拜伦（George Gordon Byron，1788—1824），英国诗人，出身破落贵族家庭，反抗专制压迫，追求民主自由，诗路宽广，擅长讽刺，在投身希腊民族独立战争中病逝。代表作有《恰尔德·哈罗尔德游记》、《唐璜》等。

〔43〕乔瓦尼·帕斯科利（Giovanni Pascoli，1855—1912），意大利诗人。幼年时，父亲惨遭暗杀，母亲和四个兄妹相继去世，给他的心灵留下创伤。他回忆童年，缅怀死者，写了大量的抒情诗，抒发内心的哀痛，并勾勒出一个超脱尘世的理想世界。主要作品有《柽柳集》、《最初的诗》、《卡斯忒维丘之歌》。他的诗歌在浪漫主义基础上接受象征派影响而形成独特的风格，对意大利现代诗歌有重要影响。

〔44〕弗朗西斯·雅姆（Francis Jammes，1868—1938），法国诗人和小说家。和马拉美、纪德等人有交往，1948年出版他和纪德的《通信集》。

〔45〕安德烈·谢尼埃（André Chénier，旧译：安德烈·谢尼耶，1762—1794），法国诗人，主要作品有《悲歌集》和《牧歌和田园诗集》，在题材和格律方面受希腊文学影响。他曾赞同法国1789年的大革命，但很快就暴露出他的"温和派"的政治立场，1794年7月被判为"人民公敌"而被送上断头台。尸体被埋葬在巴黎皮克普斯街的一处墓地（Cimetière de Picpus）。该墓地是在当时王家栅栏广场附近。"栅栏"（Barriere）是法国大革命前后（1785—1788）巴黎城外的一堵高墙，有61条通道经此处进入城内，史称"王家栅栏"，凡进入巴黎的商品必须在这里纳税。1794年6月2日至7月27日，巴黎革命法庭下令在王家栅栏广场把1308人在断头台上处死。

〔46〕半俗修女（Begine），不发愿的修女，可随时还俗。

〔47〕1939年9月1日，纳粹德国进攻波兰，9月3日，英、法向德国宣战，第二次世界大战爆发，尔后纳粹德国侵占巴黎，里尔克于1926年在瑞士去世，没有亲身经历纳粹德国侵占巴黎的日子。

〔48〕奥古斯特·罗丹（Auguste Rodin，1840—1917），法国著名雕塑家。采用现实主义创作方法，以丰富多样的绘画性手法塑造神态生动有力的艺术形象，对欧洲近代雕塑的发展有较大影响，但他的雕

塑曾受到法国官方的抨击。代表作有《思想者》、《青铜时代》、《雨果》、《吻》等。著作有《论艺术》传世。

〔49〕 默东（Meudon），法国地名，罗丹晚年居住于此，1917年11月17日在此逝世。

〔50〕 沙特尔（Chartres），位于巴黎西南的城市。该地建于1194年的哥特式主教堂高耸入云，世界闻名。

〔51〕 十五子游戏（Trick-Track），一种双方各有15枚棋子，掷骰子决定行棋格数的游戏。

〔52〕 约瑟夫·张伯伦（Joseph Chamberlain，1836—1914），生于英国伯明翰，出身于伯明翰显赫的工厂主家族。1873—1876年任伯明翰市长。1876年当选下院议员。初为自由党政治家，后为保守党右翼。1895—1903年任殖民大臣，任内宣扬关税保护政策。他有两个儿子，乃异母兄弟。长子奥斯汀·张伯伦（Austen Chamberlain，1863—1937），1924—1929年任英国外交大臣。次子内维尔·张伯伦（Neville Chamberlain，1869—1940），1937—1940年任英国首相，因签订《慕尼黑协定》而闻名。

〔53〕 图索德夫人博物馆（Madame Tussauds），伦敦一家博物馆，1835年由法国妇女玛丽·图索德夫人（1761—1850）创办。馆内藏有以往和当时的名人蜡像，还有一间恐怖物像陈列厅（Chamber of Horrors），展示历史上有名的犯罪事件和刑罚。

〔54〕 阿瑟·西蒙斯（Arthur Symons，1865—1945），英国诗人、文艺评论家，法国象征派诗人的支持者，著有《象征派文学运动》（1899）一书，诗集有《剪影》、《伦敦之夜》等。

〔55〕 威廉·巴特勒·叶芝（William Butler Yeats，1865—1939），爱尔兰诗人、剧作家。出生于都柏林一个画师家庭。晚期创作具有现实主义、象征主义、哲理诗三种因素，尤其是抒情诗，以洗练的口语和含义丰富的象征手法，达到相当高的艺术成就。1923年获诺贝尔文学奖。代表作有抒情诗《茵尼斯弗利岛》、《白鸟》、《钟楼》以及诗剧《心愿之乡》、《胡里痕的凯瑟琳》等。

〔56〕 威廉·布莱克（William Blake，1757—1827），英国诗人和版画家，出生在一个商人家庭，但本人思想倾向激进，支持法国大革命。其诗集《地狱箴言集》中大多数是讽刺诗，表现出诗人的叛逆精

神。代表作是叙事诗合集《先知书》(1789—1820)，继承弥尔顿的传统，借圣经故事反映 18 世纪末的时代精神。

[57] 劳伦斯·比尼恩（Lawrence Binyon），当时任大英博物馆印刷品陈列室主管。生平不详。

[58] 阿奇博尔德·乔治·布罗姆菲尔德·拉塞尔（Archibald George Bromfield Russell，1879—1955），英国艺术评论家，研究威廉·布莱克（William Blake，1757—1827）的专家。

第六章 我的曲折道路

我满怀好奇心在巴黎、英国、意大利、西班牙、比利时、荷兰等地漫游和漂泊[1],本身就十分愉快,而且在许多方面非常有收获。但是,一个人终究还是要有一个固定的住处,以便出去旅行时有一个出发点和有一个回来的归宿——当我今天周游世界已不再是出于自愿而是一种被迫流亡时,我对这一点岂不比任何时候认识得更为清楚?——当时,我已有不少图书、绘画和纪念品,全都是在我离开中学以后的几年中积攒起来的。我的手稿已开始成捆成堆。我终究不可能把这些令人高兴的负担一直装在箱子里,拖着它们周游世界。所以,我在维也纳租了一小套住房。但那里并不是我的真正住所,而仅仅是一个临时歇脚处——法国人喜欢说得这样透彻。因为一种临时的感觉在第一次世界大战前一直神秘地笼罩着我的生活。我每做一件事总要告诫自己,这件事还不是真正算数的。比如说,我的写作,我只是把我的写作当作在我真正开始创作前的试笔。我和异性交朋友也不乏这种临时的感觉。如此说来,我在青年时代的思想感情还不是一种非常负责任的思想感情，一切凭"兴趣爱好"，什么都想试一试，无论是练习写作和玩乐，都漫不经心。到了别人早已结婚、有孩子和有重要身份并且不得不集中精力进行奋斗的年纪，我还始终把自己看作是一个年轻人、一个初学者、一个在自己面前尚有许多充裕时间的起步者，迟迟不为自己做出某种意义上的最后决定。正如我把自己的写作仅仅视为是"真正创作"的预习、无非是预告我的文学生涯的一张名片而已，我的那一套住房也只不过是为自己暂时准备的一个地址罢了。因此我存心在郊区选择一个小单元，不致由于费用昂贵而妨碍我的自由。我也不买特别好的家具，因为我不想把房间"保养"得像我在父母家里所看到的那样——那里的每把扶手椅都有罩套，只是在接待客人的时候才把罩套取下来——我存心避免固定住在维也纳，从而也就避免了和某一个固定的地方在感情上依依不舍。我曾有许多年觉得我培养自己这种临时观念是一个错误。可是后来，当我总是被迫离开我自己亲手建设起来的家园和看到我周围添置的一切遭到破坏时，我觉得我的那种与己无关的神秘的生活感情对我倒是有帮助。我早年学会的那种临时观念，在我遭到伤害和告别家园时，能使我的心情轻松一些。

我那时还不打算在我的第一处住所[2]里添置许多值钱的物品。不过，我已把那张我在伦敦得手的威廉·布莱克的铅笔画《国王约翰》和歌德的一首诗的手迹挂在墙上——那首诗是歌德的最优美的诗作之一，字体飘逸潇洒，当时还是我自中学开始收藏的名人手迹中最佳珍品呢。就像我们整个文学小组热衷于写诗的风气一样，我们当时到处追着诗人、演员和歌唱家们签名；当然，随着中学生活的结束，我们也就放弃了那种写歪诗和征集签名的业余爱好。但是我对搜集天才人物遗墨的兴趣却愈来愈浓，热情愈来愈高。我对单纯的签名已渐渐觉得无所谓，对搜集国际著名人物的名言或某个人的颂词也不感兴趣。我要搜集的是诗歌或乐曲的手迹或原稿，因为一件艺术作品如何问世既反映了作者的生活轨迹又反映了他当时的心态——从而使我的兴趣超过其他的一切。当一节诗、一段旋律从无形之中——从一个天才人物的想象和直觉之中通过字体的定型而问世时，那是最最神秘的一瞬间；而大师们的那些反复推敲过或者说冥思苦想过的原稿岂不比其他任何完成的作品更可以琢磨出这种转变的一瞬间吗？如果在我面前只有一件艺术家已经完成的作品，我还不能说我对这位艺术家已有足够的了解——我相信歌德的话：倘若你想完全领悟伟大的杰作，你不仅要看到作品本身，而且必须了解作品形成过程——因而，一旦我亲眼见到一张贝多芬的最初草稿——尽管上面涂改得乱七八糟——开始时的乐谱和删掉的乐谱纠缠在一起——但几道铅笔线删去的地方却凝聚着他的才气横溢的创作热情。所以，每当我搜集到诗歌的原稿或乐曲的手迹时，我就兴奋不已，因为原稿上的修改会引起我的无限遐想。我会像着了魔似的爱不释手，把这样一张像天书般的陈旧手稿看上半天，就像别人看一幅完美的画像一样。巴尔扎克作品的一张校样——上面的每一句话几乎都修改过，每一行字都反复涂改多次，校样四周的白边由于各种修改记号和字迹已变成黑色——但却会使我欣喜若狂。某一首我喜爱了十多年的诗，一旦我初次见到这首诗的手稿——这首诗的最初问世形式,在我心中就会产生一种虔诚的崇敬感情。我简直不敢碰一下手稿。藏有若干张这样的手稿使我感到自豪。而去搜集这样的手稿——在拍卖时把手稿弄到手或者摸清谁藏有这样的手稿,几乎成了我的业余爱好中最有诱惑力的一件事;在搜集过程中我曾度过了多少紧张的时刻呵!曾遇到过多少令人激动的好运气呵!有一次,我幸亏晚到了一天,因为那里拍卖的一件我非常想要的手迹事后表明是假的;接着又碰到一件奇迹般的事:我手中原本藏有一小件莫扎特的手稿,可是并不令人完全高兴,因为其中的一段乐谱被人剪去了。然而突然之间这一段五十年或一百年前被某一个爱心过切的艺术摧残者剪去的乐谱竟在斯德哥尔摩的一次拍卖会上冒了出来,于是我能把那首咏叹调重新拼全,就像莫扎特一百五十年前遗留下时一模一样。当时我的稿费收入虽然还不足以大批购买别人的手稿,但是任何一个收藏家都知道,当他为了得到一件手迹而不得不牺牲其他的乐趣时,他从那件手迹中所得到的喜悦会有多大。此外,我还要求我的所有那些作家朋友们捐献。罗曼·罗兰给了我一卷他的《约翰·克利斯朵夫》的手稿;里尔克把他的最畅销的作品《旗手克利斯朵夫·里尔克的爱和死亡之歌》[3]的手稿给了我;克洛代尔送给我《给圣母的受胎告知》[4]的手稿;高尔基[5]给了我不少草稿;弗洛伊德把他的一篇论文手稿给了我。他们都知道,没有一家博物馆会精心保存他们的手迹。我收藏的手稿中有不少今天已散失在世界的各个角落,而其他人对这类手稿其实并没有多大兴趣!

有一件将在博物馆里成为最不寻常和最珍贵的陈列

品的文学手稿,虽然不藏在我的柜子内,却藏在我住的同一幢郊区的公寓里。这件事是我后来偶然发现的。在我住房的楼上——在一套和我的房间同样简陋的房间里住着一位头发灰白的老小姐,她的职业是钢琴教师。有一天,她非常客气地站在楼梯上和我说话。她说,我在工作时不得不无意之中听她上钢琴课,这件事使她深感不安,她希望我不会因为她的女学生们的不完美的艺术而受到太多的干扰。接着她在谈话中说起,她的母亲和她住在一起,她的母亲的眼睛已经半瞎,所以几乎不离开自己的房间。她说,她的这位八十岁的老母亲不是别人,正是歌德的保健医生福格尔[6]博士的女儿。一八三〇年,歌德的儿媳奥蒂莉·冯·歌德[7]当着歌德的面为她的母亲洗礼。这使我的头脑感到有点晕乎——到了一九一〇年,世间竟然还有一个受到过歌德的神圣目光注视过的人!由于我对一位天才人物留在世间的一切怀有一种特别崇敬的心情,所以我除了搜集那些手稿之外,还搜集各种我能搜集到的遗物。于是——在我的"第二个人生阶段"[8]——我家里的一个房间成了一间遗物保存室,如果可以这样说的话,房间内放着贝多芬的一张写字台和他的那只小钱匣。贝多芬在重病不起时还从床上伸出那只颤颤巍巍的手从这只小钱匣里一小笔一小笔地取钱给女佣呢;里面还有贝多芬家用账簿的一页记着账的纸和贝多芬的一绺已经灰白的头发。我把歌德的一支羽毛笔放在玻璃盒里保存了多年,以便能摆脱那种想用我的这只不般配的手去拿这支笔的诱惑。而现在竟然还有一个被歌德的圆圆的黑眼睛爱抚地悉心注视过的活人在世界上,这是所有那些没有生命的物件无法比拟的。在我住房楼上的这位风烛残年的老妪把那个崇高的魏玛世界和这幢我偶然遇上的科赫胡同八号楼房联系在一起,但这条连线非常脆弱,随时可能断裂。于是我请求能允许我见见这位德梅丽乌斯[9]太太。我受到那位老太太的亲切接待。我在她的斗室里见到了若干件歌德的家具什器,那是歌德的孙女儿——老太太童年时的女友赠送给她的:有歌德桌子上的一对烛台、几个好像是坐落在魏玛弗劳普兰[10]的那幢府第的徽记似的物件。但是,老太太本人的存在难道不就是一桩真正的奇迹吗?那位老太太在已经稀少的白发上戴着一顶朴素的小帽,嘴巴四周净是皱纹,却非常健谈。她向我详细叙述了她在弗劳普兰的那幢府第里是怎样度过自己少年时代最初十五年的——那幢府第当时还没有像今天这样已成为博物馆的样子。自从这位德国最伟大的诗人歌德永远离开自己的家和这个世界以来,他的故居里的一切物件再也没有动过。老太太像所有的老人一样对她自己的那段童年生活记得一清二楚。她对歌德学会[11]泄露他人隐私的轻率之举感到非常气愤,这使我深受感动。她说,该学会"现已"出版了她的童年时的好友奥蒂莉·冯·歌德的情书。天哪,她说"现已",她完全忘记了奥蒂莉死去已有半个世纪!对老太太来说,歌德宠爱的这位儿媳好像现在还活着似的,还相当年轻;对老太太来说,一切还都在眼前,但在我们看来,早已成为历史的陈迹!我始终感到在她周边有一种幽灵般的氛围。就在我当时住的那幢砖石结构的楼房里——当人们已用电话交谈,点上电灯和使用打字机写信时——只要向上再走二十二级楼梯,人们就会进入到另一个世纪的境界——那里笼罩着歌德世界的神圣阴影。

后来，我还多次遇到过这样一些白发苍苍的老太太，在她们的头脑中一直保存着她们自己红极一时的煊赫世界。其中有李斯特的女儿科西玛·瓦格纳[12]，她的姿态总是那么哀婉、严峻而又雍容；尼采的妹妹伊丽莎白·弗尔斯特[13]，她身材矮小，纤巧窈窕，爱卖弄风情；亚历山大·赫尔岑[14]的女儿奥莉加·莫诺[15]，她儿时常常坐在托尔斯泰的膝盖上。我还曾听到过晚年的格奥尔·勃兰兑斯向我讲述他遇见惠特曼、福楼拜[16]、狄更斯等人的情景；我也听到过里夏德·施特劳斯向我描述他是怎样第一次见到里夏德·瓦格纳的。但是所有这些人，都没有像老态龙钟的德梅丽乌斯那样使我感慨万千，她是在活着的人中间最后一个被歌德的目光注视过的人。而我自己可能也是今天能说这种话的最后一个人：我曾亲眼见过一个被歌德的手轻轻抚摸过头的人。

现在，我总算在出门旅行的相隔期间找到了一个临时歇脚之处。而更重要的是，我与此同时还找到了另一个家——那家三十年来一直维护和促进着我的整个事业的出版社。对一个作家而言，选择哪家出版社是一生中的关键时刻。而我在此前并未面临过这样的选择，这是最幸运不过的了。若干年以前，曾有一位非常有文化修养的喜好文学创作的人有了这样一个想法：他宁愿把自己的财产花在一件文艺作品上，而不愿花在一匹参加竞赛的骏马的饲养上。此人就是阿尔弗雷德·瓦尔特·冯·海梅尔[17]。他本人作为一个诗人，成绩并不可观。他决定在德国创办一家出版社，这家出版社将不注重赚钱与否，甚至事先就打算长期亏本,决定出版与否的标准将不是销路如何,而是一部作品的内在价值。而当时德国的出版事业到处都一样:主要是从商业的观点出发。海梅尔不打算出版消遣性的读物,即便这类读物非常赚钱。相反,他倒愿意为那些最玄奥和最艰深难懂的作品提供出版机会。他的这家高雅出版社的座右铭是:专门收集一切纯粹追求艺术形式最完美的作品。因此,最初真正认识这家出版社价值的行家并不多。但出版社却以自己的与众不同而孤芳自赏,故意把自己的出版社命名为"岛屿",即后来的"岛屿出版社"。诚然,出版的作品绝非是一般的大路货,而是每部作品都印刷精美,装帧考究,使外在的形式与完美的内容完全相称。所以,每一部作品无论是封面设计、版心排列,还是铅字大小、纸张选择,都会遇到新的具体问题。即使像广告目录、信纸这样一些小事,这家注重信誉的出版社也都考虑得十分周全。譬如说,我今天记不得在以往的三十年间由该出版社出版的我的任何一本书中有一个印刷错误,我也记不得有哪一封信中有过一行修改过的字句。各种事情,包括最小的细节,都体现出争当楷模的抱负。

霍夫曼斯塔尔和里尔克的抒情诗就是由岛屿出版社编选成册的,而且由于这两位诗人当时还健在,所以这家出版社从一开始就为自己定下了最高的标准。因此,人们完全可以想象,二十六岁的我被誉为这家"岛屿出版社"的固定作者之一,我会感到何等的喜悦和自豪!从表面上看,这种身份固然提高了我在文学界的地位,但从实质上说,同时也加强了我的责任感。谁跻身于这种佼佼者的行列,谁就得严于律己和审慎行事,绝不可以粗制滥造,也不可以像新闻记者似的急就章。因为一本书上的岛屿出版社商标从一开始就强调要为数以千计的人和后来数以万计的人确保该书的内容质量,同样也要确保该书的第一流印刷装帧的完美。

我年纪轻轻就碰上了这样一家年轻的出版社,并且和它一起在事业上共同发展,对于一个作者来说没有比这更幸运的了。因为唯有这种共同的发展才会真正创造出一种作者及其作品和读者世界之间的有机的活生生的联系。不久,我和岛屿出版社社长基彭贝格教授[18]建立了诚挚的友谊,这种友谊还由于我们双方都热衷于私人收藏手稿而得到加强。因为在我们互相交往的三十年间,基彭贝格收集歌德遗物和我收藏手迹一样,都是私人收藏家中的巨富。我常常从他那里得到宝贵的建议和忠告,另一方面,我也能用我对外国文学的专门了解给他许多重要的启发。于是,在我的建议下,"岛屿丛书"诞生了。这套丛书以数以百万计的发行量仿佛在原来的"象牙之塔"周围筑起一座巨大的世界之城,同时也使岛屿出版社成为最有名望的德语出版社之一。三十年后,我们的处境和开始之时完全不一样:原来是一家小企业岛屿出版社,现已成为最大的出版社之一;当初我毕竟只是一个在较小的圈子内发生影响的作者,而今已成为拥有德国最大读者群的作者之一。说真的,要破坏这种对我和基彭贝格来说都是幸运的不言而喻的关系,只能是一场世界性的大灾难和最野蛮的法令的暴力。我今天不得不承认:要我远离家园和故土倒还不觉得太难受,但是再也见不到我的书上那个熟悉的岛屿出版社的商标,却使我痛苦不堪。

我前进的道路已经畅通。虽然我很早——几乎有点不太适宜——就发表作品，但我自己心中有数，我在二十六岁前并未写出真正的作品。我在青年时代的最大收获就是我和当时最杰出的具有独创性的人物的交往和友谊，而这却成了我在创作中的危险障碍。由于我见识多了，反倒使我不知道什么是真正有价值的创作。这不禁使我迟疑起来。由于我心中无底，所以我在二十六岁前发表的作品，除了翻译之外，净是规模较小的中篇小说和诗歌，好长一段时间，我一直没有勇气写一部长篇小说（当时想，真要有这种勇气，说不定还要等三十年呢），这也是为了在经济上求稳。我第一次敢于在文学形式方面进行较大的尝试，是在戏剧创作方面。并在这第一次尝试以后，一些良好的预兆使我很快陷入巨大的创作欲之中。我在一九〇五年或一九〇六年的夏天写过一出剧——当然，完全按照我们当时的时代风格，是一部诗剧，况且是仿古式样。这出剧叫《忒耳西忒斯》[19]，至于说到这部诗剧，我以后再也没有让它再版——我三十二岁前发表的全部著作，我几乎都没有让它们再版——这一事实足以说明，我今天之所以提到这出戏剧，只是觉得它在形式上还可以，但尽管如此，这出剧却已显示了我的创作思想的一个明显的个性特征，即从不愿意为那些所谓的"英雄人物"歌功颂德，而始终只着眼于失败者们的悲情。在我的中篇小说中，主人公都是一些抵抗不住命运摆布的人物——他们深深吸引着我。在我的传记文学中，我不写在现实生活中取得成功的人物，而只写那些保持着崇高道德精神的人物。譬如，我不写马丁·路德[20]而写伊拉斯谟[21];不写伊丽莎白一世[22]而写玛利亚·斯图亚特[23];不写加尔文[24]而写卡斯泰利奥[25]。所以,我当时在自己的这出《忒耳西忒斯》的诗剧中也不把阿喀琉斯[26]当作主人公,而是把他的对手中最不起眼的忒耳西忒斯当作主人公。也就是说,我的剧中的主人公是历经苦难的人,而不是以自己的力量和坚定的目标给别人带来痛苦的人。我没有把完稿的《忒耳西忒斯》剧本拿给我的一位朋友——一名演员看,我在这方面是有自知之明的。我知道,用无韵诗写的剧本,加之要用古希腊的道具服装,这样的剧本即便是出自索福克勒斯[27]或莎士比亚之手,也很难在现实生活的舞台上"创造票房价值"。我只是为了走走形式,才给几家大剧院寄去几册剧本,而且随后也就完全忘却了这件事。

因此,当我大约三个月后接到一封信封上印有"柏林王家剧院"字样的信件时,我不胜惊讶。我想,普鲁士的国家剧院会向我要求些什么呢。出乎我意料的是,剧院经理路德维希·巴奈[28]——他以前是德国最著名的演员之一——竟告诉我说,我的这出剧给他留下非常深刻的印象,尤其使他高兴的是,他终于找到了阿达尔贝特·马特夫科斯基[29]长久以来一直想扮演的阿喀琉斯这个角色,因此,他请我允许他在柏林的王家剧院首演这出剧。

我简直惊喜得目瞪口呆。在当时,德意志民族只有两位伟大的演员:阿达尔贝特·马特科夫斯基和约瑟夫·凯因茨。前者是北德意志人,气质浑厚,热情奔放,为他人所不能及;后者是我的老乡维也纳人,神态温文尔雅,善于台词处理,时而悠扬,时而铿锵,运用自如,无人能与之比肩。而现在,将由马特科夫斯基来再现我塑造的阿喀琉斯这个人物,由他来诵念我的诗句;我的这出剧将得到德意志帝国首都最有名望的剧院的扶植——我觉得,这将为我创作戏剧的生涯开创无限美好的前景,而这是我从未想到过的。

不过,从那以后我也总算长了一智:在舞台的帷幕真正拉开以前,是绝不能为一切还在筹划中的演出而高兴的。虽然事实上已开始进行一次又一次的排练,而且朋友们也向我保证说,马特科夫斯基在排练我写的那些诗句台词时所表现的那种雄伟气派是从未有过的。但当我已经订好了前往柏林的卧铺车票以后,我却在最后一刻钟接到这样一封电报:因马特科夫斯基患病,演出延期。开始我以为这是一个借口——当剧院不能遵守期限或者不能履行自己的诺言时,剧院通常都是采用这种借口。可是几天以后,报纸上登出了马特科夫斯基逝世的消息。我的剧本中的诗句竟成了他的那张善于朗诵的嘴最后念过的台词。

算了,我心里想,就此结束吧。虽然现在还有其他两家宫廷剧院——德累斯顿剧院和卡塞尔[30]剧院愿意演出我的这出剧,但我已兴味索然。马特科夫斯基去世后,我想不出还有谁能演阿喀琉斯这个角色。可是,不久我又得到一个更为令人惊异的消息:一天早晨,一位朋友将我唤醒,告诉我说,他是约瑟夫·凯因茨让他来的。他说,凯因茨也碰巧读到过我的剧本,凯因茨觉得他自己适合演剧中的悲剧人物忒耳西忒斯,而不是这个人物的对手阿喀琉斯——这个角色正是马特科夫斯基打算要演的;他还说,凯因茨将立刻为此事和维也纳的城堡剧院联系。当时城堡剧院的经理是来自柏林的保罗·施伦特[31]，他恰恰是一位合乎时代潮流的现实主义的开路先锋，他以现实主义文学的原则领导着维也纳的这家宫廷剧院（这使维也纳人非常不快）；施伦特很快给我来信说，他也看到了我的剧本中令人感兴趣的地方，可惜他看不出除了首演以外有取得巨大成功的可能性。

算了，我心里又这么想。我对自己以及对我的文学作品从来都是抱怀疑态度的。可是凯因茨却愤愤不平，他立刻把我请到他那里去。这是我第一次面见这位我青年时代崇拜的偶像——我们当时作为中学生对他真是崇拜得五体投地。他虽年已五旬，但体态轻灵，容光焕发，黑色的眼睛炯炯有神。听他讲话简直是一种享受，即使是在私下交谈中，他吐字也十分清楚。每一个辅音发得非常清脆，每一个元音明亮而又清晰。只要我听到过他朗诵的某一首诗，那么我就会至今也朗诵不好这首诗，因为相比之下我不具备他吟诗时的那种抑扬顿挫、韵律明显、铿锵有力的嗓音。听他说德语，是我从未有过的一件快事。而现在，这位我曾奉若神明的人物却因他未能使我的剧本上演，而向我这样一个年轻人表示歉意，并一再强调：但愿我们从此以后再也不要失去联系。他说，他实在是有一件事有求于我——我几乎喜形于色：凯因茨竟有求于我！——他现在有许多客串演出的任务，为此他已准备了两出独幕剧，但他还需要第三出独幕剧。他的初步设想是，编一出小短剧，尽可能用诗体，最好带有那种感情奔放的连篇台词；我知道，他凭借自己卓绝的台词技巧从来能一口气把这种连篇台词瓢泼大雨般地倾注给一群屏息聆听的观众（这是德语戏剧艺术中绝无仅有的)。他问我,我能否为他写一出这样的独幕剧。

我答应试试。正如歌德所说,有时候意志能"指挥诗兴"。我完成了一出独幕剧的初稿,即《粉墨登场的喜剧演员》[32],这是一出洛可可式的十分轻松的玩意儿,有两大段富有戏剧性的抒情独白。我尽量领会凯因茨的气质和他念台词的方式,以便我下笔时能在无意之中使每一句台词都符合他的愿望。所以这部应命剧作写起来倒很顺手,不仅显得娴熟,而且充满热情。三个星期以后,我把一部已经写上一首"咏叹调"的半成品草稿给凯因茨看。他由衷地感到高兴,当即从手稿中把那一长篇台词吟诵了两遍,当他吟诵第二遍时已十分完美,使我难以忘怀。他问我还需要多少时间。显然,他已急不可待。我说一个月。他说,好极了!正合适!他说,他现在要到德国去进行一次为期数周的访问演出,等他回来以后一定马上排练我的这出短剧,因为这出剧是属于城堡剧院的。随后他又向我许诺:不管他到哪里,他都要把这出剧当作他的保留节目,因为这出剧对他来说就像自己的一只手套那样合适。他握着我的一只手,由衷地摇晃了三遍,把这句话也重复了三遍:"像自己的手套一样合适!"

显然,他在起程以前就已经使城堡剧院上下情绪激动,因为剧院经理亲自打电话给我说,我可以把这出独幕剧的草稿拿给他看;而且他很快就把剧本拿走,先排练起来。围绕凯因茨的这个主角的其他角色也都已分配给城堡剧院的其他演员们去排练。看来,我没有下特别大的赌注又成了大赢家,我赢得了城堡剧院——我们城市的骄傲,再说，当时在城堡剧院里除了城堡剧院的女演员杜塞[33]以外还有一位当时最伟大的男演员凯因茨将在我的一部剧作里扮演角色呢。这对一个刚开始写剧本的人来说，享受到的荣誉好像太多了一点。我现在面临的唯一危险，无非是在剧本完成以前凯因茨可能改变自己的主意，但这似乎不太可能！话虽这么说，我现在毕竟变得有点急不可待。一天，我终于在报纸上读到凯因茨访问演出回来的消息。出于礼貌，我迟疑了两天，没有在他刚一到就立刻去打搅他。不过到了第三天，我终于鼓起勇气把我的一张名片递给了扎赫尔大饭店的那个我相当熟悉的老看门人，我说："请交给宫廷演员凯因茨先生！"那老头透过夹鼻眼镜惊愕地望着我，说道："您真的还不知道吗？博士先生。"不，我一点也不知道。"他们今天早晨已把他送到疗养院去了。"那时我才获悉：凯因茨是因身患重病才回来的，他在巡回演出中面对毫无预感的观众，顽强地忍受着剧痛，最后一次表演了自己最拿手的角色。第二天他在疗养院因癌症而接受了手术。根据当时报纸上的报道，我们还抱有希望：他会康复。我曾到病榻旁去探望过他。他躺在那里，显得非常疲倦、憔悴、虚弱；一对黑眼睛在皮包骨头的脸上显得比平时更大了。使我吃惊的是：在他的非常善于辞令、永远充满青春活力的嘴巴上面第一次露出了灰白的胡须。我看到的是一个行将就木的老人。他苦笑着对我说："天主还会让我演出我们的那出剧吗？那出剧可能还会使我康复呢。"可是几个星期以后，我们已站在他的灵柩旁。

人们将会明白，我继续坚持戏剧创作其实是一件不愉快的事。而且在我刚把一部新的剧作交给一家剧院之后，我就会情不自禁地开始忧心忡忡。你想呀，德意志最有名的两位演员——马特科夫斯基和凯因茨——在他们把我写的台词当作生前最后的节目排练完后就相继去世，这使我开始迷信起来——我不羞于承认这一点。一直到若干年后，我才重新振作精神写剧本。当城堡剧院的新经理阿尔弗雷德·贝格尔男爵[34]——他是一位杰出的戏剧行家和演讲大师——很快采纳了我的剧本时，我几乎是怀着一种不安的心情看着那份经过挑选的演员名单，然后好像松口气似的说道："谢天谢地，名单里没有一个著名演员！"我说这句话是用悖论的方式：既然没有著名演员，那么也就不会有上两回似的厄运。可是不可思议的事还在后头呢。俗话说：凶煞之神不是从这一扇小门悄悄溜进来，就是从那一扇小门悄悄溜进来。我事先只想到了那些演员们，却没有想到剧院经理阿尔弗雷德·贝格尔男爵本人——他原本打算亲自导演我写的悲剧《海滨之屋》[35]，并已写完导演手本。但事实是：十四天后，在第一次排练开始以前，他就去世了。看来，对我戏剧创作的咒语还一直在应验呢。即使到了十多年以后，当《耶利米》[36]和《狐狸》[37]在第一次世界大战后的舞台上用各种可能想到的语言演出时，我仍有不祥之感。我有意违背自己的好恶行事。一九三一年，我把一部已完成的新剧《可怜的羔羊》[38]寄给我的朋友亚历山大·莫伊西[39]。有一天我接到他的电报，问我是否可以在首演时为他保留那个主角。莫伊西，他从自己意大利的故乡把一副悦耳的优美嗓音带到德语舞台上，而在此之前他在德语剧坛是默默无闻的。他是当时约瑟夫·凯因茨的唯一的一个卓越继承人。从外表上看，他非常富有魅力，思路敏捷、生气勃勃，而且还是一个心地善良、热心肠的人，他给每一部剧作赋予一些他个人特有的魅力；我想不出还有更理想的人可代替他演那个主角。不过尽管如此，当他向我提出那个建议时，我还是托词拒绝了，因为我顿时想起了马特科夫斯基和凯因茨，但我没有向他披露这个真正的理由。我知道，他从凯因茨手中继承了那枚所谓伊夫兰特指环[40]——这位德语舞台上最伟大的演员总是把这枚指环传给他的最杰出的继承人。难道莫伊西最后不会遭到和凯因茨同样的命运吗？不管怎么说，我自己是再也不愿让一个当时最伟大的德语演员作为碰上厄运的第三人了，于是，我出于迷信，同时也是出于对莫伊西的爱，我放弃了那次由他主演的完美演出——那次对我的剧作几乎具有决定性影响的演出。然而，尽管我没有同意让他扮演我剧中的主角，而且从那以后再也没有向戏剧界奉献新作，但我仍不能由于我做出了这样的牺牲而保佑他安然无恙。虽然我没有任何过错，我却总是被纠缠到莫名其妙的灾祸中去。

我心里明白，别人会怀疑我在讲一个鬼故事。马特科夫斯基和凯因茨的遭遇可以被解释为意外的厄运。可是在他们以后，莫伊西的厄运又该怎么解释呢？因为我根本没有同意让他扮演我剧中的角色，而且从那以后我再也没有写过一出新剧。事情是这样的：许多许多年以后，即一九三五年的夏天——我在这里把自己编年史中的事件提前说了——当时我在苏黎世，我完全没有想到我会突然接到亚历山大·莫伊西从米兰发来的电报，电报说他晚上要到苏黎世来找我，并请我无论如何要等他。我心里想，真是怪事。他干吗要这么急着找我呢,我又没有写出什么新剧本,而且多少年来我对戏剧已变得相当冷漠。但是可想而知,我会高兴地等待他的到来,因为我确实喜欢这个热情、诚恳的人,把他视同兄弟一般。他一走下车厢就向我迎来。我们按照意大利人的方式拥抱。当我们坐着小轿车离开火车站时,他就急急忙忙地对我讲,我要为他做的是什么事。他说,他有一件事求我,而且是一件大事。他说,皮兰德娄[41]为了向他表示特别的敬意,决定把自己的新剧作《束手无策》[42]交给他来首演,而且不仅仅是在意大利举行首演,而是要举行一次真正世界性的首演,也就是说,首演应当在维也纳举行,并且要用德语。像皮兰德娄这样一位意大利的戏剧大师让自己的作品优先在外国演出,这还是第一次。以前,即便像对巴黎这样的城市,他也从未下过这样的决心。但是皮兰德娄怕在翻译过程中失去了他的语言的音乐性和感染力,因此他有一个殷切的希望,即希望不要随随便便找一个译者,而是希望由我来把他的剧作译成德语,因为他长久以来对我的语言方面的造诣至为钦佩。莫伊西说,皮兰德娄当然也曾犹豫不决,他想他怎么能指望我把时间浪费在翻译上呢!所以他——莫伊西当了说客,来向我转达皮兰德娄的请求。虽然多年以来我事实上早已不再搞翻译,但是出于我对皮兰德娄的尊敬——我曾和他有过几次高兴的会面——我不好使他失望;而最主要的是,能对像莫伊西这样知心的朋友表示我的友情,对我来说是一种莫大的愉快。于是我把自己的工作搁了一两个星期;几周以后,皮兰德娄的剧本将用我的译文准备在维也纳举行世界性的首演。加之当时某些政治背景,该剧肯定会非常轰动。皮兰德娄答应亲自来参加。而且由于当时墨索里尼[43]还是奥地利的公开的保护人,因此以墨索里尼首相为首的全体官方人物也都已答应出席。首演的那天晚上应当同时成为奥意友谊的一次政治性展示(所谓友谊,实际上是奥地利沦为意大利的保护国)。

我本人在开始第一次彩排的那几天恰巧在维也纳。我将为我能再次见到皮兰德娄而感到高兴。我一直盼望着能听到莫伊西用悦耳的嗓音道白我译的台词。可是真像鬼魂作怪一样,在经过了四分之一世纪以后,那可怕的怪事又重演了。当我有一天清晨打开报纸时,我读到这样一条消息:莫伊西患着严重的流行性感冒从瑞士来到维也纳;因他患病,排练将不得不延期。我想,流行性感冒不会十分严重。但是当我为探望我的这位生病的朋友而走到旅馆门口时,我的心却怦怦地跳个不停——我安慰自己说,天哪,幸亏不是扎赫尔大饭店,而是格兰特大饭店——当年我徒劳地去探望凯因茨的情景倏然在我脑际浮现出来。然而,同样的厄运恰恰在经过四分之一世纪以后又在一位当时最伟大的德语演员身上重演了。由于高烧,他已神志昏迷,我没有被允许再看一看莫伊西。两天以后,我站在他的灵柩前,而不是在排练时见到他——一切都像当年的凯因茨一样。

我在这里提前谈到那种和我的戏剧创作神秘联系在一起的魔力最后一次应验的情况。不言而喻,在我今天看来,这种厄运的重演纯属偶然。但在当时,马特科夫斯基和凯因茨的相继迅速死亡无疑对我人生的走向起过决定性的作用。假若当年马特科夫斯基在柏林，凯因茨在维也纳，把二十六岁的我所创作的最初的剧本搬上了舞台，那么我就会借助他们的艺术——他们的艺术能使最不成熟的剧作获得成功——相当迅速地——或许迅速得没有道理——在广大公众面前成名，我就会因此而耽误逐渐学习和了解世界的岁月。剧坛最初很可能为我提供各种非常诱人的、连我自己都不敢梦想的前景；可是到了最后一刻钟，剧坛又冷酷无情地把这种前景从我手中夺走，可想而知，我当时觉得这是命中注定。但是，把偶然的事件和命运等同起来，仅仅是青年时代最初几年的事。后来我知道，一个人的生活道路原来是由内在因素决定的；看来，我们的人生道路常常会偏离我们的愿望，而且非常莫名其妙和没有道理，但我们的人生道路最终还是会把我们引向我们自己看不见的目标。

注 释

〔1〕 本章原文标题是：*Umwege auf dem Wege zu mir selbst*。斯蒂芬·茨威格于1904—1905年在巴黎逗留；从巴黎过过英国，并常去比利时；1906年去意大利、西班牙和荷兰旅行。

〔2〕 1907年，斯蒂芬·茨威格迁入他自己在维也纳的第一处寓所：维也纳八区科赫胡同8号。（Wien Ⅷ., Kochgasse 8.）

〔3〕《旗手克利斯朵夫·里尔克的爱和死亡之歌》是里尔克于1899年在和他的情人——女作家露·安德烈亚斯·莎乐美相处的日子里开始创作并于1906年出版的诗集，诗歌中借用匈牙利抗击土耳其入侵时期一个青年旗手的初恋和阵亡的故事，抒发他自己对爱情和"英雄业绩"的向往，反映了当时青年的情绪，是他的最风靡的作品。

〔4〕《给圣母的受胎告知》（*l'Annonce faite à Marie*），是法国诗人和剧作家保罗·克洛代尔（Paul Claudel，1868—1955）于1912年发表的作品，以中世纪神秘的语调颂扬克己和牺牲的精神。

〔5〕 马克西姆·高尔基（Максим Горький，1868—1936），俄罗斯作家和前苏联文学的奠基人。1898年两卷集《随笔与短篇小说》出版，从此登上俄罗斯和欧洲文坛。曾任全苏第一次作家代表大会主席。1935年被选为苏维埃中央执行委员会委员。代表作：自传性三部曲《童年》、《在人间》、《我的大学》，以及《海燕之歌》、《克里姆·萨姆金的一生》和论著《论社会主义现实主义》等。

〔6〕 卡尔·福格尔（Karl Vogel），歌德的保健医生，生平不详。

〔7〕 奥蒂莉·冯·歌德（Ottilie von Goethe），歌德的儿媳，即歌德的儿子奥古斯特·歌德的妻子。

〔8〕 我的"第二个人生阶段"，是指斯蒂芬·茨威格和他的第一任妻子弗里德里克·冯·温特尼茨（Friderike von Winternitz，1882—1971）于1920年举行婚礼后共同生活的时期，自1919年起，他们居住在奥地利萨尔茨堡附近卡普齐内山9号住宅（am Kapuzinerberg 9）；

1937年两人分手,该住宅于1937年5月被出售。此前斯蒂芬·茨威格已于1934年移居伦敦。

〔9〕 德梅丽乌斯(Demelius),歌德的保健医生卡尔·福格尔(Karl Vogel)的女儿。

〔10〕 歌德在魏玛的故居坐落在弗劳普兰(Frauenplan)。

〔11〕 歌德学会(Goethegesellschaft),德国研究歌德的一个学术团体。

〔12〕 科西玛·瓦格纳(Cosima Wagner,1837—1930),音乐家李斯特的女儿,后来成为作曲家和诗人里夏德·瓦格纳的妻子。里夏德·瓦格纳,参阅本书第一章《太平世界》注〔65〕。

〔13〕 伊丽莎白·弗尔斯特-尼采(Elisabeth Förster-Nietzsche,1846—1935),德国女作家,尼采的妹妹,1885年和伯恩哈德·弗尔斯特(Bernhard Förster)结婚,在她丈夫于1889年去世后,一直作为她哥哥尼采的助手、秘书和护士而工作,直至尼采1900年逝世。她写过许多关于尼采的书。

〔14〕 亚历山大·伊万诺维奇·赫尔岑(Александр Иванович Герцен,1812—1870),俄罗斯作家、政论家、哲学家、革命活动家。1812年4月6日出生于莫斯科一个大贵族家庭。1829年入莫斯科大学数理科学习。1833年大学毕业后,因计划出版宣传革命思想的刊物而于1834年以"对社会十分危险的自由思想者"的罪名而被捕,先后两次被流放。在长达6年的流放期间多方面接触黑暗的社会现实,加深了对专制农奴制度的憎恨和对下层民众的同情。19世纪40年代形成唯物主义世界观,主要哲学著作《科学上一知半解》(1843)、《自然研究通信》(1845),继承黑格尔的辩证法和费尔巴哈的唯物主义。由于在沙皇专制统治下无法进行社会活动,1847年携家赴法国,成为政治流亡者。1852年8月移居伦敦,直至1869年秋。晚年侨居日内瓦,把视线转向"马克思领导的国际",寄希望于"劳工世界"。1870年1月21日在巴黎逝世。赫尔岑的主要代表作有长篇小说《谁之罪?》、七卷本《往事与随想》,这是一部包括日记、书信、随笔、政论和杂感的巨型回忆录。但其许多著作在俄国长期被禁,1905年后才准印行。

〔15〕 奥莉加·莫诺(Ольга Моно),赫尔岑的女儿。

〔16〕 古斯塔夫·福楼拜(Gustave Flaubert,1821—1880),法国著名

作家。父亲是外科医师。福楼拜青年时在巴黎学法律，二十三岁时因病辍学。1844年父亲去世，留下田产，成为福楼拜生活的主要来源。福楼拜终身未娶，曾精心指导另一位法国著名小说家莫泊桑的文学创作，因为莫泊桑的母亲和舅父均为福楼拜的好友。1857年，三十五岁的福楼拜发表第一部小说《包法利夫人》，一举成名，永载史册。其他重要作品还有再现二千年前迦太基内战的历史小说《萨朗宝》以及《圣·安东的诱惑》和《三故事》等。

〔17〕 阿尔弗雷德·瓦尔特·冯·海梅尔（Alfred Walter von Heymel，1878—1914），德国诗人、戏剧家和小说家，但他在文学史上的最大贡献是创办了德语杂志《岛屿》（*Die Insel*）和以后的岛屿出版社，扶植了一大批年轻的文学人才。

〔18〕 安东·基彭贝格（Anton Kippenberg，1874—1950），德国出版家和收藏家。1905年起任岛屿出版社社长，他私人收藏的歌德手稿今天陈列在杜塞尔多夫的歌德博物馆。1938—1950年任歌德学会会长。

〔19〕 忒耳西忒斯（Tersites）是荷马史诗《伊利亚特》特洛伊战争希腊联军中的普通一兵，在史诗中被描绘为一个饶舌、粗鲁、乖戾的驼背瘸子，后被希腊联军主将阿喀琉斯一拳打死。但在茨威格于1907年发表的三幕无韵诗体悲剧《忒耳西忒斯》中，情节和人物形象完全不同于荷马史诗，尤其是剧中的爱情故事。剧中的主角是非英雄人物忒耳西忒斯，而不是英雄人物阿喀琉斯。在茨威格的笔下，忒耳西忒斯固然依旧丑陋、怯懦、无能，但茨威格重墨刻画的是他的诚实和富于人性。阿喀琉斯虽然英武善战，但十分残忍。剧中的女俘忒勒伊亚内心充满矛盾。她出于爱情愿意追随阿喀琉斯，而阿喀琉斯对她则冷漠无情，甚至打算将她作为奴隶转赠他人。女俘由爱而恨，图谋反抗，但最终还是死于阿喀琉斯的刀剑之下。忒耳西忒斯也倾心于忒勒伊亚，但自惭形秽，不敢造次，只是当他看到忒勒伊亚被阿喀琉斯刺死时，他才勇敢地扑向阿喀琉斯，厉声谴责后者的无道，顿时使自己显得比阿喀琉斯更有光辉。此剧于1908年11月26日在德累斯顿和卡塞尔同时上演，获得成功。此剧显示出茨威格以后的作品大都是表现"悲情人物"的崇高精神，而不是为"英雄人物"歌功颂德。参阅中译

本《特西特斯》，章鹏高译，辑入张玉书主编《斯台芬·茨威格集》（戏剧），北京：华夏出版社，2000年1月第1版。

〔20〕 马丁·路德（Martin Luther，1483—1546），德意志宗教改革家。16世纪欧洲宗教改革发起者之一。基督教新教路德宗创始人。公布《九十五条论纲》（1517），抨击教廷发售赎罪券，否定教皇权威，将《圣经》译成德语。

〔21〕 伊拉斯谟（Desiderius Erasmus von Rotterdam，约1469—1536），欧洲文艺复兴后期最伟大的人文主义者，出生于荷兰鹿特丹，故称"鹿特丹的伊拉斯谟"，幼年时父母双亡，被亲戚送入修道院，1492年被授予教士圣职，1495年在巴黎蒙太古神学院修读神学，尔后在法、英、意等国游学和教书。伊拉斯谟的传世名著有《古代西方名言词典》、《赞美傻气》、《拉丁语常用会话》等，1516年出版的由伊拉斯谟翻译注疏的《圣经·新约》希腊语拉丁语双语文本得到当时教皇的称赞，此书是日后马丁·路德将《圣经》译成德语的蓝本。伊拉斯谟在其讽喻作品《赞美傻气》中揭示和批评当时社会和教会的种种弊端，对反封建和反腐败的斗争起过积极作用，但其本人不赞同用暴力进行宗教改革。参阅斯蒂芬·茨威格著、舒昌善译、（北京）三联书店2017年8月出版的《鹿特丹的伊拉斯谟——辉煌与悲情》。

〔22〕 伊丽莎白一世（Elisabeth I.，1533—1603），英国都铎王朝女王，1558—1603年在位。

〔23〕 玛利亚·斯图亚特（Marry Stuart，1542—1587），16世纪苏格兰女王，美貌出众，善诗文音乐，但一生曲折坎坷，后为继承英国王位的纠纷而被伊丽莎白一世处死，时年四十四岁。茨威格著有人物传记《玛利亚·斯图亚特》（*Maria Stuart*，1935），有中译本。

〔24〕 让·加尔文（Jean Calvin，1509—1564），16世纪欧洲宗教改革家，在法国出生，1533年改奉新教，是年法国政府迫害新教徒而逃往瑞士巴塞尔，1541年后长期定居日内瓦，创立新教加尔文宗。在他领导下，日内瓦成为一个政教合一的神权共和国。有人称他为日内瓦的教皇。他掌权后，敌视其他教派，曾以"异端"罪名火刑处死西班牙神学家塞尔维特等五十余人。

〔25〕 塞巴斯蒂安·卡斯泰利奥（Sebastian Castellio，1515—1563），瑞士人文主义者和宗教改革家，在法国出生。1540年和加尔文相识，1541年随加尔文到日内瓦，在当地任中学校长。1545年因在宗教上意见分歧而和加尔文关系破裂，随后迁居巴塞尔，任希腊语教授。曾将《圣经》译成法语和拉丁语。1551年，他在《圣经》的拉丁文译本中就主张宗教信仰上的宽容；1554年，由于塞尔维特等人以"异端"罪名被加尔文用火刑处死，他用化名发表了《驳加尔文书》，从而使他成为现代宽容思想的主要代表。参阅斯蒂芬·茨威格著、舒昌善译《良知对抗暴力——卡斯泰利奥对抗加尔文》（*Ein Gewissen gegen die Gewalt oder Castellio gegen Calvin*，1936），北京：三联书店2017年8月版。

〔26〕 阿喀琉斯（Achill），荷马史诗《伊利亚特》中希腊联军的主将。

〔27〕 索福克勒斯（Sophocles，公元前496？—前406年），古希腊三大悲剧诗人之一，据说一生共创作123部剧本，其创作反映了雅典民主制盛极而衰时期的社会生活，也是古希腊悲剧艺术已臻成熟的标志。但流传至今的仅有七部悲剧，其中以《俄狄浦斯王》和《安提戈涅》最为著名。

〔28〕 路德维希·巴奈（Ludwig Barnay，1842—1924），德国著名性格演员，因饰演莎士比亚戏剧中的哈姆雷特和《尤利乌斯·恺撒》中的安东尼而闻名。

〔29〕 阿达尔贝特·马特科夫斯基（Adalbert Matkowsky，1857—1909），德国著名话剧演员，曾演过罗密欧、哈姆雷特、威廉·退尔等角色。

〔30〕 卡塞尔（Kassel），德国黑森（Hessen）州首府，1803年以后曾是黑森选帝侯卡塞尔的宫廷所在地。

〔31〕 保罗·施伦特（Paul Schlenther，1854—1916），德国著名剧评家，自然主义戏剧的促进者，为宣传易卜生和豪普特曼起过重要作用，1898—1910年任维也纳城堡剧院经理。主要著作有《格哈特·豪普特曼》（1898）。

〔32〕 1910年，茨威格完成诗体独幕剧《粉墨登场的喜剧演员》（*Der verwandelte Komödiant*），原定在维也纳城堡剧院上演，但由于扮演主角（喜剧演员）的凯因茨去世而未能实现。1912年5月5

日,该剧在布雷斯劳(Breslau,当年属普鲁士王国版图,今波兰城市弗罗茨瓦夫,在柏林东南295公里处)的洛贝特(Lobert)剧院首演。独幕剧共分8场,有5个角色:侯爵、伯爵夫人R.(侯爵的情人)、骑士、喜剧演员、宫廷侍女。剧情并非是喜剧演员表演什么逗乐的节目,而是喜剧演员和伯爵夫人R.之间富有哲理性的大段韵文对白。这个男喜剧演员还相当年轻,将近20岁,身材修长,举止灵活,打扮入时,为了在宫廷贵妇面前表现得尽可能谦卑,说话吞吞吐吐。他说,他曾上过大学,后因经商不善,负债累累而改行当了喜剧演员。但在德意志土地上,这门高尚的艺术——喜剧已变了味,尤其是在宫廷里当喜剧演员,是伺候人的差使,生活之艰辛,似同乞丐。他在最后的大段台词中说道:喜剧是一种稍纵即逝的表演,如果我的表演使您喜欢,我当然要感谢您。这是短暂的一小时,说笑和逗趣毫不费劲地尽在其中。但是我期盼的并非仅仅是您的微笑。我发自肺腑地再说一遍,我期盼的是:您高兴的眼泪将会引起您严肃的感动。

〔33〕埃莱奥诺拉·杜塞(Eleonora Duse,1858—1924),19世纪末20世纪初享有世界声誉的意大利悲剧女演员,演过易卜生的《娜拉》和小仲马的《茶花女》等。

〔34〕阿尔弗雷德·贝格尔男爵(Alfred Berger Baron),时任维也纳城堡剧院经理。生平不详。

〔35〕斯蒂芬·茨威格于1911年完成《海滨之屋》(*Das Haus am Meer*),剧情是:18世纪美国内战初期,德国某港口城市的领港员戈特霍尔德·克吕格尔在自己家里开了一家小酒馆,这就是海滨之屋。克吕格尔的侄儿托马斯因为帮助一名年轻的水手逃脱雇佣兵征募者的魔爪,自己反而被当作雇佣军的壮丁送往美国。二十年后,托马斯重返故乡,又来到这幢海滨之屋。但已物是人非,妻子已有一个名叫彼得的第二任丈夫。当年他去美国时妻子怀孕的孩子如今已是十九岁的大姑娘并且也十分喜欢彼得。托马斯面对这样无法改变的现实,不得不悲愤地再度离去。他设计让彼得驾一条小船送他出海。到了大海上,托马斯掀翻小船,和彼得一起沉入海底,同归于尽。此剧于1912年10月26日在维也纳的城堡剧院首

演,同年 11 月 12 日在汉堡上演,演出获得巨大成功。当年德语戏剧界的泰斗、1912 年诺贝尔文学奖获得者格哈特·豪普特曼亲自发来贺电。《海滨之屋》的成功使斯蒂芬·茨威格成为维也纳公众的宠儿和德语国家剧坛的一颗耀眼的明星。参阅中译文《海滨之屋》,江楠生译,辑入张玉书主编《斯台芬·茨威格集》(戏剧),北京:华夏出版社,2002 年 1 月第 1 版。

[36]《耶利米》(*Jeremias*),是斯蒂芬·茨威格取材于《圣经》、借古讽今的一出反战诗剧,作于 1917 年。耶利米是《圣经·旧约》中的一个先知,他反对以色列穷兵黩武,预言耶路撒冷将毁灭。茨威格从人道主义与和平主义出发,暗喻德国军国主义必将失败。该剧当时虽未能在奥地利上演,但剧本出版后反响很大,1918 年 2 月 27 日在苏黎世城市剧院(Stadttheater)首演,1919 年在维也纳上演。

[37]《狐狸》(*Volpone*),是斯蒂芬·茨威格于 1926 年根据英国著名戏剧家本·琼森(Ben Jonson,1572—1637)的喜剧《狐狸》改写的一个剧本。剧本描写威尼斯富翁沃尔波内(Volpone,在意大利语中意谓老狐狸)贪得无厌,和食客莫斯卡(苍蝇)狼狈为奸,伪装将死,以遗产为诱饵,骗取一批贪利之徒的财物以至他们的妻女,淋漓尽致地刻画了当时的社会面貌。该剧于 1926 年 11 月 6 日在维也纳城堡剧院首演。参阅中译本《狐狸》,林笳译,辑入张玉书主编《斯台芬·茨威格集》(戏剧),北京:华夏出版社,2002 年 1 月第 1 版。

[38]《可怜的羔羊》(*Das Lamm des Armen*),1796 年 3 月 2 日,26 岁的波拿巴·拿破仑(Bonaparte Napoléon,1769—1821)被当时的法国督政府任命为意大利方面军司令官,同年 3 月 9 日,拿破仑和巴黎著名的交际花约瑟芬匆匆举行婚礼。两天后,拿破仑告别这位不会生育的新婚妻子,统率数万大军直驱意大利,战果煊赫。两年后,1798 年 3 月 5 日,29 岁的拿破仑被督政府任命为埃及方面军(东方军)司令官,同年 5 月 19 日,拿破仑率部远征埃及及叙利亚,同样接连取得胜利。1799 年 8 月 22 日,拿破仑把军权交给当年法国驻开罗的司令官克莱贝尔(Jean-Baptiste Kléber,1753—1800),自己秘密离开埃及,返回巴黎。拿破仑

在埃及征战的两年（1798—1799）期间，设法把自己的部下——第六步兵连连长弗朗索瓦·富雷斯（François Fourès）少尉的妻子贝利洛泰（Bellilotte）成为自己的情人。这段风流轶事在当时的许多回忆录中都有记载。在阿布朗泰斯女公爵（Herzogin von Abrantès）的回忆录中尤为详细。茨威格把这段插曲编写为三幕九场悲喜剧《可怜的羔羊》（Tragikomödie in drei Akten und jeder Akt hat drei Bilder）。此剧于1930年3月15日在布雷斯劳的洛贝特（Lobert）剧院、汉诺威话剧院（Schauspielhaus Hannover）和吕贝克话剧院（Schauspielhaus Lübeck）以及在布拉格的德意志剧院（am Deutschen Theater in Prag）同时首演。1930年4月12日在维也纳城堡剧院上演。剧中人物，除配角外主要是富雷斯（Fourès）、贝利洛泰（Bellilotte）、波拿巴（Bonaparte）和约瑟夫·富歇（Joseph Fouché，1759—1820）。前两幕的剧情发生在1798年的埃及开罗。29岁的波拿巴在士兵们的聚餐会上遇见贝利洛泰，一见钟情。次日，在法军驻开罗的地方司令官迪皮伊（Dupuy）的寓所，波拿巴乘机微笑着盯着贝利洛泰看，目不转睛，最后表示自己要和贝利洛泰在一起。贝利洛泰（可怜的羔羊）听后颤抖着呆坐在那里。同一天晚上，波拿巴在自己的办公室里靠着窗户不耐烦地朝外看，有时神经质地用拳头敲打窗户板。波拿巴向自己的副官贝尔捷（Berthier）表示：他已爱上了贝利洛泰，要副官找一个富雷斯负有秘密使命的借口，支使富雷斯立刻回法国，并要富雷斯保密，不能告诉自己的妻子贝利洛泰。十四天后的一个深夜，波拿巴正在自己的办公室里工作。他口授，副官贝尔捷记录，贝利洛泰坐在沙发上倾听。尔后，波拿巴转身对贝利洛泰说："我的羔羊，我口授了三个小时的命令，没有和你说一句话，你怎么还没睡着？"贝利洛泰感到惊讶，回答说："睡着，我怎么可能这样呢？你说的一切是多么令人感兴趣。"第二天上午，在波拿巴的同一间办公室，富雷斯、军需官德尚（Deschamps）、迪皮伊、贝尔捷、贝利洛泰先后出场。迪皮伊带着完全冷漠的脸色走到桌边，从公文包里取出一张纸，宣读道："受波拿巴将军的委托，宣布弗朗索瓦·富雷斯少尉和他的妻子离婚，离婚是应这对夫妻的一致要求……副官贝尔捷和军需官德尚作为证人……"此时富雷斯打断了他的话,说道:"我从未提出过这样的要求。"接着贝利洛泰也吃惊地轻声说道:"我从未说过这样的要求。"第三幕的剧情发生在三个月后的巴黎。此时波拿巴已通过1799年11月9日(雾月十八日)的政变,推翻督政府,成立执政府,波拿巴任第一执政。第三幕一开始的剧情发生在巴黎的迈特尔·德卡兹(Maître Descazes)的法律事务所。富雷斯向德卡兹律师诉说自己和妻子贝利洛泰离婚的经过。德卡兹说:"开罗的地方司令官宣布离婚,两名军官作为证人。……我能告诉你的是:这样的离婚在法国的任何法庭面前都是无效的……"富雷斯深受感动,说道:"是无效的。您要重新审理,但是您把这件事看得太简单了,此事涉及一个特别有影响的人物……"几天以后,巴黎郊区的贝尔维尔(Belleville)街道上,穿着平民服装的富雷斯在一幢别墅式样的住宅前踱步等候。须臾,穿戴时髦但又不刺眼的贝利洛泰从左边走来,看到富雷斯,惊呼道:"弗朗索瓦!你回来啦?"富雷斯:"我一定得和你谈谈。"贝尔洛泰:"千万别在这里谈……这里的整条街都受到监视……没有人可以和我说话……我也已答应富歇警务部长,我不会向任何人说……弗朗索瓦,忘记这件不幸的事吧!"然后,她迅速走进这幢别墅式样的豪宅并锁上门。富雷斯砰砰地敲门。嘈杂声引起在街道那一头挖土的几个工人的注意。一个工人笑着说:"你大概是来讨债的吧?"富雷斯苦笑着说:"差不多吧!"另一个工人说:"你这么使劲敲门,而无人开门,看来这豪宅里没有人吧!"富雷斯:"有人,一定有人,伙计们,你们就等着看热闹吧?"最后,从豪宅出来一名警卫,把富雷斯轰走。第二天上午,巴黎伏尔泰(Voltaire)沿河大道(Quai)的共和国警务部,在富歇警务部长的宽敞办公室,富歇正坐在一张大写字台旁工作,仆役报告:"第一执政到。"波拿巴匆匆上场,没有和何人打招呼。他看上去已不再那么年轻,但显得更神气,穿的不再是共和国的军人制服,而是穿戴第一执政的特别服饰,派头十足。人们从他外表的改变和匆匆忙忙的举止上立刻感觉到,他自从埃及回来,权力又猛升到一个新台阶。波拿巴开门见山对富歇说:"我不得不到你的办公室来找你,是因为有人向我报告,昨天有人在贝尔维尔街道上闹事,对我大肆漫骂……好像我的警务部长对在巴黎发生的事不知道似的。"富歇平静地回答:"知道。"波拿巴:"究竟是谁闹事?"富歇:"您当年的一个下级军官富雷斯。"波拿巴:"他到底想得到什么?"富歇:"他说,他要讨还公道,但是我认为,他是要讨还他的老婆。"波拿巴:"那就让他自己来要回他的老婆吧,我是不会阻碍他的。此事对我来说早已了结。"须臾,仆役报告:"贝利洛泰到。"波拿巴见到怯生生的贝利洛泰,在对她表现了一番温存之后说道:"警务部长会给你出主意的,当然,你可以自由选择……"接着波拿巴匆匆地吻了一下贝利洛泰的额头,说道:"再见了,贝利洛泰!"(波拿巴迅速退场,贝利洛泰也从侧门退场)。现在上场的是富雷斯,富歇对他说:"少尉,你干了许多蠢事!你要控告波拿巴将军,你在法国找不到一名法官会审判波拿巴,你在法国也找不到一名辩护律师会替你辩护……如今,波拿巴将军就是法兰西共和国,就是祖国……"两人经过长篇的对话,富雷斯发现,要控告波拿巴根本是不可能的,于是说:"我告辞了。"富歇说:"请便!"富雷斯临走时发现墙上挂着波拿巴的肖像,他猛地把肖像扯下来并在地上踩。富歇威胁道:"富雷斯!"富雷斯扬长而去。片刻之后,富歇唤来一个仆役,说道:"把肖像拼好,重新挂在墙上,以我的名义告诉第一执政:富雷斯事件已按照他的愿望处理完毕。"(全剧终)。此剧本于 1929 年在莱比锡由岛屿出版社出版,茨威格在书名之下的题词是引用《圣经·新约·马太福音》25:29——"谁已有了,还要给他,使他充分拥有;但是谁没有,还要夺去他的已经所有。"(马丁·路德译本)。此外,维也纳《艺术与民众》(*Kunst und Volk*)刊物于 1930 年 5 月登载斯蒂芬·茨威格的一篇文章《浅议权力和道德——对我的剧本〈可怜的羔羊〉的一点说明(*Etwas über Macht und Moral—Eine kleine Anmerkung zu meinem Drama>Das Lamm des Armen<*)茨威格在文中写道:"权力是世界上最神秘的东西,权力引诱着每一个人。有了权就会拥有一切,没有权,就会丧失一切……但是世人应该问一问,这样

行使权力是否道德。"此剧本在中国内地尚无中译本。
〔39〕亚历山大·莫伊西,参阅本书第四章《大学生活》注〔77〕。
〔40〕奥古斯特·威廉·伊夫兰特（August Wilhelm Iffland, 1759—1814）是德国18世纪至19世纪著名演员、剧作家和剧院领导人。伊夫兰特指环是指一枚镌有伊夫兰特头像的指环。相传这枚指环是由伊夫兰特捐赠的,并要一代一代传给最杰出的德语演员。后来,著名演员德林（Th. Döring）把它传给哈塞（F. Haase）,哈塞又把它传给巴塞曼（A. Bassermann）,巴塞曼把他交给了在维也纳的联邦戏剧博物馆。1954年,这枚指环被授予W. 克劳斯（W. Krauss）；1959年W. 克劳斯指定迈因拉德（J. Meinrad）为当时的指环戴主。
〔41〕路易吉·皮兰德娄（Luigi Pirandello, 新译：路易吉·皮尔代洛,1867—1936）,意大利小说家、怪诞戏剧作家。1934年诺贝尔文学奖获得者。
〔42〕《束手无策》的意大利语原文是：*Non si sa mai*。
〔43〕贝尼托·墨索里尼（Benito Mussolini, 1883—1945）,师范学校毕业生,当过小学教员。意大利法西斯党党魁（1921）,1922年10月带领党徒由米兰进军罗马,迫使国王任命他为首相,建立法西斯独裁统治。1940年6月进攻法国,正式参加第二次世界大战,追随纳粹德国向同盟国宣战。因军事上连续失利和国内反法西斯运动的高涨,1943年7月被国王逮捕监禁,9月被德国伞兵劫走。在意大利北部沙罗（Saló）建立所谓"社会共和国"。1945年4月被意大利游击队捕获处决,其尸首被吊在米兰广场示众。

第七章　走出欧洲

莫非由于各种彻底改变我们这个世界若干世纪的事件充满了我的青年时代，所以当年的时间过得要比今天快？还是因为我只埋头于按部就班的工作，所以在我青年时代最后几年（第一次世界大战前）发生的事在我今天的记忆中已变得相当模糊？当时我所做的事就是写作和发表作品。在德语国家，人们已知道我的名字，而且我的名声在一定程度上也到了国外。我有自己的崇拜者，并且也有了反对者——这更能说明一个人的某种特点。奥地利全国的所有各家大报都会发表我的作品，我不必再向各家大报投稿，而是各家大报来向我约稿。但我今天心里非常清楚，我在那几年写的所有作品和所做的一切事情在我今天看来都无关紧要；我们当年的一切抱负、忧虑、失望、怨恨，在我今天看来都微不足道。我们今天这个时代所遭遇的一切必然已改变了我们的眼光。倘若我是在几年以前开始写这本书，那么我就会提到我和格哈特·豪普特曼、阿图尔·施尼茨勒、贝尔-霍夫曼、德默尔、皮兰德娄、瓦塞尔曼[1]、沙洛姆·阿施[2]、阿纳多尔·法朗士等人的谈话（和法朗士谈话实在轻松愉快。这位老先生可以给我们讲一个下午不正经的故事,但却以一种非常严肃和难以形容的高雅姿态)。我可能会记述那些了不起的首演盛况,诸如古斯塔夫·马勒的第十交响曲(实为第八交响曲)在慕尼黑的首演,《玫瑰骑士》[3]在德累斯顿的首演,卡尔萨温娜[4]和尼任斯基[5]的首演,因为我作为一个非常热心的客人是艺术界许多"历史"事件的见证人。但是用我们今天对重要事情较为严格的标准来看,这一切都不足挂齿,这一切和我们今天的时代问题也不再有什么内在的联系。在我今天看来,那些在我青年时代曾把我的目光引向文学的人们早已没有那些把我的目光从文学引向现实的人们来得重要。

属于后者的人们中,我首先要提到的是:瓦尔特·拉特瑙[6]。他是一个在那最最悲剧性的时代能驾驭德意志帝国命运的人,也是在希特勒攫取政权以前十一年第一个被纳粹分子用枪暗杀的人。我和他的友好关系是一种诚挚的老关系了,这种关系是以奇特的方式开始的,而且还要牵连到马克西米利安·哈登[7]。我在十九岁时得到过不少人的提携,哈登就是其中之一,他也是我首先要感谢的人之一。他创办的政治周刊《未来》在威廉二世皇帝的德意志帝国的最后几十年中起过决定性的作用,他是由俾斯麦亲自推到政治舞台上的,他也愿意担当俾斯麦的喉舌或者挡箭牌。他将当时威廉二世的亲信们赶下台[8],促使奥伊伦堡[9]风波的爆发,使得威廉二世的宫廷每个星期都要在不同的攻击和揭露面前颤抖几回。但尽管如此,哈登的个人爱好仍然是戏剧和文学。一天,《未来》周刊发表了一组格言,作者的笔名我今天已再也想不起来,但是格言写得特别机敏,语言也十分洗练,这引起了我的注意。我作为该周刊的固定作者,写信给哈登,问他:"那位新作者是谁?我已多年没有读到过如此言简意赅的格言。"

回信不是哈登写来的,而是一位署名为瓦尔特·拉特瑙的先生写来的,从他的来信和从其他方面来看,他不是别人,正是那位大名鼎鼎的柏林德国通用电气公司总经理的儿子,而他本人也是一位大商人、大企业家、无数家公司的董事,他是德国"放眼世界"的新型商人之一("放眼世界"是借用让·保罗[10]的措词)。拉特瑙在信中非常诚恳和怀着感激的心情对我说,我的信是他所得到的第一个对他文学尝试的赞许。虽然他至少要比我大十岁,但他却坦率地向我承认,他自己也没有把握,他是否真的应该把自己的思想和格言整理成一本书出版。他说,他毕竟是一个门外汉,他迄今为止的全部活动是在经济领域方面。我给他写了回信,真诚地鼓励他,从此我们一直保持着通信联系。后来我到了柏林,我打电话给他。他在电话里的答话显得有点犹豫。"啊,原来是您呀,可是真不凑巧,我明早六点钟就要去南非……"我打断他的话说:"那我们就下次见面吧。"但他一边思忖着,一边慢腾腾地说:"不,您等一下……让我想一想……今天我下午有几个会要参加……晚上我得到部里去……然后还要到俱乐部去参加一次晚餐……不过,您可以在晚间十一点一刻到我这里来,行吗?"我说行。那次会面我们一直聊到凌晨两点。六点钟他登程到南非和西非去了——后来我得悉,他此行是受德国皇帝的派遣。

我之所以在这里叙述这些细节,是因为这件事充分说明拉特瑙的性格特点:这位忙碌不堪的人总是能挤出时间。我在欧洲大战(第一次世界大战)[11]最艰难的日子里还见到过他,而且是在热那亚会议之前[12],即在他被暗杀之前几天,我还和他一起乘坐一辆小轿车驶过大街,他就是在那辆小轿车里和在那条大街上被人暗杀的。他从来都是把自己一天中的每一分钟都事先安排好,但他任何时候都能毫不费劲地从这一件事转到去办另一件事,因为他的大脑随时都有应变的能力,就像一台精密而又快速运转的仪器。我在其他人身上从未见到过这种应变能力。他说起话来口若悬河,仿佛在念一张看不见的讲稿,然而每一句话又是说得那么形象、清楚,只要把他的谈话速记下来,便是一份立刻可以付印的完整提纲。他说法语、英语、意大利语,就像他说德语一样清楚明白。他的记忆力从来不会使他难堪,他也从来不需要为了某份材料进行特别的准备。当我和他谈话时,发现他对一切都了如指掌,善于冷静地权衡利弊得失,这就使我感到自己的笨拙和思路不清,感到自己缺乏修养和自信。但是在我感到他的这种迷人的头脑清楚——他的思想的清晰透彻的同时,也有一些让我不舒服的感觉。譬如说,在拉特瑙的府第里,家具是最最讲究的,挂的画像是最最漂亮的。他的预感能力宛若一台由天才发明的仪器,他的府第犹如一座博物馆。拉特瑙住的是从前路易丝王后[13]在勃兰登堡边陲的豪华宫殿,里面秩序井然,干净得一尘不染,视野开阔。可是若要我待在里面,我绝不会感到温暖。在拉特瑙的思想中,似乎把什么都看透了,因而对什么都觉得无所谓。尽管他头脑非常冷静,但仍充满深深的不安和不自信。每当我看到拉特瑙的这种表现时，我就深切地感觉到这位犹太人的悲哀。我的其他一些朋友，例如维尔哈伦、埃伦·凯伊[14]、巴扎尔热特[15]，虽然不及拉特瑙的十分之一的聪慧，不及他的百分之一的博学和了解世界，但他们对自己完全充满自信。我总觉得，尽管拉特瑙聪慧过人，但他始终脚不着地。他的整个生活充满着层出不穷的矛盾。他从自己的父亲那里继承了各种可以想象得到的权势，却不愿意成为父亲的继承人；拉特瑙的职业是商人，却觉得自己是一个艺术家；他是一位百万富翁，却愿意摆弄摆弄社会主义思想；他意识到自己是犹太人，却去卖弄基督教；他用国际主义的眼光考虑问题，却又崇拜普鲁士精神；他梦想着一种民众的民主，但每次受到威廉皇帝接见和询问时，又感到莫大的荣耀。拉特瑙虽然洞察皇帝的各种弱点和虚荣心，却仍然克服不了自己的虚荣心。所以说，他的从不休息的工作也许只是一种鸦片吧，用来掩饰内心的烦躁不安和摆脱心灵深处的寂寞。只是当德国军队在一九一九年[16]崩溃以后，历史才赋予他最艰巨的任务：从一片混乱中重建遭到破坏的国家，使之有生存的能力。只是在这种身负重任的时刻，他蕴藏的各种巨大潜力才一齐迸发出来。由于天赋的才干，由于他献身于唯一的理想：拯救欧洲——他使自己成了名重一时的人物。

和他谈话，使人振奋，开阔眼界；就谈话的思想丰富和明确清楚而言，这种谈话只能和霍夫曼斯塔尔、瓦莱里、赫尔曼·凯泽林伯爵的谈话相媲美；我的视野从文学扩大到当代的历史，应该归功于拉特瑙；除此以外，我还应该感激他，是他首先鼓动我走出欧洲。他对我说："如果您只知道有英吉利岛屿，你是不会了解英国的。同样，如果您从未走出过欧洲大陆，那么您也就不会了解我们的欧洲大陆。您是一个自由的人，您要充分利用您的自由！搞文学是一种非常好的职业，因为你不必紧赶慢赶。要想写出一本真正的书，早一年晚一年都无所谓。您为什么不去一次印度和美洲呢？"这一句偶然说出来的话打动了我的心，于是我决心立即听从他的建议[17]。

印度给我的感觉比我事先想象的更可怕，更令人忧郁。那里的人骨瘦如柴、精力衰竭，黑眼珠中流露出没有欢乐的麻木神情。那种悲惨的生活和常常极其单调的景色使我感到吃惊。而最使我吃惊的是，顽固地把人按照不同的阶层和种族分成三六九等。我在去印度的船上就已经体验到了这种等级观念。有两个非常讨人喜欢的姑娘乘坐在我们船上，乌黑的眼睛，苗条的身材，腼腆文雅，非常有教养、有礼貌。可是我在第一天就注意到，她们有意躲避别人，或者说，她们被一道我看不见的界线和其他人隔离开来。她们不跳舞，不与人交谈，而是坐在一旁，读着英语或法语书籍。只是到了第二天或是第三天，我才发现，不是她们回避英国人的社交圈子，而是英国人躲着这两个"欧亚混血儿"，尽管这两个漂亮姑娘的母亲是法国人，但父亲是一位波斯血统的印度大商人。当她们在洛桑[18]上寄宿学校和在英国上女子家政学校时，曾度过了和别人完全平等的两三年生活。可是，她们一旦乘坐在这艘开往印度的船上，就立刻受到这种冷冰冰的不露痕迹的社会歧视，而且也不会因为这种歧视不易被人察觉而显得少一些冷漠无情。我第一次看到了那种狂热鼓吹种族纯粹的偏见像瘟疫一般危害我们这个世界,其后果之严重不亚于上几个世纪的真正瘟疫。

通过和这两个姑娘初次相遇,我的目光顿时变得敏锐起来。一个欧洲人出远门旅行——譬如说到锡兰的亚当峰去[19]——必定有十二至十四个佣人陪伴,俨然一个白肤色的神,其他所有的人统统都在他的"高贵身份"之下。我怀着几分惭愧的心情享受过这种对欧洲人的敬畏——今天,这种敬畏由于我们自己的过错早已消失。不过,我摆脱不掉这样一种可怕的感觉:未来的数十年和几个世纪必将改变和颠倒这种荒谬的状况,只不过由于我们生活在自己误以为是太平和其乐融融的欧洲,未必敢去预料这一点罢了。但由于我亲临其境,所以我看到的印度并不像皮埃尔·绿蒂[20]所描写的那样:在粉红色的僧衣和印度纱中显出一番"浪漫";我看到的印度引起了我的警觉。当然,这不是指那些金碧辉煌的庙宇、风雨剥蚀的宫殿、喜马拉雅山的风光——在我这次旅行中给我感受最深的正是这些;我指的是那些我新认识的人——那些另一个世界的人和另一种类型的人;这些人和一个作家在欧洲大陆通常遇见的人完全不同。当时,人们在欧洲的生活还都比较精打细算,还没有像托马斯·库克[21]所组织的那些观光旅行,所以凡是走出欧洲去旅行的人,几乎都是在他自己社会职业中的特殊人物,譬如说如果是商人,绝不会是一个眼界狭小的小商贩,而必定是一个巨贾;如果是医生,必定是一个真正的研究家;如果是世袭的企业家,必定是一个去从事开拓的征服者,他们敢于冒险、慷慨豪爽、毫无顾忌;纵然是作家，也是一个好奇心较强的人。当时，人们在旅行中还没有收音机可供消遣，所以在我旅行的漫长的日日夜夜里，我从那些另一种类型的人身上所了解到的许多影响我们这个世界的各种力量和互相之间的紧张关系，胜过读一百本书。由于我远离祖国，我内心评判事物的标准也就随之改变。早先，我过于看重那些琐碎小事，我回国以后就开始把那些琐碎小事看作无关紧要了，并且我在回国以后早已不再将我们的欧洲视为是我们这个世界必须围着转的永恒轴心。

我在印度之行时遇到的各种人物中，有一个人对我们当代的历史有着不可忽视的影响——尽管不是公开的、明显的影响。我从加尔各答出发，前往缅甸。我乘坐一艘内河轮船沿着伊洛瓦底江[22]向上行驶，我在船上每天都要和卡尔·豪斯霍费尔[23]及其妻子相处好几个小时。他当时正作为德国武官出使日本。他的细长挺直的身材、瘦削的面庞、尖尖的鹰钩鼻，使我一眼就能看出他的非凡的素质和身为德国总参谋部军官的内在修养。不言而喻，我在维也纳的时候就已经间或与军人们有过来往，那是一些友好、热情和快乐的年轻人，他们大多由于家庭生活环境所迫而穿上军装，企图在服役中替自己寻找最舒适的生活。而豪斯霍费尔则相反——我立刻感觉到了这一点：他出身于富裕的书香门第。其父曾发表过不少诗作，而且我相信其父还曾在大学里当过教授；同时，豪斯霍费尔在军事方面的知识也非常渊博。他当时的使命是去实地考察日俄战争，因此他和他的妻子都事先学习了日语和写作。我从他身上再次认识到：任何一门学科，即便是军事科学，如果要想博大精深的话，必须跨出自己狭隘的专业领域，和其他各种学科联系起来。豪斯霍费尔在船上整天忙个不停，用双筒望远镜细细观察着每一处地方，记日记、写报告、查词典。我难得见到他手里不拿一本书的时候。他作为一个细致的观察者十分擅长描述。我在和他交谈中了解到不少东方之谜。在我旅行回国之后，我仍然和豪斯霍费尔一家保持着友好的联系。我们互相通信，并且在萨尔茨堡和慕尼黑两地进行互访。豪斯霍费尔曾因一场严重的肺病分别在达沃斯[24]或阿洛沙[25]待了一年；他由于离开了军队反而促使他去钻研军事科学；他康复以后又在第一次世界大战期间当一名指挥官。德国战败后，我以极大的同情想起了他。我完全能够想象，他必定痛苦万分，因为他一方面在战胜国之一的日本有许多朋友，另一方面他多年来一直参与为建立德国强国地位的工作，说不定他还以看不见的隐蔽方式参与军事决策部门的工作呢。

不久，事实证明他是系统和全盘考虑重建德国强国地位的先行者之一。他出版了一份地理政治学杂志。但在那次新的运动[26]开始之初，我并不懂得其中更深的含义——事情经常是这样。我真以为，地理政治学只不过是要仔细研究观察各个国家势力互相作用的奇特现象，即便谈到各个国家的"生存空间"——我相信，这个词是他首创的——我也只是按照施彭格勒[27]的意思，把"生存空间"理解为时轮回转中任何一个国家都会唤起的一种与时代有关的、变化无常的活力。即便是豪斯霍费尔的主张：要求更仔细地研究每个国家的各种个性和建立一种学术性的常设指导机构——在我看来也是无可非议的，因为我以为这种地理政治学的研究完全有助于各个国家互相接近的倾向；说不定豪斯霍费尔的原始意图也确实根本不是政治性的——但我今天不能这样说了。我当时总是怀着极大的兴趣阅读他的著作（再说，他在自己的书籍中还引用过我的话呢），并且从未产生过怀疑。我所听到的各种实事求是的客观反映，也都说他的讲课非常有启发、有教益。没有人指责他：说他的思想是以新的形式为泛德意志的旧要求提供论据，说他的思想是为一种新的强权政治和侵略政策服务。可是当有一天我在慕尼黑偶然提到他的名字时，有人用一种很肯定的腔调对我说："哎，您说的不就是希特勒的朋友吗？"我当时惊异得目瞪口呆。因为首先是豪斯霍费尔的妻子的出身[28]根本谈不上种族纯正；而且他的两个（非常有才华和讨人喜欢的）儿子绝对经不住纽伦堡的犹太人法[29]的追究；除此以外，我看不出一个非常有文化教养、思想渊博的学者会和一个以自己最最狭隘、最最野蛮的思想去理解德意志民族性的疯狂煽动家希特勒之间有什么思想上的直接联系。不过，鲁多夫·赫斯[30]倒曾经是豪斯霍费尔的学生之一，是他在豪斯霍费尔和希特勒之间建立了联系；希特勒很少采纳别人的思想，但他有一种天生的本能：凡是有利于他达到自己目标的一切都要占为己有。希特勒觉得，"地理政治学"完全可以融合到纳粹政治之中为之效力，因此，希特勒就充分利用地理政治学为自己的目标服务。国家社会主义的一贯伎俩从来就是在意识形态方面把极端利己的强权欲望伪善地隐藏起来，而"生存空间"这一概念终于为国家社会主义露骨侵略意图提供了一件理论上的伪装外衣。"生存空间"这个词，由于其定义的模糊性,表面上看来好像是一个无害的口号,但其产生的后果之一是:这个口号能够为任何一种兼并——即便是最霸道的兼并——进行辩解,把兼并说成是合乎道德和在人种学上是必需的。由于希特勒在确立自己的目标时把"生存空间"的理论进行了祸及世界的彻头彻尾的篡改——最初还严格限于国家和种族纯正的目标,后来则蜕变成这样一个口号:"今天,德国属于我们;明天,全世界都属于我们。"——我不知道豪斯霍费尔对此是否事先知道和确实有这样的意图——于是,我的那位昔日的旅伴今天不得不承担罪责。这一事例清楚说明:一种简洁而又内容丰富的表述——如"生存空间"——由于言辞的内在力量可以转化为行动和灾难,就像先前的百科全书派[31]关于"理性"统治的表述一样,最终会走向自己的反面:蜕变为恐怖和蜕变为群众的感情冲动行为。据我所知,豪斯霍费尔本人在纳粹党内从未获得过显要地位,也许甚至连党员都不是。我一点也看不出他是一个躲在幕后、想出最危险的计划和给予元首希特勒以种种暗示的精灵般的"谋士"——就像今天善于耍笔杆子的新闻记者那样。然而,毋庸置疑的是,不管他自觉不自觉,他的理论把纳粹的侵略政策从狭隘的国家范围推广到全球范围,在这一点上,豪斯霍费尔比希特勒的十分粗暴的顾问们的影响更大。也许后世会比我们这些同时代的人掌握更多的文献资料,届时才能对他这样一个人物给予正确的历史评价。

我在那第一次海外旅行之后又过了一些时日,接着便是第二次海外旅行——去美洲。这次旅行的意图也无非是想见识见识世界和看一看我们自己未来的一角。只有极少数的作家会远涉重洋到那里去,他们不是为了挣钱或者为了贩卖关于美洲的新闻,而是纯粹为了用所见所闻来印证一下自己对那一片新大陆的相当没有把握的想象。我相信我正是这样一位作家。

我对那一片新大陆的想象完全是浪漫主义的——我今天这样说,并不觉得有什么不好意思。美洲对我来说就是沃尔特·惠特曼。那是一片有着新的节律的土地,是一片正在实现四海之内皆兄弟的土地;在我远渡重洋以前,我再次阅读了惠特曼的那首伟大的《我们是自己人》[32]连篇累牍的长行诗句,以便使我自己在走进曼哈顿[33]的时候不是带着一个欧洲人通常有的那种傲慢情绪,而是怀着友善、宽厚的胸襟。我今天还清楚记得:当我在旅馆里第一次问门卫我想去瞻仰的沃尔特·惠特曼的墓地在何处时,那位可怜的意大利人门卫显然感到非常窘迫,因为他还从未听到过这个名字呢。

纽约给我的最初印象相当不错,虽然当时还没有像今天这样有迷人的美丽夜景。当时,时报广场[34]边上还没有灯光照射、水花四溅的人工瀑布。城市上方还没有梦幻般的星空——这是由夜间数百万人工星光和天空中真正的繁星相互辉映而成。市容和交通还缺乏今天这样大胆的宏伟设想,因为新的建筑艺术还仅仅在个别的高层建筑中进行尝试,而且还相当没有把握。陈列橱窗和装潢方面争奇斗妍的局面还刚刚开始。不过,从始终在微微摇晃的布鲁克林大桥[35]上向港口瞭望和在用石块铺成的南北方向的大道上徒步行走,观望两边林立的高楼大厦,倒也足以使人开眼和兴奋。当然,两三天之后,这种兴奋便会让位给另一种更强烈的感觉：极度的寂寞感。我在纽约无所事事。在当时，一个没有事干的人可以到其他任何地方去，可千万别去纽约，因为那里还没有能够让人消磨一小时的电影院，还没有方便的小型自助餐厅，也没有像今天这样众多的艺术商店、图书馆和博物馆。纽约在文化生活方面比我们欧洲落后得多。当我在两三天之内老老实实地看完了博物馆和重要的名胜以后，我就像一条没有舵的船在刮风、结冰的街道上打转转。我在街上游来荡去，百无聊赖；那种无聊的情绪终于使我不得不用这样的办法来加以摆脱：想个窍门把穿街过巷的溜达变得更有趣一些。也就是说，我发明了一种自己玩的游戏。由于我在纽约完全是一个人到处瞎逛，我假设自己是一个出走他乡的人——就像无数背井离乡的人一样，不知干什么好，而且身上仅有七美元。我心里想，美国人不得已干的事，我倒完全可以自觉自愿去干。我对自己说，你就这样设想吧：如果你至多三天以后就必须去挣钱糊口，那么你考虑一下，你作为一个举目无亲的外国人在这里怎样能尽快找到一个挣钱的差使！于是，我开始从一个职业介绍所转悠到另一个职业介绍所，琢磨贴在门上的各种广告。有的地方要找一个面包师，有的地方要找一个必须会法语和意大利语的临时抄写员，有的地方要找一个书店伙计，对假设中的我来说，这最后一个位置才算是我第一次碰上的机会。于是我爬上三层螺旋形铁扶梯，打听能挣多少钱，同时把这工资额和登在报纸广告上的租一间布朗克斯区[36]住房的价格作比较。经过两天的"寻找职业"，我在理论上已经找到了能够维持我生活的五个位置。这样一来，我比纯粹的闲逛更能确切地知道在那个年轻的国家对每一个想工作的人来说有多少活动范围、有多少机会;这给我的印象特别深刻。我还用这样逛大街的办法从一个经纪人公司到另一个经纪人公司,我通过在店家的自我介绍亲自体验到了这个国家的神圣自由在办事过程中是怎么回事。没有人问我的国籍、宗教信仰和出身。也就是说,我到处走动都不必带护照——这对我们今天这个处处要按手印、要有签证和警察局证明的世界来说,简直不可思议。然而,那里却有工作,并且正等待着雇员;唯有这件事决定着一切。在那个已经变成传奇的自由时代,签订一项合同在一分钟之内即可办成,没有国家、贸易联盟和烦琐手续的干扰。我借助这种"寻找职业"的方法在最初几天所了解到的美国,要比我在后来逗留的全部时间里所了解到的美国都要多——我在后来的几周里作为惬意的旅游者徒步漫游了费城、波士顿、巴尔的摩、芝加哥。唯有在波士顿,我在查尔斯·勒夫勒[37]家做客数小时——勒夫勒曾为我的几首诗谱过曲。我在其他地方始终都是一个人。仅有一次,一件意外的事打破了我的这种完全隐姓埋名的生活。我今天还清楚记得那一刹那。那是在费城,我沿着一条南北方向的宽阔大道漫步;我在一家大书店门前站住,为的是至少在那些作者的名字里看一看有没有我认识的和已经熟悉的作者。突然之间,我惊呆住了。在那家书店的橱窗左下方陈列着六七本德语版的书,而其中一本跳入我眼帘的正是我自己的名字。我像着了迷似地注视着,开始沉思起来。我在这异国的街道上踯躅,不认识路,而且似乎也没有目的,在这里没有人认识我,没有人重视我。可是现在,这样的一个我竟和原来的我相遇在一起了。为了让我的这本书用十天时间远渡重洋来到这里,想必那位书商一定会把我的名字记在一张纸条上。我的孤独感顿时消失。而且当我在写这部回忆录之前两年再次在费城行走时,我还情不自禁地不时去寻找这样一种陈列橱窗呢。

到旧金山去的心情已经没有了——当时那里还没有好莱坞。但是我至少能在另一个地方目睹太平洋的景色——这是我盼望已久的事。从我童年以来,由于那些最初的环球航行的报道,太平洋一直使我着迷。不过,我当时观看太平洋的地方今天已经消失;那个地方今天再也见不到了。那个地方是当时正在开凿的巴拿马运河所处位置的最后几个山丘之一。我乘一艘小船向下行驶,绕道百慕大和海地到达那里——我们那一代由维尔哈伦培养起来的诗人们对当时的科学技术的奇迹也十分赞赏,热情之高正如我们的先辈对待古罗马文化一样。但是我在巴拿马看到的一番景象实在令人难忘:由机器挖掘出来的河床,一片赭黄,即使戴着墨镜,仍非常刺眼;到处是成群的蚊子,密密麻麻,死于蚊子传染病的人的尸体被埋在公墓处,一排接着一排,没有尽头——开凿巴拿马运河可谓是一种残忍的欲望。为了这项由欧洲人开始和由美洲人完成[38]的工程而死去的人真不知有多少哟!这项工程经过三十年的种种灾难和绝望一直到我见到它时才即将竣工,只剩下最后几个月建造闸门的扫尾工作了,然后,只要用手指按一下电钮,相隔了千万年的两个大洋的水便会永远汇流在一起。不过,我是那个时代最后完完全全、清清楚楚感觉到历史上两个大洋仍处于分离状态的人之一。目睹了美洲这一项最伟大的创造性业绩,是我向美洲的美好告别。

注 释

〔1〕 本章原文标题是：*Über Europa hinaus*。雅各布·瓦塞尔曼（Jakob Wassermann, 1873—1934），犹太裔德语作家，在20世纪二三十年代享有盛名，代表作有长篇小说《齐恩村的犹太人》、《良心的惰性》和文学理论著作《小说技巧》等。由于他主持正义而被纳粹分子视为"倾犹"。

〔2〕 沙洛姆·阿施（Schalom Asch, 1880—1957），20世纪犹太德语文学的杰出代表，代表作有长篇小说《穿过黑夜的旅行》、《先知》等。

〔3〕 《玫瑰骑士》（*Der Rosenkavalier*），三幕歌剧，里夏德·施特劳斯作曲，霍夫曼斯塔尔编剧，1911年首演于德累斯顿。参阅本书第十五章《希特勒的崛起》注〔31〕。

〔4〕 塔玛拉·卡尔萨温娜（Тамара Карсавина, 1885—1978），俄国芭蕾舞女演员，1918年后定居英国，她和尼任斯基合作的杰出表演，有助于恢复西欧对芭蕾舞的爱好。

〔5〕 瓦斯拉夫·尼任斯基（Вацлав Нижинский, 1890—1950），俄国名盛一时的芭蕾舞蹈家，1907年加入玛丽亚剧院担任独舞演员；时至1917年，他的足迹遍及欧洲、美国和南美各国，有"舞圣"之称。

〔6〕 瓦尔特·拉特瑙（Walther Rathenau, 1867—1922），德国政治家和工业家，德国通用电气公司创始人埃米尔·拉特瑙（Emil Rathenau）的儿子。时至1902年，瓦尔特·拉特瑙担任了约一百家企业的董事，1907年随帝国殖民部长前往德属非洲东部和西部访问。1915年夏出任通用电气公司总经理，1921年进入内阁，先后任建设部长和外交部长。1922年6月24日被德国纳粹分子暗杀。

〔7〕 马克西米利安·哈登（Maximilian Harden, 1861—1927），德意志政论家和作家，是俾斯麦的支持者，俾斯麦下台后，他用自己创办的政治周刊《未来》（*Die Zukunft*）攻击当时的帝国宰相卡普里维伯爵（Leo, Graf von Caprivi），责难威廉二世皇帝身边的大臣们，致使普鲁士首相奥伊伦堡等最终下台。

〔8〕 博托·奥伊伦堡伯爵（Botho Graf zu Eulenburg, 1831—1912），1892 至1894年出任普鲁士首相，当帝国宰相卡普里维伯爵试图放宽普鲁士选举法时，他却建议威廉二世皇帝限制帝国国会议员的普选制，以抵制社会民主党，双方各执一词，争论不休，舆论鼎沸，致使德国皇帝威廉二世于1894年以突然将卡普里维宰相和奥伊伦堡首相同时免职的方法来"解决"这个问题。

〔9〕 此处是指菲利普·奥伊伦堡侯爵（Philipp Fürst zu Eulenburg, 1847—1921），自1886年起，他是普鲁士国王威廉二世最亲密的亲信，1984—1903年任驻维也纳大使，曾在幕后促使俾斯麦下台，1903年卸任官职后，哈登的《未来》周刊指责他是同性恋者并犯有伪证罪。这场风波虽然最终并无结果，但对威廉二世王朝的威望有巨大伤害。

〔10〕 让·保罗（Jean Paul，旧译：让·尔尔，1763—1825），德国小说家。代表作《巨神》。

〔11〕 指第一次世界大战。

〔12〕 拉特瑙参加了1922年热那亚会议的谈判，会后于4月16日在拉巴洛签订了和平友好条约，撤销了德俄两国因战争而引起的相互权益要求。两个月后，即6月24日，拉特瑙被暗杀。

〔13〕 路易丝王后（Luise，1776—1810），普鲁士国王弗里德里希·威廉三世（Friedrich Wilhelm Ⅲ., 1770—1840）的妻子。

〔14〕 埃伦·凯伊，参阅本书第四章《大学生活》注〔73〕。

〔15〕 莱昂·巴扎尔热特，参阅本书第五章《巴黎，永葆青春的城市》注〔23〕。

〔16〕 此处应指第一次世界大战结束的时间。德国于1918年11月11日，在法国贡比涅（Compiègne）地区的树林里签订停战协定（旧译：《康边停战协定》），宣告投降，大战结束。但茨威格在本书的德语原著中写成德国军队在1919年崩溃以后。

〔17〕 上文所述斯蒂芬·茨威格和瓦尔特·拉特瑙的一次通宵达旦的谈话是在1907年，因为瓦尔特·拉特瑙于1907年随德意志帝国殖民部长前往德属东非和西非访问。1908年11月茨威格起程去印度、锡兰（今斯里兰卡）、缅甸、尼泊尔旅行，1911年前往美洲旅行，途经纽约—加拿大—巴拿马运河—古巴—牙买加—波多黎各。

〔18〕 洛桑（Lausanne），瑞士一城市，沃州首府，旅游胜地，国际奥林匹克委员会所在地。

〔19〕 锡兰是斯里兰卡的旧称，亚当峰位于斯里兰卡半岛上皮杜鲁塔拉加拉山西南，系宗教圣地和游览胜地。

〔20〕 皮埃尔·绿蒂（Pierre Loti，1850—1923），原名路易·玛丽·朱利安·维奥（Louis Marie Julien Viaud），法国海军军官和小说家，几乎游遍世界各大海洋，著有许多关于热带异国的小说和游记，描述了近东和远东的风土人情，1891年起为法兰西学院院士。

〔21〕 托马斯·库克（Thomas Cook，1808—1892），英国旅行代理商，是提出旅行社构想的第一人。年少时曾从事园艺和细木匠工作。17岁加入浸信会，成为热心的禁酒倡导者。当他在英国莱斯特郡（Leicestershire）的拉夫伯勒（Loughborough）为浸信会的出版商工作时突发奇想，要利用新兴的铁路来推广禁酒运动。1841年，库克首次组织团体旅游——为禁酒运动而举办拉夫伯勒至莱斯特（Leicester）之旅。此后，以低廉价格组织环游不列颠群岛的旅行，以促进禁酒运动。库克设立自己的旅行社后，渐渐与禁酒运动脱钩，而提供各种旅游服务。1865年，托马斯·库克在伦敦设立办事处并访问美国，随后成立一家经营世界旅游业务的国际旅行社，誉满全球。

〔22〕 伊洛瓦底江，今在缅甸境内。

〔23〕 卡尔·豪斯霍费尔（Karl Haushofer，1869—1946），德国地理政治学家。第一次世界大战前出任驻日本武官，并到过印度、缅甸、西伯利亚、朝鲜和中国东北。第一次世界大战爆发后重服军役，以巴伐利亚少将军衔退役。1921—1939年在慕尼黑任地理政治学研究所所长，被人称为地理政治学在德国的创始人。1924—1944年主办《地理政治学杂志》，主要著作有《德意志民族及其生存空间》、《日本与日本人》、《太平洋的地理政治学》等。他的思想对纳粹党徒和第三帝国的对外政策显然发生过不可忽视的影响。他在纳粹德国垮台后的1946年自杀。

〔24〕 达沃斯（Davos），瑞士东部一小镇，当时居民一万余人，气候温和，为世界著名疗养地。在该小镇举办的讨论全球经济问题的达沃斯论坛举世闻名。进入21世纪，达沃斯论坛在世界各大国著名

城市举行。
〔25〕 阿洛沙（Arosa），瑞士东部一小镇，居民两千余人，疗养胜地。
〔26〕 指国家社会主义（纳粹）运动。
〔27〕 奥斯瓦尔德·施彭格勒（Oswald Spengler，1880—1936，旧译：施宾格勒或施本格勒），德意志人，历史哲学家，早年就读于哈勒、慕尼黑和柏林大学。施彭格勒认为，历史只是若干各自独立的文化形态循环交替的过程，他把第一次世界大战中德国的失败和战后西欧资本主义的危机看作是"西方文化的没落"；主张为了挽救这种"悲剧性"的命运，必须建立一种由军国主义和"社会主义"相结合的"新文化"。这是希特勒"国家社会主义"的先声。著名代表作有《西方的没落》（*Der Untergang des Abendlandes*，1918/22），《普鲁士精神和社会主义》（*Preußentum und Sozialismus*，1920）。
〔28〕 豪斯霍费尔的妻子玛尔塔·迈尔-多斯（Martha Mayer-Doss），有部分犹太血统。他们生有两个儿子：阿尔布雷希特·豪斯霍费尔（Albrecht Haushofer，1903—1945）博士和海因茨·康拉德·C.豪斯霍费尔（Heinz Konrad C. Haushofer），前者继承父业，曾在柏林任地理政治学教授。希特勒当上总理后，即宣称豪斯霍费尔的家族是"雅利安人"。
〔29〕 纽伦堡的犹太人法，史称"纽伦堡法"（Nürnberger Gesetze），是纳粹德国迫害犹太人的法律。1935年9月15日由希特勒在纽伦堡纳粹党代会上宣布。法律规定犹太人不再是"国家公民"，而是没有选举权和被选举权的"国家属民"；严禁"雅利安人"和犹太人通婚等。纳粹德国从此展开全面排犹运动。
〔30〕 鲁多夫·赫斯（Rudolf Hess，1894—1987），希特勒的秘书和侍卫长，曾笔录希特勒的《我的奋斗》，1939年被希特勒任命为元首的第三代理人。1946年作为战争罪犯被纽伦堡国际法庭判处终身监禁。国家社会主义（Nationalsozialismus）运动在1919年始于慕尼黑，自1921年起由希特勒领导，尔后成立国家社会主义德国工人党（Nationalsozialistische Deutsche Arbeiterpartei），缩写为NSDAP，汉语音译简称纳粹党。
〔31〕 百科全书派，18世纪下半叶法国一部分启蒙思想家在编纂百科全

书时所形成的资产阶级上升时期的进步思想派别，提倡理性主义和批判精神，为法国大革命作思想准备。但在法国大革命期间，尤其是雅各宾派专政时期，百科全书派曾一度支持采用大批处死异己的"恐怖"手段。

〔32〕《我们是自己人》，原文是拉丁语camerado，含有"我们是自己人"的意思，以后衍生为英语的comrade，法语的camarade，西班牙语的camarada，德语的Kamerad，词义演变为同伴、同学、同事、同志等。

〔33〕曼哈顿（Manhattan），曼哈顿岛构成纽约市主要行政区，岛上有纽约的许多最著名的建筑，包括帝国大厦（the Empire State Building）和中央公园（Central Park）等，街道有百老汇（Broadway）和第五大道（Fifth Avenue）等。

〔34〕时报广场（Times Square），又译时代广场，是位于纽约市曼哈顿中心的广场，热闹非凡，以灯火通明、剧院和电影院多而著称。元旦前夕，成千上万的人聚集在这里观看一个由菱形玻璃片组合的圆球从时报广场1号大楼上滑落下来。时报广场因时报大楼而得名。该楼曾经是《纽约时报》（*The New York Times*）的办公大楼。

〔35〕布鲁克林大桥（Brooklyn Bridge），跨纽约市伊斯特河并连接布鲁克林区（Borough）和曼哈顿的悬索桥。1883年建成使用。桥长486米。

〔36〕布朗克斯区（Bronx），纽约市五个区（Borough）之一，位于哈勒姆（Harlem）以北。该区相当贫穷，南部是犯罪和毒品交易的集中区域。区内有扬基（Yankees）运动场和布朗克斯动物园。

〔37〕查尔斯·勒夫勒（Charles Loeffler，1861—1935），德裔美国小提琴家和作曲家，1883—1903年和波士顿交响乐团合作演出。

〔38〕巴拿马运河1881年由法国公司开凿，后因公司破产而中断；1904年由美国公司重新开凿，1914年8月15日竣工。

第八章 欧洲的光辉和阴霾

我在新的二十世纪已生活了十年,我也已看到过印度、美洲和非洲的一部分[1];现在,我开始怀着一种新的、更有意识的愉快心情来看待我们的欧洲。我从来没有比在第一次世界大战前的最后几年更热爱我们欧洲这片古老的土地,从来没有比那个时候更希望欧洲的统一,从来没有比那个时候更相信欧洲的前途,因为我们都以为已看到了欧洲新的曙光。但实际上,燃烧欧洲的战火已在临近,火光已经出现。

也许人们很难向今天这一代人描述我们当时年轻人自十九世纪末二十世纪初以来心中所怀的那种乐观主义——对天下充满信心;因为今天这一代人是在各种灾难、破坏和危机中成长起来的,对他们来说,始终存在发生战争的可能性,而且是几乎每天都有不期而至的爆发战争的可能性。不像我这样一代人的父母曾有过四十年的和平环境。那四十年的和平使欧洲各国的经济充满活力,技术设备加快了生活的节奏,科学发现使那一代人的精神状态感到不胜自豪。在我们欧洲的所有国家几乎都普遍感觉到的繁荣已经开始。城市一年比一年美丽,城市人口一年比一年多。一九〇五年的柏林已不能和我在一九〇一年见到的柏林同日而语。柏林已从一座首都变成一座国际大都会,而一九一〇年的柏林又大大超过了一九〇五年的柏林。维也纳、米兰、巴黎、伦敦、阿姆斯特丹这样一些城市,我只要每去一次就会感到惊讶和欣喜。那里的街道越来越宽阔、越来越漂亮,公共建筑越来越有气派,店铺越来越豪华、越来越美观。人们从各种事物中都能感觉到财富在增长、在扩大。就连我们这些作家也能从书籍的出版数量上觉察到:书籍的出版量在二十世纪之初的头十年增加了三倍、五倍、十倍。到处都有新建的剧院、图书馆和博物馆。诸如浴室、电话这样一些先前属于少数人特权的方便设备开始进入中产阶级的家庭;自从工作时间缩短以后,无产者也逐渐发家致富,至少有一部分过上了小康生活。到处都在前进。谁敢作敢为,谁就能获得成功。谁买一幢房子、买一本稀世的藏书或一张画,就会看到行情不断上涨。谁愈是大胆,愈舍得花本钱办一家企业,谁就愈能保险赚到钱。整个天下处处呈现出一派无忧无虑的美好景象,因为又会有什么来打断这种兴旺呢?又会有什么来妨碍这种从自己的热情中不断产生的新干劲呢?欧洲从来没有像当时那样强大、富足和美丽,欧洲从来没有像当时那样对更美好的未来充满信心。除了几个已经老态龙钟的白发老人以外,没有人会像以前那样为了"美好的旧时代"而叹惜。

不仅城市变得更漂亮,人本身也由于体育运动、较丰富的营养、劳动时间的缩短,以及和自然的更密切的结合而变得更漂亮、更健康。早先,一到冬天,便是荒凉萧索的季节,人们无精打采地在客栈里玩牌或者在暖烘烘的斗室里无聊地打发日子。而现在,一到冬天,人们发现山上阳光可以滋润心肺、舒筋活血、爽身健肤。再者,山区、湖泊、大海也已不再像从前那样离得那么遥远。自行车、汽车、有轨电车已经把距离缩短,赋予世人以新的空间感。一到星期天,成千上万的人穿着耀眼的运动衫乘着滑雪板和雪橇沿着雪坡"嗖嗖"地向下滑行。到处都有新建的体育馆和游泳池。而且人们恰恰是在游泳池里能够清楚地看到那种变化:在我年轻的年代,一个真正长得非常健康的男子在那些胸脯干瘪、挺着大肚子和没有下巴颌的人群中往往会令人瞩目;而现在,人们就像古希腊人进行轻松的体育竞赛似的,相互比赛谁的身体强壮灵活、谁的皮肤被太阳晒成褐色、谁的体形锻炼得健美。除了极端贫穷的人以外,已没有人在星期天待在家里。所有的青年人都出去徒步漫游、爬山和比赛,去学习各种运动项目。凡是度假的人都出远门,而不像我父母亲的那个年代,放了假,只到离城不远的地方或者至多到萨尔茨堡附近的山区[2]去玩。人们已经对整个世界发生兴趣,想看一看是不是世界到处都这样美,想看一看是不是还有更美的地方。从前,只有享有特权的人才到外国观光,而现在,银行职员和小工商业者也都到意大利、法国去旅行。出国旅行固然比以前便宜了,也方便多了,但最主要的还是人们心中的那种新的勇气、新的敢闯精神使他们在旅游方面更大胆,并且在生活方面也不再那么节约、那么谨小慎微——是呀,当时人们已对自己的谨小慎微感到不好意思。整个一代人都决心使自己变得更富于青春气息,每个人都为自己年轻而自豪——这一点和我父母亲的那个年代刚巧相反。首先是年轻人脸上的胡须突然消失了,然后是年纪大的人也仿效年轻人刮去自己脸上的胡须,为的是不愿让自己显得老相。年轻、精神焕发,已成为当时的口号,而不再是崇尚老成持重。妇女们抛弃了束胸的紧身衣,也不再用太阳伞和面纱,因为她们不再害怕空气和阳光。她们把裙子裁短,以便在打网球的时候两腿能更好地活动;当她们露出长得丰满的部位时,也不再表现出羞涩。风尚越来越变得合乎自然。男人穿着马裤,女人敢于坐在男式的马鞍上;男人和女人不再互相遮盖什么和隐藏什么。世界不仅变得更美丽,而且也变得更自由了。

在我们之后出生的新的一代在风尚习俗方面也赢得了这种自由,他们生活得健康和充满自信。人们第一次看到年轻的姑娘们在没有家庭女教师的陪伴下和年轻的男朋友一起运动或一起出去郊游,表现出公开的、自己能做主的友情;她们不再羞涩腼腆和忸忸怩怩。她们知道自己想要干什么和不想干什么。她们摆脱了父母们那种出于担心的监督,自己赚钱过日子,有的当女秘书,有的当女职员,她们得到了自己安排生活的权利。卖淫——旧世界唯一允许存在的女人的色情交易大大地减少了。由于这种新的更为健康的自由,男女授受不亲的那一套玩意儿早已变得不合时宜。以前在游泳池里强行把男女分开的厚木板已陆陆续续被拆除。女人和男人都不再羞于露出自己长得怎样。世人在二十世纪头十年里重新获得的自由、大方和无拘无束胜过以往的一百年。

因为世界上有了另一种节律,现在,一年时间里发生的事该有多少呀!一项发明紧赶着一项发明,一项发现紧赶着一项发现,而且,每一项发明、每一项发现,都又以飞快的速度变成普遍的财富。当人们意识到这是人类的共同财富时,每个国家都第一次感觉到彼此之间的息息相关。当齐柏林[3]飞艇第一次飞行的那一天,我正前往比利时途中,而且恰巧在斯特拉斯堡[4]稍事停留,我在那里看到飞艇在大教堂上空盘旋,底下是热烈欢呼的民众,飘荡的飞艇好像要向这千年的教堂鞠躬似的。晚上,我在比利时的维尔哈伦家听到消息说,飞艇已在埃希特丁根[5]坠毁。维尔哈伦眼里噙着泪水,非常激动。他并不因为自己是比利时人而对这次德国的空难抱无所谓的态度,而是作为一个欧洲人,作为我们同时代的人,和我们一起分享战胜自然的共同胜利,同样也为我们共同遭受到的考验而分忧。当布莱里奥[6]驾驶飞机越过英吉利海峡时,我们在维也纳的人也热烈欢呼,仿佛他是我们祖国的英雄似的。我们大家都为我们的科学技术所取得的日新月异的进步感到自豪。于是,欧洲是一个共同体的感情——欧洲是一个不分国界的整体的意识——开始形成。我心里想,如果任何一架飞机都能像玩儿似的轻而易举地飞越国界,那么这些国界又有什么意义呢!那些海关壁垒和边防哨卡不就完全是褊狭和人为的吗!完全和我们的时代精神相矛盾!因为我们的时代显然热切盼望着彼此紧密联系和世界大同。这种感情的高涨就像飞机的腾飞一样引人入胜。有些人没有亲身经历过在欧洲互相充满信任的那最后几年,我今天还为这些人感到遗憾呢。因为我们周围的空气不是死的,我们周围也不会是真空,空气本身就携带着时代的振荡和脉搏,空气会不知不觉将时代的脉搏传给我们的血液、传到我们的内心深处、传到我们的大脑,不断地传给每一个人。我们中间的每一个人都在那几年里从时代的普遍繁荣中汲取了力量,而且由于集体的信心,每个人的信心也都大大增加。也许我们当时并不知道那股把我们卷入其中的时代浪潮是多么强大,多么充满自信——而我们这些人今天却辜负了那个时代。不过,谁只要经历过那个对世界充满信心的时代,此人今天就会明白,从那以后发生的一切其实是倒退和阴霾。

而当时的世界却显得一片光辉灿烂,好像服了补药似的浑身都是力量。那股力量从欧洲的四面八方向我们的心脏袭来。然而我们却没有预料到,使我们不胜欣喜的事物同时也包藏着危险。当时席卷欧洲的那种自豪和信心的风暴本身就带着乌云。各方面的繁荣也许太快了,欧洲各国和欧洲各城市也许强大得太迅猛了,而且那种浑身是劲的感觉总是诱发世人和国家去使用或者滥用那股劲头。法国已财富充溢,但它还要敛取更多的财富,还要得到殖民地,尽管它原来的殖民地已使它根本没有多余的人口。法国为了得到摩洛哥差一点大动干戈[7]。意大利指望着昔兰尼加[8]。奥地利要兼并波斯尼亚[9]。塞尔维亚和保加利亚又把矛头指向了土耳其[10]。而德国暂时还被排斥在外,但已跃跃欲试,准备大干一场。欧洲各国到处都显得怒气冲冲,剑拔弩张。同时,各国为了有效地达到内部的巩固,扩张的野心开始处处膨胀,好像细菌传染一般。赚足了钱的法国企业家向同样养得肥肥的德国企业家攻讦,因为两家公司——克虏伯公司[11]和法国的施奈德—克勒佐公司[12]都要推销更多的大炮。拥有巨额股票的汉堡[13]海运界要和南安普敦[14]海运界对着干。匈牙利的农场主打算和塞尔维亚的农场主对着干。这一帮康采恩反对另一帮康采恩。经济的景气使双方所有的人都像发了疯似的,要攫取更多的财富,贪得无厌。当我们今天平心静气地问自己:一九一四年欧洲为什么要进行大战,我找不出任何一个合情合理的理由,也找不出任何缘故。那次战争既不是为了思想上的纷争,也说不上是为了边境几块小小的地方。我今天以为那次战争只能用"力量过剩"来解释,也就是说,是在第一次世界大战前四十年的和平时期积聚起来的内在力量所造成的悲剧性的后果,那种内在力量是势必要发泄出来的。每个国家突然之间有了要使自己强大的情绪,但却忘记了别的国家也会有同样的情绪;每个国家都想得到更多的财富,每个国家都想从别国夺取点什么。而最糟糕的恰恰是我们自鸣得意的情绪:我们普遍都有的乐观主义欺骗了我们自己——因为每个国家都相信别的国家将会在最后一分钟被吓退。于是外交官们开始玩弄起彼此恫吓的手腕。他们在阿加迪尔危机和在巴尔干战争[15]中,以及在阿尔巴尼亚,三番五次玩弄这种虚张声势的恫吓手段。不过,同盟国[16]内部以及协约国[17]内部的联系却愈来愈密切,愈来愈军事化。德国在和平时期实行了战争税。法国延长了服兵役期限。多余的力量最终必然要发泄出来;而巴尔干战争的征候则表明,战争的乌云已日渐临近欧洲。

那时虽然还没有一片惊恐,但却始终郁结着一种不安。每当从巴尔干传来枪炮声,我们就会感到忐忑不安。难道战争果真会在我们不知道其原因和目的的情况下降临到我们头上吗？反战的力量结集得十分缓慢——就像我们今天所知道的情形一样：反战力量的结集都太慢，太畏首畏尾。在当时的反战力量中有社会党人，在对立的双方中都有数百万宣称不要战争的人，有教皇领导下的强大的天主教组织、有若干跨国的康采恩、有反对搞秘密交易的少数几个明智的政治家。我们这些作家也站在反对战争的行列，诚然，像通常一样完全是单枪匹马，而不是团结起来进行坚决的斗争。遗憾的是大多数知识分子的态度都是漠不关心、听之任之。由于我们一贯的乐观态度，在我们内心还根本没有看到战争的端倪，还没有看到战争带来的各种道义上的后果。在社会名流当时撰写的重要文章中，没有一篇是专门谈论战争的或者大声疾呼地告诫人们要提防战争的。我们以为——只要我们大家都想到我们是欧洲人并在国与国之间建立兄弟般的关系，只要我们在自己力所能及的范围内（我们对于时局只能发挥间接的影响）把心平气和的沟通以及把超越语言和超越国界的思想上的团结奉为理想——这样做也就够了。而且，恰恰是新一代的人最最拥戴这样一种欧洲人的思维。我在巴黎看到一群聚集在我的朋友巴扎尔热特周围的年轻人。他们和老一辈的人不同。他们反对任何狭隘的民族主义和好侵略的帝国主义。譬如，后来在第一次大战期间把自己的伟大诗篇献给欧洲的朱尔·罗曼曾与乔治·杜亚美、夏尔·维尔德拉克、迪尔坦、勒内·阿科斯[18]、让-里夏尔·布洛克等人一起先是组织"修道院"文学社，然后是组织"争取自由"文学社。他们是即将来临的欧洲主义的热情先驱。当战争的苗头刚在欧洲露出，他们就毫不动摇地、抱着憎恶的态度反对任何国家的军国主义。法国以前很少产生这样一群思想坚定、富有才华的勇敢青年。在德国,是弗朗茨·韦尔费尔[19]和他的"跨越国界的朋友"——勒内·席克勒[20]一起为促进相互谅解而热情地工作。勒内·席克勒身为阿尔萨斯人命中注定要介于两个国家之间,他在感情上特别强调世界各族人民的和睦。作为我们的同道从意大利向我们致意的是朱塞佩·安东尼奥·博尔杰塞[21]。从斯堪的纳维亚和斯拉夫各国也不断传来鼓励。一位伟大的俄罗斯作家曾写信给我说:"请到我们这里来吧!给那些想煽动我们进行战争的泛斯拉夫主义者们看一看,你们在奥地利的人是不要战争的。"是呀,我们大家都热爱那个使我们飞快发展的时代,我们热爱欧洲!我们相信理智将会在最后时刻阻止那种错误的决策。只不过,我们如此相信理智其实也正是我们唯一的过错。诚然,我们没有抱着足够的怀疑态度去观察眼前的征兆,话又说回来,不采取将信将疑的态度而采取信任的态度,难道不正是真正的青年一代应该有的品德吗?我们信任让·饶勒斯[22],我们信任社会党国际,我们相信铁路工人在把自己的同伴当作炮灰运到前线去以前就会把铁轨炸毁。我们期望着妇女们将会拒绝把自己的儿子、丈夫送去充当无谓的牺牲品。我们深信欧洲的精神力量——欧洲的道义力量将会在最后的关键时刻显示出自己的胜利。我们共同的理想主义——我们在进步中必然会产生的那种乐观主义——使得我们低估和忽视了我们的共同危险。

再说了,我们缺少的是一位能把隐藏在我们内心中的力量朝着同一个目标集中起来的组织者。我们只需要在我们中间有一位提醒大家警惕的人,有一位高瞻远瞩的人；然而令人奇怪的是，他虽然生活在我们中间，我们却长期对他这样一位命运安排他要成为我们领袖的人一无所知。我也是在最后时刻才发现他的——可以说是我一生中的关键性机遇之一吧。况且，要发现他也很难，因为他住在巴黎远离"闹市区"的地方。倘若今天有人打算写一部二十世纪法国文学史，那么他肯定会注意到这样一种奇怪的现象：在当时巴黎的各种报纸上大肆吹捧的可以想得起来的文豪的名字中间恰恰没有那三位最重要的作家，或者在提到他们的名字时，是一种错误的联想。自一九〇〇年至一九一四年，我从来没有在《费加罗报》和《马丁报》上看到过有人提起诗人保罗·瓦莱里的名字。马塞尔·普鲁斯特[23]被说成是一个在沙龙里容易受愚弄的人，而罗曼·罗兰则被介绍为知识渊博的研究音乐的学者。他们几乎都是到了五十岁的时候才小有名气，但他们的伟大作品却是在这座世界上最猎奇、文学艺术最发达的城市——巴黎悄悄完成的。

我及时发现了罗曼·罗兰纯属偶然。有一次，我在佛罗伦萨，一位俄罗斯女雕塑家邀请我去喝茶，为的是要给我看看她的作品。同时也想给我画一张速写。我准时在四点到达，却忘了她是一位俄罗斯人，对于时间和准点毫不在乎。一位俄罗斯老奶奶——据她说，是她母亲的保姆——把我引进她的创作室，请我在那里等候，创作室是一片杂乱无章的景象，总共放着四件小雕塑品；两分钟之内我就看完了。于是，为了不致白白浪费时间，我抓起一本书，或者说得更确切些，我抓起随便放在那里的几份期刊——《半月刊》，我记得我以前在巴黎听到过这种名称的期刊。不过，谁会自始至终去注意这些小小的杂志呢？——这类杂志一会儿风靡全国，昙花一现之后又随即消失。我翻到载有罗曼·罗兰的《约翰·克利斯朵夫》的第一卷《黎明》的那一期，开始阅读起来。而且越读越感到惊讶，越读越有兴趣。这位如此了解德国的法国人究竟是谁呢？不一会儿，我心想，我倒真应该感谢那位大大咧咧的俄罗斯女士的不准时呢。当她终于磨磨蹭蹭到达时，我的第一个问题就是："这位罗曼·罗兰是谁呀？"——她也说不清楚。只是当我后来搜集到其余各卷之后（那部作品的最后几卷当时还正在创作过程之中），我才知道：现在终于有了一部不是为一个欧洲国家而是为一切欧洲国家而写的书，一部为增进欧洲各民族团结的书；现在终于有了这样一个人，有了这样一位文豪。他善于表现各种道义的力量：表现对爱的感悟以及要想获得这种感悟的真诚意愿；表现经过考验的、真正的正义感；表现艺术负有团结大众的使命这样一个令人鼓舞的信念。当我们在为起草一篇小小的宣言而分散精力时，他却默默地、锲而不舍地在表现各国民众的禀性，指出各国民众最可爱的特殊个性何在。这就是他当时正在完成的第一部有意识描写欧洲人的小说，也是第一次关键性的呼吁：建立欧洲各国的和睦关系。由于小说比诗接触的读者更广，因此《约翰·克利斯朵夫》所起的作用胜过维尔哈伦的赞美诗，也要比一切传单和抗议更加有力。我们大家在无意识之中所希望和所渴求的一切思想和精神原来已在《约翰·克利斯朵夫》中无声无息完成。

我在巴黎的首要之事就是要打听到罗曼·罗兰,因为我记得歌德说过这样的话:"谁自己学会了,此人就能教会我们。"于是我向朋友们打听罗曼·罗兰。维尔哈伦说,他只记得那出在社会党人的"民众剧场"演出过的《群狼》[24]。巴扎尔热特也只是听人说过,罗曼·罗兰是一位音乐学家,并且写过一本关于贝多芬的小书。我在巴黎的国家图书馆的目录卡片里找到了罗曼·罗兰写的十二本关于古典音乐和现代音乐的著作以及七八个剧本;所有这些著作都是由几家小出版社或者由《半月刊》出版发表的。最后,为了取得和罗曼·罗兰的联系,我寄了一本我写的书给他。他不久就来信把我请去。我们之间的友谊就这样开始了。除了我和弗洛伊德与维尔哈伦的友谊以外,我和罗曼·罗兰的友谊是我一生中收益最多的友谊、在某些时候甚至是决定我的人生道路的友谊。

我一生中记得住的日子要比平常的日子更有光彩。所以,我今天仍然非常清楚地记得我第一次去访问罗曼·罗兰的情景。那是坐落在蒙巴纳斯林荫大道附近的一幢不起眼的房子;我走上五层狭窄的盘旋扶梯;我站在他的住所前就已感到一种特别的宁静,透过窗户望下去是一座古老修道院的园子,除了听到微风吹拂树叶的簌簌声,几乎听不见林荫大道上的喧闹声。罗曼·罗兰为我开门,并把我引进他的那间小小斗室。房间里的书籍一直堆到天花板。我第一次看见他的那双炯炯有神的蓝眼睛,是我有生以来在一个人身上看到的最清澈、最和善的眼睛;他的那双眼睛在谈话过程中把内心最深的感情色彩和热情表现了出来,同时又暗暗隐藏着悲哀。当他沉思的时候,目光仿佛变得更加深邃,当他激动的时候,双眼便闪耀着光辉;由于读书和熬夜,他的眼睛显得有点过度疲劳,眼圈微微发红,唯有那一对瞳孔能在侃侃而谈和兴高采烈的时候奇妙地放射出光芒。我打量着他的身材,似乎有点害怕。他个子很高,却非常瘦,走起路来多少有点弯腰,好像在写字台旁度过的无数时日已把他的颈背变弯了似的,显得有点驼背。他的脸色苍白,瘦骨嶙峋,看上去病恹恹的。他说话的声音非常轻,好像他非常爱惜自己身体似的。他几乎从不散步,吃得也很少,不抽烟,不喝酒,避免任何体力上的紧张,可是我后来发现,在他苦行主义的躯体内蕴藏着多么巨大的耐力呀!在那似乎十分虚弱的身体背后具有何等巨大的脑力劳动的力量呀!我不得不钦羡不已。他在那张堆满纸张书籍的小小写字台旁一工作就是几个小时。他躺在床上看书也是一连几个小时。他给自己已经精疲力竭的躯体的睡眠只有四五个小时。他允许自己松弛一下的唯一事情就是音乐。他钢琴弹得非常出色,柔和的指法抚摩着琴键,好像他不是要从中弹出声音,而仅仅是要引出声音。我以前在很小的范围内听到过马克斯·雷格、费鲁乔·布索尼[25]、布鲁诺·瓦尔特[26]演奏钢琴,但是没有一位名家有像罗曼·罗兰似的给我一种和我所热爱的大师进行直接交流的心情。

他的知识非常渊博,使人折服。他的生活就是读书。他精通文学、哲学、历史,熟悉各国和各个时代的问题。他知道音乐中的每一个节拍,即便像加卢皮[27]和特勒曼[28]的最最生僻的作品和三四流音乐家的作品,他也熟悉。同时,他积极参与当时发生的每一件事。他的那间修道士式的简朴斗室就像一间照相馆的暗室,可是在这里能看到世界。从人际方面讲,他和他那个时代的许多伟人都很熟。他曾是埃内斯特·勒南[29]的学生,瓦格纳家里的客人,饶勒斯的朋友;托尔斯泰曾给他写过那封著名的信,承认自己真心实意赞赏罗曼·罗兰的文学作品。我在他的房间里感觉到一种人性的、道义上的优势;感觉到一种不带自傲情绪的、内心的自由——一个坚强的人所拥有的不言而喻的自由。我一眼就看出,他在关键性的时刻将代表欧洲的良知——时间证明我是对的。我们谈论起《约翰·克利斯朵夫》。罗曼·罗兰向我解释说,他写这部书是想尽到三重责任:第一,向音乐表示他的感谢;第二,表白他对欧洲统一的信念;第三,唤起各族民众的思考。他说,我们现在必须每一个人都发挥自己的作用,从各自的岗位出发,从各自的国家出发,用各自的语言。他说现在是一个需要保持警惕的时代,而且愈来愈需要警惕。煽起仇恨的人按照他们的卑劣本性,要比善于和解的人更激烈、更富于侵略性,在他们背后还隐藏着物质利益。他们这些人可比我们这些人没有顾忌得多。他说,人们从《约翰·克利斯朵夫》这部作品中可以看出不合情理的事,而对不合情理的事作斗争甚至比我们的文学艺术更重要。罗曼·罗兰在他的《约翰·克利斯朵夫》的整部作品中赞美了艺术的不朽;但我却从他身上感觉到他对世界构建的脆弱充满加倍的悲哀。他在回答我的问话时说:"文学艺术能使我们每一个人得到满足,但文学艺术有时对现实却无济于事。"

罗曼·罗兰说这句话是在一九一三年。我从我和罗曼·罗兰的那第一次谈话中就清楚地认识到,我们的责任是:不能没有准备和无所作为地面对可能爆发第一次欧洲大战的事实。罗曼·罗兰之所以能在关键时刻在道义方面远远超过其他所有的人,无非是他事先早已痛苦地磨砺了情操。当然,我们也同样能够在自己的范围内事先做一些事情。我自己就已翻译过不少作品,介绍过我们邻国的诗人。一九一二年,我曾陪同维尔哈伦走遍整个德国,作旅行演讲。那次旅行成了德法和睦关系的象征:维尔哈伦——最伟大的法语抒情诗人和德默尔——伟大的德语抒情诗人在汉堡当众拥抱。我为马克斯·赖因哈特争取到了维尔哈伦的一部新剧本。我们彼此之间的合作从来没有像当时那样诚挚、积极、满怀深情。在我们热情奔放的某些时刻,我们就会飘飘然地以为我们已经给世人指出了正确的拯救道路。然而世人却很少关心文学家们的这样一些表现,世人依然走自己险恶的路。欧洲的局势经常处于一触即发的战争边缘——察贝恩事件[30]、阿尔巴尼亚危机[31]或者一次不明智的答记者问——这样一类的摩擦引起的火花层出不穷,而任何一次火花都有可能引起堆积起来的炸药的大爆炸。尤其是我们在奥地利的人深深感到自己正处于动乱的中心。一九一〇年,弗朗茨·约瑟夫皇帝已年过八旬。这位早已成为象征的白发老人是不会再长期统治下去了。一种神秘的不祥情绪开始蔓延:在他离世后,千年皇朝的瓦解再也无法阻挡。在国内,各民族之间的矛盾不断加剧。在国外,意大利、塞尔维亚、罗马尼亚,在某种意义上甚至还有德国,正等待着瓜分奥匈帝国。克虏伯公司和施奈德-克勒佐公司正在巴尔干半岛用外国的"活人材料"互相试验着自己的大炮,就像后来德国人和意大利人在西班牙内战[32]中试验自己的飞机一样。巴尔干战争使我们陷于惴惴不安的急流之中。我们惶惶然不可终日,但又不断舒一口气——"这一次,战争还好没有临到我们头上;但愿永远不要临到我们头上!"

根据经验,原原本本叙述一个时代的事实,要比再现一个时代的人的心态容易得多。人的心态不会表现在公众事件之中,而是最早表现在个人生活的细小插曲之中。我要在这里插叙的正是这样一些生活小故事。老实说,我当时并不相信战争真的会爆发。但是我遇到的两件事情使我在某种程度上想到了战争,并且使我的心灵为之震颤。第一件事是"雷德尔事件",这一事件就像历史上一切重要的幕后情节一样,鲜为人知。

这位雷德尔上校[33]可谓是一出情节十分错综复杂的间谍戏剧里的主人公。我和他只是一般认识。他和我住在同一个区,隔着一条胡同。有一次,我的朋友——检察官T在咖啡馆里把他介绍给我。这位看上去和蔼可亲、讲究享受的雷德尔先生当时正在咖啡馆里吸着雪茄。自那以后我们见面就互打招呼。但是我后来才发现,生活中有多少秘密包围着我们,同时,我们对近在咫尺的人了解得又是多么的少。从外表上看,这位雷德尔上校像一名奥地利普通军官一样,但他却是帝位继承人弗朗茨·费迪南德[34]的宠信。雷德尔上校被授予重要的职权,他领导着军队的秘密情报局和负责破坏敌人的谍报机构。一九一二年,当巴尔干战争危机时期，俄国和奥地利都在进行矛头指向对方的战争动员，可是奥地利军队最最重要的密件——"进军计划"却被事先出卖给了俄国，一旦真的处于战争状态，势必要给奥地利军队带来无法估计的惨败，因为俄国人事先就能知道奥地利进攻部队每一次战术行动的细节。这起泄密叛卖事件使奥地利总参谋部一片惊慌。身为军队情报部门最高负责人的雷德尔上校受命要找出叛徒。其实，当局只要在最高层的极小圈子内进行排查，就能找到这个奸细。可是外交部并不完全信任军事当局的能力，于是外交部背着总参谋部秘密发出指示：进行独立的调查，外交部授权警察局除了采取其他各种措施外，还要为此目的秘密拆开一切从外国寄来的留局待取的信件进行检查，而不必有所顾忌。

一天，一家邮局收到从俄国边境站波特沃罗奇斯卡寄来的一封留局待取的信件，收信人的地址是一个暗号："歌剧院舞会"。当那封信被拆开后，里面没有信纸，而是六张或者八张簇新的奥地利一千克朗的钞票。于是，邮局很快将这一可疑的发现报告了警察局。警察局派了一名密探到领信处的窗口，以便当那个来查问这封可疑信件的人一出现，就立即将他逮捕。

一时间，这出悲剧就开始成为一件使维也纳人啼笑皆非的事。中午时分，那位先生出现了，他要求取走那封写有"歌剧院舞会"的信。那个窗口的邮局职员立刻向那名密探发出秘密的报警信号，可是那名密探刚巧出去吃早午饭。而当他回来时，他只听人说，那位不认识的先生雇了一辆出租马车不知向哪个方向驰去了。于是，维也纳人很快演出了悲喜剧的第二幕。在当年那个时代，出租马车是一种时髦而又漂亮的两驾马车,马车夫把自己视为是一个非常了不起的人物,从来不亲自动手打扫车辆,因而在每一个停车场都有一个所谓"清洁工"干这种冲洗车辆和喂马的事。现在,幸亏那个清洁工记住了刚刚驶去的那辆出租马车的号码;一刻钟以后,所有的警察局派出所都得到紧急报告:那辆马车已被找到。紧急报告还描述了向卡塞尔霍夫咖啡馆驶去的那位先生的外貌。卡塞尔霍夫咖啡馆正是我经常遇见雷德尔上校的地方。此外,还有人碰巧在马车的车厢里找到一把小折刀。那位陌生人就是用这把小刀拆开信封的。密探们迅速向卡塞尔霍夫咖啡馆飞奔而去。可惜人们所描述的那位先生在此期间又离去了。不过,咖啡馆的服务员们以极大的自信解释说,那位先生除了他们的老顾客雷德尔上校外,绝不会是别人,他刚刚回到克罗姆塞尔旅馆去了。

听到此话的那位密探惊得目瞪口呆。秘密被揭开了。雷德尔上校——这位奥地利军队情报部门的最高负责人原来同时又是被俄国总参谋部收买的间谍。他不仅出卖了各种机密和进军计划,而且现在也一下子弄清楚了,为什么去年由他派往俄国的全部谍报人员都先后被捕和被判刑。一阵慌慌张张的电话联系开始了,最后,电话一直打到奥地利军队总参谋长康拉德·冯·赫岑多尔夫[35]那里。一位亲眼见到这一场面的目击者曾向我叙述说,赫岑多尔夫在听到最初几句话后脸色"刷"一下变得像纸一样白。电话继续打进皇宫,进行了一次又一次的磋商。现在又是怎样的情形呢?警方在此期间采取了防范措施,雷德尔上校是无法逃跑了。当他准备再次离开克罗姆塞尔旅馆,向门卫交代一件什么事的时候,一个密探出其不意地靠近他的身边,向他出示那把小刀,礼貌地问道:"上校先生有没有将这把小刀遗忘在出租马车里?"就在这一刹那,雷德尔知道自己完蛋了。他无论走向哪里,只看到一张一张非常熟悉的秘密警察的脸,他们正监视着他。当他重新走进旅馆时,两名军官跟着他走进他的房间,在他面前放下一把左轮手枪。因为皇宫在此期间已做出决定,以不声不响的方式了结这件对奥地利军队非常不光彩的事件。两名军官守卫在克罗姆塞尔旅馆的雷德尔房间前,一直到深夜两点,才从里面传出一响左轮手枪的枪声。

第二天,各种晚报都登了一条简短的讣告,宣布这位十分尽职的军官——雷德尔上校突然死亡。但是,在追踪雷德尔案件的过程中牵涉了许多人,以致这件事无法保密。人们渐渐了解到这件事的细节,这些细节揭开了雷德尔的许多心理活动。雷德尔上校曾是一个同性恋者,可是在他的上司或者同伴中竟没有一个人知道此事。他落入敲诈勒索者手中已有多年。这些敲诈勒索者最后逼得他走上这条不归之路。现在,奥地利军队里是一片惊愕。大家都知道,一旦发生战争,雷德尔一个人就能断送成千上万人的性命,奥匈帝国将由于他而陷入崩溃的边缘;只是到了那时刻,我们在奥地利的人才明白,我们在过去的一年中已经面临爆发世界大战的千钧一发的时刻。

那一天我第一次感到战争的恐惧。第二天,我偶然遇见贝尔塔·冯·苏特纳[36]——我们那个时代卓越、大度的卡桑德拉[37]。贝尔塔·冯·苏特纳是一位出身豪门的贵族,青年时代就在自己的故乡——波希米亚的城堡附近目睹过一八六六年战争[38]的惨状。她怀着弗洛伦斯·南丁格尔[39]的热情,认为自己毕生的使命就是防止下一次战争,完全杜绝战争。贝尔塔·冯·苏特纳写过一部享誉世界的长篇小说《放下武器!》,她组织过无数次和平主义者的集会。她一生的胜利是,她唤醒了黄色炸药的发明人阿尔弗雷德·诺贝尔[40]的良知,促使他为和平与国际间的沟通而设立了诺贝尔奖,以弥补他发明的炸药所造成的祸害。贝尔塔·冯·苏特纳当时神情激昂地向我走来,在大街上就对我大声嚷嚷,而她平时说话却是非常安静和镇定自若。她说:"人们竟然不明白眼下发生的事。这已经是战争。他们再次把一切掩盖起来,对我们保密。为什么你们年轻人仍然无动于衷呢?打仗和你们关系最大!你们要起来反抗!你们要团结起来!不要什么都让我们几个老太太去干,老太太的话没人听。"我告诉她,我就要去巴黎。我说,也许我们真的能发表一项共同宣言。"为什么仅仅说'也许'呢?"她催促着说,"形势从来没有这样坏过。战争机器已经在运转。"尽管我当时自己也忧心忡忡,但我还是尽量宽慰她。

然而,恰恰是在法国,通过我自己在那里遇到的第二件生活小事,使我回想起来,贝尔塔·冯·苏特纳老太太是多么有预见,她已清楚地看到了未来;而在维也纳,人们却很少认真对待她的话。那是一件极小的事,但给我留下的印象非常深刻。一九一四年春,我和一位女友[41]从巴黎去图赖讷[42],准备在那里小住数日,为的是要凭吊达·芬奇[43]的陵墓。我们沿着卢瓦尔河[44]徒步走去,岸旁风和日丽,可是到了晚上,也真叫累。于是我们决定在那座有点昏昏欲睡的城市图尔[45]去看电影。我以前曾在图尔瞻仰过巴尔扎克的故居。

那是郊区的一家小电影院,不能和用铿亮的铬合金与闪光的玻璃装潢起来的现代化的豪华电影院相提并论。那里只有一间凑凑合合改建的大厅,里面挤满了各种小人物,有工人、士兵、市场上的女小贩,那是真正的老百姓。他们一边无拘无束地闲聊,一边向污浊的空气里喷着斯卡费拉蒂牌和卡波拉尔牌香烟的蓝色烟雾,尽管电影院里是禁止吸烟的。银幕上开始映出《世界各地新闻》,先是英国的划船比赛。观众一边闲扯,一边发出笑声。接着是法国的一次阅兵式,仍然没有多少人注意。然后是第三条新闻的画面:德国威廉二世皇帝[46]到维也纳拜会弗朗茨·约瑟夫皇帝。我忽然在银幕上看到简陋的维也纳西火车站那个十分熟悉的站台,上面站着一些警察,正在等候驶进站的列车。接着的一个画面是:年迈的弗朗茨·约瑟夫皇帝沿着仪仗队走过去,准备迎接他的客人——这是列车进站的信号。年迈的老皇帝已经有点驼背,检阅仪仗队的时候颤颤巍巍。当老皇帝出现在银幕上时,图尔人对这位满脸白胡子的老头善意地报以笑声。然后是列车进站的画面,第一节车厢,第二节车厢,第三节车厢。豪华车厢的车门打开了,威廉二世皇帝走下车厢,他穿着一身奥地利的将军服,八字胡向上高高地弯翘着。

就在威廉二世皇帝出现在画面上的那一瞬间,一阵尖厉的口哨声和跺脚声完全自发地开始在昏暗的电影厅里响起。所有的人都吹口哨和喊叫;男人、女人、孩子,都发出嘲笑,好像有人侮辱了他们自己似的。善良的图尔人除了知道自己国家的报纸上登载的消息外,并不知道关于政治和世界的更多的事。可是他们却在那一秒钟之内像发了疯似的。我感到吃惊。我浑身不寒而栗。因为我感到经过多年来煽动仇恨的宣传,流毒是多么深,甚至在这里,在一座外省的小镇,这些毫无恶意的民众和士兵都已经对威廉二世皇帝、对德国抱有这样的成见,以致银幕上一幅匆匆而过的画面就能引起这样一场骚动。那只不过是一秒钟,仅仅是一秒钟。当接着映出其他的画面时,一切又都被忘却了。观众对一部正在放映的喜剧电影捧腹大笑,高兴得拍着膝盖,噼噼啪啪直响。尽管那仅仅是一秒钟,但那一秒钟却让我看到了,虽然我们各自做了各种努力,想方设法要促进互相的沟通,但是到了紧急关头,彼此双方的民众是多么容易被煽动起来呀!

那天整个晚上我都心灰意懒,无法入眠。假如说那种场面发生在巴黎,虽然也会同样使我感到不安,但却不会有如此感慨。使我感到十分可怕的是,仇恨的心理已深入到外省的民众,已深入到善良的、憨厚的老百姓中间。我在以后的几天里把这件事讲给我的朋友们听。他们大多数人都没有把这件事看得十分严重。他们说:"我们法国人以前也曾嘲笑过肥胖的维多利亚女王[47],可是两年以后,我们和英国结成了同盟。你不了解法国人,法国人对政治不甚了了。"只有罗曼·罗兰对这件事的看法和别人不同。他说:"老百姓愈老实,就愈容易轻信。自从彭加勒[48]当选总统以来,形势就一直不好。他的彼得堡之行不是一次令人愉快的访问。"我们还用较长的时间谈论那年夏天在维也纳召开的国际社会党代表大会[49]。不过,罗曼·罗兰对这次大会比其他人更持怀疑态度。他说:"一旦发布战争动员令,究竟有多少人顶得住,谁知道呢?我们都已陷入一个群情激愤、人人歇斯底里的时代。在战争中绝不能忽视这种歇斯底里的力量。"

话又说回来,正如我前面所言,这样一些短暂的忧虑时刻犹如风中的蜘蛛网,稍纵即逝。我们虽然有时想到战争,但除了偶尔想到死以外,其他的事就想得不多了——也想到过一些可能发生的事,但似乎觉得那些事还都相当遥远。这是因为当时的巴黎实在太美了,我们自己也太年轻和太充满幸福感了。我今天还清楚记得朱尔·罗曼想出来的那出令人着迷的恶作剧:为了揶揄"诗人气质的王子",我们故意拥立一个"善于思考的王子"[50]。让一个老实巴交、头脑有点简单的人由大学生们郑重其事地抬到巴黎先贤祠前的罗丹塑像前。到了晚上,我们像一群中学生似的在诙谐模仿的宴会上逗乐嬉闹。当时万木吐芳,微风吹拂,带来一股甜丝丝的气息。面对如此良辰美景,谁愿意去想一些不堪设想的事呢?朋友之间的情谊比以往任何时候都深,而且在异国——在这个"敌对的"法国又有了新朋友。巴黎这座城市比以往任何时候都显得无忧无虑,而人们正是以自己无忧无虑的心情热爱着他们自己的这座城市。我在法国的最后几天,曾陪同维尔哈伦去鲁昂[51],他要在那里做一次讲演。夜里,我们站在当地的大教堂前;教堂的尖顶在月光下泛出迷人的银辉——如此令人心旷神怡的景色,难道还仅仅属于一个"祖国"吗?难道不该属于我们大家吗?我和维尔哈伦在鲁昂的火车站告别。两年以后,正是在这同一个地点,一列火车——被他歌颂过的机器之一——把他碾得粉碎[52]。我们告别时，他一边拥抱我，一边对我说："八月一日，在卡佑基比克[53]再见。"我答应了，因为我每年都到他自己的这个乡间住处去看望他，和他一起肩并肩地翻译他的新诗。为何这一年就不去呢？我也和其他的朋友们无忧无虑地告别。我向巴黎告别，那是一种漫不经心的告别、不动感情的告别，就像一个人离开自己的家几个星期一样。我知道我以后几个月的打算。但眼下我要先在奥地利——避居在乡间某个地方——赶写关于陀思妥耶夫斯基的那部文稿，这样我也就可以完成《三巨匠》[54]这本书了。然后我再到维尔哈伦那里去；也许到了冬天，计划已久的俄国之行便可实现，为的是在那里认识一群人，以增进我们思想上的互相了解。我觉得，我在三十二岁那一年一切都会顺利。在那阳光灿烂的夏天呈现出一片可喜的庄稼，世界显得美丽而又合乎情理。我热爱那个世界，为了她的那个时代和她的更伟大的未来。

可是，一九一四年六月二十八日在萨拉热窝的那一声枪响[55]，刹那之间将一个太平而又充满理性的世界——我们在其中受教育、成长、栖身为家的世界——像一只土制的空罐似的击得粉碎。

注 释

〔1〕 本章原文标题是：*Glanz und Schatten über Europa*。斯蒂芬·茨威格曾于1905年去非洲阿尔及利亚（Algerien）的首都阿尔及尔（Algier）旅行。

〔2〕 指阿尔卑斯山脉在奥地利萨尔茨堡附近一带的石灰岩区（德语原文是：Salzkammergut）。

〔3〕 齐柏林伯爵（Graf von Zeppelin，1838—1917），一译策佩林或策帕林，德国军官，齐柏林硬式飞艇（Zeppelin）的设计者和制造者。曾参加普奥战争（1866）和普法战争（1870—1871），1890年退役后从事研制硬式飞艇。1900年7月2日，他的第一艘齐柏林飞艇在腓特烈港附近做首次飞行。1906年齐柏林飞艇实现了24小时持续飞行的目标。在第一次世界大战中，100艘齐柏林飞艇执行了军事任务。

〔4〕 斯特拉斯堡（法语Strasbourg，德语Strassburg），位于莱茵河西岸4公里的德、法边界上。该城在历史上是阿尔萨斯最重要的城市，中世纪时为神圣罗马帝国的自由城市。1681年，法国国王路易十四占领该城并进行专制统治直至1789年法国大革命爆发。在1870—1871年的普法战争中，普鲁士军队占领该城，遂属于德国版图。第一次世界大战后，该城归还法国。在第二次世界大战中，该城又被德国占领，战后归还法国，故市容多有德国风貌。今为欧盟议会所在地。该城是大学城。斯特拉斯堡第一、第二、第三大学同时并存。

〔5〕 埃希特丁根（Echterdingen），今在德国境内，邻近斯图加特（Stuttgart）。

〔6〕 路易·布莱里奥（Louis Blériot，1871—1936），法国工程师和飞行员，用重于空气的飞行器进行世界上第一次海上飞行。1909年7月25日，他驾驶自己设计的飞机飞越英吉利海峡，从加来（Calais）到多佛尔（Dover）。

〔7〕 20世纪初，法、德为争夺摩洛哥而引起两次战争危机：（1）1905年德皇威廉二世访问摩洛哥，声称摩洛哥苏丹是"独立君主"，列强在摩洛哥"地位绝对平等"，使法、德关系紧张。1906年，《马

德里公约》(1880年)参加国在西班牙举行会议，由于英、俄支持法国，德国被迫让步，会议声称承认摩洛哥"独立"，但又承认法、西对摩洛哥的警察控制权。(2)阿加迪尔危机。阿加迪尔（Agadir），摩洛哥西南部城市。1911年法国占领摩洛哥首都非斯，德国派遣炮舰"豹"号至阿加迪尔示威，眼看战争一触即发，后由于英国干预而得以避免。同年签订《法德协定》，德承认摩洛哥为法国保护国，但以取得法属刚果一部分作为补偿。

〔8〕 昔兰尼加（Cyrenaica），又称"拜尔盖"，1911年被意大利占领，今利比亚东部地区。

〔9〕 波斯尼亚（Bosnien），南斯拉夫中西部一地区。建有波斯尼亚—黑塞哥维那（Herzegowina）共和国，居民为塞尔维亚人和克罗地亚人。1908—1909年由于奥匈帝国兼并波斯尼亚而引起国际紧张局势。

〔10〕 1912—1913年，保加利亚、塞尔维亚、希腊、门的内哥罗组成的巴尔干同盟向土耳其开战，结果土耳其战败。根据《伦敦条约》，土耳其欧洲部分除保留伊斯坦布尔及其附近的一小块土地外，其余全部割让给巴尔干四同盟国。

〔11〕 弗里德里希·克虏伯有限责任公司（Friedrich Krupp GmbH），德国重工业和军火工业集团公司。由克虏伯家族的弗里德里希·克虏伯（Friedrich Krupp，1787—1826）于1881年在德国埃森（Essen）市创建的克虏伯铸钢厂（Friedrich Krupp Hüttenwerke AG.）发展而成。其子阿尔弗雷德·克虏伯（Alfred Krupp，1812—1887）开发新的铸钢技术，使该铸钢厂除制造铁轨和火车车轮外，还大规模生产武器，曾为46个国家提供军火，有"火炮大王"之称。克虏伯家族为1870年、1914年（一次大战）、1939年（二次大战）的德国三次对外侵略战争提供了大量军火。该家族最后一代继承军火制造的是阿尔弗里德·克虏伯（Alfried Krupp，1907—1967），此人曾任纳粹德国空军上校，"二战"后被判徒刑12年，1951年大赦获释。1967年，作为军火商的克虏伯家族史宣告结束。1974年9月，克虏伯公司将1/4股份出售给伊朗国营钢铁工业公司。1975年1月，在瑞士苏黎世建立伊朗—克虏伯投资公司，双方各占股份50%。1977年克虏伯钢铁公司原钢产量为390万吨。

〔12〕 施奈德-克勒佐公司（Schneider-Creusot），法国最大的重工业和军火工业康采恩，拥有自己的银行，投资遍及全欧，对新闻界和政治生活有巨大影响。1836年由欧仁·施奈德（Eugène Schneider）创建。1955年有员工两万人、股票资本70亿法郎。

〔13〕 汉堡（Hamburg），德国最大的港口城市，位于德国北部易北河（Elbe）畔。

〔14〕 南安普敦（Southampton），英格兰南部港口城市。

〔15〕 巴尔干战争，是指第一次世界大战爆发前发生在巴尔干半岛的两次战争：第一次是1912—1913年巴尔干同盟反对土耳其的战争，结果是土耳其战败。第二次是1913年6月至7月以保加利亚为一方和以塞尔维亚、希腊、罗马尼亚、门内哥罗、土耳其为另一方之间的战争。结果保加利亚被迫投降并丧失大片土地。这次战争加剧了巴尔干各国之间的紧张关系，是第一次世界大战的前奏。

〔16〕 第一次世界大战中的同盟国是指德国、奥匈帝国以及一度参战的土耳其和保加利亚。

〔17〕 在第一次世界大战中缔结为协约国的有英、法、俄、日、意、美等先后25个国家，其中包括中国。

〔18〕 勒内·阿科斯（René Arcos，1880—1959），法国诗人，曾和朱尔·罗曼、杜亚美等诗人组织过著名的"修道院"文学社，代表作有《失去的岛》、《恶》等。"修道院"文学社的法国作家深受社会主义和人文主义影响，反对任何国家的军国主义。

〔19〕 弗朗茨·韦尔费尔（Franz Werfel，1890—1945），犹太裔德语诗人、小说家、剧作家。出生于布拉格一个犹太富商家庭，在布拉格读完中学，在莱比锡和汉堡上大学，1911—1914年在德国一家出版社任编辑。1915—1917年在奥地利军队服役，1938年德国法西斯统治奥地利时流亡法国，1940年流亡西班牙，后经葡萄牙去美国，1945年在美国去世。他以反战立场著称于文坛，以反战为主题的剧本有《特洛伊女人》、《午间的女神》，以及长篇小说《穆萨·达的四十天》、《贝纳德特之歌》等。

〔20〕 勒内·席克勒（René Schickele，1883—1940），阿尔萨斯作家，父亲是德国葡萄园主，母亲是法国人，曾先后在巴黎和柏林上大学，

代表作有长篇小说《莱茵河畔的遗产》,表现了阿尔萨斯—洛林这块德法世代相争之地的悲剧。

〔21〕 朱塞佩·安东尼奥·博尔杰塞(Giuseppe Antonio Borgese,1882—1952),意大利作家和文学史家,后作为反法西斯战士流亡美国芝加哥。

〔22〕 让·饶勒斯(Jean Jaurès,1859—1914),法国社会党领袖,1904年创办《人道报》,第一次世界大战爆发前,进行反战活动。1914年7月31日,在法国做战争动员前被人暗杀。

〔23〕 马塞尔·普鲁斯特(Marcel Proust,1871—1922),20世纪法国小说家,"意识流"小说鼻祖之一。代表作是包括七部小说的长篇巨作《追忆似水年华》。

〔24〕 1898年5月18日,巴黎的民众剧场上演罗曼·罗兰创作的三幕戏剧《群狼》,这是一出以影射方式反映德雷富斯案件的戏剧。剧中人物德奥朗暗喻德雷富斯,剧中人物图利埃暗喻德雷富斯的辩护人皮卡特。剧中人物大贵族凯内尔暗喻法国军方总参谋部。此剧的主题是在战争中每人都要在国家利益和正义之间做出选择。此剧宣扬良知高于一切,公正的法律和正义高于所谓的国家利益。该剧捍卫了舆论自由、反对那些被所谓爱国主义迷住了心窍的群狼。德雷福斯案件,参阅本书第四章《大学生活》注〔21〕。

〔25〕 费鲁乔·布索尼(Ferruccio Busoni,1866—1924),意大利钢琴家和作曲家,著有钢琴曲《巴赫主题幻想曲》和歌剧《选新娘》等。

〔26〕 布鲁诺·瓦尔特(Bruno Walter,1876—1962),世界著名指挥家,莫扎特和马勒音乐的诠释者,曾在慕尼黑、莱比锡、维也纳任指挥,1940年移居美国,1947年起任纽约交响乐团团长。

〔27〕 巴尔达萨雷·加卢皮(Baldassarre Galuppi,1706—1785),意大利作曲家,作有许多轻歌剧。

〔28〕 格奥尔格·菲利普·特勒曼(Georg Philipp Telemann,1681—1767),德国作曲家。

〔29〕 埃内斯特·勒南(Ernest Renan,1823—1892),法国哲学家、历史学家,以历史观点研究宗教,主要著作有《基督教起源史》等,尤以该书第一卷《耶稣的一生》最为著名。

〔30〕 察贝恩(Zabern),阿尔萨斯一地名。1913年岁末,一名普鲁士军

官在该地骂阿尔萨斯人是"怪人",从而引起阿尔萨斯居民和普鲁士军官之间的一场冲突,军队用武力镇压,引发德意志帝国议会的激烈论战,影响了阿尔萨斯和帝国其余部分的关系,普鲁士首相遭到弹劾,德意志帝国皇帝的威望受到极大伤害。史称"察贝恩事件"。

[31] 在第一次巴尔干战争(1912—1913年)期间,1912年11月,阿尔巴尼亚举行武装起义,推翻土耳其在当地的政权并于11月28日宣告独立。

[32] 指发生在1936年到1939年的西班牙内战。当时的西班牙军队首脑佛朗哥企图推翻民选的西班牙共和国政府,结果佛朗哥获胜,合法政府失败,佛朗哥遂进行独裁统治多年。在这次内战中,德、意当权派均大力支持佛朗哥;国际民主人士则组成国际纵队,赴西班牙参加内战,支持民选政府。

[33] 阿尔弗雷德·雷德尔(Alfred Redl, 1864—1913),任奥地利军事情报部门上校时,将奥地利军事秘密出卖给俄、意、法。

[34] 帝位继承人,系指弗朗茨·费迪南德(Franz Ferdinand, 1863—1914),哈布斯堡皇朝大公爵,奥匈帝国皇帝弗朗茨·约瑟夫一世的侄儿。1889年被立为哈布斯堡皇室继承人。1898年起任奥军副总司令,竭力主张兼并波斯尼亚和黑塞哥维那,导致1908年波斯尼亚危机。1914年6月,弗朗茨·费迪南德皇储在萨拉热窝被塞尔维亚民族主义的秘密组织成员刺杀,从而导致第一次世界大战的爆发。

[35] 康拉德·冯·赫岑多尔夫(Conrad von Hötzendorf, 1852—1925),奥匈帝国陆军元帅,总参谋长。

[36] 贝尔塔·冯·苏特纳(Berta von Suttner, 1843—1914),奥地利女作家与和平主义者,曾任诺贝尔的秘书,对诺贝尔的和平思想发生过影响。代表作有长篇小说《放下武器!》(*Die Waffen nieder!*)(1889),以此为和平运动开创了历史。她是1905年诺贝尔和平奖获得者。

[37] 卡桑德拉,荷马史诗中的特洛伊公主,有预言的才能,她预言特洛伊将失败,但她的预言没有人信。

[38] 1866年战争,指普鲁士和奥地利为争夺统一德意志的领导权而于1866年6月7日至7月26日进行的王朝战争。战争前后仅七个星期,故史书上又称"七星期战争"。结果奥地利战败。1866年8月

23日签订《布拉格和约》,普鲁士获得石勒苏益格—荷尔斯泰因和汉诺威等地。1867年建立以普鲁士为首的北德意志联邦。奥地利退出德意志联邦。德意志的统一已由普鲁士基本完成。

〔39〕 弗洛伦斯·南丁格尔(Florence Nightingale,1820—1910),英国护士,在克里米亚战争中组织志愿救护队,救治伤员。以此闻名于世,同时,她也被誉为是西方护理学的创始人,为护士工作制定了规范。南丁格尔奖是当今国际上护士的最高荣誉奖。克里米亚战争是1853—1856年俄国与英国、法国、土耳其、撒丁联军之间的战争。因主要战场在克里米亚而得名。19世纪中叶,俄国力图慑服土耳其,控制黑海海峡,染指近东、巴尔干。结果俄国战败。

〔40〕 阿尔弗雷德·贝恩哈德·诺贝尔(Alfred Bernhard Nobel,1833—1896),瑞典化学家、工程师和实业家,发明黄色炸药,先后研制成炸药爆炸胶和无烟火药弹道炸药,后根据其遗嘱,以其遗产作为基金创设诺贝尔奖。

〔41〕 此处的"一位女友"是指法国女郎玛塞勒(Marcelle,生平不详,甚至只知其名,不知其姓)。1914年3月19日,斯蒂芬·茨威格前往巴黎会见罗曼·罗兰等好友。当天晚间,斯蒂芬·茨威格在街上散步时邂逅一位可心的法国女郎玛塞勒,情不自禁,玛塞勒一时成为他在巴黎短暂逗留时的女友。茨威格本人并不讳言这次艳遇。参阅斯蒂芬·茨威格《日记》(Stefan Zweig: *Tagebücher*. 20. -28. März 1914. siehe S. Fischer Verlag, Frankfurt am Main, 1984)。

〔42〕 图赖讷(Touraine),法国一地区名。

〔43〕 莱奥纳多·达·芬奇(Leonardo da Vinci,在西方习惯简称莱奥纳多;在中国习惯简称达·芬奇,1452—1519),意大利文艺复兴时期画家、雕塑家、建筑师和工程师,在艺术和科学方面均有创造性见解和成就。代表作有壁画《最后的晚餐》、祭坛画《岩下圣母》及肖像画《蒙娜·丽莎》等,著有《绘画论》。1516年以后,达·芬奇应法国瓦罗亚王朝国王弗朗索瓦一世(François I., 1515—1547年在位)之邀移居法国,1519年5月2日在法国昂布瓦兹(Amboice)附近的克卢城堡(Château de Cloux)去世。

〔44〕 卢瓦尔河(Loire),法国一河流,流经卢瓦尔省。

〔45〕 图尔（Tours），法国一城市。

〔46〕 指威廉二世（Wilhelm Ⅱ.，1859—1941），1888—1918年任德意志帝国皇帝和普鲁士国王。

〔47〕 亚历山德里娜·维多利亚女王（Alexandrina Victoria，1819—1901），英国女王（1837—1901年在位）兼印度女皇（1876—1901年在位）。肯特公爵爱德华·奥古斯塔斯（Edward Augustus，1767—1820）之女。十八岁时继承其伯父威廉四世的王位。维多利亚女王在位时英国迅速向外扩张，拥有庞大的殖民地，被称为"日不落国家"；工商业亦迅速发展，一度取得世界贸易和工业的垄断地位。维多利亚女王时代因此被英国史学家称为英国历史上的"黄金时代"。

〔48〕 雷蒙·彭加勒（Raymond Poincaré，新译：雷蒙·普安卡雷，1860—1934），法国政治家，1913年1月17日当选为法兰西共和国总统，任期至1920年。1914年7月前往俄国访问。

〔49〕 1889年7月14日，在巴黎召开的国际社会主义者代表大会上宣告成立"第二国际"——各国社会党和工人团体的国际联合组织，"第二国际"曾在恩格斯的指导下对国际工人运动的发展起过积极的推动作用。但是在19世纪末20世纪初，参加第二国际的各国社会党内的机会主义迅速滋长。占据第二国际领导地位的是以德国伯恩斯坦为首的修正主义和以德国考茨基为首的"中派"。第一次世界大战爆发后，第二国际的大多数社会民主党支持本国政府参加帝国主义战争。第二国际共召开过九次代表大会。第九次（最后一次）代表大会于1912年11月24—25日在瑞士巴塞尔召开。在第二国际的历史中并无在维也纳召开代表大会的记载。斯蒂芬·茨威格此处所述，可能是指部分社会党人于第一次世界大战爆发前在维也纳召开的一次会议。

〔50〕 此处是指罗丹的著名雕塑《思想者》。大学生们的闹剧：让一名大学生扮演"思想者"的形象坐在那里。其余的人在其周围欢闹。

〔51〕 鲁昂（Rouen），法国一城市，该地的哥特式主教堂遐迩闻名。

〔52〕 1914年第一次世界大战爆发时，中立的比利时也受到德国的侵犯。这对维尔哈伦的"普遍的友谊"、"统一的欧洲"等理想无疑是无情打击，因此他写了随笔集《浴血奋战的比利时》（1915）和诗集《德国的罪行》、《战争的火红翅膀》等表示抗议。他到处奔波演

讲，不慎于 1916 年在鲁昂被火车轧死。

〔53〕卡佑基比克（Caillou qui bique），比利时一地名，维尔哈伦在该地有乡间住处。

〔54〕《三巨匠》(Drei Meister，一译《三大师》)，斯蒂芬·茨威格发表于 1920 年的人物特写，是关于三位作家——巴尔扎克、狄更斯、陀思妥耶夫斯基的述评，是斯蒂芬·茨威格所著人物特写系列《营造精神世界的巨匠》的第一部。

〔55〕1914 年 6 月 28 日，奥地利皇储弗朗茨·费迪南德在萨拉热窝检阅奥匈帝国军队演习时，被塞尔维亚民族主义秘密组织"青年波斯尼亚"成员刺杀。奥匈帝国在德国支持下，于 1914 年 7 月 23 日向塞尔维亚发出最后通牒，并于 7 月 28 日正式宣战，第一次世界大战爆发。参阅本章注〔34〕。

第九章　第一次世界大战爆发时

一九一四年的夏天即便不给欧洲大地带来厄运,我们也难以忘怀。因为我还很少经历过那样的夏天,花木茂繁,景色美丽。我今天几乎可以说,那是最典型的夏天。一连数日,天气晴朗,湛蓝的天空,空气湿润而又不致使人感到闷热;草地上暖融融的,百花吐芳,郁郁葱葱的树林是一片新绿。当我今天一说起夏天这个词,我一定会情不自禁地想起那一年我在维也纳附近的巴登[1]度过的七月。那是一座富有浪漫气息的小镇,贝多芬就非常欢喜把它选为自己的避暑之地。我之所以避居到那里去,是为了在七月集中精力完成那部关于陀思妥耶夫斯基的文稿,然后到我尊敬的朋友维尔哈伦在比利时的那幢小小的乡间住宅去度过夏天的其余时间。人们在巴登不必离开那座小镇就可以欣赏自然景色。讲究实用的低矮屋舍仍然保存着贝多芬时代的简朴和优雅的风格,零零落落建立在小山坡上,掩映在一片美丽的树林之中。到处都是露天咖啡馆和餐厅。人人可以随意和那些来疗养的愉快的客人为伍,他们有的在疗养区公园的林荫道上漫步,有的在小径寻幽。

六月二十九日一直是信奉天主教的国家奥地利为纪念"圣彼得和圣保罗"[2]而举行节日活动的日子。就在这前一天的晚上,许多游客已经从维也纳来到巴登。人们穿着浅色的夏季服装,在公园的音乐会前比肩继踵,愉快而又无忧无虑。那一天,气候宜人,一大片栗树的上空,没有云朵,那真是喜气洋洋的日子。大人和孩子都快放假了。夏季的第一个节日仿佛已经预示了整个夏天将无比美好;举目望去,一片深绿,处处洋溢着欢快的氛围,使人忘却了日常生活中的一切烦恼。我当时坐在远离公园人群拥挤的地方,读着一本书。我今天还记得,那是一本梅列日科夫斯基[3]著的《列夫·托尔斯泰和陀思妥耶夫斯基的生平与创作》。我读得非常专心。不过,我同时还听得见树林间的风声、小鸟的啁啾和从公园那边飘过来的音乐声。我一直听着那音乐的旋律,而没有觉得被打扰,因为我们的耳朵适应能力非常强;无论是持续不断的噪音还是喧嚣的街道、潺潺的小河,几分钟之后就会使我们的知觉完全适应。与此相反的是,一种节奏冷不防的停顿倒会使我们悉心注意。

所以,当演奏中的音乐戛然而止时,我不由得停住了阅读。我不知道乐队演奏的是哪部音乐作品。我只觉得音乐突然停止了。我下意识地抬起眼睛,目光离开了书本。在树林中川流不息散步的那一群穿着浅色衣服的游客看来也有了变化,也都突然停止了走动。一定发生了什么事。我站起身来,看见乐师们正在离开乐池。这也是一件奇怪的事,因为公园音乐会平常要进行一个小时或者更长的时间。这种突如其来的中断必然有某种缘故。我继续向前走去，发现激动的人群在乐池前东一堆、西一堆，正在纷纷议论一条显然令人瞠目的消息。几分钟之后，我打听到，原来是传来一份急电，说弗朗茨·费迪南德皇储殿下[4]和他的夫人在前往波斯尼亚检阅军事演习时，成为政治谋杀的牺牲品而丧命。

围绕着这一谋杀事件，人愈聚愈多，把这一意外的消息一个传一个。但是说实在话：从那些人的脸上看不出有特别的震惊或愤慨。因为这位皇储根本不受人爱戴。我今天还记得，在我很小的时候，当有一天人们发现皇储鲁道夫[5]——皇帝唯一的儿子——在马耶林用枪自尽后的尸体时，全城的人悲恸万分，大批的人涌向街头，想看一看灵柩，充分表现了震惊和对皇帝的同情，因为人们把他的儿子和继承人看作是哈布斯堡皇朝中一位极富同情心和进步的皇太子，对他寄予极大的期望；但皇储鲁道夫却在盛年之际离世了。而弗朗茨·费迪南德正相反，他恰恰缺少那种在奥地利被认为无比重要的"和民众打成一片"的品性：即本人讨民众喜欢，富有魅力，善于各种形式的交际。我曾经常在剧场里观察弗朗茨·费迪南德。他坐在自己的包厢里，显得神气活现，威风凛凛，一双冷冰冰的发呆的眼睛，从未友善地看一眼观众或者用真心实意的鼓掌勉励艺术家们。从来没有人看见他有过笑容；在他的照片中，没有一张照片的姿势显得轻松随便。他不懂音乐，缺乏幽默感。他的妻子也同样是一副阴沉沉的面孔。在这两个人的周围，气氛是冷冰冰的。大家都知道他们没有朋友，也知道老皇帝从心底里不喜欢弗朗茨·费迪南德，因为他的这位皇位继承人急不可待地想得到统治权，而且还不懂得把自己的焦急心情机智地隐藏起来。我几乎有一种神秘的预感：这位脖子像哈巴狗的项颈一样粗壮、两眼阴冷发直的人物总有一天要惹出厄运。况且这也不完全是我个人的预感，而是流传全国的预感。因此，关于他被谋杀的消息并没有引起深深的同情。两小时以后，再也看不到有真正悲哀的表示。人们又在那里聊天说笑，到了深夜，餐馆里重又演奏起音乐。在奥地利，有许多人在那一天暗暗地舒了一口气，觉得老皇帝的这位继承人的丧命对那位受人欢迎得多的年轻的卡尔大公爵[6]十分有利。

毫无疑问，第二天各家报纸都登出了详尽的讣告，并对这次谋杀事件表示了恰如其分的愤慨，但是完全没有暗示要利用这一事件对塞尔维亚采取政治行动。对皇室来说，费迪南德一死，首先引起的完全是另一种麻烦，那就是关于丧葬的礼仪问题。根据皇储的身份，尤其是考虑到他是为帝国因公殉职，按理说，他完全可以在维也纳的方济各会教堂墓地[7]——哈布斯堡皇室的传统陵园占一席之地，可是弗朗茨·费迪南德生前曾为娶他的那位出身伯爵门第的索菲·肖台克[8]而和皇室有过长期的激烈争执。索菲·肖台克虽然出身大贵族，但根据哈布斯堡皇族四百年来的潜在家规，她和费迪南德不是门当户对，因而她的孩子没有继承权；在隆重的礼遇方面，其他皇子的夫人们强烈要求：自己比这位皇储夫人有更多的优先权。宫廷的傲慢即使对一个已经死去的女人也绝不让步。怎么办？——让出身伯爵门第的索菲·肖台克安葬在哈布斯堡皇族的陵园？不，绝不允许这样办！于是，大肆展开幕后活动；皇子的夫人们川流不息地到老皇帝那里去。当局一方面要求老百姓在正式场合表示深切的哀悼,可是另一方面又在皇宫里玩弄一场充满敌意的权术。像通常一样,死人总是没有理的。负责典礼的官员们发明了一种说法:埋葬在阿尔茨台腾[9]——奥地利外省的一个小地方——是死者自己生前的愿望。找到了这样一个假造的、尊重死者的借口,公开向遗体告别、出殡以及其他一切与此有关的争执也就轻而易举地一笔勾销了。两位死者的灵柩被悄悄地送到了阿尔茨台腾,并排埋葬在那里。一直好看热闹的维也纳人失去了一次大好机会,也就渐渐淡忘了这一悲剧事件。再说,在奥地利的人,通过伊丽莎白皇后[10]和鲁道夫皇储的死于非命以及皇室各种成员不体面地出逃,早已习惯了这样的想法:那位老皇帝弗朗茨·约瑟夫一世在他的多灾多难的家族历经磨难之后,仍然会寂寞而又坚强地活下去。弗朗茨·费迪南德的名字和形象很可能在几个星期之后就会从历史上永远消失。

可是,过了大约一周以后,报纸上又突然开始争论起来;而且各报纸的调门愈来愈高,时间又完全一致,这就使人觉得绝非偶然。塞尔维亚政府受到指责,说是当局默许了这次谋杀事件。文章的一半是暗示奥地利对本国——据说十分受人爱戴——的弗朗茨·费迪南德皇储被政治谋杀绝不会善罢甘休。人们不能摆脱这样的印象:正在准备某项国际法律行动;但是谁也没有想到战争。无论是银行、商店还是私人都依然如故。这样一种和塞尔维亚的无休止争吵跟我们又有什么相干呢?——我们大家所知道的不就是因为塞尔维亚要出口生猪而和我们签订了若干贸易协定吗?我已整理好箱子,准备到比利时去看望维尔哈伦;我的文稿正写得顺手；躺在豪华石棺里的死了的皇储跟我的生活又有什么相干呢？夏天从来没有这样美过，而且看来还会越来越美。我们大家都无忧无虑地眼望天下。我今天还清楚记得，我在巴登的最后一天和一位朋友走过葡萄园时的情景。一个种葡萄的老农对我们说："像今年这样的好夏天，我们已经好长时间没有过了。如果天气一直这样好下去，那么我们今年的葡萄收成将会比任何时候都好。人们将来还会想到今年的夏天呢！"

不过，这位穿着蓝色酒窖工作服的老头自己并不知道，他说的最后一句话千真万确。

在我每年到维尔哈伦的乡间小舍作客以前，我要先到奥斯坦德[11]附近的海滨小浴场勒考克[12]度过两个星期；当时在勒考克也同样是一片无忧无虑的氛围。度假的人有的躺在沙滩的帐篷里，有的在海水里游泳；孩子们在放风筝；年轻人在咖啡馆前的堤坝上跳舞。来自各国的游客和平相处在一起，尤其可以听到许多讲德语的人，因为邻近的德国莱茵兰地区的德国游客最喜欢每年暑假到比利时的这一片沙滩上来。大声叫卖的报童是唯一的打扰，他们喊着巴黎报纸上的吓人标题："奥地利向俄国挑衅"、"德国准备战争总动员"，为的是兜售报纸。我看见那些买报纸的人的脸色都是阴沉沉的，不过，那也总是几分钟的工夫。再说，我们多年来早已懂得那些外交冲突总会在变得严重的最后时刻被顺利解决。为什么这一次就不会是这样呢？我看见那些买报的人半小时以后重又高高兴兴地噼噼啪啪踩着海水；我看见风筝在冉冉升起，海鸥在扑翅飞翔，和煦的阳光普照着那片和平的土地。

可是,不好的消息越来越多,而且越来越带有威胁性。先是奥地利向塞尔维亚发出最后通牒以及塞尔维亚支吾搪塞的答复,君王之间的电报往来不断,最后是几乎不再隐蔽的战争动员。我也不再整天待在那个偏僻、闭塞的勒考克这个小地方了。我每天乘电车到奥斯坦德去,以便消息灵通一些,而消息却越来越坏。海滨依然有人游泳,旅馆里依然客满,堤坝上依然有许多来消暑的游客在散步、欢笑、聊天。不过,在这样的生活中,第一次加进了新内容。人们突然看到比利时士兵的出现,而平时他们是从不到海滩上来的。安放在小车上的机枪由狗拉着走过——这是比利时军队的奇特之处。

当时,我和几个比利时朋友——一位年轻的画家和作家费尔南·克罗默兰克[13]坐在一家咖啡馆里。下午,我们是和雅姆·恩索尔[14]一起度过的。雅姆·恩索尔是比利时了不起的现代画家,一个非常古怪、离群索居、性格内向的人。他曾为军乐队作过一些简单的、不像样的波尔卡舞曲和华尔兹舞曲,可是他为这些作品感到的自豪之情却远远超过对自己创作的油画。他的画富于幻想,色彩斑斓。那天他给我们看了他的作品,这本来是他很不乐意的事,因为他心中有一个怪诞的想法:希望有人愿意从他那里买走一张画。他的美梦是:把几张画高价售出,但同时又可以把画留在自己身边——朋友们笑着这样讲给我听——因为他既贪图钱,又舍不得自己的每一件作品。每当他脱手一张画,他总有好几天神志恍惚。这位富有天才的阿巴贡[15]有各种各样稀奇古怪的念头,使我们觉得很开心。

正当这样一队用狗拖着机枪的士兵从我们面前走过时，我们中间有一位站起身来，去抚摸那条狗，这使那个跟着的军官非常生气。他担心对一条作战有用的狗表示如此的亲热很可能有损于军队的尊严。我们中间的一个嘀咕说："部队这样频繁调动，干吗用？"可是另一个却激动地回答说："这是在采取预防措施呀。也就是说，一旦发生战争，德国人会从我们这里突破。"我非常自信地说："不可能！纵使发生了什么事——法国和德国互相打得只剩下最后一个人，你们比利时人也可以安安稳稳地坐着！"因为在从前的天下，大家还都相信条约的神圣。然而那位悲观主义者却不让步。他说，比利时采取这样一些措施必然有道理，早在几年前我们就风闻德国总参谋部有一项秘密计划：一旦进攻法国，就从比利时突破[16]，尽管签订有各种条约。不过，我也同样不让步。在我看来，一方面让成千上万的德国人到这里来休闲、愉快地享受这个中立小国的殷勤好客，一方面又在边境结集军队准备进攻，这是十足的悖谬。我说："无稽之谈！如果德国人把军队开进比利时，你们就把我吊死在那根路灯的电线杆子上。"我今天还得感谢我的朋友们，他们后来没有把我这句话当真。

七月的最后几天形势日趋危急。每小时都传来一个互相矛盾的消息，德国的威廉二世皇帝给俄国的沙皇发电报，沙皇给威廉二世皇帝发电报，奥地利向塞尔维亚宣战，让·饶勒斯[17]被暗杀。大家都感到形势越来越严峻。一股不安的冷风突然吹到海滩，把海滩上的人一扫而光。数以千计的人离开旅馆，向火车站奔去。纵然是最不容易受蒙蔽的人现在也开始急急忙忙收拾箱子。连我自己也在刚一听到奥地利向塞尔维亚宣战的消息以后,就赶紧订了一张火车票,而且订得也正及时,因为那次奥斯坦德快车已是从比利时开往德国的最后一趟列车了。我们站在车厢的过道里,焦虑不安。每个人都在和另一个人说话。没有一个人能安安静静坐在座位上或者坐在座位上看书。每到一站,就有人急急匆匆走下车厢,去打听新的消息,内心却暗暗抱着希望:能有一只坚强的手把这脱缰的命运重新拽回来。大家还是不相信这已经是战争,更没有想到比利时会遭到进攻。人们之所以没有想到这一点,是因为不愿相信这样一些像是疯人们开的玩笑。列车离德国国境线越来越近。我们通过了比利时的边境车站韦尔维耶[18]。德国的列车员登上车厢。十分钟以后,我们就在德国境内了。

但是,列车在驶向德国第一个边境站赫尔倍施塔尔[19]的半途中,突然停在野外。我们挤在车厢的中间过道向窗外望去。发生了什么事?我看到一列货车在黑暗中朝我们这个方向对开过来,无顶的车皮用粗帆布蒙盖着。我隐隐约约看出其中有令人不安的大炮的形状。我的心怔住了。这一定是德国军队在向前方开拔。但也说不定这仅仅是一种防范措施,仅仅是用战争动员来进行威胁,而不是战争动员本身,我这样安慰自己。人总是这样,在危急时刻抱一线希望的意志力量是非常巨大的。终于传来了"通行"的信号,我们的列车继续向前驶去,进入赫尔倍施塔尔车站。我一步跳下车厢的踏板,打算去买一份报纸,看一看消息。当我准备走进候车室时,一个神色严厉的白胡子车站职员守卫在紧闭的门前,说谁也不许走进车站的大厅。不过,我已经听到门后面有军刀轻轻的叮当声和枪托放在地上的笃笃声。门上的玻璃被小心谨慎地挡上了布。毫无疑问,那件可怕的事:践踏国际法的一切原则、德国进攻比利时的军事行动——已在进行,让人不寒而栗。我重新登上车厢,列车继续向奥地利驶去。现在是再也不容怀疑了:我正在向战争驶去。

第二天早晨我就到了奥地利!每个车站上都张贴着宣布战争总动员的告示。列车上挤满了刚刚入伍的新兵,旗帜飘扬,军乐声震耳欲聋。我发现维也纳全城的人都头脑发昏,对战争的最初惊恐突然变成了满腔热情。其实,谁也不愿意要战争,各国民众不要,政府也不要;这次战争原本是外交家们用来虚张声势和作为讹诈手段的,却不料由于笨拙的手腕而弄假成真,违背了他们自己的意图。维也纳大街上走着各种队伍,突然之间到处是旗帜、彩带、军乐。年轻的新兵喜气洋洋地在行军,脸上非常得意,因为人们在向他们这些日常生活中的小人物欢呼,而他们平时是不会受到人们尊敬和庆贺的。

说实话,我今天不得不承认,在民众最初爆发出来的情绪中确实有一些吸引人的崇高之处,甚至有使人难以摆脱的诱人之处。尽管我非常憎恶战争,但我今天仍然不愿在我生平的回忆中省略掉那次战争的最初几天。当然,成千上万的人有一种从未有过的感受:他们觉得自己都属于一个整体——要是他们在和平时期就有这种感受该有多好。一座有两百万人口的城市维也纳,一个几乎有五千万人口的国家奥地利,觉得自己在那个时刻就是天下的历史,觉得他们共同经历着一个一去不复返的时刻,并且觉得每个人都受到召唤:要把渺小的"自我"融化到那火热的集体中去,以便在其中克服各种私心。所有那些在语言、社会阶层、社会地位以及宗教信仰上的差别都被那种短暂的团结一致的狂热感情所淹没。不相识的人在大街上互相攀谈;多年来互相回避的人在握手;人们到处看到精神焕发的面容;每个人都经历着一个提高"自我"的过程;每个人都不再是以前那个孤立的人,而是民众的一分子;每个人都是民众,是民众中的一员;每一个平时不受尊敬的人都得到了重视。一个邮局的小职员——他平时就是从早到晚分拣信件,从星期一分拣到星期六,从不间断——,或者一个抄写员、一个鞋匠,突然之间在自己的生活中有了另一种富有浪漫色彩的机遇:他将来有可能成为英雄。而且妇女们已经在向每一个穿军装的人表示庆贺;那些留在后方的人已提前怀着崇敬的心情用这个富有浪漫色彩的名称——"英雄"和每一个穿军装的人打招呼。他们都承认有一种莫名的力量使自己脱离了原来生活的轨迹。纵然是母亲们的悲伤、女人们的害怕,在热情洋溢的最初时刻也羞于把这种最自然的感情流露出来。不过,说不定在那种飘飘然的感觉之中还有一种更深、更神秘的力量在起作用呢——那股向世人袭来的惊涛骇浪是那样猛烈、那样突然,以致把人这种动物身上暗藏的无意识的原始欲望和本能都翻腾到表面上来了——那就是弗洛伊德深刻看到的:被他称之为"对文化的厌恶"——即人要求冲破有法律、有规范的正常世界,要求放纵最古老的嗜血本能。也许这样一种潜意识的力量也参与到这种飘飘然的感觉之中呢。热烈的亢奋中混杂着各种成分:牺牲精神、酒精、冒险的乐趣、纯粹的信仰、古已有之的军旗的魔力和爱国主义言辞的诱惑。那种可怕的、几乎难以用言辞形容的、使千百万人忘乎所以的亢奋情绪，霎时间为我们那个时代的最大犯罪行为起了推波助澜、如虎添翼的作用。

只经历过第二次世界大战爆发的今天一代人或许会问自己：我们怎么没有经历过那种事呢？为什么一九三九年的民众不会再像一九一四年的民众那样激情澎湃呢？为什么一九三九年的民众仅仅是冷静地、默默地、听天由命地决心服从号召呢？因为我们当今面临的这场战争——第二次世界大战——是一场事关思想意识的战争，并不是一场仅仅为了边界和殖民地的战争。难道正因为此当前这场战争就不如上一次战争能激动人心吗？难道第二次世界大战不是比第一次世界大战更神圣、更崇高吗？

回答很简单：因为我们一九三九年的天下不再像一九一四年的天下那样具备那么多能让天真、老实的人可以信赖之处。当时的老百姓信赖自己的权威人物，从不疑虑。在奥地利没有一个人敢想：最最尊敬的一国之父——弗朗茨·约瑟夫皇帝在他八十四岁的时候，如果没有特别的必要，他会号召国民起来斗争；没有人敢想，如果没有凶残、狡猾、罪恶的敌人威胁着奥匈帝国的和平，弗朗茨·约瑟夫皇帝会要求国民去流血牺牲。再说，德国人也都事先在报纸上看到过自己的威廉二世皇帝致沙皇的电报，德国皇帝在那些电报中一再声称要为和平而努力。当时每一个普通人还都非常崇敬"高端人物"——大臣们、外交家们，并深信他们的判断和诚实。如果发生战争，那么这只能是发生了违背他们自己的政治家们意愿的事；那些政治家们自己是不可能有过错的。全国没有一个人有一丁点儿过错。也就是说,发动战争的罪犯必定是在别的国家。拿起武器是一种自卫,是针对卑鄙阴险的敌人的一种自卫。是敌人在毫无道理的情况下"突然袭击"了和平的奥地利和德国。而到了一九三九年,情况就不同了,这样一种对自己政府的诚实或者至少对自己政府的能力近乎宗教般的信任已在整个欧洲消失。自从人们愤懑地看到外交活动怎样在凡尔赛背叛了一种持久和平的可能性[20]以来,人们对于外交根本就抱着蔑视的态度。各国民众清楚地记得,外交家们怎样用许诺裁军、许诺不搞秘密外交等无耻地欺骗了各国民众。从根本上来说,一九三九年的民众不崇敬任何政治家。没有人把自己的命运信任地托付给他们。一个最不起眼的法国筑路工人可以讥诮达拉第[21]。在英国,自从《慕尼黑协定》——提出所谓"为了我们这一代和平"的借口——以后,没有人再相信张伯伦[22]的远见。在意大利,民众恐惧地眼望着墨索里尼,在德国,民众恐惧地眼望着希特勒,心想:他又要把我们引向哪里?当然,他们不能反抗,因为这是关系到祖国的事。于是,士兵们拿起枪杆,妇女们让自己的孩子出发上前线,但是老百姓不再像从前那样抱着不可动摇的信念:牺牲是不可避免的。老百姓服从,但不会欢呼。老百姓走向前线,但不再梦想当英雄。各国民众和每一个人都已经感觉到,自己只不过是牺牲品,不是为了世上愚蠢的政治当牺牲品,就是为了不可捉摸的险恶命运当牺牲品。

而在一九一四年,广大民众在享受了近半个世纪的和平之后,他们对于战争又能知道些什么呢?他们不知道战争是怎么回事。他们事先几乎从未想到过战争。在他们看来,战争是奇遇,恰恰因为战争离得遥远,从而赋予战争一种英雄色彩和浪漫色彩。他们看到的战争还始终是在教科书和美术馆的绘画中看到的战争：骑兵们穿着显眼的戎装，进行着眼花缭乱的厮杀；致命的一枪总是击中心脏；壮烈牺牲的场面，而全军则在嘹亮的凯歌声中胜利前进——所以，在一九一四年八月，新兵们含着笑容向自己的母亲高声喊道："我们圣诞节就回来了。"当时，无论是在城市还是在乡村，谁还记得起"真正"的战争是什么样？至多只有几个在一八六六年普奥战争中抵抗过普鲁士的奥地利白发老人能记得起来。不过，那是一次速战速决、流血不多、距今遥远的战争。整个战役[23]七个星期就结束——喘口气的工夫，也没有多少牺牲——而这一回，普鲁士成了奥地利的同盟国。在普通人的想象中，一九一四年的战争被描绘成这样：一次浪漫色彩的短途旅行，一场热烈的、豪迈的冒险。甚至有一些年轻人还真担心自己可能会失去这样一次一生中美妙和令人兴奋的好事呢。因此他们急急忙忙地去报名参军，在开往不归之路的列车上欢呼歌唱。整个奥地利帝国的血管里热血沸腾，人的头脑发昏。但是一九三九年的这一代人知道战争是怎么回事，他们不再自己骗自己。他们知道战争将延续许多年，这段时间在一生中是无法弥补的。他们知道，向敌人冲锋的时候不会戴着桂冠和彩色绸带，而是在战壕和营地里一待就是几个星期，全身长满虱子，渴得要死。他们知道，自己还没有见到敌人，就已被远处射来的枪炮击得粉碎和打成残废。他们事先就已经从报纸上、从电影里知道了残酷杀人的新技术和新手段，他们知道，巨大的坦克在前进的道路上会把伤员碾成肉酱，飞机会把睡在床上的妇女和儿童炸得粉身碎骨。他们知道，一九三九年的一场世界大战由于作战手段是灭绝人性的机械化，所以要比人类以往的历次战争卑劣、残忍、非人性一千倍。在一九三九年的那一代人中，已没有一个人还会相信战争中有天主所希望的正义性。更有甚者，那一代人再也不相信通过战争而获得的和平会有正义性和持久性。因为他们对第一次世界大战所带来的一切失望记得太清楚了。战争所带来的不是使人更加富裕，而是使人更加贫困，不是满意，而是怨恨，带来的是饥馑、货币贬值、社会动乱、公民自由的丧失以及对别的国家的奴役、带来的是一种令人头疼的不安全感以及人与人之间的不信任。

诚然，还有这样一种区别：一九三九年的战争具有思想意义。这场战争关系到自由，关系到一种精神财富的保存，这场战争是为了一种信念而斗争。这就使人变得坚强刚毅。而一九一四年的战争则不同，人们对于那场战争的真相一无所知，人们参加那场战争是出于一种妄想，即梦想建立一个更美好的世界——一个正义与和平的世界。仅仅是那种妄想让人觉得参加那场战争是一种幸运，而对现实并不了解。所以，当年的炮灰们脖子上围着花环，钢盔上绕着橡树叶当桂冠，会像醉汉一般欢呼着向自己的葬身之地走去。而大街上则人声鼎沸、灯火通明，好像过节一般。

我自己没有陷入那样一种爱国主义的一时狂热，这绝不能归功于我特别的冷静或者看问题特别清楚，而应该归功于我在此以前的那段生活经历。两天前，我还在"敌国"——比利时待过，而且我深信比利时的广大民众和我们自己的同胞一样生活在和平的环境里，他们对于战争毫无所知。此外，我长期过着一种跨越国界的生活，要我一夜之间突然憎恨另一个国家，这是做不到的，因为那个国家就像我自己的国家一样，也是我的家园。多年以来，我对于政治深怀疑虑，而且恰恰是在后来的几年，我在与法国朋友、意大利朋友的无数次谈话中曾讨论过发生一次荒谬战争的可能性。所以我在一定程度上是事先就打了预防针的，我不相信四处蔓延的那种爱国主义热情。而且我已准备好，面对战争初期的那种狂热，我仍然决心绝不动摇自己的信念：经过一场由笨拙的外交家们和残忍的军火工业家们导致的兄弟之战以后，欧洲必然会统一。

因此，从一九一四年战争的最初一刻起，我已在内心深处决心要当一个欧洲的公民；因为作为一个国家的公民，要坚持正确的立场就比较困难。虽然我当时三十二岁，但暂时还不用服兵役，因为服兵役的所有检查都说我不合格，对此我当时真打心眼里感到高兴。因为第一，这种落选替我省下了当一年兵的时间——令人厌烦地白白浪费一年的时间；其次，我觉得，在二十世纪去练习掌握杀人的凶器，是罪恶的时代性错误。对一个坚守自己信念的我来说，正确的态度应该是：在一次战争中宣布自己为"拒服兵役者"。但是这在奥地利是要受到严厉惩罚的（和英国的情况相反），而且一个人敢于这样做，必然要求他有一种真正为信仰而牺牲的坚定气节。而在我的秉性中却缺少这样一种英雄气概——我今天不羞于公开承认我的这种缺憾。我天生会在一切危险场合采取回避态度。这使我不得不受人指摘：说我遇事摇摆不定。——也许这种指摘是有道理的吧。鹿特丹的伊拉斯谟——我崇敬的精神和思想前辈，他在一个我们今天已不再熟悉的世纪里也经常受到这种指摘。但从另一方面说，在我那样一个时代，一个年纪相对比较年轻的人要一直等到别人把他从自己的躲藏之处拽出来，并将他发配到一个不该他去的地方，这也是令人不快的事。于是，我四处寻找一项我多少能干点什么而又不是煽动性的工作。我的朋友中有一位在军事档案馆供职的比较高级的军官，他使我有可能被安插到军事档案馆工作。我要做的图书馆工作能使我的语言知识派上用场，或者我还可以帮助修改某些告示——当然，这些都不是什么煊赫的差使——我今天愿意这样承认。不过，我个人觉得，这项工作要比把刺刀戳进一个俄国农民的肚子里来得合适。而且对我来说最重要的是，在做完这份并不吃力的工作之后，我还可以去做另一件在我看来战争期间最最重要的工作：为交战双方的互相沟通效力。

我在维也纳的朋友们的处境要比我在军事档案馆的工作环境更加困难。我们这些作家中的大多数人很少受到关于欧洲理念的教育，完全是在德意志理念的视野内生活。他们以为鼓动民众的热情和用富有诗意的号召或者自以为科学的意识形态为美化战争奠定基础，就是他们所能作出的最好贡献。几乎所有的德语作家，以豪普特曼和德默尔为首的御用文人，相信自己的责任：就像在古老的日耳曼时代那样，用诗歌和文字激励奔赴前线的士兵要有牺牲的热情；犹如倾盆大雨的诗歌把战争咏唱为胜利，把死亡咏唱为必要。德语作家们郑重其事地发誓：他们再也不和一个法国人、一个英国人搞文化合作。更有甚者，一夜之间他们拒不承认有史以来就有一种英国文化和法国文化。他们说，英国文化和法国文化与德意志人的气质、艺术、性格相比较，可谓微不足道和没有价值。更恶劣的是御用学者们的活动。哲学家们突然之间除了把战争解释为能振奋各国民众力量的"洗礼"以外，似乎失去了所有的智慧。医生们也和他们站在一起，热情夸奖整形术的优越，好像有人喜欢把自己的一条腿截去，用假肢代替健康的腿似的。各种教派的教士也同样不甘落后，参加到这场大合唱中来，有时候我仿佛听见一群神经错乱的人在狂吼。而正是这些人，一个星期前、一个月前，他们的理智、他们的创造力以及人性立场还受到我们高度赞赏呢。

不过，这种疯狂最使人震惊的是，他们这些作家当中的大多数都是诚实正直的人。他们当中的大多数人有的因年事太高，有的因体力不支而不能服兵役，但他们都诚心诚意地认为自己有责任去做一种辅助性的"工作"。他们觉得，他们以前所创作的一切有负于德意志语言，因而也有负于德意志民族。所以，他们现在要通过德意志语言为自己的德意志民族效劳，让德意志民族听到自己想要听的声音：在一九一四年这场战争中，正义完全在自己这一边，非正义全在别人那一边。德国必胜，敌人必将惨败——他们完全没有想到，他们这样做完全背叛了作家的真正使命：作家本应是人类一切人性的维护者和捍卫者。诚然，当最初的热情渐渐消散之后，其中有些人很快尝到了苦头，感到自己说的话非常恶心。但是在那最初的几个月里，谁喊得最凶，谁的听众就最多。于是，敌对双方都有人在一片鼓噪中大声呐喊和为自己一方唱赞歌。

我觉得,在如此真诚同时又是十分荒唐的狂热中,最典型、最令人震惊的事例,莫过于恩斯特·利骚[24]。我和他很熟,他写一些短小精悍的诗,而且也是我想得起来心肠最好的人。我今天还记得,他第一次来看我时,我不得不咬紧嘴唇,免得笑出声来。在我原来的想象中,这位抒情诗人一定是颀长、瘦骨嶙峋的年轻人,就像他写的洗练有力的德语诗一样。他的诗追求非凡的简洁。可是当他走进我的房间时,摇摇摆摆,胖得像只桶,红光满面,下巴不是两层,而是四层,是一个小矮胖子,他精力充沛、充满自信,说话结巴得厉害,而且完全沉湎在诗歌之中,说话时一再引用自己的诗句而不能自制。不过,他的所有这些可笑之处,反倒使大家喜欢他,因为他热心、正直、友善,而且对自己的艺术有一种几乎着了魔似的献身精神。

他出身在德国的一个殷富家庭,在柏林的弗里德里希-威廉高级文理中学受过教育,也许是我认识的最普鲁士化或者说被普鲁士彻底同化了的犹太人。他只说德语,不说任何别的语言,也从未离开过德国。德国对他来说就是天下。愈是德意志的国粹,他就愈热衷。约克元帅[25]、马丁·路德、施泰因[26]是他心目中的英雄。为德国的自由而战[27]是他最爱写的主题。巴赫[28]是他音乐中的天神。尽管他的手指粗短,胖得像海绵似的,但是他弹巴赫的乐曲却非常出色。没有人比他更了解德国抒情诗,没有人比他更热爱德语,为之迷醉。像许多后来才进入德国文化界的犹太人家族一样,他比最虔诚的德国人更信赖德国。

当一九一四年战争爆发以后,恩斯特·利骚做的第一件事就是急急忙忙赶到兵营，报名当一名志愿兵。但是我今天仍能想象，当这个胖子气喘吁吁爬上楼梯时，那些上士和列兵会笑成什么样。他们很快就把他打发走了。利骚非常沮丧。但是正如其他人一样，他现在至少要用诗歌为德国效劳。对他来说，德国报纸和德国战报所报道的一切都是千真万确的事实。他的国家遭到了突然袭击，完全像威廉大街[29]所导演的那样，最坏的罪犯是那个背信弃义的英国外交大臣格雷爵士[30]。英国是进攻德国和发动战争的罪魁祸首。他把这种感情表现在一首题为《憎恨英国》的诗中，这首诗——我今天手头没有这首诗——用简洁明了、印象深刻的诗句煽起对英国的仇恨，发誓永远不原谅英国的"罪行"。灾难性的后果很快就显示出来——说明要煽起仇恨是多么容易（这个肥胖、矮小、昏了头的犹太人利骚可以说是超前学了希特勒的榜样）。这首诗像一枚炸弹扔进了弹药库。也许在德国从来没有一首诗像这首《憎恨英国》那样如此迅速地传遍全国——纵然是《守卫在莱茵河畔》[31]也没有如此迅速。德国皇帝深受感动，授予利骚一枚红色的雄鹰勋章。各家报纸都转载了这首诗；教师们在学校里把它念给孩子们听；军官们走到前线，把它朗诵给士兵们听，直至每一个士兵都能把这首宣扬仇恨的歌宛若经文似的背得滚瓜烂熟。但是这还不够。这首小诗被配上乐曲和改编成大合唱，在剧场演出。不久，在七千万德国人中再也没有一个人不从头至尾熟知《憎恨英国》这首诗。不久，全欧洲都知道这首诗——当然，没有太多的热情。一夜之间，恩斯特·利骚红得发紫，享受到一名诗人在那次战争中的最高荣誉。当然，那种荣誉后来就像一件涅索斯衬衣[32]一样给他带来厄运。因为战争刚一结束，商人们又想重新做生意，政治家们也都真诚地为促进互相和解而努力，人们想尽一切办法要抛弃这首要永远与英国为敌的诗。为了推卸各自的责任，大家把可怜的"宣扬仇恨的利骚"斥之为当时鼓吹疯狂的歇斯底里仇恨的唯一罪人。其实，一九一四年的每一个人对那种歇斯底里的仇恨都负有责任。每一个在一九一四年赞美过他的人到了一九一九年都明显地不理睬他了。报纸不再发表他的诗作。当他在同伴中露面时，立刻出现难堪的沉默。后来，这位孤独者被希特勒赶出他全心全意为之献身的德国，并且默默无闻地死去，他是自己这首诗的悲惨的牺牲品，这首诗曾把他捧得很高，为的是以后把他摔得粉碎。

其实，一九一四年的当时，所有的人都像利骚一样。我不否认，他们——那些作家们、教授们、突然冒出来的爱国者们——的感情是真诚的，并且真心实意地认为要做点什么。不过，人们在极短的一段时间之后就已经可以看出，他们对战争的赞美和放纵的仇恨心理酿成了何等可怕的恶果呵。所有参加战争的各国民众在一九一四年全都处于亢奋状态。最恶毒的谣言立刻就会变成真的，最荒诞的诽谤就会有人相信。在德国，会有几十个人在一起发誓，说他们就在战争爆发前亲眼目睹装着黄金的汽车从法国驶向俄国。每次战役开始后的第三天或第四天就会很快出现挖眼睛、斩手肢的谣传充斥各种报纸。是呀，那些传播这类谣言的不知情者并不知道，用凭空想象出来的暴行来谴责敌方士兵的残忍——这种伎俩本身也是一种战争手段呀，就像弹药和飞机一样。他们不知道,每次战役开始之后的最初几天通常都会有这类造谣发端于报刊。战争和理性与正常的感情原本就格格不入。战争需要感情的冲动——需要有为自己这一方奋战的热情和对敌人的仇恨。

话又说回来,强烈的感情不可能无限制地持续,这是人的本性。个人如此,一个国家和民众也是如此。军事当局清楚知道这一点。因此强烈的感情需要人为的煽动;需要不断给人服"兴奋剂",而这种煽风点火的工作应该由知识分子——诗人、作家、新闻记者来做。他们做这种工作,有的心安理得,有的问心有愧,有的出于真诚,有的例行公事。他们既然敲起了仇恨的战鼓,那么他们就得使劲地敲,直至每一个不抱成见的人双耳轰鸣、心里发颤。无论是在德国,还是在法国、意大利、俄国、比利时,几乎所有的知识分子都顺从地为"战争宣传"服务,以此来煽动民众的战争狂热和战争仇恨,而不是与之斗争。

后果是严重的。由于宣传部门在先前的和平时期并没有变得声名狼藉,各国民众当时依然相信报刊上登载的一切都是真的——尽管怀着大失所望的心情。于是,最初几天那种纯粹、美好、勇于牺牲的热情渐渐演变成为一种最恶劣、最愚蠢的情感的放纵。人们在维也纳和在柏林、在环城大道[33]和在弗里德里希大街[34]同法国与英国"作斗争"要方便得多。商店上的法语和英语招牌不得不被摘下,甚至有家修道院因名为"纯洁的少女"(Englischen Fräulein)而必须更名,因为民众已慷慨激昂,殊不知此处的"Englisch"(天使的、纯洁的)乃从"天使"(Engel)衍生而来,而不是指盎格鲁-撒克逊人。那些老实巴交的生意人在信封上贴上或者盖上"天主惩罚英国"的字样。社交界的妇女们发誓（并写信给报纸声明），她们一辈子不再说一句法语。莎士比亚被赶出德国舞台。莫扎特和瓦格纳被赶出法国和英国的音乐厅。德国的教授们声称，但丁是日耳曼人；法国的教授们声称，贝多芬曾是比利时人。他们肆无忌惮地把精神文化财富像粮食和矿砂似的从敌国抢来。欧洲各国成千上万的安分百姓每天在前线互相残杀。这还不够，老百姓还在后方互相辱骂、中伤敌国已经死去的伟人——这些伟人在自己的坟墓里已默默地躺了几百年了。这样的精神失常变得越来越荒唐。从未走出过自己住的城市和上完学以后再也没有打开过地图册的炉灶边的厨娘竟然相信，奥地利如果没有"桑夏克"（Sandschak，波斯尼亚边境的一个小地方）就无法生存。马车夫在大街上争论：应该向法国要求多少战争赔偿，是五百亿法郎还是一千亿法郎，而他们并不知道十亿法郎究竟是多少钱。没有一座城市、没有一个社会阶层不陷入到那种可怕的歇斯底里的仇恨之中。教士们在祭坛上说教；一个月前还把军国主义谴责为最大犯罪的德国社会民主党人聒噪得比其他人更厉害，为的是要遵照威廉二世皇帝的旨意，不当"卖国贼"。那是无知的一代人的战争，恰恰是各国民众一味相信自己这一方打仗的正义性成了当时最大的危险。

在一九一四年第一次世界大战开始的最初几个星期，要想和某个人进行一次理智的谈话渐渐地已经不太可能。就连最爱好和平、心地最善良的人也都像喝醉了酒似的两眼杀气腾腾。我始终认为：一些坚定的个人主义者和甚至是思想上的无政府主义者的朋友们一夜之间都成了狂热的爱国者，并且又从爱国主义者成为贪得无厌的兼并主义者。每次谈话都是以这样一些愚蠢的陈词滥调结束，诸如："一个不会恨的人就不会懂得真正的爱。"或者谈话是以无端的猜忌结束。多年来我从未与之发生过争论的同伴们很不客气地指责我，说我不再是奥地利人，说我应该到法国或者到比利时去。是呀，他们甚至含蓄地暗示，他们原本应该让当局知道我的观点，诸如我认为战争是一种罪行，因为持这类观点的"失败主义者"是祖国最严重的罪犯——而"失败主义者"这个漂亮的词原本是在法国被发明的。

于是我只有一条路可走：在别人头脑发热和乱嚷嚷的时候，我隐退到自己的内心中并保持沉默。做到这一点并不容易。因为即便我流亡到国外，也不见得比孤独一人留在祖国奥地利好多少——对此我在当时就有充分的认识。在维也纳，我和原来的老朋友们已经疏远，找新朋友当时还不是时候，只有赖内·玛利亚·里尔克有时还可以谈谈心。他也同样在我们偏僻的军事档案馆服役，因为他的神经是如此脆弱，任何肮脏、气味、嘈杂都会使他的神经感到真正的难受。他是绝对不能当兵的。当我今天想起他穿着军装的那副样子，我总是忍俊不禁。一天，有人敲我的门。一个士兵畏畏缩缩地站在那里。我猛地一怔；原来是里尔克！穿着军装的赖内·玛利亚·里尔克！他看上去非常不自在，让人怜悯，脖子被衣领卡得紧紧的；穿着这样一套军装，他得随时准备把双靴猛地并拢，向任何一个军官敬礼——这使他心神不宁。因为他从来都是一丝不苟，即使对那些微不足道的陈规陋习他也要模范地遵守，所以他始终处于张皇失措的状态。他轻声地对我说："自从上完军事学校以后，我就一直讨厌军装，我曾想，我再也不用穿军装了。可是现在，到了快四十岁的时候，又得把军装穿上！"幸运的是，有人向他伸出了援助之手，保护了他，不久，一次有利于他的健康检查使他免于服役。他又来看过我一次，是来告别的，这一次他重又穿起了平民服装。他走进我的房间时简直像飘进来一样（他的步伐总是那样难以形容的轻），他说，他还是要向我表示感谢，因为我曾通过罗曼·罗兰设法把他在巴黎被没收的图书抢救了出来。他第一次看上去不再那么年轻，仿佛是对恐惧的思虑使他精疲力竭。他说："如果只能到国外去，那么就到国外去！战争永远是樊笼。"然后他就走了。我又再次成了孤独一人。

几个星期以后，为了躲避民众的那种变态心理，我毅然决然迁居到维也纳的一个郊区，以便在战争期间开始我自己个人的斗争：向利用当时民众的热情而背叛理性的行为作斗争。

注 释

〔1〕 本章原文标题是：*Die ersten Stunden des Krieges von 1914*。巴登（Baden），奥地利东部城镇，位于维也纳西南23公里，当时居民两万余人。斯蒂芬·茨威格于1914年6月28日至7月14日在巴登小住，在特蕾亚娅胡同（Theresiengasse）10号的梅特涅大饭店（Metternich Palais）下榻。当时，后来成为斯蒂芬·茨威格第一任妻子的弗里德克·冯·温特尼茨也在巴登，但两人没有同居关系。

〔2〕 圣彼得（Saint Peter），基督教《圣经·新约》中人物，耶稣十二使徒之一，耶稣死后，为众使徒之首。圣保罗（Saint Paul），犹太人，曾参与迫害基督徒，后成为向非犹太人传教的基督教使徒。两人均约于公元67年在罗马皇帝尼禄迫害基督徒时殉教。后彼得被追封为第一代教皇。

〔3〕 德米特里·谢尔盖耶维奇·梅列日科夫斯基（Дмитрий Сергеевич Мережковский，1865—1941），俄国作家，出身宫廷官吏家庭，是俄罗斯象征主义诗歌首倡者之一，代表作有论著《列夫·托尔斯泰和陀思妥耶夫斯基的生平与创作》，长篇小说《亚历山大一世》等。1920年流亡国外，所写诗文激烈反苏。最后客死巴黎。

〔4〕 弗朗茨·费迪南德皇储，参阅本书第八章《欧洲的光辉和阴霾》注〔34〕。

〔5〕 鲁道夫（Rudolf，1858—1889），奥匈帝国皇储。弗朗茨·约瑟夫一世皇帝和伊莉莎白皇后（即茜茜公主）生育的唯一的一个儿子，1889年在马耶林（Mayerling）用枪自尽。

〔6〕 卡尔大公爵（Erzherzog Karl），即后来的奥地利最后一位皇帝卡尔一世（Karl Ⅰ.，1887—1922），1916—1918年任奥地利皇帝和匈牙利国王。1918年11月12日，奥地利临时国民议会宣布奥地利共和国成立（1918—1938）（在奥地利历史上习称第一共和国，以有别于在第二次世界大战结束后成立的直至今日的共和国）。哈布斯堡

皇朝的历史就此结束，卡尔一世逊位。1921年卡尔一世试图恢复君主制未果；在匈牙利政变中，卡尔一世被软禁在马得拉（Madeira）岛，1922年4月1日在马得拉岛的丰沙尔（Funchal）去世。

〔7〕 1622年开始在维也纳兴建的方济各会教堂墓地历来是哈布斯堡皇室的传统陵寝。

〔8〕 索菲·肖台克（Sophie Chotek），皇储弗朗茨·费迪南德的妻子，波希米亚的伯爵小姐。

〔9〕 阿尔茨台腾（Artstetten），奥地利外省一小地方。

〔10〕 伊丽莎白（Elisabeth，即茜茜公主，1837—1898），原是巴伐利亚公爵小姐，1854年和奥地利皇帝弗朗茨·约瑟夫一世结婚而成为奥地利皇后，1867年又成为匈牙利女王。1898年在日内瓦被一名意大利无政府主义者暗杀。

〔11〕 奥斯坦德（Ostende），比利时西北部城市。

〔12〕 勒考克（Le Coq），比利时奥斯坦德附近一海滨小浴场名。

〔13〕 费尔南·克罗默兰克（Fernand Crommelynck，1886—1970），用法语写作的比利时剧作家。

〔14〕 雅姆·恩索尔（James Ensor, 1860—1949），比利时画家和蚀刻版画家。

〔15〕 阿巴贡（Harpagon），是法国伟大的喜剧作家莫里哀（Molière，1622—1673）的著名喜剧《悭吝人》（《吝啬鬼》）中的主人公名字，后来阿巴贡在法语乃至在欧洲文化中成为吝啬鬼的代名词。

〔16〕 1914年8月3日夜，德国军队突然侵入中立的比利时，第一次世界大战从此全面展开。

〔17〕 让·饶勒斯，参阅本书第八章《欧洲的光辉和阴霾》注〔22〕。

〔18〕 韦尔维耶（Verviers），和德国接壤的比利时边境小镇。

〔19〕 赫尔倍施塔尔（Herbesthal），和比利时接壤的德国边境小镇。

〔20〕 德国于1918年11月11日在法国贡比涅（Compiègne）地区的树林里签订停战协定（旧译：《康边停战协定》），宣布投降，历时四年的第一次世界大战从此结束。战后，英、法、美、日、意等战胜同盟国的协约国和其他参战国共27国于1919年1月18日至6月28日在巴黎举行国际和平会议。战败国德国、奥匈、土耳其、保加利亚等不得参加。苏俄未被邀请。美国总统威尔逊亲自率美

国代表团与会,期望通过成立国际联盟建立欧洲乃至世界的持久和平。但威尔逊的理想并未实现。最后签订的《凡尔赛和约》规定:德国将阿尔萨斯—洛林交还法国;德国萨尔地区的煤矿归法国;德国的殖民地由英、法、日等国瓜分;德国在中国山东的权益转交日本;德国须向战胜国支付巨额赔款;等等。德国在战争手段的威胁下被迫签订和约。但《凡尔赛和约》是以宰割战败国和牺牲弱小民族的利益为基础,从而引起强烈不满,《凡尔赛和约》本身为第二次世界大战埋下了祸根。

[21] 爱德华·达拉第(Èdouard Daladier, 1884—1970),法国政治家,1938年3月至1940年3月任法国总理兼陆军部长。1938年9月与张伯伦一起和希特勒签订《慕尼黑协定》,对希特勒德国实行绥靖政策。

[22] 阿瑟·内维尔·张伯伦(Arthur Neville Chamberlain, 1869—1940),英国首相(1937—1940),保守党领袖,1938年和希特勒签订出卖捷克斯洛伐克的《慕尼黑协定》,执行纵容法西斯侵略的绥靖政策。

[23] 1866年普鲁士和奥匈帝国的战争,1866年6月7日至7月26日,历经七个星期,故又称"七星期战争"。

[24] 恩斯特·利骚(Ernst Lissauer,新译:恩斯特·利绍尔,1882—1937),德国抒情诗人和剧作家,1914年以发表一首题为《憎恨英国》的诗而名噪一时。

[25] 汉斯·约克·冯·瓦腾贝格(Hans Yorck von Wartenberg, 1759—1830),普鲁士陆军元帅。

[26] 普鲁士王国施泰因男爵(Heinrich Friedrich Karl Reichsfreiherr vom und zum Stein, 1757—1831),1807—1808年任普鲁士首相。1807年颁布《十月敕令》,解除农奴的人身依附关系,遭到容克贵族仇视。1808年因支持军事改革,重建普鲁士军队,被当时实际控制德国的拿破仑以"鼓动叛乱"罪迫其去职,并通令缉捕。初避居于奥地利,后去俄国,任沙皇顾问(1812—1815)。在俄期间,曾组织以争取祖国解放为目的的"德意志委员会"和"德意志军团",并促成1813年普俄同盟。晚年从事历史研究。

[27] 为德国的自由而战,是指1813年德意志各邦国奋起反抗拿破仑的异族统治,成立联军,在莱比锡大战中击败拿破仑。

〔28〕 巴赫（Johann Sebastian Bach，1685—1750），德国作曲家、管风琴家，出身于德国爱森纳赫城的音乐世家，1723 年至莱比锡城，任圣托马斯教堂管风琴师与宫廷乐长，晚年视力大衰，至 1749 年竟成全盲。1750 年因中风去世。一生创作极丰，除歌剧未涉及外，包括各种体裁的音乐作品。大多用复调音乐写成，将巴洛克音乐风格推向顶峰，有近代西方音乐之父的美誉，对西方音乐的发展有深远影响，但生前名声不大，出版作品极少，去世五十余年后，经门德尔松竭力推崇，始受后世重视。

〔29〕 威廉大街（Wilhelmstraβe），柏林的一条大街，当时的普鲁士首相府和外交部都在这条大街。

〔30〕 爱德华·格雷（Edward Grey，1862—1933），1905—1916 年任英国外交大臣，1914 年竭力唆使法、俄与德开战，促使第一次世界大战爆发。

〔31〕《守卫在莱茵河畔》（*Die Wacht am Rhein*）是德意志人著名爱国主义歌曲，起源于 19 世纪中叶，当时德国担忧法国将占领莱茵河的左岸。这首歌在普法战争和第一次世界大战期间被广泛传唱。

〔32〕 希腊神话中的英雄乃人神同形（亦人亦神）。大力神赫剌克勒斯（Heracles）的父亲是主神宙斯，母亲是阿尔克墨涅（Alcmene），因是私生子，故遭宙斯的妻子赫拉的迫害。赫剌克勒斯这个名字的意思就是"因受赫拉迫害而建立的功绩者"，共立功十二项。后遭半人半马涅索斯（Nessus）暗算，误穿一件浸有涅索斯毒血的衬衣，中毒后痛苦不堪。尽管赫剌克勒斯遭赫拉的嫉恨，但宙斯还是让他长生不老，并将他接到奥林波斯（Olympus）山上，和希腊神话中的诸神共同生活。这一典故比喻疏忽会带来灾难性的报应。

〔33〕 环城大道，维也纳的主要街道。

〔34〕 弗里德里希大街，柏林的主要街道。

第十章　为思想上的团结而奋斗

然而隐居到郊区也无济于事，氛围依然是压抑的。我从而意识到：在对方粗野詈骂的时候，仅仅采取消极态度不参与其事是不够的。再则，我毕竟是作家呀，在一个有审查制度的时代，只要有被允许的范围，我就得说话，而且也有责任表示自己的信念。我试着这样做了。我写了一篇题名为《致在外国的朋友们》的文章，我和另一些人的仇恨宣传截然不同，我在文章中公开表示：为了一有机会就与所有在外国的朋友们一起为重建欧洲文化而工作，即使现在还不可能取得联系，我也将保持着对他们的忠诚。我把这篇文章寄给了一家当时读者最多的德国报纸——《柏林日报》。出乎我的意料，报社竟然对文章没有删节，毫不犹豫地将全文刊登出来。只有那一句话——"不管胜利属于谁"——成了审查制度的牺牲品，因为对德国在第一次世界大战中必然取得胜利哪怕稍微表示一下怀疑，在当时也是绝不允许的。不过，即便没有删去那句话，那篇文章也已经给我招惹来超级爱国者们若干封的愤怒信件。他们说，他们不理解我怎么能在这样的时刻和那些卑鄙下流的敌人为伍。这并没有使我非常伤心。我一生中从未有过要求别人皈依我的信念的企图。我能够把自己的这种信念表示出来,而且是清楚明白地表示出来,我就满足了。

十四天之后,我几乎已经把这篇文章忘却了,我忽然收到一封贴着瑞士邮票并盖有经过检查印记的信,从熟悉的笔迹来看,我就知道是罗曼·罗兰的信。他肯定读过了我写的这篇文章,因为他在信中写道:"不,我永远不会离开我的朋友们。"我立刻明白了,他写这么寥寥几行字无非是一次试探,想证实一下,他在战争期间和一个奥地利的朋友建立通信联系是否可能。我很快给他写了回信,从此我们就互相按时通信,这种通信后来继续了二十五年之久,直到第二次世界大战——比第一次世界大战更野蛮的战争——中断了国与国之间的所有联系为止。

看到那封信,是我一生中巨大的幸福时刻之一:罗曼·罗兰的信犹如一只白鸽从诺亚方舟飞来——而疯狂的兽群却在方舟上乱吼、乱踩。我不再感到孤独,我终于又和信念相同的人联系在一起。我觉得我受到罗曼·罗兰非凡的精神力量的鼓舞,因为我知道罗曼·罗兰在国界的那一边是怎样令人钦佩地保持着自己的人性!他找到了唯一正确的道路,这条道路是一个文豪在那样的时代应该选择的道路:不参与破坏、残杀,而是以沃尔特·惠特曼为伟大榜样——惠特曼在美国南北战争时期曾当过男护士——参加人道主义救援工作。罗曼·罗兰住在瑞士,由于身体时好时坏,不能参加任何战地工作。战争爆发时,他正好在日内瓦,于是他立即报名参加日内瓦红十字会,他每天都在红十字会拥挤不堪的房间里做那件意义非凡的工作,后来，我曾在一篇题为《欧洲的心脏》的文章里对他所做的工作公开表示感谢。在残酷的血战之后的最初几个星期里，任何联系突然中断，所有国家的士兵们的家属都不知道他们自己的儿子、兄弟、父亲是阵亡呢，还是失踪，或者已经被俘；他们不知道该向谁去打听，因为从"敌人"那里得不到任何消息。有的人因不知道亲人的命运而备受折磨。红十字会就在那样恐怖和残酷的时刻承担起这项至少可以减轻世人最大痛苦的任务。红十字会设法从敌对国家那里把被俘人的信件寄送到故乡。当然，已有数十年历史的这个组织——红十字会却从未处理过规模如此巨大和牵涉数以百万计信件的事情。来帮助工作的志愿者每天每时都得增加，因为那种等待消息的痛苦对士兵的家属们而言简直是度日如年。到一九一四年十二月底，每天寄来的信函已达三万件，最后竟有一千二百人一起挤在日内瓦的小小的拉特博物馆里为处理和答复每天的邮件而工作。在他们中间，就有作家中最具人性的罗曼·罗兰，他无私地抛开了自己的工作。

但是他也没有忘记自己的另一种责任——文学家的责任，即表示自己信念的责任。尽管这样做，他势必要和自己的国家法国对立，甚至与卷入战争的整个天下相悖。一九一四年秋天，当大多数作家在仇恨中已叫嚣得声嘶力竭并互相攻讦和辱骂时，他却写出了那篇值得纪念的《超脱于混战之上》[1]的自白文章，他在文章中抨击国家之间思想上的仇恨，要求文学家们即使在战争中也要主持正义与人性。当时，还没有一篇别的文章像他这篇文章似的招来各种议论，并引起整个文学界的分裂：有的反对，有的赞成。

因为第一次世界大战有别于第二次世界大战的一点好处是：舆论在第一次世界大战时还有力量。当时的舆论还没有被有组织的谎言——即"政治宣传"所扼杀。老百姓还是听信那些文章上写的话，老百姓也期待有人写文章。而到了一九三九年，没有一个作家的话会起一丁点儿作用——不管是好是坏。时至第二次世界大战尚未结束的今日，仍然没有一本书、一本小册子、一篇文章、一首诗歌能打动民众的心灵或直接影响他们的思想。而在一九一四年，一首像利骚的十四行诗《憎恨英国》，一篇如"九十三名德国知识界人士"的愚蠢宣言，一篇像罗曼·罗兰所写的《超脱于混战之上》只有八页的文章，或者一部像昂利·巴比塞[2]创作的长篇小说《火线》，这些都可能成为当时的大事。当时，世人的良知还没有像今天这样衰竭、干涸，世人会以几百年来传统信念的全部力量对任何公开的谎言、对任何践踏国际公法和破坏人道主义的行为作出强烈反应。然而，自从希特勒将谎言变成"真理"、把违背人道变成法律以来，像德国入侵中立的比利时这样违背公理的事，在今天几乎已不会再受到严厉谴责，可是在第一次世界大战那个时候还很可能会激起所有世人的愤怒呢。枪杀卡维尔[3]护士，用鱼雷炸沉"勒西坦尼亚"号[4]，都由于激起了道义上的普遍愤慨，而使当时德国受到的打击比一次失败的战役还要沉重。因为世人的耳朵与心灵在那个时候还没有被那些不断从收音机里传出来的胡言乱语淹没，所以像罗曼·罗兰这样一位文豪——一个法国作家所发表的言论绝不会无济于事，恰恰相反，一个伟大文豪自发撰写的宣言所产生的影响胜过那些政治家们所有的官方言论一千倍。世人知道，政治家们的言论是针对时局的策略，是政治的需要，至多只有一半真话。第一次世界大战时的那一代人的内心仍然相信文豪是代表纯粹思想观点的最优秀的公民，因此对于文豪的想法寄予无限的信任——当然，后来是对不少文豪们的言论深感失望。正因为军方和政府机关深知文豪们的这种威望，所以他们企图把一切有道德、有威望的人当作他们煽动宣传的工具——文豪们应该声明、表态、证实与发誓：一切非正义的坏事都在敌对一方，一切正义、真理均属于自己的国家。而罗曼·罗兰却没有让军方和政府机关的企图得逞。他认为自己的任务不是去进一步毒化借助一切煽动手段制造出来的十分郁闷的仇恨氛围，而是相反，去净化仇恨氛围。

如果谁今天再去重读那篇八页的著名文章《超脱于混战之上》，那么他很可能不会再理解那篇文章在当时的广泛影响；不过，如果谁用冷静、清醒的头脑去读，那么此人就会发现，罗曼·罗兰在文章中所说的一切其实是非常简单的道理。那些话是在一个民众情绪癫狂的时代所言——而今天几乎无法知道当时的癫狂。当那篇文章发表时，法国的超级爱国者们立刻惊叫起来，仿佛他们的手突然碰到了火红的铁块。一夜之间，罗曼·罗兰遭到了他的最好的朋友们的抵制，书商们也不敢再把《约翰·克利斯朵夫》陈列到橱窗里，正需要用仇恨来激励士气的法国军事当局已想好了对付罗曼·罗兰的办法，出版了一本又一本的小册子，论据是："法兰西会在战争期间失去以往世人所取得的一切成果。"然而，这种叫嚣无非像往常一样证明法国军事当局受到的打击是何等沉重。一场关于知识分子在战争中的态度问题的讨论已无法阻挡，这个问题已摆在每个知识分子面前，无法回避。

在我的这些回忆中，最使我感到遗憾的，莫过于罗曼·罗兰在那几年写给我的信目前不在我手中；这些信件很可能在这次新的战争浩劫中被销毁或者被丢失，每想到此，我就觉得心中有一种沉重的责任感。因为我非常珍爱他的书信，所以我认为，人们以后可能会把那些书信列入最美、最富人性的作品之中。那些书信充分展现了罗曼·罗兰的博大胸怀和充满热情的洞察力。他是出于无限的同情和无比的愤慨给国界那边的一位朋友——但从官方来说则是"敌人"斯蒂芬·茨威格——写那些信的。那些书信也许是在一个理智需要付出巨大代价、忠于自己的信念需要极大勇气的时代中最深刻感人的道德记录。一个积极的建议不久便从我们这种友好的信札往来中产生出来：罗曼·罗兰倡议，应该将各个国家最重要的文化名人邀请到瑞士，共同举行一次会议，以便取得一个统一的、比较恰当的立场，甚至可以本着互相谅解的精神向所有世人发表一份观点一致的呼吁书。他说，他可以从瑞士邀请法国和外国的思想界名人参加，而我则应该在奥地利去向我们自己的和德国的作家与学者试探他们的态度，凡是尚未由于公开宣传仇恨而声名狼藉者，皆可试探。我立即开始这项工作。当时德国最重要、最有代表性的作家是格哈特·豪普特曼。为了让他在参加不参加会议的问题上不感到为难，我不想直接和他联系。于是我写信给我们都认识的朋友瓦尔特·拉特瑙，请他私下询问一下豪普特曼的意思。可是拉特瑙拒绝了——我也从未知道豪普特曼是否知道这件事——拉特瑙说,现在不是建立文学艺术界和平的时候。这样,我的努力也就宣告彻底失败。因为当时托马斯·曼[5]是站在另一个阵营,并且刚刚在一篇论述弗里德里希大帝[6]的文章里维护德国的官方立场。我知道里尔克是站在我们这一边的,但他基本上不参加任何公开的联合行动。早先是社会主义者的德默尔抱着幼稚可笑的爱国自豪感在自己的信件上签名"德默尔少尉"。至于霍夫曼斯塔尔与雅各布·瓦塞尔曼,有人在私下交谈时告诉我,不能算上他们。这么一说,从德奥方面来看是没有多大希望了。在法国,罗曼·罗兰遇到的情况也好不了多少。那是一九一四年和一九一五年,为时尚早,对后方的人来说,战争还离得太远。我们仍处于孤立状态。

孤立,但并不完全孤立。我们通过书信往来已经有了一些收获:初步了解到几十个人的情况,从他们的心态来说,可以算在我们这一边,他们虽然身处中立国或者交战国,却和我们有着共同的想法;我们能够互相关注交战双方的书籍、文章和小册子,在某种程度上得出一致的观点是不成问题的,而且可能还会有新来的人赞同这种观点——他们起初可能犹豫不决,但他们也会随着时代愈来愈令人感到压抑而愈来愈坚强。这种并不完全令人空虚的感觉常常能给我增添写文章的勇气,通过作出回答和反应让一切和我们有同感的人从孤立和隐蔽中站出来。我不时给德国与奥地利的大报写稿,从而拥有一个重要的影响范围。当局原则上是反对的,但并不可怕,因为我从来不涉及敏感的政治时事。世人在自由主义精神的影响下对所有的文学家都极其尊敬,如果我今天浏览一遍我当时悄悄塞到最广泛的公众手中的文章,我就不能不对奥地利军事当局的大度表示我的敬意。我竟可以在世界大战正在进行之中去热烈赞誉和平主义的创始人贝尔塔·冯·苏特纳[7],是她将战争斥为罪恶中的罪恶;我还把昂利·巴比塞的长篇小说《火线》在奥地利的一家报纸上作了详细的介绍。我们打算在战争期间把那种不合时宜的观点介绍给各阶层的广大民众,我们当然得想出一套办法。为了说明战争的残酷和后方的漠不关心,自然有必要在奥地利发表的一篇介绍《火线》的文章中特别强调那是一个"法国"步兵[8]的痛苦。不过,几百封从奥地利前线寄来的信件向我表明,我们的步兵对自己的命运也认识得十分清楚。我们选用的办法还有:为了说出我们的信念,我们佯装互相攻击。比如,我的一个法国朋友在《法兰西信使报》[9]中反驳我的文章《致在外国的朋友们》;他用这种所谓的论战将我的文章全文翻译印出,然后成功地把这篇文章传到法国,在那里,每个人都能读到它——这就是目的。我们用这种方法互相打着闪光的信号灯——这些信号都是心照不宣。后来,一件小事向我表明,我们这种信号的传递是多么默契。当意大利于一九一五年五月向自己早先的盟友奥地利宣战时,在我们奥地利顿时掀起一阵仇恨的浪潮。意大利的一切都受到责骂,有一次,在意大利凑巧出版了一本由一位名叫卡尔·波埃里奥[10]的意大利青年写的回忆录。这个青年是十九世纪意大利统一时期的人,他在回忆录中写到一次他去访问歌德时的情景。为了在那仇恨的喧嚣声中证明意大利人和我们德意志人的文化早就有着最密切的联系,我故意写了一篇文章，题目是《一位意大利人访问歌德》，因为那个意大利青年写的回忆录是由贝内代托·克罗齐[11]写的序言，我便趁机在文章中顺便说了几句向克罗齐表示崇敬的话。在一个不许赞扬敌对国家的作家或学者的时代，对一位意大利人说出表示钦佩的话，这在奥地利无疑是一种明显的示威——这在国界以外的人都能理解。当时在意大利还是部长的克罗齐后来有一次跟我说：他的一位并不懂德语的属下是如何神色紧张地告诉他说，在敌对国的大报上有反对他的文章（因为那个部属想，在那个时候报上提到他的名字，只能是敌意）。克罗齐叫人拿来《新自由报》，他先是大吃一惊，然后便高兴异常，原来他看到的不是敌对之意，而是尊敬。

我在此完全不想高估这样一些孤立的小小努力，这样一些努力对事件的进程当然不会有丝毫影响，不过，这样的努力却帮助了我们自己和某些素未谋面的读者。这样一些努力缓解了可怕的孤立感和内心的绝望——一个真正有人性的人在二十世纪之初所面临的正是这样一种的孤立感和绝望。而在二十五年之后的今天，这种情况重又出现：面对强大的好战势力感到无能为力，我甚至更害怕今天这样一种强大的好战势力。我当年就已完全意识到，我用那种小小的抗议和那样一种办法并不能卸却我心中的负担。于是，在我心中渐渐形成打算写一部作品的计划。我的这部作品[12]不仅要表现一些个别的事情，而且要表现我对时代、对民众、对灾难、对战争的全部看法。

可是，为了能用综合的文学手段描述战争，从根本上来说，我还缺少最重要的资源：那就是我没有亲眼见到过战争。我安安静静坐在办公室里几乎快一年了，而在看不见的远方正在进行着"实实在在的"、真正的、残酷的战争。我曾有过好几次到前线去的机会，几家大报社曾三次请我担任他们的战地记者。可是任何形式的战地报道本身都势必要承担这样的义务：完全本着爱国主义的和肯定战争的精神去描述那次战争，而我曾在自己心中发过誓——我在一九四〇年也同样信守这样的誓言——永远不写一句赞美战争或者诋毁别的国家的话。这时来了一个偶然的机会。奥匈帝国和德国的强大攻势于一九一五年春在塔尔努夫[13]突破了俄国人的防线，只用了一次集中兵力的进攻就占领了加利西亚[14]与波兰。奥地利军事档案馆便想迅速把在奥地利占领区里的所有俄国宣传品和告示的原件收集到自己的档案馆，而且要赶在这些资料被销毁或者被撕掉以前。负责档案馆的那位上校恰巧知道我有收藏的才干，于是他征求我的意见，问我是否能办这件事。我自然立刻行动。我得到了一张通行证，这样，我就可以乘坐任何一辆军用列车自由活动，想到哪里就到哪里，不受任何一个特殊部门的管控，不直接从属于任何一个机关或上司，这种待遇使我遇到了最离奇的事情：我并不是军官，只是一个没有官衔的上士，而且穿着一套没有特别标志的军服。但是每当我出示我的机密证件时便会受到特别的尊敬，因为前线的军官和公职人员都以为我一定是什么微服私访的总参谋部官员或者身负什么神秘的使命。又由于我避免去军官食堂，只是在旅馆下榻，所以我又得到另一种方便：我可以置身于庞大的军事机关之外，不用任何"向导"就能看到我想看的一切。

收集宣传告示这个任务本身并不使我感到为难。每当我来到加利西亚的一个城市,来到塔尔努夫,来到德罗戈贝奇、伦贝格[15],那里的车站旁总有一些犹太人站着,他们是一些所谓的"代理商",他们的职业是:你想要什么,他们都能帮你搞到。这也不错,我跟其中一位万能的老手说,我想得到俄国占领时的文件与通告。那位老手像黄鼠狼一样敏捷地去把这个任务通过秘密渠道传达到几十个下属的"代理商";三个小时以后,我一步未迈就收集到了这方面最齐全的资料。凭借这种杰出的组织,我的时间绰绰有余,我可以观看不少事物,而且我也确实看到了不少。我首先看到的是平民百姓遭受到可怕的苦难,我从他们的眼神中看到他们仍然对自己的经历感到恐惧的阴影。我还看到犹太人聚居区里的居民处于从未料想到的困境之中,他们八个人或十二个人挤在一间平房或者地下室的房间里。而且我还第一次看到了"敌人"。我在塔尔努夫遇到第一批押解在途中的俄国战俘。他们坐在一块围着栅栏的四方形地面上,吸着烟,聊着天,由二三十个年纪较大的、绝大多数蓄着胡须的蒂罗尔[16]人看守着。那些蒂罗尔人是战时应急被征入伍的,如今也衣衫褴褛,无依无靠,跟那些战俘一样;和我们在国内画报上登载的脸面修得光洁、穿着崭新制服的士兵很少有相似之处。不过,奥地利士兵对战俘的看守没有一点儿严厉苛刻的意思,那些战俘也丝毫没有要逃跑的迹象。奥地利看守们根本不想对那些战俘进行严格的防范,他们和战俘像同伴一般坐在一起,只是他们在语言上互不相通,双方才闹出特别多的笑话来。他们互相敬烟，互相开玩笑。有一名蒂罗尔的超龄士兵从一只又旧又脏的皮夹子里掏出几张妻儿的照片给他的"敌人"看，"敌人"们一张一张地欣赏着，还用手指着问那个蒂罗尔人，孩子是三岁还是四岁。我不由得感到，那些粗鲁、淳朴的人对战争的看法要比我们的大学教授和作家们正确多了，他们认为：战争是降临到他们身上的灾难，他们无力抗拒，而每个陷入这种厄运的人，都是同病相怜的兄弟。这种认识一直陪伴着我的整个行程，使我感到宽慰。我穿过弹痕累累的城市，路过被抢劫一空的商店；那些商店里的家具就像被肢解了的胳膊和腿或者像被掏出来的内脏一样堆积在路中央。介于战场之间的那些长势颇好的庄稼又给了我这样的希望：但愿一切被破坏的景象几年以后又会消失得无影无踪。当然，我在那个时候没有料想到，对战争恐惧的回忆竟会那么迅速地从人们的记忆中消失，就像战争的痕迹很快从大地的表面上消失一样。

在出差的最初几天，我还没有遇到真正恐怖的战争景象；后来，战争的可怕面目才超出我最坏的想象。由于几乎没有载客的列车通行，有一次，我搭乘在一辆运送炮车的敞篷车上；又有一次，我坐在一辆运牲口的车厢里，里面发出浓烈的恶臭，疲倦极了的许多人互相挨挤着，东倒西歪地竟睡着了，好像在把牲口拉往屠宰场的途中一般，他们自己也已经被屠宰了似的。而最可怕的是，我曾不得已乘坐过两三次运送伤员的列车。唉，那样的列车简直没法跟那些光亮的、洗得十分洁净的白色救护车相比。在战争开始的时候，维也纳社交界的公爵夫人和高贵的女士们曾扮作护理病员的护士模样在那样的白色救护车里让摄影师们把她们拍下照来。我看到的是，运送伤员的列车都是一般的货车：没有一扇像样的玻璃窗户，只有一扇狭窄的通风小窗。车厢里照明用的是被煤烟熏黑了的油灯。简陋的担架一副挨着一副放在那里，担架上躺着的全是不断发出呻吟、额角流着汗珠、脸色如死人一样苍白的人，不禁令人毛骨悚然。他们在屎尿以及碘酒的浓烈气味中拼命地呼吸着空气。军队的卫生员走起路来更是摇摇晃晃，他们已经疲惫不堪。根本看不到那些照片上所显示的洁白的床单和被褥。躺在麦秆席上或者躺在硬邦邦的担架上的人盖着早已渗满了血迹的毯子。在每一节车厢里都有两三具尸体横卧在那些奄奄一息和呻吟不停的伤员之中。我曾和一位医生交谈过，他坦率地告诉我，他原先只是匈牙利的一个小城镇里的牙科医生，已有多年没有做过外科手术了。他非常绝望。他告诉我，他事先向七个车站发去电报，要求提供吗啡，可是对方答复说，所有的药品都已用光；而他现在连药棉都没有了，干净的包扎用品也没有了，可是列车还要行驶二十小时才能到达布达佩斯的医院。他请求我帮他忙，因为他手下的那些卫生兵已疲倦得支持不住了。我答应试试，虽说我要多笨就有多笨，但是还能有点用处：每到一站，我就下车帮助提几桶水，水质又脏又差，原来只是供机车用的水，现在却成了清凉饮料；水，至少可以把伤员擦洗一下，还可揩净不停地滴在地上的血迹。对一股脑儿被塞进这具带着滚动轮子的棺材里的那些来自各国的士兵来说，还有一个人际交流的困难，那就是各种语言障碍。医生与护理员都不懂鲁塞尼亚语[17]和克罗地亚语。唯一能帮一点忙的是一位白发苍苍的老牧师，他——像医生没有吗啡一样感到绝望——也从自己的角度愤愤地抱怨说,他已没法从事自己的神职活动——因为他没有油去作临终涂油礼的仪式了。他说,在他漫长的一生中,他还从来没有像上个月那样"料理"过这么多的死人。我永远也忘不了他用生硬的、愤怒的声调说出的那句话:"我已经是六十七岁的人了,见识也不少。可是我先前却认为,人类不可能犯下这样的罪行。"

我在回家途中乘坐的那趟伤员列车在拂晓时分进入布达佩斯。我下车后立即直奔一家旅馆,我需要先睡上一觉,因为我在车厢里的唯一座位就是我的箱子。我在旅馆里一直睡到约莫十一点,因为我实在太疲倦了;然后我赶快穿好衣服去吃早餐,可是我刚走几步之后,我就一直觉得:我得揉一揉自己的眼睛,看看是不是在做梦。那是一个天气晴朗的日子,早晨还像春天,中午就已经是夏天了。布达佩斯是那样的美丽和那样的无忧无虑。穿着白色衣裙的女士们挽着军官们的胳膊在漫步。那些突然出现在我眼前的军官们好像不是我昨天、前天才见到过的;他们完全是像另一支军队的军官。我昨天看到的军官们由于运送伤员的缘故会从他们的衣服、嘴巴、鼻子里散发出一股碘酒气味。而我今天所看到的军官们却是怎样去买紫罗兰向女士们献殷勤。我还看到漂亮得无可挑剔的小轿车在大街上行驶,里面坐着胡须刮得精光、衣冠楚楚的男士。而所有这番景象离前线只不过是八九个小时的快车路程呀!可是,难道我们有资格指责他们吗?他们活着,而且想生活得快乐,难道这不正是人的最自然的天性吗?也许正是因为他们感觉到一切受到了威胁,他们才尽情享受能享受的一切呢:哪怕是几件漂亮衣服,哪怕是最后几小时愉快的时光!恰恰是因为我看到过人是一种非常脆弱、非常容易被摧毁的生命,一个小小的铅丸在千分之一秒的时间内就能把人的生命连同他的记忆、认识和狂喜一起击得粉碎,所以我才会理解,在波光粼粼的河畔,一个如此瑰丽的上午会驱使数以千计的人去享受阳光,去感受自身的存在,去感受自身的血液,去感受也许已增添了力量的自己的生命。我几乎已经对这些起初使我感到吃惊的情景渐渐释然。而那个殷勤的餐厅招待却又偏偏给我送来一份维也纳的报纸,我耐着性子看起来。这才使我真正恼怒呢。报纸上登的尽是废话,说什么胜利的意志不可动摇,说什么我们自己部队的损失非常少,敌人的损失非常大,看了让人恶心。那些赤裸裸的、恬不知耻的关于战争的谎言不断向我袭来!我彻悟了,有罪的不是那些散步的人、那些漫不经心的人、那些无忧无虑的人;有罪的是那些用语言来煽动战争的人。倘若我们不用自己的语言去反对他们,那么,我们也是有罪!

这会儿,我才有了真正的创作动力:我一定要为反对战争而奋斗!我心中已准备好了素材,只不过如果我真要开始写的话,我还缺乏最后证实我的直觉的具体形象。我知道我要反对的敌人——那种把他人置于痛苦与死亡的假英雄主义;那种丧失良知的预言家们的廉价乐观主义。那些预言家们侈谈政治上和军事上的胜利,实际上是延长互相残杀的时间。在这两种主义背后,用钱收买来的合唱队也是我的敌人。正如弗朗茨·韦尔费尔在他的优秀诗歌中斥责的那样：他们净是"战争的吹鼓手"[18]。谁表示怀疑，谁就妨碍了他们的"爱国主义事业"；谁提出警告，他们就嘲笑此人是悲观主义者；谁反对战争，此人就会被打成叛徒——反正这些战争的吹鼓手们自己在战争中不会受苦。时代几经变迁，但总是有这么一帮子人——他们把谨慎的人称为胆小鬼，把有人性的人称为软弱的人；而在他们轻率地招惹来的灾难降临的时刻，他们自己也就手足无措了。还是这么一帮子人，他们嘲笑特洛伊的卡桑德拉，嘲笑耶路撒冷的耶利米[19]。我先前对这两个人物形象的悲剧性和伟大从未理解得有像眼前这么深刻。我们当时所处的时代和这两个人物形象所处的时代实在太相似了。我从一开始就不相信什么"胜利"，我只清楚一点：纵然在付出巨大牺牲的条件下可能取得胜利，但这胜利也补偿不了牺牲。虽然我这样提醒过，但我在所有的朋友们中间是孤立的。有人在第一枪打响以前就发出狂乱的胜利吼声——好像在战役开始以前就能分配战利品似的，这就常常使我怀疑，究竟是我自己在那些聪明人中间神志不清呢，还是众人皆醉我独醒。所以，我要用戏剧形式去描写一个"失败主义者"的特别悲惨的处境。有人发明"失败主义者"这个词，原本是要将"失败"的罪名强加在那些努力追求互相谅解的人身上。写作对我来说无疑是一件很自然的事。我选择了徒劳无益的告诫者耶利米这个形象作为象征。但是，我无论如何不是为了写一部陈词滥调的"和平主义"戏剧，虽然宣扬和平总要比鼓吹战争好，我是为了描写一个在众人狂热的时刻被人蔑视，被人视为软弱、胆怯的人，尽管此人在失败时却又证明自己是唯一不仅能忍受失败而且还能战胜失败的人。从我的第一个剧本《忒耳西忒斯》[20]开始，令我一再深思的是这样一个问题：失败者在心灵上其实是一个更为坚强的人。我一直想表现这样两方面的内容：任何形式的权势都会使一个人变得冷酷无情；任何胜利都会使全体民众思想麻木。我还打算做这样的对比：一方面是权势的冷酷无情和全体民众的麻木不仁；另一方面是预见到失败的人内心痛苦万分。战争正在进行，当别人还都在迫不及待、得意扬扬地互相证明着自己必胜时，我却已把自己置身于灾难的深渊，并寻找着摆脱灾难的出路。

不过，当我从《圣经》上选择这样一个主题时，我却在无意之中触及到了我身上迄今未曾注意之处：即触及到了我在血缘上或者说在传统上和犹太人的命运暗暗建立起来的联系。难道犹太人不正是我的同胞吗？他们曾不断地被各个民族战胜，一而再、再而三地被征服，然而，由于一种神秘的力量——即那种用意志改变失败命运的力量——而使他们无数次地经受住了失败的考验而继续生存下来。难道不正是我们的先知预先就知道那种永远被追逐、被驱赶的命运吗？那样一种命运又使我们今天的犹太人像糟粕一样被逐出家园。难道这不正是犹太人主张忍受暴力之下的失败吗？甚至把失败赞美为一条救赎灵魂之路吗？如果说失败的考验并不是永远对民众或者对个人有所裨益的话，那么，当我在写《耶利米》时，我却有幸感觉到了那种益处。在我看来，《耶利米》才是我真正创作的第一本书呢。今天我知道：如果当时我没有在战争中痛苦地体验和预感到一切，那么我仍然会像战前的我一样，是一名

"令人愉快"——如音乐术语所说——的作家,然而永远不会领悟、理解和击中自己心声的最深处。当时我第一次感到:我既要说出自己的心声,同时也要说出时代的心声。我当时是想帮助别人,却藉此帮助了自己:我于一九〇七年完成了最富有个性、最隐晦的作品《忒耳西忒斯》——《鹿特丹的伊拉斯谟——辉煌与悲情》这部人物特写除外,在一九三四年希特勒统治的日子里,这部人物特写[21]使我自己摆脱了类似的危机——从我开始创作那出悲剧《耶利米》的那一刻起,我对时代的悲剧也就不再感到非常痛苦了。

但我从未预料那出反战悲剧《耶利米》会获得令人瞩目的成功。由于遇到许多问题,诸如先知问题、和平主义问题、犹太人问题等,而且由于最后结束场面的合唱形式——要把结束场面升华为一首歌颂失败者命运的赞歌——从而使那出剧的内容超出一个剧本的正常容量,以致剧院从头至尾演一遍,就得用两三个晚上。还有——正当报纸上每天都在叫嚣"要么胜利,要么毁灭!"的时候,怎么会让这出戏——这出宣告失败甚至赞美失败的戏登上德意志的舞台呢?如果这部作品可以出版的话,那么我一定得说是出现了奇迹,但是,即使遇到最坏的情况:剧本不让上演,这出剧也至少帮助我自己度过了精神上最苦恼的时刻。我把所有在和我周围的人交谈中不能说的话,都通过剧本中的对白诗句说了出来。我抛弃了压在我心头的沉重负担,我自己解脱了自己;正当我对时代的一切都"不满意"的时候,我却找到了自己"满意"的精神安慰。

注 释

〔1〕 本章原文标题是：*Der Kampf um die geistige Brüderschaft*。《超脱于混战之上》是罗曼·罗兰于1914年9月22日发表在《日内瓦日报》上的文章。这是一篇反对仇恨的宣言书。文中写道，是盲目的民族仇恨把上万民众投入战争。……仿佛热爱自己的祖国只能通过仇恨别的国家来体现——这是一种荒谬、浅薄和令人作呕的行为！

〔2〕 昂利·巴比塞（Henri Barbusse，新译：亨利·巴比斯，1873—1935），法国著名作家和社会活动家，法共党员。以写诗开始文学生涯，第一本诗集《哭泣的女人》，以第一次世界大战为题材的长篇小说《火线》是他的名作，并因此于1916年获龚古尔文学奖。他在第一次世界大战中持反军国主义的立场，此后，他在20世纪二三十年代的反战、反法西斯运动中起过重要作用。

〔3〕 伊迪丝·卡维尔（Edith Cavell，1865—1915），英国护士，第一次世界大战中家喻户晓的女英雄，由于在比利时协助协约国军人出逃而被德国占领当局处死。

〔4〕 "勒西坦尼亚"号（Lusitania），英国邮轮，因运输违禁品和军火，于1915年5月被德国潜艇击沉，1200人死于非命。

〔5〕 托马斯·曼（Thomas Mann，1875—1955），德国作家。1901年以长篇小说《布登勃洛克一家》而成名。1929年获诺贝尔文学奖，被誉为20世纪德国语言大师。代表作有中篇小说《魂断威尼斯》、《马里奥和魔术师》、长篇小说《魔山》、《绿蒂在魏玛》、《浮士德博士》等。第一次世界大战爆发后，曾发表《一个非政治人物的看法》一文（1918），从维护"德意志的精神文化"立场出发，为德国参战进行辩护。

〔6〕 弗里德里希大帝（Friedrich der Große，旧译：腓特烈大帝），是指普鲁士国王弗里德里希二世（Friedrich Ⅱ.，1712—1786，旧译：腓特烈二世，1740—1786年在位），在任时推行所谓"开明专制"，进行一系列改革，扩充军队至二十余万人，多次发动战争，扩大疆

土，占据西里西亚，1772年同俄、奥瓜分波兰，割占维斯瓦河流域的西普鲁士，使波美拉尼亚与东普鲁士连成完整的区域。1786年联合德意志北部和中部各邦君主，组成反奥的"诸侯同盟"，扩大普鲁士在德意志境内的影响。

〔7〕 贝尔塔·冯·苏特纳（Berta von Suttner, 1843—1914），奥地利女作家与和平主义者，1905年诺贝尔和平奖获得者。参阅本书第八章《欧洲的光辉和阴霾》注〔36〕。

〔8〕《火线》中的主人公是一名法国步兵。

〔9〕《法兰西信使报》(*Mercure de France*)，1889—1965年的法国文学杂志。

〔10〕 卡尔·波埃里奥（Carl Poerio），生平不详。此处所说的19世纪意大利统一时期是指1814年至1815年的维也纳会议后，意大利人民努力争取统一意大利的复国运动，时至1870年终于成功建立君主立宪制的意大利王国。许多著名人士参加了这一运动，如朱塞佩·加里波第等（Giuseppe Garibaldi, 1807—1882），参阅本书第十三章《重又走向世界》注〔10〕。

〔11〕 贝内代托·克罗齐（Benedetto Croce，新译：贝内代托·克罗切，1866—1952），意大利著名哲学家，代表作有《精神哲学》四卷，主办文学评论杂志《评论》达41年之久。曾任参议员、教育部长等职。一生维护意大利的国家统一，反对法西斯主义。20世纪20年代以后经常发表文章反对马克思主义。据原书出版者注，此处斯蒂芬·茨威格记忆有误。斯蒂芬·茨威格以为克罗齐1915年就担任教育部长，实为1920—1921年间。

〔12〕 这部作品是指斯蒂芬·茨威格于1917年完成的反战诗剧《耶利米》。参阅本书第六章《我的曲折道路》注〔36〕。

〔13〕 塔尔努夫（Tarnow），波兰一城市。

〔14〕 加利西亚（Galizien），在今波兰东南部，是历史上长期被俄、奥争夺的地区，第一次世界大战后，加利西亚归属波兰。

〔15〕 伦贝格（Lemberg），今德国一城市。

〔16〕 蒂罗尔（Tirol），奥地利州名。

〔17〕 鲁塞尼亚语（Ruthenisch），是居住在波兰加利西亚、匈牙利东北

部和罗马尼亚的布科维纳等地区的鲁塞尼亚人（Ruthene）所说的语言，今鲁塞尼亚人已和乌克兰人同化。
〔18〕《战争的吹鼓手》(*Die Wortemacher des Kriegs*)是弗朗茨·韦尔费尔（Franz Werfel）写于1914年8月的反战诗歌。
〔19〕耶利米（*Jeremias*），《圣经·旧约·耶利米书》中的先知，多次预言耶路撒冷将遭厄运，故被喻为悲观的预言者、针砭时弊的人。参阅本章注〔12〕。
〔20〕悲剧《忒耳西忒斯》的剧情参阅本书第六章《我的曲折道路》注〔19〕。
〔21〕1934年，斯蒂芬·茨威格发表人物特写《鹿特丹的伊拉斯谟——辉煌与悲情》，主题是弘扬良知，反对暴力，呼吁和平，反对战争，并借题发挥，暗喻一个崇尚理性的知识精英（伊拉斯谟）在宗教纷争激烈的时代如何百般无奈，同时旁敲侧击，影射希特勒倒行逆施的纳粹主义。此书中译本于2016年由（北京）三联书店出版。

第十一章　在欧洲的心脏

当我写的悲剧《耶利米》在一九一七年复活节出版时，遇到的情况完全出乎意料。因为我是怀着对那个时代最强烈的抵触情绪写这出悲剧的，所以我也必须等待对这部作品的强烈抵触。然而，事实恰恰相反。剧本的两万册书很快被销售一空，对于一个剧本来说，这是一个了不起的数字；不仅像罗曼·罗兰这样的朋友，而且像拉特瑙和里夏德·德默尔这样一些先前站在另一边的朋友也都公开表示支持这部剧作。那些连剧本都还根本没有弄到手的剧院经理们写信给我，向我请求为他们保留在天下太平之日初演这出悲剧的权利，因为在战争期间用德语演出这出剧是不可能的；即便主战派对剧本持反对态度，但也表现得有礼貌和充满尊重。我曾有过各种思想准备，只是没有想到这一点。

怎么会这样呢？无非是战争已经进行了两年半，是时间残酷地使人们猛然清醒。经过战场上的可怕流血之后，高烧开始降温。和慷慨激昂的最初几个月不同，人们现在用更冷漠的眼光目睹着战争。那种同仇敌忾的情感开始松懈，因为人们从现实中丝毫没有感觉到哲学家和诗人们大肆鼓吹的所谓伟大的"道德净化"。整个民族出现了一道巨大裂痕；整个国家仿佛分裂成了两个不同的世界，前方是浴血奋战的士兵，由于给养和药品的匮乏而痛苦不堪；后方是无忧无虑留在家里安然度日的人，他们有的挤在剧院里，有的还要乘他人之危敛取钱财。前方和后方的界限显得越来越分明。官场腐败，任人唯亲，拉关系走后门的事层出不穷，谁都知道用金钱或者利用好关系可以谋取好处，而另一方面，那些濒于毙命的农民或工人却不断地被驱入战壕。因此只要有可能，每个人都开始毫无顾忌地自找门路。由于无耻的中间买卖，生活必需品越来越贵，食品逐日紧缺，民众生活困苦，而那些靠战争得利的人却过着令人羡慕的奢侈生活，犹如在荒凉的沼泽上闪烁的鬼火。老百姓愤懑并渐渐开始产生各种怀疑——他们怀疑日益贬值的货币，怀疑将军、军官和外交官们，怀疑国家和参谋部的所有公告，怀疑报纸的报道和报纸本身，怀疑战争的必要性和战争本身。我的剧本《耶利米》之所以获得意外的成功，绝非是由于艺术创作多么出色，而仅仅是因为我说出了别人不敢公开说的话：对第一次世界大战表示憎恨，对胜利表示怀疑。

诚然，这种情绪要在舞台上用直截了当的语言表达出来，似乎是不可能的。因为如果这样做，势必会招来抗议，所以我认为必须放弃在战争期间看到这第一出反战剧的演出。然而，我却突然接到苏黎世市剧院经理的一封信，他说他要把我的《耶利米》立即搬上舞台，并邀请我参加首演仪式。我竟然忘记了德语世界上还有这样一片小小的但却非常珍贵的土地（在第二次世界大战中也同样如此），承蒙天主恩赐，那是一片可以保持中立的民主之地[1]，在那里依然是言论自由，思想开明。毫无疑问，我立刻表示同意。

当然，我起初只能表示原则上同意；因为我的同意是有先决条件的，这就是有关方面允许我可以离开本国和工作岗位一段时间。幸好当时正碰上所有的参战国都设有一个称为"文化宣传部"的机构——而在眼下的第二次世界大战中就根本不设立了。为了说明第一次世界大战和第二次世界大战在思想领域方面的区别，我有必要指出，当时那些在仁爱的传统中成长起来的国家、领袖、皇帝和国王们在潜意识中对于打仗仍然心怀愧疚。所以，如果指责这个或那个国家是"军国主义"或者曾经是"军国主义"，他们就会相继进行反驳，说这是卑鄙的诽谤；与此相反的是，每个国家都竞相表白、证明、解释以至用事实来炫耀自己是一个"文明国家"。在一九一四年的时候，人们在舆论面前总是说文化要比强权高尚，遭到鄙视的是诸如"神圣的利己主义"和"生存空间"这样一些口号，认为这些口号是"不道德的"，世人认为最要紧的事情，莫过于让舆论承认他们在精神方面作出了具有世界意义的贡献。因而各种文艺演出充斥所有的中立国家。德国派出由世界著名指挥家率领的交响乐团到瑞士、荷兰、瑞典去演出。维也纳也派出自己的爱乐交响乐团到中立国家去；甚至还四处派出诗人、作家和学者，况且去的目的并非为了颂扬什么军事行动或者赞美兼并的意向，而仅仅是为了通过他们的诗句和作品来证明德国人不是"野蛮人"，要证明德国人并非只会制造枪炮或者烈性毒气,德国人也会创造全欧性的纯粹的精神财富。一九一四年至一九一八年的时候——我必须一再强调这一点——各国还有一股要博取天下民心的势力。一个国家的道德观念和艺术创作还被视为是战争中具有影响的力量,各个国家还都在争取民众的同情,而不像一九三九年的德国那样以非人的残暴把这一切精神财富全都践踏在地。所以,我以参加一出剧的首演仪式为名申请到瑞士去度假是一个极好的机会。值得担忧的最大困难无非这是一出反战剧,剧中有一个奥地利人——尽管是以象征的形式——预言战争可能会失败。我向文化宣传部主管出国的负责人递交了申请,陈述我的愿望。使我感到十分惊异的是,他立刻答应为我安排一切,而且对批准的理由做了意味深长的说明:"感谢天主,您从来不属于那些愚蠢的战争叫嚣者之列。好吧,请您在国外尽力把这项事业进行到底。"四天之后,我得到了假期和一张出国护照。

当战争正在进行的时候,听到奥地利一个部级机关的一位高级官员这样随便的谈话,使我感到有点奇怪。这仅仅是由于我不了解政治上的那些秘密来往,所以我事先并不知道,以新皇帝卡尔一世[2]为首的政府高端人物在一九一七年就已酝酿着试图脱离德国的军事独裁——德国军方当时正肆无忌惮地把奥地利绑在自己野蛮的兼并政策的战车上,而不顾奥地利人的内心意愿。奥地利参谋部里的人都痛恨鲁登道夫[3]的残暴专横,奥地利外交部里的人都拼命反对那种必然会使美国把我们视为敌人的无限制潜艇战,即便是老百姓也都窃窃私语,抱怨"普鲁士人的飞扬跋扈"。不过,所有这一切暂时还都只在小心翼翼的弦外之音和貌似无意识的谈话之中流露出来。但几天以后,我了解到更多的情况,而且意外地比其他人早知道一件当时最大的政治秘密之一。

事情是这样的:我赴瑞士途中在萨尔茨堡[4]停留了两天,我在那里替自己买了一幢房子,打算在战后居住。在萨尔茨堡有一小群笃信天主教的人,其中两人在战后奥地利的历史上还曾出任过总理而起过决定性的作用呢。他们是海因里希·拉马施[5]和伊格纳茨·赛佩尔[6]。前者是当时最杰出的法学家之一,曾出席过海牙会议,另一个伊格纳茨·赛佩尔是一位才智惊人的天主教神父,赛佩尔在奥地利君主政体崩溃以后担负起领导小小的奥地利的责任,并在这一岗位上卓越地施展了自己的政治才干。他们两人都是坚定的和平主义者、虔诚的天主教徒、热情的老派奥地利人。作为在内心深处对德意志、普鲁士、新教的军国主义最抱反感的人,他们觉得这种军国主义和奥地利人的传统思想与天主教徒的使命格格不入。我的诗剧《耶利米》在这个和平主义的宗教阶层里赢得了最深切的同情。赛佩尔当时正旅行在外,枢密顾问拉马施邀请在萨尔茨堡逗留的我去见他。这位举足轻重的老学者非常诚恳地向我谈论我的这个剧本。他说剧本充满我们奥地利人的那种友善处世的思想,他热望剧本将会超出文学的意义而发挥更大的作用。而使我感到惊讶的是,他对我这个以前从未见过面的人非常信任,谈话是那样坦率,充分表现了他内在的勇气,他告诉我这样一个秘密:我们在奥地利的人正处于决定性的转折时刻。他说,俄国在军事上遭到挫折以后,倘若俄国愿意放弃自己的侵略意图,那么无论对德国还是对奥地利都不再存在缔结和平条约的真正障碍；眼下我们不能坐失这一时机。如果在德国的泛德意志集团继续抵制谈判，那么奥地利就不得不肩负起缔结和平的领导责任和独立行事。他向我暗示，年轻的卡尔一世皇帝已答应帮助实现这样的意图；或许奥地利人过些时候就能看到皇帝本人发挥的政治影响。他说，现在一切都取决于奥地利本身是否有足够的力量达成互相谅解的和平，而不是追随德国军国主义分子——轻率地以继续牺牲生命为代价换取所谓"胜利的和平"。为此，奥地利不得不时必须采取断然措施：在奥地利被德国军国主义分子推入灾难的深渊以前，及时脱离与德国结盟。他用坚决的语气肯定地说："谁都不能责备我们这是一种背信弃义，我们已经死了一百多万人。我们已经牺牲得够多的了，做得也够多的了！现在，我们再也不能为德国人的世界霸权去牺牲一个人的生命，牺牲一个都不行！"

我屏息静听着。我们以前也都经常在心里默想过这一切，只是没有人胆敢在大白天公开说出来："让我们及时和德国人以及他们的兼并政策一刀两断吧。"因为这样的言论会被视为是对盟友的"背叛"。而现在，这样的话却由一个——据我所知——在奥地利得到皇帝信任和由于在海牙的活动而在国外享有最高声望的人海因里希·拉马施说出来，对我这样一个几乎还是陌生的人说这样的话，态度又是那样平静和坚决，以致使我立刻感觉到奥地利的单方面行动早就不再停留在准备阶段，而是已在付诸实施了。要么用单方面媾和的威胁迫使德国进行谈判，要么在不得已时自己实现单独媾和——这种想法是很有胆识的。历史证明，这种想法是拯救当时奥地利帝国、哈布斯堡皇朝乃至整个欧洲的唯一可行的最后方案。可惜奥地利方面后来缺乏实现原来计划的决心。卡尔皇帝派他的内弟帕尔马亲王[7]去会见克里孟梭[8]，实际上是带着一封密信，目的是试探在事先不取得柏林宫廷谅解的情况下媾和的可能性，并随时准备进行和谈。后来不知怎么德国发现了这一秘密使命，我认为这一点至今也没有完全弄清真相。糟糕的是卡尔皇帝后来没有勇气公开坚持自己的信念，因为正如有些人所说，德国曾以武装入侵奥地利相威胁，而他——作为哈布斯堡皇室的成员又害怕给自己沾上历史污点：说他在关键时刻废除了由弗朗茨·约瑟夫皇帝缔结的、并用那么多鲜血作为保证的盟约。因而他无论如何不敢任命拉马施或赛佩尔为总理，而这两位信奉天主教的国际主义者恰恰是唯一有魄力凭借自己内心的道德信念来蒙受背离德国罪名的人。卡尔皇帝的优柔寡断最后毁了他自己。后来，拉马施和赛佩尔直到千疮百孔的奥地利共和国时期才成为总理，而不是在古老的哈布斯堡皇朝时期。但是在当时除了这两位享有威望的重要人物之外，几乎没有人敢担当这种貌似不义的行动。假如拉马施当时真能公开以脱离德国相威胁或者果真脱离，那么他不仅拯救了奥地利，而且也拯救了由于无限扩张而陷于内部深刻危机的德国。假如笃信宗教而又十分明智的赛佩尔当时向我坦言的那个行动不是由于软弱和笨拙而破产的话，那么我们今天欧洲的情况可能会好得多。

第二天我继续登程出发，越过了瑞士边界。今天的人很难想象，从一个已处于半饥饿状态的被封锁的战乱国家奥地利进入这个中立国家瑞士在当时意味着什么。从国界那一边的车站到这一边的车站只消几分钟的时间，然而从进入这一边的第一秒钟开始就立刻有了那种好像从令人窒息的空气中突然来到充满白雪、爽快的空旷世界里的感觉，仿佛觉得头脑里的眩晕正通过所有的神经和感官而渐渐消退——几年以后，当我从奥地利再次来到瑞士途经这个布克斯[9]边境火车站时（倘若在平时，这种火车站的名字我是从来记不住的），我又倏然重新感觉到那种沁人心脾的新鲜空气——我在边境火车站从列车上下来，首先使我感到吃惊的是食品柜上琳琅满目，摆着各种我已忘却了的在以前是生活中的日常食品：饱满的金黄色柑橘、香蕉和在我们那里只有走后门才能搞到的巧克力和火腿，还有面包和肉，面包不要面包票，肉不要肉票——真的，旅客们像一群饿狼似的向那些价廉物美的食品扑去。车站上还有一个邮电局，从那里可以向世界各地写信和发电报，而无须检查；里面陈列着法语、意大利语和英语报纸，人们可以购买、浏览、阅读，而不会受到任何惩罚。在我们那里禁止的一切，只要往前走五分钟的路程，全都是允许的；在这里允许的一切，回到我们那里，又全都是禁止的。我觉得，第一次世界大战的全部荒谬通过这个挨得如此之近的空间变得昭然若揭；再回头看看我们那一边的那座边境小镇，各种招牌历历在目，在每一间小屋和每一间茅舍里都有男子被征募走，被运到乌克兰和阿尔巴尼亚去互相残杀——而在这座距奥地利只有五分钟路程的瑞士境内小镇布克斯，那些同样年龄的男子却和他们的妻子怡然自得地坐在缠绕着常春藤的家门口，抽着烟斗。我情不自禁地问自己：在这条边境小河里,是否也是右边的鱼正在打仗,而左边的鱼保持着中立呢。当我刚一从奥地利越过国界的那一瞬间,我就已经想到在瑞士这里和在奥地利那边不同,这里更自由、更令人振奋、更有人的自尊。而到了第二天,我很快感觉到不仅我们的精神气质,而且我们的身体机能在我们那个战争的天地里也已衰退到了何种程度;当我应邀在亲戚家做客时,饭后喝一杯黑咖啡和抽了一支哈瓦那雪茄烟后,我竟突然头晕起来,并且心跳得很厉害。我的身体和我的神经表明,在长期喝咖啡的代用品和吸香烟的代用品之后已不再能适应真正的咖啡和真正的烟草了;就连身体也需要在经历了战争的不自然状态之后再度调整到和平氛围下的自然状态。

这种眩晕——这种有舒服之感的昏昏沉沉倒也产生了精神作用。我觉得每一棵树显得更美了,每一座山显得更自由了,每一处风光显得更可爱了。因为草原的和平宁静在进行战争的国土上用混浊的目光看上去就会觉得大自然冷漠无情,殷红的落日会使人想起满地的鲜血。而在瑞士这里——在这和平的自然环境里,天苍苍、地茫茫,又变得十分自然了。我喜欢瑞士,好像我以前从未喜欢过瑞士似的。其实,我以前总是怀着欣喜的心情来到这个方圆不大而富饶的国家。但我从来没有如此深切地感到这个国家存在的意义:瑞士人的理想是不同民族毫无敌意地在同一个空间和睦相处,发扬兄弟情谊,通过互相尊重和真正的民主来克服语言上和民俗上的差异,这是最明智的生活原则——这对我们混乱的整个欧洲来说是多么好的榜样呀!瑞士是一切受迫害者的避难所。多少世纪以来,瑞士是和平与自由的胜地,瑞士最忠实地保存着自己固有的特色,同时欢迎融入各种思想观念——因而这样一个超越民族的唯一国家的存在对我们这个世界而言显得何其重要!我觉得,世人赐予这个国家以美丽和财富,是完全有道理的。世人在这里不会觉得陌生;在天下不幸的时刻,一个思想自由、独立的人在这里会觉得比他在自己的祖国更有归家之感。我还在夜幕下的苏黎世的大街上和苏黎世湖边徜徉了好几个小时。万家灯火显出一派和平景象,苏黎世人过着泰然自若的宁静生活。我想,在那些窗户后面不会有躺在床上失眠和思念着自己儿子的妇女。我在瑞士没有见到伤员、残疾人和那些明天或后天要被赶上列车的年轻士兵——我觉得,世人在这里更有理由生活下去,世人还没有被扭曲,而在我的那个进行战争的国家里,生活已经成为一种恐惧,简直是一种负担。

不过,我觉得我在瑞士最要紧的事不是讨论我的剧本上演问题,也不是和瑞士朋友与外国朋友会面,而是要见到罗曼·罗兰。我知道他会使我变得更坚定、更清醒、更积极,因此我要去会见他,向他表示感谢,感谢他在我心情孤独的最痛苦的日子里所给予我的友谊和鼓励。我的第一个日程安排必须是去找他,于是我立刻前往日内瓦。应该说,像我们这样的"敌人"现在是处在相当复杂的境地。不言而喻,交战国的政府是不愿意看到本国的公民在中立国家和敌国的另一些公民进行私人往来。但是另一方面这又无法用法律禁止。从来没有一条法律规定:见一次面就要课以惩罚。唯有商业性的往来,所谓"和敌人通商"才被禁止,并且和叛国罪相提并论。为了不致由于最轻微的触犯这一禁令而使自己蒙受嫌疑,我们这两个朋友甚至在原则上避免互相敬烟,因为我们无疑是被无数的密探始终监视着。为了避免做贼心虚或者图谋不轨的任何嫌疑,我们这些国际友人选择了最简单的方法:即完全公开的方法。我们相互写信不用假地址,也不用留局待领的渠道,我们绝不在夜里悄悄互访,而是一起横穿大街,公开在咖啡馆里同坐。所以我在到达日内瓦后,就立刻向旅馆一层的门房报上全名,并声言我是来找罗曼·罗兰先生的,因为如果德国或法国的通讯社能够报道出我是谁和我拜访的谁,岂不更好。在我们看来,两个分属不同国家的老朋友,即使彼此的祖国正在交战,也不会因此而相互回避——这完全合乎情理。我们觉得我们没有必要因为天下变得荒诞而自己也随之变得乖戾。

我终于站在他的房间里——我仿佛觉得,好像这里就是他在巴黎的那个房间。像当年一样,桌面上和扶手椅上堆放着各种书籍。写字台上摊满杂志、函件和纸张,那是一间简朴的工作室,宛若修道士的隐居室,但他的这间斗室却与全欧洲有着联系。不管罗曼·罗兰到哪里,他都要按照自己的习惯把房间布置成这番样子。我霎时间忘了问候的话,只是彼此握了握手——这是我几年来第一只可以重新相握的法国人的手;罗曼·罗兰是我三年以来与之交谈的第一个法国人。但正是在这三年中,我们却比以往任何时候贴得更近。我用法语交谈要比我同自己祖国的任何人的交谈显得更知己和更坦率。我心里完全意识到,站在我面前的这位朋友是我们当时欧洲最重要的人物,和我交谈的人代表着欧洲的良知。只有在那时我才认识到他在为促进各民族之间的互相谅解而献身的伟大事业中正在做的一切和已经做过的一切。他日日夜夜工作,却始终是单独一人,没有助手,没有秘书;他要密切注视各国的动向,和无数向他请教公益事务的人保持通讯联系。他每天要写许多页日记,在那个时代,没有一个人像他那样有这种要亲自记载历史时代的责任感,并认为这是向后代应做的交代。可是那些日记今天又在哪里呢?那些亲笔写下的无数日记本总有一天会全面揭开第一次世界大战中道德和思想上的各种矛盾冲突。他同时还要发表自己的文章,那些文章的每一篇都会在当时引起强烈的国际反响。他还正在创作自己的长篇小说《格莱昂波》[10]——这一切就是他自己承担的巨大责任,是他一生中本着牺牲精神,不遗余力、孜孜不倦所作的奉献。在那天下的疯狂年代,他处处为伸张正义和人性作出表率。他没有一封信不答复,没有一本关于时代问题的小册子不读;这位身体羸弱、健康状况正受到严重威胁的人只能轻声说话,同时还要不断抑制轻微的咳嗽。当时他不戴围巾就无法穿过通道;而稍微走快一点,他就得走一步停一步。可就是这样一位体弱而又坚忍的人在当时贡献了难以置信的巨大力量。任何攻讦都不能使他动摇。他毫无畏惧地、清醒地注视着动乱的欧洲。我在一个活着的人身上看到了另一种英雄主义,即那种有思想的英雄主义、有道德的英雄主义。即便在我写的那本罗曼·罗兰人物特写中我也未能把那种英雄主义充分描写出来(因为人总是不大好意思把活着的人赞美得过分)。当我看到他住在那么狭窄的一间斗室里,从那里向欧洲各地发射出看不见的、使人振奋的光芒,我真是深为所动,好像我的灵魂受到了"净化"——如果可以这样说的话。从那以后我深感到而且现在确实知道：当时罗曼·罗兰通过自己单枪匹马或者说几乎是单枪匹马地向千百万人的那种丧失理智的仇恨所作的斗争而产生的使人振作的鼓舞力量是无法估计的，只有我们——那个时代的见证人才懂得他的一生和他的堪称表率的不屈不挠在当时意味着什么。染上狂犬病的欧洲正是由于他才保存了自己的道义和良知。

在那天下午和后来几天的一系列交谈中，我觉得他所有的话都含着一种轻微的悲哀，就像和里尔克谈到第一次世界大战时就会感到悲哀一样。罗曼·罗兰对那些政治家们——对那些为了自己民族的虚荣而不顾牺牲他国无数生命的人深感愤慨。但对那些连自己都不明白为何（实际上是毫无意义的）受难和死去的芸芸众生总是寄予同情。他把列宁的电报拿给我看，那封电报是列宁在离开瑞士之前从那辆遭到无数非议的封闭的列车上发来的。列宁在电报中恳请罗曼·曼兰一起前往俄国，因为列宁清楚地知道，罗曼·罗兰的道德威望对列宁的事业是多么重要。可是罗曼·罗兰始终坚持不参加任何组织，而只以个人身份、不受任何约束地为自己愿意献身的共同事业尽力。所以，正如他不要求别人服从他的思想一样，他也不愿意自己受任何的思想约束。他认为，爱戴他的人自己也应该始终不受任何束缚。而他无非是要以这样一个独一无二的例子来说明：人怎样才能永远保持自由和怎样才能忠于自己的信念，即使这要冒天下之大不韪。

我在日内瓦的第一个晚上就遇见了几位团结在两家独

立小报《报页》和《明日》[11]周围的法国人和其他外国人。他们是皮埃尔-让·茹弗[12]，勒内·阿科斯[13]，弗朗斯·马瑟雷尔[14]。我们很快就成了知心朋友，速度之快在平时也只有青年人结成友谊时才会有的。不过，我们仅凭直觉也都能感到我们的生活将会有一个崭新的开端。我们的多数老朋友由于受爱国主义的迷惑而和我们中断了联系。人是需要新朋友的。而当我们站在同一条战线，在同一个思想堑壕里反对共同的敌人时，那种充满激情的兄弟情谊就在我们中间油然而生。二十四小时以后我们互相已变得如此信任，好像我们已经认识多年似的，并且已经像通常那样用亲切的"你"来彼此相称。我们深知，我们这样一种"人数不多、不求欢乐、却情同手足"的聚会需要多大的勇气和冒多大的风险呀。我们知道，在离我们这里相距五小时路程的地方，每一个德意志人正窥视着每一个法兰西人，而每一个法兰西人也正窥视着每一个德意志人，随时准备用刺刀或者用手榴弹把对方戳倒在地或炸得粉身碎骨，从而使自己得到嘉奖；双方都有上百万人在做这样的美梦：把对方从地面上彻底消灭掉；"敌对双方"的报纸只会互相攻击谩骂。在这上百万人中间仅有为数极少的人——那就是我们——不仅和和气气地坐在同一张桌子旁，而且还怀着最诚挚的、甚至可以说是怀着一种有意识的热烈的兄弟情谊交谈着。我们知道，我们这样做完全违反官方的一切规定和命令，我们这样直率地显示我们的友谊——和自己的祖国唱反调——会使自己陷于危险的境地；但正是这种冒险行为使我们处于一种几乎是亢奋的状态。我们不仅甘冒风险，并且还要享受冒风险的乐趣，因为这种冒险行为足以显示出我们抗议的真正分量,所以我甚至和皮埃尔-让·茹弗一起在苏黎世举行了一次公开朗诵会(这在第一次世界大战期间可谓是一件奇闻)——他用法语朗诵他的诗作,我用德语朗诵我的《耶利米》中的片段——我们正是用这种公开摊牌的方法表示我们在这场大胆的游戏中十分严肃认真。我们毫不理会我们的领事馆和大使馆对这样一些举动有什么想法,纵使我们这样干就像科尔特斯[15]似的是一种破釜沉舟的做法。因为在我们心灵深处十分清楚:"叛徒"不是我们,而是那些在这意外时刻背叛了作家的人类使命的人。而我结交的这几个年轻的法国人和比利时人又有着何等的英雄气概呵!弗朗斯·马瑟雷尔向我们展示了他自己创作的反对战争恐怖的版画,那些令人难忘的黑白相间的版画所表现的慷慨激昂的愤懑感情,即使和戈雅的《战争的灾难》[16]相比,也毫不逊色。马瑟雷尔用他的画笔将第一次世界大战永载绘画史册。这位刚毅的男子汉孜孜不倦地日日夜夜用无声的木头雕刻出新的人物形象和画面。在他的那间狭窄的居室和厨房里堆满木板。不过,每天早晨《报页》所登载的他的版画,控诉的并不是某个特定的国家,而只控诉我们共同的敌人:战争。我们曾梦想:有人从飞机上投向城市和军队的不是炸弹,而是这样一些任何人乃至文盲都看得懂的、用悲惨的画面愤怒谴责战争的版画,该有多好;我甚至深信,这样一种谴责可能会事先扑灭战火。然而令人遗憾的是那些版画只登在《报页》那张小报上,而《报页》的发行范围几乎超不出日内瓦。我们所谈论的和企图做的一切都闭锁在那个瑞士的狭小方圆之内,而且要想起到作用,也已为时太晚。在我们心里,谁都明白:我们对那些军事参谋部和政府机构所形成的庞大机器无能为力。他们之所以不迫害我们,也许正因为我们不会对他们构成危险。我们的言论始终是毫无声息的,我们的影响也始终不能得以发挥。但是正因为我们知道我们人数十分之少,处境十分孤立,所以我们才肝胆相照,紧紧地团结在一起。我在成年之后,还从未体验过像日内瓦那个时候的热烈的友谊。我们彼此的联系后来一直保持了好长时间。

从人的心理和从历史的角度看(而不是从文人的角度看),在那一群法国人中间最值得注意的角色是亨利·吉尔博[17],在我看来,他比他们中间任何一个人都更令人信服地证实了这样一条颠扑不破的历史规律:在天翻地覆的突变时期,尤其是在战争或革命年代,勇气和冒险精神在短时期内往往会比一个人的内在信念和刚直不阿更起作用,比一个人的品格和坚贞更有决定性的意义。每当时代的浪潮滚滚向前和汹涌澎湃的时候,那些善于毫不犹豫地赶上时代潮流的人总是令人十分瞩目。就像许多昙花一现的人物一样,时代的浪潮曾把当时的贝拉·库恩[18]和库尔特·艾斯纳[19]推举到他们的才智不能胜任的地步!亨利·吉尔博——这个有着一双机灵而不安的灰色眼睛和金黄色的头发、瘦弱而又能说会道的小个子男人本身并非有多少才华。尽管他是一个几乎早在十年前就把我的诗译成法语的人,但是我仍然不得不诚实地说,他的文学才能并不佳。他的语言表达能力没有超出一般的水平,各方面素养都不深。由于一种糟糕的禀性,他是属于那些对无论什么事都要"反对"一通的人。他只是觉得,如果他能像一个真正的浪人那样到处寻衅,去碰撞任何一个比自己强的人;那就是一种乐趣。尽管从本质上来说他是一个好心肠的小伙子。在第一次世界大战前的巴黎,他就已经不断和文学界的某些人物进行论战,反对某些思潮,然后又参加激进的党派,而他觉得没有一个党派称得上激进。现在,他终于突然作为一个反军国主义者找到了一个巨大的对手:第一次世界大战。当大多数人恐惧和胆怯的时候,他却以大胆与勇猛投入斗争,这使他在欧洲的那个关键时刻显得十分重要,甚至不可缺少。恰恰是使别人生畏的事深深地吸引了他,那就是:冒险。别人不敢干的事他一个人却干了许多,这样就使这个本来并不重要的耍弄笔墨的人骤然变得非常了不起,把他的写作和战斗能力夸大到超出自身的水平——这是一种不寻常的现象。这种现象同样可以在法国大革命时期的吉伦特派[20]的小律师和小法学家身上看到。当其他人保持沉默,当我们自己踌躇犹豫和谨小慎微地在考虑做什么和不做什么的时候,亨利·吉尔博却断然干了起来。而他留下的不朽功绩则是他创办和主持了第一次世界大战中唯一的一家具有重要思想意义的反战刊物《明日》。这是每一个想要真正了解那个时代各种思潮的人都必须查阅的文献。他办了一件我们正需要的事情:在第一次世界大战中提供了一个国际主义的、超越国家的讨论中心。罗曼·罗兰给予他的支持对这份刊物起着决定性的作用,因为罗曼·罗兰凭借自己的声望和他的人际关系,为吉尔博从欧洲、美洲和印度请来编辑人员;另一方面,当时正在国外流亡的俄国革命者——列宁、托洛茨基[21]和卢纳察尔斯基[22]对吉尔博的激进立场也寄予信任,并且定期为《明日》撰稿。所以有十二个月或者二十个月之久,世界上没有一份比《明日》更令人感兴趣的刊物,倘若这份刊物能够存在到第一次世界大战之后,说不定它会对公众舆论起到决定性的影响呢。吉尔博在瑞士还同时代表着法国的那些激进小组,因为克里孟梭不准那些激进小组在法国发表言论。吉尔博在著名的昆塔尔[23]和齐美尔瓦尔德代表会议[24]上,扮演了一个历史性的角色。坚持国际主义的社会党人在这两次代表会议上和那些蜕变成爱国主义者的社会党人进行了决裂。整个战争期间,在巴黎的政界和军界中没有一个法国人,甚至那个在俄国成为布尔什维克的萨杜尔上尉[25]也都没有像这个金黄色头发的小个子吉尔博令人畏惧和厌恶。法国情报局蓄意陷害他的阴谋最后终于得逞。法国情报人员在伯尔尼[26]的一家旅馆里,从一个德国情报人员的房间里偷走一些吸墨纸和若干份《明日》。其实,这些纸张无非说明,德国的某些地区曾订阅了若干份《明日》——这一事实本身并不构成犯罪。看来这几份《明日》是为德国不同的图书馆和政府机构订阅的,因为德国人办事一贯严谨。然而,巴黎方面却从中得到足够的借口,把吉尔博说成是德国收买的一个煽动者,并对他进行起诉。他被缺席判处死刑——这纯属非法,正如后来的事实所证明:十年之后在一次复审中死刑判决被撤销。但是在案件发生以后不久,由于他的偏激和极端行为,他和瑞士当局发生了冲突,他遭到逮捕并被监禁——他的行为也渐渐危及到罗曼·罗兰和我们大家。后来,由于列宁个人对吉尔博怀有好感和感激之情——因为列宁在最困难的时候曾得到过吉尔博的帮助,列宁大笔一挥,把他改成俄国公民，让他乘坐第二趟封闭的列车到达莫斯科，这才算把他救出来。应该说，他在这时候能够真正发挥自己的创造性才干了，因为一个真正的革命者所应具备的全部成就：坐牢、被缺席判处死刑——他全都经历过了，所以对他来说，莫斯科本应是他第二次大显身手的地方。正如他在日内瓦是凭借罗曼·罗兰的帮助一样，他本可以在莫斯科仰仗列宁对他的信任在建设俄国时有所作为，因为所有那些激进的组织都把他视为一个真正有所作为、有勇气的天生领导人呢。而在法国这一边，几乎没有人能够凭借自己在战时的大胆立场而指望在战后的法国议会里和公众中扮演重要角色。不过事实证明，吉尔博也根本不是一个具备领导素质的人，而仅仅是一个来去匆匆的时代的产儿——就像许多描写战争的诗人和革命政治家一样。再说，凡是与自己的才能不相称的人物在经过突然的升迁之后最终还是要垮台。吉尔博——这个不可救药的爱争论的人，在俄国也像他当年在巴黎一样，惹是生非，争吵不休，虚掷了自己的才干，终于渐渐地也和那些曾经赏识过他的勇气的人闹翻，首先是列宁，然后是昂利·巴比塞[27]和罗曼·罗兰，最后是我们大家。正如他开始时一样，他在晚年只写了一些微不足道的小册子和无足轻重的争论文章。在他被赦免以后不久，他就在巴黎的一隅无声无息地死去了。这位在第一次世界大战中最勇敢、最大胆的反战人士若能懂得充分利用时代赋予他的机遇，那么他很可能成为我们那个时代的伟人之一，但他如今却已全然被人忘却。我也许是最后几个还没有把他完全置之脑后的人之一，因为我们对他在第一次世界大战时创办了《明日》一事仍怀有感激之情。

几天以后，我从日内瓦返回苏黎世，开始商谈我的剧本《耶利米》的排演问题。这座城市位于苏黎世湖畔和群山的浓荫之中,由于环境优美,我格外喜爱苏黎世,当然也由于苏黎世的高雅而又略显保守的文化。不过,由于和平的绿洲瑞士正处于交战国的包围之中,所以苏黎世也就不再那么宁静了。苏黎世成了欧洲最重要的不夜城,是各种思想派别的汇集地,当然也是各种各样的商人、投机分子、间谍和宣传鼓动家最理想的聚集地。由于他们突然之间看中了这座城市,使当地的居民理所当然地对他们报以怀疑的目光……在饭馆和咖啡馆里,在有轨电车和街道上,到处都能听到各种语言,到处都能碰上自己喜欢的和不喜欢的熟人,并且会顿时陷入无休止的激烈争论之中,不管你愿意不愿意。因为所有这些被命运冲到这里来的人都和第一次世界大战的结局休戚相关,这些人有的肩负着自己政府的使命,有的则是受到自己政府的迫害和排斥。但不管是谁,每个人都脱离了自己原来的生活,被抛到这里来碰运气。由于他们所有的人在这里都没有自己的家,所以就始终和同伴们相处在一起。而且因为他们对军事和政治事件没有任何影响力,所以他们可以日日夜夜地争论不休。这种纸上谈兵的热烈讨论既使人兴奋,也使人疲劳。当一个人在自己家里长年累月缄默不语之后,确实很难摆脱喋喋不休的乐趣。当一个人第一次重新获得可以进行不受检查地思考和写作的权利以后,他就会迫不及待地去写,去发表文章;每个人,甚至连资质平平的人物——例如我前面说的那个吉尔博——也会竭尽全力。他们的兴趣之浓是空前绝后的。说各种语言、抱着各色各样的观点立场的作家和政治家都汇集在这里。诺贝尔和平奖获得者阿尔弗雷德·赫尔曼·弗里德[28]在这里出版他的《和平瞭望台》，前普鲁士军官弗里茨·冯·翁鲁[29]在这里向我们朗诵他的剧本。莱昂哈德·弗兰克[30]创作了他的激动人心的短篇小说集《人本善良》，安德烈亚斯·拉茨科[31]的《战争中的人们》在这里轰动一时，弗朗茨·韦尔费尔曾到这里来朗诵过他的作品。我在卡萨诺瓦[32]和歌德当年曾经下榻过的古老的施韦德旅馆里遇到过各国人士。我见到过俄国人，他们后来在革命中都崭露头角，可是我从来不知道他们的真实姓名。我见到过意大利人、意大利的天主教教士和强硬派的社会党人以及主战的德国社会党人。和我们站在一起的瑞士人中，有大名鼎鼎的莱昂哈德·拉加茨神父[33]和作家罗伯特·费西[34]。我在法语书店里还遇到过我的译者保罗·莫里斯[35]。我在音乐厅里见到过指挥家奥斯卡·弗里德[36]——在那里什么人都能碰上，但都来去匆匆。你在那里可以听到各种各样的见解，有最荒唐的，也有最理性的。有的人唉声叹气，有的人兴高采烈。各种杂志纷纷创刊，各种论战不断激起。新的矛盾产生，旧的矛盾加剧。各种小团体，有的正在组织，有的正在解散；我在苏黎世度过的那些日子里或者更确切地说是在那些夜晚度过的日子里（因为人们一直要谈论到贝莱菲咖啡馆或奥德翁咖啡馆的灯光熄灭为止，有的人还常常在此之后走进别人的寓所去继续谈论），所见到的人是如此纷杂，所听到的意见是如此莫衷一是，气氛之热烈，精神之集中，是我以后再也没有见到过的。在这样一个使人入迷的天地中，再也没有一个人会去注意湖光山色和风景中的一派恬静的和平景象。大家都在报纸、新闻、谣言和各种分歧的争论中度过时日。奇怪的是:大家在苏黎世虽然只是在精神上经历着那次战争,可是都觉得比在进行战争的祖国感受更深切,因为在这里似乎能更客观地看待战争,不同的观点完全摆脱了由胜利或者失败所带来的民族利害关系。这里的人已不再用政治的眼光看待战争,而是以欧洲人的眼光看待战争,把战争视为是残酷的暴力事件,战争所改变的不仅仅是地图上的几条边界线,而是欧洲的形式和未来。

在这些人中间最使我感动的是那些没有祖国的人,或者说比祖国还要不幸的人,即是说,他们不是没有祖国,而是有两三个祖国,他们自己心里也不知道究竟是属于哪个国家——仿佛我当时就已经预感到自己的命运。在奥德翁咖啡馆的一角,常常有一个蓄着褐色小胡须的青年男子独自坐在那里。一双有神的眼睛,戴着一副镜片很厚的眼镜,非常引人注目。有人告诉我说,他是一位非常有才华的英语作家。当我几天以后和这位詹姆斯·乔伊斯[37]认识时,他却非常干脆地讲他和英国没有任何关系,他是爱尔兰人。他虽然用英语写作,但他的思想不是英国式的,而且也不愿意有英国式的思想——他当时对我讲:"我要用一种超越一切语言的语言,即所有语言都为之服务的一种语言进行写作。英语不能完全表达我的思想,我不会由于英语而受传统的约束。"我当时没有完全明白这些话,因为我不知道他当时正在写作《尤利西斯》;他只把他的著作《青年艺术家的肖像》借给我看过,那是他仅存的一本样书,他还把自己的剧本《流亡者》借给我看,我当时甚至想把那个剧本译成德语呢,为的是能在经济上对他有所帮助。我认识他的时间越长,我越对他的非凡的语言知识不胜惊奇。他的圆而凸出的前额在电灯光下简直像瓷器一样光滑,在前额后面想必装着所有习语的全部词汇,他能用十分娴熟的技巧把所有的词语错综复杂地交织在一起。有一回,他问我,《青年艺术家的肖像》里的一句很难懂的句子该怎样译成德语。我们一起试着用意大利语和法语才把那句子译出来。他的小说中的每一句话都是由习语中的四五个词随意组成,甚至包括方言土语,而他对于那些词的色彩和含义轻重的细微差别都了如指掌。在他身上好像总有那么一点辛茹苦酸,但我相信,正是这种多愁善感使他内心产生激情和创作的力量。他对都柏林、对英国、对某些人物的厌恶情绪已成为他心中的动力能量,并且事实上已在他的创作中释放出来。不过看起来,他好像很喜欢自己那副不动感情的容貌,我从未见他笑过或者说高兴过。在他身上好像总有一股摸不透的力量,每当我在苏黎世街上看见他时,他总是紧闭着狭窄的双唇,迈着快步,好像正在向某个目标赶去似的。这时候我就会比在我们谈话时更强烈地感觉到他的那种离群索居的性格和内心的孤独。所以我后来一点也不奇怪:那部像流星似的坠入我们这个时代的作品——一部互不关联、充满孤独感的作品《尤利西斯》原来是他写的。

在两个国家之间过着两栖生活的人中,还有另一个人,他就是费鲁乔·布索尼[38]。他在意大利出生和受教育,却选择了德国人的生活方式。他是我从青年时代起最喜欢的钢琴演奏家。当他在钢琴旁演奏时,他的眼睛就会散射出那种奇妙的若有所思的光芒,而他的双手却在下面轻松地弹奏出音乐,表现出尽善尽美的技艺;上身那个全神贯注、漂亮的脑袋微微向后仰着，正在如醉如痴地倾听自己演奏的音乐，好像完全处在出神入化的境界。我曾在音乐厅里像着了魔似的不断去看他的那张神采焕发的脸，同时，他的琴声使我全身陶醉，那琴声宛若微微泛起的波浪，但又像银铃般的清澈。而在苏黎世，我又重新见到了他，他的头发已经灰白，眼睛流露着悲哀的神情。有一次他问我："我该属于哪一方？当我夜间从梦中醒来时，我知道我在梦里说的是意大利语，可是当我后来创作时，我是用德语进行思维。"是呀，他的学生已遍布欧洲——"也许现在这一个学生正在向另一个学生开枪"——当时他不敢再去创作自己原来那部作品——歌剧《浮士德博士》，因为他觉得自己心烦意乱。他只写了一出音乐不多的短小独幕剧，为的是排遣自己的烦闷。然而，乌云在第一次世界大战期间是不会从他头上消散的，我再也听不到他那洪亮、悦耳的笑声；我以前非常欢喜他的笑声。有一天深夜我在火车站饭馆的餐厅里遇见他，他已经独自喝了两瓶葡萄酒。当我从他身旁走过时，他喊住了我。"来麻醉一下自己吧！"他指着酒瓶说，"这不是喝酒，是麻醉！不过，有时候一个人也必须自我麻醉一下，否则就受不了。音乐并不能始终使人处于陶醉状态，而创作只会在良辰美景才会光临。"

诚然，这样一种内心矛盾的状态对阿尔萨斯人来说尤为痛苦，而在这些人中最最不幸的又要数像勒内·席克勒[39]那样的人。他们的心向着法国，可是用德语进行写作。在他们的故土周围战火弥漫，他们的心好似被一把刀剖成了两半。有的人要把他们拉向右方，有的人则要把他们拽向左边，强迫他们要么承认德国要么承认法国，进行这种他们不可能做到的"非此即彼"的抉择。他们像我们大家一样,希望看到德国和法国如同兄弟,希望看到彼此谅解,而不是敌视,因此他们为了这两个国家备受痛苦。

在他们周围还有一群无所适从的人:那些混血儿和有一半血缘的人——和德国军官结了婚的英国妇女、奥地利外交官的法国母亲。有的家庭,一个儿子在这一边服役而另一个儿子在那一边服役,父母亲盼望着来自天各一方的家信;有的家庭,仅有的一点家财在这个国家被查抄,而原有的职位却在那个国家丢失。所有这些家庭被拆得东分西散的人都到瑞士来避难,为的是避嫌疑,因为他们无论是在自己原来的祖国还是在新的故乡都一样遭受到嫌疑。这些心灵受到严重摧残和折磨的人,为了怕使彼此难堪,而避免讲任何一种语言。他们犹如幽灵一般悄悄地行走。一个住在欧洲的人越是把整个欧洲视为自己的故乡,他就越会被这个要砸烂欧洲的拳头击得粉碎。

《耶利米》上演的日子越来越近。演出终于获得巨大成功。《法兰克福汇报》却像告密者似的向德国发消息说,美国公使和几个协约国的知名人士也观看了演出,但这事并没有使我非常不安。我们感觉到,战争现已进行到第三个年头,德国内部越来越虚弱,反对鲁登道夫一意孤行的继续战争的政策的声浪不断高涨,鲁登道夫已不再像当初威风凛凛作孽时那样危险。到了一九一八年秋天,战争的结局就必然会见分晓。不过,我可不想再在苏黎世度过那等待的时间了,因为我的目光已渐渐地变得更清醒和更警觉。初来乍到的那份热情让我误以为能在这里的和平主义者和反军国主义者中间找到真正志同道合的人,能找到确有决心为欧洲的和解而奋斗的战士。可是不久我发现，在那些伪装成流亡者和坚贞的殉道者中混杂着一些阴险的人物。他们是为德国谍报机关效劳的人——收买他们是为对每一个人进行侦探和监视。任何人都会根据自己的经验很快作出这样的判断：这个平静而又守法的瑞士已被两个阵营的秘密谍报人员像鼹鼠打洞似的破坏了。倒字纸篓的女佣和女电话接线员形迹可疑，慢慢腾腾在身边服务的饭店招待都在为一个敌国服务，甚至常常是同一个人为两边效劳。箱子被偷偷地撬开，吸墨纸被拍成照片，信件在邮途中不翼而飞；时髦俏丽的妇女们在旅馆的大厅里令人恶心地向一个男人微笑，一些热心得出奇的和平主义者——我们从未听人说起过他们——会突然登门拜访，并请求在他们的声明上签名或者假惺惺地来索取那些"可信赖的"朋友们的地址。有一个"社会党人"请我给拉绍德封[40]的工人们做一次报告，报酬高得令人生疑，而工人们却对此一无所知。真得处处小心提防。没有多久，我终于发现真正绝对可靠的人何其之少，更由于我不愿卷入政治，所以我的交往也就愈来愈有限。更何况，即便在那些可靠的人家里，那种毫无结果的无休止的讨论，以及那种激进主义者、自由派人士、无政府主义者、布尔什维克主义者和不问政治的人混杂在一起的奇特现象也使我感到无聊；我在苏黎世第一次学会了如何去正确观察一个典型的职业革命家：他会永远对与自己无关紧要的事情一味采取反对态度，他觉得这样就会抬高自己的地位；他会死守教条，因为他自己没有任何立足点。所以，要是继续留在那种喋喋不休的混乱环境里，也就意味着会把自己的头脑搞乱，同流合污，对自己所信仰的道义力量失去信心。于是我和他们分道扬镳了。事实上，在咖啡馆里策划谋反的人没有一个敢真正造反，在那些临时凑在一起的国际政治家中，当真正需要政治的时候，却没有一个懂得搞政治。好不容易到了开始战后建设的时候——这当然应该得到肯定——而他们依然抱着那种吹毛求疵、牢骚满腹的否定态度，正如在当年的反战作家中只有很少几个人还能在战后写出一部重要的作品一样。一个使他们热衷于搞创作、搞政治和争论不休的时代已经消逝。战争一旦结束，反战运动也就随之结束。由那些令人瞩目、有才华的人所形成的整个反战阶层也就悄然烟消云散了，每一个小团体当然也不复存在，因为他们是由于一时相同的处境而组成，而不是由于共同的理想。

我在离苏黎世约半小时路程的吕施利孔[41]替自己找了一个恰当的地方——一家小旅馆。我能从吕施利孔的山丘上眺望整个苏黎世湖，只是显得又小又远，我还能望见苏黎世城里的塔楼。我在吕施利孔只需会见我自己请来的真正朋友——他们是罗曼·罗兰和弗朗斯·马瑟雷尔。我能在这家小旅馆干自己的工作，充分利用无情流逝的时间。美国的参战使所有那些被蒙住了眼睛和耳朵、被本国的大话震聋了的人顿时猛醒，他们感觉到德国的失败已不可避免；当德国皇帝突然宣布他要从此实施"民主"时，我们知道，战败的丧钟已经敲响。我坦白承认，我们奥地利人尽管和德国人语言和思想感情相通，但现在也变得不耐烦起来，我们巴不得那件已经变成不可避免的失败之事快快到来。曾经发誓要战斗到最后一息的威廉二世皇帝终于越境出逃了。为了自己的"胜利和平"而葬送了千百万人生命的鲁登道夫也戴上墨镜偷偷溜到了瑞典。但是那一天却给我们带来许多宽慰。因为我们——当时全欧洲的人也和我们一样——相信随着第一次世界大战的结束,战争永远结束了。蹂躏我们这个人类世界的野兽都已被制伏或者统统被杀死了。我们相信威尔逊[42]的伟大纲领,就好像完全是我们自己的纲领似的。当俄国革命还在以人道主义和理想主义的思想欢庆自己蜜月的日子里,我们仿佛看到了朦胧的曙光。我现在知道我们那时很傻,不过不仅是我们傻。凡是经历过那个时代的人都会记得:在每座城市的街道上,人们都用雷鸣般的欢呼声迎接威尔逊,把他当成会给全世界带来福音的救世主;那个时代的人也都会记得:敌对双方的士兵互相拥抱和亲吻的情景;在那和平的最初日子里,欧洲人表现出空前的深信不疑的心情。因为现在地球上终于有了空间:可以建立那个早就盼望着正义和博爱的国度。我们梦想着当时就建立一个共同的欧洲,不然,就要永远失去时机。我们曾经度过的地狱般的生活业已过去,我们还有什么可害怕的呢?一个新的世界已经开始。正因为我们当时年轻,所以我们心里想:这个新的世界将是我们的世界——一个我们梦寐以求的、更美好和更富人性的世界。

注　释

〔1〕 本章原文标题是：*Im Herzen Europas*。斯蒂芬·茨威格在本书中把中立的瑞士称为欧洲的心脏。

〔2〕 卡尔一世（Karl I., 1887—1922），奥地利末代皇帝，登上皇位前称卡尔大公爵。参阅本书第九章《第一次世界大战爆发时》注〔6〕。

〔3〕 埃里希·鲁登道夫（Erich Ludendorff, 1865—1937），德国将军。第一次世界大战期间1916年8月任德军总监，实际上与兴登堡（总参谋长）共掌德国军权，在德国形成了所谓"军方独裁"。1917年初坚持实施无限制潜艇战，1918年秋德军全线崩溃后被解职，德国十一月革命后流亡瑞典，1919年春回德国，成为右翼反动势力的中心人物，1923年11月参与希特勒发动的"啤酒馆暴动"，1924年5月由纳粹党提名当选为国会议员。

〔4〕 萨尔茨堡（Salzburg），奥地利著名城市，莫扎特的出生地，与德国的巴伐利亚隔山相望。1917年11月5日，斯蒂芬·茨威格以到瑞士度假为名向军事档案馆请假两个月，应邀去苏黎世参加《耶利米》的首演式。赴瑞士途中买下萨尔茨堡附近卡普齐内（Kapuzinerberg）山上的一幢旧时大主教的狩猎小别墅。《耶利米》于1918年在苏黎世首演。1919年茨威格迁入卡普齐内山上的这幢小别墅。

〔5〕 海因里希·拉马施（Heinrich Lammasch, 1853—1920），奥地利国际法学者，曾任维也纳大学刑法学教授，杰出的和平主义者和活动家，曾以奥匈帝国代表团技术专家身份出席1899年在海牙举行的和平会议。1918年10月底出任奥地利内阁总理。

〔6〕 伊格纳茨·赛佩尔（Ignaz Seipel，新译：伊格纳茨·塞佩尔，1876—1932），奥地利政治家和天主教神父。1922年5月至1924年11月和1926年10月至1929年4月任奥地利总理。

〔7〕 这是指奥地利皇帝卡尔一世（Karl I., 1887—1922）的皇后齐塔（Zita）的弟弟西克斯图斯（Sixtus, 1886—1934，他出身于波旁—帕尔马

Bourbon-Parma公爵家族），在第一次世界大战期间于1917年春得到卡尔一世的授意，背着德国，代表奥地利和协约国进行秘密的和平谈判。

〔8〕 乔治·克里孟梭（Georges Clémenceau，新译：乔治·克列孟梭，1841—1929），法国政治家，1906—1909年任法国总理，1917年11月起再次出任总理并兼任陆军部长，1919年率法国代表团出席巴黎和会，1920年退休。

〔9〕 布克斯（Buchs），瑞士一边境小镇，与奥地利接壤。

〔10〕《格莱昂波》（Clérambault，一译：《克莱朗博》），罗曼·罗兰于第一次世界大战爆发后在日内瓦创作的反战小说。主人公阿热诺·格莱昂波是一位温和善良的作家，战前过着安逸的生活，心中有着朦胧的理想主义，相信人性和人类的互相友爱以及未来世界的美好。然而战争的突然爆发使各国民众情绪激昂。他也在一片狂热的民族主义叫嚣之中成了一名充满仇恨、大放厥词的战争诗人，由于他的诗篇和歌曲十分强烈地表达了当时人们的普遍感受，而成了民族和国家的财富。正当千百万人在战争中失去生命之时，他却迎来了荣誉和赞美，内心无比愉悦。儿子兴致勃勃地到前线去打仗，更增强了他的自豪感。数月后，儿子从前线回来度假，他做的第一件事就是朗读他自己写的那些对战争心醉神迷的诗篇。儿子为了不致让父亲伤心，没有拒绝听那些对战争的颂歌，但却始终把脸转向一边，默不作声，因为他觉得自己在战场上的所见所闻依然历历在目。不久儿子重返前线，几天后传来儿子阵亡的消息，这才使阿热诺·格莱昂波的心灵受到极大震撼。他面对良知自问：真理何在？那天夜里，他的灵魂梦游在去大马士革的路上，他把捆在自己身上的谎言外衣层层剥下，直到面对赤裸裸的自己。他发现种种偏见：祖国的偏见、民众的偏见——都已侵蚀到自己的血肉之中。要把这些偏见祛除，他不得不血流不止。黎明降临，他变成了另一个新人，他又回到了人性世界，同时也明白了一个诗人的真正使命。

〔11〕《报页》法语原名是 *La Feuille*；《明日》法语原名是 *Demain*。

〔12〕 皮埃尔-让·茹弗（Pierre-Jean Jouve，新译：皮埃尔-让·茹夫，1887—1976），法国诗人，第一次世界大战时旅居日内瓦，和罗

曼·罗兰交往频繁，坚持人道主义的反战立场。1924年皈依天主教，成为虔诚的教徒。有诗集《血汗集》等。

〔13〕 勒内·阿科斯，参阅本书第八章《欧洲的光辉和阴霾》注〔18〕。

〔14〕 弗朗斯·马瑟雷尔（Frans Masereel，1889—1972），比利时画家、版画家。所作版画大多含有反战和反对帝国主义的内容；曾为斯蒂芬·茨威格、罗曼·罗兰、惠特曼等人的作品画插图。

〔15〕 埃尔南·科尔特斯（Hernán Cortez，1485—1547），西班牙军官和殖民者，1504年航海至圣多明各岛，1519年在圣胡安·德·乌卢阿（San Juan de Ulúa）登陆后，焚毁所乘船只，以示背水一战，然后长驱直入，征服墨西哥。

〔16〕 戈雅的《战争的灾难》，参阅本书第二章《上个世纪的学校》注〔35〕。

〔17〕 亨利·吉尔博，参阅本书第五章《巴黎，永葆青春的城市》注〔40〕。

〔18〕 贝拉·库恩（Béla Kun，1886—1939？），匈牙利共产党的创始人和领导人之一。1919年是匈牙利苏维埃政府领导人之一，该政权被推翻后，流亡奥地利，后到俄国。1921年起在乌拉尔担任党的领导工作，历任全俄党中央执行委员会主席团委员、共产国际执行委员会主席团委员。1937年遭清洗坐牢，死后得到平反。

〔19〕 库尔特·艾斯纳（Kurt Eisner，1867—1919），德国新闻记者，巴伐利亚社会党领导人。

〔20〕 吉伦特派，法国大革命时期共和主义者的温和派。

〔21〕 托洛茨基（Лев Давидович Троцкнй，1879—1940），俄国1917年十月革命领导人之一，后任外交人民委员，1918年改任陆海军人民委员和俄罗斯苏维埃共和国革命军事委员会主席。1927年11月被开除党籍。1929年1月被驱逐出境。1932年2月被剥夺苏联国籍。1938年9月在巴黎组成"第四国际"（又称"世界社会主义革命党"）。1940年8月在墨西哥被暗杀。著有《社会民主党和革命》、《十月革命》、《不断革命》等。

〔22〕 卢纳察尔斯基（Анатолий Васнлбевич Луначарский，1875—1933），前苏联政治活动家、文学评论家、随笔作家和剧作家，出身于乌克兰波尔塔瓦一个高级官员家庭，卒于法国芒通。1895年进瑞士苏黎世大学。1898年到莫斯科从事革命活动，次年被捕，

在狱中和流放地度过6年左右。1905年起在彼得堡参加编辑列宁领导的《前进报》、《无产者报》和《新生活报》，后再度入狱。曾代表布尔什维克出席第二国际斯图加特代表大会和哥本哈根代表大会。十月革命胜利后至1929年任苏俄政府教育人民委员，1929年起任中央执行委员会所属学术委员会主席。撰写许多文学、音乐、戏剧等著作，代表作《列宁和文艺学》、《社会主义现实主义》，主要剧作有《浮士德与城》、《奥利弗·克伦威尔》等。

〔23〕昆塔尔代表会议，即国际社会党人第二次代表会议，1916年4月24日至30日在瑞士昆塔尔村举行。列宁参加了这次会议。

〔24〕齐美尔瓦尔德代表会议，即国际社会党人第一次代表会议，于1915年9月5日至8日在瑞士齐美尔瓦尔德举行。参加会议的有德、法、俄、意、荷等11个国家的38名代表。列宁代表俄国布尔什维克党出席这次会议。会议通过宣言，确认第一次世界大战的帝国主义性质，并谴责社会沙文主义和"保卫祖国"的口号。

〔25〕雅克·萨杜尔（Jacques Sadoul，1881—1956），法国军官，法国社会党党员，1917年作为法国军事使团成员被派往俄国。在十月社会主义革命的影响下成为共产主义思想的拥护者，加入了俄共（布）法国支部，并作为志愿兵参加了红军。他曾在报刊上发表文章，强烈抗议协约国帝国主义者对苏维埃俄国的干涉，并在侵占乌克兰南部的法国军队中进行革命宣传。他是共产国际第一次代表大会的参加者，因进行革命活动被法国军事法庭缺席宣判死刑，但返回法国后于1924年被宣告无罪。

〔26〕伯尔尼（Bern），位于瑞士中部，自1848年起瑞士联邦政府设在这里，从而成为瑞士首都。

〔27〕昂利·巴比塞，参阅本书第十章《为思想上的团结而奋斗》注〔2〕。

〔28〕阿尔弗雷德·赫尔曼·弗里德（Alfred Hermann Fried，1864—1921），奥地利著名新闻工作者，1911年获诺贝尔和平奖，1914年在苏黎世出版《和平瞭望台》（*Friedenswarte*）。

〔29〕弗里茨·冯·翁鲁（Fritz von Unruh，1885—1970），德国剧作家，出身高级军官家庭，代表作有诗剧《抉择之前》（*Vor der Entscheidung*）、悲剧《血族》（*Ein Geschlecht*）等，作品强烈谴责战争。

〔30〕 莱昂哈德·弗兰克（Leonhard Frank，1882—1961），德国反战进步作家，代表作有反战短篇小说集《人本善良》(*Der Mensch ist gut*)等。

〔31〕 安德烈亚斯·拉茨科（Andreas Latzko，1879—1943），奥地利剧作家和小说家，代表作有1917年发表的反战短篇小说集《战争中的人们》(*Menschen im Krieg*)等。

〔32〕 乔瓦尼·贾科莫·卡萨诺瓦（Giovanni Giacomo Casanova，1725—1798），意大利冒险家和作家，当过谍报人员和外交官，一生富有传奇色彩，主要著作是用法语写的《我的生平故事》(*Histoire de ma vie*)，记述他的冒险经历，反映18世纪欧洲社会的风貌。

〔33〕 莱昂哈德·拉加茨（Leonhard Ragaz，1868—1945），瑞士新教苏黎世派神学家，苏黎世神学教授，后从事工人居住区的教育工作，1913年起为社会民主党人，1918年后为国际和平运动领袖之一。

〔34〕 罗伯特·费西（Robert Faesi，1883—1972），瑞士日耳曼学家和作家，1922—1953年在苏黎世任德语文学教授。除从事文学史研究外，著有戏剧、小说、抒情诗等。

〔35〕 保罗·莫里斯（Paul Morisse，1866—1946），斯蒂芬·茨威格作品的法语译者，生平不详。

〔36〕 奥斯卡·弗里德（Oskar Fried，1871—1941），德国作曲家和指挥家。

〔37〕 詹姆斯·乔伊斯（James Joyce，1882—1941），现代派小说先驱之一，除了广泛运用"意识流"创作手法外，在遣词造句方面刻意求新，用他自己独创的梦幻语言来写梦幻文学。他不仅把英语单词拆散，重新组成为混合词，而且以多种方式使用多种语言，常常摒弃标点符号，用声音来表现印象。例如在长篇小说《为芬尼根守灵》中，"雷击"一词是用100个字母拼写而成的，把18种语言纷然杂陈，不断进行自由组合，借以象征隆隆不绝之声，这种混杂的语言使他的作品晦涩难懂。乔伊斯最著名的作品是用7年时间写成的长篇小说《尤利西斯》（1922）。小说主人公利厄波尔·布卢姆是都柏林一家报纸的广告推销员，小说用许多逼真的细节描写这个彷徨苦闷的小市民和他的寻欢作乐的妻子莫莉以及追求精神寄托的青年学生斯蒂芬·德迪勒斯这三个人一昼夜中的经

历,实质上是现代西方社会中人的孤独与绝望的写照。乔伊斯把主人公利厄波尔·布卢姆比喻为荷马史诗中的奥德修斯(希腊语人名奥德修斯即是英语人名尤利西斯),把利厄波尔·布卢姆在都柏林的游荡比喻为奥德修斯在海上漂泊10年。《尤利西斯》全书18章和荷马史诗《奥德修斯记》的情节相对应,通过全面的对比,突出人物的渺小与无奈。

〔38〕费鲁乔·布索尼,参阅本书第八章《欧洲的光辉和阴霾》注〔25〕。

〔39〕勒内·席克勒,参阅本书第八章《欧洲的光辉和阴霾》注〔20〕。

〔40〕拉绍德封(La Chaux de Fonds),瑞士西部汝拉山中一小镇。

〔41〕吕施利孔:Rüschlikon,瑞士一小镇。

〔42〕托马斯·伍德罗·威尔逊(Thomas Woodrow Wilson,1856—1924),美国第28位总统,第一次世界大战后提出"十四点原则"作为对同盟国媾和的基础。参阅(北京)三联书店出版的《人类的群星闪耀时》中的《威尔逊的梦想与失败》篇。

第十二章　回到祖国奥地利

从逻辑思维的角度看，我在德奥军队崩溃以后重返奥地利是一件最愚蠢的事情，因为当时的奥地利还笼罩在从前专制皇朝的阴影之下——一片在欧洲的地图上捉摸不定、毫无生气、灰溜溜的土地。捷克人、波兰人、意大利人、斯洛文尼亚人都把他们自己居住的地方分割走了；奥地利只剩下残缺不全、好像还在淌着鲜血的躯干。在六七百万不得不自称是"德意志民族奥地利人"中间就有二百万人拥挤在首都维也纳。他们在那里受冻挨饿。原先曾使这个国家富强的许多工厂是设在现已属于外国的土地上。铁路线只剩下残缺不全的路基。国家银行的储备黄金已全部用来偿还巨额的战时国债。国家四周的边界线尚未确定，因为和平会议才刚刚开始，要承担的责任还没有最后规定。国内没有面粉、没有面包、没有煤炭、没有石油。看来一场革命已不可避免；要不然，就会出现一种灾难性的结局。按照各种世俗眼光的预见，这个由战胜国人为制造的国家不可能独立存在——这是所有的政党：社会主义的政党、天主教的政党和民族主义的政党共同叫喊的一种腔调。看来，这个国家自己也不愿意独立存在。就我所知，出现这种悖理的情况，在历史上还是第一次：一个国家被迫独立存在，而这个国家自己却竭力拒绝这样的安排。奥地利的愿望是：要么和那些原来相邻的国家重新合并，要么和同一民族的德国统一，而绝不愿意在这样一种被肢解的状态下过一种犹如乞丐似的屈辱生活。而那些相邻的国家则相反，他们再也不愿意和这个奥地利继续保持经济联盟，一则是因为那些国家认为奥地利太穷了，二则是因为害怕哈布斯堡皇朝复辟；至于奥地利和德国合并是被协约国所禁止的，因为协约国不愿看到战败的德国因此而变得强大。所以协约国明文规定：这个德意志人奥地利共和国必须继续存在。对一个自己不愿意存在的国家竟下达这样的命令："你必须存在！"——这是历史上的咄咄怪事。

在一个国家最困难的时期，究竟是什么促使我自愿回去的呢？今天我自己也无法说清楚。不过，我们这些在战前成长的人，不管在什么情况下，都有一种强烈的责任感；我们认为，在这样一种最最困难的时刻，我们更应该属于自己的祖国，属于自己的家园。我觉得，贪图安逸——逃避眼前在那里发生的悲剧——是多么怯懦。而且我——作为《耶利米》的作者更感到有责任，用自己的言语去帮助克服战败带来的困难。我觉得，在第一次世界大战期间自己好像是多余的，而现在战败之后，倒好像是适得其所，尤其是因为我曾反对过拖延战争，所以赢得了一定的声望，尤其是在年轻人中间。再说，即便我不能有所贡献，但是我能和他们一起去担当我曾预言过的战败带来的苦难，至少也是一种弥补。

要重返奥地利，在当时所作的准备简直就像去北极探险——必须穿上暖和的外套和羊毛衫，因为谁都知道过了国境线的那一边就没有煤——而冬天又即将来临。鞋子要换好鞋底，因为那边只有木头鞋底，带上瑞士允许出口数量的全部储备食品和巧克力，为的是在拿到第一次面包票和黄油票以前不致挨饿。行李要去保险——只要保价费高到还有能力支付，因为大多数行李车都会遭到抢劫，倘若丢了一只鞋，丢了一件衣服，都是无法弥补的。只是我十年以后有一次到俄国去，我才作了类似的旅行准备。列车到了瑞士的布克斯边境火车站——一年多以前我曾怀着喜悦的心情乘火车驶进这个车站——我站在那里犹豫了片刻，问自己是否该在这最后时刻回头。我觉得这是决定我一生的关键时刻。但最后我还是决定去迎向困难和相当艰苦的生活。我重又登上列车。

当我一年前到达瑞士布克斯边境火车站时，我曾经历了那兴奋激动的一分钟。而现在，在我回国途中，我同样在奥地利的费尔德基尔希[1]边境火车站经历了难忘的一分钟。我一下火车，就发觉边境官员和警察身上那种明显的不安。他们对我们并不特别注意，过境检查十分草率，他们显然是在等待更为重要的事情。最后钟声敲响，表示一趟从奥地利方向开来的列车就要进站，站上的警察全都各就各位，全体工作人员急急忙忙从木板小屋走出来。他们的妻子也都一齐拥向月台——显然是事先打过招呼的；特别引起我注意的是，在等待的人群中有一个身穿黑衣服、带着两个女儿的老妇人，从她的仪态和服饰看，大概是个贵族。她显得很激动，不时拿手帕擦眼睛。

列车几乎可以说是庄严地徐徐驶来。这是一趟特别列车，不是那种被日晒雨淋而褪了色的破旧的普通车厢，而是宽敞豪华的黑色车厢，是一趟专列。机车停住了。人们可以感觉到，列队等候的人群激动起来，我还始终不明白是为了什么。蓦地我在车厢的反光镜里认出高高站立着的卡尔一世皇帝[2]——奥地利最后一位皇帝和他的身穿黑色服装的皇后齐塔[3]。我简直惊呆了，奥地利的最后一位皇帝——统治了七百年之久的哈布斯堡皇朝的继承人要离开自己的帝国了！尽管他拒绝正式退位，奥地利共和国仍然允许他在离别时享受所有的礼遇，或者说，是他强烈要求共和国这样做的。此刻，这位身材高大、面容严肃的卡尔一世皇帝站在车窗前，最后一次看一看自己国家的山峦、房屋和民众。这是一个历史性的时刻，却被我亲身经历到了——我是在奥匈帝国的传统中长大的，我在学校里唱的第一支歌是对皇帝的颂歌[4]；后来我又在军队里服役，曾面对着这个此刻身穿庶民服装、流露着严肃和沉思目光的卡尔一世皇帝宣过誓："和祖国的领土、领水、领空共存亡。"现在我目睹此情此景，更是感慨万千，我曾多次在盛大的节庆时见过奥地利的老皇帝[5]，那种豪华的场面今天早已成为传奇。我曾在美泉宫看见老皇帝从台阶上走下来，周围簇拥着自己的家族成员以及身穿闪亮制服的将军们，接受八万名维也纳学童的效忠宣誓。学童们整齐地站立在绿色的大草坪上，用童音激动地合唱着海顿的《天主保佑吾皇弗朗茨》[6]。我也曾在宫廷舞会上、在戏剧预演时见到过老皇帝，当时他穿的是金光闪闪的礼服，我还在伊施尔温泉[7]看到他戴着一顶绿色的施蒂里亚人[8]的帽子驱车打猎。我曾看见他跻身于基督圣体节的行列中,虔诚地低着头,向圣斯特凡教堂走去——而在那雾茫茫的一个潮湿的冬天,我终于看到老皇帝弗朗茨·约瑟夫一世的灵车。正当大战进行期间,人们把这个年迈的老人安葬在嘉布遣修士会[9]的陵园。"皇帝"这个词对我们来说曾是权力和财富的缩影,是奥地利永存的象征,我们自幼就学会用无比的敬畏来说皇帝这两个字。而现在我却眼望着他的继承人——奥地利的最后一位皇帝卡尔一世作为被驱逐者离开这个国家。代代相传了数百年的哈布斯堡皇朝光荣帝国的金球[10]和皇冠就在这一分钟里宣告寿终正寝。我们周围所有的人都在这凄凉的情景中回顾着历史——欧洲的历史。宪兵、警察和士兵们都显得很尴尬,在一旁观看着,露出一丝羞愧,因为他们不知道是否还可以敬老式的军礼。妇女们都不敢举目正视,谁都不说话,所以人们可以突然听到那个不知从什么大老远的地方赶来的身穿丧服的老妇在轻轻啜泣,她要再看一眼"她的"皇帝陛下。火车司机终于发出开车的信号。机车猛地向前一冲,好像必须这样使劲似的,列车缓缓地离去了。铁路工作人员恭敬地目送着列车,然后又回到各自的工作岗位,露出那种人们在送葬时所能看到的窘迫神情。延续了几乎千年的皇朝在这一瞬间才宣告真正结束。我知道,我要回去的,已是另一个奥地利,另一番天地。

那趟列车刚刚在远方消失,就有人要求我们从洁净明亮的瑞士车厢换到奥地利的车厢。而想要事先知道奥地利这个国家发生了什么,也只有踏上奥地利的车厢才会知道。

给乘客指引座位的列车员们走起路来慢慢腾腾。他们面容憔悴，好像没有吃饱，衣衫已一半褴褛，穿破的旧制服在下塌的肩膀周围晃来晃去。玻璃窗边用来拉上拉下的皮带已被割掉，因为每一块皮都是宝。盗贼的匕首或刺刀把座位破坏得不成样子；整块的软垫皮面不知被哪个恬不知耻的人野蛮地劫走了。这类不良分子为了修补自己的皮鞋，只要见到皮革就随手取来。同样，车厢壁上的烟灰缸也都不翼而飞，就因为烟灰缸上有那么一点点镍和铜。深秋的凉风穿过破碎的车窗，从外面呼呼吹来，夹带着劣质褐煤的烟雾和煤灰；现在的机车烧的都是褐煤，飘散的烟雾和煤灰熏黑了车厢的地板和四壁。不过，刺鼻的烟雾倒也减轻了一点车厢里残留的浓烈的碘酒气味——它让人想起这些只剩下空架的车厢在大战期间曾运送过多少伤病员呵。不管怎么说，列车居然还能向前运行，这也可谓是一种奇迹。诚然，这是一种折磨人的奇迹；每当缺少机油的车轮发出吱吱嘎嘎的声音稍微有点刺耳时，我们就担心疲劳过度的机车要断气。平时运行一小时的路程现在需要四五个小时。黄昏降临，车厢里就黑魆魆的一片。电灯泡有的被打碎，有的被偷走。要想寻找点什么，就得点着火柴向前摸索。车厢里的人之所以不觉得寒冷，是因为一开始就已六人一窝、八人一堆地互相挤着坐在一起。可是刚到前面第一个车站又挤上来许多人，人越挤越多，所有的人都因为等了数小时而疲惫不堪。车厢过道上挤得满满当当，甚至连踏板上都蜷缩着人，而顾不得夜里的天气已像是初冬。此外，每个人还小心翼翼地紧抱着自己的行李和食品包。谁也不敢让一件东西在黑暗中离手，哪怕是仅仅一分钟。

我又从和平的环境中回到战争的恐惧中——而所有的人都以为战争已经结束。

机车在快到因斯布鲁克[11]前突然喘息起来,尽管喘着粗气,汽笛长鸣,就是爬不上一个小山坡。铁路工作人员拎着冒烟的提灯紧张地跑来跑去。一小时后才有一辆救援机车"呼哧呼哧"地驶来。而到达萨尔茨堡的时间从原本需要的七小时变成了十七小时。萨尔茨堡火车站附近没有一个搬运夫;最后多亏几个衣衫破旧的士兵帮我把行李搬到一辆马车旁。可是那辆出租马车的马是又老又营养不良,看上去,与其说是马驾辕,不如说是马靠着辕才站得住。我实在没有勇气把箱子装到马车上,让那匹可怜鬼似的牲口拉着走。于是我把箱子留在火车站行李房,尽管我非常担心,怕再也见不到自己的行李了。

第一次世界大战期间我在萨尔茨堡买了一幢房子[12],因为我和早年的朋友由于对战争所持的态度相左而疏远。这使我心里渴望着不再住在大城市和人多的地方;后来,我的工作也处处要利用这种隐居的生活方式。我觉得在奥地利的所有小城市中,萨尔茨堡不仅景色优美,而且地理位置也最为理想。因为萨尔次堡地处奥地利边陲,乘两个半小时的火车即可到达慕尼黑,五个小时火车可到达维也纳,十小时到达苏黎世或威尼斯,二十小时到达巴黎,萨尔茨堡是通向欧洲各地的真正始发点。况且,萨尔茨堡当时尚未由于这里举办各种艺术节而成为"群英荟萃"的名城,一到夏季,雅士淑女就云集于此,不然,我就不会选择这座安静的城市作为自己进行写作的理想之地了。萨尔茨堡当时还是一座古朴、沉睡和富于浪漫色彩的小镇,坐落在阿尔卑斯山末端的山麓。阿尔卑斯山的峻岭和山冈到了这里和德国平原自然相连。我居住在那座郁郁葱葱的小山冈上,仿佛是阿尔卑斯山脉波浪而至的最后一个浪峰。汽车开不到那里,只能沿着一条已有三百年之久的有一百多级台阶的艰难山路爬上去。当你从山冈的斜坡上眺望萨尔茨堡城内的迷人景色——塔楼林立和鳞次栉比的屋顶与山墙时,你攀登的辛苦也就得到了报偿。山冈后面是气势雄伟的阿尔卑斯山脉的全景(当然,你也能望见贝希特斯加登[13]附近的萨尔茨堡山冈的余脉,不久,当时毫无名气的一个名叫阿道夫·希特勒的人就住在我的对面)。我的那幢住宅富有浪漫色彩,但不实用。房屋原是十七世纪一个大主教的狩猎小别墅,倚靠坚厚的城堡围墙。到了十八世纪末,别墅左右两边又各扩建了一间房,别墅内有一幅精美的旧壁毯和一个绘有花纹的九柱戏球。一八〇七年,弗朗茨一世皇帝[14]访问萨尔茨堡时,曾在那幢已属于皇家的别墅的长廊里亲手用这个球击倒了九柱戏的柱。别墅内还保持着几张写有各种基本权利的羊皮纸——以往辉煌历史的见证。

那幢皇家别墅由于门面大而显得华丽壮观,但厅室却不超过九间,因为房屋的进深浅。后来,我们[15]的宾客无不为这幢结构奇巧的古建筑别墅赞叹,可是在当时,别墅悠久的历史却不是一件好事,我们发现我们在那幢住宅几乎不能安身。雨水滴滴答答漏入房内,每次降雪后,门廊里全是积雪,而想好好修缮一下屋顶在当时根本不可能,因为木匠没有修房椽的木头,白铁匠没有修天沟的铅皮;屋顶上最破的漏洞也只能用油毡勉强补一下,要是再下雪的话,除非自己爬上屋顶去把积雪扫掉,没有其他办法。

电话常常和人作对,因为电话线不是铜制的,而是用铁丝代替;任何零星物品都要我们自己搬上山,因为山上没有任何物品供应。然而,最令人头痛的是寒冷,因为四周远近都没有煤卖。庭园里的树木还都太嫩,烧起来没有火力,只是像蛇一般发出"咝咝"声,不是在燃烧,而是吐着泡沫,发出爆裂的声响。我们不得不用泥煤来对付。烧泥煤至少可以产生点热,但有三个月的时间我几乎只能捂在被窝里,用冻得发紫的手指写我的文章。每写完一页,就得把手伸到被窝里暖一暖。然而,即便是那样无法居住的房屋也还得当作宝贝,因为在那灾难性的一九一九年,不仅食品和燃料普遍匮乏,房屋也相当紧张。奥地利已经有四年不盖住房了,许多房屋已经坍塌,而当时大批无家可归的退役士兵和战俘又突然蜂拥而至,以致每间可用的房间都得住一户人家。管理委员会已经到我家来过四次,我们也早已自愿交出了两间房。当初让我们非常为难的这幢又破又冷的住宅现在却起到了保护作用;因为没有人愿意爬上一百多级台阶到这里来受冻。

那时候我每次下山进城都是一次令人心酸的经历,我第一次看到忍饥挨饿的人们那种可怕的发黄的眼睛。面包都已发黑并且成了碎屑,味道不正。喝的咖啡是用烤煳的大麦熬的汤,啤酒就像颜色发黄的水,巧克力就像染了颜色的沙土。土豆全是冻坏了的;为了不致把肉味完全忘却,大多数人自己饲养家兔。有个年轻小伙子为了星期天的菜肴曾到我们园子里来打猎松鼠。喂养得好一点的狗或猫走得稍远一点就很难再回来。衣服料子实际上是加工过的纸,是代用品的代用品;男人们几乎都穿着旧衣服,甚至穿的是俄国人的制服,是他们从仓库或者哪个医院弄来的——那些制服是好几个死人穿过的。而用旧麻袋制成的裤子也不少见。大街上的陈列橱窗好像都被洗劫过。泥灰像疮痂似的从颓圮的房屋上剥落下来。路上的行人明显营养不良,他们勉强支撑着去工作。每走一步,街道上的情景都会使人黯然神伤。在平原地区,食品供应略好一些;在道德风气普遍下降的情况下,没有一个农民会想到要按法定的"最高价格"出售自己的黄油、鸡蛋和牛奶。凡是能贮藏的食物,农民都会贮藏在自己的仓库里,等待买主用好价钱上门来买。因此很快出现了一种新行当,即所谓"囤积居奇的中介人"。那些无业男子带着一两个背囊,到农民那里挨家挨户去收购,甚至乘火车到特别有利可图的地方去进行非法套购食品,然后在城里以四五倍高的价格兜售出去。农民们开始很高兴,他们用自己的鸡蛋和黄油换来了这么多钞票,简直就像水一样流进家门。他们在自己家里把钞票"攒起来"。但是,当他们带着塞得满满的皮夹到城里去购买商品时,他们却愤怒地发现自己要买的长柄镰刀、铁锤、锅炉的价格在此期间已上涨了二十倍或五十倍,而他们出售自己的粮食和食品仅仅多要了五倍的价钱。从这时起,农民们只准备把自己的食品换成工业品,并要求等价交换,以物易物;自从人类进入战壕从而有幸重温洞穴生活以后,现又摆脱了流通千年之久的货币,回到原始的物物交换。一种怪诞的买卖方式开始遍及奥地利。城里人把农民可能缺少的物品拖去卖给他们,诸如中国的瓷花瓶和地毯,剑和猎枪,照相机和书籍,灯具和各种装饰品,因此,如果你走进萨尔茨堡的一户农家,就会看到有一尊印度菩萨正在凝视着你，使你大吃一惊，或者发现一具洛可可风格的书柜，里面摆放着法国的皮面精装书，精装书的新主人感到格外自豪，沾沾自喜。"真皮封面的精装书！法国的！"他们鼓着双腮，炫耀地说。要物不要钱已成为口头禅。有些人为了维持生计，不得不摘下自己的结婚戒指和身上的皮制腰带。

最后，为了制止这种实际上只对拥有实物的人有利的黑市买卖，政府进行了干预。每一个省都设立了关卡，缴获那些铁路上和骑自行车的"囤积居奇的中介人"的货物，然后分配给城市的食物供应机构。囤积居奇的掮客便用仿照美国西部的走私方式组织夜间运输，或者贿赂那些自己家中有挨饿的孩子的检查人员的办法作为对策。用左轮手枪和匕首进行真正搏斗的场面偶尔也会出现。那些进行倒卖的小伙子经过在前线的四年训练，已能熟练地使用刀和枪，在平地上逃跑时也会利用进行自身掩护的军事上那一套。这种混乱的局面一周比一周严重，居民们也越来越惊恐不安，因为越来越感觉到货币天天在贬值。邻近奥地利的几个国家已用自己的纸币替换了奥匈帝国的纸币，并把兑换老"克朗"[16]的主要负担或多或少转嫁给了可怜的奥地利。在居民中失去信用的第一个标志是硬币见不到了，因为一小块铜或镍对于光印几个字的纸张来说总归还是"实物"。国家虽然开足马力印钞票，以便按照靡菲斯特[17]的办法印制尽可能多的纸币，但是仍然赶不上通货膨胀的速度。于是，每座城市、每个小镇，乃至每个村庄都开始为自己印刷"摆脱困境"的纸币，但这类纸币到了隔壁的村庄就会被拒收。后来公众终于真正认识到这样的纸币毫无价值,多半干脆被扔掉了事。我觉得,如果一位国民经济学家能把首先在奥地利然后在德国发生的通货膨胀的各个阶段清清楚楚描述出来,其情节之扣人心弦绝不会比任何一部长篇小说逊色,因为混乱的局面越来越离奇。不久,谁都不知道还有什么东西值钱。物价任意飞涨;在一爿及时涨价的店铺里,一盒火柴的价钱会高出另一爿店铺的二十倍,只不过那另一爿店铺的主人老实、心肠不黑而仍按头一天的价格出售商品罢了;对他的这种诚实的报答是,店铺的货物在一小时之内销售一空,因为人们奔走相告,每个人都奔跑着去购买那里出售的商品,也不管自己是否需要。当时人人都想要物而不要钞票,即便是一条金鱼或者一架旧的望远镜,也总归是"物"。最荒唐的是房租收费越来越不合理。政府为了保护租房人——他们是广大民众——的利益,不准房东提高租金,从而又损害了出租人的利益。不久,在奥地利租一套公寓的中等套间,一年的房租还不够一顿午饭钱;所以实际上在全奥地利有五年或十年时间差不多等于白住房——因为后来连解除租房契约都不准许。由于这种混乱不堪的局面,社会风气一周比一周荒唐和道德沦丧。出于爱国热忱而把自己节俭了四十年的积蓄买了战时公债的人顿时成了乞丐。借债人全都不再还债。遵守分配用粮的人都挨饿,只有那些大胆超支用粮的人才吃得饱。善于贿赂的人路路可通;搞投机倒把的人大发横财。谁按批发价出售货物,谁就会被掏空腰包;经过仔细核算做买卖的人总是受骗上当。在通货膨胀和货币贬值之中再无规范和价值可言,也不再存在什么道德,唯一奉为圭臬是:随机应变、八面玲珑、无所顾忌,纵身跳上这匹疾驰的通货膨胀的快马而不是被踩在马蹄下。

除此以外,当奥地利人在价值观发生骤变之中失去任何规范时,有些外国人也看到了在我们奥地利可以浑水摸鱼的机会。因为在通货膨胀期间——这次通货膨胀持续了三年,而且膨胀的速度越来越快——在奥地利国内唯一保持价值稳定的乃是外币。由于手中的奥地利克朗会像水一样在指缝间流失,所以人人都想要瑞士法郎和美元;于是相当一大批外国人便利用这种经济形势,吞噬奥地利克朗的疲软躯体。奥地利"被发现了",并且出现了"外国人蜂拥而至"的灾难性季节。维也纳所有的大饭店都住满了那些吞食腐尸的秃鹫;他们什么都购买,从牙刷一直到农庄。他们把私人收藏的和古玩店里的古董收购一空,一直到古董的主人懊丧地发觉自己遭到的是一场抢和盗的浩劫。瑞士的旅馆看门人、荷兰的女打字员都住进了环行大道上几家大饭店里的贵宾套间。这样的事情似乎难以令人置信,但我作为一个目击者可以用下列这样一件事实证:萨尔茨堡那家著名的豪华宾馆——欧洲饭店相当长的一段时期是全部租给英国失业者住的,他们因为有充足的英国失业救济金,而在这里过着比在老家的贫民窟里更加便宜的生活。世上没有不透风的墙;诸如在奥地利生活费用便宜和物价低廉之类的消息渐渐不胫而走,于是,新的贪婪的客人从瑞典和法国源源不断而来。在维也纳市区的街道上,讲意大利语、法语、土耳其语和罗马尼亚语的人比讲德语的人还要多。甚至连德国也利用自己的马克来对付贬值的克朗——德国的通货膨胀速度起初要比奥地利慢得多,不过,德国的通货膨胀速度后来却比奥地利通货膨胀的速度还要快百万倍。作为边境城市的萨尔茨堡给我以最好的机会来观察那些每天路过的抢购队伍。数以百计和数以千计的巴伐利亚人从相邻的城市和乡村像潮水似的涌到萨尔茨堡。他们在这里定制服装、修理汽车、买药和治病。慕尼黑的大商号到奥地利来寄发国际邮件和拍发电报,为的是能从邮资的差价中占便宜。后来,德国政府终于采取行动,设立边境稽查站,以制止德国居民不在本地的商店购买必需品,而到价格便宜的萨尔茨堡去购买,因为最后一马克能在萨尔茨堡顶七十奥地利克朗用呢。与此同时,德国海关严格执行没收奥地利出产的每一件商品的政策。不过,有一种商品始终不受限制,那就是喝进肚子里的啤酒。嗜好啤酒的巴伐利亚人每天拿着交易所行市表进行核算,看看是否由于克朗的贬值而让自己能够在萨尔茨堡的酒馆里用同样的钱喝上比在巴伐利亚多出四五立升甚至十立升的啤酒。再也想不出有比这更美滋滋的诱惑了。于是,成群结队的人带着妻儿从费赖拉辛和赖兴哈尔[18]越境过来,为的是能好好享受一下,灌满一肚子啤酒。每天晚上,火车站成了酩酊大醉、狂呼乱叫、打着饱嗝儿、呕吐不止的酒徒们的真正魔窟;有些喝得实在不能动弹的人只好被拖上平时用来运行李的手推车,送进车厢,然后列车满载着这群又吼又唱、发酒疯的人返回他们自己的国家。当然,这些快活的巴伐利亚人没有想到以后会有多么可怕的报复在等待着他们呢。因为当克朗一旦稳定,而马克的价值却以天文数字大幅度下跌时,奥地利人也是从同一个火车站乘车过来,在这一边痛饮便宜的啤酒,开始重演同样的闹剧;只不过方向相反罢了。这种在双方通货膨胀之下发生的啤酒战是值得我特别回忆的往事之一，因为它也许是从小的方面，形象而怪诞地把那几年的整个疯狂现象揭示得淋漓尽致。

而最奇怪的是，我今天怎么也回忆不起那几年中我们在自己家里是怎样生活的。当时在奥地利，一个人单是维持一天的生活就要开销几千或几万克朗；后来在德国则要开销数百万马克。我不记得人们是怎样弄到这么多钱的。然而，令人不解的是：人们确曾有过这么多钱。人的本能竟能应对和适应那样一种混乱局面。一个没有经历过那个时代的外国人从逻辑推理上必定会想：既然一个鸡蛋在奥地利的价钱相当于过去一辆豪华的轿车；而后来在德国一个鸡蛋的价格竟高达四十亿马克——几乎相当于以前柏林市全部房产的地皮价——那么在这样的年代，妇女们想必是披头散发，发疯似的在街上匆匆而过；店铺里一片荒凉，因为什么物品都买不到；尤其是剧院和娱乐场所全都会空空荡荡。然而，令人万分惊奇的是情况恰恰相反。人们要求生活连续性的意志远远胜过货币的不稳定性。在那时的金融一片混乱之中，日常生活却几乎不受干扰地一直在继续。就个人而言，变化确实很大：富人们变穷了，因为他们存在银行里的钱和买了国债的钱全都流失了；而投机家们却变富了。当然，生活的飞轮始终以自己的节奏在旋转，没有丝毫的停顿，也从不关心个别人的命运。面包师烤他的面包，鞋匠做他的皮靴，作家写他的书，农民耕他的地，列车正常运行，报纸在每天早晨按时送到门口，那些娱乐场所、酒吧间和剧院一直座无虚席。正因为以往最稳定的货币现在天天贬值——这件意想不到的事才使世人更看重生活——工作、爱情、友谊、艺术和自然风光——的真正价值。处于灾难之中的整个民族会生活得比以往更富有情趣、更充满活力；小伙子和姑娘们上山远足，回家时已晒得肤色黝黑；舞厅里的音乐一直演奏到深夜；新的工厂和商店在四处兴建；连我自己都几乎不敢相信我在那几年的生活和工作竟会比以往更加朝气蓬勃。我们以前认为重要的事物，在那几年里变得更加重要了；我们在奥地利从来没有比在那混乱的几年里更加热爱艺术，因为由于钞票极不可靠，我们反倒觉得自己心中认为永恒的东西——艺术才真正可靠呢。

譬如，我从未在那最艰难的日子里忘记去看歌剧。去看歌剧的人要在半明半暗的街道上蹒跚而行，因为由于缺煤而不得不限制路灯的照明；看一次歌剧要用一大把钞票才能买到一张顶层楼座的票。这笔钱在以前足够订一年的包厢。由于剧场内没有暖气，观众得穿着大衣看戏，并且和邻座的观众紧挤在一起，好让自己暖和一些；以前，剧场内穿着笔挺制服的男士们和香鬓云影的淑女名媛相映生辉，而战后的歌剧院内却是一片惨淡和单调！谁也不知道上演的歌剧下星期是否还能继续演出，如果货币一直贬值下去而剧院贮藏的煤仅仅只够用一个星期的话。在那座富丽豪华和具有皇家气派的歌剧院里，一切显得倍加凄凉。坐在乐谱架旁的乐队演奏员穿着破旧的燕尾服同样显得暗淡无光。由于各种食品的匮乏，他们面色憔悴，显得精疲力竭。在那座变得阴森森的歌剧院里，我们自己也像幽灵一般。可是，当乐队指挥举起指挥棒，帷幕徐徐拉开以后，演出却是呈现出从未有过的精彩。每一个歌唱演员和每一个乐师都竭尽全力，因为他们都觉得，也许这是他们在这座自己热爱的歌剧院里的最后一次演出了。我们悉心倾听,精神之集中前所未有,因为我们也觉得,这或许是最后一次了。我们大家——数百万奥地利人在那最艰难的日日夜夜里就是这样生活——在国家崩溃前的一段时间里尽情享受人生。我从未在一个民族身上和我自己心中感觉到有像当时那样强烈的生活意志。当时最重要的事就是:生存,继续活下去。

话又说回来,尽管如此,我还是不知道该如何向别人解释,当时被洗劫一空、严重贫困、多灾多难的奥地利怎么会生存下来。当时,在奥地利西边的巴伐利亚建立了奉行共产主义的苏维埃共和国[19],奥地利东边的匈牙利在贝拉·库恩的领导下已变成了布尔什维克的天下;我至今仍然无法理解为什么革命没有蔓延到奥地利。当时确实不缺弹药;奥地利街道上到处游荡着半饥饿状态、衣衫褴褛的退伍士兵。他们愤愤不满地目睹着那些靠战争和通货膨胀而起家的暴发户所过的可耻的奢侈生活。兵营里已有一个"红色卫兵"营准备起事,而且当时也不存在任何对立的组织。只要有两百名决心坚定的人就可以夺取维也纳和整个奥地利。可是,根本没有发生任何严重事件。唯一的一次动乱只是一群不守纪律的人企图闹事,但是被五六十个武装警察轻而易举地平息了。所以奇迹变成了现实:这个能源被切断,工厂、煤矿和油田处于停顿状态的奥地利——这个被抢劫一空、仅仅依靠雪崩般下跌的失去任何价值的货币维持着的奥地利终于维持下来了,坚持过来了——这或许正因为奥地利自身太虚弱的缘故吧,因为民众肚子饿得太厉害了,一点力气也没有了,不可能再去进行什么斗争；但是，也有可能是由于奥地利有着那种极为神秘的、典型的自身力量：即天生的和善本性吧。因为最大的两个政党——社会民主党和基督教社会党尽管有着深刻的内部矛盾，却在那最最困难的时刻共同组织了联合政府。两党都作了妥协，以防止出现整个欧洲四分五裂的灾难性局面。于是局面渐渐地得到整顿和巩固，而且发生了连我们自己都感到惊异的难以置信的事：这个被肢解了的国家继续存在着，甚至以后希特勒来向这个在贫困中无比坚强的忠实民族收买它的灵魂时，它还曾准备起来捍卫自己的独立呢。

不过，所谓抵御了激烈的巨变，也仅仅是从外表上和从政治意义上讲；实际上，在第一次世界大战后的最初几年，人们的内心世界正经历着一场巨大的变革，随着军队的溃败有些事物也被摧毁了：即在我们自己青年时代曾一度被培养起来的认为权威从不会犯错误的那种诚惶诚恐的信念破灭了。难道德国人还会继续敬佩他们自己的那个发誓要战斗到"最后一息"、尔后却在夜雾之中逃出国的威廉二世皇帝吗？难道德国人还会继续敬佩他们的军队首脑、政治家，或者那些只会没完没了将"战争"押韵为"胜利"和将"匮乏"押韵为"战争结束"这些诗句的诗人们吗？当此刻硝烟已在国土上消散而满目疮痍时，人们才觉察到战争的可怕。在英勇精神的名义之下所进行的四年杀戮，在合法征用的名义之下所进行的四年抢掠，这样一种道德观念怎么还可能被看作是神圣的呢？国家把对公民应尽的一切义务视为棘手的问题而宣布取消，那么国民又怎么会相信这个国家的承诺呢？而现在正是那些人，那些所谓有经验的原班人马干出了比战争这件蠢事还要愚蠢的事：他们签订的和约糟糕透顶。今天大家都知道——而当时只有我们少数人知道——当时的和平会议曾为历史提供了实现正义的一种可能性,纵使不是最大的可能性。是威尔逊认识到了这种可能性。他以十分丰富的想象力,为世界各国实现真正的、持久的和解设计了一项计划。然而,原来的那些将军们和国家领导人以及原来的那些国家利益把威尔逊的那项伟大计划付之东流了,把他的和约草案撕成了毫无价值的碎纸片。威尔逊曾经向千百万人许下伟大而又神圣的诺言:这次战争将是最后一次战争。但这样一种诺言只不过曾经唤起那些濒临绝望和精神崩溃的士兵们身上最后的力量而已,这样一种诺言后来为了军火商们的利益而无可奈何地被牺牲掉了——为了各自国家的切身利益而被大肆争吵的政客们居心叵测地牺牲掉了。这些政客们表面上承诺了威尔逊人道和明智的要求,但幕后仍然重演着秘密谈判和签订密约的故伎,并且获得了成功。世界上的明眼人都发觉自己受骗了。牺牲了自己孩子的母亲们觉得自己受骗了,回到家乡成了乞丐的士兵们觉得自己受骗了,所有那些出于爱国热忱认购战时公债的人觉得自己受骗了,每一个相信国家许诺的人觉得自己受骗了,我们所有那些梦想出现一个新的、更美好的世界的人都觉得自己受骗了;我们终于知道,赌博那场旧战争的赌徒们或者新的赌徒们现在又开始新的赌博,而我们的生活、幸福、时间和财产只不过是他们赌博中的赌注罢了。所以,当时奥地利整个年轻一代都对自己的父辈投以怨恨和鄙视的目光,难道有什么可以奇怪的吗?他们的父辈先是输掉了战争,然后又让别人夺走了和平。难道不是他们的父辈把一切都搞糟了吗？难道不是他们的父辈什么都没有预见到吗？难道不是他们的父辈把一切都估计错了吗？如果新的一代因此而失去了任何尊严，他们怨恨和鄙视自己的父辈，不是很容易理解吗？整个新的一代青年都不再相信父母、政治家和教师了；他们对国家的每一项法令、每一次公告都投以怀疑的目光。战后的一代青年无情地抛弃了迄今为止的一切观念，他们不受任何传统的束缚，决心把命运掌握在自己手中，告别旧的过去，生气勃勃地走向未来。一个崭新的世界——一种完全不同的秩序随着这年轻一代在生活的各个领域开始了。不言而喻，开始的时候都不免有点过分。凡是不属于这年轻一代年龄层的人或事都统统在被排除之列。十一二岁的孩子不像从前那样跟着父母外出旅行，而是以两性为基础组织在一起，作为"候鸟协会[20]的成员"集体漫游全国，直至意大利和北海。学校里仿效俄国的榜样成立了监督教师的学生会。"教学计划"被彻底推翻，因为孩子们只应该并只愿意学习他们自己喜欢的内容。他们对一切有效的规章制度都造反，只是为了造反而造反，甚至违背自然法则，造男女永远有别的反。姑娘们把头发剪得短短的风行一时的"小男孩发型"，让人简直无法把她们和小男孩辨别；小伙子始终把胡须剃得精光，为的是能显出一点女孩子的妩媚。男子之间的同性恋和女子之间的同性恋不是出于内在的欲望，而是作为一种对自古以来合法的、正常的恋爱形式的反叛而盛行。他们竭力把自己生活中的每一种表现形式染上激进和革命的色彩。艺术当然也是如此。新的绘画宣告伦勃朗[21]、荷尔拜因[22]和委拉斯开兹[23]所创作的一切都已过时，而开始尝试光怪陆离的立体派和超现实主义绘画[24]。音乐中的旋律,肖像中的相像性,语言中的明白易懂,所有这些不言而喻的基本概念处处遭到唾弃。德语中的冠词"der, die, das"不用了,句子的结构颠倒过来,采用"直截了当"和"简明扼要"的电报式风格进行写作,再加上色彩很浓的感叹词。除此以外,任何一种非激进主义的文学——不将政治理论化的文学统统被扔进了垃圾堆。音乐固执地在寻找一种新的调性和分离节拍。在建筑艺术中,盖房的程序改成了从里向外。在舞蹈方面,华尔兹不见了,只有古巴人和黑人舞蹈的形象。时装款式在竭力强调裸露的原则下愈来愈荒唐。剧院里,演员穿着燕尾服演《哈姆雷特》,企图创造标新立异的戏剧效果。在各个领域开始了一个大胆试验的时代,年轻人期望一蹴而就,要超越以往已经成为事实的一切变化和成就。一个青年人年纪越轻,学得越少,就显得和各种传统越没有联系,因而也就越受欢迎——青年一代终于成功地对我们父辈们的世界进行了大报复。但是我觉得,在那种儿戏般的疯狂的变化之中,可悲而又可笑的事莫过于许多老一辈知识分子的惊慌失措,他们害怕自己被人超过而变得"无足轻重",所以他们也绝望地赶紧装出一副敢打敢冲的假面孔,企图迈着笨拙的步履,一瘸一拐地跟在后面,进入显而易见的歧途。老实、敦厚、胡须灰白的大学教授在他们如今已卖不出去的旧的"静物写生"画上涂抹各种象征性的立方体和六面体,因为年轻的校长们——他们现在到处物色年轻人,能物色到最年轻的人更好——把所有其他的绘画都视为太"古典主义"而从画廊里清除出去,送入库房。用完整、清楚的德语写了几十年的作家也跟着把句子写得支离破碎，以"积极精神"违反语法。大腹便便的普鲁士枢密顾问在讲台上讲授卡尔·马克思[25]的理论。上了年纪的宫廷芭蕾舞女演员裸出四分之三的肉体，随着贝多芬的《热情奏鸣曲》[26]和勋伯格的《升华之夜》[27]的伴奏，挺着"僵直"的身体跳芭蕾。老年人惶惶然四处追随最时髦的风尚。让自己变得"年轻"，迅速创造出更激进和前所未有的流派，最好能隔夜翻新——顿时成了唯一的虚荣心。

那是一个多么狂热、混乱无序、难以捉摸的时代啊！因为在那几年里随着货币的贬值，奥地利和德国的其他一切价值观也都在下降。那是一个心醉神迷和天昏地暗的时代，是焦躁和盲从的罕见混合。一切无法检验的奇谈怪论，如通神术、神秘学、招魂术、梦游症、人智学、手相术、笔相术[28]，印度的瑜伽和帕拉切尔苏斯[29]的富有神秘色彩的生命学说都在当时经历了自己的黄金时代。各种比迄今所知的任何一种麻醉品——吗啡、可卡因、海洛因——更富有刺激性的事物都在当时找到了令人瞠目的市场。戏剧作品中充斥乱伦和弑父的题材。在政治方面，唯一感兴趣的是共产主义或者法西斯主义这样两个极端的题目。与此相反，任何正常和恰如其分的事都会遭到贬谪。不过，我却不愿意在自己一生的文学发展过程中错过那个混乱的时代。正如每次思想革命兴起之时总会有一股不顾一切向前猛冲的劲头一样，那个混乱的时代毕竟荡涤了旧传统的污浊空气，消除了多年的紧张氛围。不管怎么说，时代的大胆实验毕竟起到了宝贵的推动作用。虽然偏激和过分的做法使我们诧异，但是我们觉得我们没有权利去责备那个时代和鄙视地否定那个时代，因为从根本上讲，新的年轻一代企图弥补我们这一代人由于谨小慎微和袖手旁观而贻误的一切——他们纵然做得过于急躁、过于激烈,但他们内心深处的直觉却是正确的。他们觉得战后的时代必须不同于战前的时代,而且必须是一个崭新时代,一个更美好的世界——这难道不正是我们年长一些的人在战前和战时所盼望的吗?只不过我们这些年长的人在战后再次表现出自己的无能,未能及时成立一个国际组织,共同反对世上新的危险的政治伎俩。虽然还在巴黎和会期间,以自己的长篇小说《火线》而赢得世界声誉的昂利·巴比塞就曾试图本着和解的精神把欧洲所有的知识分子团结起来成立一个社团。这个社团将自称"清醒社"[30]——意谓头脑清醒的人们。这个社团要把所有国家的作家和艺术家团结起来,誓为反对今后任何煽动各民族之间的仇恨而斗争。巴比塞曾委托我和勒内·席克勒共同领导德语作家小组,这是任务中比较艰巨的一部分,因为在德国还充满着对《凡尔赛和约》不满的愤怒情绪。只要德国的莱茵兰、萨尔地区和美因兹这座城市这一座桥头堡仍旧由外国军队占领[31],要想使有声望的德国作家具备超民族主义的思想,希望渺茫。不过,倘若巴比塞没有在困难的时刻丢下我们不管,那么建立这样一个组织还是有可能的——后来高尔斯华绥[32]就是以笔会的形式实现了成立这样一个组织的目标。巴比塞在俄国之行时广大群众向他个人所表现的热情,使他坚信资产阶级的国家和民主不可能导致各族民众建立真正的兄弟般关系,唯有共产主义才有可能建立全世界人民之间的兄弟关系,所以他想悄悄地把"清醒社"变成阶级斗争的一种工具。可是我们拒绝接受这种必然会削弱我们队伍的激进做法。于是,这项本身十分有意义的计划也就提前告吹。我们在为争取思想自由的斗争中,往往由于过于热衷于自己的自由和独立而不断遭到失败。

于是我只有一件事可做:过隐居生活,安安静静地埋头写作。在表现主义者[33]看来——他们是天马行空的人物,假如我可以这样说的话——我这个三十六岁的人是已经属于业已消逝的老一代作家,因为我不会灵活地适应他们的艺术追求。其实连我自己都不再喜欢我早年的作品:我不再重印我在"唯美主义"[34]时期写的任何一本书。也就是说,我要重新开始并且还要等待,直至来去匆匆的各种"主义"的浪潮消退。我觉得,我的不尚虚荣有利于我的淡泊宁静的心境。我开始写一套人物特写系列丛书:《营造精神世界的巨匠》[35]——为了确保内容的可靠,我一直写了好多年。我以完全泰然自若的心态创作了像《马来狂人》[36]和《一个陌生女人的来信》[37]这样一些中篇小说。我身边的这个国家奥地利和我周围的世界开始逐渐恢复正常,所以我也不可以再跟着蹉跎岁月;我先前还能够说:"我现在开始的一切都是临时的。"——但这样一个自己糊弄自己的岁月已经过去。我已人到中年,不再是光许愿的年龄。在人生的中途[38]最要紧的是,坚定自己的夙愿并且砥砺自己,要不然就彻底放弃自己的初衷。

注 释

〔1〕 本章原文标题是：*Heimkehr nach Österreich*。费尔德基尔希（Feldkirch），奥地利西部一边境小镇，和瑞士隔望。

〔2〕 卡尔一世（Karl I., 1887—1922），1916—1918 年任奥地利皇帝和匈牙利国王。1918 年 11 月 12 日，奥地利临时国民议会宣布奥地利共和国成立。卡尔一世逊位。

〔3〕 齐塔（Zita, 1892 年 5 月 9 日出生，卒年不详），出身波旁—帕尔马（Bourbon-Parma）公爵家族，1911 年和卡尔一世（Karl I., 1887—1922）结婚，1916—1918 为奥地利皇后，支持卡尔一世于 1921 年试图恢复君主制在匈牙利发动的政变，失败后，齐塔流亡欧洲的不同国家，最后是在瑞士，但卒年不详。

〔4〕《皇帝的颂歌》(*Das Kaiserlied*)，是当时对奥匈帝国皇帝的颂歌。

〔5〕 老皇帝是指弗朗茨·约瑟夫一世（Franz Joseph I., 1830—1916），1848—1916 年任奥地利皇帝。

〔6〕《天主保佑吾皇弗朗茨》(*Gott erhalte Franz den Kaiser*)，是当时奥匈帝国的国歌，由海顿谱曲。

〔7〕 伊施尔温泉（Bad Ischl），上奥地利一市镇，地处奥地利特劳恩河（Traun）和伊施尔河（Ischl）的交汇处，被奥地利萨尔茨卡默古特（Salzkammergut）地区的石灰岩及阿尔卑斯山上的茂盛的树林环抱，气候温和，四处有含硫的泉水，是著名的疗养胜地，居民不足两万。

〔8〕 施蒂里亚人 Steirer，奥地利施蒂里亚州（Steirermark）的居民。

〔9〕 嘉布遣修士会（Kapuziner），1528 年从方济各修士会（Franziskaner）衍生的支系。

〔10〕 金球（Reichsapfel），奥地利帝国的金球——皇帝权力的象征。

〔11〕 因斯布鲁克（Innsbruck），奥地利蒂罗尔（Tirol）州的首府，地处锡尔河（Sill）流入因河（Inn，一条流经瑞士、奥地利、德国

的河流）的入口处，位于奥地利陡峭的卡尔文德尔山（Karwendel-Gebirge）南麓，周围风景优美，建于中世纪的市内老城拥有各个时代的古典建筑（晚期哥特式、文艺复兴时期式样、巴洛克式和洛可可式），是欧洲著名观光城市。

〔12〕萨尔茨堡坐落在阿尔卑斯山末端的山麓。斯蒂芬·茨威格于1917年11月5日赴瑞士途中买下一幢坐落在卡普齐内（Kapuzinerberg）小山冈上的住宅。Kapuziner的德语词义是嘉布遣修士会修亡。故亦有人译为嘉布遣修士之山，但不通用。参阅本书第十一章《在欧洲的心脏》注〔4〕。

〔13〕贝希特斯加登（Berchtesgaden），德国巴伐利亚边境城市，隔着国境线和萨尔茨堡相望，1923年起希特勒常在此城市避暑。

〔14〕奥地利皇帝弗朗茨一世（Franz Ⅰ., 1768—1835），参阅本书第一章《太平世界》注〔57〕。

〔15〕斯蒂芬·茨威格在这段文字中改称我们，暗示他已于1920年1月和弗里德里克结婚同居。

〔16〕克朗（Krone），当时奥匈帝国的货币单位。

〔17〕靡菲斯特，德国大文豪歌德的诗体悲剧《浮士德》中的艺术形象，是魔鬼，无所不能。在《浮士德》第二部的剧情中，浮士德和靡菲斯特来到一个皇帝的朝廷。靡菲斯特玩弄诡计，让皇帝签署圣旨允许发行纸币，解决了朝廷的财政困难。

〔18〕弗赖拉辛（Freilassing）和赖兴哈尔（Reichenhall），均为巴伐利亚境内邻近奥地利的小镇。

〔19〕巴伐利亚苏维埃共和国（Räterrepublik Bayern），1919年4月7日，在德国独立社会党（USPD）的恩斯特·托莱尔（Ernst Toller）、古斯塔夫·兰道尔（Gustav Landauer）等人的领导下宣布成立巴伐利亚苏维埃共和国。但是他们领导的苏维埃政权并没有被巴伐利亚正统的共产党人认可。1919年4月13日，在两位属于共产党强硬的斯巴达克派的俄国犹太人马克斯·莱维恩（Max Levien）和厄冈·勒维内（Eugen Leviné）等人领导下宣布成立真正的苏维埃共和国。于是在慕尼黑出现了三个政权并存的局面——两个苏维埃政权和一个由巴伐利亚邦议会任命的以社会民主党多数派领袖

约翰内斯·霍夫曼（Johannes Hoffmann）为首的邦政府。霍夫曼政府为维护自己的统治权向巴伐利亚内外的民族主义军官们发出呼吁，请求支援。以里特·冯·埃普（Ritter von Epp）为首的志愿军团和联邦军队开进慕尼黑恢复秩序。残酷的战斗进行了好几天。1919年5月2日，巴伐利亚苏维埃共和国宣告结束。两个苏维埃政权存在不足一个月，但严厉的镇压并未中断。根据官方数字，自1919年4月30日至5月8日，有557人被杀害。马克斯·莱维恩和厄冈·勒维内被判处死刑。古斯塔夫·兰道夫被野蛮地打死。恩斯特·托莱尔和其他领导人被判处长期徒刑。

〔20〕候鸟协会是1901年由卡尔·菲舍尔创立的德国青年徒步旅行奖励会，该组织一直发展到奥地利。

〔21〕伦勃朗（Harmensz Rembrandt van Rijn，1606—1669），17世纪荷兰画家。17世纪初，荷兰新兴资产阶级掌握政权后，奉加尔文教为国教，废除教堂的装饰画和祭坛画，伦勃朗便创作以圣经故事和希腊神话为题材而加以世俗化的油画和蚀刻版画。伦勃朗擅长运用明暗对比，讲究构图的完美，尤其善于表现人物的神情和性格特征。代表作有群像油画《夜巡》、蚀版画《浪子回家》、素描《老人坐像》等。

〔22〕（小）荷尔拜因（Hans Holbein der Junge，生于1497/98年冬，卒于1543年），德国文艺复兴时期最重要的画家之一，肖像画大师，代表作品有肖像画《鹿特丹的伊拉斯谟》、《托马斯·莫尔》，祭坛画《市长家的圣母》等。其父亲（老）荷尔拜因（Hans Holbein der Ältere，约1465—1524），也是一位画家，但在美术史上的地位不及其子。

〔23〕委拉斯开兹（Diego Rodriguez de Silva y Velázquez，1599—1660，一译贝拉斯克斯，因为按西班牙语的发音，Ve发"贝"，而不是"委"），西班牙美术史上的一代宗师。1623年应召到马德里任西班牙宫廷画师，深得国王腓力浦四世的赏识，终为国王和宫廷服务。绘画风格重视色彩的表现。物体的暗部和阴影部由丰富的色彩组成，力求在光线和色彩的律动中刻画人物的性格。主要代表作有《塞维利亚的卖水人》、《宫女》、《国王腓力浦四世肖像》、《镜前的维纳斯》等。

〔24〕 立体派，又称立体主义（Cubism），这种绘画风格由布拉克（Braque）和毕加索（Picasso）在1907—1914年联合创造。超现实主义（Surrealism）绘画兴盛于20世纪20和30年代——以一种怪诞、不协调、非理性的魅力为特色，起源于法国，创始人和首要代表人物是安德烈·布勒东（André Bréton，1896—1966），他于1924年发表《超现实主义宣言》（*le Manifeste du surréalisme*），超现实主义画家的代表人物是比利时画家勒内·马格里特（René Magritte，1898—1967）和比利时画家保罗·德尔沃（Paul Delvaux，1897—1994）。

〔25〕 卡尔·马克思（Karl Marx，1818—1883），出生于德国特里尔（Trier），卒于伦敦。共产主义理论的奠基人。主要著作《共产党宣言》（和恩格斯合写）、《资本论》等。马克思的论述为20世纪苏维埃革命提供了思想武器。

〔26〕 《热情奏鸣曲》（*Appassionata sonata*），即贝多芬第23号钢琴奏鸣曲，作于1804年。

〔27〕 《升华之夜》（*Verklärte Nacht*），勋柏格的弦乐六重奏，作于1899年。后又将此曲改编为芭蕾舞剧《火柱》，情节根据德国诗人里夏德·德默尔（Richard Dehmel，1863—1920）的诗《女人与世界》改编。

〔28〕 笔相术，凭笔迹测算人的性格。

〔29〕 帕拉切尔苏斯（Paracelsus，1493—1541，原名 Philippus Aureolus Theophrast Bombast von Hohenheim），参阅本书第四章《大学生活》注〔50〕。

〔30〕 昂利·巴比塞（Henri Barbusse，新译：亨利·巴比斯，1873—1935）于1919年发起组织一个进步文学艺术家的反对帝国主义的国际团体，取名"Clarté"，曾有人译为"光明社"，据斯蒂芬·茨威格的释义，似应译为"清醒社"。参阅本书第十章《为思想上的团结而奋斗》注〔2〕。

〔31〕 根据《凡尔赛和约》，德国的莱茵兰（Rheinland，莱茵河左岸地区）由英、法军队驻守；德国萨尔地区（Saar）的煤矿开采权属于法国15年，该地区由英法驻军共管；美因河畔的美因兹（Mainz）

市由英军驻守。

〔32〕 高尔斯华绥（John Galsworthy，1867—1933），英国小说家和剧作家，获1932年诺贝尔文学奖。作品以19世纪末20世纪初的英国社会为背景，描写资产阶级的兴衰过程，代表作有《福赛特家史》三部曲（1922）和剧本《斗争》（1909）与《忠诚》（1922）等。1921年，高尔斯华绥在伦敦组织成立"笔会"（P. E. N.，这三个字母原来分别代表英语的诗人Poets、随笔作家Essayists、小说家Novelists，以后演变为笔会PEN-Club）。

〔33〕 表现主义是1910—1920年盛行于德国、奥地利、瑞士等国的一次声势浩大的文艺运动，最初起源于绘画，而后扩展到文学。表现主义（Expressionismus）是从法语"表现"（expression）一词引申而来，它与印象主义的含义截然相反。表现主义是对自然主义文学和印象主义绘画的一种悖反。表现主义兴起之日，正是德国皇帝威廉二世统治之时。1914年第一次世界大战爆发，许多文学艺术家虽然不理解战争的根源，但他们厌恶战争，试图通过文学艺术的形式宣扬人道主义和人类之爱。由年轻的文学艺术家们组成的表现主义文艺社团应运而生。最著名的表现主义画家是奥地利画家兼诗人和戏剧家奥斯卡·柯柯什卡（Oskar Kokoschka，1886—1980）。小说成就最大的表现主义作家是弗朗茨·卡夫卡（Franz Kafka，1883—1924）。表现主义流派的基本主张是：艺术应当干预生活；自我是宇宙的中心和真实的源泉；强调描写永恒的品质（原型）和人在精神上的强烈追求。表现主义的主要艺术特征是：抽象的人物；狂热的激情；离奇的情节；强烈的色彩；奇特的语言。斯蒂芬·茨威格的文学创作基本上遵循传统的现实主义。

〔34〕 唯美主义（Ästhetizismus），19世纪法国诗人戈蒂耶（Thêopile Gautier，1811—1872）在他于1835年发表的小说《模斑小姐》的序言中提出"为艺术而艺术"（l'art pour l'art）的理论，从而引起唯美主义文艺思潮于19世纪末开始在欧洲盛行。戈蒂耶认为艺术的全部价值在于其具备完美的形式。艺术家的任务在于表现形式美，不必为作品的道德意义操心，因而他的诗歌偏重于艺术的表现形式，却缺乏思想内容。"为艺术而艺术"的文艺思潮是对当时"为人生而艺

术"的文艺思潮的一种悖反，同时也是为了抵制浪漫派诗歌中"自我"的过度扩张和感情无限流露的倾向。另一位唯美主义文学的杰出代表是英国诗人兼作家王尔德（Oscar Wilde，1854—1900），他在1891年发表的长篇小说《道林·格雷的肖像》的序言中比较系统地表达了他的"为艺术而艺术"的美学观点。他认为"艺术家是美丽事物的创造者"，思想和语言均为艺术的工具，善与恶都是艺术家的材料。文学作品只有写得优秀和低劣之分，无所谓道德和不道德。他反对艺术家的思想倾向性，而强调艺术的纯粹，强调追求形式、结构的新奇。他的作品多以严谨、机智、巧妙取胜。唯美主义文学随着王尔德等人的去世而衰落，但对后来的超现实主义、存在主义等文艺思想的出现产生过影响。

[35] 斯蒂芬·茨威格自1920年起开始撰写人物特写系列《营造精神世界的巨匠》（*Die Baumeister der Welt*），共三部。1920年出版第一部《三巨匠》（巴尔扎克、狄更斯、陀思妥耶夫斯基）（>Drei Meister<，*Balzac*，*Dickens*，*Dostojewski*）。1925年出版第二部《三奇才》（荷尔德林、克莱斯特、尼采）（>*Der Kampf mit dem Dämon*<，*Hölderlin*，*Kleist*，*Nietzsche*）。1928年出版第三部《描述自己人生的三文豪》（卡萨诺瓦、斯丹达尔、托尔斯泰）（>*Drei Dichter ihres Lebens*<，*Casanova*，*Stendhal*，*Tolstoi*）。

[36] 1922年斯蒂芬·茨威格出版中篇小说《马来狂人》（*Der Amokläufer*），小说的情节是：一名说德语的欧洲医生和荷兰当局签约，被派遣到当年荷属东印度（今印度尼西亚）的热带丛林地区的一个医疗站服务。印度尼西亚在20世纪初是荷兰的殖民地。当地居民通称马来人。相传，由于热带气候造成的某些神秘原因，马来人有时会得一种癫狂症，就像得了狂犬病一样，患者疯疯癫癫，有时会拿着一把匕首吼叫着在路上狂奔，见什么就杀什么，鲜血会使他倍加兴奋，直至人们开枪把他打死，或者他自己口吐白沫訇然倒毙。Amok是马来人（Malays）的古称，德语Amokläufer是指"马来狂人"。虽然小说以此为篇名，但实际描述的并非是一个真正的热带癫狂症患者，而仅仅是一种比喻。小说采用第一人称听人讲故事的笔法，所以小说的所有主人公全都无名无姓，或者只用一个

字母 R 或 K 代表。一天,这名说德语的欧洲医生遇见一位说英语的女子,她的美貌和高雅气质使医生不能自已,举止失态。女人用委婉的语言表示:她愿出一万两千金币,让医生帮她堕胎,因为她不幸有了婚外孕,并要求医生事后永远离开这块殖民地,严守秘密。医生要的却不是金钱,而是渴求她的芳心乃至肉体。女人扬长而去。她的自尊和傲苦令医生痛苦不堪。女人在前面走,医生在后面奔追,恰似一个热带癫狂症患者。数日后,女人急不可待地让一个庸医老太婆帮她堕胎,手术失败,女人生命垂危。医生闻讯赶来,把女人抬回自己的房间进行抢救。但他此时接触到女人的赤身裸体,丝毫没有情欲的感觉,仅仅是医生手术的对象或者说医治的器官。医生使尽全身解数,却无回天之术。女人临终前凝视着医生,恳求他永远严守秘密。目光中充满感激、信任和爱。医生深感欣慰,向女人许诺他将会永远保守秘密,并以决死的态度迫使法医签署一份"暴病身亡"的验尸证明。三天后,女人的丈夫——一名荷兰巨商从日本乘轮船回到这块荷属殖民地——东印度。他十分怀疑自己的妻子突然死亡是由于心脏病发作。他打算把妻子的灵柩运回英国,开棺验尸。一艘远洋巨轮正向那不勒斯港口驶去。轮船上乘坐着这位荷兰巨商,底层船舱里停放着那具棺材。出人意料的是,那位医生也悄悄地搭乘在这艘轮船上。夜深人静时分,棺材被人从轮船的舷梯下放到小船上,水手们沿梯而下,死者的丈夫——那名荷兰巨商也在场帮忙,准备把棺材运往英国。此时此刻却有一件重物从上层甲板翻倒下来,将棺材、死者的丈夫、水手们全都撞入水中。在一片漆黑中,好不容易把水手们和死者的丈夫救了上来,但是铅质的棺材已经沉入海底,再也无法找到。黎明,港口岸边漂来一具四十来岁的无名男尸——他就是那位医生。小说发表后,深受读者欢迎,被译成十几种语言。

〔37〕《一个陌生女人的来信》(*Brief einer Unbekannten*),斯蒂芬·茨威格著名的中篇小说之一,1922 年出版。此篇小说其实只有两个主人公:著名小说家 R 和一个所谓不认识的女人。实际上,他们两人认识,而且多次同床共枕,只不过女人是真心相爱,男人则是

逢场作戏，不知女人姓甚名谁，故曰"一个陌生女人"。小说一开始，著名小说家 R 已 41 岁。他在山区休养了三天以后，回到维也纳的自己家中。在仆人端上来的盘子上有一封约莫二十多页的信，是一个陌生女人的笔迹。小说的故事情节就此随着这封信的倒叙展开。信中写道："我的孩子昨天死了——他也是你的孩子呀。……这是那如胶似漆的三夜所凝结的孩子。"原来，小说家 R 刚搬到陌生女人住的那幢楼房时，R 还是一个 25 岁的年轻人。他身材修长、英俊潇洒。他一出现，就深深吸引住了当时年仅 13 岁的陌生女子，她一见钟情。R 便成了陌生女人在以后十余年间的一切和整个世界。陌生女人的美貌也令 R 倾倒，终于在维也纳和她同居三个晚上，使陌生女人有了私生子，此后陌生女人为了抚养孩子，被迫给别人当情妇。后来在一次舞会上，陌生女人的风姿使 R 神魂颠倒，两人又同居一夜。但是，当陌生女人赤身裸体躺在 R 的怀里时，R 却从未认出她，也不知道自己每年生日那天收到的白玫瑰花原来是陌生女人送的，更不知道他们俩生有一个孩子。R 只是把陌生女人当成了一个随便卖身的女人，当陌生女人临走时，R 竟要给她钱呢。信的结尾写道："我写不下去了……亲爱的，永别了……可是现在谁会在你生日那天送你白玫瑰花呢？亲爱的，我求你……这是我对你的第一个，也是最后一个请求……请你做件让我高兴的事，你每逢生日——生日是一个想起自己的日子——就买些白玫瑰插在花瓶里……就像别人一年一度为亲爱的亡灵做弥撒一样……我只爱你，我只想继续活在你的心里，就像我过去曾经活在你身边一样……我求你这样做……我感谢你……我爱你……永别了……" R 读完信后，双手颤抖着把信放下，然后久久地陷入沉思。

[38] 人生的中途，但丁在《神曲》中一开始就宣称自己已到"人生的中途"（die Mitte des Lebens），即 35 岁。当时斯蒂芬·茨威格 36 岁。

第十三章 重又走向世界

一九一九、一九二〇、一九二一——战后奥地利最艰难的三年，我是在萨尔茨堡与世隔绝的状态中度过的。原本我已经放弃了有朝一日再看到世界的希望。战后的大崩溃、国外对每一个德意志人或者用德语进行写作的人所抱的怨恨、我们的货币贬值，都是灾难性的，以致使人们已经准备一辈子都待在自己故土的狭小天地里。然而，一切又都好了起来。人们又重新能够吃得饱，又重新能够坐在自己的写字台旁不受干扰地进行工作，已经没有抢掠活动，也没有发生革命。我活着，并感到自己又有了精力。难道我不该重新尝试一下自己青年时代的爱好——出远门去旅行吗？

我还没有想去很远的地方旅行。不过，意大利就在近处，只有八小时或者十小时的路程。难道我不该试一试？奥地利人在那里是"宿敌"，虽然我自己从未有过这方面的感受。难道我可以率先不友好地把自己拒之门外吗？难道为了不致使自己的老朋友难堪，就该从他们身边擦肩而过吗？不，我偏要试一试，于是，有一天中午我终于越过了国界。

晚上,我到达了维罗纳[1]。我走进一家旅馆。有人递给我一张登记表。我填写完毕,前台的服务员把表格粗略看了一下。当他在国籍栏里看到"奥地利"这个字时感到十分惊讶。"您是奥地利人?"他问道。我正在想,他现在是不是要把我赶出门去。然而,当我做出肯定的回答之后,他显得十分高兴。"啊,见到您很高兴!终于来了个奥地利人!"那是第一个向我表示欢迎的人,但这已再次证实了第一次世界大战期间我曾经有过的那种感觉:所有的政治煽动和仇恨宣传只会使人们头脑短时间发热,但从未触及欧洲真正的民众。一刻钟以后,那个憨厚的服务员还特地到我房间里来看一看是否招待周到。他热情地称赞我的意大利语,告别时我们亲切地握了手。

第二天我到了米兰[2],我又见到了大教堂。我在有拱顶的走廊大街徜徉。听着我喜欢的悦耳的意大利语,我在所有的街道上安然信步而行,欣赏熟悉的异国风光,令人心旷神怡。当我在路过的大街上看见一幢大楼上挂着《晚邮报》[3]的招牌时,我就忽然想起我的老朋友朱·安·博尔杰塞[4]就是那家报社编辑部的领导人。我在柏林和维也纳时曾多次和凯泽林伯爵[5]、本诺·盖格尔[6]一起参加博尔杰塞举办的社交活动,度过轻松愉快的夜晚。博尔杰塞是意大利最优秀、最富热情的作家之一,对青年人尤其具有影响。虽然博尔杰塞是《少年维特之烦恼》[7]的译者和德国哲学的狂热信徒,但在第一次世界大战中却持强烈反对德国和奥地利的立场。他和墨索里尼一起推行战争政策,后来又和墨索里尼分道扬镳。在整个战争期间,我曾经有过这样一个奇怪的念头：找一个在敌方的老朋友来当调停人，而现在我更想见一见这样一个"敌人"。不过我不想冒险吃闭门羹。于是我给他留下一张我的名片，并在我的名片上写上我的旅馆地址。可是当我还没有走下楼梯，就已经有人从后面赶到我前面，一张高兴得满面生辉的脸——他正是博尔杰塞；五分钟以后我们就谈得像往常一样诚恳，或许更加推心置腹。因为他也从那次战争中得到了教训，我们在战争期间分别在这一边和那一边的人也就从此比以前更加接近了。

到处都是这种情况。在佛罗伦萨，我的老朋友、画家阿尔贝特·斯特林加[8]大步流星地向我走来，冷不防地紧紧将我抱住，以致我身边的妻子[9]以为这个满面胡须的陌生男人要谋害我呢，因为我妻子不认识他。一切都和以前一样，不，他显得比以前更真诚。我轻松地舒了一口气：战争终于被埋葬了，战争已经成为过去。

然而，战争并没有过去，只是我们不知道罢了。我们都在自己的善良愿望之中蒙蔽了自己，而且把我们个人的思想准备和国家的思想准备混为一谈。不过，我们不必为自己的这种过失而感到羞愧，因为那些政治家们、经济学家们、银行家们所受的蒙蔽也并不比我们少。他们在那几年里同样被经济复苏的虚假繁荣所迷惑，并且心甘情愿地忙碌奔波。实际上，斗争只不过是从国与国之间的斗争转移到社会内部的斗争而已；我在意大利最初几天所目睹的一个场面，我到后来才懂得其深远意义。我们当时在奥地利并不是非常了解意大利的政治状况，只知道随着战后的失望情绪，极端的社会主义倾向乃至布尔什维克的倾向日渐在意大利蔓延。每一堵墙上都可以看到用墨炭或粉笔写的歪七扭八的"列宁万岁"的字样,而且还听说,一个名叫墨索里尼的社会党领袖在第一次世界大战期间和本党脱离了关系,组织了一个对立的党派。但是人们对这类消息只是抱着无所谓的态度听听罢了。这样一个区区小党派能成什么大气候呢?当时每个国家都有这类党派;在波罗的海的沿岸土地上到处都有志愿兵在列队行走。在莱茵兰和巴伐利亚都成立了分裂主义的党派。到处都有示威游行和暴动,只不过每次暴动都被镇压下去罢了。因而没有人想到那些身穿黑衫的"法西斯分子"在未来欧洲的发展中会成为一个重要因素。他们可不是身穿红色衣衫的加里波第[10]义勇军。

话又说回来,我是在威尼斯忽然对"法西斯分子"这个词有了感性认识。一天下午,我从米兰来到那座泻湖岛上的可爱城市——威尼斯。我在到达之后竟没有见到一个搬运夫和一艘威尼斯小划船[11]。到处站着无所事事的工人和铁路员工。他们双手插在口袋里,正在举行罢工示威。由于我拖着两只相当重的箱子,所以我环顾四周,想求人帮忙。我向一位年纪稍大的先生打听,附近何处可以找到搬运夫。他遗憾地回答说:"您来的正不是时候。不过,我们现在倒是常常有这样的日子。今天是一次总罢工。"我不知道为什么要罢工,也就不再问下去。我们在奥地利对罢工早已习以为常。每当社会民主党人走投无路时就会采用这种自以为最厉害的手段,但实际上事后并无效果。我继续拖着我的箱子步履艰难地走着,一直到我终于看见一个小划船的人从一条支流河渠偷偷地、慌里慌张地向我招手,接着他把我和两只箱子弄到船上。在小划船行驶时,好几个人向我的船夫——一个罢工破坏者——挥舞着紧握的拳头。半小时后我们到了旅馆。我不假思索地照老习惯立刻走到圣马可广场去。但那里显得非常冷冷清清。大多数商店都紧闭着门。咖啡馆里空寂无人。只有一大群工人三三两两站立在街面房屋的拱顶走廊下,好像在等候什么特别的事。我也和他们一起等着。不一会儿,等待着的事突然发生了。一队年轻人用急促的整齐步伐从一条小巷走出来,或者说奔跑出来。他们很有秩序,以训练有素的节奏唱着一首歌,歌词的内容我当时并不知道,后来才知道就是那首《青年之歌》[12]。在百倍于他们的罢工民众还未来得及向这一队年轻人涌去以前,他们就已经挥舞着棍棒,从罢工的人群面前奔跑过去。这支组织严密的小队伍怀着真正的勇气,大胆地从罢工的人群中穿行而过。当罢工的人刚刚意识到这是一种挑衅时,那一小队人已迅速远去,再也无法把他们抓住。现在,罢工的人气恼地聚集在一起,紧握着拳头,但为时已晚,再也不可能追上那支小小的冲锋队了。

亲眼目睹的事给人留下的印象始终是一些令人信服的事。那时我才第一次知道,我几乎丝毫不了解传说中的法西斯主义在现实中是怎么回事。它是一股领导得非常好的力量。法西斯主义能煽起那些坚毅、勇敢的年轻人对其产生狂热的崇拜。从那以后,我再也无法赞同我在佛罗伦萨和罗马的那些年纪较大的朋友们的看法了。他们总是轻蔑地耸一耸肩膀,把那些年轻人看成是一帮"雇佣来的歹徒",并且还讥笑这些歹徒的首领——"魔鬼的兄弟"[13]墨索里尼。我出于好奇买了几期《意大利人民报》[14]。我从墨索里尼尖锐、清楚、拉丁语式简洁的文风中同样感到他的那种坚毅和奔跑着冲过集市广场的年轻人一模一样。我当然不会预见到那场斗争一年以后所达到的规模。不过，我从那时起就意识到，不仅在意大利，而且在其他国家仍然面临着一场斗争。我们的和平还不是真正的和平。

那是为我敲起的第一次警钟：我们的欧洲在似乎平静的表面底下到处充满着危险的暗流。第二次警钟的敲起也没有等候多久。由于重新受到旅行乐趣的诱惑，我决定夏天到德国北海之滨的威斯特兰[15]去。当时，对一个奥地利人来说，到德国去看一看是颇为诱人的。那会儿，和我们疲软的奥地利克朗相比，德国马克仍然保持着良好的信誉。看来，那里的恢复工作进行得很顺利。进出出的列车都正点。旅馆里窗明几净。铁路两侧林立着新盖的住房和工厂。处处都有无可指摘的、有默契的秩序。这样一种秩序在战前招人讨厌，可是在一片混乱之中又受人称赞。诚然，那里的氛围还是有些紧张。因为全德国都在关注：德国能否作为一个平等国家和昔日的敌国在热那亚[16]和拉巴洛[17]举行的最初几轮谈判中实现减少战争赔偿的希望，或者至少能得到对方真正和解的一般表示。领导那几轮在欧洲历史上具有纪念意义谈判的人，正好是我的老朋友拉特瑙[18]。他在战争期间就已充分展现了自己杰出的组织才能；是他最早认识到德国经济最薄弱的环节——即原料供应问题日后会遭到致命打击，因此他曾及时——他在时间方面也很有预见——把全部经济集中到中央控制之下。而当战争结束之后，德国正需要一个能以外交部长身份和那些对手中最机智和最富有经验的人进行外交谈判时，这一重任自然落到了他的身上。

我到达柏林之后,犹豫地给拉特瑙打了一个电话。我怎么可以去打扰一个正在造就时代命运的人呢?他在电话里对我说:"是呀,很难腾出时间,我现在为了公务甚至连友谊也不得不牺牲掉。"不过,他以一种充分利用每一分钟的特殊技巧,很快找到了我们会晤的办法。他说,他要去造访几个大使馆,而且他是从格吕内瓦尔德[19]自己的住宅出发到那几个使馆去,要坐半小时小轿车,所以最简单的办法是我到他那里去,然后我们坐在小轿车里聊上半小时。他集中思想的能力很强,他能从对一件事情的思考很快转到对另一件事情的思考,所以他在小轿车里和在列车上谈话,事实上能像他在自己办公室里一样说得准确和深刻。我不想错过这个机会,而且我相信,他能和一个不介入政治但和他本人有着多年友情的人谈谈心,同样也会使他感到愉快。那是一次长时间的谈话。我今天可以作证,拉特瑙这个自己无法洒脱的人,完全是在心情不轻松、没有多大兴趣和不耐烦的情况下接受德国外交部长这个职位的。他事先知道,他承担的使命暂时还是一项无法完成的使命,在最好的情况下他也只能争取得到支付四分之一的赔偿费和得到一些无关紧要的让步,诚然,他还不能指望得到真正的和平与宽宏大量的对待。他对我说:"也许要等到十年以后吧,到那时,大家的身体都不行了,不仅仅是我们这些人不行了。首先是老一辈的人不得不退出外交界,再则,将军们到那时也只有他们自己的默默无声的纪念塑像矗立在公共广场上了。"他完全意识到自己肩负着双重的责任,因为他是一个犹太人。也许在历史上难得有这样一个人,内心充满着无穷的忧虑和抱着十分怀疑的态度去迎接自己的使命。他知道,这一使命不是他所能完成的,而只有时代本身才能完成。他还认识到,这一使命将会给他本人带来危险。埃茨贝格尔[20]就是由于承担了停战协议中令人不快的义务而遭暗杀——而鲁登道夫却由于眼看要承担那种义务而小心翼翼地逃到了国外。从那以后,拉特瑙毫不怀疑,自己作为一个谋求和解的先驱战士,类似的命运正等待着他。不过,他一生未婚,没有儿女,而且在内心深处他也完全是孤家寡人,所以他说他没有必要顾忌生命安危;况且我也没有勇气去提醒他应注意个人的安全。拉特瑙在拉巴洛干得很出色,在当时情况下可以说是已取得最好的成果了。这在今天来说仍然是事实。他具有迅速抓住每一个有利时机的出色才能和世界政治家的风度,再加上他个人的声望,使他取得了前所未有的成功。但是,德国国内已经有一些组织变得相当强大。他们知道,只要他们一再向自己这个战败国德国的国民声言:他们根本没有战败;任何谈判和让步都意味着对德国的背叛。这样的话,他们就能招徕更多的人。那些大搞同性恋的秘密团体已比当时魏玛共和国[21]领导人所想象的要有势力得多。当时的魏玛共和国领导人按照自己关于自由的观念,对所有那些要把德国土地上的自由永远消灭掉的人听之任之。

我在柏林市区的外交部门前向拉特瑙告别,当时我没有料到那竟是诀别[22]。后来,我从照片上认出我们一起坐车行驶过的那条街正是不久之后暗杀者伏击我们坐过的那辆小轿车的街。仅仅是侥幸,我没有成为那桩不幸历史事件的目击者,所以我事后对那次悲剧事件感到更痛心、印象更深刻。随着那出悲剧的结束,德国的不幸、欧洲的不幸也就开始了。

那一天,我已经在德国的威斯特兰。数以千计的疗养游客正在海滨轻松地游泳和享受海水浴。一支乐队就像宣布弗朗茨·费迪南德被暗杀的消息的那一天一样,依旧为无忧无虑消暑的人们演奏着音乐。突然,送报人像白色的信天翁似的穿过林荫道奔来,一边高喊着:"瓦尔特·拉特瑙被暗杀!"人们一阵惊恐,全国震动。德国马克一下子迅速贬值,一直跌到用数以兆计的疯狂比率来进行计算为止。通货膨胀所造成的真正混乱的局面就在此时此刻开始。我们奥地利先前通货膨胀的比率在达到一比一万五千时,就已经被认为十分荒唐。而现在和德国的通货膨胀比率一比,简直是微不足道的儿戏。如果想把那次通货膨胀的细节和那些难以置信的事例叙述出来,简直得写一本书。而且这本书在今天的人看来,恰似天方夜谭。我曾经历过那样的日子:早晨用五万马克买一份报纸,晚上就得用十万马克。必须兑换外币的人只好按钟点分几次兑换,因为四点钟的兑换汇率可能要比三点钟多好几倍,五点钟的兑换汇率又可能比六十分钟以前多好几倍。例如,我给我的出版商寄一部我写了一年的手稿,为了保险起见,我要求立刻预付一万册的稿酬,可等支票汇到,面值还不够顶一星期前寄稿件的邮资;电车票是用百万计算的。从国家中央银行运到各银行去的纸币,要用卡车装载。而且十四天以后我就会在排水沟里见到面值十万马克的钞票:那是一个乞丐看不上眼而扔掉的。一根鞋带比先前的一只鞋还要贵,不,比先前拥有两千双鞋子的一爿豪华商店还要贵;修一扇打碎的玻璃窗比以往买整幢房子还要贵。一本书的价钱比从前一家拥有几百台机器的印刷厂还要高。用一百美元可以买到库达姆[23]林荫道上一排七层高楼。几家工厂的价值不会高出过去买一辆手推车的价钱。刚刚成年的男孩在港口捡到被人遗忘的一箱肥皂,就可以坐着小轿车兜几个月风,因为只要每天卖出一块肥皂,就可以生活得像贵族一般。而他们的父母,以前是富人,现在却成了乞丐,步履艰难地四处行走。送报纸的人现在盖起了银行大楼,他们在各种外汇兑换中发了横财,他们中间的佼佼者便是那个名叫施廷内斯[24]的大赢家:他利用马克贬值的时机,扩大自己的信贷,而自己只买进矿山和轮船、工厂和股票、城堡和农庄;但实际上所有买进的东西都未花钱,因为每一笔钱,每一笔贷款最后都几乎等于零。不久,四分之一的德国财富被他掌握在自己手中。德国人总是对看得见的成就扬扬自得,于是他们竟把他当成一个天才人物热烈欢呼。这当然很不正常。成千上万的失业者到处都有,他们向黑市商人和坐在豪华小轿车里的外国人挥舞拳头,因为那些人会把整条街的物品都买下来,连一盒火柴都不剩;凡是能识字和会写字的人都去做买卖,搞投机倒把和想法赚钱,而且心中都感觉到:他们大家都在互相欺骗,同时又被一只为了使国家摆脱自己的负债和义务而蓄意制造这种混乱局面的隐蔽黑手所欺骗。我自信对历史比较熟悉,但据我所知,历史上从未出现过与此类似的疯狂时代,通货膨胀的比率会达到如此之大。一切价值观都变了,不仅在物质方面是如此;国家的法令规定也遭到嘲笑;没有一种道德规范受到尊重,柏林成了世界的罪恶渊薮[25]。酒吧间、游艺场、小酒馆如雨后春笋般地出现。相比之下,我们在奥地利见到过的那种混乱局面只不过是这种群魔乱舞之前的一段温和与拘谨的前奏而已,因为德国人把他们自己的全部热情和有条不紊的作风都搞颠倒了。穿着化纤的紧身衣、涂脂抹粉的年轻男子沿着库达姆林荫道游来逛去,其中不仅有专门搞投机倒把为职业的青年人;而且每个中学生都想挣点钱;政府官员和大金融家在昏暗的酒吧间不知羞耻地向喝醉酒的外国海员献殷勤,纵然斯韦东[26]笔下的罗马也没有像柏林那样一种舞会上穿着异性服装的疯狂放荡场面。成百名男子穿着女性服装,成百名女子穿着男性服装,在警察赞许的目光下跳舞。在一切价值观跌落的情况下,正是那些市民阶层迄今为止没有受到波动的生活秩序遭到一种疯狂情绪的侵袭。年轻的姑娘们把反常的两性关系引以为荣。在当时柏林的任何一所中学里,如果一个女孩子到了十六岁还是处女,就会轻蔑地被看作一件不光彩的事。每个姑娘都愿意把自己的风流韵事公开张扬,而且觉得这种风流事愈带有异国情调就愈好。可是这种充满激情的性爱最令人反感的是它的可怕的虚假性。其实,这种随着通货膨胀而迸发的德国人的恣意纵欲无非是一味追求时髦而已;从那些出身正派的市民家庭的年轻姑娘们身上可以看出,她们原本是宁愿把头发简单地分两边梳开,而不愿梳个光溜溜的男人发型;她们原本更喜欢用小勺吃奶油苹果派,而不愿喝烈性白酒;然而,人人到处可以感觉到、每天令人头痛的通货膨胀简直会让人发疯。全国民众都已无法忍受;被战争破坏得满目疮痍的整个国家实际上都在渴望秩序、平静、安宁和法纪,而且整个民族都在暗中憎恨当时的德意志共和国——魏玛共和国。这倒并不是因为魏玛共和国压制了那种放纵的自由,而是恰恰相反,魏玛共和国把自由放纵得太过分。

谁经历过那些像世界末日似的可怕岁月,谁就会有这样一种感觉:当时必然会有一种逆反——一种令人恐怖的逆反产生,尽管谁都会对逆反十分厌恶和愤慨。正是那些把德国民众驱向乱世的人物手里拿着时钟,在幕后笑吟吟地等待着,心想:"这个国家情况愈糟糕,形势对我们愈有利。"他们知道,他们得势的时刻即将到来。一股反对魏玛共和国的势力已经明目张胆地聚集在鲁登道夫周围,人数比聚集在当时尚未掌权的希特勒周围还要多。那些被人扯下了肩章的军官们组织了秘密团体。那些眼看着自己的积蓄被人骗走的小市民们悄悄地互相联络,并准备随时响应任何能带来秩序的号召。对魏玛共和国来说,再也没有比这一点更具灾难性的了:即魏玛共和国的那种理想主义企图——它既要给民众以自由,又要给自己的敌人以自由。由于德意志民族从来都是讲秩序守纪律的民族,所以对自己获得的自由竟茫然无措了。他们正急不可耐地巴望着那些将要来剥夺他们自由的人呢。

德国通货膨胀结束的那一天(一九二三年十一月十五日)[27]本来很可能成为历史的一个转折点。应该说,当人们瞠目结舌地把以前的一兆马克在那一天去兑换一个新马克之日,也正是一切恢复正常之时。随着通货膨胀而泛起的一切污泥浊水事实上也从此迅速退了下去。酒吧间、小酒馆消失了。社会状况日趋正常。现在,任何人都能清楚地算出自己的得失,是大多数人——广大民众遭到了损失。然而这种责任并没有让那些挑起战争的人去负,负起这副责任重担的是那些本着牺牲精神恢复新秩序的人——尽管他们没有得到任何感激。没有什么事物有像通货膨胀那样使德国民众变得如此愤愤不平、如此充满仇恨、如此崇拜希特勒——这是要一再唤醒的记忆。因为第一次世界大战尽管屠杀了千万生灵,但却曾用胜利的钟声和号角带来过欢呼时刻。作为不可救药的军国主义国家的德国曾为那些一时的胜利感到过无比自豪。与此相反,通货膨胀却使德国感到自己是一个遭受玷污、欺骗和屈辱的国家;整个一代人都不会忘记和原谅魏玛共和国时期的那些岁月,他们宁愿重新召回那些大肆屠杀的人。不过,这一切还都是以后的事。从表面上看,到了一九二四年,那种混乱不堪的怪现象犹如飘忽的鬼火已经远去。光明的日子重又来临,秩序得到恢复。看到秩序日益恢复,我们的心情开始释然。我们又以为,战争已一去不复返。我们像往常一样又当了一回不可救药的傻瓜。可是话又说回来,正是这种自欺欺人的幻想给了我们十年时间的工作、希望和安全。

在今天看来,从一九二四至一九三三年这短暂的十年时间,即从德国通货膨胀结束到希特勒攫取政权的这十年,毕竟是作为见证人和牺牲品的我们这一代人自一九二四年以来所经历过的一连串灾难中所出现的一段空白。当然,这并不是说在这十年时间内没有产生过任何紧张局势、动荡不安和危机——尤其是有过一九二九年的经济危机,而是说欧洲的和平在这十年时间内显得有了保障,仅仅这一点就具有非常重要的意义。在这十年内,德国被光荣地接纳到国际联盟[28]，利用贷款促进自己的经济建设（实际上是秘密地扩充军备）；英国裁减了军备；意大利的墨索里尼接管了对奥地利的保护。世界好像要重新建设自己。巴黎、维也纳、柏林、纽约、罗马，无论是战胜国的城市还是战败国的城市，都变得比以往更漂亮。飞机加快了交通的速度。办理护照的规定已放宽。货币汇率的大幅度波动已经停止。人们知道自己可以收入和支出的数字，注意力已不再如此热衷地集中到那些琐碎的表面问题。人们能够重新工作，集中心思，去考虑文学艺术方面的事情。人们甚至可以重新梦想和希望有一个统一的欧洲。好像那十年时间——世界的一瞬间——重新把一种正常生活赐予我们这一代饱受磨难的人似的。

在我个人生活中最值得注意的是：在那几年中有一位客人来到我的家，并友好地留了下来，那是我从未期待过的客人——我的成就。不言而喻，谈论我的著作所取得的表面成就，对我自己来说是件很不自在的事。在一般情况下，我也不会留下那些可能被看作沾沾自喜或自吹自擂的最最粗略的说明。不过，我有着一种特殊的权利，甚至可以说我是被迫对我一生历史中的这一事实不能保持缄默。因为自从希特勒上台直至我写回忆录的七年以来，我的成就已成为历史。印数十万册乃至数百万册的我的著作曾在当时的书店和无数的家庭中占有过稳固的地位，可是在今天希特勒的德国却一本都买不到了；谁要是手中还有一本我的著作，他就得小心谨慎地把它藏起来，而且我的著作在公共图书馆里始终放在"有毒书籍"的柜子里，只有得到官方的特别许可——大多是为了辱骂的目的——才有人为了"学术上"的需要去看那些著作。在那些写信给我的读者和朋友们中间早就没有一个人还敢把我这个已进入另册的姓名写到信封上。不仅如此，在法国、意大利以及所有目前被奴役的国家里，我的著作今天也都同样根据希特勒的命令遭到禁止。而在当年，我的著作的译本在那些国家里均属于读者最多之列。身为一名作家，我今天却像我们的格里尔帕尔策[29]所说，是一具"行尸走肉"。我四十年来在国际上创建的一切，或者说几乎是一切，都被希特勒的那个拳头击得粉碎。所以，当我谈论自己的"成就"时，我说的并不是今天属于我的事情，而是过去属于我的事情，就像我的家园、我的祖国、我的自信、我的自由和我的没有偏见，都已统统属于过去一样；倘若我不事先指出我在被人推落以前所达到的高度，那么我今天也就无法形象地说明我和其他无数相同的无辜者日后被人推落至多深的全部情况，我也无法说明我们整整一代从事文学工作的人一下子被彻底灭绝的后果，我不知道历史上是不是还会有这类情况的第二个事例。

我的成就不是突然从天而降，而是来得缓慢和小心翼翼。但在希特勒用法令的鞭子把我的成就从我身边赶走以前，它们一直忠实地、始终不渝地与我相伴。我的成就所产生的影响一年胜过一年。我在继《耶利米》以后发表的第一本书，是我的《营造精神世界的巨匠》三部曲的第一卷《三巨匠》，此书很快为我开拓了自己的文学之路；在此之前，表现主义者、唯意志论者、实验主义者都曾登上文坛，而这会儿，那条通向大众的文学之路又为那些耐心等待、矢志不移的人敞开了。我的中篇小说《马来狂人》和《一个陌生女人的来信》深受广大读者欢迎，达到平时只有长篇小说才可能有的程度。有人把那两篇小说改编成戏剧;有人公开朗诵其中的片段,后来又被改编成电影;我的那本小书《人类的群星闪耀时》遍及所有的学校,该书不久被列入"岛屿丛书",印数很快达到二十五万册。没有几年工夫我就获得了在我看来是一个作者最有价值的成就,那就是:拥有一个读者群——一批可信赖的人,他们期待和购买我的每一本新书。他们信赖我,我也不能辜负他们的信赖,使他们失望。我的读者群渐渐地越来越大。我的每一本书,当它第一天在德国公开发行时,就会销售两万册,而且报纸上还没有登过任何广告呢。有时候我有意识地想避开那种成就,可是既有的成就却固执地始终伴随着我,出人意料。于是,我写了一本富歇的传记[30],目的是为了自娱。然而当我把书稿寄给出版人之后,他写信给我说,他将立刻印一万册。我随即给他回信,请他不要把这本书印这么多。我说富歇是一个不会给人以好感的角色,况且书里也没有任何描写女人的插曲,这本书不可能吸引较多的读者;建议他最好先只印五千册。一年以后,这本书在德国销售了五万册,可是就在这同一个德国,如今却不允许人们读我写的一行字。我在创作喜剧《狐狸》[31]时,遇到的也是类似情况。当时我几乎有一种病态的自我怀疑。我原来的意图是要把《狐狸》写成一部诗体剧,于是花了九天时间先用散文体写下各个场次,当然显得松散和无力。由于我的第一部剧作《忒耳西忒斯》是在德累斯顿宫廷剧院首演的,所以我总觉得对该剧院欠着一份情,刚巧就在我写作的那几天该剧院来信问我有什么新的创作计划,于是我把用散文体写的《狐狸》剧本第一稿寄去,并表示歉意说:我所奉寄的仅仅是我打算改写成诗体剧的散文底稿。可是剧院立即给我回了电报,说我对剧本千万不要再做任何修改;事实上那个剧本后来就是以散文体的形式登上世界各国舞台的(在纽约,是由以艾尔弗雷德·伦特[32]为首的戏剧公会演出)。总而言之,我在那几年里所创作的一切都取得了成功,而且与日俱增的德语读者一直忠实于我。

由于我在为外国的作品或人物写评论或传记时始终觉得自己的职责是:探求那些作品或人物在他们所处的时代产生影响或不产生影响的原因,所以有时我在沉思默想中不得不反躬自问:我的著作之所以能够取得我意想不到的成功究竟是由于哪些特点。我最终认为,是由于一种个人不良的素质,也就是说,我是一个急躁而又容易动感情的读者。在一部小说中,一部传记里,或者在一篇涉及思想意识的辩论文章中,任何冗长拖沓、空泛铺张、晦涩朦胧、含混不清、不明不白以及一切画蛇添足之处都会使我感到厌烦。只有每一页都始终保持高潮、能够让人一口气读到最后一页的书,才会使我感到完全满意。而到我手里的全部书籍中,我认为十分之九的书描写过多,对话啰唆,有许多配角没有必要,面铺得太广,因而使作品显得非常不紧凑,死气沉沉,甚至一些最著名的经典作品也有许多拖泥带水的地方,破坏我的情绪,因此我经常向出版商们阐述我的那项大胆计划:把全部世界名著——从荷马史诗[33]、巴尔扎克、陀思妥耶夫斯基等人的作品直至《魔山》[34]——进行彻底的缩写,去掉个别累赘的部分,出版一套缩写本丛书。毫无疑问,那些作品的内容本身都超越时代,但是唯有经过这样的精简,它们才能在我们这个时代产生新的活力,发挥更大的作用。

我对一切烦琐和冗长所抱的反感，势必会对外国作品的阅读转移到自己的写作上来，同时使我养成一种特殊的警惕性。本着这种警惕性，我的创作刻意追求轻快和流畅。书的第一稿，我总是信手写来，把心中的构思倾泻在纸上。同样，在写作一部传记作品时，我首先把一切想到的可供我使用的文献资料上的细节利用起来；如在《玛丽·安托瓦内特》[35]这样一部传记中，我为了确定她个人的开销，事实上把每一笔账目都核对过。我研究了当时所有的报纸和小册子，仔细查阅了各种诉讼的卷宗。但是，在印刷好的那本书里却再也找不到任何一行有关这方面的字句，因为一本著作的第一次未定稿刚刚誊清，对我来说是真正的工作开始了，即进行压缩和调整结构的工作，我一遍又一遍地推敲各种表现方式。这是一项无止境的工作；一项不停地去芜存精、不断地对内部结构进行精炼的工作。当其他大多数人无法下决心对他们自己所知道的一些事情保持缄默，而热衷于在字里行间表现比他们自己原本知道的更广和更深的内容时，我的抱负却在于：始终要让人知道的比从表面上看到的更多。

这种压缩过程和随之而来的使作品更富于戏剧性的过程，以后还要在校样长条上重复一次、两次和三次；这种过程最后就成了一种兴味很浓的捕猎工作，即在不会影响作品的准确性，同时又能加快节奏的情况下，找出可以删减的每一句话，或者哪怕是删减一个字。在我的创作中，最使我感到有兴味的就是这种删减工作。我记得有一次，当我特别满意地放下工作站起来时，我的妻子说我今天看上去异乎寻常的高兴，我自豪地回答她："是的，我又删去了一整段，这样，文气就更顺畅了。"如果说我的著作有时被人誉为节奏紧凑，那么这一特点绝非出自天生的性急或者内心的激昂，而仅仅是由于采用了那种把所有多余的休止符和杂音一概去除的条理化方法。如果说我有意识地运用了某种艺术方法的话，那就是这样一种善于舍弃的艺术。因为倘若从写好的一千页稿纸中有八百页被扔进了字纸篓，只留下二百页经过筛选的精华，我是不会抱怨的。如果有什么可以在一定程度上解释我的著作之所以有如此影响的话，那就是我严格遵循这样的原则：宁可缩短篇幅，也一定要字字精粹。由于我的写作意图从一开始就是面向欧洲，超越国界，所以国外的出版商——法国、保加利亚、亚美尼亚、葡萄牙、阿根廷、挪威、拉脱维亚、芬兰和中国的出版商——纷纷和我联系，这是我真正值得庆幸的。不久我不得不购买一个特大的书柜，以便把所有我的著作的不同译本的样书摆放整齐。有一天，我在日内瓦国际联盟的《知识分子的合作》的统计表上看到，我是当时世界上作品被翻译得最多的作家（按我的禀性来说，我会再次认为那是令人很不自在的报道）。又有一天，那家俄国出版社再次寄来一封信，说该出版社准备出版我的俄文版全集，并问我是否同意请马克西姆·高尔基为全集写序言。问我是否同意？当我还是一个中学生时，我就读过高尔基的小说，是偷偷地把书塞在长椅底下读的。多年来我一直爱戴和钦佩他。但是我却从未想到过他会知道我的名字，没有想到过他还会读过我的一些作品。至于对这样一位文学巨匠认为有必要自己动笔为我写序，我更是不敢妄想。又有一天，一位美国出版商带着一封介绍信——好像非这样不可似的——到我在萨尔茨堡的家里来，提出要出版我的全部著作并想获得连续出版权。他就是瓦伊金出版社的本杰明·许布施，从那以后他就成了我最可靠的朋友和顾问，当我的其他一切著作被希特勒的铁蹄践踏在地时，是他用文字为我保存了最后一个精神家园[36]，因为我已失去了原来那个古老的真正的家园——德意志人的家园、欧洲人的家园。

这样一种表面上的成就很可能会产生危险：使一个人飘飘然，更多地相信自己事先美好的打算，而对自己的能力和自己的作品的效果想得较少。一个人不管以什么形式成名，本身就意味着对他的自然的平衡状态的破坏。在一般情况下，一个人使用的名字无非就像雪茄的外面一层烟叶，只不过是一个标记，是一个表面的、几乎无关紧要的客体罢了，它和真正的主体——即原本的自我仅仅是一种松散的联系。然而一旦有了成就，这个名字就会身价百倍，名字就会脱离使用这个名字的人，开始成为一种权势、一种力量、一种自在之物、一种商品、一种资本，而且在强烈的反作用下，名字又会在内心产生一股力量，开始影响、左右、转变拥有这个名字的人。那些充满自信、走运的人都会不知不觉地习惯于受这种力量的影响。头衔、地位、勋章以及到处出现本人的名字都很可能在他们的内心产生一种更大的自信和自尊，使他们错误地认为，他们在国家、时代和社会中占有特别重要的地位。于是，他们为了用自己的个人魅力达到他们那种最大限度的对外影响，就会情不自禁地吹嘘自己。但是，一个天性不事张扬的人就会把任何一种外在的成就视为是对自己的约束：恰恰是在令人得意忘形的处境中尽可能矜持。

我这样讲并不是说我对我的成就不感到高兴。恰恰相反,我的成就使我不胜欣喜,不过也仅仅限于那些由我自己创造的成就而已——即我所著的书以及与这些书联系在一起的我的虚名。当我偶然在德国的一家书店看见一个不认识我的小小中学生走进书店,用他自己仅有的一点零花钱买一本我著的《人类的群星闪耀时》,那种情景使我深受感动。当卧铺车厢的列车员在登记姓名之后以尊敬的神态把护照交还给我时,或者当意大利的一个海关人员因为读过我的某一本著作而认出我来,然后优惠地不再对我的行李作一一检查时,我都会自鸣得意。一个作者看到自己能牵动那么多人的劳动,也会有几分忘乎所以。有一天,我偶然到莱比锡去,那一天正好开始发行我的一本新书。当我看到我用三四个月时间写了三百页的书竟无意之中要别人花那么多的体力劳动时,我内心十分感激。工人们用大板条把书捆装起来,另一些工人"杭育杭育"地哼着,把捆装的木架箱从台阶上拖下来,装上卡车,然后卡车把木架箱送到开往世界各地的火车车厢。几十名姑娘在印刷车间分层堆放纸张;排字工、装订工、搬运工、批发商都从早晨一直工作到晚上。我自己计算了一下,如果将那些书像砖块似的排列起来,能够铺成一条相当壮观的路。再说我也从不自命清高而不屑于谈到物质利益。在我开始创作的最初几年,我从不敢想我的著作能赚钱,或者甚至靠版税能够维持生计。而此时此刻,我的著作突然带来可观的而且是不断增长的收入。这些钱似乎能永远消除我的一切忧虑——当时谁会想到我们今天的时代呢?我可以慷慨大方地纵情于我青年时代的老爱好:搜集名人手迹;而那些令人赞叹的圣人遗物中的某些最精美的收藏会在我这里找到备受细心保护的归宿。我能够用我自己所写的——在更深的意义上来说是相当短命的——作品来换取那些不朽作品的手稿,如莫扎特、巴赫、贝多芬、歌德、巴尔扎克等人的手稿。所以,假如我说那种意想不到的表面成就对我来说无所谓,或者说,我内心其实是很排斥我的成就的,那可真是可笑地故作姿态了。

不过,我今天说的是,我只为我的著作所取得的成就和我的文学上的名声而感到高兴;一旦人们将好奇心转移到我本人身上,那么我所取得的成就只会引起我的反感,我这样说完全出于真心实意。从我刚一步入青年时代起,我心中最强烈的本能愿望就是:永远保持自由和独立。而且我觉得:任何一个酷爱个人自由的人,一旦到处刊登他的照片,他身上许多最美好的品质就会因此而遭到破坏和歪曲。除此以外,我原本出于爱好所从事的工作,很可能因此而变为一种危险的职业或者甚至会变成一种炒作。邮递员每次都会送来一大沓信件、请柬、通知和要求答复的咨询。每当我外出旅行一个月,回来以后就得花两三天时间来清理那些堆积如山的邮件,以便让"炒作"重新恢复正常。尽管我不愿意这样做,可是由于我的著作十分畅销从而使我陷入忙碌不堪的琐事之中。为了处理好各种事宜,我必须做到井井有条、通观全局、处理及时和办事利索,这些都可以说是非常受人尊敬的美德,可惜和我的禀性格格不入,而且将会严重影响那种无拘无束的纯粹思索和梦想。所以越是要我去大学讲课,去出席各种庆典,我就越深居简出。我不愿用抛头露面来宣扬自己的名声。我从未能够克服那种几乎是病态的畏缩。直到今天,我还有这种完全出于本能的习惯:在大厅里、在音乐会上、在观剧时坐在最不显眼的最后一排;没有比坐在台上或者坐在一个抛头露面的位置上让大家盯着看我的脸,更使我难以忍受的了。对我来说,以各种形式隐姓埋名是一种本能的需要。当我还是一个孩子时,我就始终不能理解,为什么老一辈的作家和艺术家,像我所尊重的朋友阿图尔·施尼茨勒和赫尔曼·巴尔,总是喜欢穿着丝绒夹克衫,烫着卷发,用卷曲的头发盖着前额,或者以令人瞩目的胡须式样和奇装异服在大街上招摇过市。我深信,任何想以抛头露面来使自己遐迩闻名的人,无意之中会使自己生活得像一个"镜中人"——用韦尔费尔的话说,就是一举一动刻意追求某种风度。而一般说来,随着那种外表上的变化,内在的诚恳、自由和无忧无虑也就失去了。如果我今天还能从头开始,那么我一定会用另外一个名字,一个杜撰的名字,用一个笔名来发表自己的作品,这样我也就能一箭双雕,既能享受文学成就所带来的喜悦,又能享受隐姓埋名所带来的愉快生活,因为像这样一种两全其美的生活,本身就已充满魅力和无穷的惊喜!

注 释

［1］ 本章原文标题是：*Wieder in der Welt*。维罗纳（Verona），意大利边境城市。

［2］ 米兰（意大利语：Milano），意大利经济、贸易和工业中心。地处波河流域，北面是阿尔卑斯山脉。据说意大利语米兰 Milano 一词是从拉丁文 Mediolanum 演变而来，意为"平原的中心"。著名的米兰大教堂是世界上最大、最气派的教堂之一。有拱顶的走廊大街（Galleria）是指米兰建于 19 世纪下半叶的维托里奥·埃马努埃莱 2 号大道（Galleria Vittorio Emanuele Ⅱ.），两边皆为商店。

［3］《晚邮报》的意大利语原文是：*Corriere della Sera*。

［4］ 博尔杰塞，参阅本书第八章《欧洲的光辉和阴霾》注〔21〕。

［5］ 凯泽林伯爵，参阅本书第二章《上个世纪的学校》注〔58〕。

［6］ 本诺·盖格尔（Benno Geiger，1882—1965），奥地利艺术史家、作家。

［7］《少年维特之烦恼》（*Die Leiden des jungen Werthers*，1774），德国大文豪歌德的成名之作。

［8］ 阿尔贝特·斯特林加（Albert Stringa，1881—1931），意大利画家。

［9］ 指斯蒂芬·茨威格的第一任妻子弗里德里克·玛丽亚·茨威格（Friderike Maria Zweig，1882—1971）。

［10］ 朱塞佩·加里波第（Giuseppe Garibaldi，1807—1882），出身于海员家庭，十五岁时成为见习水手，意大利民族解放运动领袖，军事家。1849 年 2 月参加罗马起义，反对法国人统治，创建罗马共和国，失败后率领四千名志愿部队前往援助威尼斯革命。1860 年 4 月组成红衫军，援助西西里岛民众反对波旁王朝的起义。1862 年和 1867 年两度组织志愿军进攻教皇统治下的罗马，以完成意大利的统一，但均告失败。

［11］ 威尼斯小划船（Gondel），威尼斯河道上的一种小船，单人用双桨划，是威尼斯内河航运的主要交通工具。

［12］《青年之歌》（意大利语：*Giovinézza*），意大利法西斯党的歌曲，

墨索里尼让人用旧曲调配上新歌词。
〔13〕 "魔鬼的兄弟",意大利语原文是 Fra Diàvolo。
〔14〕《意大利人民报》,意大利语原文是 Popolo d'Italia。墨索里尼于 1914 年创办的报纸,法西斯党的机关报。
〔15〕 威斯特兰(Westerland),德国北海济耳特(Sylt)岛上一疗养胜地。
〔16〕 1922 年 4 月 10 日至 5 月 19 日在意大利热那亚举行国际经济会议。参加者有苏、英、法、意、比、日等 29 国。德国没有参加此次会议。但在会议期间,苏俄和德国在热那亚举行单独谈判。
〔17〕 1922 年 4 月 16 日,德国和苏俄在意大利热那亚近郊拉巴洛(Rapallo)签订了《德国和俄罗斯苏维埃联邦社会主义共和国协定》。主要内容:缔约双方同意放弃对战费和战时损失索取赔偿的要求;立即恢复两国的外交及领事关系;两国在建立贸易和经济关系方面采取最惠国待遇原则;等等。
〔18〕 瓦尔特·拉特瑙(Walther Rathenau,1867—1922),1921 年进入德国内阁,1922 年任外交部长。参阅本书第七章《走出欧洲》注〔6〕。
〔19〕 格吕内瓦尔德(Grünewald),柏林西郊一地区,风景优美,有许多高级住宅。
〔20〕 马蒂亚斯·埃茨贝格尔(Matthias Erzberger,1875—1921),德国政治家,第一次世界大战后任德国政府谈判代表团团长,力主接受《凡尔赛和约》,1919—1920 年任财政部长,为完成赔偿要求制订了应急税收计划,但遭到狂热的纳粹分子的反对而被暗杀。
〔21〕 德意志共和国,因采用《魏玛宪法》,史书又习称魏玛共和国,首都柏林。第一次世界大战末期,德国面临军事、政治和经济总崩溃。1918 年 10 月,德皇威廉二世宣布改行"国会负责制",任命马克斯·巴登亲王为宰相,组成有社会民主党人参加的内阁,但未能缓和局势。1918 年 11 月 9 日,柏林起义,德皇逃亡,霍亨索伦王朝被推翻,君主制度结束。社会民主党领袖艾伯特随即组成临时政府,接管政权,宣布德国为民主的"共和国"。1919 年 2 月,艾伯特政府在魏玛召开国民制宪会议,1919 年 7 月 3 日,德意志共和国(魏玛共和国)宪法获得通过,艾伯特当选为德意志共和国第一任总统。巴黎和会的召开和《凡尔赛和约》的签订均在艾

伯特政府掌权时期。艾伯特去世后,兴登堡当选总统。1933年1月,兴登堡任命希特勒为总理。同年3月,希特勒以恐怖手段强行停止执行《魏玛宪法》,德意志共和国结束。

〔22〕 1922年6月24日,瓦尔特·拉特瑙从家里驱车前往外交部途中,被德国纳粹恐怖组织的青年狙击手暗杀。

〔23〕 库尔菲尔斯滕达姆(Kurfürstendamm),柏林一条主要街道,柏林人喜欢简称"库达姆"(Kurdamm)。

〔24〕 胡戈·施廷内斯(Hugo Stinnes,1870—1924),德国矿冶工业巨头,在第一次世界大战后德国通货膨胀期间,施廷内斯的康采恩成为德国最大的企业。

〔25〕 此处"罪恶渊薮"的原文是巴比伦(Babel),巴比伦在《圣经》中是一个道德沦丧的地方。

〔26〕 斯韦东(Sueton,原名Gains Suetonius Tranquillus,70?—140年),罗马传记作家,代表作有《恺撒生平》,斯韦东所处的时代正是古罗马安东尼纳斯王朝的盛世。

〔27〕 1923年11月15日,德意志共和国(魏玛共和国)政府发行了新的货币"地租马克"——官方称之为金马克,但它实际上并不是以黄金作为基础,也不能兑换黄金。新马克名义上是为了反对抵押德国土地和不动产而发行的,但是由于公众的信任和接受,它实际上收到了稳定货币的效果。国家取得了预算收支平衡,实现了一定程度的政治稳定,一般民众恢复了对政府的信任。

〔28〕 国际联盟,简称"国联",是根据巴黎和会通过的《国联盟约》于1920年1月成立的国际组织,旨在"促进国际合作,维持国际和平与安全"。总部设在日内瓦。先后加入的国家有63个。1926年9月,德国被允许加入国际联盟,并成为其理事会的成员国,从而使德国再次在欧洲及国际事务中扮演主要角色。但德国于1933年退出国联;同年日本退出。意大利于1937年退出。苏联于1934年加入,1939年被开除。美国曾是国联的主要倡议国,但《国联盟约》后来遭到美国国会否决,所以美国始终未参加国联。第二次世界大战爆发后,国联名存实亡。第二次世界大战结束后,1946年4月国联宣告解散,所有财产和档案均移交联合国。参阅

（北京）三联书店出版的《人类的群星闪耀时》中的《威尔逊的梦想与失败》篇。

〔29〕格里尔帕尔策，参阅本书第一章《太平世界》注〔79〕。

〔30〕斯蒂芬·茨威格著《约瑟夫·富歇——一个政治人物的写照》(*Josef Fouché, Bildnis eines politischen Menschen*)，1929年出版。约瑟夫·富歇（1759—1820）原是一名中学教师，在法国大革命时进入政坛。他一生善变，不管法国如何改朝换代，他都能当上高官或大臣。1792年被选入国民公会，投票赞成处死国王。雅各宾专政时期，作为特派员巡视里昂等地，大肆杀戮政敌，以残忍著称，被罗伯斯庇尔召回。后又成为"热月政变"主要策划者之一。督政府时期任警务部长。雾月十八日政变时投靠拿破仑，领导警务部。百日王朝时期任警务大臣。滑铁卢战役后，成为临时政府成员，为波旁王朝复辟效力，曾任路易十八的大臣。1816年1月12日《惩罚弑君者法》颁布后被解职，亡命奥地利。

〔31〕《狐狸》(*Volpone*)，斯蒂芬·茨威格创作的一出"调侃"的喜剧，讲述一个过寄生生活的吝啬鬼的故事。参阅本书第六章《我的曲折道路》注〔37〕。

〔32〕艾尔弗雷德·伦特（Alfred Lunt，1893—1977），美国著名演员。

〔33〕荷马史诗（Homeros），相传为古希腊两部著名史诗《伊利亚特》（一译《伊利昂纪》）和《奥德赛》（一译《奥德修斯纪》）。两部史诗讲述公元前12世纪末希腊人毁灭小亚细亚特洛伊城的故事和献出木马计的希腊将领奥德修斯在战后返回故乡时在海上历险10年的故事。

〔34〕《魔山》(*Der Zauberberg*)，是被人誉为"20世纪德语大师"的德国著名作家托马斯·曼于1924年发表的长篇小说。这是一部德国传统的教育小说，写汉堡的一名大学毕业生汉斯·卡斯托普在瑞士达沃斯的一家肺病疗养院一住就是七年。疗养的病人中有相信理性的乐观的人文主义者、有狂热鼓吹禁欲主义的耶稣会教士、有享乐主义者，还有热衷于精神分析的医生，等等。他们都试图用自己的思想影响汉斯。最后汉斯领悟到"为了善和爱，人不应该让死亡主宰自己"。他终于摆脱了等候死亡的思想，离开了疗养

院，企图有所作为，不料却被送上第一次世界大战的战场。小说的背景是1904—1914年，但作品所反映的却是魏玛共和国时期流行的各种思潮，因此它又是一部"时代小说"。托马斯·曼自己一直认为，他于1929年荣获诺贝尔文学奖，在很大程度上得益于《魔山》。

〔35〕《玛丽·安托瓦内特——一个平常心态人物的写照》(*Marie Antoinette, Bildnis eines mittleren Charakters*)，斯蒂芬·茨威格撰写的人物传记，1932年在莱比锡出版。玛丽·安托瓦内特（1755—1793）是法国国王路易十六（Louis XVI., 1754—1793）的王后。在法国大革命中，路易十六于1793年1月21日被处死。玛丽·安托瓦内特在法国大革命雅各宾专政时期于1793年10月16日以勾结外国制造反革命叛乱的罪名被送上断头台。

〔36〕美国瓦伊金出版社（Viking Press）的出版商本杰明·许布施（Benjamin Huebsch，1876—1964）出版了不少斯蒂芬·茨威格的著作，尤其是率先出版《人类的群星闪耀时》的英译本，斯蒂芬·茨威格把这些英译本视为是自己的精神家园，因为这些英译本引起斯蒂芬·茨威格无限美好的回忆。

第十四章　夕阳西下

在那个把我们这个世界搅得无法安生的人——希特勒[1]崛起以前的十年，即一九二四年至一九三三年，是欧洲相对平静的时期。每当我回忆起那十年，经常怀有一番感激之情。正因为我们这一代人在这十年之前遭受的灾难实在太深重，所以我们把那相对的和平视为意外的礼物。我们所有的人都觉得，我们一定要在那十年中，弥补第一次世界大战和战后的艰难岁月从我们生活中夺走的幸福、自由与精神财富；于是我们发愤工作，但却带着比较轻松的情绪；我们四处漫游，进行各种尝试，我们重又发现自己的欧洲、自己的天地。人们从来没有像在那十年里似的进行那么多的旅行——这是不是可以说，年轻人已忍耐不住，急于要弥补他们在过去彼此隔绝的状态中所失去的东西呢？抑或这是不是一种隐隐约约的预感呢——我们必须在再次遭到"禁锢"以前及时冲出狭窄的天地。

在那十年时间里，我也去过好多地方，只不过那些旅行不能跟我青年时代的旅行同日而语，因为我当时在那些国家已不再是一个名不见经传的人了。我到处都有朋友、有我的出版人、有一大群读者。我是作为我的著作的作者去那些国家的,我不再是从前那个隐姓埋名的猎奇者了。这给我带来不少好处,我可以更为有效地、更加广泛地宣传那个多年来已经成为我自己毕生奋斗的理想:争取欧洲的精神统一。我本着这样的理想在瑞士、荷兰发表演说,用法语在布鲁塞尔的艺术宫演讲,用意大利语在佛罗伦萨那座具有历史意义的十三世纪建成的大厅里——米开朗琪罗[2]和莱奥纳多·达·芬奇都曾在那里就座过——发表演讲;我在美国用英语演讲——在一次从美国靠大西洋的东海岸到美国靠太平洋的西海岸的巡回演讲中。那样的旅行完全是另一种类型;我所到之处都可以如同友人一般见到那些国家最优秀的人物,而不必去寻觅他们;他们是我在青年时代十分敬畏的人,我从不敢给他们写一行字的信,如今他们都成了我的朋友。我跻身于那些通常会把陌生人傲慢地拒之门外的社交圈子,我可以观光圣日耳曼城区[3]的华丽建筑和意大利的高级宅第,我可以看到私人的珍藏;我已不必站在公共图书馆的出纳台旁有求于人,而是由图书馆馆长亲自把库藏的善本拿给我看。我可以在拥有数百万美元资产的古董商——如费城的罗森巴赫博士[4]——那里作客,而那些小收藏家们却总是带着羞涩的目光匆匆走过这些百万富翁的古董商们的店铺。我第一次见识到了所谓"上流社会"的世界。让我感到惬意和方便的是,我无须向任何人请求,一切都是自己送上门来。然而,我是否因此就会见多识广了吗?不,我还总是渴望我年轻时的那种事先无人恭候的旅行,由于独来独往,一切会显得更有魅力;所以我还是不愿意放弃过去那种旧的旅行方式。每当我去巴黎，我就尽量避免在到达的当天通知像罗歇·马丁·杜·加尔[5]、朱尔·罗曼、杜亚美、马瑟雷尔这样一些最好的朋友。我要先在大街上漫无目的地随便溜达溜达，就像从前当学生时一样。我重访原来的那些咖啡馆和小饭馆，让自己回味过去的青年时代；倘若我想写作，我也是到那些最意想不到的地方去，如滨海的布洛涅或者蒂拉诺或者第戎这样一些外省的小地方[6]。我觉得，在住过那些令人厌恶的豪华大饭店之后，住在小旅馆里，无人知道自己的行踪，起居行动完全按照自己的意愿，是最舒服不过的事。后来，尽管希特勒从我身上剥夺了我的自由和我的创作，但是唯有这种美好的回忆——我曾按照自己的意愿又过了十年享有充分内心自由的欧洲式生活——是希特勒既不能没收，也不能从我心中磨灭的。

在多次旅行中，有一次旅行曾使我特别兴奋，也使我受益匪浅：那就是到新生的俄国去。一九一四年，第一次世界大战爆发前夕，我正在写一本关于陀思妥耶夫斯基的书，当时我就为俄罗斯之行做了准备；可是战争的流血场面打断了我的计划，自那之后，又有一种顾虑妨碍着我的打算。由于布尔什维克的实验，对所有的知识分子来说，俄国成了战后最具吸引力的国家。有的人热情地赞美这个国家，有的人疯狂地和这个国家为敌，但他们对俄国都没有确切的了解。由于宣传与同样激烈的反宣传，没有人能清楚地知道那里究竟发生了什么。但是人们知道，那里正在进行一些全新的尝试，不管那些尝试是善是恶，各种尝试很可能会决定我们这个世界的未来形式。萧伯纳、韦尔斯[7]、巴比塞、伊斯特拉蒂[8]、纪德以及其他许多人都去访问过那个国家。当他们回来时，有的热情满怀，有的失望沮丧。要不是那种希望用亲眼目睹的事实来得出自己印象的想法也同样引诱着我，我很可能不会成为一个在思想上曾非常想了解那些新事物的人。我的著作在那里流传甚广，不仅有马克西姆·高尔基为我撰写了序言的全集，而且还有价值几个戈比[9]的廉价小版本深入到广大群众之中。当然，我肯定会在那里受到很好的接待。不过，仍然有妨碍我成行的因素，那就是在当时我到俄国去的任何旅行，本身就已经意味着一种表态；而且要我这个对教条主义和政治活动最厌恶的人，在对一个难以预测的国家进行几个星期的一般性观察之前就公开表示赞许或者否定，要我对一个尚未解决的问题先发表自己的判断——这使我下不了去苏维埃俄国的决心，尽管我有强烈的好奇心。

一九二八年初夏，我收到了一封邀请信，要我作为奥地利作家代表团的成员到莫斯科去参加纪念列夫·托尔斯泰诞辰一百周年的庆祝活动，目的是要我在纪念晚会上发表贺词。我没有理由回避这一次机会，因为这是一次超党派的活动，从而使我的访问不带任何政治色彩。托尔斯泰作为非暴力的信徒，他不是一个布尔什维克主义者。由于我撰写的关于托尔斯泰的著作[10]已有数万册在那里流传，我显然有权利谈谈作为文豪的托尔斯泰。而且我觉得，如果所有国家的作家们都团结一致，共同纪念他们中间最伟大的人物，那么按照欧洲人的思维方式，这是一次重要的示威。于是我接受了邀请，而且对我如此迅速的决定也不必后悔。因为穿过波兰的旅程就已经使我大长见识。我看到，我们的时代能够迅速治愈自己造成的创伤。我在一九一五年所看到的那些一片废墟的加利西亚地区的城市现在都已焕然一新；我再次认识到，十年时间在个人的一生中是一段颇长的旅程，而在一个民族生存的历史中仅仅是一瞬间。我在华沙已经看不到交战双方的军队在这里两次、三次、四次浴血奋战的痕迹。华沙的咖啡馆里坐着穿戴时髦的妇女，显得十分耀眼；衣着笔挺、身材颀长的军官们在街道上散步，看上去更像是扮演士兵的皇家剧院的杰出演员。到处都可以感到一种意气风发、充满信心和自豪的情绪，因为新的波兰共和国是从几百年来的瓦砾堆上昂然崛起的。列车从华沙继续向俄国边境驶去。大地越来越平坦，沙地也越来越多。每个车站都站着全村的居民，他们穿着各种色彩的乡村民族服装，因为在当时只有这唯一的一趟客车在白天通过这里驶向那个禁止外国人入境的封闭国家。因此观看一趟连接东西方世界的特别快车的洁净车厢在这里便成了一件大事。边境车站涅戈洛尔耶终于到了。铁轨上方高高地悬挂着一条宽宽的红色横幅，上面是用西里尔字母[11]写的一句口号，我不认识，有人给我翻译说，那是："全世界无产者联合起来！"我们从这面鲜红的横幅下面穿过，算是踏上了无产阶级的帝国——苏维埃共和国的国土，进入到一个新的世界。诚然，我们乘坐的列车根本不是无产阶级的，而是沙皇时代的卧车，比欧洲的豪华列车还要舒适惬意，因为车厢相当宽敞，行驶速度也比较缓慢。我是第一次乘火车穿越俄国的国土，奇怪的是，我对这片土地似乎并不感到陌生，觉得一切都是那样的熟悉：辽阔、空旷、令人略感忧郁的草原；草原上的小茅舍，矗立着洋葱头形状屋顶建筑的小城镇；蓄着长胡须、一半像农民一半像先知的男人，用善良、爽朗的笑声向我们致意；头戴花巾、身穿白色短衫的妇女们出售着克瓦斯[12]、鸡蛋和黄瓜。我怎么会早就知道这一切的呢？那是由于俄罗斯文学的大师们——托尔斯泰、陀思妥耶夫斯基、阿克萨科夫[13]、高尔基——曾用卓越的现实主义手法为我们描写了俄罗斯"民众"的生活。那些穿着肥大的白色上衣的男人们站在那里，显得憨态可掬，朴实得令人感动；我虽然不懂他们的语言，但当他们说话时，我相信我明白他们的意思。乘坐在车厢里的年轻工人们，有的下棋，有的看书，有的交谈。由于号召他们都要竭尽全力，他们正经受着奇怪地重新复活的青春时期内心的那种烦躁和桀骜。不管这是不是托尔斯泰和陀思妥耶夫斯基对"民众"的爱在我心中引起回忆所产生的作用，反正我在列车上就已经对这些单纯而又令人感动、聪明而又缺乏涵养的人产生了好感。

我在苏维埃俄国度过了高度紧张的十四天[14]。我看、我听，有时赞赏，有时厌倦，有时欢欣，有时不快，始终是一股冷与热之间的交流电。莫斯科本身就是一个反差极大的城市——那里有宏伟壮丽的红场，红场旁边是克里姆林宫的围墙和洋葱头形状屋顶的建筑，带有几分鞑靼人的、东方的、拜占庭式的奇异风格，因而也是远古俄罗斯的风格；但在红场的另一端则矗立着现代化的、超现代化的高大建筑，犹如一群陌生的美国巨人。两者格格不入。在教堂里，被香火熏黑的希腊东正教的圣像和镶嵌宝石的圣坛依然影影绰绰地显现；但离教堂百步之遥的地方却是一口水晶棺材，里面躺着身穿黑色西服的列宁遗体，陵寝是刚刚整修过的——我不知道,是不是为了接待我们的缘故。几辆洁亮的小轿车在附近行驶,但就在小轿车旁边却是满脸胡须、邋遢的马车夫轻轻吆喝着,挥动鞭子驱使驾车的瘦小马匹。我们发表演讲的大歌剧院里灯火辉煌,在无产阶级的听众面前仍然是一派沙皇时代的富丽景象。郊区是一片老朽的旧房屋,恰似无人照管的肮脏老人,为了不致倾倒而互相倚靠着。郊区的一切早已变得陈旧、衰颓、锈蚀,可是现在却想一下子都变得现代化、超现代化。正是由于这种急于求成,莫斯科城里人满为患,到处显得杂乱不堪。无论是在商店里,还是在剧场门口,都是拥挤的人群。由于机构臃肿,因而效率极低,人们不得不处处等候。那些理应订出"制度"的新官僚们热衷于批条子签文件,一切事情都被耽误了。纪念托尔斯泰的盛大晚会原应该六点开始,可是到九点半才开始,当我于深夜三点钟精疲力竭地离开大剧院时,演说者们还在滔滔不绝地讲下去;而我作为一个欧洲人在参加每次招待会和赴约时总是提前一个小时到场。时间就这样从一个人的手中白白流逝,但又显得每一秒钟都十分忙碌:人们东张西望,呆呆地发愣,无休止地议论;对什么事情都表现出某种热情,我觉得,那种俄罗斯人煽动人心的神秘力量正在不知不觉地抓住每一个人,使得他们那种难以抑制的兴奋、感情和思想一起炽热地迸发出来。我虽然不十分清楚这些人为什么和为了何事如此容易激动,但无疑和那种不安宁的新气氛有关;也许一种俄罗斯式的国魂已降临到每个人的身上了吧。

有许多事情确实了不起。首先是列宁格勒[15],这座由具有胆识的诸侯们天才地设计的城市,布局雄伟,宫殿壮丽。但它同时又是《白夜》[16]中阴霾的圣彼得堡,是拉斯科尔尼科夫[17]的圣彼得堡。由以前的宫殿改成名为隐士庐(Eremitage)的博物馆,建筑巍峨恢宏,而更令人难忘的是里面的景象。我们看到成群结队的工人、士兵、农民穿着笨重的鞋靴,手里拿着帽子,诚惶诚恐地穿过这座从前皇家的宫殿,就像走到圣像前去似的,一边细看着那些绘画,心里有一种说不出的自豪,因为他们觉得:"这一切现在是属于我们的了,我们要学会了解这些东西。"教师们领着圆圆脸蛋的孩子们穿过大厅,管理艺术品的工作人员在向那些颇显拘谨而又专心听讲的农民们介绍伦勃朗和提香的绘画;当讲解员指着某些绘画的细部时,这些农民总是从沉重的眼皮下抬起怯生生的眼睛。要想让目不识丁的"民众"在一夜之间就能懂得贝多芬与维米尔[18],这样一种揠苗助长的举措未免使人感到有点可笑,但到处都是这种动机单纯、一本正经的努力。无论是讲解这些价值连城的艺术珍品的一方,还是力求要懂得这些艺术珍品价值的另一方,都性急地想要一蹴而就。老师们让学校里的孩子画最荒诞、最出格的图画。在十二岁小姑娘们的课椅上放着黑格尔[19]的著作和索雷尔[20]的著作——当时就连我也不知道这个人——甚至连还不怎么识字的马车夫手里也拿着书,仅仅因为那是书,而看书就意味着"受教育",这可是新的无产阶级的光荣和义务呀。他们带我们参观那些很平常的工厂,并且期待着我们的惊讶之情——好像我们在欧洲和美洲还从未见到过那类工厂似的——每当这种时候我们还真的不得不经常装出笑容;一个工人曾非常自豪地指着一台缝纫机对我说:"这是电动的。"然后用期待的神情望着我,好像我必然会发出赞叹之声似的。因为那些民众都是第一次看到那些技术产品并且想当然地以为,是革命和革命之父列宁与托洛茨基设想出来并发明了这一切。于是我们不得不故意微笑着称赞一番,而在称赞的同时又暗自觉得好笑。当时的俄国就是这样一个伟大的不可思议的产儿——具有天才的智慧和善良的愿望。我们总是这样想并且问自己:这个国家将来真的会像它打算的那样非常迅速地改天换地吗?宏伟的蓝图将会变得更加庞大呢,还是会在俄罗斯人原有的奥勃洛摩夫[21]式的怠惰中变成泡影呢?我们有时候觉得可信,有时候感到怀疑;我看得越多,心中越糊涂。

话又说回来,难道这种思想上的矛盾仅仅是我一个人有吗?难道俄罗斯人身上就没有吗?甚至在我们来此纪念的这位托尔斯泰的心灵中,难道就没有这种思想上的矛盾吗?在我们去亚斯纳亚·波尔亚纳[22]的火车上,我跟卢纳察尔斯基[23]谈论过这个问题。卢纳察尔斯基对我说:"托尔斯泰究竟是怎样一个人,是一个革命者还是一个反动分子?他自己清楚吗?他作为一个真正的俄罗斯人想把数千年来世界上的一切反掌之间来个迅速改变。"他微笑着补充说道:"就像我们现在似的,想用一个唯一的方案改变一切。如果有人把我们称为非常有耐性的人,那是他把我们俄罗斯人看错了。我们的身体乃至我们的心灵是有耐性的。但是我们的思想却比任何一个民族都缺乏耐性,我们总是想要立刻知道一切真谛,即'真理'。这位托尔斯泰老人就是因此而使自己备受痛苦。"确实,当我穿过亚斯纳亚·波尔亚纳的托尔斯泰的故居时,我总有这样一种感觉:这位伟大的老人曾是怎样自讨苦吃。那里有一张他曾写下不朽著作的写字台，而他却离开了写字台，为的是要到隔壁一间可怜的小房间里去修鞋，去修理破旧的靴子。那里有一扇门，那里有一座楼梯，他正是穿过这扇门，走过这座楼梯，逃离这个家，摆脱自己生命中的矛盾。那里有一支枪，他曾用它在战争中打死过敌人，但他又是一切战争的敌人。就在那幢低矮的白色庄园房子里，他生活中的矛盾情结强烈而形象地呈现在我面前。不过，奇怪的是，当我向他的最后安息地走去时，那种悲凉的感觉已渐渐释然。

因为我在俄国所见到的一切，再也没有比托尔斯泰的坟墓显得更伟大、更感人的了。那块高贵的朝圣之地坐落在偏僻、孤寂之处，被一片树林环抱。一条狭窄的小路通往那座山丘，山丘只不过是一个由黄土堆积起来的矩形土墩子，没有人看守，也没有人护卫，只有几棵大树给它遮阴。他的孙女儿在墓前对我说，那些参天大树是列夫·托尔斯泰亲手栽植的。他和他的哥哥尼古拉[24]在童年时曾从一位村妇那里听到过这样一个传说：人们栽树的地方将是一块吉祥之地。因此，他半像游戏似的栽下了一些小树苗。只是到了晚年，这位老人才忽然想起这个迷人的预言，于是他立刻表示这样的愿望：身后让人把他安葬在自己栽植的树林中间。他身后的事完全按照他的意愿办理。由于那座坟茔简朴得令人心酸，从而成为世界上给人印象最深的墓地。一个小小的矩形土丘坐落在高大繁茂的树林之中——没有十字架，没有墓碑，没有铭文。这位伟人就是这样不题自己的名字，被埋葬在那里，再也没有一个人有像他这样为了自己的名字和荣誉而痛苦不堪；他被埋葬在那里，就像一个被偶然发现的流浪汉，或者像一个不知姓名的士兵。谁都可以来看他的这块永眠之地,虽然周围有稀疏的栅栏,但从来没有封闭过。唯有人们的敬意守护着这位永不休息的人的最后安息。通常人们总是对陵墓的壮观感到好奇,而在这里却以一睹坟茔的出奇简朴为快。微风像天主的喃喃低语,在这座没有名字的墓地上簌簌作响,除此之外便是一片寂静。人们也许不知不觉地从这里走过,除了知道这里埋葬着一个人——在俄罗斯的土地上埋葬着某一个俄罗斯人——之外,就什么也不知道了。无论是巴黎荣军院教堂里大理石拱门下的拿破仑陵寝[25]、君主陵寝里的歌德灵柩[26],或者是威斯敏斯特教堂[27]里的墓碑,它们的气象都不及这座在树林之中、非常安谧的无名坟茔感人至深,因为在它上面只有风儿在絮絮低语,而坟茔本身却没有留下任何文字和话语。

我在俄国待了十四天,我始终感觉到俄罗斯人那种急于求成的心情和那种有点盲目的飘飘然。究竟是什么东西使他们如此激动?不久我认识到:因为他们是人,而人都会有热情的冲动。他们所有的人都相信自己参与到一个涉及全人类的伟大事业之中。所有的人都抱着这样的信念:他们不得不忍受物品的匮乏和短缺,都是为了一个更崇高的使命。他们从前在欧洲人面前的那种自卑感一下子变成了一种狂热的自豪,好像他们超过了所有的人。"光明来自东方"[28]——他们是未来的救世主;他们想的就是这样率真、简单;这就是他们认识到的"真理"。别人只能梦想的事情将由他们来完成。即使他们给我们看的东西微不足道,他们的眼睛也会炯炯有神地告诉我们:"这是我们干出来的。"而所谓的"我们"是指全体人民。替我们驾车的马车夫会用鞭子指着某一幢新楼，咧着嘴笑着说：这是"我们"建造。大学生课堂里的鞑靼人和蒙古人向我们迎面走来，骄傲地给我们看他们手中的书，这一个说"这是达尔文[29]的书！"，那一个说"这是马克思的书！"那副骄傲的样子，仿佛那些书是他们自己的著作。他们急切地给我们看他们的一切，向我们解释一切。他们非常感激有人来观看他们的"事业"。他们每一个人都对欧洲人表现出无限的信赖——不过那是斯大林[30]以前的年代！——他们用善意的、真诚的目光望着我们，和我们像兄弟一般地紧紧握手。而恰恰是这些极少数的人同时又表现出：他们虽然对我们友好，但却缺乏"尊敬"。因为在他们看来，人本来就是兄弟，是同志。即便是那些作家们也不例外。我们曾在过去属于亚历山大·赫尔岑[31]的故居里聚会，不仅有欧洲的作家、俄罗斯的作家，而且还有通古斯语族[32]的作家、格鲁吉亚的作家和高加索的作家。每一个加盟的苏维埃共和国都为纪念托尔斯泰而派出了自己的作家代表。我们和他们中的大多数人不能互相交谈，但都彼此明白意思。有时候，他们中的一个人站起身，朝我们的一个人走来，指着我们一位作家所著的一本书的书名，再指指自己的心，意思是说"我非常喜欢这本书"，然后抓住这位作家的手，使劲地紧握，使劲地摇动，好像他喜欢得要把这位作家的所有关节都抖散架似的。更令人感动的是他们每一个人都带来了礼物。当时还是苏维埃俄国的困难时期，他们没有什么值钱的物品，可是每人都拿出了一点物品给我们留作纪念：一幅不值钱的旧版画，一本已经没法阅读的书，一件乡间的木刻。我更容易得到这些物品,乃是因为我可以用在俄国多少年来早已见不到的值钱的物品进行回赠,如一把老头牌剃须保险刀、一支钢笔、几叠优质的白信纸、一双软皮拖鞋,以致我回家时行李少得不能再少。正是这种不用语言的热情使我们深为所动,我们在那里感觉到的过分热情在我们欧洲是从未见识过的,因为在我们那里还都没有达到这样一种"人民"的思想觉悟。每当和那些俄罗斯人相聚在一起,就会受到一次危险的诱惑,确实也有一些外国作家在访问俄国时上了当,由于他们看到自己受到如此空前的欢迎和被真正的民众所爱戴,他们认为一定得称赞一番那个政权,因为在那个政权下的人读了他们那么多的作品并那么喜欢他们。是呀,礼尚往来,以心换心,本来就是人的本性嘛。我不得不承认,我自己在俄国有时几乎也要大唱赞歌,在一片热情之中,自己的头脑也几乎发昏。

我之所以没有陷入那种魔术般的迷境,与其说我该感谢我自己的内在力量,毋宁说我更应感谢一位我不知名的陌生人,我以后也永远不会知道他是谁。那是在一次大学生们的庆祝活动之后,他们围住我,拥抱我,跟我握手。我完全被他们的热情感染了,我高兴地望着他们容光焕发的脸。有四五个大学生陪着我回住处,整整一群人,里面有派给我的那位女翻译,她也是大学生,她把什么都翻译给我听。一直到我关上旅馆里自己的房门时,我才真正是一个人独处,说实在话,那是十二天以来我第一次一个人独处,因为在十二天中我身边总是有人陪着我,有人围住我,被热情的群众拥来拥去。我开始脱衣服,把我的上衣放在一边。这时我发觉衣服里有沙沙的纸声。我把手伸进衣袋，拿出来的是一封信，一封用法语写的信，但不是一封通过邮局寄给我的信，一定是有人在拥抱或拥挤的时候悄悄地把信塞进了我的衣袋。

那是一封没有署名的信，一封写得非常巧妙、通情达理的信，信虽然不是一名"白俄"写的，但这封信是对最近几年来自由不断受到更多的限制所表示的愤懑。这位不相识的人写道："请您不要相信别人对您所说的一切，请您不要忘记，当您看到他们给您看的一切时，他们还有许多东西没有给您看，您得记住，跟您交谈的那些人，绝大多数都没有把他们想要告诉您的话对您讲，而只是讲了可以允许跟您讲的话。我们所有的人都受到监视，您受到的监视也不会少。您的女翻译要向上汇报每一句话，您的电话被窃听，您每走一步都有人监视。"他给我举了一连串我无法证实的例子和细节。我按他的要求把信烧了——"请您不要撕了它，因为有人会从您的纸篓里把碎片取走，再把它们拼起来的。"——我这才第一次开始深省一切。我曾身处诚挚的热情之中，在同志式的美好氛围中确实没有一次机会曾私下和某个人进行无拘无束的交谈，难道事实不正是这样吗？由于我不懂俄语，使我无法和老百姓有真正的接触。更何况我在这十四天里所看到的，只不过是这个望不到尽头的帝国的非常小的一部分呀！如果我真的不想迁就我自己与附和别人，那么我不得不承认，我得到的印象虽然在某些细节上令人感动和鼓舞，但在客观上并不能说明什么。所以当其他的欧洲作家从俄国归来后，几乎都很快出版了一本书，热情地赞扬或者激烈地否定，而我只不过写了几篇文章。况且我以为这样的保留态度很好，因为三个月以后,许多事情跟我所见的就不一样了;一年以后,经过迅猛的变革,当时说过的每一句话都已被事实斥为谎言。话又说回来,我在俄国强烈感觉到的我们那个时代的那些暴风骤雨般的事情,毕竟是我一生中罕见的。

在我离开莫斯科时,我的箱子基本上已经空了。我把能赠送的东西都分送掉了;俄罗斯人送的东西,我只带回两幅圣像,后来我把它们长期装饰在我的房间里。诚然,我给自己带回家的最珍贵东西,是和马克西姆·高尔基的友谊。我是在莫斯科和他第一次相见的。两年后,我和他在索伦托[33]的海角再次重逢,他是由于健康受到威胁而到那里去疗养的。我到他家做客,度过了难忘的三天。

我们那一次相聚本来就很不寻常。高尔基不会任何一种外语,我又不懂俄语。按照逻辑的各种推理,我们必然是默默地相对而坐,或者借助我们尊敬的朋友玛丽亚·布德贝格男爵夫人[34]的翻译才能得以交谈。可是高尔基真不愧为世界文学中一位最善于讲故事的天才。讲故事对他来说不仅是一种艺术的表现形式,而且也展示出他的全部天性本能。他在讲故事时,把自己完全置身于被讲述的对象之中,把自己变成为那个被讲述的人。我虽然不懂他的语言,但通过他脸上的各种表情事先就明白他的意思。他看上去是一副地地道道的"俄罗斯人模样"——我无法用别的词来形容。他的面貌没有什么引人瞩目的特征;人们看到这位身材瘦长、头发草黄、颧骨宽宽的人,很可能就会想到田里的农民,马车上的马车夫,小鞋匠,流落街头的流浪汉——总而言之,无非是个"老百姓",是俄罗斯人原型的集中表现。人们在街道上很可能会漫不经心地从他身边走过,不会注意到他的特点。只有当你坐在他的对面和他开始讲故事的时候,你才会认识到他是谁了,因为他会不知不觉地让你从他身上看到那个他所要描述的人。我今天仍然记得,他是怎样描述他在游历时遇到的一个疲倦的驼背老人——在别人给我翻译之前,我就明白了——他很自然地把脑袋一耷拉,双肩下垂,眼神阴郁、倦怠、声音颤抖——而他在开始讲故事时,蓝眼睛却是明亮有神;他不知道自己已经变成了那个驼背老人。而当他讲述一些高兴的事情时,他就会立刻放声大笑。他会轻松地将身子向后倚靠着,额角闪烁有光;听他讲话真是一件难以形容的快事。在他讲故事的时候,他都会用熟练的形象的动作描述与之有关的景色和人物。他身上的一切:无论是他的坐相和走路的姿态,还是他倾听别人讲话和他感到十分高兴的时候,他的一举一动,都显得朴实而又自然。有一天晚上聚会,他乔装成一个贵族,腰间佩着一把军刀,眼神顿时变得威严极了。他的眉毛飞扬,气宇轩昂,在房间里来回踱着方步,好像正在考虑一道严肃的诏书,可是不一会儿,当他把乔装的衣服脱去时,他又笑得像一个农家少年似的淳朴。他的生命力简直是个奇迹:他的肺坏了,可是他依然活着,这原本是违背医学法则的。是那种不同寻常的生命意志,坚强的责任感使他继续活下去。他每天早晨用清清楚楚的手写体著述他的长篇小说,回答他的祖国的青年作家和工人们向他提出的千百个问题;对我来说,和他在一起就好像见到了俄国,但不是布尔什维克的俄国,不是从前的俄国,也不是今天的俄国,而是一个具有宽广、坚强和深沉灵魂的永恒民族的俄国。他的内心在那些岁月仍然踌躇彷徨。作为一个老革命家，他曾愿意改天换地，他曾与列宁有过个人的友谊，但他在当时还是犹豫不决是否要完全投靠党，用他自己的话说，是否要成为党的"牧师和教皇[35]"。他始终感到良知的压力，因为在那些岁月里每个星期都会作出新的决定，而那些决定跟他这样的人是不合拍的。

我和高尔基在索伦托相处的日子里，我碰巧成了那样一种完全是新俄罗斯人的典型场面的见证人——那种场面为我揭开了那个新俄罗斯国家的所有矛盾之处。一艘俄国军舰在训练航行中第一次驶进那不勒斯[36]。从来没有到过这座世界大城市的年轻水兵们穿着漂亮的制服在托莱多大街上散步，他们睁大自己的那双好奇的农民眼睛，对一切新鲜的东西看个没够。第二天，他们当中有几个小伙子决定到对岸的索伦托来，来看看"他们自己的"大作家。他们没有事先和高尔基约定；在十分看重同胞情谊的这些俄罗斯人的思想中，他们觉得"他们自己的"作家理所当然会随时为他们腾出时间。他们突然出现在高尔基的住宅前，而且他们的想法也完全正确：高尔基没有让他们等候，就把他们请了进去。可是高尔基第二天笑着对我说，那些年轻人一开始在他面前装出一副严厉的样子。因为他们觉得"事业"高于一切，所以他们刚一迈进那座美丽舒适的别墅就说道："你怎么住这样的房子，你生活得简直像资产阶级。你为什么不回俄国去？"高尔基不得不尽可能详细地向他们解释。但实际上，那些老实巴交的年轻人也不是真的想把这件事看得非常严重，他们无非是想显示一下他们并不"崇尚"荣华，而且对每一个人都先要考问一下他的信念。接着，他们无拘无束地坐下来，喝茶、聊天，最后告别时一个接一个地和他拥抱。照高尔基的描述，那个场面非常动人，他对新一代的俄罗斯人的那种轻松自由的方式十分喜欢，对他们的大大咧咧一点也不生气。他一再重复说："我们和他们是多么不同啊，我们要么畏首畏尾，要么激烈无比，却从来不会把握自己。"那天晚上，他一直神采奕奕。可是当我对他说："我想您当时的想法是：最好和他们一起回国。"这时他猛地一怔，直瞪瞪地望着我。他说："这，您怎么知道的？说真的，一直到最后一刻，我都还在考虑，我是否应该把一切都撂下：把书籍、纸张、手稿统统撂下，和那些年轻的小伙子们一起乘坐那艘军舰在蓝色的大海上航行十四天回到俄国，这样我也许又会知道俄国是什么样子了。一个人在远离祖国的地方，会把学到的最美好的东西荒疏。流亡中的我们，还没有一个人作出过有益的贡献。"

其实，高尔基把他在索伦托的生活称为流亡，是不对的。他每天都可以回国，事实上他也回过国。他不像梅列日科夫斯基——我在巴黎遇见过这个悲剧性的愤世嫉俗者——自己的著作在苏维埃俄国被禁止，本人被驱逐；他也不像今天的我们，按照格里尔帕尔策[37]的美妙说法，今天的我们"对两边来说都是外国人和没有祖国"，我们说着异国的语言，无家可归，随风飘荡，一个真正的流亡者并不像高尔基所说的那样。几天之后，我在那不勒斯拜访了一位非常特殊的流亡者——他就是贝内代托·克罗齐[38]。他曾当了数十年青年人的精神领袖，他曾作为参议员和部长在自己的国家享有各种礼仪上的荣誉,一直到他因反对法西斯主义而和墨索里尼发生冲突。他辞去各种官职,隐居起来;但这并不能使那些意大利的强硬派们满意,他们要制伏他的反抗,必要时甚至要对他进行惩戒。当时的那些意大利大学生们和过去不大一样,他们处处充当反动势力的急先锋。他们冲击贝内代托·克罗齐的住宅,打碎他的住房的窗户玻璃。但是这位有着一双睿智的眼睛、留着一小撮山羊胡子、外表更像一个愉快平民的矮胖人物,并没有被吓倒。他没有离开意大利,尽管接到美国及其他国家大学的邀请,但他还是待在意大利的家中,躲在书籍的大墙后面,他继续以同样的观点办《评论》杂志,继续出版自己的著作,而且他的威望是那样的高,以致根据墨索里尼的命令建立起来的毫不留情的检查制度在他面前也执行不下去。可是他自己的学生以及那些和他的信念相一致的同道却完全被瓦解了。对一个意大利人来说,甚至对一个外国人来说,要去看望他,需要非凡的勇气,因为当局清楚地知道,他在自己的堡垒里——即在他的满是书籍的书房里,说起话来直言不讳。所以,他等于生活在一个密不透气的房间里。他在意大利四千万同胞当中,就像生活在一只煤气罐里一样。我觉得,在一座有几十万人口的城市里,在有几千万人口的国家中,这种密封式的孤立是一件可怕的事,但同时也是一件了不起的事。我当时还不知道,这种消灭一个人的思想的做法比起以后加到我们自己头上的做法,还是要宽容得多。我不能不钦佩,这个已经年迈的学者在每天的斗争中保持了怎样清醒的头脑和旺盛的精力啊。但是贝内代托·克罗齐却笑着对我说:"恰恰是那种抗争让一个人变年轻了。要是我继续当议员,我在精神上早已变得懒散和不坚定了,我就容易老了。对一个有思想的人而言,最大的危害莫过于缺乏反抗精神;自从我孤身一人以来——年轻人不再围绕在我身边以来,我才更需要让自己变得年轻呢。"

不过,我却不得不过了好几年以后才懂得,一旦折磨、迫害和孤立不能摧毁一个人的时候,迫害就会不断升级。就像生活中一切重大的事情一样。一个人获得这类认识,从来不是通过别人的经验,而是始终只能从自己的命运中获得。

我从未见到过意大利的那位最重要的人物——墨索里尼,这要归咎于我不愿接近政治人物的毛病;纵使我在自己的祖国——在小小的奥地利,我也从未和国家领导人,如赛佩尔、多尔富斯[39]、舒施尼克[40]见过面——这本来就是我有意这么做的。据我从朋友们(他们也是墨索里尼的朋友)那里获悉,墨索里尼是我的作品在意大利的第一批和最热心的读者之一。而且由于他曾主动满足过我第一次向一位政治家提出的请求,我原本应该亲自去向他道谢。

事情是这样的。有一天我收到一个朋友从巴黎寄来的一封快信,说一位意大利妇女有要事要到萨尔茨堡来看我,希望我马上接待她。第二天,她就来了。她对我说的事确实让人震惊。她的丈夫——一名贫穷家庭出身的优秀医生原来是由马泰奥蒂[41]出钱培养成才的。在马泰奥蒂——那位社会党领导人被法西斯分子残酷杀害时,早已心力交瘁的世界良知再一次对这种罪行作出了愤怒的反应。整个欧洲都被激怒了。这名医生——马泰奥蒂的忠实朋友是当时敢于在罗马的大街上公开抬着被害者马泰奥蒂的灵柩出殡的六名勇士之一,不久之后,这名医生由于遭到刁难和威胁而流亡出走。但是,马泰奥蒂家属的命运仍然使他感到不安。为了报答他的恩主,他想把马泰奥蒂的孩子偷偷地从意大利送到国外。可是他在干这件事的时候落到了间谍或者搞破坏的特务手中,他被逮捕了。由于一提起马泰奥蒂就会使意大利感到难堪,所以用这件事作为对他进行起诉的理由,几乎不会对他构成太大的罪名。不过,那位起诉人却巧妙地把他同另一件同时发生的企图用炸弹杀死墨索里尼的案件联系起来,于是这位曾在战地获得过最高奖赏的医生被判处十年重犯监禁。

不言而喻,这名医生的那位年轻夫人心急如焚。她说,她的丈夫很可能熬不过那十年而不能活着回来,她一定要为反对这个判决而做点什么,她一定要联合欧洲文学界的所有名人,大声疾呼地进行抗议。她请我予以帮助。我立刻劝她不要试图搞什么抗议。据我所知,自第一次世界大战以来,所有这类舆论声明早已没有任何用处。我竭力向她解释:出于民族尊严,没有一个国家会在外界的压力下修改自己的法律。在美国的萨科—万泽蒂案件[42]中,来自欧洲的抗议完全是帮了倒忙。我急切地请她千万不要按这种思路干出什么事来;她这样做只会使她丈夫的处境变得更糟。因为如果有人试图从外界给墨索里尼施加压力,他绝不会因此作出减刑的安排;纵使墨索里尼想这样做,也绝不可能办到。由于我被她的诚恳深深感动,我答应她,我将尽力设法帮助她。我说,碰巧我下周就要去意大利,我在那里有一些能施加影响的好友。也许他们能悄悄地为她的丈夫说好话。

我到意大利的第一天，就立即去办这件事。但是我发觉，我的那些朋友早已变得噤若寒蝉。我刚刚说出那个医生的名字，每个人都立刻显出面有难色，都说自己没有办法，并且说这是根本不可能的。于是我找了这一个，又找那一个。我回国时深感愧疚，也许那位不幸的女人以为我没有为她尽力呢。不过，我也确有一条路未曾试一试。现在还剩下一种可能性，那是一条直截了当的路，即给那个大权在握的人——墨索里尼本人写信。

我这样做了。我写了一封真正坦诚的信给墨索里尼。我在信中写道，我不愿在信的开头写许多恭维话，我想开门见山地说，我不认识那个医生，也不知道他的事件的详情。但是我见到过他的无疑是无辜的妻子。如果她的丈夫要在监狱里度过这么多年的话，那么，这惩罚的枷锁不也是加在她的身上吗？我绝不想指责判决本身，但我可以设想，要是她的丈夫不是坐牢而是送到某个允许妻儿和被流放者一起居住的岛屿上，这对那个女人来说不啻是救命之举。

我拿起这封写给贝尼托·墨索里尼阁下的信，将它投入萨尔茨堡的普通信筒。四天之后，驻维也纳的意大利公使馆给我来信说，墨索里尼阁下向我表示感谢，并说，他已经满足我的愿望和准备缩短刑期。同时有人从意大利发来一份电报，证明我所请求的改判已执行。墨索里尼用他的大笔一挥，亲自实现了我的请求，事实上，那个被判刑的医生不久就完全被赦免了。在我一生当中，还没有一封信像这封信似的使我感到高兴和满足，如果说一个文学家的某件工作曾获得过成功,那么,我就会怀着特别感激的心情想起这封信。

在那风平浪静的最后几年里旅行是十分愉快的。不过,回家乡看看也很有意思。在一片安谧之中发生的一些事很值得回味。那座拥有四万人口的小城萨尔茨堡——正因为它具有浪漫色彩的偏僻,我才选择它为自己的定居地——发生了惊人的变化:到了夏季,它不仅成了欧洲艺术家的大都会,而且也成了全世界艺术家的大都会。在第一次世界大战后最艰苦的几年里,为了帮助那些在夏季没有收入的演员和音乐家们摆脱困境,马克斯·赖因哈特和霍夫曼斯塔尔曾在这里举办了几场演出,尤其是在萨尔茨堡大教堂前的广场上露天演出的戏剧《每一个人》[43]。那些演出主要是为了吸引邻近地区的观众;后来,他们又试着演出歌剧,而且越演越好,越演越完美,于是逐渐地引起全世界的注意。最优秀的指挥家、歌唱家、演员都怀着好胜心涌来,以便能有机会不仅在自己有限的国内观众面前,而且也在国际观众面前愉快地献艺。萨尔茨堡的各种艺术节一下子吸引了世界各地的人,仿佛成了新时代的艺术表演的奥林匹克,各个国家都竞相到这里来展现他们最优秀的艺术成就;没有谁愿意错过观看这些精彩的演出。国王和王公们、美国的百万富翁和电影明星、音乐爱好者、艺术家、诗人,还有假充内行的人,都在最近几年云集于萨尔茨堡。在长期不被人重视的小小奥地利的这座小城之内,能这样成功地把优秀的表演艺术家与音乐人才会聚一堂,这在欧洲是空前的。萨尔茨堡繁荣起来了。到了夏季，在城内的街道上，人们会不时遇见来自欧洲和美洲的人，他们到这里来寻求艺术的最高表演形式，他们穿着萨尔茨堡的民族服装——男人身穿白色亚麻短裤和短上衣，妇女是一副阿尔卑斯山农妇打扮——身穿紧胸、褶腰的衣裙——不起眼的萨尔茨堡一下子左右了世界服装的时尚。在旅馆里，人们争着订房间。到演出大厅去的汽车道上一片喜气洋洋的景象，就像从前去参加皇家宫廷舞会的路上一样。火车站始终是人山人海，其他城市也曾试图吸引这股有钱可赚的人流，但没有一座城市获得成功。萨尔茨堡在那十年之内一直是艺术朝拜者在欧洲的圣地。

所以说，我住在自己的城市，突然之间也等于生活在欧洲的中心。又是命运满足了我的一个自己几乎从来不敢想的愿望。我们在卡普齐内山上的那幢房子成了一所欧洲人的房子。谁没有到我们那里去做客过呢？我们的宾客登记簿也许比我这纯粹的回忆更能说明问题，但是这本登记簿也和那所房子及其他许多东西一样，落到了纳粹分子的手里。我们在那里和谁没有度过美好的时光呢？我们曾从阳台上眺望美丽、和平的景色，但不知道恰恰就在对面的贝希特斯加登山上住着一个要破坏这一切的人[44]。罗曼·罗兰和托马斯·曼[45]曾在我们那里住过；在作家中，我们曾友好地接待过赫伯特·乔治·韦尔斯[46]、霍夫曼斯塔尔、雅各布·瓦塞尔曼[47]、房龙[48]、詹姆斯·乔伊斯、埃米尔·路德维希[49]、弗朗茨·韦尔费尔[50]、格奥尔·勃兰兑斯[51]、保罗·瓦莱里[52]、简·亚当斯[53]、沙洛姆·阿施[54]、阿图尔·施尼茨勒[55]。在音乐家中，我们接待过拉威尔[56]、里夏德·施特劳斯[57]、阿尔班·贝尔格[58]、布鲁诺·瓦尔特[59]、贝拉·巴托克[60]。分散在世界各地的著名画家、演员、学者，谁没有到过我们家呀？每年夏季给我们带来多少畅谈文学艺术的愉快和美好时光啊！有一天，阿尔图罗·托斯卡尼尼[61]登上我们那陡峭的台阶，我们之间的友谊从此开始，这友谊使我比以前更懂得喜爱和享受音乐。后来有好几年时间，我是他排练时的最忠实的座上客，我曾不止一次地亲眼目睹他为达到艺术上的完美而竭尽全力——那种艺术上的完美在以后的公开音乐会上既显得像是奇迹，而又觉得非常自然——我曾在一篇文章中描述过他排练时的情景。他的那些排练对每一位艺术家来说都是最好的榜样，促使他们不达到完美无瑕的境地绝不罢休。我深切体会到莎士比亚说得真好："音乐滋养灵魂。"而且，当我目睹各种艺术比赛时，我真庆幸我有和各种艺术结下不解之缘的好运。那些夏天的日子是多么丰富多彩啊！艺术和令人陶醉的风景交相辉映！先前，当我回首往事，想起萨尔茨堡那座小城时，我总是心情颓丧和抑郁不乐。我记得，第一次世界大战刚结束时，我们曾在自己的那幢房子里冒着寒冷和从屋顶漏进来的雨水搏斗，这前后对比才使我感到战后那几年国泰民安的岁月在我一生中所起的作用——那就是恢复了我对这个世界的信赖、对人类的信赖。

虽然在那几年有许多著名的受人欢迎的客人到我们家里来，但当我独身自处时，在我周围仿佛仍然有一群高贵人物神秘地和我在一起。那就是我在上面已经提到过的名人遗墨收藏本里所搜集的各个时代最杰出的大师们的手迹——我通过这种方法渐渐地把著名人物的踪影召唤到我自己身旁。我十五岁时就开始有这种业余爱好。但在以后的岁月里,由于经验的积累,办法越来越多,更主要是热情越来越高,这种业余爱好也就由单纯的一般收藏变成有机联系的汇编,我甚至可以说,收藏变成了一项真正的艺术工作。起初,我像每一个新手一样,只追求把名字——名人们的签名手迹搜集起来;后来才出于好奇的心理,收藏更多的手稿——作品的初稿或片段;这些手稿同时也使我了解到一个受人爱戴的大师的创作方法。在世界上无数不解之谜中,创作的秘密最深奥和最玄妙。大自然不让人摸透创造的秘密:地球是怎样产生的,一朵小花是怎样产生的,一首诗和一个人是怎样产生的,大自然从来不让人掌握其中最关键的奥秘。大自然毫不留情地、绝不迁就地给自己蒙上一层面纱。就连诗人自己、音乐家本人事后也无法说清楚他灵感产生的那一瞬间。当一件作品突然变得非常成功时,甚至连那位艺术家本人也不再记得作品的起源和它的形成过程。他永远或者几乎永远也说不清楚,在他精神非常集中时,词句是怎样变成了诗行,个别的单音怎样变成了千古流传的旋律。对这种不可捉摸的创作过程能提供少许揣测依据的唯一材料是艺术家的一页一页的亲笔手稿,尤其是那些涂涂改改、不准备拿去付印的未定初稿。后来的改定稿就是从那些初稿中逐渐形成的。收藏一切伟大的诗人、哲学家和音乐家的那些底稿——那些反复修改的原稿,也可以说是他们艰苦创作的见证——是我收藏名人手迹的第二阶段,也是更有意识的阶段。到拍卖市场去搜集那些底稿对我来说是一种乐趣。我也非常愿意花精力到藏匿得最深的地方去寻觅那些底稿。同时这也是一门学问，因为我除了收藏名人手迹之外，还搜集所有关于评述名人手迹的书籍，以及业已出版的手迹本的全部目录。从数字上讲，我收藏的手迹涉及四千多册书籍，这是一笔非常大的、无人可以与之匹敌的私人收藏，因为即使是商人也不会把那么多时间和热情倾注于某个单一的专业领域。我甚至可以说，在搜集手迹的三四十年时间里，我成了这一领域里的第一权威。我谙熟每一页重要的手稿，知道该手稿在什么地方，是谁收藏着，是如何转到现在这位收藏者手中的。我成了一个真正的鉴定家，我能一眼辨出真伪。在估价方面，我比大多数专业人士还要有经验——当然，在文学创作方面或者在生活的其他领域，我从来不敢如此自夸。

尽管如此，我在收藏名人手稿方面的雄心仍然有增无减。我已经不再满足于那些仅仅反映成千种创作方法的世界文学和音乐方面的手稿。单纯扩大收藏数量也已不再吸引我；我在最后十年的收藏工作主要是不断精选。如果说，我最初曾满足于收藏那些能反映一位诗人或者一位音乐家创作过程的手稿，那么我后来的努力方向就渐渐转到收藏那些能表现一位艺术家处于创作鼎盛时期——获得最高成就时期的手稿。也就是说，我收藏的不只是一位诗人所写的任何一首诗的手迹，而是他的最优美的诗篇之一的手迹，而且尽可能收藏一首不朽诗篇的手迹。所谓不朽，就是那首诗从诗人用墨水或者用铅笔把自己的灵感留驻人间的那一刻起一直流传到永远。我正是要从那些不朽之人遗下的珍贵手稿中收藏他们为世界创造的不朽之作——这是非常苛刻的要求!

于是我的收藏工作本身就像一条川流不息的河;也就是说,一旦我寻觅到一页更重要、更有特色的手稿,即一页更有永久保留价值的手稿——如果我可以这样说的话——我就会把我收藏的任何一页已不太符合我的那个最高要求的手稿筛除、卖掉或者与人交换。而令人奇怪的是,在许多情况下我都能成功,因为除了我,只有极少的人具有这样的知识、具有这样的坚忍不拔的毅力,同时又有这样的经验去收藏这样重要的手迹。所以,我收藏的那些作品的原始手稿是属于富有创造性的人类所拥有的保存最久的文献,这样的原始手稿最后合并在一起,先是一皮包,然后是整整一箱子——用金属和石棉加以防护的箱子。由于我今天被迫过着一种漂泊不定的生活,手头没有那些早已失散了的收藏手稿的目录,我只好任意举出几件收藏——人们能够从中窥见世间的天才人物在他的不朽时刻的风貌。

在那些收藏中,有一张达·芬奇工作笔记的手稿——是他用向左倾斜的手写体书写的有关素描的附注;有四页拿破仑用几乎不能辨认的字体写给他在里沃利[62]的部队的军令;收藏中有用大幅印刷纸印的巴尔扎克的一整部小说,每一印张上都有上千处字迹甚为清楚的校改,说明在上面进行了反复的推敲。(幸亏因为一所美国大学需要它的照片复制品,从而把它保存下来。)收藏中有尼采的《悲剧的诞生》的鲜为人知的最初手稿,这部为尼采心仪的科西玛·瓦格纳而写的手稿在《悲剧的诞生》发表之前好久就写成了;在我的收藏中还有巴赫的一部康塔塔[63]、格鲁克的《阿尔西斯特》[64]咏叹调和一首亨德尔[65]的咏叹调；亨德尔的音乐手稿是所有音乐手稿中最为稀世罕见的。我总是觅求那些最有代表性的手稿，而且绝大部分都找到了，如勃拉姆斯的《吉卜赛人之歌》、肖邦的《威尼斯船歌》[66]、舒伯特的千古绝唱《音乐颂》[67]、海顿的《皇帝四重唱》[68]中《天主保佑吾皇弗朗茨》的不朽旋律。在有些情况下，我甚至能做到：从收藏一件具有独创性的手稿开始，扩大到收藏能概括某个音乐家一生创作个性的手稿。于是，我不仅收藏有一张莫扎特十一岁时稚气未脱的手稿，而且还有他为歌德的《紫罗兰》所作的歌曲手稿——这首不朽的歌是莫扎特歌曲艺术的标志性作品。在莫扎特的舞曲作品中，我收藏的手稿有：演绎《费加罗的婚姻》主题的小步舞曲《别乱了方寸》[69]；《费加罗的婚姻》[70]中的可爱女孩的咏叹调[71]，以及他写给贝斯勒[72]的那几封非常亲昵的信——这些信从未全文出版过，还有一首轻佻的卡农[73]，最后还有一页在莫扎特逝世前不久写的《狄托的仁慈》[74]中的一首咏叹调的手稿。我收藏的歌德的手稿也能勾画出歌德一生的轮廓：从他九岁时的一篇拉丁语译文的手稿一直到他去世前不久八十二岁时作的一首诗的手稿。在这中间有一大张他的顶峰之作的手稿，即《浮士德》的一张双面对开页的手稿；还有他的自然科学论文的原稿、许多诗作的手稿以及从他一生中各不相同的阶段选来的绘画手稿，人们能够从这些总计十五件手稿中概观歌德的一生。但我所收藏的我最尊敬的贝多芬的手稿却不能全面概括贝多芬的一生。我的出版人基彭贝格教授是我在收藏歌德和贝多芬的手稿时的对手和竞争者。他是瑞士的大富翁，他收藏的贝多芬的珍贵手稿无人可以与之比肩。但是我收藏的贝多芬的遗物至少可以让人们清楚地看到他一生中最凄凉的一刻——这是世界上没有一家博物馆能提供的,且不说我收藏着贝多芬青年时代的笔记本、他的歌曲《吻》的手稿和《哀格蒙特》[75]乐谱片段的手稿。由于碰到一次好运,我得到了贝多芬房间里剩下的全部陈设,那些陈设在他去世之后被拍卖,而由奥地利宫廷枢密顾问布罗伊宁[76]购得,然后转让给我的。主要是那张大写字台以及藏在写字台抽屉里的贝多芬的两位恋人的画像:一幅是朱列塔·圭恰迪伯爵夫人[77],另一幅是埃德迪伯爵夫人[78],还有那只直到他临终前还一直保存在自己床边的钱箱、那张斜面的小写字台——他卧在床上还一直在那张斜面的小写字台上写下最后的乐谱和书信,还有一绺从他临终床上剪下来的白色鬓发、讣告、信函,以及他用颤抖的手写下的最后一张洗衣单、可以拍卖的家具什物的清单,他在维也纳的全体朋友为他身后无依无靠的女厨萨莉而认购遗物的字据。由于一个真正的收藏家总是经常会碰上好运气,所以在我得到他在房间里的一切遗物之后不久,我又有机会得到三幅他在临终床上的素描。从那几幅同时代人的绘画中,我们知道,在三月二十六日贝多芬弥留之际[79],舒伯特的一位朋友、年轻的画家约瑟夫·特尔切[80]想把垂死的贝多芬画下来,可是宫廷枢密顾问布罗伊宁认为这是大不恭敬,于是将他赶出了弥留者的房间。画家当年画的那几幅素描就这样销声匿迹了数百年,一直到那位名气不大的画家的好几十本素描手稿在布吕恩[81]的一次小小拍卖中,以低得可怜的价格出售时,人们才突然发现手稿中有三幅贝多芬临终时的素描。不知怎么一回事,好运接踵而来。一天,有一个商人给我打电话,问我是否对贝多芬在临终床上的画像真迹感兴趣。我回答说,我已经有了那几张素描。但是我后来才弄清楚,他打算卖给我的那张手稿正是后来丹豪泽[82]所作的那张遐迩闻名的贝多芬临终遗像石版画的原件。于是,我把那张丹豪泽的手稿和其他所有贝多芬临终时的画像都收藏到一起——它们以视觉的形式保留了那个值得怀念、真正不朽的最后时刻。

毫无疑问,我从来不认为我是那些物品的占有者,而仅仅是那些物品在那个时期的保管者。吸引我的不是那种占有的欲望——据为己有的欲望,而是要把那些珍品收集到一起的心情,是把收藏当作一项艺术性的工作。我当时就意识到,从总的长远的观点看,这项收集工作本身比我自己的作品更有价值。尽管我已经收藏了不少珍品,但我还是迟迟不去整理一份目录,因为我仍然处在初创时期。工作正在进行,且不够臻完,我还没有得到某些名人的手稿和某些最完美的手迹。经过一番考虑,我当时的想法是把那些独一无二的收藏品在我去世后转交给一个能满足我特殊条件的研究机构,也就是说,该研究机构能每年拨出一定数量的款项、按照我的想法继续完善那些收藏。如果是这样,那么我的全部收藏就不会凝固僵化,而是一个富有生命力的有机体,它会在我身后五十和一百年的时间内不断得到补充和完善,从而成为一种越来越完美的齐全的收藏。

可是对我们那一代历经磨难的人来说,不可能想到自己身后的事。随着希特勒时代的开始和我远离家园,我搜集收藏品的乐趣也就没有了。再说，把一些收藏品保存起来的安全性也不再具备。有一段时间，我还把一部分收藏品放在保险箱里，放在朋友那里，但是后来我决心按歌德说的话去做——"如果人们不能继续发展博物馆、不能发展各种收藏和珍藏武器的宝库，倒还不如把它们封存了断。"于是，我宁可告别我今后再也无能为力的收藏。作为告别，我把主要是我同时代的朋友作为礼物赠送给我的一部分收藏品赠送给了维也纳的国家图书馆。另一部分我变卖给了别人。其余收藏品的命运，曾经如何和现在如何，我就不太在乎了。从此以后，我的乐趣也就一直在于自己的创作，而不再在于收藏别人已经创作好的作品。我没有为自己失去曾经的拥有而事后感到心疼。因为在那些敌视一切艺术和收藏的时代，我们这些被追逐、被驱赶的人还必须学会一种新的艺术——舍得放弃的艺术：向我们曾经视为骄傲和热爱过的一切告别。

岁月就这样随着写作、旅行、学习、读书、收藏、享乐而年复一年地过去。当一九三一年十一月的一个早晨我醒来时，我已是五十岁的人了。对萨尔茨堡那位老实巴交的白发邮差来说，那一天可是一个倒霉的日子。因为在德意志人的家乡有这样一种良好的习俗，一个作家到了五十岁生日时，报纸上要为他大大庆祝一番。所以那位老邮差不得不将大批的信件和电报从一级级陡峭的台阶上拖上来。在我打开那些信件和电报之前，我就思忖，那一天对我来说意味着什么呢？人生的第五十个年头被看作是一个转折；人们会忐忑不安地回首往事，会扪心自问：他已经走过了多少路程,是否还要继续向上奋进。我细细琢磨已经度过的时光;我一边从自己的住宅回头眺望阿尔卑斯山连绵的山峦和山坡徐缓而下的山谷,一边回顾自己五十年的人生历程,并且不得不对自己说:如果我还不愿意怀有感激之情,那可就太没有良心了。人们给予我的毕竟远远超过我的期待,或者说,远远超过我希望达到的成就。媒体所起的作用远远超过我童年的最大胆的梦想。我正是通过媒体而得以发展,并且通过媒体发表自己的各种文学作品。岛屿出版社特地印刷了一本我的业已出版的各种语言版本的著作总目录,作为庆祝我五十岁生日的礼物。它本身就已经是一本书,里面什么语种都有了,有保加利亚文、芬兰文、葡萄牙文、亚美尼亚文、中文和马拉提文[83];媒体借助盲文、速记、各种外国的铅字与方言把我的言论和思想传播到人群中去。我的生存空间远远超出我自己居住的范围。我和我们那个时代一些最优秀的人物结成为私人朋友。我欣赏过最精彩的演出;我可以游览和观瞻那些不朽的城市、不朽的绘画、世界上最美的风景。我没有职务和职业上的羁绊,始终自由自在。我的工作就是我的乐趣,不仅如此,我的工作还给他人带来乐趣!还会有什么不幸的事发生呢?到处是我的著作:难道会有人把这些著作都毁掉吗?(当时我就是这么想的,完全没有预料到后来发生的事。)那是我自己的住宅——难道会有人把我从自己的住宅里赶出去吗?到处有我的朋友——难道我有朝一日会失去他们吗?我曾经毫无畏惧地想到过死,想到过患病,但是在我的思想中却从未想到过我目前面临的这种处境,没有想到过我不得不背井离乡,作为一个被赶出家门的人而被追逐、被驱赶，再次从这个国家流亡到另一个国家，浪迹天涯；我没有想到过我的那些著作会被焚毁、被禁止、被宣布为不受法律保护；我没有想到我的名字会在德意志人的家乡像一个罪犯的名字似的受到指责；我没有想到过原来那些朋友——他们的信件和电报在我生日那天全都放在我的桌上——在以后的邂逅中会突然脸色变得煞白；我没有想到过我在三四十年里孜孜不倦完成的一切业绩竟会被一笔抹杀；我没有想到过我当时自以为在生活中十分稳固的一切竟会分崩离析；我没有想到过在我的事业即将接近巅峰的时候竟又要我以力不从心的精力去重新开始一切，而我已经心力交瘁。说真的，在我庆祝五十岁生日的那一天，我做梦也没有想到过以后会发生这样一些不可思议的荒唐事。当时，我心满意足，从而也热爱生活。我无忧无虑，即便我不再进行任何写作，我的已出版的著作也足够我生活。似乎一切都已得到，万事大吉。我早年在父母家中获得的——尔后在第一次世界大战中——失去的那种安全感，现在又依靠我自己的力量重新获得。我还想得到些什么呢？

然而，奇怪的是恰恰在我不知道还想得到些什么的时候，却感到一种莫名的不快。在我心中好像有什么声音（不是我自己的声音）在问：要是你的生活始终这样下去，始终这样一帆风顺，始终这样有条不紊，始终这样有收获，始终这样舒适和没有新的焦虑和磨难，难道果真就不错了吗？这种优裕的、完全有保障的生活难道不是更不符合你的本性吗？我沉思着在住宅内踱来踱去。那幢在萨尔茨堡的住宅在那几年已完全按照我的愿望变得相当漂亮了。难道我以后就会始终生活在那里吗？难道我以后就会始终坐在同一张写字桌旁,一本接一本地写书吗?然后我就会坐等一笔又一笔的版税吗?我将会渐渐成为一名高贵的绅士,将会用礼俗端庄的品行来维护自己的名声和著作吗?我会和一切意外的事件、一切焦虑不安、一切危险毫不相干吗?难道我以后就会在笔直、平坦的大道上继续这样生活下去一直到六七十岁吗?——我心中继续这样梦想着:如果出现一些别的情况,一些新的事况,一些使我感到不安和焦虑的情况并通过这些情况促使我去从事新的、也许是比较危险的斗争,从而使我变得更年轻,对我来说岂不是更好吗?是呀,在每一个艺术家的心中都隐藏着一种莫名其妙的矛盾:当生活十分坎坷的时候,他渴望安宁;可是当生活十分安宁的时候,他又渴望新的心理压力。所以,我在五十岁生日的那一天,内心深处只有这样一种不可理喻的愿望:但愿会发生一些能把我再次从那种充满安全感的舒适环境中拽出来的事情,但愿会发生一些迫使我不像以往似的继续生活下去而必须重新开始的事情。难道这是我害怕年迈、害怕衰老、害怕变得迟钝的表现吗?抑或这是一种神秘的预感,让当时的我为了寻求内心新的心理压力而渴望另一种更为艰难的生活吗?究竟是出于害怕安于现状还是出于神秘的预感,我并不清楚。

我之所以不清楚,是因为在那个特殊时刻从潜意识的朦胧中产生的想法根本不是一种说得清楚的愿望,也肯定和清醒的意志没有联系。它只是我感觉到的一种倏忽而至的念头,大概也不完全是我自己的念头,而是一种连我自己都不清楚的出自幽冥深处的念头吧。可是,驾驭我人生的那种神秘力量想必已觉察到我的这一念头——驾驭我人生的神秘力量是不可捉摸的,它曾满足了我从来不敢大胆奢望的许多东西。想必神秘力量当时又顺从了我的意愿,神秘力量举起自己的拳头,准备把我人生的基石彻底粉碎,同时迫使我在先前人生的废墟上重新建立另一种更为艰难困苦、完全不同于先前的人生。

注　释

〔1〕 本章原文标题是：*Sonnenuntergang*。

〔2〕 博纳罗蒂·米开朗琪罗（Buonarrot Michelangelo，1475—1564），意大利文艺复兴盛期著名雕塑家、画家、建筑师和诗人。代表作有罗马梵蒂冈西斯廷教堂的穹顶画《创世记》，中年创作的雕像《大卫》象征正义事业的力量；晚年为佛罗伦萨美第奇家族创作的陵墓雕像《晨》、《暮》、《昼》、《夜》、《摩西》、《奴隶》具有冷峻而沉郁的悲哀情调，反映了作者晚年的心态。1535 年至 1541 年，为保罗三世教皇在西斯廷教堂最靠里的墙上绘制了大型壁画《最后的审判》。此外，他还设计并领导建筑了罗马圣彼得大教堂的圆顶和加必多利广场行政建筑群等，并有诗集传世。

〔3〕 圣日耳曼城区（Faubourg St. Germain），巴黎的一个旧城区，是贵族居住之处。

〔4〕 亚伯拉罕·S. 沃尔夫·罗森巴赫（Abraham S. Wolf Rosenbach，1876—1952），美国书籍收藏家，著有《不能发表的回忆录》（*The Unpublishable Memoirs*，1917）等书。

〔5〕 罗歇·马丁·杜·加尔（Roger Martin du Gard，1881—1958），法国著名作家，代表作有《蒂博一家》（*Les Thibault*），1937 年获诺贝尔文学奖。

〔6〕 1924 年夏，斯蒂芬·茨威格在法国旅行时到过滨海的布洛涅（Boulogne-sur-Mer）；蒂拉诺（Tirano）是意大利城市，斯蒂芬·茨威格多次去意大利旅行，因为意大利是他母亲的出生地；1925 年冬，斯蒂芬·茨威格前往第戎（Dijon——法国一处有温泉浴的疗养胜地）看望比利时画家弗朗斯·马瑟雷尔（Frans Masereel）。参阅本书第十一章《在欧洲的心脏》注〔14〕。

〔7〕 赫伯特·乔治·韦尔斯（Herbert George Wells，1866—1946），英国作家，尤其以早期科幻小说出名，作品包括《时光机器》（*The Time*

Machine，1895）、《隐形人》(*The Invisible Man*，1897)、《世界大战》(*The War of the Worlds*，1898)。他还创作了反映英国下层中产阶级生活的喜剧小说，如《基普一家》(*Kipps*，1905)、《波利先生传》(*The History of Mr. Polly*，1910)。

［8］ 帕纳伊·伊斯特拉蒂（Panaït Istrati，1884—1935），用法语写作的罗马尼亚小说家，曾受罗曼·罗兰的赞赏，身后名声大振。代表作有《基拉·基拉莉娜》《安格尔舅舅》《阿德里安·佐格拉菲的故事》等。

［9］ 戈比（Kopek），俄罗斯货币卢布的最小单位，一卢布是 10 戈比辅币（硬币），相当于中国货币的"角"。

［10］ 此处是指 1928 年出版的斯蒂芬·茨威格撰写的人物特写系列《营造精神世界的巨匠》(*Die Baumeister der Welt*) 的第三部《描述自己人生的三文豪——卡萨诺瓦、斯丹达尔、托尔斯泰》(*Drei Dichter ihres Lebens—Casanova, Stendhal, Tolstoi*)。

［11］ 西里尔字母（Cyrillic alphabet），据史书记载，公元 9 世纪，希腊基督教神学家、传教士圣西里尔（Saint Cyril，827—869）与哥哥一起向斯拉夫人传教，并共同创造斯拉夫语字母，系俄语、保加利亚语等斯拉夫语字母的本源。

［12］ 克瓦斯，一种俄罗斯风味的饮料。

［13］ 阿克萨科夫（Сергей Тимофеевич Аксаков，1791—1859），俄罗斯作家，出身贵族家庭。因开创一种介乎小说和回忆录之间的文体而在俄国文坛著称，成名之作有《钓鱼笔记》(1847)、《猎人讲的各种狩猎故事和回忆》(1855)，作品出色地描写了俄罗斯的自然风光。主要作品还有《家庭纪事》(1856)、《巴格罗夫孙子的童年》(1858)，均具有自传和回忆录性质。他的作品细致而真实地描写了 19 世纪下半叶宗法制度下俄国地主阶级的生活习俗，反映出农奴主的专横残暴，受到进步的现实主义作家的好评。

［14］ 1928 年 9 月，斯蒂芬·茨威格应邀赴苏联参加在莫斯科举行的托尔斯泰诞辰一百周年庆典（列夫·托尔斯泰出生于 1828 年 9 月 9 日），在他抵达莫斯科的那天，出乎他的意料，他得到通知：请他在当天晚上作一个关于《托尔斯泰与西方》(*Tolstoi und das Abendland*) 的报告。他事先没有任何准备，也没有底稿，但他慨然应允。

1928年9月9日晚,他在宏大的莫斯科歌剧院,面对四千名听众做了这个命题的报告。事后发现,他是在经过15小时的火车旅程之后,未经休息,就从容、庄严地步入会场。他的报告没有底稿,是自由式的发言,但获得听众经久不息的掌声。

〔15〕 列宁格勒即圣彼得堡,苏联时期改名为列宁格勒(列宁城),苏联解体后又恢复原名圣彼得堡。

〔16〕《白夜》是陀思妥耶夫斯基于1848年创作的长篇小说,故事发生在圣彼得堡,小说描写了内心纯真的人物和自我牺牲的爱情。

〔17〕 拉斯科尔尼科夫是陀思妥耶夫斯基的小说《罪与罚》中的主人公。故事也发生在圣彼得堡。

〔18〕 维米尔(Jan Vermeer van Delft,新译:扬·弗美尔·范德尔夫特,1632—1675),荷兰著名风俗画家,代表作有《倒牛奶的女仆》、《戴珍珠耳环的少女》等。

〔19〕 格奥尔格·威廉·弗里德里希·黑格尔(Georg Wilhelm Friedrich Hegel,1770—1831),德国哲学家。德国古典唯心主义哲学之集大成者。主要哲学著作有《哲学全书》、《逻辑学》、《法哲学原理》、《精神现象学》,等等。其哲学体系是客观唯心主义,他把整个世界看成是"绝对观念"的表现和发展。其哲学体系包括逻辑学、自然哲学、精神哲学三个组成部分。在其逻辑学中,黑格尔以唯心主义方式,把质与量的互变、对立统一、否定之否定,作为思维的规律加以阐明。这些辩证思想是黑格尔哲学的精髓——被人称为"合理内核"。

〔20〕 乔治·索雷尔(George Sorel,1847—1922),法国新闻记者和社会哲学家,代表作有《暴力论》等,曾对列宁产生过影响。

〔21〕 奥勃洛摩夫是俄国作家冈察洛夫的小说《奥勃洛摩夫》中的主人公,他心地善良,很有教养,整天躺在床上懒洋洋地胡思乱想,心里虽有种种改良计划,但始终没有付诸实现,用打瞌睡来打发日子。

〔22〕 亚斯纳亚·波尔亚纳,是托尔斯泰居住的农庄所在地。

〔23〕 卢纳察尔斯基,参阅本书第十一章《在欧洲的心脏》注〔22〕。

〔24〕 尼古拉·尼古拉耶维奇·托尔斯泰(Николай Николайщвнли Толстй),列夫·托尔斯泰的哥哥。他和列夫·托尔斯泰的故居和墓地均在亚斯纳亚·波尔亚纳。

〔25〕坐落在巴黎的荣军院（Hôtel des Invalides），由路易十四建于17世纪70年代，目的是为伤残士兵提供住所。荣军院前方有长达500米的草坪，被称为荣军院广场。广场南端是荣军院教堂和拿破仑一世陵寝。1840年12月15日，法国七月王朝儒安维尔亲王率军舰前去圣赫勒拿岛，将拿破仑的遗体接回祖国。90万巴黎市民冒着严寒，满怀深情地参加了隆重的葬礼。拿破仑的遗体由仪仗队护送，经过凯旋门，安葬在巴黎荣军院的圆顶大厅。15年后，英国维多利亚女王携王子，即后来的爱德华七世，亲自来到这里，女王让王子在"伟大的拿破仑墓前"跪下。

〔26〕歌德的灵柩和魏玛公国奥古斯特公爵的灵柩存放在一起。

〔27〕伦敦的威斯敏斯特教堂是英国著名人物国葬的地方。

〔28〕"光明来自东方"，原文是拉丁语：Ex oriente lux。

〔29〕查尔斯·罗伯特·达尔文（Charles Robert Darwin，1809—1882），英国博物学家，进化论创始人，进化生物学的奠基人，提出以自然选择为基础的进化论学说和人类起源于类人猿的假说，著有《物种起源》、《人类的起源及性的选择》等。

〔30〕斯大林（Иосиф Виссарионович Сталин，1879—1953），苏联继列宁之后的党和国家领导人。1922年4月当选为俄共中央总书记。1941年5月任苏联人民委员会主席，同年6月任国防委员会主席，8月起兼任苏联武装力量最高司令。1941—1953年任苏联部长会议主席，同时任苏共中央总书记。1953年3月5日死于脑溢血。斯大林在1956年2月召开的苏共第二十次全国代表大会上遭到全面批判，其遗体于1961年从莫斯科红场的列宁陵寝中迁出，其骨灰放置在克里姆林宫墙角内。

〔31〕赫尔岑，参阅本书第六章《我的曲折道路》注〔14〕。

〔32〕通古斯语族，包括中国的鄂温克语、鄂伦春语、前苏联境内的埃文基语、埃文语、涅基达尔语。通古斯语族的作家是指前苏联境内的突厥和蒙古人作家。

〔33〕1930年，斯蒂芬·茨威格和第一任妻子弗里德里克去意大利旅行，并在索伦托（Capo in Sorrento）拜访高尔基。

〔34〕玛丽亚·布德贝格男爵夫人（Maria Baronin Budberg，1891—

1974),出身俄罗斯男爵贵族,高尔基的生活伴侣,曾为斯蒂芬·茨威格担任俄语翻译。

〔35〕 "教皇"一词,在欧洲人的习语中,有时是指某一领域的权威。

〔36〕 那不勒斯(Neapel),意大利第三大城市,位于意大利南部那不勒斯海湾的港口。港阔水深,可停泊巨轮。

〔37〕 格里尔帕尔策,参阅本书第一章《太平世界》注〔79〕。

〔38〕 贝内代托·克罗齐,参阅本书第十章《为思想上的团结而奋斗》注〔11〕。

〔39〕 恩格尔贝特·多尔富斯(Engelbert Dollfuss,旧译:陶尔斐斯,1892—1934),奥地利政治家。奥地利基督教社会党领袖。1932年任奥地利总理和外交部长,1934年在纳粹分子发动的一次未遂政变中被杀害。

〔40〕 库尔特·冯·舒施尼克(Kurt von Schuschnigg,新译:舒施尼格,1897—1977),奥地利政治家。1934年在多尔富斯被杀害后继任奥地利总理,曾为奥地利的独立和反对希特勒而进行政治斗争,1938年纳粹德国并吞奥地利后被德国纳粹分子逮捕投入集中营。1948—1967年任大学教授,著作有《反对希特勒的斗争》等。

〔41〕 贾科莫·马泰奥蒂(Giacomo Matteotti,1885—1924),意大利社会党人,1919—1924年曾任众议员,因斥责法西斯党徒而被绑架杀害。

〔42〕 萨科和万泽蒂,两名意大利裔美国人,生于意大利,1927年在美国被处死,罪名是在马萨诸塞(Massachusetts)一家工厂的抢劫案中谋杀了两名工人。尽管所引证据疑点很多,鞋匠尼古拉·萨科(Nicola Sacco,1891—1927)和鱼贩子巴尔托洛梅奥·万泽蒂(Bartolomeo Vanzetti,1888—1927)仍被宣判有罪。很多人认为真实原因是由于他们两人的无政府主义的政治观点。他们两人被处死引起很多激烈的抗议活动。1997年,波士顿市政当局决定为平反的萨科和万泽蒂建立塑像以资纪念。

〔43〕《每一个人》(Jedermann),是胡戈·冯·霍夫曼斯塔尔于1911年创作的宗教神秘剧。

〔44〕 系指希特勒。

〔45〕 托马斯·曼,参阅本书第十章《为思想上的团结而奋斗》注〔5〕。

〔46〕 赫伯特·乔治·韦尔斯,参阅本章注〔7〕。

〔47〕 雅各布·瓦塞尔曼，参阅本书第七章《走出欧洲》注〔1〕。

〔48〕 房龙（van Loon, Hendrik Willem, 1882—1944），美国新闻记者和作家，原籍荷兰，代表作有《人类的故事》、《圣经的故事》等。

〔49〕 埃米尔·路德维希（Emil Ludwig, 1881—1948），犹太裔瑞士德语作家，1940 年后定居美国，以撰写不拘泥于历史真实的传记著称，代表作有《拿破仑传》、《歌德传》、《俾斯麦传》、《罗斯福传》、《斯大林传》等。

〔50〕 弗朗茨·韦尔费尔，参阅本书第八章《欧洲的光辉和阴霾》注〔19〕。

〔51〕 格奥尔·勃兰兑斯，参阅本书第四章《大学生活》注〔76〕。

〔52〕 保罗·瓦莱里，参阅本书第二章《上个世纪的学校》注〔22〕。

〔53〕 简·亚当斯（Jane Addams, 1860—1935），美国著名女性社会改良家，和平主义者。曾任海牙国际妇女大会主席（1915 年）。参与制定第一个青少年法庭法、妇女八小时工作制等。获 1931 年诺贝尔和平奖（与美国 Nicholas Murray Butler 共享）。

〔54〕 沙洛姆·阿施，参阅本书第七章《走出欧洲》注〔2〕。

〔55〕 阿图尔·施尼茨勒，参阅本书第一章《太平世界》注〔76〕。

〔56〕 莫里斯·拉威尔（Maurice Ravel, 1875—1937），法国作曲家，代表作有芭蕾舞剧《达菲尼与克罗埃》、管弦乐曲《西班牙狂想曲》等。

〔57〕 里夏德·施特劳斯，参阅本书第二章《上个世纪的学校》注〔4〕。

〔58〕 阿尔班·贝尔格（Alban Berg, 1885—1935），奥地利作曲家，所作歌剧《沃伊采克》被西方公认为现代歌剧的代表作。

〔59〕 布鲁诺·瓦尔特，参阅本书第八章《欧洲的光辉和阴霾》注〔26〕。

〔60〕 贝拉·巴托克（Béla Bartók, 1881—1945），匈牙利作曲家和钢琴家。

〔61〕 阿尔图罗·托斯卡尼尼（Arturo Toscanini, 1867—1957），意大利著名指挥家，威尔第歌剧的诠释者，曾在米兰和纽约任交响乐团指挥。

〔62〕 里沃利（Rivoli）是意大利西北部都灵省的一个城镇。此处是指里沃利公爵率领的部队。里沃利公爵（duc de Rivoli）原名安德烈·马塞纳（André Masséna, 1758—1817），是拿破仑战争时期法国的主要将领。在 1796—1797 年拿破仑征伐意大利的战役中，他是最受拿破仑信赖的副手。1797 年 1 月 14 日，安德烈·马塞纳在

意大利里沃利城的战役中取得重大胜利,随后由于接二连三的战功而深得拿破仑器重。1804年成为元帅。1808年被封为里沃利公爵。1810年拿破仑赐予他埃斯灵亲王(Prince d'Essling)头衔。3个月后,他的健康状况恶化,但仍奉命指挥法军在葡萄牙和英军交战,后被英军司令官威灵顿公爵击败,他被解职。他没有参与1815年拿破仑的百日政权,反而支持路易十八复位,1817年4月4日在巴黎去世。

〔63〕康塔塔(Kantate),源于意大利语cantata,意为"歌唱";与sonata(演奏)对应,是多乐章声乐曲,以咏叹调、宣叙调、重唱、合唱组成,故一译"大合唱"。巴赫作有康塔塔二百余部,绝大多数为宗教康塔塔,其中世俗康塔塔仅遗留25部。

〔64〕《阿尔西斯特》(*Alceste*),格鲁克创作的三幕歌剧。1767年初演于维也纳。剧情取自古希腊悲剧作家欧里庇得斯的同名悲剧:国王阿德米都斯患不治之症,王后阿尔西斯特愿替丈夫去死,二人偕赴冥界,遇大力神赫剌克勒斯而得救。后受封于太阳神阿波罗。此歌剧是格鲁克的第一部革新歌剧,旨在提倡戏剧与音乐的内在联系。

〔65〕格奥尔格·弗里德里希·亨德尔(德语名:Georg Friedrich Handel,英语名:George Frederick Handel,1685—1759,一译韩德尔),德国人,后入英国籍。作曲家。代表作有清唱剧《弥赛亚》、交响组曲《水上音乐》等。参阅(北京)三联书店出版的《人类的群星闪耀时》中的《亨德尔的复活》篇。

〔66〕《威尼斯船歌》(*barcarolle*)。

〔67〕舒伯特的《音乐颂》(德语:*An die Musik*)参阅本书第一章《太平世界》注〔27〕。

〔68〕《皇帝四重唱》(德语:*Kaiserquartett*),海顿于1797年用哈施卡(Haschka,1749—1827)的词《天主保佑吾皇弗朗茨》谱成四声部合唱曲,故名。当时被采用为奥地利国歌。参阅本书第十二章《回到祖国奥地利》注〔6〕。

〔69〕《别乱了方寸》(意大利语:*Non più andrai*)歌词是意大利语,第一节是:

> 别再飞来飞去，多情的蝴蝶，
> 别不分白天黑夜到处乱窜，
> 别打扰美少女的香甜幽梦，
> 别自作多情，想入非非的痴心汉。

[70] 《费加罗的婚姻》(*Die Hochzeit des Figaro*)，莫扎特创作的四幕歌剧，剧情取自法国喜剧作家博马舍（Pierre-Augustin Caro de Beaumarchais，1732—1799）的同名剧作。犹太作家达·蓬塔（1749—1838）撰写歌剧脚本。歌剧内容：阿勒玛维华伯爵的仆人费加罗将与伯爵夫人的侍女苏珊娜成婚。伯爵喜新厌旧，也属意于苏珊娜。费加罗与苏珊娜为了捍卫自己的婚姻幸福，设各种圈套戏弄伯爵，以惩罚其邪心。最后，伯爵夫人授意苏珊娜写信约伯爵晚上到后花园幽会。届时，夫人与苏珊娜互换服装。伯爵赴约，向夫人假扮的苏珊娜大献殷勤。突然灯光齐明，夫人与苏珊娜卸去伪装，伯爵惊羞交集，不得不向夫人下跪求饶。费加罗与苏珊娜乘机举行婚礼。

[71] 可爱女孩的咏叹调（意大利语：*Cherubinos aria*）。

[72] 贝斯勒（Bäsle），是指莫扎特的堂妹玛利亚·安娜·苔拉克·莫扎特（1758—1841），莫扎特在写给她的信中称她为"贝斯勒"。

[73] 卡农（canon，希腊语），复调音乐之一种。

[74] 《狄托的仁慈》（英语：*The Clemency of Titus*），莫扎特于1791年奉命为波希米亚国王在布拉格为利奥波德二世（Leopold Ⅱ.，1747—1792，奥地利君主、1790—1792年任神圣罗马帝国皇帝）加冕而举行的庆典所作的二幕歌剧。剧情是关于古罗马皇帝狄托的仁政。这是莫扎特的最后一部歌剧，在18天内写成并上演；上演后九星期莫扎特便与世长辞。狄托（Flavius Vespasianus Titus，39—81）任罗马皇帝仅两年（79—81年）。

[75] 《哀格蒙特》（*Egmont*），戏剧配乐。贝多芬为德国大文豪歌德的悲剧《哀格蒙特》而作。剧情取材于16世纪尼德兰反抗西班牙统治的事迹。哀格蒙特伯爵（Lamoral Graf von Egmont，1522—1568）是尼德兰贵族中反对西班牙外来统治的领袖，是争取自由独立的先驱，战功显赫，深受民众爱戴，但因与阿尔瓦（Alba）公爵有

宿怨,且对付政敌态度不够坚决,最后被阿尔瓦处死。《哀格蒙特》序曲是音乐会上经常演出的曲目。

[76] 宫廷枢密顾问布罗伊宁(Hofrat Breuning),生平不详。

[77] 朱列塔·圭恰迪伯爵夫人(Gräfin Giulietta Guicciardi),维也纳的贵族小姐,曾随贝多芬学习钢琴。

[78] 埃德迪伯爵夫人(Gräfin Erdödy),维也纳的贵族小姐,曾随贝多芬学习钢琴。

[79] 1827年3月26日贝多芬去世。

[80] 约瑟夫·特尔切(Josef Teltscher,1801—1837),奥地利画家。

[81] 布吕恩(Brünn),今捷克一小城镇,当年属于奥匈帝国版图。

[82] 约瑟夫·丹豪泽(Joseph Danhauser,1805—1845),奥地利画家,维也纳市民风俗画的主要代表,作品有《母爱》等。

[83] 马拉提文,印度孟买省中部马拉提人用的文字。

第十五章　希特勒的崛起

这始终是不可抗拒的历史法则：当决定时代命运的那些巨大运动开始之初，历史往往让同时代的人无法认识清楚那些运动。所以我今天已记不清楚我是什么时候第一次听到阿道夫·希特勒这个名字的。不过，这个名字我们可已经听了好多年了。我们几乎每天每日，甚至每分每秒都不得不联系到或者提到这个名字。这个叫阿道夫·希特勒的人给我们这个世界带来的灾难比任何时代的任何一个人都要多呢。反正我第一次听到这个名字肯定是相当早的事情了，因为我们萨尔茨堡离慕尼黑只有两个半小时的火车路程，可以说是萨尔茨堡的邻近城市，只要那个地方发生了什么事，便会很快传到我们这里来。我只记得，有一天——我今天怎么也记不起来那个日子——一位熟人从那里来，抱怨说，慕尼黑又闹起来了，尤其是那里有一个名叫希特勒的猖狂的煽动家，用野蛮的殴打扰乱会场[1]，以最卑劣的方式煽动人们反对德意志共和国——魏玛共和国和犹太人。

这个名字就这样悄然无声地进入到我的心中，但没有引起我的特别重视，我也没有继续去思量。因为在当时受到严重伤害的德国出现过许多煽动家和政变分子的名字，这些名字转瞬即逝，今天早已消失得无踪无影。比如，波罗的海海军部队的上校埃尔哈特的名字[2]，卡普的名字[3]，政治谋杀者们的名字[4]，巴伐利亚共产党人的名字，莱茵地区分离主义者的名字[5]，志愿军团头目的名字[6]。几百个这样的小气泡在发了酵的泥塘里翻滚着，既不产生爆炸，也不留下什么，只是化作一阵恶气，把尚未愈合的德国伤口里的腐烂过程清清楚楚地暴露出来。有一次，我偶然看到一份那个新纳粹运动的名叫《米斯巴赫报》[7]的小报（那份报纸后来成为《人民观察家》报）。米斯巴赫只不过是一个小村庄，那份报纸也办得粗俗鄙陋。谁会去关心它呢？

我几乎每星期都去国界那边的近镇赖兴哈尔镇和贝希特斯加登镇，后来在那里突然出现了穿着翻口长筒靴和褐色衬衫的年轻小伙子的队伍——从矮到高排着队——每个人的手臂上都佩戴着颜色鲜明的卐字形袖章[8]。他们举行集会、游行，趾高气扬地唱着歌、齐声喊着口号穿过大街，他们把巨幅标语贴在墙上，并在墙上涂画卐字标记；我第一次察觉到，在这些突然冒出来的乌合之众的背后一定存在有钱和有影响的人物。当时希特勒还只能在巴伐利亚的啤酒馆里发表演说，他一个人不可能把几千个年轻人武装成一支耗费如此巨大的队伍，必然有更强大的势力推动着那场新"运动"。他们的制服簇新。在真正的退伍老兵还都穿着破旧军服走来走去的那个贫穷时代，这些从一个城市被派往另一个城市的"冲锋队"[9]却居然拥有一个大得令人吃惊的停车场；里面停的全是崭新的汽车、摩托车和卡车。除此以外，显而易见的是军队领导人对那些年轻人进行了正规的训练——或者如当时人们所说的"准军事"训练——而且肯定就是德国国防部提供了物质条件，来进行那种系统的技术训练；希特勒从一开始就是德国国防部秘密情报处的密探。不久，我凑巧有机会亲眼目睹了一次那种事先演练过的"战斗行动"。在边境的一个小镇，社会民主党人正在以和平的方式举行集会，突然有四辆大卡车疾驶而来，每一辆车上都站满了手持橡皮棍的年轻纳粹党徒，完全如我在威尼斯圣马可广场旁边看到的一样。那些纳粹党徒闪电般地对毫无准备的人群进行突然袭击。这是从意大利墨索里尼的法西斯主义党徒那里学来的同一种方法，只是在军事上更加训练有素，用德意志人的话说，连细枝末节都有系统的准备。冲锋队员们随着一声哨响，迅猛地跳下卡车，用橡皮棍向在路上遇到的每一个人抡去，警察还没有来得及干预，或者工人们还没能聚集在一起，他们就已经重新跳上卡车，飞驰而去。他们蹦上跳下攀登卡车的准确动作使我惊讶不已。一旦那帮歹徒的头目发出一声尖厉的哨声，他们就能准确无误地做完那些动作。看得出来，每一个年轻队员事先都已知道，抓住哪一个把手，从汽车的哪一个车轮爬上去，迅速站到哪一个位置，以避免和下一个人碰撞，从而不致给全体造成危险。他们的肌肉和神经对此早已有所准备。这无论如何不是一个人的机敏所能做到；双手的每一个动作肯定早就在营房、在练兵场上演练了几十次，或许几百次了。一眼就能看出那支部队从一开始就是为了暴行、袭击和恐怖活动而训练的。

不久，人们便可听到更多的有关在巴伐利亚州举行那些秘密演习的消息。当大家熟睡的时候,那些年轻的队员们便悄悄地溜出房间,集合在一起,进行夜间"野外训练";由国家或者党的秘密资助人出钱,由正在服役或者已经退役的国防军的军官们训练那支部队,当局对那些蹊跷的夜间演习并不太在意。当局是真的睡着了吗?或者只是闭上了眼睛?是当局认为那场运动无关紧要呢,还是暗地里助长它的气焰?不管怎么说,曾经暗地里支持过那场运动的那些人后来自己也被那场突然出现的运动所使用的残暴手段和快速行动惊骇得不知所措。有一天早晨,当各官署从睡梦中醒来时,慕尼黑已经落入希特勒之手[10]。一切行政部门均被占据;报纸被手枪逼着宣告革命已经胜利完成。一筹莫展的魏玛共和国只好像做梦似的眼望着鲁登道夫将军如救星一般从云雾中升起;他是许多自以为能超越希特勒的人物中间的第一人。可是他们不但没有如愿,反而被希特勒愚弄了。那次想征服德国的著名的啤酒馆暴动是上午开始的,但到中午就完蛋,这是大家知道的(我没有必要在这里讲述世界历史)。希特勒逃跑了,不久被捕;那场运动似乎也随之消失。在一九二三年那一年,卐标记不见了;冲锋队和希特勒的名字也几乎被人遗忘。没有人再会想到他可能是一个重新掌权的人物。

可是若干年后希特勒又出现了,是当时对现状不满的怒涛把他匆匆推举出来的。通货膨胀、失业、各种政治危机,还有外国的愚蠢举动,使德意志民族人心浮动;当时德国各阶层都迫切要求建立秩序,对他们来说,秩序从来就比自由和权利更重要。歌德就曾说过,一片混乱比不公正更令他厌恶。所以,当时谁要是许诺建立秩序,一下子就会有数以千万计的追随者跟着他走。

但是，我们还是一直没有注意到危险。少数作家也真的花精力去读希特勒的书[11]，可是他们不去研究他的纲领，而只顾嘲讽他的枯燥无味的文章的华而不实的风格。民主主义的大报纸——不是去提高人们的警惕——而是每天抚慰自己的读者，说什么依靠用重工业界的钱和冒险借来的钱勉强维持着的那种耗费巨资的宣传运动不可避免地会在明后天彻底破产。也许身居外国的人永远也不会明白真正的原因：为什么德国在那几年中竟会如此低估和轻视希特勒的为人和他不断扩大的权力——这是因为德国从来不仅是一个等级森严的国家，而且在等级观念中还要加上根深蒂固的对"学历"的顶礼膜拜。除了一些将军以外，当时德国的高级职务都是由所谓受过"高等教育的人"担任；而当时在英国却有一个劳合·乔治[12]，在意大利有一个加里波第和一个墨索里尼[13]，在法国有一个白里安[14]，他们全都是从平民成为占据国家最高职位的政治家。而眼下的德国却有一个尚未读完市立中学、更谈不上读完大学的人，一个在成年男子收容所里度过夜，而且常年用直到今天也没有弄清楚的手段过着不明不白生活的人[15]居然也有可能接受一个冯·施泰因男爵、一个俾斯麦、一个比洛侯爵[16]曾经坐过的交椅，这对德国人来说简直不可思议。德国的知识分子最看重学历——正是这一点使他们上了大当——在他们看来，希特勒只不过是一个在啤酒馆里煽风点火的小丑。他们觉得，这个小丑绝不可能变得非常危险，而希特勒却早已利用自己的幕后操纵者在各种不同的社会阶层中赢得了有势力的党羽。不仅如此，纵使当他在一九三三年一月那一天[17]当上了总理,居然还有一大批人,甚至连那些把他推上那个位子的人,还仅仅把他看作是临时占据那个位子的人,把纳粹的统治看作是暂时的插曲。

希特勒上台后,他的奸雄本色才表现得淋漓尽致。多少年来,他向各方面许诺,争取到了各个政党重要代表人物的支持;那些代表人物都以为可以利用这个"无名小卒"的神秘力量为自己的目的服务。后来,希特勒在重大的政治事件中正是采用了同样的伎俩:用誓盟和表示德国人的忠心与那些他要消灭和铲除的人联手。他的上台,说明他的这种伎俩取得了初步胜利,所以他完全知道怎样用许诺来迷惑各方面的人,从而使他在掌权的那一天,即使在最对立的营垒里也竟然会爆发出一片欢呼声。在多伦[18]的君主政体拥护者们认为,希特勒是德国皇帝最可靠的开路先锋。在慕尼黑的古老的巴伐利亚维特尔斯巴赫[19]王族的君主政体拥护者们也无不感到欢欣鼓舞,他们也把希特勒看成是"他们的"人。德意志民族主义者们希望希特勒能为他们各自分配到一杯羹。他们的领袖胡根贝格[20]根据事先的协议为自己在希特勒内阁里弄到了最重要的职位,他相信自己会因此而站住脚跟——当然,没过几个星期,信誓旦旦的协议犹在,他却被赶出了内阁。重工业企业家们感到,由于希特勒的出现,他们就可以从布尔什维克的恐怖中解脱出来,他们眼看着自己多年来暗暗地用钱扶植起来的希特勒登上了权力的宝座;而那些日益贫困的小市民们也同样舒了一口气,因为希特勒曾在上百次的集会上答应:他要为小市民们"打碎利息的桎梏"。小商人们念念不忘的是希特勒曾许诺要关闭大商店——他们最危险的竞争对手，可是这个许诺从未实现过。而特别欢迎希特勒的，要算是军界了，因为希特勒是用军事眼光考虑一切，他臭骂和平主义。甚至社会民主党人也不是如人们所想象的那样会非常不高兴地眼看着希特勒青云直上，因为社会民主党人希望希特勒将扼杀社会民主党的死敌——那些拥挤在他们身后的令人讨厌的共产党人。最不相同、最对立的政党都把希特勒这个对各阶层、各政党、各种倾向的代表人物作过许诺并发过誓的当年"无名小卒"当作自己的朋友。就连德国的犹太人也并不感到十分不安，他们自欺欺人地以为一个当上"部长的雅各宾派"就不会再是雅各宾派了。德意志国家的一个总理当然一定会阻止反犹太主义煽动者们的野蛮行径。再说了，在一个法律已经相当稳固的国家里，如果国会中的大多数人都和希特勒对立，而且根据庄严宣布的宪法，每一个公民都享有自己的自由与平等，希特勒怎么敢胡作非为呢？

接着，国会纵火案[21]发生了，国会没有了。戈林[22]撒手放出他的冲锋队暴徒，霎时间，德国所有的法律都化为乌有。当人们听说，在和平的环境中竟有集中营、兵营里竟设有秘密审讯室，无辜的人竟会在那里未经法庭审理和正规程序就被处决，无不感到毛骨悚然。人们心里想，那样的事很可能仅仅是一时丧失理智的愤怒的爆发吧，那样的事在二十世纪长不了。殊不知，那样的事才仅仅是开始呢。全世界的人都密切关注着自己起初不愿相信的那些难以置信的事。然而，我在那几天就已经看到了第一批逃难的人。他们在夜间越过萨尔茨堡山地或者游过界河来到奥地利。他们面黄肌瘦、衣衫褴褛，惊慌失措地望着别人;一场躲避惨绝人寰的迫害的可怕逃亡就从他们开始了,后来,那种逃亡一直蔓延到整个世界。只不过在我看到那些被驱逐的人群时,我还全然不知他们苍白的脸色已暗示着我自己的命运;我还全然不知我们大家都将是那一个希特勒的暴政的牺牲者。

一个人想在短短的几个星期之内就把在三四十年间培养起来的对世界的信念彻底泯灭,很难。在我们根深蒂固的道德观念中,我们依然相信德意志人的良知、欧洲人的良知和世人的良知;我们深信,非人性的行为总会有限度并且必将在人类面前自取灭亡。由于我试图在这里尽可能忠于事实,所以我必须坦白承认,当我们大多数人一九三三年和一九三四年待在德国和奥地利的时候,每当一件事闯入我们的生活,而大多数人往往在几个星期以前还都认为根本不可能。诚然,我们这些自由、独立的作家们对某些必然会出现的困难、麻烦和敌意事先就清楚明白。国会纵火案刚一发生,我就对我的出版人说,我的著作很快就要在德国成为历史了。我将不会忘记他当时那副惊愕的神情。"谁会禁止您的著作呢?您可从来没写过反对德国的一个字或者干预过政治呀。"——他十分惊讶地说这句话是在一九三三年。我发觉:在希特勒掌权之后一个月,纵使是深谋远虑的人也完全没有料到一切骇人听闻的事——如,焚书和使用酷刑——在几个月之后都已成为现实,因为纳粹分子惯于使用卑鄙的欺骗伎俩:在时机成熟以前不会暴露自己的最终目标。纳粹分子总是小心翼翼地采用自己的手法:先小试牛刀,然后便是短时间的观望。他们总是先单独用一粒药丸,然后等候片刻,看看它是不是太厉害,看看世人的良知是不是还承受得了这种剂量。由于欧洲人的良知迫不及待地强调这样的暴行"与己无关"——这是我们文明世界的耻辱,同时也损害了我们的文明世界——于是剂量越来越大,直至所有欧洲人最后在这种剂量中彻底完蛋。欧洲人之所以强调与己无关,是因为这些暴行都发生在"国界的那一边"。希特勒的成功之处无非是用慢慢试探、逐步升级的战术,来针对一个在道德上尔后在军事上变得越来越孱弱的欧洲。纵使是消灭任何自由的言论和消灭任何有独立思想的书籍这种内心早就决定了的行动,也是按照那种事先试探的方法在德国得逞。当时,并没有立即颁布一项公然禁止我们这些人的著作的法令——它是两年之后才宣布的——他们只是先小心翼翼地试探,看看能走多远。对我们这些人的著作进行第一次冲击,是由一群不负正式责任的人去干的,即身为纳粹党徒的大学生们去干的。在此之前,纳粹分子为了贯彻蓄谋已久的排挤犹太人的行动,曾导演过一出"民众愤慨"的丑剧,于是,纳粹分子也用同样的方法暗中唆使那些大学生们对我们的著作公开表示"愤慨"。德国的大学生一旦能有机会表现自己的反叛思想,就乐意听从纳粹分子的教唆,在各所大学聚众闹事,把我们的著作从书店里抢走,带着这些战利品,举着飘扬的旗帜走向一处公共场地。他们要在那里按照德国古老的习惯,把书籍钉在耻辱柱上示众——中世纪的风尚突然变成了时髦——我今天在自己身边就有一本曾被钉上过耻辱柱的我自己的著作,那是我的一位大学生朋友在执行完任务后抢救出来的,并把它作为礼物送给了我——或者他们在那里把书籍放在一大堆木柴上,把书烧成灰烬,口中念着爱国主义的词句,既然当时已不允许焚烧活人。虽然宣传部长戈培尔[23]在经过长时间的犹豫之后最终决定赞成焚书,但是焚书一事始终还是半官方的措施。然而,公众却没有从那些大学生的焚书事件和胡作非为中得到一丁点儿教训,还有什么能比这一点更清楚地表明:当时的德国对这样一些暴行是多么无动于衷。尽管书商们受到警告,不准再把我们的著作放进橱窗,尽管再也没有一家报纸提到我们的那些著作,但是那些真正的读者却丝毫不受影响。在尚未设立监狱和集中营的那会儿,我的著作虽然在一九三三年和一九三四年遇到过刁难和凌辱,但是销售量几乎和以前一样多。于是,纳粹当局才不得不颁布那项冠冕堂皇的《保护德意志人民》法令,把印刷、销售和传播我们的著作宣布为犯有卖国罪,从而把我们和数十万乃至数百万德意志人强行分开。然而时至今日,这些德意志人仍旧喜欢读我们的著作,愿意忠实地陪伴我们的创作,而不愿意读那些突然冒出来的歌颂"热血与乡土"的创作[24]。

能够在德国和同时代的精英托马斯·曼、亨利希·曼[25]、韦尔费尔、弗洛伊德、爱因斯坦[26]以及其他一些人——我认为他们的著作远比我的著作重要得多——一起承受那种完全被剥夺文学创作的命运,我觉得与其说感到耻辱,不如说感到光荣。不过,由于任何一种殉道者的姿态都会让我产生反感,以致我只是迫不得已才提及那种相连在一起的普遍遭遇。但奇怪的是,恰恰是我自己使纳粹分子,甚至使希特勒本人处于特别尴尬的境地。在所有被剥夺了公民权的人中间，唯独我创作的文学作品中的人物形象一再成为让贝希特斯加登别墅里的高层和最高端人物十分恼火和争论不休的问题，以致让我感到一点小小的满足——在我一生中又增添了一件高兴的事：我让新时代里最有权势的人物——一时逞强的阿道夫·希特勒时不时生气。

在纳粹新政权的最初几天，我就无辜地被安上一项捣乱的罪名。当时全德国正放映着一部根据我的中篇小说《情欲燃烧的秘密》[27]改编的电影，而且片名中也有"燃烧的秘密"的字样。当初映演时根本没有人对此表示哪怕只是一丁点儿的反感。可是在"国会纵火案"——纳粹党徒妄图嫁祸于共产党而未能得逞的阴谋——之后竟发生了这样一件事：在电影院招牌和影片的海报前聚集着一群人，他们互相挤眉弄眼，哄然大笑。不一会儿，盖世太保[28]明白了人们为什么在这个片名前大笑的缘故。当天晚上，警察骑着摩托车在街上巡逻，并命令停映这部电影。从第二天起，从我的中篇小说《情欲燃烧的秘密》改编的影片因为有"燃烧的秘密"这样几个字也就从所有的报纸广告和一切招贴广告的柱子上消失得无影无踪。其实，禁止这样一个使他们感到不安的标题，甚至焚烧和撕毁我的全部著作，在当时是一件相当简单的事。不过，在特定的情况下，纳粹对我也无可奈何，因为在关键性的时刻他们不能同时伤害另一个他们正极为需要用来维护他们在世界上的声望的人，此人就是当时德意志民族最了不起、最闻名、活着的音乐家里夏德·施特劳斯[29]。我当时恰巧和他一起合作写一部歌剧。

那是我第一次和里夏德·施特劳斯合作。而他在此前的所有歌剧的歌词——从《厄勒克特拉》[30]和《玫瑰骑士》[31]起——均出自胡戈·冯·霍夫曼斯塔尔的手笔，而且我也从未见过里夏德·施特劳斯本人。霍夫曼斯塔尔去世后，里夏德·施特劳斯通过我的出版人向我传话说，他很想创作一部新歌剧，问我愿不愿意为他写歌剧的歌词。我对这样一种请求感到莫大荣幸。自从马克斯·雷格为我的最初的一些诗歌[32]谱曲以后，我一直生活在音乐和音乐家的圈子里。我与布索尼、托斯卡尼尼、布鲁诺·瓦尔特、阿尔班·贝尔格结成了亲密的友谊。但我不知道，在我们那个时代的作曲家中，有谁能比里夏德·施特劳斯更使我乐意为他效劳。里夏德·施特劳斯是纯德意志血统音乐家的伟大后裔中的最后一位了。这个伟大世系从亨德尔、巴赫到贝多芬、勃拉姆斯，一直延续到我们那个时代。我马上表示愿意，并在第一次会面时就向里夏德·施特劳斯建议，用本·琼森[33]的《沉默寡言的女人》[34]作为歌剧的主题。施特劳斯对我提出的所有建议理解得非常迅速、非常清楚，对我来说，确实是一件喜出望外的事。我从未想到他身上会有一种如此敏捷的对艺术的理解力、一种如此惊人的对戏剧的知识。我还正在介绍那部歌剧素材的时候，他已经使它具有了戏剧的形式；更加令人惊异的是，他把那些素材和他自己最大的才能结合得十分完美。他对自己能发挥所长的地方，简直了如指掌。我在一生中遇到过许多伟大的艺术家，可是从来没有一个艺术家有像他那样如此清醒、如此客观地看待自己。合作刚一开始，里夏德·施特劳斯马上坦诚地向我承认，一个七十高龄的音乐家不再具有音乐灵感的原始力量。他说，他也许再也创作不出如《梯尔·欧伦施皮格尔》[35]或《死亡与净化》[36]那样一些交响乐作品了，因为恰恰是纯音乐需要一种新颖的极高的创造力。不过，歌词还始终会使他产生灵感。他说，他还能将一种现成的、已经形成的主题用音乐戏剧性地表现出来，因为对他而言，音乐的旋律是自发地从那些意境和诗歌中演绎而来。因此，他到了晚年就专门从事歌剧创作了。他说，他虽然清楚地知道，歌剧作为艺术形式原本已经过时，没有人再能够超越瓦格纳这样一座伟大的高峰。"不过，我可以绕开他走。"他带着粗犷的巴伐利亚人的笑声补充道。

在我们弄清剧本的基本轮廓之后，他又提醒我几点要注意的细节，他说，他让我有绝对的自由，因为一部事先用威尔第[37]的歌剧格式裁剪好的歌词永远也不会激发他的灵感，而只有一部富有诗意的作品才会令他灵感勃发。他说，如果我能够写出一些形式复杂的歌词，从而使他有可能从中演绎出音色多变的旋律，那他就太满意了。他说："我不像莫扎特似的能即兴谱写出长长的旋律。我总是先从短的主旋律开始。不过，我知道以后怎样去变奏那个主旋律，去自由装饰那个主旋律，把蕴藏于主旋律中的一切挖掘出来。我觉得，如今无人仿效我的这种创作方法。"我再次为他的如此坦率而惊讶，因为里夏德·施特劳斯的音乐作品的旋律确实几乎没有超过几个节拍的；但是那些节拍不多的旋律——如《玫瑰骑士》中的圆舞曲——后来又是怎样得到升华和怎样用赋格[38]作曲法使该歌剧中的各种圆舞曲变成完美绚丽的乐章的啊！

和他第一次会面时一样，我以后每次和他见面，总是对他满怀崇敬之情,赞赏那位年迈的大师在自己的创作中是如此自信和如此实事求是。有一次,我和他单独坐在萨尔茨堡艺术节的会演大厅里聆听他的《埃及的海伦》[39]的内部彩排。大厅里没有别人,周围一片漆黑。他专心聆听着。我忽然发现他在轻轻地、不耐烦地用手指敲击着坐椅扶手,然后小声地跟我说:"不好!很不好!太没有灵感。"几分钟之后,他又说:"要是我当时把它删掉就好啦!哦,天哪,太空洞!太拖沓!"又过了几分钟,他说:"您听,这段不错!"他评判自己的作品是那样客观,那样实事求是,好像他第一次才听到似的,好像那些音乐是由一位完全陌生的作曲家创作似的。令人惊讶的是,他的这种衡量自己的心态从未离开过他。他总是清楚地知道,自己是谁和有多大能耐。他不太感兴趣把自己和别人比较:比别人差多少或者比别人强多少。他也不在乎自己在别人眼里的分量。使他感到乐趣的是创作本身。

里夏德·施特劳斯的"创作"是一个非常独特的过程。他没有任何神鬼附身般的灵感,没有一丁点儿艺术家的"癫狂",没有任何沮丧和绝望——像人们从生平传记中所知道的贝多芬和瓦格纳那样。里夏德·施特劳斯创作时既冷静又实事求是,他作曲的时候——像约翰·塞巴斯蒂安·巴赫一样,像所有技艺高超的艺术大师一样——安详而有条不紊。上午九点,他坐到书桌前,在昨天停下来的创作之处继续工作。他用墨水笔把通常都是用铅笔写的初稿写成钢琴总谱,不停地一直工作到十二点或午后一点。下午,他玩纸牌,誊抄两三页总谱。晚上,他还时常要到剧院去指挥乐队。任何一种神经衰弱的病症都与他无缘。他对艺术的悟性无论是在白天还是在夜里都同样清楚和明晰。当仆人敲门，给他送来指挥乐队时穿的燕尾服时，他就放下工作，站起身来，乘车去剧院。他指挥乐队就像他下午玩斯卡特纸牌[40]一样的自信和安详。第二天早晨，他又准确无误地在昨天停下来的创作之处继续他的灵感，因为里夏德·施特劳斯"指挥"着自己的灵感——按照歌德的说法；里夏德·施特劳斯认为，艺术就是一种才能，甚至是一种包罗万象的才能，诚如他自己用风趣的话所说："一个真正的音乐家该是什么样呢？他必须也能为一张菜单谱曲。"困难吓不倒他，而只会给这位正在形成自己风格的巨匠带来乐趣。有一次，他得意扬扬地告诉我："我给那位女歌唱家布下了谜团！她想要解开它，一定得绞尽脑汁。"我今天回想起来，仍然忍俊不禁，当时，他的一双蓝色的小眼睛多么炯炯有神啊！在那样难得的时刻，他的眼睛闪闪发光，你会感觉到，好像有什么神秘的魔力深深地隐藏在这个奇怪的人身上。他的工作方法是准时、按部就班、扎扎实实，犹如做手工一般、看上去心不在焉，起初还会让人有点儿失望呢——就像他的面孔。他的面庞属于平常的圆脸，胖乎乎的、孩子似的面颊，额角微微偏后，乍一看，毫无特色。可是你要是再看一下他的眼睛，那双明亮、炯炯有神的蓝眼睛，你马上就会感觉到，在那张平凡的面孔背后隐藏着一种特别神秘的力量。那双眼睛大概是我在一个音乐家身上看到的最清澈的一双眼睛，不是具有魔力的眼睛，而是一双显出睿智的眼睛，是一双彻底认识到自己使命的一个男子汉的眼睛。

在那次令人振奋的会面以后，我回到了萨尔茨堡，接着便开始工作。两个星期后,我就把歌剧《沉默寡言的女人》第一幕的稿子寄给他,当然是因为急于想知道,他能不能接受我写的歌剧诗句。他很快给我寄来一张明信片,上面写着瓦格纳著名歌剧《纽伦堡名歌手》中的一句歌词:"开头极佳。"[41]他对第二幕的祝贺更为热忱,他寄来了他自己的歌曲中的开头几句歌词:"啊!我终于找到了你,你这个可爱的孩子!"[42]他的那种喜悦,甚至可以说是兴奋,给我以后的继续创作带来难以形容的快乐。里夏德·施特劳斯在我写的歌剧脚本上没有改动一行字,只是有一次因为反向声部的需要,他请我再加上三四行歌词。我们之间就这样开始了最诚挚的关系。他到我们家里来,我去他住的地方加米施[43]。他在加米施用他的细长手指在钢琴上按照初稿断断续续为我演奏了整部歌剧。完全像预先商定好似的——其实,既没有协议,也不是义务:我在完成那部歌剧之后,又立即着手写第二部,而他也早已毫无保留地同意了那第二部歌剧的基本内容。

一九三三年一月,当阿道夫·希特勒上台之时,我们的歌剧《沉默寡言的女人》第一幕的钢琴总谱已全部完成,第一幕的管弦乐乐谱也大致完成。可是几个星期后,当局下令严厉禁止在德国舞台上演出非雅利安人的作品或者有一个犹太人以某种形式参与的那些作品。这一骇人听闻的强制措施甚至对逝者也不放过,莱比锡音乐厅门前的门德尔松[44]的立式雕像被拆除了,此举激怒了世界上所有的音乐爱好者。我觉得,这条禁令一下,我们那部歌剧的命运也就完了。我自以为里夏德·施特劳斯将会放弃和我继续合作而和别人另搞一部作品。可是他并没有像我想的那样去做,而是给我写了一封又一封的信。他提醒我,说我应该为他的下一部歌剧准备歌词,因为他已经在为我第一部歌剧作管弦乐部分的配乐。他说,他并不想让任何一个人禁止他和我合作。我不得不坦率地承认,在整个事情发展过程中,他一直对我恪守朋友的忠诚。当然,他也采取了一些我不太喜欢的预防措施——接近权贵,常常和希特勒、戈林、戈培尔见面;甚至连富特文格勒[45]当时还公开表示不愿为希特勒效劳的时候,里夏德·施特劳斯却接受了纳粹的国家音乐局总监的任命。

他和纳粹分子的那种公开合作在当时对纳粹分子来说非常重要。因为不仅最优秀的作家,而且还有那些最著名的音乐家们当时都愤怒地对纳粹分子嗤之以鼻。那些与纳粹分子沆瀣一气或者投奔纳粹的少数人在最广泛的艺术家圈子里无非是一些无名之辈,而像他这样一位当时德国最有名气的音乐家竟在那样一个令人尴尬的时刻公开倒向他们这一边,这件纯粹装点门面的事却给戈培尔和希特勒带来了不可估量的好处。里夏德·施特劳斯跟我说过,希特勒在维也纳流浪的岁月里曾用自己通过某种方法辛苦挣得的钱,去格拉茨[46]看过他的《莎乐美》[47]的演出并表示很敬仰他;在当时贝希特斯加登的所有节日庆祝晚会上,除了瓦格纳的作品之外,几乎只演唱里夏德·施特劳斯的歌曲。而从里夏德·施特劳斯这方面说,他和纳粹合作有他自己的深谋远虑。他在任何时候都直言不讳地承认自己信奉艺术唯我主义,在他心中觉得任何一个政权对他都无所谓。他曾作为宫廷乐队指挥为德国皇帝效劳过,曾为德国皇帝的军乐配过曲;后来又作为宫廷乐队指挥在维也纳为奥地利皇帝服务；在奥地利共和国和魏玛共和国时期，他也曾是受欢迎的人。除此以外，他如此奉迎纳粹分子，还出于和他生命攸关的利益，用纳粹的话来说，他负有一笔巨债。他的儿子娶了一个犹太女子，他不得不担心，他至爱的孙子们可能会被当作废物排斥在校门之外；他的新歌剧受到我的牵累；他早先的歌剧又受到非"纯雅利安种"的胡戈·冯·霍夫曼斯塔尔的牵累；他的出版商是一个犹太人。因而他觉得给自己找一个靠山越来越迫切，于是他坚决地迈出了这一步。他的纳粹新主子要他到哪里去指挥乐队他就去哪里。他为一九三六年的奥林匹克运动会[48]的会歌谱曲。但与此同时，他在给我的那些抑郁而又十分坦率的书信中又对我说，他对那项委任并没有多大兴趣。事实上，在这位艺术家的神圣的艺术唯我主义中，他所关心的只有一件事：让自己的作品发挥作用，首先是能看到他特别牵挂的那部新歌剧《沉默寡言的女人》上演。

他向纳粹所作的这样一些让步肯定会让我感到非常尴尬，因为很容易产生这样的印象：好像我暗地里也参与其事，或者说，似乎我也一心指望，在纳粹如此卑劣的封杀中很可能会对我本人网开一面。我的朋友们从各方面责难我，公开反对那部歌剧在纳粹德国上演[49]。但是，由于我首先在原则上讨厌那些公开的、情绪激动的姿态；其次，我也不愿意给里夏德·施特劳斯这样一位天才设置困难。里夏德·施特劳斯毕竟是当时活着的最伟大的音乐家，况且已是七十岁的年纪，他为那部作品花了三年时间。在那三年时间里，他在我面前表现出来的全是友好的情谊、正直和勇气。所以我采取保持沉默的态度，让事情顺其自然，我以为这是明智之举。此外我还知道，如果我不想给继续坚守德意志文化的人增添困难，除非我采取这种完全被动的态度。因为纳粹的国家文化局和宣传部只不过是在寻找一个好听的借口，以便能够让一项针对他们自己的那位伟大的音乐家的禁令得以成立。譬如说，他们把那部歌剧的脚本拿到所有官员和名人那里去征求意见，暗地里却希望那些人能找到什么借口。倘若在《沉默寡言的女人》剧中有一个类似于《玫瑰骑士》里的场面：一个年轻男子从一个已婚女人的卧室里走出来，那么事情可能就好办多了！这很可能会给纳粹分子一个借口：他们必须捍卫德意志人的道德。然而，令他们失望的是，我的剧本中没有伤风败俗的描写。然后，他们在盖世太保那里把有关我的所有卡片索引和我过去的著作都翻了一遍。但纳粹分子即便在那里也没有发现我曾对德国或者对地球上任何一个别的国家说过一句贬低的话或者发现我曾从事过什么政治活动。虽然纳粹分子一直在活动、一直在想方设法，可是始终无法作出决定：他们是否应该在全世界面前剥夺那位年迈的大师——这可是他们自己把纳粹音乐的旗帜塞到那位大师里夏德·施特劳斯手中的呀——上演自己歌剧的权利，或者，是否应该宣布：和里夏德·施特劳斯的名字赫然并排在一起的词作者的名字斯蒂芬·茨威格又一次玷污了德国剧院的节目单——就像已经发生过多次的那样。如果纳粹当权派真的作出这样的决定，那可是德国奇耻大辱的日子！纳粹当权派如此忧心忡忡和苦不堪言的绞尽脑汁使我暗自感到非常高兴；我预料，即使我不参与，或者更确切地说，我不置可否，我的那部音乐喜剧也不可避免地会发展成为一种具有党派政治色彩的刺耳音乐。

纳粹当权派对如何了结此事一直下不了决心。不过，到了一九三四年初，纳粹当权派必须作出最后抉择：要么违背自己颁布的禁令放行；要么禁止当时最伟大的音乐家——里夏德·施特劳斯的那部歌剧上演，因为时间不允许他们再继续拖下去。歌剧总谱、钢琴配曲部分、剧本歌词早就印好了；德累斯顿的皇家剧院已经预定好了道具服装，角色也分配好了，而且还进行了排练。可是各级有关部门、戈林、戈培尔、国家文化局、文化委员会、教育部以及施特赖歇尔[50]那一伙还都没有取得一致意见。尽管这一切显得十分荒唐，但是《沉默寡言的女人》事件终究成了一件轰动一时的政治风波。在所有的有关部门中，没有一个部门敢于承担那种打破僵局的"同意"或者"禁止"的责任，于是只留下一条出路：将此事交给德国的主人、党魁——阿道夫·希特勒亲自去决定。我的著作在此之前就有幸受到不少纳粹分子的青睐；特别是《富歇传》一书，他们曾把此书当作政治上毫无顾忌的榜样一再加以研究和讨论。但是我确实没有预料：继戈培尔和戈林之后，阿道夫·希特勒本人将不得不亲自下功夫研究我写的那部三幕抒情歌剧《沉默寡言的女人》。他要作出决定也同样不容易。据我私下通过各种渠道得到的消息，他们还举行了一连串没完没了的会议。最后里夏德·施特劳斯被召到那位至高无上的权力者面前。希特勒亲自告诉里夏德·施特劳斯，他将破例允许那部歌剧上演，尽管这样做违背新德意志帝国的一切法律。希特勒作出这样一个决定，大概完全像他和斯大林与莫洛托夫[51]签署条约一样，不是出于本意，而是玩弄权术。

对纳粹德国来说不舒服的那一天终于来到了,被纳粹摈弃的斯蒂芬·茨威格的名字又引人注目地出现在戏剧海报上,各个剧院将再次上演斯蒂芬·茨威格的一部歌剧。我当然没有出席那一次演出,因为我知道观众大厅里一定挤满了穿褐色制服的人——希特勒的党卫军,人们甚至估计希特勒本人也可能会出席其中一次演出。那部歌剧获得了巨大成功。我必须向音乐评论家们表示敬意,因为我知道,他们当中百分之九十的人十分高兴地利用了那次好机会,以便再一次——也是最后一次——表达他们内心深处对纳粹种族歧视的反抗。他们用尽一切友好的言辞来评论我的那部歌剧脚本。在柏林、汉堡、法兰克福、慕尼黑,所有的德国剧院都立刻预告那部歌剧下一次演出的时间。

但在第二次演出之后,突然晴天霹雳。一夜之间,德累斯顿和整个德国都接到通知:禁止上演那部歌剧。更有甚者,我吃惊地读到里夏德·施特劳斯辞去国家音乐局总监职务的消息。每个人都清楚,肯定发生了什么特别的事情。过了一段时间,我知道了全部真相。事情是这样的:里夏德·施特劳斯在《沉默寡言的女人》演出之后又给我写了一封信,他在信中敦促我马上创作一部新的歌剧脚本,他在信中以惊人的坦率表明了他自己的态度。那封信落到了盖世太保手中。信被摆到里夏德·施特劳斯面前,这以后施特劳斯不得不立即辞职,同时《沉默寡言的女人》也遭到了禁演。于是,那部德语歌剧当时只能在自由的瑞士和布拉格上演,不久又用意大利语在米兰的斯卡拉歌剧院上演,当然是得到当时还未拜倒在种族歧视脚下的墨索里尼的特别同意。而德国民众却再也不能听到他们自己的、当时活着的、最伟大的年迈音乐家里夏德·施特劳斯的那部颇为令人销魂的晚年歌剧中的任何一个音符了。

当那件事闹得沸沸扬扬的时候,我正在国外,因为我觉得奥地利的动荡使我无法安静工作。我在萨尔茨堡的家离德国边界又是那么近,我只要随便一望就能看见贝希特斯加登山——阿道夫·希特勒的住所就在那座山上。那是一个很少让人感到高兴和非常令人不安的邻国。而我就住在紧挨着德意志第三帝国的边界,当然这也有好处:使我有机会比我在维也纳的朋友们更好地判断奥地利的危险局势。而坐在维也纳咖啡馆里的人,甚至还有奥地利政府各部的官员们都把国家社会主义看作是"那一边"发生的事,认为纳粹绝不会触及奥地利。组织严密的奥地利社会民主党不是还依然存在吗?该党几乎得到奥地利半数国民的支持。自从希特勒的"德国基督徒"公开非难基督教并公开宣称他们自己的元首"比耶稣基督还伟大"的时候起,奥地利的基督教社会党不就已经和奥地利的社会民主党团结一致积极抵御外敌了吗?难道法国和英国不就是奥地利的民族联盟[52]的保护伞吗?墨索里尼不是说要坚决承担奥地利的保护人的角色吗?他不是说要保证奥地利的独立吗?甚至在奥地利的犹太人也不关心自己,他们装聋作哑,好像剥夺犹太人医生、律师、学者、演员们权利的事情是发生在中国,而不是发生在三小时路程那一边的同样讲德语的地方。维也纳人舒舒服服地坐在自己的家中;驾着自己的汽车行驶在街道上。除此以外,每个人都有这样一句口头禅似的安慰话:"那种情况不会持续长久。"不过,我却回想起我在短暂的俄国之行时在列宁格勒和当时出版我著作的人的一次谈话。他跟我说,他以前曾是一个非常有钱的人,有过非常美好的光景。我问他,为什么他不像许多人那样在革命爆发后就立刻离去?"啊呀,"他回答我说:"那个时候谁会相信,像一个什么委员会和一个什么士兵共和国这样的事情会超过两个星期的时间呢?"当时的奥地利人就像他一样,不愿意抛弃自己原来的生活而自欺欺人。

当然,住在靠近边界的萨尔茨堡人看事情比较清楚。不断有人开始越过狭窄的界河来来往往。年轻人在夜里悄悄地渡过河去接受训练;煽动家们坐着汽车从河那边过来,或者手持登山杖装作纯粹的"旅行者"走着越过边界,他们在奥地利各地建立起他们自己的"基层组织"[53]。他们开始招募新成员,同时威胁说,谁不及时表态支持他们,谁以后必将为此付出代价。这使奥地利的警察和国家官员不寒而栗。我越来越感觉到,奥地利人开始动摇,他们的举止行为乱了方寸。生活中许多亲身经历的小事总是最有说服力。我在萨尔茨堡有一个青年时代的朋友——一位颇有名气的作家,我和他已有三十年最密切、最友好的交往。我们互相都称你[54],我们互相赠书题词,我们每个星期都见面。有一天,我看到这位老朋友正和一个我不认识的男士一起在街上走,我看见他立刻在一个和他毫不相干的橱窗旁站住,背朝着我站在那里,并兴致勃勃地指给那位男士看什么东西。好生奇怪嘀,我想:他肯定已经看见我了。但也可能是碰巧吧。第二天,他突然给我打电话,问我,他是不是可以下午到我这里来聊天。我答应了,但有些纳闷儿,因为我们过去总是在咖啡馆里会面。结果呢,虽然他是紧急来访,但并没有跟我说什么重要的事情。我马上明白了,他一方面想要和我保持友谊;另一方面他又不想作为我这个犹太人的朋友而受到嫌疑。他不愿在萨尔茨堡那座小城市里对我表现得过分亲密。这件事引起了我的注意。我不久便觉察到,平时常来的许多熟人过了一段时间都不见了。我的处境已变得危险。

我当时并不打算要彻底离开萨尔茨堡,但和往常不同,我终于决定到外国去度冬天,以躲避各种小小的紧张氛围。但我没有预料到,当我于一九三三年十月离开我的美丽家园时,竟是向自己的家园诀别。

我原本打算在法国写作,以度过一月和二月。我爱那个有文化的美丽国家,我将它视为我的第二故乡。我在那里没有觉得我是外国人。瓦莱里、罗曼·罗兰、朱尔·罗曼、安德烈·纪德、罗歇·马丁·杜·加尔、杜亚美、维尔德拉克、让-里夏尔·布洛克,那些文学界的领军人物都是我的老朋友。我的著作在那里拥有几乎与在德国一样多的读者。在那里,没有人把我当作外国作家,当作陌生人。我爱那里的法国人,我爱那个国家,我爱巴黎这座城市,我在那里有宾至如归的感觉,以致每当我乘坐的列车开进巴黎北站时,总会有这样的感觉:我"回来"了。可是一九三三年十月那一次却是由于特殊情况:我比往常提前好几天离开了自己的家,但是又想在圣诞节之后再到达巴黎。在这段时间里我去哪儿呢?我想起来了,自从我上完大学之后到那时已经过了四分之一多的世纪,我还没有再次重游英国呢。我跟自己说,为什么老是待在巴黎,为什么不去伦敦待上十天或两个星期呢,为什么不用另一番眼光再去看看阔别多年的那些博物馆呢？为什么不再去看看那个国家和那座城市呢？于是我没有去乘坐开往巴黎的特别快车，而是坐上了开往加来[55]的火车。在三十年之后的又一个十一月的日子里，仍然是那样迷雾蒙蒙，我又在伦敦的维多利亚火车站下车了。我一到伦敦感到惊奇的第一件事是，我将不再像从前那样坐马车而是坐小轿车去旅馆。雾，灰色的雾依然像当年一样柔和阴凉。我还没有来得及向那座城市看上一眼，我的嗅觉又闻到了三十年前包围在一个人身边的那种特别呛鼻、潮湿、浓重的空气。

我带的行李很少，正如我没有带多少期望一样。我在伦敦几乎没有要好的朋友；我们欧洲大陆的作家和英国的作家在文学上的接触并不多。在他们和我们不完全相通的传统里，他们是在自己圈内过着一种自己的独特生活。我今天已不记得，从世界各地寄到我家、放在我桌子上的许多书籍中，是否曾经有过一本英国作家作为礼品馈赠给我的书。我曾在赫勒劳[56]见到过一次萧伯纳。有一次，韦尔斯[57]在访问萨尔茨堡时到过我家。我自己的那些著作虽然都已一再被译成英语，但在英国却不太出名；英国还始终是我的著作发生影响最小的国家。纵使在我和美国的、法国的、意大利的、俄国的出版商结成私人友谊的时候，我也从未见过一位要在英国出版我的著作的公司经理。因此我做好了思想准备，就像三十年前一样在那里忍受陌生的感觉。

然而事实并非如此。几天之后，我在伦敦感到难以形容的舒适。不是伦敦大变样，而是我自己变了。我的年龄长了三十岁，在紧张和过度紧张的战争年代和战后年代之后,我渴求再次过上完全平静的生活,不想再听到那些有关政治的事情。不言而喻,在英国也有政党,曾有过辉格党[58]和托利党[59],如今有一个保守党、一个自由党和一个工党,但它们之间的争论和我毫不相干。不用说,在文学界也有门户之见与流派,也有各种争论与隐蔽的竞争,但我完全可以置身于外。特别使我感到舒适的是,我终于又感觉到在自己周围有一种平易近人、谦恭温和、没有仇视的氛围,而在此前的那几年里,毒化我的生活的,莫过于我一直感觉到在我周围有一种仇恨和紧张的氛围——无论是在乡间还是城市都是如此;莫过于我不得不时时刻刻小心提防被卷入争论中去。而英国的居民却不会受到那样的困扰。英国社会生活中的诚信程度比我们眼下由于充满欺骗而道德沦丧的德国和奥地利要高。人们在英国生活得更安宁、更满意,他们更关注自己的花园和小宠物,而不是邻居。我能够在英国自由地呼吸、自由地思想和考虑问题,但我留在英国的根本原因是为了一部新作品。

事情是这样的。我的著作《玛丽·安托瓦内特》当时刚好已经出版,我正看着我写的《鹿特丹的伊拉斯谟——辉煌与悲情》那本著作的校样。我在那本著作中试图写照这位人文主义者的精神面貌,这位人文主义者虽然比职业的世界改造者们更清楚地理解时代的不合情理,可悲的是他却不能用自己的全部理性去阻止那种不合情理。在完成那部影射自己的《鹿特丹的伊拉斯谟——辉煌与悲情》之后,我打算写一部酝酿已久的长篇小说。我写的传记已经不少。但是我到伦敦的第三天就发生了这样一件事:由于我对手迹原件一直感兴趣,那天我正在大英博物馆的公共阅览室里浏览展出的手迹,其中有一份关于处死苏格兰女王玛利亚·斯图亚特的手写报告。我情不自禁地问自己:玛利亚·斯图亚特究竟怎么啦?她真的参与谋杀她的第二个丈夫吗?或者不是她?由于我晚上没有什么可看的读物,我便买了一本关于她的书。那本书是一首赞歌,像保护圣灵一般庇护着玛利亚·斯图亚特,但却是一本肤浅和并不高明的书。出于我的无可救药的好奇心,我第二天又买了另外一本书,这本书和那本书说的几乎完全相反。这一情况开始引起我的兴趣。我打听哪一本书真实可靠,但没有人能说得清楚。于是我自己搜寻和查找,不知不觉陷入比较之中,而且在并不真正知道底细的情况下开始写一本关于玛利亚·斯图亚特女王的著作。那本著作后来使我好几个星期离不开图书馆。当我一九三四年初乘车回奥地利时,我就决心我以后要重返我喜爱的伦敦,以便在安静的环境中把那本著作写完。

回到奥地利两三天之后,我就看出奥地利的局势在不到几个月的时间里已变得非常糟糕。从充满宁静、安定氛围的英国回到弥漫着狂热和好斗气息的奥地利,就好像人们在纽约的酷热的七月天,从一间空气凉爽、有冷气的房屋内突然走到炽热的大街上一样。纳粹分子施加的压力开始逐渐破坏宗教界和市民阶层的神经;市民阶层在感觉到日趋增强的经济压力的同时,也感觉到德国颠覆奥地利的势力越来越大并且迫不及待。奥地利的多尔富斯政府为维护奥地利的独立和抵御希特勒,一直在拼命寻找最后的支持。法国和英国太偏远,而且这两个国家对奥地利也极为冷漠；捷克斯洛伐克对维也纳当局仍然怀有旧的宿怨和敌意。于是只剩下意大利了，它当时正在争取成为奥地利在经济上和政治上的保护国，目的是为了保障通往意大利的阿尔卑斯山各隘口的畅通和边境城市的里雅斯特[60]的安全。可是墨索里尼却为这种保护提出了苛刻的代价：奥地利应该顺应法西斯主义的潮流，解散国会，从而结束民主。然而，如果不消灭奥地利的社会民主党或者剥夺该党——奥地利最有势力、组织最严密的政党——的权力，此事就不可能实现。而要摧毁这个政党，没有别的办法，只有依靠残酷的暴力。

多尔富斯的前任伊格纳茨·赛佩尔已针对那些恐怖的暴力行动建立了一个组织，即所谓"保国军"[61]。从表面上看，这是一个极可怜的组织——人们可能会这样想——这是由外省的小律师、退役军官、身份不明的人、失业的工程师们所组成；他们都是些失意的平庸之辈，并且互相之间疯狂仇视。他们终于在那位年轻的施塔尔亨贝格侯爵[62]身上找到了一个所谓的领袖，那位侯爵曾一度拜倒在希特勒脚下，反对过共和国和咒骂过民主，现在却带着自己的雇佣兵作为希特勒的敌手东游西荡，并声称："要让许多人掉脑袋。"保国军到底想干什么，并不完全清楚。实际上，保国军的目的无非是想混碗饭吃。他们所有的人只不过是墨索里尼的拳头，是墨索里尼推着他们向前走。这些貌似爱国主义的奥地利人实际上是在用意大利提供的军刀砍自己坐着的树墩——自取灭亡，但自己却没有察觉。

奥地利的社会民主党比较清楚地认识到真正的危险之所在。这个政党从本身来说不必畏惧公开的斗争。它拥有自己的武装[63]，并能通过总罢工使所有的铁路、自来水厂、电厂陷于瘫痪。但这个政党知道，希特勒正等待着这样一次所谓的"赤色革命"呢，一旦有了这样的借口，希特勒就可以作为"拯救者"将军队开进奥地利。所以社会民主党觉得，最好是牺牲自己的大部分权力乃至国会，以便达成一项国内各党派可以接受的妥协。奥地利正处在希特勒要兼并这个国家的阴影威胁之下，一切有理智的人在迫不得已的情况下都会支持这样一种折中方案。甚至连多尔富斯这样一个多谋善变、雄心勃勃但又完全是个现实主义的人，也倾向于国内各党派团结一致。可是年轻的施塔尔亨贝格和他的同伙法伊[64]少校——他后来在谋杀多尔富斯事件中扮演了一个引人注目的角色——却要求社会民主党的"共和国保卫同盟"交出武器，并要求消灭出现任何民主、平等、自由的苗头。社会民主党人则反对这种要求，于是双方阵营接连不断地互相发出威胁。人们感觉到，一场决战正迫在眉睫，我怀着大家都有的紧张情绪，充满预感地想起了莎士比亚戏剧中的名句："如此混浊的天气没有一阵暴风雨是不会晴朗的。"[65]

我在萨尔茨堡只待了几天，便立刻去维也纳。恰恰是在二月的最初几天，突然来了那场暴风雨。保国军在林茨袭击了社会民主党领导的工会的驻地，保国军以为那里是军火库，要夺走那里的军火。工人们以总罢工回答。多尔富斯则再次下令用武力镇压那次人为挑起的不得已的"革命"[66]。于是正规的国防军用机枪和大炮逼近维也纳的工人住宅。激烈的巷战进行了三天三夜。那是在西班牙内战[67]之前欧洲最后一次民主与法西斯的较量。工人们在装备精良的强大武力面前坚持了三天三夜。

那三天我正在维也纳,因而我是那次武装冲突的见证人,也是奥地利独立自我毁灭的见证人。不过,由于我要成为一个诚实的见证人,所以我不得不承认我这个见证人似乎有点自相矛盾,因为我本人根本没有亲眼目睹那次革命。一个挺身而出想要尽可能诚实和清楚地说明时代真相的人,必定也会有勇气去揭穿那些浪漫的想象。革命在一座现代化的大城市发生,然而只涉及少数几个地方,因此绝大多数居民都看不见革命——我觉得这最能说明现代革命的巧妙和本质特点。所以事情看起来非常奇怪:在一九三四年二月那些具有历史性意义的日子里,我就待在维也纳,可是我丝毫没有看到在维也纳发生的那些重大事件,什么也没看见,就连事件发生的时候,我也毫无所知。大炮的轰击,许多房屋被占领,几百具尸体被运走——我却一具尸体也没看见。每一个在纽约、伦敦、巴黎读报的人都比显然是见证人的我们更清楚地知道事件的真正经过。我后来多次确凿无疑地发现了那种惊人的现象:在我们这个时代,离那发生重要事件的地方只隔十条街道的人远远不及相隔在几千里之外的人了解得多。当几个月之后的一个中午多尔富斯在维也纳被暗杀[68]之后,当天下午五点半我就在伦敦街头见到了那条消息。我马上给维也纳打电话,使我惊异的是电话很快就接通了,但更使我惊异的是,我获悉在离维也纳外交部官邸只有五条街道的人竟然不如在伦敦每个街角的人知道得多。我以我在维也纳所经历的那次革命事件作为例子只能从反面说明:与今天同时代的每一个人要想看到那些改变世界和改变他自己生活的各种事件的发生是多么不容易,如果他不是恰巧处在关键性的位置的话。我当时经历那次革命的全过程只不过是：我和歌剧院的芭蕾舞女导演玛格丽特·瓦尔曼[69]约好晚上在维也纳环城大道的一家咖啡馆见面。我步行去环城大道，正当我漫不经心地想横穿环城大道时，突然有几个穿着旧军服的人高挽着袖口，端着枪匆匆向我走来，问我到哪里去。我告诉他们，我要去那家J.咖啡馆，他们一声不响地放我过去。我既不知道那些卫兵为什么突然出现在街头，也不知道他们究竟要干什么。实际上，当时维也纳郊区已进行了好几个小时的枪战，可是在市内却没有人知道。因为我想要在第二天早晨回萨尔茨堡，所以我当晚回旅馆结账，但旅馆的看门人却对我说，恐怕走不成了，铁路不通车，铁路工人在罢工；此外，郊区正在发生什么事情。

第二天的报纸对有关社会民主党人和政府军的这一次武装冲突的报道相当含糊其词，说武装冲突已经被平息。而实际上，那天的战斗还正处于白热化状态呢，政府下决心在机枪扫射之后再用大炮轰击工人的住宅。但是我没有听到大炮的声音。我想，即使当时整个奥地利都已被占领——不是被社会党人占领就是被纳粹党人占领，或者被共产党人占领，我也会一无所知，就像当年慕尼黑的老百姓，早晨一觉醒来，才从《慕尼黑最新消息》报上得知，他们的城市已落入希特勒的手中。当时，维也纳市内的一切都像往常一样平静、有条不紊，而郊区的战斗却非常激烈。我们像傻瓜一样相信官方的报道：一切都已平息，一切都已结束。为了查阅一些资料，我到维也纳的国家图书馆去，那里坐着许多大学生，他们在看书、在学习，跟往常一样，所有的商店都开着，市民们完全没有不安的迹象。

一直到第三天，一切都过去了，维也纳的市民们才零零星星知道一些真相。第四天，铁路交通刚一恢复，我就一早起程回萨尔茨堡。我在萨尔茨堡的街上遇到两三个熟人。他们马上向我走来问我，维也纳究竟发生了什么事。我，作为那次革命的"见证人"的我，不得不老老实实告诉他们："我不清楚。你们最好去买一份外国报纸看看。"

奇怪的是，发生的这些事件竟和我有关联：我在回到萨尔茨堡的第二天就要为我自己的人生作出抉择。我从维也纳回萨尔茨堡是那天下午到家的。家里堆满了好多校样和信件，为了把那些所有拖欠的事情干完，我一直工作到深夜。翌日清晨，我还在床上躺着，就有人敲门，是我们那位忠厚的老仆人——我要是不事先明确约定一个时间的话，他平时是从不来叫醒我的——脸上一副惊慌失措的神色。他说，请我下楼去一趟，警察先生来了，要跟我谈话。我有点儿纳闷，一边穿上晨服，然后走下楼去。楼下站着四名便衣警察，他们告诉我说，他们是奉命来搜查的，并说我应该立即交出"共和国保卫同盟"藏匿在我家的所有武器。

我今天不得不承认，我在开始的一刹那惊愕得不知回答什么是好。共和国保卫同盟把武器藏在我家？太荒谬了！我从未属于哪个党派，我也从不关心政治。我已经有好几个月不在萨尔茨堡了，且不说，这是世界上最最可笑的事情：将一个武器库设在城外一座山上这样一幢房子里，难道不知道人人都能目睹别人把枪支或者其他武器朝山上搬运的呀！我没有什么好回答的，只是冷冰冰地说："请，你们搜查吧。"那四个暗探穿过房间,打开一些橱柜,敲敲几处墙壁。从他们搜查时那种马马虎虎的神情上看,我立刻明白了,那种搜查仅仅是一种形式而已,就连他们自己也没有人真的相信在我的那幢住宅里会有一个储存武器的仓库。半小时后,他们宣布搜查完毕,然后消失得无影无踪。

那出闹剧为什么当时会使我如此愤慨,恐怕我需要从历史上加以说明,因为欧洲人和世界上的人近几十年来几乎已经忘记了个人的权利和公民的自由曾是多么神圣。自一九三三年以后,搜查、随便捕人、查抄财产、逐出家园和国土、流放以及各种形式的贬谪几乎成了司空见惯的事;在我认识的欧洲朋友中,几乎没有一个不知道这类事情的。可是在一九三四年初,搜查私人住宅在当时的奥地利还是一种莫大的侮辱。要对一个像我这样完全脱离政治、多少年没有行使过自己选举权的人的住宅进行搜查,必须有特别的理由。实际上那也是典型的奥地利做法。萨尔茨堡的警察局长是出于无奈,不得不对使用炸弹和爆炸物每夜骚扰居民的纳粹分子采取严厉措施,然而那种监视当时需要有极大的勇气,因为纳粹分子已采用恐怖手段。政府部门每天都收到恐吓信,威胁说,如果他们继续"迫害"纳粹分子,必将为此付出代价。纳粹分子所说的关于报复的话后来确实百分之百兑现:那些最忠实于政府的奥地利官员在希特勒的军队进驻奥地利的第二天就统统被送进了集中营。可想而知,在我家里的搜查表明,奥地利政府的官员对任何人采取那样一种安全措施都是无所顾忌的。不过,我在这个本身并不重要的插曲背后却感觉到,奥地利的局势已变得多么严峻、来自德国的压力有多么强大。自从那几个便衣警察来过我家之后,我就不再喜欢我的那个家了。一种直觉告诉我,那样的插曲只是更大规模侵犯人权的小小前奏而已。我当天晚上就把最重要的文件捆成包并决定从此长期生活在国外。那种离别并不仅仅意味着离开自己的住宅和故土,因为我的家人[70]对那所住宅的眷恋胜于对自己的故乡,我的家人热爱那片土地。但对我而言,世界上最重要的是个人自由。我没有把自己的打算告诉任何一个熟人和朋友。两天之后,我又重返伦敦;到了伦敦后我做的第一件事,就是通知萨尔茨堡当局,我已最终决定放弃我在那里的住宅。那是我脱离自己祖国的第一步。不过,自从维也纳发生二月事变[71]那几天以后,我就知道奥地利已经沦陷——当然我当时还无法知道,我自己将会因此而失去多少。

注　释

〔1〕 本章原文标题是：*Incipit Hitler*，其中 Incipit 是拉丁语，词义是兴起、开始。1923 年 11 月 8 日，希特勒乘法国军队进驻德国鲁尔地区和国内政局动荡之际，率领纳粹党徒围困了在慕尼黑一家啤酒馆集会的巴伐利亚邦政府领导人，企图发动政变。但由于巴伐利亚的大资产阶级不愿公开表示支持，这次暴动（史称啤酒馆暴动）被艾伯特政府和巴伐利亚邦政府平息。希特勒被关押在巴伐利亚的兰茨贝格（Landsberg）九个月。他在狱中写下了《我的奋斗》一书。1924 年 12 月，希特勒获释，尔后在 1925 年又重建纳粹党，并组建党卫军，它先是希特勒的卫队，后来成为纳粹党的特务组织和军事组织。此处所说的德意志共和国习称魏玛共和国。

〔2〕 赫尔曼·埃尔哈特（Hermann Ehrhardt，1881—1971），德国海军上校。1920 年 3 月 10 日，沃尔夫冈·卡普发动复辟君主政体的卡普暴动，时任魏玛共和国国防部长的诺斯克（Gustav Noske，1868—1946）为执行协约国军事管制委员会的要求而发布解散两个海军旅的命令。这两个海军旅当时驻扎在柏林附近的德贝里茨，由埃尔哈特指挥。但是，时任柏林驻军司令的吕特维茨将军（Walter von Lüttwitz，1859—1942）则宣称，他坚决不允许解散这样的精锐部队。在其阴谋策划下，1920 年 3 月 11 日夜，埃尔哈特率领五千名海军旅士兵通过勃兰登堡门，进军柏林，占领了所有政府建筑物，宣布废除政府，解散国民议会，宣布魏玛宪法无效，由卡普和吕特维茨将军临时掌权。魏玛共和国的艾伯特政府临时迁往斯图加特。但是，柏林工人抵制这次政变，工人们举行总罢工，切断柏林和外界的通信和交通联系，使柏林的经济陷于瘫痪。3 月 15 日总罢工席卷全国，叛乱分子得不到支持，纷纷出逃。卡普逃出柏林，吕特维茨躲入容克贵族的田庄。3 月 17 日，这次史称卡普暴动的政变宣告破产。历时仅五天。

〔3〕 沃尔夫冈·卡普（Wolfgang Kapp，1858—1922），1920 年 3 月，和

吕特维茨将军联手,发动卡普暴动。失败后于 1922 年死于受审前的监禁中。

〔4〕 魏玛共和国存在 14 年间,政局动荡,政治谋杀时有发生,如,1918—1919 年任巴伐利亚总理的社会民主党人兼作家库尔特·艾斯纳(Kurt Eisner,1867—1919)于 1919 年 2 月 21 日上午九时半正要去邦议会参加会议时,被青年学生阿尔科伯爵(Graf von Arco)击毙;1919—1920 年任魏玛共和国副总理兼财政部长的中央党左翼领导人马蒂亚斯·埃茨贝格尔(Matthias Erzberger,1875—1921)为完成协约国的赔偿要求而制订了应急税收计划,遭到狂热的纳粹分子的反对,于 1921 年 8 月 26 日被暗杀;1922 年任魏玛共和国外交部长的瓦尔特·拉特瑙(Walther Rathenau,1867—1922)于 1922 年 6 月 24 日从家里驱车前往外交部途中,被德国纳粹分子恐怖组织的青年狙击手暗杀,等等。

〔5〕 第一次世界大战结束后,法国为建立在欧洲的霸权地位,收回了在普法战争中被德国夺取的阿尔萨斯和洛林,占领萨尔,并把法德边界推到莱茵河,企图在莱茵河左岸建立一个在法国保护下的分离主义者的莱茵共和国:1.1918 年 12 月 4 日由中央党人特林博恩·阿登纳(Trimborn Adenauer)等宣布成立的莱茵—威斯特法伦共和国;2.1919 年 6 月 1 日由多滕(Dorten)在威斯巴登宣布成立的莱茵共和国;3.1923 年 10 月 21 日由德克斯(Deckers)在亚琛宣布、多滕和马特斯(Mathes)在科布伦茨宣布、11 月由奥尔比斯(Orbis)在普法耳茨(Pfalz)地区宣布成立的莱茵共和国。由于法国分离主义的政治企图遭到英、美、意等国和德国纳粹分子的强烈反对,分离主义者的莱茵共和国刚一成立,即告失败。

〔6〕 志愿军团(Freikorps),第一次世界大战后,原来德意志帝国军队中有帝国主义和军国主义思想的官兵纷纷组成不同的志愿军团。魏玛共和国艾伯特政府曾依靠这些官兵稳定政局,但这些官兵所关心的并不是如何拯救共和国,而是力求保存一个军事组织,以便伺机在以后重振德意志帝国。因此他们是镇压工人运动和左派革命运动的急先锋,杀害了数以千计的工人和像罗莎·卢森堡、卡尔·李卜克内西这样一些左派革命领袖。志愿军团中有影响较大的钢盔

团（Stahlhelm），它是一个退伍军人组织（Bund der Frontsoldaten），1918 年 12 月由马格德堡工厂主弗朗茨·泽尔特（Franz Seldte）创建，公开宣布反对革命。以反对布尔什维克主义为主要目标的"青年德意志军团"（Jungdeutscher Orden）于 1918 年由陆军中尉阿图尔·马劳恩（Artur Mahraun）在卡塞尔创建，等等。

〔7〕《米斯巴赫报》（*Miesbacher Anzeiger*）后来成为《人民观察家报》（*Völkische Beobachter*）。这份纳粹党的报纸自 1920 年创刊直至 1945 年纳粹德国灭亡而终止。

〔8〕希特勒创建的政党全称是国家社会主义德国工人党，简称国社党或纳粹党。该党的党旗及袖章是红底白圆圈，中间是黑色的卍字标记（铁十字标记）。希特勒解释说，红色象征社会主义，白色代表国家，卍字标记代表有教养的雅利安人，卍的黑色象征争取雅利安人胜利的斗争使命。参阅本书第七章《走出欧洲》注〔30〕。

〔9〕指希特勒于 1921 年 10 月组建的纳粹党冲锋队（Sturmabteilung，简称 SA），由于队员穿褐色制服，故又称"褐衫队"，是半军事组织，最初主要从事破坏革命运动、冲击其他党派群众集会、进行街头殴斗等活动。1932 年发展到四十多万人，成为纳粹党制造白色恐怖、夺取政权的重要工具。

〔10〕1923 年 11 月 8 日至 9 日，希特勒和鲁登道夫在慕尼黑举行武装暴动，暴动被镇压，希特勒被捕。

〔11〕指希特勒写的《我的奋斗》。

〔12〕戴维·劳合·乔治（David Lloyd George，新译：戴维·劳维德·乔治，1863—1945），律师出身，英国自由党领袖。1916—1922 年任英国首相，率领英国代表团出席巴黎和会。辞去首相后，仍为议会自由党领袖（1926—1931）。第二次世界大战爆发前，曾谴责张伯伦政府的绥靖政策。著有《战争回忆录》、《凡尔赛和约真相》。

〔13〕朱塞佩·加里波第（Giuseppe Garibaldi，1807—1882），参阅本书第十三章《重又走向世界》注〔10〕。贝尼托·墨索里尼（Benito Mussolini，1883—1945），参阅本书第六章《我的曲折道路》注〔43〕。

〔14〕阿里斯蒂·白里安（Aristide Briand，1862—1932），法国人，原来职业是律师和新闻工作者。早年投身工人运动。1901 年任法国社

会党总书记。1904年和让·饶勒斯共同创办《人道报》。1906年白里安因任教育部长,被社会党开除。此后多次任法国总理(1909—1911,1913,1915—1917,1921—1922,1925—1926,1929),26次任部长。1925年参加缔结洛迦诺公约,采取对德友好方针。1926年获诺贝尔和平奖。1930年公开宣传建立欧洲联邦。在竞选总统失败后于1932年1月退休,不久逝世。

〔15〕 指希特勒。

〔16〕 伯恩哈德·海因里希·马丁·比洛侯爵(Bernhard Heinrich Martin Fürst von Bülow,1849—1929),普鲁士官宦家庭出身。1900—1909年任普鲁士王国首相和德意志帝国宰相。对内于1902年提高农产品进口税,维护大地主阶级的经济利益,对外积极推行殖民扩张和战争政策,从而加深了德国和英、法、俄之间的矛盾。因争夺摩洛哥失败,于1909年被迫离职。1914—1915年任驻意大利大使,企图使意大利脱离协约国,保持中立,但未成功。著有《德国政治》、《贵在思考》等。

〔17〕 1933年1月30日,魏玛共和国兴登堡总统被政治形势所迫,任命希特勒为总理。1933年3月,希特勒以恐怖手段强行通过《授权法》,停止执行《魏玛宪法》,魏玛共和国结束。1934年8月兴登堡去世后,希特勒自称元首兼总理,解散国会,取消所有反对派政党,实行纳粹专政,此时的德国被纳粹分子称为第三帝国。

〔18〕 多伦(Doorn),在荷兰乌得勒支省,德国皇帝威廉二世在第一次世界大战后流亡荷兰时居住于此,也是德意志共和国(魏玛共和国)时德国流亡贵族集中居住的地方。

〔19〕 维特尔斯巴赫家族(Wittelsbachs),德国中古时代巴伐利亚王族。

〔20〕 阿尔弗雷德·胡根贝格(Alfred Hugenberg,1865—1951),德国工业家和政治家,1908—1918年任克虏伯公司董事会主席,1920—1945年任国会议员。曾是德国民族人民党右翼的领袖,希特勒掌权后,他被赶出内阁。

〔21〕 1933年2月27日夜,纳粹分子纵火焚烧柏林的帝国国会大厦。这是纳粹党头目戈培尔和戈林精心策划的阴谋,意在制造恐怖气氛和嫁祸于德国共产党人。1932年戈林任德国国会议长时,建造其

官邸和国会大厦相连的地下通道。1933年2月27日夜，10个冲锋队员通过戈林官邸的地道潜入国会大厦，而纵火的正是戈培尔本人。第二天，时任普鲁士总理兼内政部长的戈林发表公告，诬陷纵火事件是共产党发动武装起义的信号。时任帝国总理的希特勒强迫通过了"保卫人民和国家法令"。这项法令废除了宪法保障的言论自由和不受非法搜查的自由、废除了集会的权利和保护财产的权利。国会纵火案是希特勒走向纳粹独裁的重要步骤。

[22] 赫尔曼·戈林（Hermann Göring，1893—1946），纳粹德国第二号人物，1922年加入纳粹党，不久成为"冲锋队"头目，1933年为盖世太保的头目，后任空军部长。第二次世界大战中，制订对犹太人的种族迫害计划，1946年被纽伦堡国际军事法庭判处绞刑，服刑前自杀。

[23] 保罗·约瑟夫·戈培尔（Paul Joseph Goebbels，1897—1945），早年当过新闻记者，1922年加入纳粹党，1928年起掌管该党宣传机构，1933年希特勒上台后任国民教育部长和宣传部长，一贯鼓吹战争，宣传种族主义谬论，苏军攻占柏林时希特勒自杀后不久，戈培尔夫妇在毒死自己的6个子女后双双自尽。

[24] 歌颂"热血与乡土"的创作（德语：*Blut-und-Boden-Dichtung*），由国家社会主义促进的文学流派，其中包括在历史上有过影响的农民长篇小说（Bauernromane）、移民者长篇小说（Siedlerromane）和殖民者长篇小说（Landnahmeromane），代表作家有弗里德里希·格里泽（Friedrich Griese，1890—1975）和赫尔曼·埃里斯·布塞（Hermann Eris Busse，1891—1947）等。这一文学流派颂扬爱国主义和对乡土的眷恋，从而激起纳粹的意识形态。

[25] 亨利希·曼（Heinrich Mann，新译：海因里希·曼，1871—1950），德国作家，托马斯·曼的哥哥，代表作有小说《垃圾教授》、《臣仆》等。

[26] 阿尔贝特·爱因斯坦（Albert Einstein，1879—1955），德国物理学家，狭义相对论和广义相对论的创立者，1921年获诺贝尔物理学奖。

[27]《情欲燃烧的秘密》（*Brennendes Geheimnis*，一译《灼人的秘密》或《火烧火燎的秘密》，故事情节是：维也纳某律师的年轻妻子带着自己十二岁的健康欠佳的男孩埃德加在塞默林疗养胜地休养，不久邂逅一

位年轻的男爵。男爵是情场老手，见到这样一个举止优雅、体态丰腴的美貌中年妇人，早已心动，不能自已，于是设法亲近男孩，以便借此勾引其母。但男孩随后发现，男爵对他的友情是假，和其母调情是真。一天午夜，男孩终于发现男爵和母亲在楼道里拥抱在一起。男孩冲出房门，直奔男爵，用自己弱小的拳头打在男爵脸上，男爵狠狠回击，男孩猛咬男爵的手并趁机逃回自己的房间。第二天，母亲命男孩给男爵写信道歉，男孩不依，母亲便伸手打了男孩一记耳光。男孩悲愤之极，决定不辞而别，买了一张火车票，独自一人到巴登去找祖母。到了祖母家，母亲也已先期赶来，父亲也从维也纳赶来。父亲责问男孩为何要不辞而别，男孩正要说出原委，忽然见到父亲背后的母亲用食指放在嘴前，示意男孩不要说出真相，于是男孩说："没有什么理由，妈妈对我非常好，可是我太淘气，是我自己做错了。"父亲愕然地望着男孩，万万没有料到竟是这样的回答。斯蒂芬·茨威格栩栩如生地描绘了小主人公童心中的天真、善良和正义感。小说发表后，深受读者欢迎。二十余年后，小说被改编为同名电影。1933 年 1 月，该影片在柏林各电影院上映。1933 年 2 月 27 日，柏林发生纳粹制造的国会纵火案，由于《情欲燃烧的秘密》亦可译为《焚烧的秘密》，从而触动纳粹的敏感神经。没有几天，电影院就不再放映该片。但时至 1934 年 8 月，该中篇小说的单行本已销售 17 万册。

〔28〕 盖世太保（Gestapo）是纳粹的"国家秘密警察"（Geheime Staatspolizei）的缩写音译，1933 年由戈林建立，1934 年起由希姆莱领导，是纳粹德国实行恐怖统治的工具。1946 年被纽伦堡国际法庭宣布为犯罪组织。

〔29〕 里夏德·施特劳斯，参阅本书第二章《上个世纪的学校》注〔4〕。

〔30〕《厄勒克特拉》（*Electra*），是里夏德·施特劳斯创作的独幕歌剧，由胡戈·冯·霍夫曼斯塔尔撰写剧本。剧情取自古希腊悲剧作家索福克勒斯的同名剧作。剧情是：特洛伊战争结束后，希腊联军统帅——迈锡尼国王阿伽门农被王后克莉泰姆内斯特拉和其情夫埃癸斯特斯谋杀。公主厄勒克特拉决心复仇，先与其姐赫丽索塞米斯合谋，不成。几天后，原以为阵亡的王子俄瑞斯忒斯突然回宫。公主与王子共谋举事。王子斧劈这一对仇人。厄勒克特拉欢欣若

狂，舞蹈不息，力竭而卒。此剧于1909年在德累斯顿首演。

〔31〕《玫瑰骑士》(*Der Rosenkavalier*)，里夏德·施特劳斯作曲的三幕歌剧（喜剧），由霍夫曼斯塔尔撰写剧本。1911年1月26日在德累斯顿首演。剧情是：维也纳青年伯爵奥克塔文和陆军元帅维登堡侯爵夫人特蕾茜相爱。一天，奥克塔文正在侯爵夫人的卧室内向其求爱，忽闻门外的脚步声由远而近，疑为侯爵归来，侯爵夫人慌忙将奥克塔文推入邻室，让其乔装成侍女玛丽安多。但进门的原来是侯爵夫人的表兄奥克斯男爵。奥克斯见到表妹身边有这样一位美貌的侍女，爱慕之心油然而生。奥克斯此次前来是请求侯爵夫人为其物色一名"玫瑰骑士"，因为遵照当时贵族社会的婚姻礼仪，男方要在婚礼前送一朵银制的玫瑰花给未来的新娘作为信物。递送银制玫瑰花者乃被称为"玫瑰骑士"。侯爵夫人出示奥克塔文的肖像并称此人可以胜任。奥克斯喜出望外。奥克塔文将银制玫瑰花送至女方家。不料奥克斯的未婚妻索菲对奥克塔文一见倾心，反而对奥克斯日益冷淡。一天夜里，奥克斯正打算在某家旅馆的房间内和（奥克塔文乔装的）"侍女"亲昵。忽然由女仆们乔装的几个女人带着四个孩子喊着"爸爸"冲进房间，警察也来查问这个"侍女"是谁。此时侯爵夫人上场，称这不过是一场假面闹剧，劝警察退场。奥克斯明白自己被作弄，悻悻然离去。奥克塔文卸去"侍女"装，和索菲拥抱在一起。侯爵夫人明白奥克塔文找到了自己真正的伴侣，领悟自己也应从中退出，她为这对新情侣祝福。此歌剧是里夏德·施特劳斯转向莫扎特风格的转折点。

〔32〕德国作曲家马克斯·雷格（Max Reger，1873—1916）曾将斯蒂芬·茨威格早年的抒情诗谱成歌曲，如《银弦集》中的《一股心潮涌动……》（雷格作品第97号）；《早年的花环》中的《女人们——充沛的新的力量》（雷克作品第104号）。参阅本书第四章《大学生活》注〔10〕。

〔33〕本·琼森（Ben Jonson，1572或1573—1637），与莎士比亚同时代的英国戏剧家（比莎翁年轻八岁）。创作戏剧18部，其中许多是喜剧，但与莎士比亚不同，他的喜剧很少有浪漫的田园色彩，绝大部分属于讽刺社会的性质，以伦敦市民和宫廷生活为背景，多按

古典主义原则写作，故文学史家称本·琼森为英国文艺复兴时期的"典范"作家。1618年英王詹姆斯一世赐予他年俸，实际上使他成为英国第一个桂冠诗人。1628年成为伦敦市史官，死后葬在威斯敏斯特教堂，墓碑上的铭文是"罕见的本·琼森"。主要代表作品有喜剧《人人高兴》、《人人扫兴》、《狐狸》、《沉默寡言的女人》等。

〔34〕《沉默寡言的女人》(*The Silent woman*)原是英国戏剧家本·琼森于1609年创作的喜剧，讲述一个青年贵族把一个少年乔装打扮成一个沉默寡言的女人介绍给他的惧怕一切噪音的舅舅做妻子，以骗取钱财的故事。后来，德国音乐家里夏德·施特劳斯（Richard Strauss, 1864—1949）根据此喜剧创作了三幕歌剧《沉默寡言的女人》(*Die Schweigsame Frau*)，由斯蒂芬·茨威格撰写剧本。歌剧的剧情是：单身老汉莫罗斯十分自私，宣称将取消侄儿尤金的继承权，并打算自己要和一个寡言少语的女子结婚。理发师为莫罗斯介绍了一个沉默寡言的女人埃皮科尼。婚后不久，埃皮科尼突然变得口若悬河，聒噪不休。莫罗斯惊慌失措，被迫听从侄儿尤金的建议，付年金五百英镑和埃皮科尼离婚，财产仍由侄儿尤金继承。字据一经签订，侄儿尤金命埃皮科尼卸去伪装，原来他竟是一名经过口才训练的青年男子。埃皮科尼（Epicoene，拉丁语），意为"两性人"。

〔35〕《梯尔·欧伦施皮格尔》(*Till Eulenspiegel*)，全名是《梯尔·欧伦施皮格尔的恶作剧》(*Till Eulenspiegels lustige Streiche*)，是里夏德·施特劳斯作于1895年的交响诗，取材于德国民间故事。欧伦施皮格尔是15世纪德国农村中的一个专干坏事的二流子。民间常把许多恶作剧故事集中于其身。本曲为自由回旋曲体，由两个欧伦施皮格尔主题发展而成。乐曲进行中没有明显的标题层次，但乐曲结束时清楚点明欧伦施皮格尔被判处绞刑。

〔36〕《死亡与净化》(*Tod und Verklärung*)，里夏德·施特劳斯作于1889年的交响诗，描写一个临危病人在昏迷中的幻象。全曲分四段：1. 入睡，得病，遐想；2. 发高烧，临死挣扎；3. 梦境，童年回忆，气绝；4. 净化。结尾部分取前面段落中的激昂主题而加以变化，以暗示死后的净化。

〔37〕 朱塞佩·威尔第（Giuseppe Verdi，新译：朱塞佩·麦尔迪，1813—1901），意大利杰出的歌剧作家，作有歌剧29部。传世佳作有《茶花女》、《阿依达》、《弄臣》等。

〔38〕 赋格（法语：fugue；德语：Fuge），音乐术语。音译。由几个独立声部组合而成。先由一声部奏出主题，其他各声部先后作通篇的模仿。进入主题用主调，继起者用属调，第三个进入的声部又回到主调，如此反复变化以至曲终。各声部此起彼伏，犹如一问一答。

〔39〕《埃及的海伦》（*Die Ägyptische Helena*），里夏德·施特劳斯所作三幕歌剧，由胡戈·冯·霍夫曼斯塔尔撰写剧本。1928年初演于德累斯顿。剧情是：希腊斯巴达国王墨涅拉俄斯的美貌王后海伦被特洛伊王子帕里斯诱逃，为此引起持续十年之久的特洛伊战争，后特洛伊战败。墨涅拉俄斯接海伦乘船归国时，出于忌恨要杀掉海伦。船失事，两人漂至巫女安特拉的城堡。巫女给墨涅拉俄斯服用忘事之药，使他对海伦的忌恨尽消。后两人至埃及，海伦不愿再以忘事之药蒙蔽丈夫，对他真诚相待，从此夫妻和好如初。

〔40〕 斯卡特纸牌（Skat），三个人玩的纸牌游戏。

〔41〕 瓦格纳的三幕歌剧《纽伦堡名歌手》（德语：*Die Meistersinger von Nürnberg*）中有一句歌词："开头极佳。"

〔42〕 "啊！我终于找到了你，你这个可爱的孩子！"德语原文是：Ach, daβ ich dich gefunden, du liebes Kind！

〔43〕 加米施（Garmisch）：位于德国巴伐利亚南部一市镇。

〔44〕 门德尔松（Mendelssohn-Bartholdy，全名：门德尔松-巴托尔迪，1809—1847），德国作曲家，犹太人，少年时即与歌德交往，受其思想影响，1843年创建德国第一所音乐学院于莱比锡，作品结构工致，旋律流畅，第三、第四交响曲及《赫布里底岛》序曲尤为著名。因是犹太人，其作品在纳粹统治时期受到贬抑。

〔45〕 威廉·富特文勒（Wilhelm Furtwängler，1886—1954），德国著名指挥家、作曲家，1922—1928年任莱比锡格万特豪斯管弦乐队（Gewandhausorchester）指挥，1931年任德国拜罗伊特（Bayreuth）戏剧节艺术总监，1933年任柏林国家歌剧院院长，1937年起任萨

尔茨堡戏剧节乐队指挥,由于在希特勒统治时期的任职,在1945年纽伦堡国际军事法庭审讯时受牵连,但两年后复出,1947—1954年任柏林爱乐乐团总监。

〔46〕 格拉茨(Graz):奥地利地名。

〔47〕《莎乐美》(*Salome*),里夏德·施特劳斯的独幕歌剧。1905年初演于德累斯顿。剧情取自英国作家王尔德(Oscar Wilde, 1854—1900)的同名剧作:先知约翰因指责希律王不应娶其嫂埃罗底亚德为王后,被囚禁。埃罗底亚德之女莎乐美爱先知约翰,求一吻,被先知约翰训斥。莎乐美声言誓达此目的。希律王爱莎乐美,求她起舞,答应给她所要求的任何回报。莎乐美舞罢,向希律王索取先知约翰的首级为酬。希律王不得已,斩先知约翰予之。莎乐美得先知约翰首级,喜形于色,对之倾诉幽情,并吻其唇。希律王极为厌恶,命斩莎乐美。

〔48〕 第11届夏季奥林匹克运动会于1936年8月1日至16日在德国柏林举行。希特勒任大会总裁。这是一次在纳粹阴霾下举办的奥运会。里夏德·施特劳斯为这届奥运会的会歌谱曲。

〔49〕 由斯蒂芬·茨威格编剧、里夏德·施特劳斯作曲的歌剧《沉默寡言的女人》于1935年在德累斯顿首演,演出两场后从剧目单上消失。

〔50〕 尤利乌斯·施特赖歇尔(Julius Streicher, 1885—1946),参阅本书第二章《上个世纪的学校》注〔75〕。

〔51〕 莫洛托夫(Вячеслав Мчхайлович Молотов, 1890—1986),苏联政治家和外交家。1930—1941年任苏维埃人民委员会主席,1939年5月起兼任外交人民委员。1941年5月任苏联部长会议第一副主席兼外交部长,在任外交人民委员期间于1939年8月23日代表苏联在莫斯科同德国签订《苏德互不侵犯条约》。但条约签订不到两年,1941年6月德国即发动侵苏战争。1949年3月莫洛托夫辞去外交部长职务。斯大林逝世后,莫洛托夫于1953年3月再次出任外交部长,1956年6月赫鲁晓夫掌握苏联政权后,莫洛托夫被免去外交部长职务,1957年6月莫洛托夫因组织"反党集团"反对赫鲁晓夫而被开除苏共党籍,从此在政坛消失,1984年3月苏共中央决定恢复其党籍。1986年病逝。

〔52〕 民族联盟（Völkerbund），第一次世界大战后在奥地利成立的政党，主张奥地利独立，反对德奥联合。

〔53〕 指在奥地利建立纳粹的基层组织。

〔54〕 德国人之间称"你"（du）表示亲密，跟客套礼貌的"您"（Sie）含义有别。

〔55〕 加来（Calais），法国北部地名，隔海与英国相望，是欧洲大陆与英国相距最近的港口。

〔56〕 赫勒劳（Hellerau），德国一地名，自1950年起为德累斯顿城市的一部分。

〔57〕 赫伯特·乔治·韦尔斯，参阅本书第十四章《夕阳西下》注〔7〕。

〔58〕 辉格党，17世纪和18世纪初反对王权和国教而主张议会有最高权力的英国政党，19世纪该党成为自由党。

〔59〕 托利党，1679年英国的保皇党，19世纪中叶后该党成为英国保守党。

〔60〕 的里雅斯特（Triest），意大利东北部边境城市，位于亚得里亚海东北岸，西距威尼斯113公里，原属奥匈帝国，1918年纳入意大利版图。

〔61〕 1927年后，奥地利共和国境内除国家的政府军以外，出现了半军事组织的地方武装力量，它们都有党派倾向，有时甚至比国家的陆军还强大；各党派也有自己的武装组织——"自卫队"（Selbstschutzformation）。地方武装中有社会民主党人一度占统治地位的民防军（Volkswehr），但由于陆军部长采取遏制政策，民防军丧失的地盘越来越多。右翼政党的自卫队中，最初起领导作用的是"前线战士团"（Frontkämpfervereinigung），后来逐渐被基督教社会党的自卫队"保国军"（Heimwehr）超过。奥地利社会民主党的武装组织是"共和国保卫同盟"（Republikanischer Schutzbund）。奥地利纳粹党的武装组织是"祖国保卫同盟"（Vaterländischer Schutzbund）和"德意志人卫队"（Deutsche Wehr），但在1933年以前这两个组织还很弱小。以上这些政党的武装组织使奥地利的民主政治发生严重危机。

〔62〕 施塔尔亨贝格侯爵（Fürst E. R. von Starhemberg, 1899—1956），1923年参加希特勒的暴动，后来是上奥地利地区保国军的头目，

支持多尔富斯，1938—1955年流亡国外。
〔63〕指奥地利社会民主党的武装组织"共和国保卫同盟"。
〔64〕埃米尔·法伊（Emil Fey，1886—1938），1932—1935年是维也纳保国军头目，多次出任多尔富斯和舒施尼克政府的部长。
〔65〕这是莎士比亚戏剧《国王约翰》（*King John*）中的名句，原文是：So foul a sky clears not without a storm。
〔66〕1934年2月12日，林茨的社会民主党武装组织"共和国保卫同盟"领导人里夏德·贝尔纳舍克（Richard Bernaschek）对警察搜查武器的行动进行了武装抵抗；事态扩大后，社会民主党号召举行总罢工。于是在各工业城市爆发了以政府机关、陆军、保国军为一方，"共和国保卫同盟"为另一方的武装冲突。最残酷的战斗发生在维也纳、林茨、施太尔和上施蒂里亚工业区。社会民主党的这次行动毫无取胜的希望。据官方资料，二月事件共造成三百人死亡，"共和国保卫同盟"九名成员被处死，社会民主党一度转入地下，奥地利的纳粹党乘机得势，从而为1938年3月13日奥地利内阁通过关于奥地利合并于德国的法案铺平了道路。
〔67〕1936年2月西班牙国会选举，人民阵线获胜，成立联合政府，进行一系列改革，但西班牙的君主派、大地主、大资本家、高级教士、长枪党党徒以及反动军官等阴谋制造叛乱。1936年7月首先由佛朗哥等人利用驻摩洛哥的军队发动叛乱，并迅速蔓延。纳粹德国和法西斯意大利协助将叛军从摩洛哥运至西班牙，后又派遣干涉军（德军约五万人，意军约十五万人）至西班牙支援叛军。国际进步力量组织国际纵队与西班牙民众并肩作战，积极支持西班牙政府。但由于德、意继续支援叛军，加之共和国政府内部因党派分歧而力量削弱。1939年3月28日马德里被叛军攻陷，共和国政府被颠覆，佛朗哥开始独裁统治。
〔68〕1934年7月25日，奥地利纳粹党的党卫军旗队（SS-Stundarte）154个身穿制服的暴乱分子闯入维也纳的联邦政府总理办公室。多尔富斯总理被一名袭击者开枪击中，因重伤致死。
〔69〕玛格丽特·瓦尔曼（Margarete Wallmann，1901?—1992），奥地利和德国的女舞蹈家、歌剧导演。

〔70〕我的家人，是指斯蒂芬·茨威格的第一任妻子弗里德里克。
〔71〕"维也纳二月事变"是指 1934 年 2 月 12 日由奥地利社会民主党领导的"共和国保卫同盟"和奥地利政府机关、陆军、保国军的武装冲突。参阅本章注〔67〕。

第十六章 和平气息奄奄

> 罗马的太阳已经西沉,
> 我们的白昼已经消逝;
> 乌云、夜露和危险正在逼近,
> 我们的事业已成灰烬。
>
> 莎士比亚:《尤利乌斯·恺撒》

和高尔基当年在索伦托一样,我在英国的最初几年很少觉得这是一种流亡。即使是在那次所谓"革命"和紧接着的另一次图谋[1]——奥地利的纳粹分子企图用突然袭击和杀害多尔富斯夺取奥地利的国家政权——以后,奥地利依然继续存在。我的祖国又继续挣扎了四年。我自然每时每刻都可以回家,我没有行动不自由,我没有被驱逐。我的书还完好无损地放在萨尔茨堡的家中。我身边还带着奥地利的护照,祖国还是我的祖国,我还是那里的公民——而且是拥有全部公民权的公民。那种失去祖国的可怕处境——对没有亲身经历过的人永远不可能解释清楚的处境——尚未开始。那是一种折磨神经的感觉:睁着清醒的眼睛在浑浑噩噩之中寻觅落脚之处,而且心中清楚,无论在哪里落脚,随时都会遭到白眼。这样的处境我才刚刚开始呢。当我一九三四年二月底在伦敦的维多利亚火车站下车时,我就有一种异样的感觉:决心要在那里长期居住的城市伦敦和一座只是暂时去做客的城市伦敦,看上去就是不一样。我不知道,我将在伦敦住多久。对我来说只有一点最重要,那就是我又可以从事自己的创作了,我又可以维护我的人身自由和内心自由了。由于一切财产都已意味着累赘,所以我没有为自己买住房,而只是租了公寓里的一小套房间,大小正好放下两个橱柜,能够把我不可缺少的少量书籍收藏在里面。房间里还可以放一张书桌。这样,我就有了一个脑力劳动者所需要的一切。要是有客人来,当然就没有地方了。我真的宁愿住最狭小的房间,以便可以随时出去旅行。我的生活无意之中已经变成临时性的了,不能再作长远打算。

第一天晚上——天色已黑,墙壁的轮廓在昏暗中逐渐模糊起来——我踏进那间终于布置好了的小套间,不由得吃了一惊。原来在那一瞬间我觉得我仿佛走进了大约三十年前我在维也纳为自己布置的那个小房间。房间是同样的狭小,唯一向我亲切问候的是靠墙的同样一些书籍,同样挂着那幅布莱克的画——《国王约翰》,我走到哪里,国王梦幻般的眼睛就跟着我到哪里。我确实需要定一会儿神,因为我多少年来再也没有想起过维也纳的那第一套小房间。难道那种恍惚的感觉是我的生活在相隔那么长的时间之后又退回到过去的象征吗?难道是我已成为我自己过去影子的象征吗?当我三十年前在维也纳为自己选上那间斗室时，我还处于人生的开端。当时，我还没有创作出什么来，或者说，还没有创作出什么重要作品来；在我的祖国，还没有人知道我的著作和我的名字。现如今，我的著作又从自己的母语环境中重新消失，在纳粹德国没有人知道我所写的一切——情形是惊人的相似。这会儿，朋友们都已疏远，昔日的朋友圈已遭破坏，我自己的住宅连同里面的收藏品、绘画和书籍也都已失去，情形和当时完全一样，我又被一片陌生所包围。我在此前那些年尝试过的、做过的、学到的、享受过的一切似乎都已随风飘逝。五十多岁的我再次面临人生的一个开端，重新像一个坐在书桌前的学生，早晨疾步走到图书馆去——只不过不再那么专心、不再那么热情罢了；头发已经灰白，疲惫的心灵蒙上了淡淡的沮丧。

要在这里讲述一九三四至一九四〇年那几年在英国的许多情况，我就会踌躇，因为我正在踏进我们现在这个时代，而且还因为我们经历过的那几年几乎大家都一样——都怀着由广播和报纸煽动起来的同样的不安，怀着同样的希望和同样的忧虑。今天，我们大家都不会怀着自豪去回想自己当年在政治上的迷惘，而是心有余悸地回想起那几年曾把我们引到了何方；谁想要说清楚那几年的情况，他必定会谴责那几年，可是今天，在我们中间谁还拥有这样一种谴责的权利呢？再者，我之所以踌躇，还因为我在英国生活得非常小心谨慎。我知道自己憨厚得不善于克制内心的无限惆怅，所以我在那些半流亡和流亡的全部日子里断绝了一切社交活动。我心想，我生活在异国他乡，当别人议论时局的时候,我岂可以跟着一起议论。我在奥地利对自己国家的领导层的愚蠢行为尚且无能为力,更何况在英国呢?我觉得自己仅仅是那个美丽岛国的一个客人,我心里明白:纵然我用我们大家知道的比较清楚、比较可靠的消息去指出希特勒将会给世界带来危险,英国人也只会把它看作是令人感兴趣的个人见解罢了。当然,我眼看着那些明显的错误[2]而缄口不语,有时心里很难受。当我看到英国人最高尚的美德——诚实、毫无猜忌地信赖每一个人的真心实意,竟被事先精心策划的政治宣传所滥用,我是多么痛心疾首!英国人总是一再受蒙骗,他们以为希特勒只是要把德国边界周围的德意志人弄到自己身边,然后也就满足了;同时为了表示回报,希特勒就会去铲除布尔什维克主义。这样的诱饵确实产生了不同寻常的效果。只要希特勒在演说中说出"和平"这个词,英国的报纸就会热烈欢呼而忘记了希特勒犯下的全部罪行,英国人也就不再过问德国如此疯狂地武装自己到底要干什么。从柏林回来的英国旅游者称赞德国的秩序和设计新秩序的大师——希特勒,殊不知旅游者们的参观访问都是预先安排好的,他们受到的是大肆迎接的款待。于是,英国人开始渐渐默认那位新领袖希特勒"要求"建立大德意志帝国是有道理的——却没有明白,奥地利是欧洲这堵大墙的一块基石,一旦有人把这块基石从墙上挖掉,欧洲必将崩溃。我以焦虑的目光觉察到英国人和他们的领导人当中存在着那种被人诱骗的天真和高尚的轻信,因为我曾在自己的家乡亲眼目睹过纳粹冲锋队员的脸,并听他们唱着:"今天,德国属于我们,明天,全世界属于我们。"政治局势越紧张,我就越避免和别人谈话和避免任何公开的行动。我在英国从未在一家报纸上发表过一篇和时局有关的文章,也从未在电台讲过话,从未参加过公开的讨论;在昨日的世界上,唯有在英国我是这样。我生活在那间斗室里,比我三十年前作为大学生住在维也纳的那间小屋里更加默默无闻。所以我今天没有资格作为一个名副其实的见证人去描述当时的英国;当我后来不得不承认,我在第二次世界大战爆发前并未真正认识到英国人具有最深沉、最内在、只有在最危险的时刻才会表现出来的力量,于是,深居简出的我就更觉得自己没有资格当见证人了。

即便是作家,我在英国也见得不多。我后来开始建立起联系的那两位英国作家:约翰·德林克沃特[3]和休·沃波尔[4],又恰巧提前被死神带走了。较为年轻的英国作家,我更不常遇到。由于那种不幸压在我自己身上的"外国人"的不安全感,我避免去俱乐部、宴会厅和公开场合。不过,我在英国还是经历了一次真正令人难忘的特别场面:我看到两位思想最敏捷的人物——萧伯纳和赫伯特·乔治·韦尔斯[5]进行了一次私下成见极深但表面上文雅得体的争论,那是在萧伯纳家中举行的一次范围极小的午宴上。我事先不知道究竟是什么造成他们之间那么深的隔阂;但这两位大作家之间的那种一触即发的紧张关系,在他们互致问候时便让人感觉出来了,彼此都像半开玩笑似的嘲弄对方。所以我当时的处境是既尴尬又极感兴趣——他们之间必然有过原则性的意见分歧,可能不久前已经消除,或者要通过那次午宴来加以消除。这两位在英国都享有声誉的大名鼎鼎的人物半个世纪前均在"费边社"[6]为当时和他们同样年轻的社会主义并肩战斗过。自那以后,他们都按自己非常独特的个性发展，彼此之间的距离越来越远。韦尔斯坚持自己积极的理想主义，坚持对人类未来的美好憧憬。而萧伯纳则相反，他越来越用怀疑、嘲讽的眼光观察未来和当代的现实，以检验自己冷静的"愉快的戏剧"[7]。他们两人的身形外貌也随着岁月而形成对照。萧伯纳，这位精神矍铄得惊人的八旬老人，午餐时只吃了些核桃和水果，嘴巴还发出"格格"的响声。他身材高大、消瘦、毫无倦意，谈锋甚健，不时发出爽朗的笑声，而且比以往更热衷于自己的奇谈怪论。韦尔斯，这位乐天派的六旬老人，比以往更追求享受生活，更追求安逸。他身材矮小、面颊红润，在时而轻松愉快的表情背后蕴含着冷峻的严肃。萧伯纳善于进攻，他迅速而又巧妙地变换着攻击点；韦尔斯在战术上长于防卫，他不动声色，犹如一个教徒、一个信念坚定的人。我很快得到这样的印象：韦尔斯来这里不光是为了一次友好的午宴谈话，而是为了一场原则性的争论。正因为我不知道有关那次思想分歧的背景，所以我不免感到氛围有些紧张。他们两个人的每一个表情、每一个眼神、每一句话，都表现出一种傲慢而又相当认真的好斗情绪；就好像两个击剑手在互相激烈交锋以前，总要先用小小的试探性碰击来试一试自己随机应变的能力似的。萧伯纳思路敏捷。每当他回答一个问题或者避开一个问题时，在他浓密的眉毛下目光闪烁，他喜欢风趣地玩弄辞藻，并以此自豪。在过去的六十年里，他在这方面表现得可谓登峰造极。他的浓密的白胡须有时在轻声的冷笑声中颤动，他的头稍微偏斜，好像总是注视着自己手里那把剑的剑头是否击中了对方。韦尔斯的面颊红润、眼神深沉，言辞更尖锐、更直截了当；他的悟性也敏捷非凡，但他的言谈不拐弯抹角，而喜欢单刀直入。那场舌战宛若剑击,进行得非常尖锐、非常迅速。剑光晃晃,一来一去,你砍我挡,我击你闪,好像其乐无穷,使得在旁观战的人对那场犹如击剑比赛、熠熠剑光以及你来我往的技艺赞叹不已。但在那场敏捷的、始终是在最高水平上进行的对话背后却隐藏着心中的怒气,不过,这种怒气一直控制在英国人的高贵风度和最文雅的辩论形式之内,那就是寓严肃于游戏,寓游戏于严肃。两个思想观点极端对立的人的一场针锋相对的争论,似乎是由某件事引起的,而实际上早就有着我不知道的原因和背景。不管怎么说,我看到了两位英国最优秀的人物所进行的一场十分精彩的争论。他们后来在《新政治家和国家》周刊[8]上继续进行的几个星期的论战却没有引起我百分之一的兴趣。文字论战远不如那次激烈的对话引人入胜,因为在抽象论据的背后再也见不到活生生的人,那些实质性的问题也不再显得那么清楚。然而,才智很高的人和才智很高的人发生摩擦,是十分难得的。那场争论使我大开眼界。我在那以前和那以后,也从未在喜剧里听到过那么精彩的对话艺术,因为他们的对话艺术并不是有意要追求什么戏剧效果,而是将对话艺术用最高尚的形式呈现出来。

话又说回来,我在那几年只是在空间的意义上生活在英国,而不是以我全部的心灵生活在英国。恰恰是我对欧洲的忧虑——那种压迫我们神经的痛苦的忧虑促使我在希特勒掌权直至第二次世界大战爆发的那几年里经常出去旅行,甚至两次渡过大西洋[9]。我出去旅行也许是迫于那样一种预感:只要世界还向我开放,只要轮船还能在大海上平安航行，我就应该为以后更黑暗的时代积累印象和经验。也许还有那样一种渴望使我下如此大的决心：当我们自己的这个欧洲大陆被互相不信任和彼此抵牾破坏得不成样子的时候，我想要知道大洋彼岸的世界是怎样进行建设的。甚至还可能有那样一种隐隐约约的揣测：我们的未来以及我本人的未来很可能都在远离欧洲的大洋彼岸。一次在美利坚合众国的巡回演讲旅行[10]使我有极好的机会看到那个强大的国家全部丰富多彩的生活。我看到那个国家从东到西、从南到北都团结一致。不过，我对南美的印象也许更强烈。我是愉快地接受国际笔会的邀请，到那里去参加代表大会的。我在那样的时刻更觉得强调超越国家和语言的思想大团结是多么重要。

在那次去美国旅行之前，我在欧洲最后几个小时的经历使我忧心忡忡地登上去南美的旅程。一九三六年夏天，西班牙内战已经开始。那次战争从表面上看只不过是由那个美丽而又悲惨的国家的内部不和而引起的，但实际上却已经是两种意识形态的势力集团为自己未来的冲突进行预演。我是从南安普敦[11]乘一艘英国轮船起程的，我原以为，轮船为了避开战争地区会绕开往常停靠的第一站维哥[12]。然而出乎我的意料，我们还是驶进了那个港口，甚至我们这些旅客们还被允许上岸待几个小时。维哥当时被掌握在佛朗哥[13]的党徒手中，但离真正的战场尚远。不过，我还是在短短的几个小时之内看到了一些确实会令人心情沉重的事情。飘扬着长枪党党旗的市政厅前站着不少年轻人。他们大多由牧师领着，排着队，身穿农民服装，显然来自附近的农村。我开始还不明白当局对那些年轻人有何打算。他们是应急招募来的劳力？还是在那里领取救济金的失业者?不过,一刻钟之后我看到这一群年轻人从市政厅出来时已换成另一副样子:他们穿着簇新的军装,佩着枪和刺刀,在军官们的监视下拥上同样崭新锃亮的汽车,汽车迅速驶过街道,出城而去。我感到一阵可怕。难道我不是在什么地方见到过这样的情景吗?第一次是在意大利,然后是在德国!这会儿突然在这里——西班牙的维哥出现了簇新的军装、崭新的汽车和机枪。我又问自己,是谁提供这些新军装?是谁付的钱?是谁把那些一贫如洗的年轻人组织起来?是谁驱使他们反对现政权、反对选举产生的国会、反对他们合法的人民代表机构?据我所知,国库掌握在合法政府手中,军火库也同样在合法政府控制之下。那么,这些汽车和武器必定来自外国。毫无疑问,武器装备是从邻近的葡萄牙越过边境运进来的。那么,究竟是谁提供的呢?是谁付的款呢?——那是一股想要夺取政权的新势力在四处活动。那是一股喜欢暴力和需要暴力的势力。在那股势力看来,我们所信仰并为之毕生奋斗的一切理念:和平、人道、友善,都不过是一些软弱无力、老古董似的思想。那股势力的人诡秘地隐藏在自己的办公室里和他们的垄断企业里,阴险地利用年轻人幼稚的理想主义为他们自己的权力欲望和阴谋服务。他们信奉暴力,企图用诡谲的新伎俩把古老的野蛮行径——战争带给我们不幸的欧洲。一个通过亲眼目睹使自己感受到的印象往往会比千百篇报纸文章和小册子更加使自己感到震撼。当我看到那些无辜的年轻小伙子被那些神秘的幕后操纵者武装起来,让他们去和自己国家的同样无辜的年轻人作战时,我突然预感到,那就是我们面临的命运——欧洲人面临的命运。轮船停了几个小时之后又起锚了,我赶快上船,走进舱内。我不忍再看一眼那个美丽的国家,西班牙正由于外国的罪孽而陷入可怕的毁灭深渊;我仿佛觉得,欧洲由于欧洲人自己的疯狂已经濒临死亡。欧洲——我们神圣的家园、我们西方文明的摇篮和帕耳忒农神庙[14]——正在走向毁灭。

而我后来在阿根廷看到的景象却令人欣慰得多。那里是另外一个西班牙;西班牙的古老文化在那一片尚未被鲜血沾染和尚未被仇恨玷污的更加辽阔的新土地上得到了维护和保存。那里粮食丰足、财富充盈,结余甚多,那里有无限的发展空间和未来的粮仓。我感到莫大的幸运和一种新的信心。几千年来,文化不就是从一个国度传播到另一个国度的吗?纵然树木被斧头砍倒,只要种子被保存下来,不是又会有新的繁茂和新的果实吗?我们世世代代所创造的一切是永远不会失去的,只是人们必须学会从更大的范围去思维,从更长远的时间去考虑。我心里想,我们将要开始不再仅仅从欧洲的角度去思考问题,而是要超越欧洲的范围去思考问题。我们将不会再把自己埋没在渐渐逝去的历史之中,而是要参与再创历史。在那座有百万人口的新城市——布宜诺斯艾利斯,所有居民都对我们的国际笔会代表大会表现出满腔热忱。我从中感受到,我们在那里不是外人。同时我也感受到,我们把自己生命中最美好的时光为之奉献的那种信念:达成思想上的团结在那里依然存在、依然有效和依然起作用。我还感受到,在我们这个有了各种新速度的时代,纵然是大洋也不能把我们的思想隔开。我们的代表大会面临的不是原来的旧任务,而是一项新任务:在更广阔的范围内、用更大胆的设想建设我们理想中的共同事业。如果说,我在西班牙的维哥看到准备战争的那最后一番景象以后,我对欧洲已经失去信心,那么我在南半球的星空下又重新开始有了希望和信念。

巴西给我留下同样深刻的印象,也给了我不小的希望。在那一片得天独厚的土地上有着世界上最美丽的城市——里约热内卢。在那片广袤的国土上至今还有铁路、公路,乃至飞机未曾到过的地方。巴西人比欧洲人自己更加精心地保存着欧洲文明的历史。第一次世界大战本身带来的流毒尚未侵入到巴西各族民众的风尚和精神之中。即便是不同种族的人在巴西也会共同生活得相当和睦、相当礼貌,不像我们欧洲人在彼此交往中含有那么多的敌意。生活在巴西的人不用荒谬的血统论、种族论和出身论来划分,所以一种奇怪的预感使我事先就觉得,我还能在巴西安宁地生活;那里的空间为未来无限的繁荣做好了准备,而在欧洲,国与国之间为了十分可怜的少许空间就要大动干戈,并使政治家们焦头烂额。巴西的一大片土地还期待着人们去开发和用自己的能力去充分利用呢。欧洲人在文明方面所创造的一切能够在巴西以其他新的形式得到辉煌的延续和发展。那一片新天地以它的千姿百态使我赏心悦目,我已经看到了我自己的未来。

但是旅行,即便是旅行到遥远的另一个星空下——旅行到另一个世界,也并不意味着我摆脱了欧洲、摆脱了我对欧洲的担忧。当世人通过技术把大自然最秘密的威力掌握在自己手中时,所有的技术成就又会同时搅乱世人的灵魂——看来,这似乎是大自然对世人的恶意报复。技术给我们带来的最坏的紧箍咒,莫过于技术会阻止我们逃避哪怕只是一刹那的现实。昔日的祖先们在遭受灾难的时候可以逃遁到与世隔绝和偏僻的地方去；而现如今，我们在同一个时刻便可知道和感受到我们地球上任何一个地方发生的坏事。不管我离欧洲多么遥远，我依然随时可以知道欧洲的命运。我在伯南布哥[15]登岸的那一天夜里，南半球的星空就在头顶，皮肤黝黑的人群就在我周围的街上行走，我疲惫不堪地忽然在一张报纸上读到巴塞罗那[16]遭到轰炸和一位西班牙朋友遭枪杀的消息。那位朋友几个月前还曾和我共同度过了愉快的几个小时。当我坐在一节飞驰的普尔曼[17]式高级卧铺车厢里，行驶在休斯敦[18]和另一座石油城之间的得克萨斯州[19]境内，我突然在车厢内听到有人发疯似的用德语大喊大叫，原来是不知哪位旅客把列车里的收音机拨到了德国电台。列车的车轮正在得克萨斯的平原上滚滚向前，我却不得不在车厢里聚精会神地听希特勒发表煽动性的演说。无论是白天还是黑夜，我总是一直怀着痛苦的忧虑思念着欧洲，思念着在欧洲的奥地利，难以忘怀。当年，许多地区——从中国[20]到埃布罗河和曼萨纳雷斯[21]——的形势都十分危急，但唯有奥地利的命运特别令我关心，这大概就是一种狭隘的爱国主义吧。我深知，整个欧洲的命运和那个幅员不大的国家奥地利休戚相关——而它恰巧是我的祖国。当我今天回首往事，试图指出第一次世界大战后的那些政治错误时，那么我会认识到最大的错误是：欧洲和美国的政治家们没有执行简明扼要的威尔逊计划[22]而是歪曲了它。威尔逊的主张是：赋予小国以自由和独立，但他同时也正确地认识到：只有当所有大小国家都共同加入一个有约束力的统一组织，小国的独立和自由才能得到保证。倘若人们不去建立那样一个组织——真正的、全面的国际联盟——而只是去实现威尔逊纲领的另一部分：即赋予小国以自主权，那么世人创造的不但不是安宁，而是持续不断的紧张局势，因为没有什么会比小国寻求大国地位的欲望更危险的了。那些小国[23]刚一建立起来，它们的第一件事就是搞你争我夺的阴谋，为获得小块土地争吵不休。波兰人跟捷克人打仗。匈牙利人跟罗马尼亚人作战。保加利亚人跟塞尔维亚人开火。而在所有那些竞争中，作为最弱者的小小奥地利却要跟庞然大物的德国对抗。这个支离破碎、残缺不全的国家——奥地利，其国君曾一度在欧洲颐指气使、不可一世——我今天不得不一再重复——奥地利这会儿可是欧洲这堵墙上的一块重要基石嗬。在伦敦这座百万人口的英国大都市中，所有的人都不可能觉察到，而我却知道，一旦奥地利陷落，捷克斯洛伐克也就必定陷落，然后是巴尔干半岛被希特勒公然并吞。英国人不可能觉察到，由于纳粹德国此前已在维也纳建立了各种纳粹分子组织，所以纳粹德国会把牢牢掌握在纳粹分子手中的维也纳作为突破口，从而也就有可能瓦解和彻底改变整个欧洲。只有我们奥地利人知道，是什么样的怨恨激起希特勒要进军维也纳的欲望，因为这座城市是他最穷困潦倒时的见证人，现在他要作为凯旋者进入这座城市。正因为此，每当我匆匆回奥地利一趟，然后又越过边界离开奥地利时，我总要舒一口气："幸亏这一次希特勒还没有来"，接着我又会回过头去望一眼奥地利，仿佛每次都是诀别。我认识到灾难的来临不可避免；在那几年里，当别人在早晨怀着对生活的信心拿起报纸时，我却有过好几百次是胆战心惊地拿起报纸,真害怕看到那样的大标题:奥地利沦陷。说真的,当我装作我早已不关心奥地利的命运时,我是怎样在欺骗自己呀!每天每日,我从遥远的地方比我在祖国的朋友们更加为奥地利缓慢的垂死挣扎而感到痛苦。我在祖国的朋友们可以用爱国主义的游行来欺骗自己,每天互相打气:"法国和英国不会抛弃我们,尤其是墨索里尼绝不会答应。"他们相信国际联盟、相信和平条约,就像病人相信贴有漂亮商标的药品一样。他们无忧无虑地、快乐地过着自己的日子,而对时局看得更清楚的我,心都快要碎了。

我最后一次奥地利之行[24],其原因也无非是出于我不由自主的忧心忡忡,担心奥地利不日即将沦亡。我曾在一九三七年秋去维也纳探望过我年迈的母亲。其实,我当时在维也纳并没有什么事情需要用较长的时间去办理,更没有什么急事。原来是我在伦敦住了几个星期之后的一天中午——那应该是十一月底吧——我在伦敦经过摄政王大街[25]回家,在路上买了一份《标准晚报》[26]。那天是英国的哈里法克斯勋爵[27]飞往柏林的日子。他第一次试图和希特勒本人谈判。在那份《标准晚报》的第一版上——我只是粗略地看了一下,右边版面上的文章是黑体字——列举了哈里法克斯想和希特勒达成谅解的几项内容,其中有一项涉及奥地利。在那些字里行间我感觉到或者说我已经认识到:奥地利已经被出卖。因为和希特勒谈判还能意味着什么呢?我们奥地利人很清楚,希特勒在这个问题上绝不会让步。奇怪的是,把和希特勒谈判的内容归纳为那么几项要点,唯独出现在那份午间出版的《标准晚报》上,而在下午晚些时候开印的报纸上却又不见了。(我后来听到小道消息说,这家报纸是通过意大利使馆的帮助弄到这条消息的,因为意大利在一九三七年最担心的就是德国和英国背着它联手行动。)大概许多人都不会注意那份《标准晚报》上的这条消息,我也无从判断这条消息究竟有多少真实性。我只知道,当我想到希特勒已经在和英国谈判有关奥地利问题时,我惊讶不已;我今天不羞于说,我拿着那份报纸的手在颤抖。不管那条消息是真是假,我多少年来都没有这样激动过,因为我知道,只要那条消息不完全是空穴来风,那么就意味着奥地利的沦亡已开始,意味着欧洲大墙上的那块基石即将坍塌,意味着欧洲将随之崩溃。于是我立即回转身,跳上我身边最近一辆上面写着开往"维多利亚火车站"的公共汽车,向英国帝国航空公司驶去。我想打听一下是否还有明天早晨飞往奥地利的机票。因为我还想再去看望一次我的年迈母亲、我的家人和我的故乡。巧极了,我买到了一张机票,我迅速将一些行李塞进箱子,飞往维也纳。

我在奥地利的朋友们对我如此迅速、如此突然回到维也纳好生奇怪。但是当我说出我的忧虑时,他们却是百般嘲笑我,讥讽我,说我还是那个老"耶利米"[28]。他们问我,难道我不知道现在奥地利人百分之百地支持舒施尼克吗?他们不厌其烦地称赞"祖国阵线"[29]组织的规模巨大的游行。我在萨尔茨堡就已经看到过这样一些游行,绝大多数参加者都把规定的统一徽章别在外衣的衣领上,但与此同时,他们又都为谨慎起见早已在慕尼黑的纳粹分子组织那里登了记,以防将来不会危及自己的地位——我学过的历史和自己写过的历史太多了,我不会不知道大多数群众总是墙头草,会突然倒向势力强大的一边。我知道,他们今天高呼"舒施尼克万岁",明天他们会用同样的声音高喊"希特勒万岁"。然而,所有我在维也纳与之交谈的人都表现出真正的无忧无虑。他们互相邀请聚会,穿着燕尾服,吸着香烟进行社交(他们根本没有预料到,自己不久就会穿上集中营的囚服),他们忙于购买圣诞节礼物,布置自己漂亮的家居(没有人预料到:几个月后那些东西都会被洗劫一空)。古老的维也纳永远是悠然自得,我以前非常喜欢奥地利的逍遥自在,真的,我整个一生都梦想着那种无忧无虑。维也纳的民族诗人安岑格鲁贝尔〔30〕曾把那种无忧无虑概括成这样简洁的格言:"你不会出什么事的。"——而这会儿,这样一种无忧无虑却第一次使我感到痛心。话又说回来,也许我在维也纳的所有朋友们在最终的意义上要比我更有智慧,因为他们只是在事情真的发生时才感到痛苦,而我却在事先的想象中就已感到痛苦,当灾难降临时我又第二次感到痛苦。不管怎么说,我再也无法理解他们,也无法使他们理解我。我从第二天起就再也不警告任何人了。何必让那些不想被别人打扰的人惊恐不安呢?

但是,如果我今天说,当我在维也纳的最后两天里把我在那里出生的那座城市的每一条熟悉的路、每一座教堂、每一座花园和每一个古老的角落都凝望一遍时,心中却怀着"永远不会再回来了!"这样无声的绝望,人们不会把我这样的话当作事后添油加醋的说法,而会相信绝对是最真实的。当我拥抱我的母亲时我就带着这样一种隐藏的感情:"永别了,妈妈!"我对那座城市里的一切和对那个国家里的一切所怀的感情都是:"永远不会再相见了!"我意识到那是最后的告别,永远的诀别。列车驶过萨尔茨堡——那里有我居住和工作了二十年的住宅。但是列车驶进火车站后,我却没有下车。我虽然可以从车厢的窗户看到山丘上我家的房子,回忆那些消逝的岁月,可是我没有去张望。看了又有什么用呢?——我永远也不会再住进那所房子了。当列车越过边界的那一刹那,我像《圣经》中的祖先罗得[31]一样,知道我身后的一切都将化作尘土与灰烬,一切都将凝结成像盐一样苦涩的历史。

我曾说过:如果希特勒实现了自己仇恨的梦想并作为凯旋的统帅占领了那座曾经遗弃过他——一个穷愁潦倒、一事无成的年轻人——的城市维也纳,那么一切可怕的事都可能发生。然而,当一九三八年三月十三日[32]发生极不人道的事的那一天,奥地利连同欧洲一起都成了赤裸裸的纳粹暴力的战利品——我对不人道的想象力显得何其保守,或者说,世人对不人道的任何想象力显得何其保守、何其怯弱、何其可怜!假面具现在已被撕下。既然其他国家公开表现出畏惧,那么纳粹的残暴行为也就不必再顾忌任何道德的约束了,英国、法国、乃至世界又算得了什么呢?纳粹的残暴行为也就不再需要利用虚伪的借口:从政治上消灭马克思主义者。纳粹分子现在已不仅仅是掳掠抢夺,而是恣意放纵任何一种复仇私欲。大学教授必须用赤裸的双手擦洗街道;虔诚的白胡须犹太人被拽进犹太教堂,由狂叫怒吼的青年纳粹分子逼着跪下齐声高呼"希特勒万岁"。纳粹分子像逮兔子似的在街道上把无辜的人抓捕在一起,押他们到纳粹冲锋队的营房去打扫厕所。病态的、卑劣的仇恨狂人过去只能在无数的黑夜里痴心妄想的一切，如今却在光天化日之下得到发泄。纳粹分子闯进民宅，从吓得发抖的妇女们身上抢走耳朵上的珠宝首饰——类似这样的洗劫在几百年前的中世纪战争时期也曾发生过；可是，那种以当众折磨别人为乐的无耻行径、摧残人的心灵、花样百出的侮辱却是在中世纪以往的时代不曾有过的。所有这些罪行不是由个别人而是由千万个遭到折磨的人记录下来的。而到了将来一个比较安宁的时代——不像人们今天这样一个道德沦丧的时代，人们将会毛骨悚然地读到：一个空前绝后的二十世纪仇恨狂人希特勒在那座文化名城维也纳究竟犯下了什么样的罪行。因为那是希特勒在他的各种军事和政治的"胜利"中最最可怕的"胜利"，希特勒竟然成功地运用不断升级的办法扼杀了任何法律观念。在他的那种"新秩序"面前杀害一个人不需要法庭审判，而其表面理由是：难以想象在二十世纪使用刑讯还会起作用，所以一杀了之——这样的理由令人咋舌。那时候人们还没有把没收财产明明白白地称为抢掠。但是圣巴托罗缪之夜[33]却接踵而至，在纳粹冲锋队的营房里和集中营的铁丝网后面每天把人拷打得死去活来，这时候还谈什么非正义，还谈什么人世间的痛苦，又有什么用呢？在奥地利于一九三八年被希特勒侵占之后，我们的世界对惨无人道、无法无天和野蛮残暴都习以为常了，那是几百年前未曾有过的现象。如果在那座不幸的城市——维也纳所发生的一切是在以前的话，就足以在国际上遭到谴责，可是世界的良知在一九三八年却对这一切保持沉默或者只咕哝了几句，随后也就忘却和原谅了这一切。

对我来说，那些天是我一生中最可怕的日子：我仿佛每天都听到尖叫的呼救声从祖国传来；我知道每天都有我最亲近的朋友被非法拖走、被拷打、被侮辱；我为每一个我所爱的人担惊受怕，却又无能为力。我今天不羞于说，当老母亲去世的消息传来时——我们当时让老母亲留在维也纳——我并不感到吃惊；我没有感到悲哀而是感到宽慰——时代已把我们的心变得如此反常，因为我知道母亲从此再也不会遭受各种痛苦和危险了。她已八十四岁。双耳几乎全聋。她就住在我们老家的住宅里。根据新的"雅利安人法律"，她可以暂时不被驱逐。我们曾希望，过些时候通过某种方式将她接到国外。然而在维也纳发布的第一批法令中有一条规定很快给予她严重打击。八十四岁的她，腿力已经不支，她每天都要做一次小小的散步，并已习惯在费劲地走上五分钟或十分钟之后就要在环城大道旁或者公园的长椅上歇一会儿。可是希特勒在维也纳刚当上一星期主人，就发布了一条不人道的禁令：犹太人不准坐在公园的长椅上——这是专为那些恣意折磨人的肉体的残酷目的而想出来的许多禁令中的一条。不管怎么说，抢劫犹太人的财物总还有一点他们自己的逻辑，尚且可以理喻，因为纳粹分子可以把从工厂、私人住宅、别墅里抢来的物品和把那些已空缺的职位赐予自己人，奖赏老部下——戈林的私人画廊之所以富丽堂皇，最终应归功于希特勒的慷慨的赏赐。但是不让一位老妪或者一位精疲力竭的老头坐在公园的长椅上喘口气，恐怕也只有二十世纪的希特勒干得出来，而希特勒那个家伙竟被千百万人奉承为那个时代最伟大的人。

所幸我的母亲不用长期忍受那些野蛮行为和侮辱了，她在维也纳被占领几个月后去世。我在这里也要把一件与她的去世有关的小事写出来；我觉得，恰恰是那些细节对一个正在到来的时代来说十分重要；那样一些事情在未来的时代中必定不可能发生。一天早晨，我的八十四岁的母亲突然昏迷，请来的医生很快就说，她可能过不了那个晚上，于是医生雇来一个女看护——一个大约四十岁的女人——守护在母亲临终的床边。我母亲仅有的两个儿子——我和我的哥哥——正好都不在身边，当然也不可能回来，因为两个犹太人即使是回到一位临终的母亲的床边，对德意志文化的维护者而言，也是对德意志文化的一种亵渎。于是我们的一位堂兄决定在那屋里守夜，以便在母亲临终时，家眷中至少有一人在场。我们那位堂兄当时已六十岁，自己身体也不太好，事实上一年之后他也去世了。当他正准备在隔壁房间搭床过夜时，女看护出现了——我今天说这件事，对她是相当不光彩的——她解释说，遗憾得很，按照纳粹的新法令，他不能留在垂死的人旁边过夜。她说，我的堂兄是犹太人，她作为一个不到五十岁的女人，即使是在一位临终的老太太身边，她也不可以和一个犹太男人在同一个住所里过夜——按照施特赖歇尔[34]的思维法则，一个犹太男人的第一个念头势必是：使她蒙受"种族耻辱"[35]。她说，当然，她对那种规定也感到非常窘迫，但她必须遵守各种法令。于是，为了让那位女看护能够留守在我临终的母亲身边，我的六十岁的堂兄被迫于当晚离开了那所房子；也许人们现在会明白：我为什么庆幸我的母亲不必再在那样的人群中间继续活下去。

奥地利的沦陷也给我个人的生活带来变化：我失去了奥地利的护照，我不得不向英国当局申请一张白卡，即一张无国籍者的身份证。起初我把它看作是一种无关紧要的、仅仅是形式上的变化。我以前曾常常在我的世界主义的幻想中悄悄地为自己想象过这样的情景：没有国籍、不用为任何一个国家承担义务，从而让所有的人没有区别地生活在一起，该有多好啊！多么符合我自己原来的内心感情呀！可是我不得不再次认识到：我们世人的幻想多么不着边际。我再次认识到，恰恰是那些最重要的人生感受，只有自己亲身经历过才会明白。我十年前在巴黎遇到梅列日科夫斯基[36]时，他向我抱怨说，他的著作在俄国遭到禁止。我当时还没有经历过那样的事，于是想无关痛痒地安慰他几句。我说，面对这种国际上流行的通病，说什么也无济于事。而当我自己的著作后来在德语世界消失，我写的作品只能被译成别的语言，或者改编为别的媒体形式，或者在内容上经过稀释后才可以发表时，我就非常清楚地懂得他的抱怨了！同样，当我在等候室的长椅上坐等了好一阵子之后被允许进入英国官员房间的那一瞬间，我才懂得，把自己的护照换成一张外国人的居住证意味着什么，因为我在以前想要得到一本奥地利护照是我的权利。每一个奥地利领事馆的官员或者警察局的官员都有义务立即给我这个享有一切权利的公民签发一本护照。而现在，我想要得到那张英国颁发的外国人居住证，我就得去申请，去申请一种照顾，而且这种照顾随时都可能被收回。我在一夜之间就已低人一等。我昨天还是一位外宾，在某种程度上还是一位有身份的绅士。我在英国用外汇支付并纳税，而现在我却成了一个流亡者，一名"避难者"。我被降格到那一类少数人中间——纵使还不是一类丧失名誉的少数人。除此以外，我从那个时刻起每次去另一个国家都得为在这张白色居留证上的签证提出特别申请。因为所有的国家都会对"那一类"失去法律保护和失去祖国的人产生不信任，这是由于别的国家无法在必要时将他像其他人似的驱逐出境和将他遣返他的祖国，一旦他在别的国家令人讨厌或者逗留时间太长的话。而我突然之间被纳入到"那一类"人的行列。我不得不想起几年前一个流亡的俄国人对我说的话："一个人先前只要有一个躯体和一个灵魂，而如今他还需要外加一本护照，不然，他就不能像人一样被对待。"

事实是：自从第一次世界大战以来，最使人感觉到世界大倒退的，大概莫过于限制人的行动自由和减少人的自由权利。一九一四年以前，世界是属于所有人的。每个人想去哪里就去哪里，想在那里待多久就待多久。没有什么允许不允许，没有什么批准不批准。当我今天告诉年轻人，说我在一九一四年以前去印度、美国旅行时根本就没有护照，或者说，当时还没有见到过护照是什么样，他们会一再流露出惊奇的神情，这使我感到很得意。当时人们上车下车，不用问人，也没有人问你。我们今天要填近百张的表格，当时一张也不用填。那时候没有许可证，没有签证，更不用说刁难；当时的国境线无非是象征性的边界而已。人们可以像越过格林威治子午线一样无忧无虑地越过那些边界线，而今天由于大家互相之间那种病态的不信任，海关官员、警察、宪兵队已经把那些边界变成了一道道铁丝网。由于国家社会主义作祟，世界是在第一次世界大战之后才开始变得不正常——我们这个世纪的精神瘟疫才开始,作为首先看得到的现象是对异族的病态恐惧[37]:仇视外国人或者至少是害怕外国人。人们到处抵制外国人,驱逐外国人。原先发明的专门对付罪犯的各种侮辱手段,现在却用来对付每一个准备旅行或正在旅行的旅行者身上。出门旅行者不得不被人从右侧、左侧和从正面拍照;头发要剪短到能看见耳朵。旅行者还必须留下指纹,起初只需要留下大拇指的指纹,后来需要留下所有十个手指的指纹。此外,旅行者还要出示许多证明:健康证明、注射防疫针证明、警察局开具的有无犯罪记录的证明以及推荐信。旅行者还必须能够出示邀请信和亲戚的地址,还必须有品行鉴定和经济担保书,还要填写、签署一式三四份的表格。如果那一大堆表格中缺少了哪怕一张,那么你也就别旅行了。

这些看起来都是小事。我起初也觉得这些琐碎小事不值一提。但是这些毫无意义的"琐碎小事"却让我们这一代人毫无意义地浪费了无可挽回的宝贵时间。当我今天总算起来,我在那几年里填了不知多少表格,在每一次旅行时填写了不知多少声明、还要填写纳税证明、外汇证明、过境许可证和居留许可证、申报户口表和注销户口表,等等。我在领事馆和官署的等候室里站立了不知多少小时,我曾坐在不知多少官员面前——他们有的和蔼、有的并不友善、有的呆板、有的过于热情——我在边境站接受过不知多少搜查和盘问,我这才感悟到,人的尊严在我们这个世纪失掉了多少啊!我们年轻时曾虔诚地梦想过我们这个世纪会成为一个自由的世纪,将成为即将到来的世界公民们的新纪元。可是那些非生产性的、同时又侮辱人格的繁文缛节却浪费了我们多少生产、多少创作、多少思想啊！因为我们每个人在那几年里要用更多的精力去研究那些官方的规定，而不是去研读文学艺术书籍。我们在一座陌生的城市、在一个陌生的国家，最先要去的地方不再像往昔那样是去那个地方的博物馆、风景区，而是为了领取"居住许可证"去领事馆和警察局。我们这些人以前坐在一起的时候，常常谈论波德莱尔的诗或热烈地讨论一些文学艺术方面的问题，而现在我们发现自己谈论的尽是一些被盘问的情况、许可证的情况，或者打听应该申请长期签证呢还是申请旅游签证；结识一个可以使你缩短等候时间的领事馆的小小女官员在最近十年里要比在上个世纪和托斯卡尼尼或者罗曼·罗兰结下友谊更为重要。我们凭着天生的悟性始终会感觉到，我们是被施予者而不是施予者。我们没有任何权利，一切都只是官方的恩赐。我们不停地受到盘问，被登记、编号、检查、盖章。时至今日，我，作为一个出生在比较自由的时代、不愿被教训的人，作为一个梦想中的世界共和国里的公民，我还一直觉得我的护照上的每一个图章犹如犯人额上的一个烙印，每一次盘问、每一次搜查犹如一种侮辱。不过，那是一些小事，始终只是一些小事，我知道，在一个人的生命价值比货币的价值跌落得更快的时代里，那些确实都是小事。但是，只有当我们把那些小事作为时代的症状记录下来，以后的时代才有可能将正常的精神状态和精神失常的临床表现都记录下来——那种精神失常曾在两次世界大战之间的这段时期笼罩着我们这个世界。

也许是我在此前被宠坏了，也许是由于近几年急剧的变化使我受到过分的刺激，我渐渐地变得越来越敏感。任何一种流亡本身都不可避免地会引起一种心态平衡的破坏。一个人一旦失去了自己的立足之地——这也必须要自己亲身经历过才会明白——他就会挺不起腰板，他就会变得越来越不果断、越来越不自信。我今天坦率承认，自从我不得不靠外国人身份证或者外国的护照生活那天起，我就觉得完全身不由己。和原来的我——真正的我相一致的某些天性永远被破坏了。我的秉性变得比原来的我谨小慎微多了，我——原先是一个世界主义者——今天却不时有这样的感觉：仿佛我每呼吸一次，都应该对一个陌生的民族感恩戴德似的，因为我呼吸的是他们的空气。我心里自然明白，这种奇怪的想法何其荒谬，可是理智又何曾能够战胜自己的感情呢！我曾经用了将近半个世纪的时间来陶冶我的心，让我的心作为一颗"世界公民"的心而跳动，但无济于事。在我失去奥地利护照的那一天，五十八岁的我发现，一个人随着祖国的沦亡所失去的，要比失去那一片有限的国土还要多。

话又说回来，并非只有我一个人有这样的不安全感。动乱不安开始渐渐遍及整个欧洲。自从希特勒入侵奥地利那一天起，政治局势一直不明朗。那些曾经悄悄为希特勒开辟道路、希望能以此换取自己国家和平的英国人，现在开始变得慎重了。从一九三八年起，无论是在伦敦、巴黎、罗马、布鲁塞尔，还是在所有的城市和村庄，不管人们议论什么，不管那些议论的话题开始时和世界大战毫不相干，但最终都会议论到那个无法回避的问题：即世界大战是否还能够避免，怎样避免，或者至少怎样能够推迟世界大战。当我今天回顾对世界大战的恐惧在欧洲不断上升的那几个月，我只记得总共只有两三天的时间人们还真正有信心，在那两三天里，人们再次也是最后一次有这样的感觉：乌云总会消散，人们又会像往常一样在和平的环境里自由呼吸。没想到那两三天正好是今天被认为是近代史上最糟糕的日子：那就是张伯伦和希特勒在慕尼黑会谈[38]的日子。

我知道，今天人们很不愿意回忆那一次会谈。张伯伦和达拉第在那一次会谈中自投罗网，向希特勒和墨索里尼投降。但是，由于我要在这里忠实于历史的真相，我不得不说，每一个在英国经历了那三天的人当时都觉得那次会谈好极了。只是到了一九三八年九月的最后几天，局势才变得令人绝望。当时张伯伦刚刚第二次从希特勒那里飞回来。几天之后人们才知道事情的真相。张伯伦去德国，是为了在哥德斯堡[39]毫无保留地同意希特勒以前在贝希特斯加登向张伯伦提出的要求。可是希特勒在几个星期前还能感到满足的事，现在已不能满足他的歇斯底里的权力欲望了。绥靖政策和"争取再争取"[40]的政策可悲地失败了。爱好轻信的历史时代在英国一夜之间宣告结束。英国、法国、捷克斯洛伐克乃至整个欧洲只有这样的选择：要么在希特勒的不容改变的权力意志面前屈服，要么用武器同他对抗。看来英国已下决心豁出去了。人们不再避讳公开谈论备战，而是公开表示打仗的决心。示威的工人们忽然出现在伦敦的公园里：在海德公园[41]、摄政王公园[42]。特别是工人们在德国大使馆对面筑起了防空洞，以对付轰炸的威胁。舰队也做了战时准备。总参谋部的军官经常在巴黎和伦敦之间飞来飞去，以便共同制定最后的应战措施。开往美国的轮船挤满了外国人，他们想要让自己及时处于安全地带；自一九一四年以来，英国民众尚未有过这样的觉醒。来来往往的英国人显得更严肃和更有思虑。他们眼望着房屋和繁华的街道，心里却暗暗想着：炸弹会不会在明天将这一切夷为平地？人们在屋内围着收音机收听晚间新闻，有的站着，有的坐着。笼罩着全英国的可怕的紧张气氛一直留驻在每个人的身上，虽然看不见，却能感觉到。

然后英国国会召开了那次具有历史意义的大会，张伯伦在大会上做了报告。他说，他曾再次努力，试图和希特勒达成协议，并且又一次，即第三次向希特勒建议，为了拯救受到严重威胁的和平，他愿意到德国的任何一个地方去会见希特勒，可是对他的建议的答复仍未到达。极富戏剧性的是：正当大会举行期间，对他的建议的回电来了，电报说，希特勒与墨索里尼同意和张伯伦在慕尼黑共同举行一次会议。英国国会在那一瞬间失去了控制——这在英国历史上几乎是唯一的一次。国会议员们跳将起来，喊叫着，拍着手，大厅里响彻了欢笑声。多少年来，在那幢庄严的国会大厦里还从未有过像当时那样爆发出如此欢乐的情绪。从人性的角度看，那是一出精彩的表演，显示出对和平还可能有救的真诚热情，显示出英国人克服了自己平时一贯表现的矜持。但从政治的角度看，那种欢乐情绪的爆发是一个绝大的错误，因为英国国会发出的热烈欢呼暴露出这个国家对战争是多么深恶痛绝，暴露出这个国家为了争取和平将会不惜牺牲一切、放弃自己的利益乃至自己的尊严，所以国会的欢呼场面从一开始就预示着张伯伦去慕尼黑并不是为了赢得和平,而是为了乞求和平。但当时还没有人预料到,面临的将是怎样的投降。所有的人——我不否认,也包括我自己——都以为,张伯伦去慕尼黑是为了谈判,而不是投降。在接下来的两三天里,大家心急如焚地等待着,全世界的人在那两三天里仿佛都屏息以待。在英国,人们在公园里挖着壕沟,兵工厂忙个不停,有的地方架起了防空大炮,防毒面具也分发完毕。人们正在考虑把孩子们疏散出伦敦的计划,一些秘密的准备工作正在进行,虽然并非人人都能清楚那些准备工作,但都知道是针对谁的。等候报纸和悉心收听广播的一个早晨又过去了,中午又过去了,晚上又过去了,深夜又过去了。人们忧心忡忡、精神恍惚地等待着谈判成还是不成——这是第一次世界大战爆发前的一九一四年七月间的那样一些时刻的重演。

突然之间,好像一阵飓风袭来,把逼得人们透不过气的乌云吹散,心中的石头落地了。情绪轻松多了。原来是有消息传来,说希特勒和张伯伦以及达拉第和墨索里尼已取得完全一致,还有消息说,张伯伦成功地和德国达成了一项协定,那项协定确保和平解决今后所有国家之间可能产生的一切冲突。看起来,这好像是一位本人并非显赫和因循守旧的政治家凭着自己不屈不挠寻求和平的意志所取得的决定性胜利。所有的人都在那最初的时刻感激他。人们首先在收音机里听到的是那份公报——"为了我们时代的和平"[43],这一消息向我们饱经磨难的那一代人宣称:我们可以再次生活在和平的环境之中,可以再一次无忧无虑地生活,可以为建设一个更美好的新世界奉献自己的力量。如果有谁事后企图否认我们当年怎样被那些漂亮的词句所迷惑,那么,他就得说假话。因为谁会相信,一个吃了败仗的回乡士兵[44]竟然要筹划自己的胜利进军呢?假如伦敦的广大民众真知道张伯伦从慕尼黑回来的那天早晨的准确时间,说不定会有几十万人到克罗伊登[45]机场去向他表示祝贺呢,向他欢呼呢;就像我们当时所有的人相信的那样,是他拯救了欧洲的和平和英国的尊严。接着伦敦的各家报纸登出张伯伦回国的照片。照片上的他笑容满面地站在飞机的舱门口,自豪地挥动着那份宣告"为了我们时代的和平"的历史性文件。这是他当作最珍贵的礼物带回来献给自己的国民的。张伯伦的面容平时相当呆板,类似垂头丧气的神色。当天晚上电影院里也放映了那些场面,看电影的人从自己的座位上霍地站起身来,欢呼、喊叫,觉得世界上又开始新的和睦局面,高兴得几乎要互相拥抱起来。对当时在伦敦乃至在英国的每一个人来说,那是空前绝后的一天、惊心动魄的一天。

我在那几天具有历史意义的日子里喜欢在大街上转悠转悠,以便更强烈、更深切地去感受那种氛围,在最真实的意义上呼吸到那个时代的空气。英国工人们已停止在花园里挖防空洞,人们在防空洞的周围笑着闲聊,因为通过"为了我们时代的和平"这份公报,那些防空洞已经成为多余。我听见两个小伙子在用十分地道的伦敦话开玩笑说,干脆把那些防空洞改成地下公共厕所算了,因为伦敦的公共厕所还嫌不够用呢。周围的人都跟着一起大笑。所有的人都好像经过一场雷雨之后的植物,显得更加生机盎然、生气勃勃。他们走路时腰板挺得比前一天更直,肩膀显得更放松。在英国人平时非常冷漠的眼睛里闪烁着高兴的光芒。自从人们知道房屋再也不会受到轰炸的威胁之后，房屋仿佛变得更加明亮，公共汽车仿佛更加漂亮，太阳仿佛更加灿烂，成千上万人的生活由于那种迷人的字眼而显得更加活跃、更加丰富多彩。我也感觉到自己为之振奋的心情。我不知疲倦地走着，越走越快，越走越轻松。新的信心的浪潮有力地、欢快地也把我推向前去。突然有一个人从皮卡迪利大街[46]的拐角那边匆匆向我走来，他是一位英国政府官员，我们原本也没有深交。他完全是一个感情不易冲动、非常内向的人。我们平时只习惯于礼貌地互相打个招呼而已，他从不想和我攀谈什么。可是此时此刻他两眼炯炯有神地朝我走来。他说："您觉得张伯伦怎么样？没有人相信过他，可他做对了。他没有让步，却挽救了和平。"他高兴得神采飞扬。

那一天，所有的英国人都是那种感觉；我也是那种感觉。第二天仍然是幸福的一天。报纸依旧一致欢呼，交易所的行情猛涨。多少年来，这是第一次又从德国传来友善的声音。在法国，有人建议给张伯伦竖立一座纪念碑。然而，这只不过是火焰熄灭以前火苗的最后几下蹿动。在以后的几天里，各种不道德的细节透露出来：说明对希特勒的投降竟有多么彻底，出卖捷克斯洛伐克竟有多么卑鄙——而英国先前曾郑重承诺要援助和支持它。又过了一个星期，更是昭然若揭：即便投降也不能使希特勒满足。协定上的签字墨迹未干，希特勒就已违反了协定的全部条款。戈培尔毫无顾忌地公开吹嘘，他在慕尼黑把英国逼得走投无路。伟大的希望之光幻灭了，但它曾照亮过一两天时间，温暖过我们的心。我不能、也不想忘掉那一两天。

自从我们认识到在慕尼黑真正发生了哪些事情以后，我在英国反而见到更少的英国人。责任在我，因为我回避他们，或者确切些说，我回避和他们交谈，虽然我不得不比以往更钦佩他们。他们对成群结队来英国的难民表现得慷慨大方。他们有高贵的同情心和乐于助人的精神。但他们和我们德意志人之间在内心深处有一道墙，分别在墙的这一面和那一面：我们已经遭遇到的事情，他们还没有遭遇到。我们明白已经发生了什么和还会发生什么，而他们却依旧不愿意去弄明白问题的实质——一部分人是违心地这么做。他们不顾一切事实，始终抱着幻想：一个人总会恪守自己的承诺，协定总会被遵守。英国人始终抱着幻想：他们能够同希特勒进行谈判，只要英国人自己理智地、用人性去和希特勒对话。几百年来，英国领导人发誓要通过民主传统维护公正，因而他们不可能知道或者不愿意知道：一种蓄意欺世和无视道德的新伎俩正在自己身边形成——那个纳粹新德国在和各国打交道时以及在法律范围之内会践踏一切以前有效的准则，一旦那个纳粹新德国觉得那些准则碍事的话。对于头脑清醒而又深思远虑、早已鄙弃一切冒险行为的英国人而言，既然希特勒如此迅速、如此容易地达到了那么多目的，居然还要铤而走险，真是太不可思议了。英国人总以为并且希望，希特勒将会先进攻别的国家——最好是俄国！然后英国人在这段时间里能够和希特勒达成某种一致。而我们德意志人却知道，最可怕的事必将发生。我们每一个德意志人都曾目瞪口呆地见到过一个被打死的朋友的照片，或者一个被拷打的同伴的照片，因此我们的目光更犀利、更尖锐、更无情。我们这些被歧视、被驱赶、被剥夺了权利的人都知道：只要事关抢掠与权力，任何借口都不会显得太荒唐、太骗人。所以我们这些流亡者——经受过磨难和还要经受磨难的人说的话，和英国人说的话就是不一样；如果我今天说：除了极少数英国人以外，我们是当时在英国唯一认识到全部危险而不被迷惑的人，我相信我这样说绝不是夸大。正像我当初在奥地利一样，我在英国也是带着一个破碎的心和痛苦的敏锐目光相当清楚地预见到那不可避免的事，只不过我在英国是作为一个外国人、作为一个被收留的客人，不便提出警告罢了。

所以当我们的嘴唇预先尝到未来的苦涩时，我们这些已被命运打上了罪犯烙印的人也只能在自己人中间说说而已。我们为那个友善收留我们的英国深深忧虑，我们的内心不胜痛苦！不过，即使在最黑暗的时代，和一位道德高尚的大思想家谈话，同样会给人以无限的安慰和精神上的鼓励。我在灾难来临之前的最后几个月有幸和西格蒙特·弗洛伊德度过了美好的数小时，令我终生难忘。一连好几个月，我在英国一想到那位八十三岁、有病的弗洛伊德还留在希特勒占领的维也纳，心情就十分沉重。后来，是那位杰出的玛丽亚·波拿巴公主[47]——他的最忠实的女学生——成功地将这位住在被奴役的维也纳的最重要的人物救了出来，送到伦敦。当我从报纸上得知弗洛伊德已抵达英国的那一天，是我一生中非常幸运的一天。我原以为我已经失去了这位我最尊敬的朋友，却没想到我能看到他从地狱重返人间。

西格蒙德·弗洛伊德是一位伟大而又严谨的思想家，

在我们那个时代还没有人像他那样深化和扩大过有关人的心灵的知识。我是在维也纳认识他的,当时,他在那里被看作是一个固执己见、十分怪僻的人而受到敌视。他是真理的狂热追求者,但他同时也清楚地意识到,任何真理都有局限性——他曾对我说过:"很少有百分之百的真理,就像很少有百分之百的酒精一样!"——他离开了维也纳大学,抛弃了大学里那种学院派谨小慎微的研究方式,毫不动摇地向至今无人涉足和胆怯地回避的那个人世间隐秘的"性冲动"世界——即当时被郑重宣布为"禁区"的领域进军。乐观主义的、自由主义的世界无意之中感觉到,这位毫不妥协的思想家以其潜意识学说无情地破坏了当时那个乐观主义和自由主义的世界所宣称的通过"理智"和"进步"可以逐渐抑制"性冲动"的理论。这位思想家以其无情揭开面纱的手段,使自由主义的世界一味回避难堪问题的研究方法变得岌岌可危。然而,一起反对这位令人难堪的"离经叛道者"的不仅仅是维也纳大学以及老派的神经科医生行会,而是整个世界——整个旧世界、旧的思维方式以及道德"规范"和对这位揭开面纱者感到恐惧的整个历史时代。医生们对他的抵制慢慢地形成。他失去了自己的诊所,可是由于他的理论以及即便是他提出的那些最大胆的命题在学术上也不能被驳倒,所以那些医生们就试图按维也纳人的方式:用讽刺、挖苦或者使之变成庸俗的笑料,来扼杀弗洛伊德关于梦的理论。只有少数忠实的信徒每星期都聚集在这位孤独者的周围,在晚间进行讨论。精神分析这门新科学就在那些晚间的讨论会上初步形成。从弗洛伊德最初的那些奠基性著作中渐渐衍生出那场思想革命。而早在我自己觉察到那场思想革命的整个范围之前，这位不同凡响的人物弗洛伊德在道德上毫不动摇的坚强态度已经赢得了我对他的钦佩。他在维也纳毕竟是一位科学界的人物，一个年轻人很可能把他梦想为自己的榜样。弗洛伊德在对自己的理论没有得到最后的证实和没有绝对的把握以前，他对每一个论断都十分谨慎。但是一旦他的假设得到证实，那么他就会对整个天下的抵制采取坚决对抗的态度。他本人非常谦虚，但是他为自己学说的各种信条而战斗却十分执著。他捍卫自己认识到的内在真理至死不渝。世人可能想不出还有比他在思想上更无畏的人物；弗洛伊德随时都敢讲出自己的想法，纵使他知道，如此清楚、不顾情面地说出来，会使别人感到不安和难堪；他从未想到过用极小的妥协——哪怕只是形式上的妥协——来改变自己的困难处境。我今天敢肯定，假如弗洛伊德当初把自己的理论谨慎地作一些粉饰——如把"性欲"说成"情欲"、把"性冲动"说成"做爱的欲望"——假如他不是始终执拗地坚持最后的结论，而只是作出一些暗示，那么他就不会受到学院派的任何抵制，而能把自己的理论的五分之四发表出来。然而，凡是涉及他的学说和真谛的领域，他绝不迁就。外界对他的抵制愈强烈，他的决心就愈大。如果我今天要为道德勇气这个概念——世界上唯一不要求别人牺牲的英雄主义——寻找一个榜样人物，那么我的眼前总是浮现出弗洛伊德的富有阳刚之气的英俊面庞，还有他的那双目光安详、率真的深色眼睛。

他曾为自己的祖国奥地利带来跨越国界和超越时代的荣誉，现在却从自己的祖国逃到伦敦。按照他的岁数，他早已是一个年迈体衰、身染重病的人了，但他仍然面无倦容、腰板挺直。我曾暗自为他有一点儿担心:他在维也纳必定经历了各种痛苦的时刻,在这之后我再见到他,想必他是满脸憔悴或者疲惫不堪。可是我发现他比以前更开朗,甚至更精神饱满。他将我领到他在伦敦郊区的一幢住宅的花园里。"我住的地方比以前更漂亮了吧?"他问我,曾经是非常严肃的嘴角边露出轻松的微笑。他把自己心爱的那些埃及小雕像拿给我看,那是玛丽亚·波拿巴帮他抢救出来的。"我不是又待在家中了吗?"写字台上摊着大张的对开纸,那是他的手稿。八十三岁高龄的他仍然每天用清楚的圆体字写作,思维和他年富力强时一样机敏,精力也和当年一样旺盛。他的坚强意志战胜了一切——战胜了疾病、年迈和流亡;在漫长的奋斗岁月中没有外露的善良本性现在第一次从他身上自由地迸发而出。高龄只是使他变得更加温和,经历过的磨炼使他变得更加宽厚。我在伦敦和他见面时发现他有时会做出随和的姿态:他将一只胳膊搭在你的肩上,他的眼睛会从闪亮的眼镜片后面热情地望着你——而这些是我以前在这位善于克制的人身上从未见到过的。在我和弗洛伊德交往的那几年里,和他的每一次谈话,对我来说都是莫大的精神享受。我既学到不少知识,同时也对他钦佩不已。我觉得,我说的每一句话都会被这位毫无成见的人所理解,没有一种自我坦言会让他吃惊,没有一种见解会让他激动。对他而言,教育别人清楚地看待事物和清楚地感受,是他的愿望——早已成为他一生中的本能愿望。但是最让我心怀感激的是,我们在那黑暗的一年[48]——他的生命的最后一年——所进行的那几次无法取代的长时间谈话。每当我踏进他的房间的那一刻起,我仿佛觉得外面世界的疯狂已不复存在，最严重的事情成了抽象概念，最混乱的思维顿时变得清晰，眼下一时发生的事无非是顺应周而复始大循环的各个阶段而已。我第一次感受到弗洛伊德是一位超脱自己的、真正的智者。他也不再将痛苦和死亡视为个人的经历，而是将痛苦和死亡视为一种超越个人的观察和研究对象：弗洛伊德的死和他的一生一样，都是道德意义上的壮举——弗洛伊德当时已重病缠身，病魔即将把他从我们身边夺走。戴着假牙的他说起话来显然相当吃力，听他讲话真让人觉得于心不安，因为他每吐一个字都要费很大的劲，但是他不会不说话就让朋友们离去。他要让朋友们看到：和他身体上的小小病痛相比，他的意志更坚强——他对自己钢铁般的意志特别感到自豪。他的嘴巴由于疼痛而扭曲了。他在写字台旁一直写作到他生命的最后几天。即使他夜里难受得睡不着觉——他平时睡得深沉、安稳，这是他八十年来力量的源泉——他也绝不服用安眠药或注射麻醉剂。他不愿用这种减轻病痛的方法来抑制自己焕发的精神——哪怕是一个小时；他宁愿清醒地受病痛折磨，他宁愿在病痛中思考，而不愿变得麻木不仁。他要成为精神上的英雄，直至生命的最后时刻。这场可怕的搏斗持续得愈久，他就愈了不起。死神一次又一次地将自己的阴影越来越清楚地投在他的面容上。死神使他的面颊枯瘪干瘦，太阳穴从额角绽出；死神扭歪了他的嘴巴，使他的嘴唇无法说话；可是死神对他的眼睛却无能为力，那是一座死神无法占领的灯塔，这位英雄般的思想家就是从这里观察世界。他的眼睛和思想，直到最后时刻依然明亮和清醒。在我最后去看望他的几次中，有一次我和萨尔瓦多·达利[49]一同前往——我认为达利是我们新一代的画家中最具才华的画家——他对弗洛伊德无比崇敬。在我和弗洛伊德谈话时,他就在一旁画速写。我从未敢把那张画拿给弗洛伊德看,因为达利分明已将弗洛伊德身上的死神画了下来。

这一场最坚强的意志力的搏斗——即我们这个时代的这位最敏锐的思想家和死神之间的搏斗变得愈来愈残酷;直至他自己清楚地认识到——清楚对他来说就是思想的最高境界——他将不能再写了,不能再工作了,他才像一位古罗马的英雄那样同意医生结束他的痛苦。那是一个伟大生命的壮丽结束;即便是在那样一个用无数生灵当作大祭的残杀时代之中,弗洛伊德的死仍然令人缅怀。当我们这些朋友们将他的灵柩埋进英国的土地时,我们知道我们是把我们祖国的最优秀者奉献给了那片土地。

在那些日子里,我常常和弗洛伊德谈论起希特勒和战争给世界带来的恐怖。他,作为一个有人性的人,对这一切深感震惊。但是,作为一个思想家,他对这种兽性的可怕爆发丝毫不觉得奇怪。弗洛伊德说,总是有人指责他是悲观主义者,因为他否认文化能战胜本能;现在世人看到:他的见解得到了最惊人的证实——野蛮残酷和原始的毁灭冲动在人们心灵中是铲除不掉的——当然,这不会使他感到自豪。他说,也许人们在未来的世纪里会找到一种至少在各族人民的公共生活中压制那些本能的形式;但是在日常生活中和在自然天性的最深处,这些本能是不可能根绝的;也许这些本能是保持人的活力必不可少的。在他生命的最后几天,他更关心犹太人的命运和犹太人面临的悲剧。但是这位研究科学的学者在这方面没有想出什么方案，他的清楚的头脑也没有找到答案。他在临终前不久发表了一本关于摩西[50]的论著。他在自己的这部著作中没有将摩西作为犹太人去描述而是作为埃及人去描述，他的这种在学术上几乎站不住脚的说法，既大大伤害了那些虔诚的犹太教徒，又伤害了那些有民族意识的犹太人。而那本书恰恰是犹太民族面临最险恶的时刻出版的，因而使弗洛伊德后来深感内疚，他说："现在，犹太人的一切被夺走了，而我还要把他们的最优秀者摩西夺走。"我不得不承认弗洛伊德说得对：每一个犹太人当时都已变得风声鹤唳，因为犹太人是那场世界性的悲剧中真正的牺牲品，犹太人当时在任何地方都是牺牲品。他们早在遭到那次打击以前就已张皇失措。犹太人都知道，所有的坏事首先会降临到他们头上，而且遭殃最多的也正是他们。谁都知道，那个史无前例的仇恨狂人希特勒要凌辱和驱赶的正是他们，要把他们赶到世界的尽头，赶进地狱。逃到英国来的难民一周比一周多，一月比一月多，而且后来的难民比先到的难民愈来愈落魄，精神愈来愈颓唐。那些动作最快、最先离开德国和奥地利的人还能抢救出自己的衣服、箱子和家什，有些人甚至还带了一些钱。但是，如果一个人信任纳粹德国的时间愈长，愈是舍不得离开自己所爱的祖国，那么他受到的惩罚也就愈重。纳粹先是剥夺了犹太人的职业，继而禁止犹太人去剧院、电影院、博物馆，禁止犹太族的研究人员使用图书馆；虽然事情已经如此，而那些犹太人居民却依然留在奥地利，他们有的出于忠诚，有的出于惰性，有的出于胆小，有的出于自尊。他们宁愿在自己的祖国受欺凌，也不愿在他乡当乞丐、受侮辱。接着，纳粹赶走了犹太人家中的仆人,拆走犹太人家中的收音机和电话机,然后没收犹太人的住宅,最后强迫犹太人佩戴大卫王之星[51]的标志。任何人都会在街道上认出他们是犹太人,把他们视为被扫地出门的人、流浪汉;任何人都会像避开麻风病人似的避开他们,嘲笑他们。犹太人所有的权利都被剥夺了。任何摧残心灵和身体的强暴行为都被当作取笑手段强加在犹太人身上。对所有的犹太人来说,那句古老的俄罗斯民间谚语突然变成了严酷的现实:"在讨饭袋和监狱面前,没有人是安全的。"没有逃难走的犹太人都被送进了集中营。纳粹德国在集中营里的管教使最有骨气的犹太人也得低头,纳粹将他们身上剥夺得只剩下一身衣服,口袋里只剩下十个马克,然后将他们驱逐出国境而不管他们是否有地方可去。这样一些犹太人伫立在别的国家的国境线前,然后到领事馆去苦苦哀求,但几乎都是徒劳,因为哪个国家需要这些被抢掠得精光的人——这些乞丐呢?我将永远不会忘记,我有一次在伦敦走进一家旅行社时,我看到的是怎样一番景象啊;那里挤满了难民,几乎全是犹太人。他们愿意去任何一个地方——去哪个国家都一样,哪怕是北极的冰天雪地,或者是撒哈拉大沙漠火炉般的盆地,只要能离开英国就行,只要能继续有处可逃就行,因为他们的居留许可已到期。他们必须继续流浪,带着妻子、儿女走到另一个陌生的星空下、走到另一个语言陌生的世界,走到那些不认识的人群中去,走到那些不欢喜他们的人群中去。我在那家旅行社遇到一个从前非常有钱的维也纳工业家,他同时也是最有知识的艺术品收藏家之一。我一开始没有认出他来,因为他的头发已如此灰白,人已如此苍老、如此疲惫。他颤颤巍巍地用双手扶着桌子。我问他想去哪里。他说:"不知道。今天还会有谁问我们想去哪呢?哪里允许我们去,我们就去哪里。有人告诉我,在这里也许可以得到去海地[52]或者圣多明哥[53]的签证。"我不禁一怔;一个带着儿孙的精疲力竭的老人竟然战战兢兢地希望到一个他从前在地图上从未好好看过一眼的地方去,只是为了到那里去继续过乞讨的生活,继续在异国他乡过着得过且过的日子!在他旁边有一个人急切地在问,怎样才能去上海,他说,他听说中国人还会接受他们这些犹太人。他们就这样一个紧挨着一个拥挤在旅行社,他们以前可是大学教授、银行经理、商贾、地主、音乐家呀;而此时此刻他们每一个人都准备拖着自己生活中可怜的破烂漂洋过海;他们什么都能干,什么都能忍受,只要能离开欧洲就行,远远地离开,远远地离开!这是一群面黄肌瘦像饿鬼一样的难民。但是当我一想到:这里五十个备受折磨的人只不过是一支极小的零星先头部队而已,在他们身后是一支已经出发的五百万、八百万,也许一千万犹太人的大军,我的心不寒而栗。所有这些先是被洗劫一空而后在战争中饱受蹂躏的几百万人正急切地等待着慈善机构的遣送,等待着有关当局的批准和发放路费,这批巨大的人群犹如惊弓之鸟,在希特勒的焦土政策面前仓皇出逃。他们拥挤在欧洲各国边界火车站周围,他们拥挤在监狱里。他们完全是一个被驱逐的民族。人们不承认他们是一个民族,而这个民族两千多年来所要求的无非是不必再流浪,无非是要求有一块安静、和平歇脚的土地。

话又说回来,在二十世纪犹太人的悲剧中最最令人悲哀的是，他们无法找到自己遭遇这种悲剧的原委，他们不知道自己有什么罪过。在中世纪遭到驱逐的犹太祖先们至少知道他们为何受难：那是为了自己的信仰，为了犹太人的律法。犹太人把自己对真神[54]始终不渝的信仰视为灵魂的护身符——而如今的犹太人早已没有护身符。犹太人的祖先们以为自己是被世界和人类的造物主为了特殊的命运和特殊的使命而特造的民族——他们就是在这样一种引以自豪的幻觉中生活并忍受着苦难。《圣经》中预示的话对他们来说就是戒律和教规。如果有人把他们扔进火堆，他们就会在心中默念他们认为神圣的经文，用这种火热的内心信仰去减轻火刑焚烧的剧痛感觉。如果他们被四处驱赶，他们仍然有自己最后的家园——真神雅赫维。没有一种世俗的政权、没有一个皇帝、没有一个国王、没有一个宗教法庭能从犹太人祖先们的身上驱赶走真神。只要犹太教将犹太人的祖先们凝聚在一起，他们就依然是一个群体，因而依然是一股力量；倘若有人要排斥和驱赶犹太人的祖先，那是犹太人为自己的过错而受到的惩罚，因为犹太人通过自己的宗教信仰和风俗习惯，有意识地将自己和天下其他各民族隔离开来。但是二十世纪的犹太人早已不再是一个群体。他们已经没有共同的信仰，与其说他们为自己是犹太人而感到自豪，毋宁说觉得是一种负担。他们没有意识到自己有什么使命。他们的生活已远离自己昔日经书中的各种信条和戒律。他们不愿意再说那种古老的共同语言。二十世纪的犹太人越来越急切追求的是：将自己融入到周围的某个民族之中，成为该民族的一员，融化在该民族的普遍生活之中，而他们这样做仅仅是为了图个平安，以免遭到各种迫害——为了在无休止的流亡中找到一个栖身之处。所以,他们已经融化在其他民族之中——他们已经是法国人、德国人、英国人、俄国人,而早已不再是犹太人——这些国家的犹太人之间早已不再互相了解。而这会儿,当纳粹把他们大家驱赶到一起时,他们才像街上的垃圾似的被扫在一起。这些犹太人中有的是住在柏林豪宅里的银行总裁,有的是正统犹太教堂的执事,有的是巴黎的哲学教授,有的是罗马尼亚的马车夫,有的是出殡时雇来哭丧的妇女,有的是洗尸体的人,有的是诺贝尔奖获得者,有的是音乐会的女歌唱家,有的是作家,有的是酿酒工人;有的家财万贯,有的一贫如洗。他们中有大人物也有小人物,有虔诚的教徒也有思想开明的人,有高利贷者也有哲贤之士,有犹太复国主义者,也有同化论者,有德国的犹太人、西班牙的犹太人、葡萄牙的犹太人,有讲道理的犹太人和不讲道理的犹太人。而在这些人的后面还有一群自以为早已逃脱了诅咒、惘然若失的犹太人——改信基督教的犹太人和混血的犹太人。这会儿,纳粹又把犹太人自己觉得早就不复存在的共同命运几百年来第一次重新强加在犹太人身上——那就是从埃及开始[55]反复出现的共同命运:驱赶犹太人。可是这样的命运怎么会降临到他们身上的呢?而且总是反反复复偏偏降临到他们的身上?这种毫无道理的迫害原因何在?意义何在?目的何在?把犹太人赶出所有的国家,却又不给他们一片土地。纳粹说:别和我们生活在一起!但又不告诉他们:他们应该在哪里生活。纳粹把罪责强加在他们身上,却又不让他们有任何赎罪的机会。所以犹太人会在逃亡的路上瞪着焦灼的眼睛互相凝视——我为什么要逃亡？你为什么要逃亡？我和你为什么要一起逃亡？我既不认识你，又不懂你说的哪个国家语言，我也不了解你的思维方式，我跟你毫无关系，为什么我要和你一起逃亡呢？为什么我们大家要一起逃亡呢？没有人知道答案。即便是在那些日子里我常常与之交谈的弗洛伊德——我们那个时代头脑最清楚的天才，他也不知道在这种荒谬中有什么目的与意义。不过，这也许恰恰就是犹太民族存在的最终意义：通过犹太民族像谜一般地从苦难中生存下来，让世人不致完全忘记约伯[56]反复向上帝提出的那个永恒的问题。（约伯问：无辜的约伯为何遭受如此迫害？上帝回答：约伯遭受如此迫害并非由于约伯有罪，而是由于上帝的安排。）

当我们误以为在生活中早已死去和已被埋葬的事情，突然以相同的式样和形态重新出现时，没有什么比这更可怕的了。一九三九年的夏天已来临。《慕尼黑协定》连同其短命的"为了我们时代的和平"的幻想早已过去；希特勒已经违背自己的誓言和许诺袭击了被肢解的捷克斯洛伐克，并吞并了它，梅梅尔[57]已经被占领；被政治宣传煽动得忘乎所以的德国报纸大肆叫嚣要拿下波兰的但泽[58]以及波兰走廊。英国突然从自己真诚的轻信中痛苦地清醒过来。就连那些没有受过教育、仅仅出于本能厌恶战争的普通英国人眼下也开始表示强烈的愤怒。任何一个平时十分矜持的英国人眼下都会和另一个人攀谈。看守我们公寓的门房、开电梯的服务员、打扫房间的女佣，都会一边干活儿一边谈论战争。他们当中没有一个人清楚地明白所发生的事，但是他们都记得那件公开的不可否认的事：英国首相张伯伦为了拯救和平,曾三次飞往德国,但是如此曲意逢迎却没有使希特勒感到满意。眼下人们在英国国会突然听到这样强硬的声音:"停止侵略!"英国人处处感觉到在为即将来临的战争进行准备——或者确切地说,为反对战争进行准备。浅色的防空气球又开始在伦敦上空飘浮[59]——这些气球看上去像是孩子们的玩具大灰象,无忧无虑。人们又开始修筑防空掩体,同时对已经分发的防毒面具进行仔细检查。局势变得像一年前那样紧张,或许更紧张,因为这一次站在政府后面的已不再是老实和轻信的民众,而是坚决和愤怒的民众。

我在那几个月已不在伦敦,我隐居在巴斯[60]乡间。我在自己的一生中还从未像当时那样强烈地感觉到:我对世界上发生的事完全无能为力。我在伦敦是一个清醒的、有思想的、远离一切政治的人,我献身于自己的工作,锲而不舍地默默笔耕,把自己的岁月化为作品。但是也有另外一些少数人,他们待在某个看不见的地方,人们不认识他们,也从未见到过他们——那些待在柏林的威廉大街[61]、巴黎的凯道赛[62]、罗马的威尼斯宫[63]以及伦敦的唐宁街[64]的人。这十个或者二十个人正在为人们所不知的事情进行谈话、写信、通电话、订条约。其中只有极少数几个人表现出特别的机智或才干。他们做出没有别人参与的决定,别人对那些决定中的细节一无所知,但他们的决定却最终左右着每一个欧洲人的生活和我本人的生活。此时此刻,我的命运掌握在他们手中,而不是掌握在我自己手中。是他们在毁灭或者在爱惜我们这些无权无势的人,是他们让我们拥有自由或者让我们去受人奴役,是他们为千百万人做出进行战争或者维护和平的决定。而我当时就像所有其他人一样坐在自己的房间里,像一只苍蝇似的无法抵抗,像一只蜗牛似的没有力量。然而,那是关系到生死存亡的大事——关系到内心深处的我和未来的我,关系到我脑子里正在形成的思想,关系到已经产生和尚未产生的写作计划,关系到我的起居,关系到我的意愿,关系到我的财产,关系到我的全部生活。我当时就像被判了刑的囚徒似的坐在自己的斗室里,茫然若失、面对四壁静候着,陷入无能为力的无谓等待之中。我左右的那些同伴们却在打听、猜测、瞎议论,好像我们中间的某个人知道或者能够知道那些做出决定的人会如何摆布我们似的。一会儿电话铃响了,一个朋友问我有什么想法;一会儿报纸来了,然而报纸只会让人们更加迷惘;一会儿收音机开始广播,说的尽是自相矛盾的话。我出门向那条小巷走去,遇见的第一个人问我这个同样一无所知的人:战争会不会爆发?老百姓在不安之中反问自己这个问题,议论纷纷,争论不休,尽管他们清楚地知道,他们多年来所积累的全部知识、经验和预见在那十几个不认识的人所作的决定面前毫无价值。老百姓很清楚,他们在一九一四年第一次世界大战爆发之后的第二十五个年头又要第二次面对战争的命运而感到束手无策,无可奈何。老百姓很清楚,那些使自己头痛的想法其实毫无意义。我终于再也忍受不了那座大城市——伦敦的生活了,因为在伦敦的每一个街角都贴着海报和标语,上面所写的那些刺眼的话像追人的疯狗似的令人战栗;还因为我无意之中从身旁熙熙攘攘的人流中的每个人的皱着眉头的额角上看出他在想什么。原来我们大家想的是同一件事:战争会不会爆发,在这场决定性的博弈中是输还是赢。我的全部生活——我的最后几年的岁月、我的那些尚未完成的著作以及我一直视为是自己的使命和人生意义的一切,全都成了这场决定性博弈中的赌注。

可是,那颗在外交赌盘上的骰子却迟疑不决地滚动——慢得让人的神经受不了。骰子滚过去又滚过来,滚过来又滚过去,一会儿红,一会儿黑;一会儿又是红,一会儿又是黑;一会儿是希冀,一会儿是失望,一会儿是好消息,一会儿是坏消息,就是没有最后的决定。我对自己说,忘掉这一切吧!逃走吧!逃到你自己的内心最深处——逃进你的工作之中,那里是只有你一个人呼吸的地方,你在那里不再是国家的公民,不再是可怕的赌注。在一个已经变得疯狂的世界里,你的一点智慧只有在那里还能理性地发挥作用。

我并不缺少工作。我多年来一直在为写一部有关巴尔扎克及其作品的两卷本著作积累素材。但我还从未有勇气去开始写这样一部范围如此广泛、时间跨度如此漫长的作品。这会儿恰恰是烦恼给了我勇气。我隐居到巴斯。我之所以去巴斯,是因为英国光辉文学中的许多佼佼者都是在巴斯从事创作,首先是菲尔丁[65]。那座小镇比英国其他任何一座城市更真实、更强烈地反映出另一个世纪——十八世纪英国恬静的面貌。但是,巴斯那种幽雅秀美的景色和当时世界上与日俱增的不安以及我自己的思想形成多么痛苦的对比啊!在我的记忆中,奥地利的一九一四年七月是多么美丽,英国的一九三九年八月同样也是一派迷人的景色——一样是像绸缎一般柔和的蔚蓝天空,好像是天主的宁静帐篷。明媚的阳光一样照耀着草地和树林,盛开的鲜花一样绚丽多彩——一九一四年七月的奥地利和一九三九年八月的英国自然景色同样和平安谧,但是当时世界上的人却在准备战争。眼望着那些茁壮、繁茂、静静的草木——弥漫在英国巴斯山谷里令人陶醉的安静气息使我不由得想起一九一四年奥地利巴登景色的娇媚,在和一番和平景色的相比之下,那种疯狂的战争冒险显得多么不可思议。

我仍然不愿意相信第二次世界大战真的会来临。我又准备做一次夏季旅行。国际笔会代表大会于一九三九年九月的第一周在斯德哥尔摩召开。由于我这个两栖人不再代表任何国家,瑞典的同行们请我作为特邀嘉宾参加;在以后的那几周里,每天中午和晚上的时间都由友好的东道主事先做了安排。我在大会召开之前早就订好了船票,但这时英国战争紧急动员的消息接踵而至。按常理,我现在应该迅速把我的书籍、我的手稿捆扎好,离开那个可能成为交战国的大不列颠岛,因为我在英国是一个外国人,况且一旦战争爆发,我便是一个来自敌国的外国人,会面临各种可能的自由限制。但是有一些无法解释的情绪在我心中反对我离开英国。一半是固执,因为我不愿意一次又一次地逃难——我的命运逃到哪里都一样;另一半是疲惫。"我们命该遇到这样的时代"[66],我用莎士比亚的话对自己说。如果这样的时代非要降临到你头上,那么你这个快六十岁的人也就别再和这样的时代对抗了!纵使你尽最大的努力,用你以往的业绩也左右不了这样的时代。所以我依然留在英国。我要尽可能事先安排好自己的表面日常生活。同时,由于我打算第二次结婚[67],我不愿耽误时间,以免一旦战争爆发，由于我属于交战国的公民而滞留，或者其他意料不到的措施会将我和未来的生活伴侣长期分离。于是，我在九月一日——一个星期五——的上午去巴斯民政局登记结婚。那位官员拿着我们的证件，显得格外友好和热情。他像那个时代的每一个人一样，理解我们要求尽快办理的愿望。教堂的结婚仪式打算安排在第二天。那位官员拿起笔，开始用漂亮的圆形字体把我们的名字写进他的登记簿。

就在那一刻——十一点钟左右——通往里间的房门突然被打开。一位年轻的官员急急忙忙走进我们正在办手续的房间，一边走一边穿大衣，在安静的房间里大声喊道："德国人已入侵波兰，战争爆发了！"那句话像重锤一样打在我的心上。可是我们那一代人的心已经习惯了各种冷酷无情的打击。我说："这还不一定是战争吧！"这也是我心中真诚的希望。然而那位官员几乎怒不可遏。他高声叫喊着："不，我们已经上当够了！我们不能每隔六个月受一次骗！现在该结束了！"

那位当时已经开始为我们填写结婚证书的官员又若有所思地搁下笔。他考虑了一下说，你们毕竟是外国人，在交战的情况下自然也就成了来自敌国的外国人。他不知道，在这种情况下是否还允许为我们办理登记结婚的手续。他说，他感到很抱歉，他要向伦敦请示。于是接下来的是两天的等候、期待和担心——我们的心情极度紧张。星期天上午，收音机里宣布了英国向德国宣战的消息。

那是一个不寻常的上午。我默默地从收音机旁走开。收音机里刚才传来的这个消息将会影响世界数百年。这条消息必然会全面改变我们这个世界，改变我们每个人的生活。在默默倾听这条消息的那些人中间,将会有成千上万的人死去。对我们所有的人来说,这条消息带来的是悲哀、不幸、绝望和危险。也许过了很多很多年以后,这条消息才会产生另一种意义。战争再次降临——一场比以往世界上任何一场战争更可怕、范围更广泛的战争。一个时代又结束了,一个新时代又开始。我们默默地站在那间突然变得鸦雀无声的房间里,互相回避着对方的目光。外面传来鸟儿无忧无虑的啁啾声,鸟儿在和煦的软风里轻松愉快地亲昵嬉戏。树枝在金色的阳光下摇曳,树叶像嘴唇一样在轻柔地互相舔舐。只不过那个古老的母亲——大自然什么也不知道,大自然不知道自己创造的人有着各种忧虑呢。

我走进自己的房间,把我的物品收拾进我的小箱子。以前一个身居高位的朋友曾对我说过,我们在英国的奥地利人将会被视为德国人,从而不得不受到同样的限制;如果他说的话是真的,那么也许从那天起我在晚上再也不可能睡在自己的床上了。自从英国向德国宣战以来,我又降了一级,我在英国已不仅是一个外国人,而且还是一个"敌国的外国人"——一个"敌对"的外国人;我将会被强行放逐到某个地方——而我搏动的心是极不愿意待在那个地方的。由于我自己的犹太种族和我自己的思维方式,我已被打上"反德意志"的烙印并早已被驱逐出德国,而这会儿我却在另一个国家——英国,根据一项官僚主义的法令,硬把我划为一个我身为奥地利人从来不属于的德国之内,难道一个人还能想得出一种更加荒谬的处境吗?我的整个人生意义用这样大笔一挥的法令便成了荒诞。然而我还一直用德语写作、用德语思考问题,不过,我脑子里想的每一个念头、我感觉到的每一个愿望，都属于为世界的自由而战的国家。我和其他一切的联系——和所有过去的一切联系以及曾经有过的一切的联系都被扯断和破坏了。我知道，在第一次世界大战之后，一切都得重新开始。因为实现欧洲和平统一的愿望——我四十年来把自己的信念所赋予的一切力量都奉献给了这个在我内心深处视为使命的愿望——如今已成泡影。我害怕人类互相残杀的战争甚于害怕自己的死亡，此时此刻第二次世界大战终于爆发了。我毕生热烈追求人性和思想上的团结一致，因而我觉得此时此刻比其他任何时候更需要牢不可破的团结，但由于我受到严重的排挤，我感到一生中从未有过的无奈和孤独。

为了最后看一眼和平的景象，我又一次徒步下山，向那座小镇巴斯走去。小镇安谧地沐浴在正午的阳光中，我觉得小镇和原来没有什么两样。小镇里的人用自己习惯的步履走着自己习惯的路。看不出他们匆匆忙忙，他们也不聚在一起说话。他们在星期天的表现一贯都是如此安详、从容不迫。我忽然问自己：难道他们到了最后还不知道战争已经爆发了吗？话又说回来，他们毕竟是英国人，他们善于克制自己的感情，他们不需要用大张旗鼓、不需要用喧嚣和军乐来增强自己坚韧刚毅的决心。这和一九一四年七月我在奥地利的那些日子又是多么不同呀！诚然，当年不谙世事的年轻的我和此时此刻被无数回忆压在心头的我也是大不相同呀！我知道，战争意味着什么。当我看到巴斯街道上玻璃橱窗闪闪发亮、商品琳琅满目的商店时，我仿佛在一片幻觉中重新看见了一九一八年在奥地利的景象：商店被洗劫一空，空荡荡的商店犹如睁开的双眼凝视着我。我仿佛在白日梦中看到憔悴的妇女在食品店前排着长龙;哀伤的母亲、伤员、残废者,以及从前在梦魇中出现的一切又都像幽灵似的回到了那天阳光灿烂的中午。我回忆起我们当年的那些奥地利老兵——他们从战场上回来时衣衫褴褛、面容疲惫。我搏动的心感觉到了那次战争的全部过程。而一九三九年的此时此刻开始的战争依然隐藏着战争的可怕景象呀,但我知道:我们曾经拥有的一切又全完了,一切业绩化为乌有。欧洲——我们为之奉献一生的大家园遭到的破坏会远远超过我们自己的一生。有些不同的是,一个新的时代开始了,但是要达到这个新时代,还要经过多少地狱和炼狱呀!

骄阳普照着大地。正如我在回家的路上忽然注意到在我前面自己的影子一样,我也看到了眼下这场战争后面的另一场战争的影子。战争的阴影将会笼罩我们整个时代,战争不会再从我的身边消失;战争的阴影将萦绕我日日夜夜的每一个念头;战争的阴影大概也蒙住了这本书的某些章节。但是,任何阴影毕竟都是光明的产儿,而且只有经历过光明与黑暗、战争与和平、兴盛与衰败的人,他才算真正生活过呢[68]。

注　释

〔1〕 本章原文标题是：*Die Agonie des Friedens*，其中 Agonie 是希腊语，词义是垂死挣扎。此处所谓那次"革命"是指 1934 年 2 月 12 日由奥地利的社会民主党领导的武装对抗；另一次图谋是指 1934 年 7 月 25 日由奥地利的纳粹党发动的武装暴动。这两次事变均被当时由基督教社会党领导的奥地利右翼政府平息。

〔2〕 1937—1940 年，英国内阁由保守党领袖阿瑟·内维尔·张伯伦任首相。在其任内英国实行纵容德、意两国进行侵略的"绥靖政策"。1938 年英国默认希特勒德国吞并奥地利，并与德国缔结《慕尼黑协定》，出卖了捷克斯洛伐克。第二次世界大战爆发，英国被迫卷入战争，绥靖政策破产。1940 年张伯伦下台。

〔3〕 约翰·德林克沃特（John Drinkwater，1882—1937），英国作家，创作有历史剧《亚伯拉罕·林肯》（1918）、《玛利亚·斯图亚特》（1921）、《克伦威尔》（1921）等。

〔4〕 休·沃波尔（Hugh Walpole，1884—1941），英国作家，生于新西兰。创作多部颇受欢迎的小说，如《佩兰先生和特雷尔先生》（*Mr. Perrin and Mr. Traill*，1911）、《痞子赫里斯》（*Rogue Herries*，1930），后者是关于赫里斯家族系列著作之一（*Herries Family*）。1937 年被封为骑士（knight）。

〔5〕 赫伯特·乔治·韦尔斯，参阅本书第十四章《夕阳西下》注〔7〕。

〔6〕 费边社（the Fabian Society，英国政治组织，1884 年成立，宗旨是用渐进的方法改良英国，使之变为社会主义社会。许多左翼知识分子、政治家、作家曾经是费边社成员，其中有政论家西德尼·韦布（Sidney Webb，1859—1947）和他的妻子兼论著合写人比阿特丽斯·韦布（Beateice Webb，1858—1943）、戏剧家萧伯纳、英国科幻小说家赫伯特·乔治·韦尔斯等。费边社是筹建工党（the Labour Party）的团体之一。

〔7〕 萧伯纳（George Bernard Shaw，萧伯纳是中国约定俗成的译名，全名：乔治·伯纳德·肖，1856—1950），英国戏剧家。出生于爱尔兰的都柏林。1876年迁居伦敦。1950年在英国赫特福德郡（Hertfordshire County）的圣劳伦斯（Saint Lawrence）逝世。他早年参加费边社。一生创作剧本51部。他把自己的戏剧分为"不愉快的戏剧"和"愉快的戏剧"。"不愉快的戏剧"共三个剧本：《鳏夫的房产》、《浪荡子》、《华伦夫人的职业》，主题是揭露丑陋的社会阴暗面。其余剧本皆为"愉快的戏剧"，主题涉及文明人关心的问题，如真、善、美等。著名的剧本有《康蒂妲》、《恺撒和克莉奥佩特拉》、《巴巴拉少校》、《皮格马利翁》、《伤心之家》、悲剧《圣女贞德》、政治讽刺剧《苹果车》等。

〔8〕 指《新政治家和国家》周刊（*New Statesman and Nation*），该刊于1964年更名为《新政治家》（*New Statesman*）周刊。

〔9〕 1935年2月，斯蒂芬·茨威格第一次到南美做巡回演讲旅行；1936年8月，他第二次到南美旅行，在巴西的里约热内卢受到盛大欢迎，然后在阿根廷的布宜诺斯艾利斯参加国际笔会代表大会。同年10月返回欧洲。

〔10〕 斯蒂芬·茨威格于1938年在美国做巡回演讲旅行，到过约三十座城市。

〔11〕 南安普敦（Southampton），英国南部一海港城市。

〔12〕 维哥（Vigo），西班牙一海港城市。

〔13〕 佛朗哥（Francisco Franco y Bahamonde，1892—1975），军人出身。1935年任西班牙陆军参谋长。同年7月率长枪党军人起事反对西班牙共和政府，经过三年内战，于1939年3月攻陷马德里，推翻共和政府，自任国家元首兼大元帅。1947年宣布西班牙为君主国，自任国家元首兼部长会议主席（总理），1969年7月宣布前西班牙国王阿尔丰沙十三世之孙胡安·卡洛斯（Juan Carlos de Borbon y Borbon，1938—　）为王位继承人。佛朗哥于1975年11月病逝。

〔14〕 帕耳忒农神庙（希腊语：Parthenon），雅典卫城的主要神庙，为纪念护城女神雅典娜（Athena）而建，神庙于公元前432年竣工。神庙有46根高10.43米的白色大理石圆柱。神庙内有各种雕塑，

表现雅典娜的传奇情景。其中有一座高12米镶有象牙和黄金的雅典娜全身雕塑,神庙保存了七个多世纪,于公元4世纪遭到破坏。但神庙建筑的宏伟和完美至今令人赞叹。

〔15〕 伯南布哥(Pernambuco),巴西一城市。

〔16〕 巴塞罗那(Barcelona),西班牙濒临地中海的港口城市,是西班牙的历史名城和文化中心,被安徒生称为西班牙的巴黎。城内各家族的教堂屹然高耸,雕饰精美,是巴塞罗那的标志性建筑。

〔17〕 乔治·普尔曼(George Pullman,1831—1901),美国铁路工程师。此处是指普尔曼公司制造的高级卧铺车厢,设备豪华,供应餐饮。

〔18〕 休斯敦(Houston),美国第四大城市,得克萨斯州第一大城市,以美国军事家、政治家萨姆·休斯敦(Sam Houston,1793—1863)的名字命名,是金融、商业、文化和工业中心,特别是石油工业中心。休斯敦还是大港口城市,通过休斯敦大运河和墨西哥湾连通。现今,林登·B.约翰逊航天中心也坐落于此。

〔19〕 得克萨斯(Texas),美国西南部的一个大州,也称孤星州,因为该州曾是一个独立的共和国。最大的城市是休斯敦(Houston)和达拉斯(Dallas),首府为奥斯汀(Austin)。1836年,得克萨斯从墨西哥独立出来,1845年成为美国的一个州。该州以其牛仔(cowboy)享有盛名,以出产石油和天然气以及牛肉和其他农产品出名。

〔20〕 1935年时,日本帝国主义已占领中国东北全境和当时的热河,正步步向华北进逼。1935年12月9日,中国爆发"一二·九运动",1936年12月发生"西安事变",中国的民族存亡处于紧急关头,全面的抗日战争迫在眉睫,引起全世界瞩目。

〔21〕 埃布罗河(Ebro),西班牙的一条河流;曼萨纳雷斯(Manzanares),西班牙一城市。1936年7月至1939年3月西班牙内战时,曾在这些地区发生过激战。

〔22〕 威尔逊计划,是指美国总统威尔逊(Thomas Woodrow Wilson,1856—1924)于1918年1月提出结束第一次世界大战的《十四点纲领》和倡议建立国际联盟的计划。但在1919年1月18日至6月28日举行的巴黎和会上,威尔逊为争取达成建立国际联盟的协

定，向英、法、意、日等国做了大量妥协。最终，包括建立国际联盟协定在内的巴黎和约遭到美国参议院否决。参阅（北京）三联书店出版的《人类的群星闪耀时》中的《威尔逊的梦想与失败》篇。

〔23〕第一次世界大战后，奥匈帝国瓦解。奥匈帝国原是奥地利哈布斯堡皇朝统治下的多民族国家，其版图包括今天的奥地利、匈牙利、捷克、斯洛伐克、部分波兰领土、斯洛文尼亚、克罗地亚、波黑等。奥匈帝国境内德意志人占22%，其他各民族人口占78%。第一次世界大战后，奥匈帝国境内各民族纷纷起义，成立独立的国家。1918年11月14日，捷克斯洛伐克共和国正式宣告成立。1918年12月4日，塞尔维亚—克罗地亚—斯洛文尼亚王国宣告成立。建立于1881年的罗马尼亚王国在1918年11月将罗马尼亚军队开进奥匈帝国的特兰西瓦尼亚（Transsylvanien）地区，并在12月1日宣布该地区并入罗马尼亚。欧洲古代王国波兰在18世纪被普鲁士、俄罗斯、奥匈帝国三个国家瓜分灭亡。第一次世界大战结束后，在毕苏斯基（Pilsudski）领导下于1919年1月建立波兰共和国。在奥地利本土，1918年11月12日，哈布斯堡皇朝的卡尔皇帝宣布逊位，奥地利国民议会宣布成立奥地利共和国。匈牙利人民于1918年10月29日在布达佩斯举行武装起义，推翻哈布斯堡皇朝的统治，1918年11月16日，匈牙利正式宣布为共和国。尔后，匈牙利社会民主党和共产党达成协议，决定两党合并和接管全部政权，于1919年3月21日正式宣告匈牙利苏维埃共和国成立。1919年8月1日，当罗马尼亚军队逼近布达佩斯时，匈牙利苏维埃政府宣布辞职。1920年3月，原奥匈帝国海军上将霍尔蒂（N. Horthy）就任匈牙利临时国家元首（Reichsverweiser）。

〔24〕斯蒂芬·茨威格最后一次回到奥地利是在1937年，是年4月在萨尔茨堡和维也纳逗留，秋天再度回到维也纳探望年迈的母亲。他曾计划在1938年4月回萨尔茨堡，但因希特勒军队在1938年3月入侵奥地利而未能成行。

〔25〕摄政王大街（Regent Street，一译摄政街），伦敦中部一条主要街道，1813—1823年由约翰·纳什（John Nash）设计建造，得名

于摄政王（Prince Regent），该街道连接牛津广场和皮卡迪利广场（Piccadilly Circus），街上有著名商店，如，利伯蒂（Liberty's）、皇家咖啡馆（the Café Royal）等。

〔26〕《标准晚报》（*Evening Standard*），伦敦唯一的晚报，创刊于1827年。

〔27〕哈里法克斯勋爵（Lord Edward Frederick Lindley Wood Halifax，1881—1959），英国政治家，1935年任陆军大臣，1935—1938年、1940年任掌玺大臣，1938—1940年任外交大臣，1941—1946年任驻华盛顿大使。

〔28〕耶利米（Jeremias）是《圣经·旧约》中的先知，反对以色列穷兵黩武，预言耶路撒冷将毁灭，斯蒂芬·茨威格作有反战诗剧《耶利米》。参阅本书第六章《我的曲折道路》注〔36〕。

〔29〕"祖国阵线"（die Vaterländische Front），是当时任奥地利总理的库尔特·冯·舒施尼克（Kurt von Schuschnigg，1897—1977）的前任恩格尔贝特·多尔富斯（Engelbert Dollfuss，1892—1934）建立的政党，主张奥地利独立，反对纳粹德国兼并奥地利。参阅本书第十四章《夕阳西下》注〔39〕、〔40〕。

〔30〕路德维希·安岑格鲁贝尔（Ludwig Anzengruber，1839—1889），奥地利作家、戏剧家。

〔31〕罗得（Lot），《圣经·旧约·创世记》中的人物，敬畏上帝。而他所居住的所多玛（Sodom）城却因其居民罪恶深重而被上帝焚毁。上帝允诺罗得一家逃离该城，但不许回头。其妻因回头一看，即刻变成一根盐柱。上帝将天火降到所多玛，全城烧成灰烬。

〔32〕1938年3月11日，德国军队已陈兵奥地利边境，在奥地利个别邦的首府，奥地利国社党占了上风。在德国军事干涉迫在眉睫的压力下，奥地利总理舒施尼克在这一天辞职，是日傍晚，奥地利总统威廉·米克拉斯（Wilhelm Miklas）在同样的压力下委托资政院参议阿图尔·赛斯-英夸特（Arthur Seyß-Inquart）组织新内阁，但是第二天，即1938年3月12日早晨，希特勒下令德国军队进入奥地利。奥地利总统米克拉斯引退。1938年3月13日奥地利新的内阁通过了关于奥地利合并于德国的法案，使希特勒并吞奥地利合法化。

〔33〕 圣巴托罗缪之夜（St Bartholomew's Eve）是指法国天主教徒（Catholics）于1572年8月23日夜里在巴黎大肆屠杀法国新教徒（在法国称胡格诺教徒Huguenots）。法国国王亨利四世在未即位前是新教徒首领。1572年8月24日原是为亨利四世举行婚礼之日，但在头天夜里新教徒被诱并惨遭屠杀，亨利四世也被拘禁。这次大屠杀实际上延续了若干星期并扩大到法国其他地区。结果是亨利四世答应改奉天主教。但斯蒂芬·茨威格在此所说的"圣巴托罗缪之夜"是暗喻纳粹德国军队进入奥地利后进行的大屠杀。

〔34〕 尤利乌斯·施特赖歇尔，参阅本书第二章《上个世纪的学校》注〔75〕。

〔35〕 "种族耻辱"的德语原文是：Rassenschande，是指一个犹太人和一个雅利安人发生性关系。

〔36〕 梅列日科夫斯基，参阅本书第九章《第一次世界大战爆发时》注〔3〕。

〔37〕 此处原文是拉丁语Xenophobie，词义为"对异族的病态恐惧"。

〔38〕 指英国首相张伯伦与法国总理达拉第和希特勒签订《慕尼黑协定》，参阅本书第九章《第一次世界大战爆发时》注〔21〕、〔22〕。

〔39〕 哥德斯堡（Godesberg），德国莱茵河畔一疗养胜地，位于波恩附近，自1969年起成为波恩市的一部分。

〔40〕 此处原文是英语：try and try again。

〔41〕 海德公园（Hyde Park），伦敦中部一个大公园。公园内有著名的"演讲角"（Speakers' Corner），人们可以在这里对任何话题进行公开演讲。1851年，大英博览会（the Great Exhibition）在该公园举行。如今，该公园是举办大型公共集会和音乐会的中心。

〔42〕 摄政王公园（Regent's Park，一译摄政公园），伦敦中部一个大公园，由约翰·纳什为摄政王设计，1828年竣工。公园内有一个露天剧场、运动场、一个大湖以及各种花园。

〔43〕 斯蒂芬·茨威格在德语原著中此处写的是英语：peace in our time，因为这句话出自张伯伦。

〔44〕 此处的"回乡士兵"（德语：Heimkehrender），是指德国在第一次世界大战中战败后的希特勒，他要重整旗鼓，妄图称霸世界。

〔45〕 克罗伊登（Croydon），位于大伦敦郡的南部，是英格兰东南部

城市。

〔46〕 皮卡迪利大街（Piccadilly），伦敦西区（the West End）的一条著名大街，位于皮卡迪利广场（Piccadilly Circus）和海德公园角之间。伦敦的一些最高档的酒店、商店和俱乐部坐落在皮卡迪利大街上。大街名字来源不详。

〔47〕 玛丽亚·波拿巴公主（Prinzessin Maria Bonaparte，1881—1962），拿破仑一世重孙一辈的侄女，和希腊王国的第二个儿子结婚。她对心理学感兴趣，常和弗洛伊德切磋而且两人关系友好，弗洛伊德提出著名的命题："一个女人到底要得到什么？"和她有关。

〔48〕 黑暗的一年是指1939年。1939年9月1日，德国进攻波兰，9月3日英、法向德国宣战，第二次世界大战爆发。1939年3月，德国侵占捷克斯洛伐克。1939年9月23日，弗洛伊德病逝。

〔49〕 萨尔瓦多·达利（Salvador Dali，1904—1989），西班牙著名画家、雕塑家，出生于西班牙菲格拉斯（Figueras），1940年至1948年间在美国生活，后回到西班牙，并在故乡辞世。早年毕业于马德里的一所美术学院，以高水平的技法著称于画坛。艺术创作涉及多种流派——荷兰现实主义、西班牙现实主义、未来主义、立体主义。他是弗洛伊德的信徒，追求"潜意识艺术"，从而产生他的超现实主义绘画作品，如《欲望之谜》、《内战的预兆》、《记忆的留存》等。1936年，达利戏剧性地表示要回归意大利的古典主义，正式和超现实主义决裂。在达利身后，欧美的重要博物馆均有达利作品的收藏。在美国佛罗里达州的圣彼得斯堡有达利的专门博物馆。

〔50〕 摩西（Moses，约生于公元前1500年），相传为犹太教之始祖，希伯来大先知。在《圣经·旧约》中，是摩西带领希伯来人离开埃及，回到以色列。

〔51〕 大卫王之星：大卫王，公元前10世纪以色列之王。大卫王之星是以色列人或犹太人的标志，这里是指后来德国纳粹强迫犹太人佩戴的六角星标志。

〔52〕 海地（Haiti），拉丁美洲一岛国，位于海地岛西部。

〔53〕 圣多明哥（Santo Domingo），拉丁美洲岛国——多米尼加共和国的旧称，今专指该国首都。

〔54〕 犹太教尊奉雅赫维为"唯一真神"。

〔55〕 圣经故事：古代希伯来人（即犹太人或以色列人）曾在埃及繁衍生息，但遭埃及人欺凌排挤，后以色列人领袖摩西率领希伯来人在上帝耶和华指引下逃离埃及。详见《圣经·旧约·出埃及记》。

〔56〕 约伯（Hiob），《圣经·旧约·约伯记》一卷的主人公，该卷以长篇诗剧形式讨论善人在世受苦并非由于自己犯罪的哲理问题。主文叙述约伯之友认为约伯遭难是由于获罪于上帝的结果，约伯反对此说，最后上帝证明世人的祸福悉由上帝安排，世人唯有奉行上帝旨意，和世人的善恶无关。

〔57〕 梅梅尔（Memel），今立陶宛（Litauer）一城市。

〔58〕 但泽（Danzig），今波兰一城市名，波兰人称格但斯克（Gdañsk）。

〔59〕 天空中布满气球，以阻碍飞机。

〔60〕 巴斯（Bath），英格兰西南部著名疗养地，有温泉，风景幽美。1939年斯蒂芬·茨威格从伦敦迁移至此。

〔61〕 威廉大街（Wilhelmstraße），柏林一主要大街，总理府和外交部均在这条大街。

〔62〕 凯道赛（Quai d'Orsay），巴黎一主要街道，法国外交部所在地。

〔63〕 威尼斯宫（Palazzo Venezia），罗马一宫殿，当时为首相官邸。

〔64〕 唐宁街（Downing Street），唐宁街10号是英国首相官邸。

〔65〕 亨利·菲尔丁，英国小说家，以《弃婴汤姆·琼斯的故事》著称于世。参阅本书第三章《情窦初开》注〔6〕。

〔66〕 语出莎士比亚于1609年创作的戏剧《辛白林》（Cymbeline），英语原文是：*Let's withdraw And meet the time as it seeks us*；德语译文是：*Begegnen wir der Zeit, wie sie uns sucht*。

〔67〕 斯蒂芬·茨威格于1920年在维也纳市政厅和第一任妻子弗里德里克·玛丽亚结婚，1937年两人分手，1938年底解除婚约。1939年9月6日斯蒂芬·茨威格和自己的女秘书洛特·阿尔特曼（Lotte Altmann，1908—1942）在巴斯市政厅登记结婚。

〔68〕 斯蒂芬·茨威格在本书中称自己有三个人生阶段：1.第一次世界大战结束前的求学和游历生活；2.在萨尔茨堡取得巨大文学成就的创作生活；3.移居英国后，在英国、美国、巴西等南美国家度过的流亡生活。

译者后记

斯蒂芬·茨威格（Stefan Zweig），这位并未获得诺贝尔文学奖而蜚声世界文坛、至今盛名不衰的奥地利著名作家，对中国广大读者而言已相当熟悉。他于一八八一年十一月二十八日出生在维也纳一个犹太富人家庭，在十九世纪生活了十九年，度过了自己对世界最敏感、思想最活跃、接受知识最快的青年时代；一九四二年二月二十二日，他悲怆地自尽，离开人世，时年六十岁，正值年富力强之际。他在我们这个人类世界生活得不算太长，但他是跨越两个世纪的人，经历了物质文明突飞猛进、文化艺术空前繁荣然而社会政治十分动荡的时代。他出生在维也纳，当时，这座奥匈帝国的首都是欧洲文化的摇篮，名流济济，人才荟萃，举世闻名的音乐大师、各色流派的不朽诗人、杰出的小说家和戏剧家、伟大的思想家和学者，都在那里云集，使斯蒂芬·茨威格自幼处在浓厚的文化氛围之中。他出身于一个富裕家庭，这使他有条件博览群书、搜集珍藏、游历世界——他到过印度、俄国、东南亚和非洲，两次踏上美洲，横越美国东西，最后寄居巴西；德国、法国、荷兰、比利时、瑞士、英国、意大利,更是常来常往,似同他的第二故乡——因此他学识渊博,阅历深广。他出身于一个犹太人家庭,犹太民族的多舛命运使他惆怅、沉思、漂泊……他是一位人道主义者、和平主义者,年轻时还是一位世界主义者。他追求人性,渴望和平,梦想成为一个世界公民。他的和平主义思想势必会遭到纳粹的排斥。一九三三年四月二十三日,希特勒政权在报上首次公布包括有四十四名德语作家在内的禁书名单,其中就有斯蒂芬·茨威格的名字。他的书籍被纳粹分子从图书馆和书店抄走,他的家居受到无端搜查。他从此流亡国外。斯蒂芬·茨威格为人正直、热情好客,成名又早,朋友遍及世界,几乎认识欧洲所有的各界名流,不仅有文学家,还有画家、音乐家、演员、医生,维尔哈伦、罗曼·罗兰、高尔基、弗洛伊德、托斯卡尼尼都是他的好友。斯蒂芬·茨威格聪慧过人,勤奋好学,孜孜不倦地从事创作,当然,最主要的是他具有非凡的文学天才。凡此种种客观和主观因素,使斯蒂芬·茨威格创作出丰富多彩的文学作品。他以诗人的姿态登上文学殿堂,以小说家闻名于世,以卓越的传记作家永载史册。

斯蒂芬·茨威格在漫长的黑夜里焦急地自愿先他人告别人生,距今已近七十五年,逾一个甲子而盛名不衰。其间,他的著作被译成十几种文字,且年年重印再版,但读者仍然有增无减。如果说读者群是最高的评判,那么广大读者给斯蒂芬·茨威格戴上的桂冠所放射的光彩,绝不逊色于任何一种文学奖。

斯蒂芬·茨威格的名字不仅传遍世界,而且他早在二十世纪二十年代就来到中国。一九二五年,中国学者杨人楩在当年《民铎杂志》第六卷第三号上发表自己的撰文《罗曼·罗兰》，他在文中就已提到了S.剌外格（即斯蒂芬·茨威格）的名字。三年以后，即一九二八年，《罗曼·罗兰》在上海由商务印书馆出版，封面书名是：《罗曼·罗兰》，剌外格著，杨人楩译。这是中国出版的第一部斯蒂芬·茨威格的作品。显然，与其说杨人楩介绍的是斯蒂芬·茨威格，毋宁说介绍的是罗曼·罗兰。不过，杨人楩当时就已发现斯蒂芬·茨威格同样是一位文学巨匠。他在该书的《译者序言》中写道："从这本书中可以看出罗曼·罗兰的价值，同时也可以看出作者（笔者按：指斯蒂芬·茨威格）本身的价值。"话虽只有一句，但这是斯蒂芬·茨威格在中国获得的最早评价。一九四一年，中国《现代文艺》第三卷第一期发表题为《褚威格及其作品》一文，这可能是在中国发表的最早评述斯蒂芬·茨威格的文章，但作者不是中国人，而是他的挚友罗曼·罗兰，译者陈占元。《现代文艺》是我国抗战时期于一九四〇年在福建永安创办的文艺刊物。早在该刊的创刊号上就载有斯蒂芬·茨威格的文章：《托尔斯泰的思想》（S.褚威格著，许天虹译）。这可能是最早介绍到中国来的斯蒂芬·茨威格的随笔。就笔者所见，最早介绍到中国来的斯蒂芬·茨威格的小说，是他的《马来狂人》（*Der Amokläufer*），译者陈占元，在一九四一年出版的《现代文艺》第三卷第一至第六期上连载，尔后又作为《现代文艺丛刊》的第二辑出过单行本（改进出版社出版）。一九五一年上海海燕书店出版了斯蒂芬·茨威格的《巴尔扎克传》（署［奥］支魏格著，吴小如、高名凯合译）。应该说，我国大量介绍斯蒂芬·茨威格的作品，还是二十世纪七十年代末八十年代的事。在这一时期，相继出版的斯蒂芬·茨威格的书籍有：《斯蒂芬·茨威格小说四篇》、《一个陌生女人的来信》、《三人书简——高尔基、罗曼·罗兰、茨威格书信集》、《斯·茨威格小说选》、《同情的罪》、《麦哲伦的功绩》(范信龙等译)、《茨威格小说集》、《永不安宁的心》、《爱与同情》、《麦哲伦的功绩》(俞启骧等译)、《人类的群星闪耀时》等。迄至今日，中国翻译一位德语作家的作品，就其数量和版本之多而言，斯蒂芬·茨威格仅次于歌德。这一事实胜于一切雄辩的赞美之词。

据统计，斯蒂芬·茨威格一生写了六部中短篇小说集、两部长篇小说[1]、十二部人物特写、三本诗集、七部戏剧、九部随笔集、一部回忆录。这些作品的绝大多数已有各种不同的中译本，诸如：由高中甫主编、西安出版社一九九五年出版的三卷本《茨威格小说全集》[2]；由张玉书主编、中国发展出版社一九九七年出版的三卷本《茨威格小说集》[3]；由高中甫主编、陕西人民出版社一九九八年出版的七卷本《茨威格文集》；安徽文艺出版社二〇〇〇年出版的《茨威格传记系列》九种[4]；由黄明嘉、刘泽珪主编、漓江出版社二〇〇〇年出版的《茨威格传记精华》[5]；由张玉书主编、华夏出版社二〇〇〇年出版的《斯台芬·茨威格集》[6]，此外还有《玛丽·安托瓦内特》[7]，《鹿特丹的伊拉斯谟——辉煌与悲情》[8]，《良知对抗暴力》[9]等各种中译本。不胜枚举。二〇一六年十月上海译文出版社出版茨威格作品系列五册：《一个陌生女人的来信》、《象棋的故事》、《昨日之旅》(两册)、《艾利卡·埃瓦尔德之恋》，需要说明的是，这五册书仅包括斯蒂芬·茨威格的中短篇小说，作者署名为斯特凡·茨威格。

《昨日的世界》写于一九三九年至一九四〇年，是斯蒂芬·茨威格生前完成的最后一部散文作品，一九四二年首次在苏黎世由威廉斯出版社[10]出版德语版，尔后，一九四四年斯德哥尔摩的贝尔曼-菲舍尔出版社[11]也出版了德语版。两种德语版的正文虽然相同，但出版社编者所作的注释不同。尽管斯蒂芬·茨威格在当年给朋友的信中说："出于绝望，我正在写我一生的历史。"但事实上《昨日的世界》并非是他的自传，因为书中主要不是写他自己的生平，而是写他所认识的人物，写他亲身经历的社会政治事件，写他对时代的感受、对世界的看法。《昨日的世界》的副标题是"一个欧洲人的回忆"，但又不同于一般的回忆录，因为书中主观感情的抒发远远超过对客观事实的描述。诚然，书中写的尽是"回忆"，透过这些回忆，展示了当时欧洲文化中心维也纳的时代风貌，记录了从第一次世界大战前夜至第二次世界大战爆发期间欧洲社会的动荡，披露了世界文化名人鲜为人知的生活轶事，揭示了他们各自不同的性格，描绘了他们的音容笑貌，同时穿插着斯蒂芬·茨威格自己的各种心迹：欢乐、兴奋，忧愁、哀伤。但全书总的基调充满悲情，因为斯蒂芬·茨威格是在"怀着绝望的心情"回忆过去。

也许人们觉得，叙述自己的生平远不如坦陈自己的心声更重要；把握一个时代的脉搏，不仅要知道那些重大的历史事件，更重要的是要了解时代的氛围和人们的心态，即时代精神。在当今的世界上，详述历史的书籍汗牛充栋，用文学的笔触反映时代精神的著作却是凤毛麟角。斯蒂芬·茨威格是心理描写的大师，是刻画细节的巨匠，文字隽永，行笔流畅。他以诗人的感情和小说家的技巧再现历史，融哲理于抒情。因此，任何尽人皆知的历史事实，在他的笔下便会显得栩栩如生，引人入胜。他的历史特写作品不仅以翔实见长，更以刻画历史人物的心态和描绘时代的氛围取胜。

《昨日的世界》面世以后，被译成十几种语言。其中译本却在过了近半个世纪以后才出版，颇有姗姗来迟之感。拙译《昨日的世界》第一版第一次印刷于一九九一年三月由三联书店印行。此后，三联书店又相继于一九九二年、一九九六年多次重印此书。拙译《昨日的世界》问世后，在中国读书界引起广泛注意。我国著名作家舒芜先生曾在《读书》（一九九二年第二期）上撰文《我们知道的和不知道的世界》，介绍此书。舒芜先生说，首先吸引他的是这本书的强烈的高层次的文化气息。书中不少内容是他"知道的世界"，令他倍感亲切；书中许多内容又是他"不知道的世界"，从而引他揽胜。尔后，台湾的一位历史学家张元先生在一九九五年二月出版的（台湾）《清华历史教学》（第四期）上发表题为《从〈昨日的世界〉中认识历史》的文章。文中写道，三联版中译本《昨日的世界》"读完之后，我也想向更多的朋友推荐它，特别是我的同行——历史教师们"。

二〇〇四年五月，广西师范大学出版社推出一套系列——"影响过一代人的书"，将拙译《昨日的世界》列入其中。我欣然同意。按照"影响过一代人的书"系列丛书的编辑体例，每一本书都有一篇《推荐序》，为《昨日的世界》撰写《推荐序》的是我国历史学家雷颐先生。他在

《推荐序》中写道:"伟大的作品中总有某种永不过时的东西,吸引着人们一遍遍重读,从中不断汲取教益,获得价值不菲的启迪,体验一种难得的美的感受。茨威格的《昨日的世界——一个欧洲人的回忆》,便是这样一部永不过时之作。……真正的历史总是被轻易忘却;一场巨大的劫难,要不了多久往往就被涂抹成淡淡的粉红色痕迹。……为了不让'昨日'的悲剧重演,人类一定要与遗忘抗争,保持对'昨日的世界'的惨痛记忆。"[12]

二〇〇八年五月,三联书店策划出版《昨日的世界》新译本,笔者欣然同意,放弃原来的译本,重译《昨日的世界》,原因有二:

第一,拙译《人类的群星闪耀时》于一九八六年二月由三联书店出版之后不久,该店前总经理沈昌文先生约笔者译《昨日的世界》。译到一大半时,笔者接到通知:当时的国家教育委员会将公派笔者前往联邦德国进修。出国在即,且杂事缠身,眼看不能如期完成译稿,笔者只得求助于三位好友——刘春华、戴奎生、孙龙生,请他们各自协助翻译一部分。承蒙这三位合译者鼎力相助,终于将译稿完成。全书译稿虽经笔者统一校订,但因临行匆匆,时间紧迫,不可能对译文逐字逐句斟酌,且因为笔者不愿将他们的译文修改太多——翻译者,各有心得,尊重他人劳动为最。但时隔十八年后,今天再来看原来的译本,发现不尽如人意之处甚多,改不胜改,当然责任在我。我对这三位友人的竭诚协助一直怀有感激之情。他们当年出于对我的信任,也都默许了我对他们的译文所作的修改,但我内心始终感到不安。我终究不能越俎代庖,所以这次重译首先是为了文责自负。

第二,《昨日的世界》于一九九一年三月出版后,在中国的图书市场上先后出现《昨日的世界》的其他两种中译本[13]。笔者在校订过程中发现,拙译《昨日的世界》原译本中的若干误译也同样出现在上述的两种中译本中,这可能是偶然的巧合,也可能是受拙译《昨日的世界》原译本的影响,若是后者,笔者深感内疚。笔者重译《昨日的世界》,主要是为了防止原译本中的误译在读者中以讹传讹。试举例说明:

(一)原著中的德语原文:

Wenn sie Politik diskutierten, konnte ich nicht folgen, weil sie von Joe sprachen, ohne daβ ich wuβte, daβ sie Chamberlain meinten, ...[14]

这段文字似应译为:

当他们议论政治时,我也无法插嘴,因为我不知道他们所说的"某人",指的就是约瑟夫·张伯伦……

但在《昨日的世界》原译本中的译文是:

当他们讨论政治时,我也无法插嘴,因为他们说的那个家伙,我不知道他们指的就是宫廷大臣……[15]

在这里,不宜将Joe译为"家伙",应译为"某人",Chamberlain应译为约瑟夫·张伯伦,原著中有注解说明;译为"宫廷大臣"系属误译。

(二)原著中的德语原文:

...und als Cooks Vergnügungstourneen noch nicht organisiert waren, ...[16]

这段文字似应译为:

……还没有像托马斯·库克所组织的那些观光旅行,……

但在《昨日的世界》原译本中的译文是:

……还没有组织像厨师这类人出去旅行的事,……[17]

在这里,Cook 是指十九世纪英国旅游业创始人托马斯·库克(Thomas Cook)。将 Cooks"库克的"译为"厨师们",系属误译。笔者在此书新译本第一版第一次印刷的《译者后记》中误以为 Cook 是指十八世纪英国航海家詹姆斯·库克(James Cook,1728—1779)。后经德国慕尼黑大学陈钢林博士不吝指正,此处的 Cook 应指 Thomas Cook,现改正之,并向陈博士表示衷心的感谢。

(三)原著中的德语原文:

Erst nach dem Kriege begann die Weltverstörung durch den Nationalsozialismus, ...[18]

这段文字似应译为:

由于国家社会主义作祟,世界是在第一次世界大战之后才开始变得不正常,……

但在《昨日的世界》原译本中的译文是:

一直到一次大战后,由于民族主义作祟,世界才开始变得失常,……[19]

在这里,Nationalsozialismus,应译为国家社会主义,即希特勒宣扬的纳粹思想,将 Nationalsozialismus 译为民族主义,属于误译。

(四)原著中的德语原文:

mit Deutschland eine Vereinbarung zu schließen, welche die friedliche Bereinigung aller zwischen diesen Ländern möglichen Konflikte für alle Zukunft verbürge.[20]

这段文字似应译为:

……成功地和德国达成了一项协定,那项协定确保和平解决今后所有国家之间可能产生的一切冲突。

但在《昨日的世界》原译本中的译文是:

张伯伦成功地和德国达成了一项协议,那项协议隐瞒了今后和平解决国与国之间可能产生的一切冲突的办法。[21]

在这里,将德语原文中的verbürgen(担保)误以为verbergen(隐藏),系属误译。

(五)原著中的德语原文:

man fühlte sich mit jedem Wort verstanden von diesem großartig Vorurteilslosen, den kein Geständnis erschreckte, keine Behauptung erregte, ...[22]

这段文字似应译为:

我觉得,我说的每一句话都会被这位毫无成见的人所理解,没有一种自我坦言会让他吃惊,没有一种见解会让他激动。

但在《昨日的世界》原译本中的译文是:

我觉得自己能理解这位毫无成见的人说的每一句话。没有一句坦率的自白会使他吃惊,没有一种见解会使他激动。[23]

在这里,"这位毫无成见的人"是指弗洛伊德。德语原文的意思是说:弗洛伊德能理解斯蒂芬·茨威格所说的每一句话,而不是斯蒂芬·茨威格能理解弗洛伊德所说的每一句话。所以,原译本中译文的意思和德语原文的意思正相反,也就是说,颠倒了主语和宾语的关系,系属误译。原著中的德语"verstanden"是被动态。

诚然,原译本中的误译不止五处,但不再一一枚举。

除了以上这样一些句子中的误译之外，还有一些专有名词的误译，例如，将Lloyd George[24]译为"洛德·乔治"[25]，Lloyd George（1863—1945）是英国自由党领袖，一九一六年至一九二二年任英国首相，曾率英国代表团出席巴黎和会，是著名历史人物，在中国史学界早有约定的译名——劳合·乔治；将里夏德·施特劳斯的交响诗《死亡与净化》(*Tod und Verklärung*)[26]误译为《死亡与神化》[27]；将创刊于一八二七年的伦敦唯一的晚报《标准晚报》(*Evening Standard*)[28]误译为《旗帜晚报》[29]。这类专有名词的误译在原译本中还有若干处，也不再一一枚举。

笔者在此列举若干误译，旨在说明重译的原委，目的是希望尽量减少在自己译本中的误译、错译，以免贻误读者。译坛本是百花苑。不同的译本各有千秋。笔者无意评说其他译本。

经过修改的拙译《昨日的世界》于二〇一〇年四月由（北京）三联书店刊印第一版。台湾师范大学历史学刘德美教授为介绍拙译于二〇一一年在（台湾）《中国语文》（月刊）第六五四期发表《茨威格〈昨日的世界〉对今日世界的启示》一文，刘教授在文中写道："茨威格勇于指陈战争的残酷，倡言和平。两次世界大战前后，不断有人呼吁和平。茨威格亦大声疾呼战争是罪恶的野蛮行径，其所有作品都寓意战争的残酷。他反思大战的爆发，指出'一战'时许多知识分子冷漠，反应太慢，低估危险，过于乐观，以为理性终会阻止错误的决策；'二战'时国际社会冷漠对待纳粹的不信守条约与残酷暴行，姑息养奸。知识分子的笔杆不敌枪炮，难挽狂澜于既倒，但像他这样敢于在战争如火如荼进行时，在国家机器控制思想之下，勇于真实说出要和平的知识分子，已属不易。茨威格于一九一七年特别撰写《耶利米》反战剧，耶利米是犹太人的真先知，一再预言耶路撒冷将被毁灭，反被族人定罪，果然预言成真。这出剧借古讽今，预言德国军国主义必败，出版后反响很大。如今二十一世纪初，大国那些贪婪的军火商、政客、企业集团、经济杀手等好战牟利者，利用高新技术，对小国发动多次战争，并借全球化之名，行经济、文化侵略之实，其野蛮行径，不比两次世界大战来得文明。"刘教授还写道："茨威格的英雄观不是西方传统的以成败定论，认为真正的强者不是那些擅长造势、煽动群众、有害人类的疯狂之徒，而是不盲从、有勇气与强权对抗的人物，因此他要为保持崇高道德精神的人物如文艺复兴时期人文主义者伊拉斯谟、敢于对抗加尔文的卡斯特里奥等真英雄立传。他的风骨令我们深思：我们这个时代敢说反战真话的'耶利米'等真英雄何在？"[30]

二〇一七年二月，《昨日的世界》第四版第九次印刷，北京师范大学历史学陈甜博士为此在《读书》二〇一七年第三期上发表文章《茨威格的欧洲》[31]介绍此书。文中概述了欧洲人、欧洲的文化和欧洲的苦难。文章最后写道："茨威格为《昨日的世界》写的尾声，他个人的心情是悲观和绝望的，但客居他乡的茨威格愿意将'光明'的希望留给后世人，并在自己的生命进入冥府之前，为欧洲、为全世界的人保存这份记忆。"

《昨日的世界》是一个欧洲人的回忆。笔者为本书中所涉及的欧洲历史上的事件、人名和地名做了必要的注释，以方便广大华语青年读者。在中国清末民初西学东渐之际，英语翻译是中国译界的主力。早年的译者往往将德语名字按英语发音移译。有鉴于此，笔者在本书的德语人名注释中同时附注该人名的新译或者旧译，以免读者混淆。《昨日的世界》德语原著共十六章，没有序号。本书二〇一七年八月版为各章加了序号，并将原来每页的脚注改为集中的注释，印在每章正文之后，以方便阅读。

诚如斯蒂芬·茨威格所言，本书是回忆录，不是自传。有的中译本将书名译为《昨日的世界——茨威格自传》，可能是受英译本的影响，因为此书最初的英译本书名是：*The World of Yesterday*, *An Autobiography*。但这不是茨威格自己拟定的书名。

我当年的学生丁匀婷为本书的改版给予诸多热情帮助，笔者深表谢意。

荀子曰："赠人以言，重于金石珠玉；劝人以言，美于黼黻文章；听人以言，乐于钟鼓琴瑟。"笔者真诚希望能听到来自海内外专家学者和广大华语读者的各种批评意见。

舒昌善

二〇一七年八月一日

识于北京师范大学文学院

注　释

〔1〕 *Ungeduld des Herzens*（《悔恨》）是斯蒂芬·茨威格唯一完成的一部长篇小说，有各种不同译名的中译本，如《永不安宁的心》，关耳、望宁译，1982 年江苏人民出版社出版。沉樱译《同情的罪》，1982 年山东人民出版社出版。张玉书译《爱与同情》，1997 年中国发展出版社出版。谢建文、陈慧、郑建萍译《心灵的焦躁》，1995 年西安出版社出版。斯蒂芬·茨威格另一部未完成的长篇小说是 *Rausch der Verwandlung*，于 1982 年由德国菲舍尔（S. Fischer）出版社整理出版，人民文学出版社于 1987 年 11 月首次出版其中译本，译者赵蓉恒，当时中译本的书名是《富贵梦》，尔后赵蓉恒将其中译本改名为《变形的陶醉》，1997 年由中国发展出版社出版。这部未完成的长篇小说的另一个中译本由徐剑明、徐友敬翻译，中译本的书名是《青云无路》，1995 年西安出版社出版。

〔2〕 高中甫主编《茨威格小说全集》不仅辑录斯蒂芬·茨威格的全部中短篇小说，还包括《人类的群星闪耀时》中的 12 篇历史特写、长篇小说《心灵的焦躁》、未完成的长篇小说《青云无路》以及传奇四则——《智激上帝的拉结》、《永恒的目光》、《蜡烛台记》、《第三只鸽子的故事》。

〔3〕 张玉书主编《茨威格小说集》包括斯蒂芬·茨威格的 26 篇中短篇小说、长篇小说《爱与同情》和未完成的长篇小说《变形的陶醉》。

〔4〕 安徽文艺出版社 2000 年出版的《茨威格传记系列》九种是：《三大师》、《三作家》、《与魔鬼搏斗的人》、《精神疗法》、《巴尔扎克》、《罗曼·罗兰》、《玛利亚·斯图亚特》、《一个政治家的画像》（富歇传）、《昨天的世界——一个欧洲人的回忆录》。

〔5〕 《茨威格传记精华》有：《人文之光》（包括魏育青译《伊拉斯谟的成功与悲剧》、俞宙明译《托尔斯泰》）、《文武之道》（包括俞宙明译《司汤达》、刘泽珪译《约瑟夫·福歇》）、《大探险家》（包括黄明

嘉译《麦哲伦》、卫茂平译《亚美利戈》)、吴裕康译《罗曼·罗兰》、《六大师》等。

〔6〕张玉书主编《斯台芬·茨威格集》包括：祝彦译《银弦集·早年的花环·新的旅程》(诗歌)、章鹏高译《特西特斯》(戏剧)(即创作于1907年的 Tersites，忒耳西忒斯)、江楠生译《海滨之屋》(戏剧)(创作于1912年的 Das Haus am Meer)、吴秀方译《一个人的传奇》(戏剧)(即创作于1918年的 Legende eines Lebens，《一生传奇》)、林笳译《狐狸》(戏剧)(创作于1926年的喜剧 Volpone)，等等。

〔7〕《玛丽·安托瓦内特》(Marie Antoinette，1932)，1987年9月世界知识出版社出版，由刘微亮、宣树铮、史津海三人根据美国纽约瓦伊金出版公司1933年的英译本 Marie Antoinette—The Portrait of an Average Woman (The Viking Press, New York, U. S. A., 1933)翻译的中译本，当时中译本的书名是《命丧断头台的法国王后——玛丽·安托瓦内特》，1995年4月光明日报出版社出版这三位译者的同一个译本，但中译本的书名改为《断头艳后——从合床开始的悲剧》。这两个中译本的书名是中译者自撰的，不是斯蒂芬·茨威格的原意，按照原著的德语：Marie Antoinette. Bildnis eines mittleren Charakters. 似应译为《玛丽·安托瓦内特——一个平常心态人物的写照》。

〔8〕《鹿特丹的伊拉斯谟——辉煌与悲情》，斯蒂芬·茨威格著、舒昌善译，三联书店，2017年8月版，此书的其他中译本还有：姜瑞璋、廖绥胜译《一个古老的梦——伊拉斯谟传》(译自英译本)，辽宁教育出版社，1998年。

〔9〕《良知对抗暴力》(Ein Gewissen gegen die Gewalt，1936)的中译本有：赵台安、赵振尧译《异端的权利》(译自英译本)，三联书店，1987年。张晓辉译《异端的权利——卡斯特利奥对抗加尔文》(译自英译本)，吉林人民出版社，2000年。张全岳译《良心反对暴力》，作家出版社，2001年。舒昌善译《良知对抗暴力——卡斯泰利奥对抗加尔文》，三联书店，2017年8月版。

〔10〕 *Die Welt von Gestern* © 1942 by Williams Verlag，zu Zürich.

〔11〕 *Die Welt von Gestern* © 1944 by Bermann-Fischer Verlag，zu Stockholm.

〔12〕 雷颐撰"推荐序",载舒昌善等译《昨日的世界——一个欧洲人的回忆》,广西师范大学出版社,2004年5月第1版第1次印刷第1页和第9页。

〔13〕《昨日的世界》的其他两种中译本是:徐友敬、徐红、王桂云译《昨天的世界——一个欧洲人的回忆录》,安徽文艺出版社,2000年9月第1版(以下简称安徽版);汀兰译《茨威格自传——昨日的世界》,团结出版社,2005年2月第1版(以下简称团结版)。

〔14〕 参阅德国菲舍尔袖珍书出版社1996年的德语原版书——Stefan Zweig: *Die Welt von Gestern*, *Erinnerungen eines Europäers*, Fischer Taschenbuch Verlag GmbH, Frankfurt am Main, Juni 1996. 第184页第20—22行。(以下德语原文均引自此版本,只注明页码)。

〔15〕 参阅舒昌善等译《昨日的世界》,广西师范大学出版社,2004年5月第1版(以下简称广西师大版)第124页倒数第9—8行。同时参阅安徽版第166页第13—15行和团结版第151页第6—7行。

〔16〕 参阅德语原著第214页第17—18行。

〔17〕 参阅广西师大版第149页第11—12行。同时参阅安徽版第196页倒数第5—4行和团结版第180页第15行。

〔18〕 参阅德语原著第463页倒数第8—7行。

〔19〕 参阅广西师大版第327页第12行。同时参阅安徽版第427页第6—7行和团结版第386页第5—6行。

〔20〕 参阅德语原著第469页倒数第4—1行。

〔21〕 参阅广西师大版第331页第4—5行。同时参阅安徽版第432页第6—8行和团结版第390页第16—17行。

〔22〕 参阅德语原著第477页第14—17行。

〔23〕 参阅广西师大版第335页倒数第3—2行。同时参阅安徽版第438页第18—20行和团结版第396页第11—12行。

〔24〕 参阅德语原著第410页第25—26行。

〔25〕 参阅广西师大版第290页第5—6行。同时参阅安徽版第379页第3—4行和团结版第340页倒数第7行。

〔26〕 参阅德语原著第418页第12行。参阅本书第二章《上个世纪的学校》注〔4〕。

〔27〕参阅广西师大版第296页第2—3行。同时参阅安徽版第386页第11行和团结版第347页倒数第1行。

〔28〕参阅德语原著第455页第5行。同时参阅〔英〕克劳瑟主编、黄梅、陆建德等译《牛津英美文化词典（英汉双解）》，商务印书馆2007年8月第1版第503页。

〔29〕参阅广西师大版第321页第17—18行。同时参阅安徽版第419页第15行和团结版第379页第5行。

〔30〕参阅刘德美撰《茨威格〈昨日的世界〉对今日世界的启示》，载（台湾）《中国语文》（月刊）第654期第80—85页，台北：中国语文月刊社，2011年12月1日出版。

〔31〕陈甜：《茨威格的欧洲》（品书录），载《读书》2017年第3期，北京：三联书店，2017年3月出版。